MISSEL DES DIMANCHES

2024

Les auteurs :

Éric Beaumer, prémontré, diplômé de l'Institut supérieur de liturgie (Paris), responsable de formation et professeur de liturgie.

Henri Delhougne, bénédictin de Clervaux (Luxembourg), docteur d'État en théologie, coordinateur de la traduction liturgique de la Bible et de la traduction révisée du Missel romain, consulteur du Dicastère romain du Culte divin et de la Discipline des sacrements.

Frédéric Deren, diacre permanent du diocèse de Versailles, ancien président du FRAT (Rassemblement des aumôneries scolaires d'Île-de-France), coresponsable de l'ESE (École pour Servir l'Évangélisation, Versailles), marié et père de famille.

Sophie Gall-Alexeeff, mariée et mère de famille, enseignante en liturgie et théologie sacramentaire.

Marie Guillaumin, carmélite de Saint Joseph, ancienne aumônier de groupes de jeunes (MEJ – Jeunes Pro – étudiants), chargée de prédications et responsable de formation des laïcs à Lyon, conseiller spirituel d'équipes EDC.

Serge Kerrien, diacre permanent du diocèse de Saint-Brieuc et Tréguier, marié et père de famille, chargé de mission au SNPLS (Service National de Pastorale Liturgique et Sacramentaire).

Bernard Maitte, prêtre en paroisse, directeur adjoint de l'Institut universitaire Saint-Luc et directeur du Studium, responsable de l'Institut des sciences et théologie des religions de Marseille, coordinateur de la nouvelle édition du Rituel de la confirmation pour la CEFTL.

Isabelle Renaud-Chamska, docteur d'État et agrégée de lettres, diplômée de l'Institut supérieur de liturgie (Paris), a été professeur de lettres classiques pendant 40 ans dans l'Enseignement public. Elle est mariée, mère de deux enfants et grand-mère de six petits-enfants.

Les lectures bibliques

Les lectures bibliques de ce Missel 2024 sont extraites de la Traduction officielle liturgique de la Bible, approuvée par les autorités de l'Église catholique pour la liturgie et intégrée dans les Lectionnaires de la messe. Le découpage des lectures ne relève pas des auteurs de ce missel, mais de l'autorité centrale du rite romain.

Les textes liturgiques

Les textes liturgiques (prières, antiennes, liturgie de la messe) sont extraits de la traduction révisée du Missel romain publiée en 2021. Cette traduction a été approuvée en 2019-2020 par les Conférences des évêques des pays francophones et confirmée par la Congrégation pour le Culte divin et la discipline des Sacrements de Rome.

Illustration de la couverture

« *Pose-moi comme un sceau sur ton cœur* » (Ct 8, 6). Un même bleu ruisselle depuis le manteau du Christ jusqu'à la tunique de Jean. Jésus, qui nous demande de veiller avec lui, se fait le doux protecteur du jeune homme qui dort. Derrière le plat vert malachite, un verre fragile est posé sur la table. Promesses de nos eucharisties.

Sylvie Bethmont

MISSEL
DES DIMANCHES

2024

Année liturgique
du 3 décembre 2023
au 1er décembre 2024

Lectures de l'année B

Édition collective des Éditeurs de liturgie

Chaque année, depuis 50 ans, le *Missel des Dimanches.*

Il est né à la suite du concile Vatican II, sous l'égide des évêques francophones, pour aider le peuple chrétien à s'approprier les nouveaux textes liturgiques. En signe d'unité, il est publié par un collectif d'éditeurs. Il est l'œuvre d'une équipe d'auteurs riche de sa diversité : hommes et femmes, prêtres, religieux et laïcs, venant de diverses régions de France et d'ailleurs. Chacun apporte son expérience d'Église, sa sensibilité propre et ses compétences en liturgie, théologie, animation, chants...

L'ouvrage reçoit chaque année l'*Imprimatur* de l'Église, qui en reconnaît la qualité doctrinale et pastorale. Depuis cinquante ans, ce Missel a été le compagnon de beaucoup de ceux et celles qui veulent mettre au cœur de leur vie l'eucharistie dominicale, « source et sommet de toute la vie chrétienne » (Vatican II).

Nihil obstat
P. Jean-Jacques Rouchi, Toulouse, le 19 avril 2023

Imprimatur
le 24 avril 2023
† Mgr Guy de Kerimel
archevêque de Toulouse
Président de la Commission épiscopale de Liturgie et de Pastorale sacramentelle

Iconographie de couverture : La Cène (détail : Jésus Christ et saint Jean endormi), fresque, vers 1486, Domenico Ghirlandaio (1449-1494)

Conception maquette : Michèle Fraudreau, Bleu T

Composition : Le vent se lève...

Responsable de la fabrication : Christophe Bouillet

Pour correspondre avec les auteurs ou les éditeurs de ce Missel, écrire à : Missel des dimanches, Éditions du Cerf, 24 rue des Tanneries, 75013 Paris, contact@misseldesdimanches.fr

ISBN (Cerf) : 978-2-204-16164-0
ISBN (Mame) : 978-2-7289-3340-2

Préface

Un compagnon de route : le Missel

Le Missel des dimanches que vous avez entre les mains est l'héritier d'une très longue tradition, en fait d'une double tradition :

– celle du Missel romain qui plonge ses racines dans les plus vénérables des textes de l'époque des Pères de l'Église, de saint Léon à saint Grégoire, dont nombre des oraisons de notre liturgie occidentale sont issues ;

– celle du Mouvement Liturgique qui, tout au long du XXe siècle, voire plus tôt avec Dom Guéranger, a œuvré sans relâche à mettre à disposition des fidèles les textes de la messe afin de favoriser la mise en place d'une véritable *participation active* à la liturgie.

Le petit livre que vous avez entre les mains est donc un témoin vivant d'une tradition prestigieuse. Il nous est confié, à tous les baptisés de l'Église, non pas comme une pièce de musée mais pour qu'à notre tour nous en vivions et que, grâce aux trésors qu'il recèle, notre foi renouvelle sa vigueur en puisant à la source la plus pure de la tradition de l'Église. Aujourd'hui comme tout au long de la longue et tumultueuse histoire chrétienne, la prière liturgique de l'Église conserve, intacte, cette capacité qu'elle a maintes fois prouvée de nourrir la foi du peuple de Dieu et de lui donner la force de se vivre et de se dire dans un monde en constant et rapide bouleversement.

Ce petit livre est donc destiné à devenir le compagnon de notre route quotidienne de disciple du Christ. Nous y trouverons l'Écriture, distillée par l'Église selon la subtile architecture de l'année liturgique. Nous y trouverons aussi les textes qu'on qualifie en langage savant de *pièces euchologiques :* les oraisons, ces courtes prières que le prêtre prononce à trois reprises au fil de la messe, les préfaces ainsi que les formulaires des prières eucharistiques, d'authentiques trésors, tous d'ailleurs tissés des mots, des images de l'Écriture et qui nous sont offerts comme aliment pour notre vie chrétienne.

Alors je sais que cet aliment est parfois d'un abord un peu rébarbatif, surtout depuis que la nouvelle traduction a privilégié la fidélité au latin aux dépens parfois de la fluidité et de l'intelligibilité du texte. Mais la substance est là, disponible pour notre rumination comme le disaient les Maîtres médiévaux de la *Lectio divina*, qui invitaient leurs interlocuteurs, le plus souvent des moines, à *ruminer* la Parole. Il faut prendre le mot de *rumination* au sens propre. La rumination est ce processus qui permet aux ruminants de digérer la cellulose, le principe nutritif des fourrages. Parmi les grands mammifères, ils en sont les seuls capables. La rumination de la Parole, des textes de la prière de l'Église permet de dépasser leur abord parfois difficile et d'en extraire le suc, un aliment solide, nourrissant, puisé aux meilleures sources, et offert pour stimuler la santé, la croissance et le dynamisme missionnaire de notre vie de foi. Comme ceux de l'Écriture auxquels les lie une parenté profonde, les textes de la prière de l'Église sont anciens et relèvent d'un univers qui n'est plus le nôtre. Mais, comme l'Écriture, ils conservent une capacité intemporelle à donner forme à notre prière, à la nourrir, à la vivifier, en lui donnant de se couler dans la grande prière de toute l'Église.

Bonne rumination !

GILLES DROUIN
Directeur de l'Institut liturgique de Paris

Calendrier liturgique 2024
B

2023		
Temps de l'Avent		***Violet***
1er dim. Avent	03/12	p. 97
Imm. Conception	08/12	p. 104
2e dim. Avent	10/12	p. 106
3e dim. Avent	17/12	p. 113
4e dim. Avent	24/12	p. 120

Temps de Noël		***Blanc***
Noël Veille	24/12	p. 133
Noël Nuit	25/12	p. 138
Noël Aurore	25/12	p. 143
Noël Jour	25/12	p. 146
Ste Famille	31/12	p. 153

2024		
Mère de Dieu	01/01	p. 161
Épiphanie	07/01	p. 163
Baptême du Seigneur	09/01	p. 173

Temps ordinaire		***Vert***
(1re sem. à partir du mardi 09/01)		
2e dim. TO	14/01	p. 179
3e dim. TO	21/01	p. 186
4e dim. TO	28/01	p. 194
Présentation du Sgr	*02/02*	*p. 201*
5e dim. TO	04/02	p. 204
6e dim. TO	11/02	p. 211

Temps du Carême		***Violet***
Cendres	14/02	p. 221
1er dim. Carême	18/02	p. 229
2e dim. Carême	25/02	p. 236
3e dim. Carême	03/03	p. 244
4e dim. Carême	10/03	p. 252
5e dim. Carême	17/03	p. 260
Célébration pénitentielle		p. 268

Semaine sainte		***Violet***
Rameaux	24/03	p. 273
Jeudi saint	28/03	p. 293
Vendredi saint	29/03	p. 301

Temps pascal		***Blanc***
Vigile pascale	30/03	p. 321
Dim. de Pâques	31/03	p. 359
2e dim. de Pâques	07/04	p. 373
Annonciation	08/04	p. 380
3e dim. de Pâques	14/04	p. 382
4e dim. de Pâques	21/04	p. 389
5e dim. de Pâques	28/04	p. 396
6e dim. de Pâques	05/05	p. 403
Ascension du Sgr	09/05	p. 409
7e dim. de Pâques	12/05	p. 418
Pentecôte : veille	18/05	p. 427
et jour (rouge)	19/05	p. 437

Temps ordinaire (suite)		*Vert*
Lundi de Pentecôte : Marie Mère de l'Église, 7e sem. TO	20/05	
Sainte Trinité	26/05	p. 445
Lundi de la 8e sem. TO	27/05	
Saint-Sacrement	02/06	p. 452
Lundi de la 9e sem. TO	03/06	
Sacré Cœur	07/06	p. 462
10e dim. TO	09/06	p. 465
11e dim. TO	11/06	p. 473
12e dim. TO	23/07	p. 480
13e dim. TO	30/06	p. 487
14e dim. TO	07/07	p. 495
15e dim. TO	14/07	p. 502
16e dim. TO	21/07	p. 509
17e dim. TO	28/07	p. 516
18e dim. TO	04/08	p. 523
19e dim. TO	11/08	p. 530

Temps ordinaire (suite)		*Vert*
Assomption	15/08	p. 537
20e dim. TO	18/08	p. 548
21e dim. TO	25/08	p. 555
22e dim. TO	01/09	p. 562
23e dim. TO	08/09	p. 570
24e dim. TO	15/09	p. 577
25e dim. TO	22/09	p. 584
26e dim. TO	29/09	p. 591
27e dim. TO	06/10	p. 598
28e dim. TO	13/10	p. 605
29e dim. TO	20/10	p. 612
30e dim. TO	27/10	p. 619
Toussaint	01/11	p. 625
Défunts	02/11	p. 632
31e dim. TO	03/11	p. 636
32e dim. TO	10/11	p. 643
33e dim. TO	17/11	p. 650
Christ Roi	24/11	p. 657

Indications pratiques

Chaque formulaire de messe présente :

– une ***introduction générale*** à chaque dimanche, préparant à l'accueil des lectures bibliques ;

– ***les prières et les lectures bibliques*** dans leur version officielle renouvelée ;

– ***les antiennes d'ouverture et de communion*** ;

– des ***prières universelles*** entièrement rédigées ;

– une ***citation d'un auteur spirituel***, habituellement en rapport avec les lectures bibliques du jour et proposée à la méditation ;

– le ***calendrier liturgique*** de la semaine, les ***fêtes à souhaiter***, et diverses ***informations*** ;

– un ***flash sur un saint ou une sainte***, célébré durant la semaine.

On trouve aussi des propositions pour les *chants*, parfois des suggestions pour *célébrer*. Les propositions de chants sont généralement regroupées par temps liturgique ou pour plusieurs dimanches. Deux recueils sont indiqués par leurs initiales : ***CNA*** = *Chants notés de l'assemblée*, recueil officiel, éd. Bayard ; ***MNA*** = *Missel noté de l'assemblée*, diffusion Abbaye de Clervaux (Luxembourg).

Calendrier liturgique

Le premier jour de chaque semaine, l'Église célèbre le Mystère pascal, selon une tradition qui remonte au jour de la résurrection du Christ ; c'est pourquoi le dimanche doit être tenu pour le jour de fête primordial. Mais l'Église vénère aussi la Vierge Marie ainsi que les mémoires des martyrs et des autres saints. Les célébrations se divisent, selon leur importance, en solennités, fêtes et mémoires, obligatoires ou facultatives. L'importance des célébrations est indiquée ici par la typographie. Pour les solennités, on emploie les caractères en capitales grasses ; pour les fêtes, les capitales maigres ; pour les mémoires obligatoires, les minuscules en caractères romains ; pour les mémoires facultatives, les minuscules en italiques.

Ajoutons qu'il s'agit ici du calendrier *liturgique* au sens strict, proposé à l'ensemble de l'Église. Il ne mentionne que les saints figurant dans le calendrier liturgique officiel, universel ou national. *On ne s'étonnera pas de ne pas y trouver un certain nombre de saints connus par ailleurs, ou canonisés récemment par le pape.* Simplement, ceux-là ne figurent pas au calendrier liturgique. Cela n'empêche pas de les invoquer ou même de faire une célébration liturgique en leur honneur, avec les textes des « communs des saints » du *Missel romain.*

On a donné les références des lectures bibliques *pour chaque jour.* Ce sont les lectures du jour de semaine qui sont indiquées et non celles du saint, sauf pour les solennités, les fêtes et certaines mémoires ayant des lectures propres. Le Lectionnaire favorise ainsi une lecture semi-continue des livres de l'Écriture sainte, comme le souhaite l'Église.

Bonne fête !

Sous ce titre, on trouve pour chaque jour de la semaine plusieurs prénoms chrétiens, qui correspondent à des saints, ou ont été rattachés à des saints.

Pour mémoire

Ces informations sont très diverses et n'ont pas nécessairement une portée liturgique : mention de telle journée mondiale ou nationale ; anniversaire (millénaire, centenaire, cinquantenaire, etc.) d'un événement important pour l'histoire de l'Église ou du monde.

Flash sur un saint

En quelques lignes, des informations sur la vie et la spiritualité d'un saint célébré dans la semaine et dont l'exemple stimule la vie chrétienne.

Quelques points forts de l'eucharistie

Ensemble célébrants et missionnaires

« Que mon sacrifice, qui est aussi le vôtre, soit agréable à Dieu le Père tout-puissant ». Oui, nous sommes bien tous invités depuis notre baptême où nous sommes faits prêtres, prophètes et rois, prêtres comme tous les fidèles, à célébrer ensemble le mystère de l'eucharistie.

C'est en effet toute l'assemblée qui célèbre. « Rappelons-nous toujours que c'est l'Église, Corps du Christ, qui est le sujet célébrant et non pas seulement le prêtre » (Pape François, *Desiderio desideravi*, n° 36). C'est en effet toutes nos vies, toutes nos richesses et nos pauvretés, notre offrande, qui s'unissent et sont offertes en action de grâce, « à la louange et à la gloire de son nom, pour notre bien et celui de toute l'Église ».

Ces gestes et paroles, qui deviennent parfois routiniers car maintes fois vécus, soulignent bien que c'est toute la communauté qui célèbre l'eucharistie. Le « nous » des prières, de la prière universelle, la procession des dons, la paix partagée par tous et pour tous, la procession de communion, jusqu'à l'envoi qui fait de toute la communauté un peuple envoyé pour annoncer l'Évangile du Christ aux nations, signifient et annoncent cette réalité.

« Participant au sacrifice eucharistique, source et sommet de toute la vie chrétienne, ils [les fidèles] offrent à Dieu la victime divine et s'offrent eux-mêmes avec elle » (*Lumen Gentium*, n° 11). Phrase qui trouve écho dans le texte sur la liturgie : « qu'offrant la victime sans tache, non seulement par les mains du prêtre, mais aussi en union avec lui, ils apprennent à s'offrir eux-mêmes et, de jour en jour, soient consommés, par la médiation du Christ, dans l'unité avec Dieu et entre eux pour que, finalement, Dieu soit tout en tous. » (*Sacrosanctum Concilium*, n° 48). Cette constitution sur la nature de l'Église affirme et développe la mission et la vocation des fidèles laïcs, du fait même qu'ils sont pleinement participants de la célébration.

L'eucharistie « co-célébrée » entre ministres et fidèles, qui rappelle cette dimension de la vie de tout baptisé invite alors chacun à faire mémoire pour le monde de l'unique sacrifice du Christ et à aller proclamer l'Évangile aux nations en rappelant que « nous sommes tous invités au repas des noces de l'Agneau » (Ap 19,9). Célébrer ensemble, c'est être ensemble envoyés pour la mission.

FD

Eucharistie et dynamique missionnaire

« L'eucharistie est bien la source et le sommet de toute l'évangélisation » affirme le Concile Vatican II (Décret sur *Le ministère et la vie des* prêtres, 5). Ainsi, toute l'eucharistie est sommet et source de la Mission. Et l'assemblée s'en rend particulièrement compte en fin de célébration, lors du rite de conclusion. Or la nouvelle traduction du Missel en propose quatre versions. Chacune appuie sur une harmonique et en déploie la richesse.

« Allez en paix, glorifiez le Seigneur par votre vie » : la mission transforme les croyants en disciples missionnaires. L'eucharistie les rend participants au corps du Christ. Il les invite à le suivre et à s'offrir « en éternelle offrande » à la gloire du Père (Prière eucharistique n°3) et à participer à son acte de salut pour tous les hommes.

« Allez porter l'Évangile du Seigneur » : lors de l'Ascension, Jésus dit à ses disciples : « Allez ! De toutes les nations faites des disciples » (Mt 28,19). De même, comme Jésus les a envoyés, il nous envoie. La rencontre avec le Christ ne reste pas entre les murs de nos églises : elle doit se propager.

« Allez dans la paix du Christ » : nous avons reçu le corps du Christ et désormais, nous sommes appelés à devenir son corps : à œuvrer par notre vie pour le salut du monde en laissant agir le Christ en nos actes et en transmettant sa paix.

« Allez en paix » : c'est Jésus, « Prince de la Paix » (Isaïe 9,5) qui envoie en mission.

Être missionnaire, c'est donc se situer comme recevant : recevant la vie, les personnes, les évènements qui se présentent à nous et les offrir au Christ. Nous sommes désormais impliqués dans le service du frère, comme Jésus lui-même s'est impliqué lors du lavement des pieds à ses disciples.

Après cette formule d'envoi, le Missel ne prévoit pas un chant. Mais il est commun d'en choisir un qui aidera les chrétiens à entrer dans cette dynamique missionnaire.

MG

Parole et eucharistie

L'eucharistie n'est pas seulement un rite que nous accomplissons au cours de la messe. Le terme désigne aussi l'ensemble de la messe et il exprime une attitude fondamentale au cœur de l'homme.

Le mot *eucharistie*, simplement décalqué du grec, est utilisé dans l'évangile de Luc : « Jésus prit du pain, et, après avoir *fait eucharistie* (traduit dans nos bibles par « rendu grâce »), il le rompit et le leur donna en disant : "Ceci est mon corps donné pour vous. Faites cela en mémoire de moi" » (Lc 22, 19).

Eucharistie signifie donc reconnaissance, remerciement, gratitude. Mener une existence eucharistique, c'est rendre grâce à Dieu en toute chose comme le demande saint Paul (Ep 5, 19). Mais comment rendre grâce quand le monde va si mal, ou quand nous sommes dans le deuil ? Les chrétiens ne sont pas naïfs ou inconscients. Dans les bonheurs comme dans les douleurs, ils cherchent ensemble le chemin de l'action de grâce.

C'est dans la parole de Dieu qu'ils le trouvent parce qu'elle est le fondement de l'espérance. Si Jésus, au soir du Jeudi saint, a pu présenter son action de grâce à son Père, c'est parce qu'il avait une totale confiance dans sa parole de vie et d'amour. Dans l'épreuve, son espérance est toujours vivante. Nous aussi, nous savons que le Seigneur ressuscité est toujours avec nous par sa Parole proclamée en Église, et que son Esprit nous conduit vers la vérité. La Parole prophétique de Dieu dévoile la fécondité de notre vie. L'homélie met en lumière l'action créatrice et réconciliatrice de Dieu dans notre monde et dans notre cœur. Elle nous aide à prendre conscience de cette richesse que bien souvent nous ignorons. Le prédicateur est un passeur qui nous permet d'entendre la parole inouïe qui nous est offerte. Alors notre prière et notre vie tout entière deviennent louange et action de grâce. Comme le chante la Préface : « Il est juste et bon de te rendre grâce... ». La Parole a donné naissance à l'eucharistie.

IRC

Le tabernacle

Nos églises sont habitées ! C'est dans la foi que nous pouvons tenir une telle affirmation. Au milieu des symboles qui constituent nos espaces de célébrations figure le tabernacle, lieu de la réserve eucharistique. Son emplacement est choisi d'abord pour favoriser l'adoration et la prière privée en relation avec la célébration de la messe puisque la première dépend de la seconde, mais non pas sur l'autel où l'eucharistie est célébrée. En effet, l'Église a prévu qu'on ne conserve la présence eucharistique que dans les églises et oratoires où la messe est régulièrement célébrée (Can. 934).

Ainsi le tabernacle, fait de matériau noble, solide et non transparent, trouvera sa place dans un endroit de l'église « visible, convenablement décoré et adapté à la prière » (Can. 938). Le Corps du Seigneur est soigneusement conservé d'abord en vue de la communion comme viatique (pour les mourants) et de manière plus générale pour les malades.

Comme son nom l'indique, la réserve eucharistique est le fruit de la consécration, et le reste des hosties est conservé dans le tabernacle. Pour la vérité du signe, « il est très souhaitable que les fidèles, comme le prêtre est tenu de le faire lui-même, reçoivent le Corps du Seigneur avec des hosties consacrées au cours de cette même messe » (PGMR n° 85). C'est pourquoi habituellement on n'ira pas chercher les hosties consacrées qui sont conservées au tabernacle ; concrètement, au moins un dimanche sur deux, il doit être possible de ne consacrer que le nombre d'hosties nécessaire, et un peu plus par précaution, la réserve étant là pour s'assurer que tous pourront communier.

Enfin, la prière d'adoration devant le Saint-Sacrement est le prolongement de la messe et elle conduit, par sa nature même, à la manifestation extérieure et intérieure de cette foi.

EB

Liturgie de la messe

LA MESSE TOUT SIMPLEMENT

Jamais seuls, mais comme les deux disciples d'Emmaüs, chaque dimanche nous prenons le chemin qui libère et guérit nos cœurs, rencontrant le Ressuscité dans les Écritures et le reconnaissant à la fraction du pain. Comme les deux disciples, nous pouvons alors repartir, le cœur dilaté par la véritable joie de l'Évangile (Lc 24, 18-35).

La *Présentation générale du Missel romain*[1] (PGMR) nous aide à comprendre la messe :

Entrer et... repartir

La messe commence par des rites initiaux(chant d'entrée, Kyrie..., prière) et se termine des rites de conclusion (bénédiction et envoi).

Deux grands moments

La liturgie de la Parole et la liturgie de l'Eucharistie : « La messe dresse la table aussi bien de la parole de Dieu que du Corps du Christ, où les fidèles sont instruits et restaurés » (PGMR 28).

Quatre signes de la présence du Christ

– l'assemblée : « Lorsque deux ou trois sont rassemblés en mon nom, je suis là, au milieu d'eux » (Mt 18, 20).

– le prêtre qui préside : il « agit en la personne du Christ, pour célébrer le mémorial du Seigneur, ou sacrifice eucharistique » (PGMR 27).

– la parole de Dieu : « Lorsqu'on lit dans l'Église la sainte Écriture, c'est Dieu lui-même qui parle à son peuple » (PGMR 29).

– le pain et le vin eucharistiques : « Ceci est mon corps livré pour vous..., ceci est mon sang versé pour la multitude » (Prière eucharistique).

---

1. Présentation générale du Missel romain, L'art de célébrer la messe, 3e édition typique 2002, Paris, Desclée-Mame, 2008.

LA MESSE TOUT SIMPLEMENT

Les rites initiaux

Entrer en célébration, se rassembler et se préparer :

– Le chant d'entrée, le signe de croix et la salutation

– l'acte pénitentiel et le *Kyrie*

– le *Gloire à Dieu*

– la prière d'ouverture (collecte)

Le but de ces rites : réaliser une communion et se préparer à entendre la parole de Dieu et à célébrer l'Eucharistie » (cf. PGMR 46).

1. La liturgie de la Parole

Un dialogue d'amitié entre Dieu et son peuple

📖 1re lecture : Ancien Testament (au Temps pascal : Actes)
Psaume responsorial

📖 2e lecture : Lettres des Apôtres (ou Apocalypse)
Acclamation de l'évangile

📖 Évangile + homélie
Credo et prière universelle des fidèles

2. La liturgie eucharistique

✠ *Il prit le pain* : Présentation des dons (préparation de l'autel, procession des offrandes et prière)
On apporte à l'autel le pain et le vin avec l'eau, c'est-à-dire les éléments que le Christ a pris dans ses mains (PGMR 72).

✠ *Il rendit grâce* : Prière eucharistique
Le centre et le sommet de la célébration. L'assemblée s'unit au Christ dans la confession des hauts faits de Dieu et dans l'offrande du sacrifice (PGMR 78, conclue par une élévation solennelle).

✠ *Il le rompit* et *Il le donna* : Fraction du pain (Notre Père, don de la paix, Agneau de Dieu), communion (chant de communion, prière)

« Puisqu'il y a un seul pain, la multitude que nous sommes est un seul corps, car nous avons tous part à un seul pain » (1 Co 10, 17).

Bénédiction et envoi

Soyons fidèles par toute notre vie au sacrement que nous avons reçu dans la foi (d'après la collecte du lundi de l'octave de Pâques).

Rites initiaux

Le chant d'entrée achevé, tous, debout, se signent tandis que le prêtre dit :

Au nom du Père, et du Fils et du Saint-Esprit.

℟. **Amen.**

Salutation du prêtre

• La grâce de Jésus, le Christ, notre Seigneur, l'amour de Dieu le Père et la communion de l'Esprit Saint soient toujours avec vous.

℟. **Et avec votre esprit.**

• Que la grâce et la paix de Dieu notre Père et du Seigneur Jésus, le Christ, soient toujours avec vous.

℟. **Et avec votre esprit.**

• Le Seigneur soit avec vous.

℟. **Et avec votre esprit**

Le prêtre, le diacre ou un autre ministre, peut introduire très brièvement les fidèles à la messe du jour.

Acte pénitentiel

Ensuite vient l'acte pénitentiel auquel le prêtre invite les fidèles, en disant :

Frères et sœurs, préparons-nous à célébrer le mystère de l'Eucharistie, en reconnaissant que nous avons péché.

On fait une brève pause en silence.

Je confesse à Dieu tout-puissant, je reconnais devant vous, frères et sœurs, que j'ai péché en pensée, en parole, par action et par omission ; (on se frappe la poitrine :) **oui, j'ai vraiment péché.**

C'est pourquoi je supplie la bienheureuse Vierge Marie, les anges et tous les saints, et vous aussi, frères et sœurs, de prier pour moi le Seigneur notre Dieu.

Ou bien :

• Prends pitié de nous, Seigneur.
℟. **Nous avons péché contre toi.**
• Montre-nous, Seigneur, ta miséricorde.
℟. **Et donne-nous ton salut.**

Ou bien :

• Seigneur Jésus, envoyé pour guérir les cœurs qui reviennent vers toi : Seigneur, prends pitié.
℟. **Seigneur, prends pitié.**
Ô Christ, venu appeler les pécheurs : ô Christ, prends pitié.
℟. **Ô Christ, prends pitié.**
Seigneur, qui sièges à la droite du Père où tu intercèdes pour nous : Seigneur, prends pitié.
℟. **Seigneur, prends pitié.**

Puis le prêtre prononce l'absolution :

Que Dieu tout-puissant nous fasse miséricorde, qu'il nous pardonne nos péchés et nous conduise à la vie éternelle.
℟. **Amen.**

• *Ou encore le rite de l'eau bénite*

Demandons au Seigneur de bénir cette eau qu'il a créée ; nous allons en être aspergés en mémoire de notre baptême : que Dieu nous vienne en aide, afin que nous demeurions fidèles à l'Esprit que nous avons reçu.

Le prêtre dit la prière de bénédiction :

Dieu éternel et tout-puissant, tu as voulu que l'eau, source de vie et principe de pureté, lave aussi nos âmes et nous apporte le don de la vie éternelle ; daigne bénir ✠ cette eau, pour que nous en recevions des forces en ce jour qui t'est consacré. Par cette eau, renouvelle en nous la source vive de ta grâce, défends-nous contre tout mal de l'esprit et du corps ; nous pourrons alors nous approcher de toi avec un cœur pur, et accueillir pleinement le salut que tu nous donnes. Par le

Christ, notre Seigneur. ℟. **Amen.** *(Il y a une autre prière au Temps pascal)*

Pendant l'aspersion, *on chante un psaume ou un chant approprié.*

Le prêtre conclut *par la prière suivante :*

Que Dieu tout-puissant nous purifie de nos péchés, et, par la célébration de cette eucharistie, nous rende dignes de participer à la table de son Royaume (par le Christ, notre Seigneur). ℟. **Amen.**

Kyrie

Le Kyrie, litanie traditionnelle adressée au Christ, vient à la suite de la préparation pénitentielle, sauf si celle-ci a déjà employé cette formule.

Seigneur, prends pitié	*ou* Kyrie eleison.
Seigneur, prends pitié.	**Kyrie eleison.**
Ô Christ, prends pitié	Christe eleison.
Ô Christ, prends pitié.	**Christe eleison.**
Seigneur, prends pitié	Kyrie eleison.
Seigneur, prends pitié.	**Kyrie eleison.**

Gloire à Dieu

Le Gloria est omis pendant l'Avent et le Carême.

Gloire à Dieu au plus haut des cieux,
et paix sur la terre aux hommes qu'il aime.
Nous te louons, nous te bénissons, nous t'adorons,
Nous te glorifions, nous te rendons grâce,
pour ton immense gloire,
Seigneur Dieu, Roi du ciel,
Dieu le Père tout-puissant.
Seigneur, Fils unique, Jésus Christ,
Seigneur Dieu, Agneau de Dieu, le Fils du Père ;
Toi qui enlèves les péchés du monde,
prends pitié de nous ;
Toi qui enlèves les péchés du monde,
reçois notre prière ;

Toi qui es assis à la droite du Père,
prends pitié de nous.
Car toi seul es Saint,
Toi seul es Seigneur,
Toi seul es le Très-Haut :
Jésus Christ, avec le Saint-Esprit
Dans la gloire de Dieu le Père. Amen.

Ou bien, si l'on chante en latin :

Glória in excélsis Deo,
Et in terra pax homínibus bonæ voluntátis.
Laudámus te, benedícimus te, adorámus te,
Glorificámus te, grátias ágimus tibi
propter magnam glóriam tuam.
Dómine Deus, rex cæléstis, Deus Pater omnípotens.
Dómine Fili unigénite, Iesu Christe.
Dómine Deus, Agnus Dei, Fílius Patris.
Qui tollis peccáta mundi, miserére nobis.
Qui tollis peccáta mundi, súscipe deprecatiónem nostram.
Qui sedes ad déxteram Patris, miserére nobis.
Quóniam tu solus sanctus, tu solus Dóminus,
Tu solus Altíssimus, Jesu Christe.
Cum Sancto Spíritu in glória Dei Patris. **Amen.**

Prière d'ouverture

L'hymne finie, le prêtre, les mains jointes, dit ou chante :

Prions le Seigneur.

La prière se trouve à la messe du jour.
Habituellement, la prière se termine ainsi :

Par Jésus Christ, ton Fils, notre Seigneur,
qui vit et règne avec toi dans l'unité du Saint-Esprit,
Dieu, pour les siècles des siècles.

Si la prière s'adresse au Père, mais avec mention du Fils à la fin, on dit :

Lui qui vit et règne avec toi dans l'unité du Saint-Esprit,
Dieu, pour les siècles des siècles.

Si elle s'adresse au Fils :

Toi qui vis et règnes avec le Père dans l'unité du Saint-Esprit,
Dieu, pour les siècles des siècles.
℟. **Amen.**

Liturgie de la Parole

Nous écoutons et méditons la parole de Dieu.

■ **Première lecture** (↗ messe du jour)
On proclame *un passage de l'Ancien Testament*: pendant le Temps ordinaire, ce passage est en relation avec l'évangile du jour. Pendant le Temps pascal, on lit les Actes des Apôtres.
Après chaque lecture, le lecteur proclame ou chante: Parole du Seigneur. L'assemblée répond: ℟. **Nous rendons grâce à Dieu.**

■ **Psaume** (↗ messe du jour)
En réponse à cette lecture, un psaume ou un cantique biblique est proclamé ou chanté. Cette prière en forme de poésie biblique permet de méditer ce qui est dit dans la lecture.

■ **Deuxième lecture** (↗ messe du jour)
On proclame *un passage d'une lettre des Apôtres* (souvent Paul, mais aussi Pierre, Jacques et Jean). Au Temps pascal de l'année B, on lit la première lettre de saint Jean. Pendant le Temps ordinaire, la lettre apostolique est lue de manière semi-continue.

■ **Évangile** (↗ messe du jour)
• *Acclamation de l'évangile:* Alléluia, qui signifie « Louez Dieu » (durant le Carême, on prend une autre acclamation).
• *Proclamation d'un passage de l'évangile.* En cette année B, on lit saint Marc. Dans cet évangile se trouvent la clé et le sommet de la liturgie de la Parole.

Homélie
C'est un commentaire en style familier, portant surtout sur l'évangile.

■ **Profession de foi** (↗ pp. 26-28)
En réponse à la parole de Dieu, l'assemblée proclame sa foi.

■ **Prière universelle** (↗ messe du jour)
Comme le demande saint Paul (1 Tm 2, 1-8), l'assemblée fait monter vers Dieu des supplications pour tous les hommes.

Profession de foi

• *Symbole de Nicée-Constantinople :*

Je crois en un seul Dieu, le Père tout-puissant,
créateur du ciel et de la terre,
de l'univers visible et invisible.
Je crois en un seul Seigneur, Jésus Christ,
le Fils unique de Dieu,
né du Père avant tous les siècles :
Il est Dieu, né de Dieu, lumière, née de la lumière,
vrai Dieu, né du vrai Dieu,
Engendré, non pas créé, consubstantiel au Père ;
et par lui tout a été fait.
Pour nous les hommes, et pour notre salut,
il descendit du ciel ;
Par l'Esprit Saint, il a pris chair de la Vierge Marie,
et s'est fait homme.
Crucifié pour nous sous Ponce Pilate,
il souffrit sa passion et fut mis au tombeau.
Il ressuscita le troisième jour,
conformément aux Écritures,
et il monta au ciel ; il est assis à la droite du Père.
Il reviendra dans la gloire,
pour juger les vivants et les morts ;
et son règne n'aura pas de fin.
Je crois en l'Esprit Saint,
qui est Seigneur et qui donne la vie ;
il procède du Père et du Fils ;
Avec le Père et le Fils,
il reçoit même adoration et même gloire ;
il a parlé par les prophètes.
Je crois en l'Église,
une, sainte, catholique et apostolique.
Je reconnais un seul baptême
pour le pardon des péchés.

J'attends la résurrection des morts,
et la vie du monde à venir. Amen.

Ou bien, si l'on chante en latin :

Credo in unum Deum, Patrem omnipoténtem,
factórem cæli et terræ,
visibílium ómnium et invisibílium.
Et in unum Dóminum Iesum Christum,
Fílium Dei unigénitum,
Et ex Patre natum ante ómnia sǽcula :
Deum de Deo, lumen de lúmine,
Deum verum de Deo vero.
Génitum, non factum, consubstantiálem Patri ;
per quem ómnia facta sunt.
Qui propter nos hómines, et propter nostram salútem,
descéndit de cælis ;
Et incarnátus est de Spíritu Sancto ex María Vírgine,
et homo factus est,
Crucifíxus étiam pro nobis sub Póntio Piláto,
passus et sepúltus est.
Et resurréxit tértia die, secúndum Scriptúras,
Et ascéndit in cælum ; sedet ad déxteram Patris.
Et íterum ventúrus est cum glória iudicáre vivos et mórtuos ;
cuius regni non erit finis.
Et in Spíritum Sanctum, Dóminum et vivificántem ;
qui ex Patre Filióque procédit ;
Qui cum Patre et Filio simul adorátur et conglorificátur :
qui locútus est per prophétas.
Et unam, sanctam, cathólicam et apostólicam Ecclésiam.
Confitéor unum baptísma in remissiónem peccatórum.
Et exspécto resurrectiónem mortuórum,
Et vitam ventúri sǽculi. Amen.

• *Symbole des Apôtres :*

**Je crois en Dieu, le Père tout-puissant,
créateur du ciel et de la terre.
Et en Jésus Christ, son Fils unique,
notre Seigneur,
qui a été conçu du Saint-Esprit,
est né de la Vierge Marie,
a souffert sous Ponce Pilate,
a été crucifié, est mort et a été enseveli,
est descendu aux enfers,
le troisième jour est ressuscité des morts,
est monté aux cieux,
est assis à la droite de Dieu le Père tout-puissant,
d'où il viendra juger les vivants et les morts.**

**Je crois en l'Esprit Saint,
à la sainte Église catholique,
à la communion des saints,
à la rémission des péchés,
à la résurrection de la chair,
à la vie éternelle.
Amen.**

• *Dans certains cas, un autre formulaire est prévu, par exemple pour la confirmation, ou la profession de foi du baptême au cours de la nuit de Pâques, pp. 354-355.*

Prière universelle

Nous exprimons devant Dieu, par de courtes intentions et un refrain, la prière des hommes et des femmes de ce temps à travers l'univers.

Il est bon que les formulations tiennent compte des besoins de l'Église et de ses responsables, des peuples et de leurs dirigeants, de ceux qui souffrent ou sont dans l'épreuve, et de la communauté réunie en ce lieu.

Des intentions sont proposées dans les formulaires de ce missel. Plusieurs recueils existent, pour nous aider à formuler les nôtres.

Liturgie eucharistique

L'eucharistie est l'action de grâce rendue à Dieu pour Jésus Christ : par son sacrifice, rendu présent en chaque messe, il s'est offert par amour pour nous, afin de rétablir la communion entre Dieu et les hommes. Le sacrifice de sa mort, acceptée et vécue dans l'amour du Père et des hommes, est devenu passage vers la vraie vie.

Jésus Christ nous appelle désormais à partager cette vie nouvelle. Le baptême nous y donne accès ; l'eucharistie nous procure l'aliment qui la nourrit. Cet aliment est Jésus lui-même qui nous donne son corps mort et ressuscité.

Ce corps transformé par le Saint-Esprit est rendu présent lorsque l'Église refait les gestes que fit Jésus la veille de sa mort :

1. Il prit du pain.
2. Il dit la prière d'action de grâce.
3. Il rompit le pain et le donna aux siens.

De là proviennent les grandes parties de la liturgie eucharistique.

1. PRÉPARATION DES DONS

Comme Jésus prit du pain et une coupe de vin lors de son dernier repas,

➤ on apporte du pain et du vin sur l'autel, et on les présente à Dieu (➚ p. 32) ;

■ **PRIÈRE SUR LES OFFRANDES** (➚ messe du jour)

2. GRANDE PRIÈRE D'ACTION DE GRÂCE

Comme Jésus, le prêtre dit au nom de tous une grande prière d'action de grâce à Dieu le Père.

➤ DIALOGUE D'INTRODUCTION (↗ p. 34)

➤ ■ PRÉFACE : le prêtre chante la louange de Dieu en évoquant le mystère célébré.

➤ SANCTUS (↗ p. 34)

L'assemblée acclame le Dieu très saint.

➤ ■ PRIÈRE EUCHARISTIQUE (↗ p. 42)

Déjà commencée par la Préface et le Sanctus, cette grande prière se déploie selon une certaine variété, mais comporte normalement les éléments suivants :

- Une invocation à Dieu pour qu'il envoie l'Esprit Saint *(épiclèse)* sur le pain et sur le vin.

- Récit du dernier repas de Jésus où il a institué l'eucharistie *(récit de l'institution)*. Le pain et le vin deviennent le corps et le sang, c'est-à-dire la personne, du Christ mort et ressuscité qui nous sauve *(consécration)*.

« Le Christ est réellement présent de façon substantielle et permanente, sous les espèces eucharistiques » (PGMR 27).

- Acclamation de l'assemblée qui chante ces mystères.

- Prière du prêtre qui en fait mémoire *(anamnèse)*.

- Invocation à l'Esprit Saint pour qu'il unisse l'assemblée *(seconde épiclèse)*.

- Intercessions pour l'Église et pour le monde, pour les vivants et les défunts, en union avec les responsables de l'Église, dans la communion des saints.

- Conclusion en forme d'action de grâce à la Sainte Trinité *(doxologie)*.

3. FRACTION DU PAIN ET COMMUNION

Comme Jésus, le prêtre partage le pain. Avant de recevoir celui-ci, l'assemblée dit la prière des enfants de Dieu ; puis elle accueille et peut échanger la paix que Dieu lui offre.

➤ NOTRE PÈRE (↗ p. 81)

➤ PRIÈRE ET RITE DE LA PAIX (↗ p. 82)

➤ FRACTION DU PAIN, pendant qu'on chante « Agneau de Dieu »

➤ COMMUNION

■ CHANT DE COMMUNION (↗ messe du jour)

■ PRIÈRE (↗ messe du jour)

RITES DE CONCLUSION

Le dernier repas de Jésus ne s'est pas clos sur lui-même : il a été suivi par le don total de Jésus sur la croix, qui a entraîné sa résurrection, le don de l'Esprit, et, finalement, l'envoi en mission.

➤ BÉNÉDICTION ET ENVOI (↗ p. 85)

Préparation des dons

Préparation de l'autel

Les ministres préparent l'autel. Il est bon que les fidèles manifestent leur participation en apportant le pain et le vin pour la célébration de l'eucharistie, ou même d'autres dons pour l'Église et des pauvres.

Préparation des dons

Pour présenter les dons, le prêtre dit :

Tu es béni, Seigneur, Dieu de l'univers : nous avons reçu de ta bonté le pain que nous te présentons, fruit de la terre et du travail des hommes ; il deviendra pour nous le pain de la vie.

(℟. **Béni soit Dieu, maintenant et toujours !**)

En mettant l'eau dans le calice, le prêtre dit à voix basse :

Comme cette eau se mêle au vin pour le sacrement de l'Alliance, puissions-nous être unis à la divinité de Celui qui a voulu prendre notre humanité.

Tu es béni, Seigneur, Dieu de l'univers : nous avons reçu de ta bonté le vin que nous te présentons, fruit de la vigne et du travail des hommes ; il deviendra pour nous le vin du Royaume éternel.

(℟. **Béni soit Dieu, maintenant et toujours !**)

Ensuite, le prêtre, profondément incliné, dit tout bas :

Le cœur humble et contrit, nous te supplions, Seigneur, accueille-nous ; que notre sacrifice, en ce jour, trouve grâce devant toi, Seigneur notre Dieu.

Un encensement est possible.

Puis, en se lavant les mains, le prêtre dit :

Lave-moi de mes fautes, Seigneur, purifie-moi de mon péché.

Invitation à la prière

Priez, frères et sœurs :
que mon sacrifice, qui est aussi le vôtre,
soit agréable à Dieu le Père tout-puissant.

℟. **Que le Seigneur reçoive de vos mains ce sacrifice**
à la louange et à la gloire de son nom,
pour notre bien et celui de toute l'Église.

ou bien

Prions ensemble,
au moment d'offrir le sacrifice de toute l'Église.
℟. **Pour la gloire de Dieu et le salut du monde.**

Prière sur les offrandes *(Voir à la messe du jour)*
Habituellement l'oraison se termine ainsi :

Par le Christ, notre Seigneur.
℟. **Amen.**

Si elle s'adresse au Père, mais avec mention du Fils à la fin :

Lui qui vit et règne pour les siècles des siècles.
℟. **Amen.**

Si elle s'adresse au Fils :

Toi qui vis et règnes pour les siècles des siècles.
℟. **Amen.**

Prière eucharistique

Le Seigneur soit avec vous.
℟. **Et avec votre esprit.**
Élevons notre cœur.
℟. **Nous le tournons vers le Seigneur.**
Rendons grâce au Seigneur notre Dieu.
℟. **Cela est juste et bon.**

Certaines préfaces se trouvent dans les formulaires des messes.
Préfaces de l'Avent, p. 101 et, à partir du 17 décembre, p. 124.

Préface de Noël 1

Vraiment, il est juste et bon, pour ta gloire et notre salut, de t'offrir notre action de grâce, toujours et en tout lieu, Seigneur, Père très saint, Dieu éternel et tout-puissant.
Car la révélation de ta gloire s'est éclairée pour nous d'une lumière nouvelle dans le mystère du Verbe incarné. Maintenant, nous connaissons en lui Dieu qui s'est rendu visible à nos yeux, et nous sommes entraînés par lui à aimer ce qui demeure invisible.
C'est pourquoi, avec les anges et les archanges, avec les puissances d'en haut et tous les esprits bienheureux, nous chantons l'hymne de ta gloire et sans fin nous proclamons :

Saint ! Saint ! Saint, le Seigneur, Dieu de l'univers !
Le ciel et la terre sont remplis de ta gloire.
Hosanna au plus haut des cieux.
Béni soit celui qui vient au nom du Seigneur.
Hosanna au plus haut des cieux.

Préface de Noël 2

Vraiment, il est juste et bon, pour ta gloire et notre salut, de t'offrir notre action de grâce, toujours et en tout lieu,

Seigneur, Père très saint, Dieu éternel et tout-puissant, par le Christ, notre Seigneur.
Dans le mystère de la Nativité, celui qui par nature est invisible s'est rendu visible en notre chair ; engendré avant le temps, il entre dans le cours du temps. Relevant en lui la création déchue, il restaure toute chose et ramène l'homme perdu vers le royaume des Cieux.
C'est pourquoi nous te louons avec tous les anges et, dans la joie, nous te célébrons en proclamant : Saint !...

Préface de Noël 3

Vraiment, il est juste et bon, pour ta gloire et notre salut, de t'offrir notre action de grâce, toujours et en tout lieu, Seigneur, Père très saint, Dieu éternel et tout-puissant, par le Christ, notre Seigneur.
Par lui resplendit en ce jour l'échange merveilleux où nous sommes régénérés : lorsque ton Verbe prend sur lui la fragilité humaine, notre condition mortelle en reçoit une infinie noblesse ; il devient tellement l'un de nous que nous devenons éternels.
C'est pourquoi, unis au chœur des anges, nous te louons dans la joie en proclamant : Saint !...

Préface de l'Épiphanie, p. 170.

Préface du Carême 1

Vraiment, il est juste et bon, pour ta gloire et notre salut, de t'offrir notre action de grâce, toujours et en tout lieu, Seigneur, Père très saint, Dieu éternel et tout-puissant, par le Christ, notre Seigneur.
Car chaque année, tu accordes à tes fidèles de se préparer aux fêtes pascales dans la joie d'un cœur purifié ; de sorte qu'en s'adonnant à une prière plus fervente et à une charité plus active, fidèles aux sacrements qui les ont fait renaître, ils soient comblés de la grâce que tu réserves à tes enfants.

C'est pourquoi, avec les anges et les archanges, avec les puissances d'en haut et tous les esprits bienheureux, nous chantons l'hymne de ta gloire et sans fin nous proclamons : Saint !...

Préface du Carême 2

Vraiment, il est juste et bon, pour ta gloire et notre salut, de t'offrir notre action de grâce, toujours et en tout lieu, Seigneur, Père très saint, Dieu éternel et tout-puissant.
Tu offres à tes enfants ce temps de grâce pour qu'ils retrouvent la pureté du cœur, afin que, l'esprit libéré des passions mauvaises, ils travaillent à ce monde qui passe, en s'attachant surtout aux réalités qui demeurent.
C'est pourquoi, avec les saints et tous les anges, nous te louons et sans fin nous proclamons : Saint !...

Préface du Carême 3

Cette préface se dit aux messes des féries de Carême, et aux jours de jeûne.

Vraiment, il est juste et bon, pour ta gloire et notre salut, de t'offrir notre action de grâce, toujours et en tout lieu, Seigneur, Père très saint, Dieu éternel et tout-puissant.
Tu as voulu que nous te rendions grâce par nos privations : elles rabaissent notre orgueil de pécheurs et nous invitent à suivre l'exemple de ta bonté en nous faisant partager avec ceux qui ont faim.
C'est pourquoi, avec les anges innombrables, d'une seule voix nous célébrons ta louange en proclamant : Saint !...

Préface du Carême 4

Cette préface se dit aux messes des féries de Carême, et aux jours de jeûne.

Vraiment, il est juste et bon, pour ta gloire et notre salut, de t'offrir notre action de grâce, toujours et en tout lieu, Seigneur, Père très saint, Dieu éternel et tout-puissant.
Car tu veux par notre jeûne et nos privations, réprimer nos penchants mauvais, élever nos esprits, nous donner la force et

enfin la récompense, par le Christ, notre Seigneur. Par lui, les anges célèbrent ta grandeur, et les esprits bienheureux adorent ta gloire ; par lui s'inclinent devant toi les puissances d'en haut et tressaillent d'une même allégresse les innombrables créatures des cieux.
À leur hymne de louange, laisse-nous joindre nos voix pour chanter et proclamer : Saint !...

Préface de Pâques 1

Vraiment, il est juste et bon, pour ta gloire et notre salut, de te louer, Seigneur, en tout temps, mais plus encore de te glorifier
en cette nuit *(la nuit de Pâques)*
aujourd'hui *(le jour et pendant l'octave)*
en ces jours *(après l'octave)*
où le Christ, notre Pâque, a été immolé.
Car il est l'Agneau véritable qui a enlevé les péchés du monde : en mourant, il a détruit notre mort ; en ressuscitant, il nous a rendu la vie.
C'est pourquoi la joie pascale rayonne par tout l'univers, la terre entière exulte, les puissances d'en haut et les anges dans le ciel chantent sans fin l'hymne de ta gloire : Saint !...

Préface de Pâques 2

Vraiment, il est juste et bon, pour ta gloire et notre salut, de te louer, Seigneur, en tout temps, mais plus encore de te glorifier en ces jours où le Christ, notre Pâque, a été immolé.
Grâce à lui se lèvent des enfants de lumière pour une vie éternelle, et les portes du royaume des Cieux s'ouvrent pour accueillir les croyants. Car sa mort nous affranchit de la mort et, dans sa résurrection, chacun de nous est déjà ressuscité.
C'est pourquoi la joie pascale rayonne par tout l'univers, la terre entière exulte, les puissances d'en haut et les anges dans le ciel chantent sans fin l'hymne de ta gloire : Saint !...

Préface de Pâques 3

Vraiment, il est juste et bon, pour ta gloire et notre salut, de te louer, Seigneur, en tout temps, mais plus encore de te glorifier en ces jours où le Christ, notre Pâque, a été immolé.
Il ne cesse pas de s'offrir pour nous, et demeure éternellement notre défenseur auprès de toi ; immolé, il a vaincu la mort ; mis à mort, il est vivant pour toujours.
C'est pourquoi la joie pascale rayonne par tout l'univers, la terre entière exulte, les puissances d'en haut et les anges dans le ciel chantent sans fin l'hymne de ta gloire : Saint !...

Préface de Pâques 4

Vraiment, il est juste et bon, pour ta gloire et notre salut, de te louer, Seigneur, en tout temps, mais plus encore de te glorifier en ces jours où le Christ, notre Pâque, a été immolé.
Le monde ancien est détruit, la création déchue est renouvelée, et, dans le Christ, nous est rendue la vie en plénitude.
C'est pourquoi la joie pascale rayonne par tout l'univers, la terre entière exulte, les puissances d'en haut et les anges dans le ciel chantent sans fin l'hymne de ta gloire : Saint !...

Préface de Pâques 5

Vraiment, il est juste et bon, pour ta gloire et notre salut, de te louer, Seigneur, en tout temps, mais plus encore de te glorifier en ces jours où le Christ, notre Pâque, a été immolé.
Par l'offrande de son corps, il mène à leur achèvement, dans la vérité de la croix, les sacrifices de l'ancienne Alliance, et quand il te remet son esprit pour notre salut, il est à lui seul le prêtre, l'autel et l'agneau du sacrifice.
C'est pourquoi la joie pascale rayonne par tout l'univers, la terre entière exulte, les puissances d'en haut et les anges dans le ciel chantent sans fin l'hymne de ta gloire : Saint !...

Préface des dimanches du Temps ordinaire 1

Vraiment, il est juste et bon, pour ta gloire et notre salut, de t'offrir notre action de grâce, toujours et en tout lieu, Seigneur, Père très saint, Dieu éternel et tout-puissant, par le Christ, notre Seigneur.
Dans le mystère de sa Pâque, il a fait une œuvre merveilleuse : car nous étions esclaves de la mort et du péché, et nous sommes appelés à partager sa gloire ; nous portons désormais ces noms glorieux : descendance choisie, sacerdoce royal, nation sainte, peuple racheté ; nous pouvons annoncer au monde les merveilles que tu as accomplies, toi qui nous appelles des ténèbres à ton admirable lumière.
C'est pourquoi, avec les anges et les archanges, avec les puissances d'en haut et tous les esprits bienheureux nous chantons l'hymne de ta gloire et sans fin nous proclamons : Saint !...

Préface des dimanches du Temps ordinaire 2

Vraiment, il est juste et bon, pour ta gloire et notre salut, de t'offrir notre action de grâce, toujours et en tout lieu, Seigneur, Père très saint, Dieu éternel et tout-puissant, par le Christ, notre Seigneur.
Dans sa pitié pour nos égarements, il a voulu naître de la Vierge Marie. Par la souffrance de la croix, il nous a délivrés de la mort éternelle ; par sa résurrection d'entre les morts, il nous a donné la vie qui n'aura pas de fin.
C'est pourquoi, avec les anges et les archanges, avec les puissances d'en haut et tous les esprits bienheureux, nous chantons l'hymne de ta gloire et sans fin nous proclamons : Saint !...

Préface des dimanches du Temps ordinaire 3

Vraiment, il est juste et bon, pour ta gloire et notre salut, de t'offrir notre action de grâce, toujours et en tout lieu, Seigneur, Père très saint, Dieu éternel et tout-puissant.

Nous reconnaissons le signe de ton immense gloire, quand tu portes secours à la faiblesse humaine par ta puissance divine, mais plus encore quand ton Fils prend notre condition mortelle pour nous guérir de la mort : ainsi, tu fais de notre existence périssable un passage vers le salut, par le Christ, notre Seigneur.
Par lui, les anges adorent ta majesté et se réjouissent en ta présence à jamais. À leur hymne de louange, laisse-nous joindre nos voix, pour chanter et proclamer : Saint !...

Préface des dimanches du Temps ordinaire 4

Vraiment, il est juste et bon, pour ta gloire et notre salut, de t'offrir notre action de grâce, toujours et en tout lieu, Seigneur, Père très saint, Dieu éternel et tout-puissant, par le Christ, notre Seigneur.
Par sa naissance, il a renouvelé la condition humaine destinée à vieillir ; par sa passion, il a effacé nos fautes ; par sa résurrection d'entre les morts, il a donné accès à la vie éternelle ; et par son ascension auprès de toi, notre Père, il a ouvert les portes du ciel.
C'est pourquoi, avec la multitude des anges et des saints, nous chantons l'hymne de ta gloire et sans fin nous proclamons : Saint !...

Préface des dimanches du Temps ordinaire 5

Vraiment, il est juste et bon, pour ta gloire et notre salut, de t'offrir notre action de grâce, toujours et en tout lieu, Seigneur, Père très saint, Dieu éternel et tout-puissant.
Toi, le Créateur de tous les éléments du monde, Maître des temps et de l'histoire, tu as formé l'homme à ton image et lui as soumis l'univers et ses merveilles ; tu lui as confié ta création afin qu'il en soit le gardien et qu'en admirant ton œuvre, il ne cesse de te rendre grâce, par le Christ, notre Seigneur.

C'est pourquoi nous te louons avec tous les anges et, dans la joie, nous te célébrons en proclamant : Saint !...

Préface des dimanches du Temps ordinaire 6

Vraiment, il est juste et bon, pour ta gloire et notre salut, de t'offrir notre action de grâce, toujours et en tout lieu, Seigneur, Père très saint, Dieu éternel et tout-puissant.
C'est en toi que nous sont donnés la vie, le mouvement et l'être ; dans notre corps, nous éprouvons chaque jour les effets de ta tendresse, et nous avons déjà la promesse de la vie éternelle : nous avons reçu les premiers dons de l'Esprit par qui tu as ressuscité Jésus d'entre les morts, et nous tenons cette espérance que vive à jamais en nous le mystère de Pâques.
C'est pourquoi nous te louons avec tous les anges et, dans la joie, nous te célébrons en proclamant : Saint !...

Préface des dimanches du Temps ordinaire 7

Vraiment, il est juste et bon, pour ta gloire et notre salut, de t'offrir notre action de grâce, toujours et en tout lieu, Seigneur, Père très saint, Dieu éternel et tout-puissant.
Dans ta miséricorde, tu as tellement aimé le monde que tu nous as envoyé le Rédempteur ; tu l'as voulu à notre ressemblance en toute chose à l'exception du péché, afin d'aimer en nous ce que tu aimais en lui ; tes dons que nous avions perdus par la désobéissance du péché, nous les retrouvons par l'obéissance de ton Fils.
C'est pourquoi, avec les anges et tous les saints, nous te louons, Seigneur, et nous exultons de joie en proclamant : Saint !...

Préface des dimanches du Temps ordinaire 8

Vraiment, il est juste et bon, pour ta gloire et notre salut, de t'offrir notre action de grâce, toujours et en tout lieu, Seigneur, Père très saint, Dieu éternel et tout-puissant.

Par le sang de ton Fils, et la force de l'Esprit, tu as voulu réunir auprès de toi tes enfants que le péché avait éloignés ; et ce peuple qui tient son unité de la Trinité sainte, à la louange de ta sagesse infinie, c'est l'Église, Corps du Christ et Temple de l'Esprit.
C'est pourquoi, unissant nos voix à celles des anges, nous te louons dans la joie en proclamant : Saint !...

Sanctus

• Saint ! Saint ! Saint, le Seigneur, Dieu de l'univers !
Le ciel et la terre sont remplis de ta gloire.
Hosanna au plus haut des cieux.
Béni soit celui qui vient au nom du Seigneur.
Hosanna au plus haut des cieux.

Ou bien, si l'on chante en latin :

• Sanctus, Sanctus, Sanctus, Dóminus Deus Sábaoth !
Pleni sunt cæli et terra glória tua. Hosánna in excélsis !
Benedíctus qui venit in nómine Dómini. Hosánna in excélsis !

Suite de la prière eucharistique

Toi, Père très aimant...
Prière eucharistique 1, ↗ p. 44
Toi qui es vraiment saint...
Prière eucharistique 2, ↗ p. 49
Tu es vraiment saint, Dieu de l'univers...
Prière eucharistique 3, ↗ p. 54
Père très saint, nous proclamons...
Prière eucharistique 4, ↗ p. 60
Toi, Seigneur, tu es vraiment Saint,...
Pour la réconciliation 1, ↗ p. 64
Père tout-puissant, nous te bénissons...
Pour la réconciliation 2, ↗ p. 67
Vraiment, tu es Saint et digne de louange,...
Pour des circonstances particulières, ↗ p. 70

Dieu notre Père, tu nous as réunis...
Pour assemblées avec enfants 1, ↗ p. 86
Oui, béni soit Jésus, ton envoyé...
Pour assemblées avec enfants 2, ↗ p. 89
Oui, Dieu, tu es saint, tu es bon pour nous...
Pour assemblées avec enfants 3, ↗ p. 92

Prière eucharistique 1
ou Canon Romain

Dialogue d'introduction et préface, p. 34, Sanctus, p. 42.

Toi, Père très aimant, nous te prions et te supplions par Jésus Christ, ton Fils, notre Seigneur, d'accepter et de bénir ✠ ces dons, ces offrandes, sacrifice pur et saint, que nous te présentons avant tout pour ta sainte Église catholique : accorde-lui la paix et protège-la, daigne la rassembler dans l'unité et la gouverner par toute la terre ; nous les présentons en union avec ton serviteur notre pape **N.**, notre évêque **N.**, et tous ceux qui gardent fidèlement la foi catholique reçue des Apôtres.

Souviens-toi, Seigneur, de tes serviteurs et de tes servantes (de **N.** et de **N.**), et de tous ceux qui sont ici réunis, dont tu connais la foi et l'attachement (instants de silence). Nous t'offrons pour eux, ou ils t'offrent pour eux-mêmes et tous les leurs ce sacrifice de louange, pour leur propre rédemption, pour la paix, et le salut qu'ils espèrent ; ils te rendent cet hommage, à toi, Dieu éternel, vivant et vrai.

Unis dans une même communion, vénérant d'abord la mémoire de la bienheureuse Marie toujours Vierge, Mère de notre Dieu et Seigneur, Jésus Christ,

---

Le dimanche

Unis dans une même communion, nous célébrons le jour où le Christ est ressuscité d'entre les morts ; et vénérant d'abord la mémoire de la bienheureuse Marie toujours Vierge, Mère de notre Seigneur Jésus Christ, †

Aux grandes fêtes

Unis dans une même communion, nous célébrons le jour très saint (la nuit très sainte)

Noël où Marie, dans la gloire de sa virginité, enfanta le Sauveur du monde ; et vénérant d'abord la mémoire de cette Vierge bienheureuse, la Mère de notre Dieu et Seigneur, Jésus Christ, †

Épiphanie où ton Fils unique qui partage éternellement ta propre gloire s'est manifesté à nos yeux dans un vrai corps pris de notre chair ; et vénérant d'abord la mémoire de la bienheureuse Marie toujours Vierge, Mère de notre Dieu et Seigneur, Jésus Christ, †

Pâques où ressuscita selon la chair notre Seigneur Jésus Christ ; et vénérant d'abord la mémoire de la bienheureuse Marie toujours Vierge, Mère de notre Dieu et Seigneur, Jésus Christ, †

Ascension où notre Seigneur, ton Fils unique, ayant pris notre nature avec sa faiblesse, la fit entrer dans ta gloire, à ta droite ; et vénérant d'abord la mémoire de la bienheureuse Marie toujours Vierge, Mère de notre Dieu et Seigneur, Jésus Christ, †

Pentecôte de la Pentecôte, où l'Esprit Saint s'est manifesté aux Apôtres par d'innombrables langues de feu ; et vénérant d'abord la mémoire de la bienheureuse Marie toujours Vierge, Mère de notre Dieu et Seigneur, Jésus Christ, †

Assomption où la Vierge Marie a été élevée dans la gloire du ciel ; et vénérant d'abord la mémoire de cette Vierge bienheureuse, la Mère de notre Dieu et Seigneur, Jésus Christ, †

Toussaint consacré à la mémoire de tous les saints : ils ont imité le Christ pendant leur vie et, à leur mort, ils ont reçu de lui la couronne de gloire ; et vénérant d'abord la mémoire de la bienheureuse Marie toujours Vierge, Mère de notre Dieu et Seigneur, Jésus Christ, †

---

† et celle de saint Joseph, son époux, des bienheureux Apôtres et martyrs Pierre et Paul, André, (Jacques et Jean, Thomas, Jacques et Philippe, Barthélemy et Matthieu, Simon et Jude, Lin, Clet, Clément, Sixte, Corneille et Cyprien, Laurent, Chrysogone, Jean et Paul, Côme et Damien,) et de tous les saints,

nous t'en supplions : accorde-nous, par leur prière et leurs mérites, d'être toujours et partout, forts de ton secours et de ta protection. (Par le Christ, notre Seigneur. Amen.)

Voici donc l'offrande que nous présentons devant toi, nous, tes serviteurs, et ta famille entière : Seigneur, dans ta bienveillance, accepte-la. Assure toi-même la paix de notre vie, arrache-nous à la damnation éternelle et veuille nous admettre au nombre de tes élus. (Par le Christ, notre Seigneur. Amen.)

De Pâques au dimanche suivant

Voici donc l'offrande que nous présentons devant toi, nous, tes serviteurs, et ta famille entière, particulièrement pour les baptisés de Pâques que tu as fait renaître de l'eau et de l'Esprit Saint, en pardonnant tous leurs péchés. Nous t'en prions, Seigneur, dans ta bienveillance, accepte cette offrande. Assure toi-même la paix de notre vie, arrache-nous à la damnation éternelle et veuille nous admettre au nombre de tes élus. (Par le Christ, notre Seigneur. Amen.)

Seigneur Dieu, nous t'en prions, daigne bénir et accueillir cette offrande, accepte-la pleinement, rends-la parfaite et digne de toi : qu'elle devienne pour nous le Corps et le Sang de ton Fils bien-aimé, Jésus, le Christ, notre Seigneur.

La veille de sa passion, il prit le pain dans ses mains très saintes et, les yeux levés au ciel, vers toi, Dieu, son Père tout-puissant, en te rendant grâce il dit la bénédiction, il rompit le pain, et le donna à ses disciples, en disant :

> « PRENEZ, ET MANGEZ-EN TOUS :
> CECI EST MON CORPS
> LIVRÉ POUR VOUS. »

De même, après le repas, il prit cette coupe incomparable dans ses mains très saintes ; et, te rendant grâce à nouveau, il dit la bénédiction, et donna la coupe à ses disciples, en disant :

« PRENEZ, ET BUVEZ-EN TOUS,
CAR CECI EST LA COUPE DE MON SANG,
LE SANG DE L'ALLIANCE NOUVELLE ET ÉTERNELLE,
QUI SERA VERSÉ
POUR VOUS ET POUR LA MULTITUDE
EN RÉMISSION DES PÉCHÉS.
VOUS FEREZ CELA EN MÉMOIRE DE MOI. »

Acclamations après la consécration, p. 51.

Voilà pourquoi nous, tes serviteurs, et ton peuple saint avec nous, faisant mémoire de la passion bienheureuse de ton Fils, Jésus, le Christ, notre Seigneur, de sa résurrection du séjour des morts et de sa glorieuse ascension dans le ciel, nous te présentons, Dieu de gloire et de majesté, cette offrande prélevée sur les biens que tu nous donnes, le sacrifice pur et saint, le sacrifice parfait, Pain de la vie éternelle et Coupe du salut. Et comme il t'a plu d'accueillir les présents de ton serviteur Abel le Juste, le sacrifice d'Abraham, notre père dans la foi, et celui que t'offrit Melchisédech, ton grand prêtre, oblation sainte et immaculée, regarde ces offrandes avec amour et, dans ta bienveillance, accepte-les.
Nous t'en supplions, Dieu tout-puissant : Qu'elles soient portées par les mains de ton saint Ange en présence de ta gloire, sur ton autel céleste, afin qu'en recevant ici, par notre communion à l'autel, le Corps et le Sang très saints de ton Fils, nous soyons comblés de la grâce et de toute bénédiction du ciel. (Par le Christ, notre Seigneur. Amen.)

Souviens-toi aussi, Seigneur, de tes serviteurs et de tes servantes (de **N.** et **N.**) qui nous ont précédés, marqués du signe de la foi, et qui dorment dans la paix (instants de silence). Pour eux et pour tous ceux qui reposent dans le Christ, nous implorons ta bonté, Seigneur : qu'ils demeurent dans la joie, la lumière et la paix. (Par le Christ, notre Seigneur. Amen.)

Et nous pécheurs, tes serviteurs, qui mettons notre espérance en ta miséricorde inépuisable, admets-nous dans la communauté des saints Apôtres et martyrs, avec Jean Baptiste, Étienne, Matthias et Barnabé, (Ignace, Alexandre, Marcellin et Pierre, Félicité et Perpétue, Agathe, Lucie, Agnès, Cécile, Anastasie,) et tous les saints ; nous t'en prions, accueille-nous dans leur compagnie, sans nous juger sur le mérite mais en accordant largement ton pardon. Par le Christ, notre Seigneur.

Par lui, tu ne cesses de créer tous ces biens, tu les sanctifies, leur donnes la vie, les bénis, et nous en fais le don.

Par lui, avec lui et en lui,
à toi, Dieu le Père tout-puissant,
dans l'unité du Saint-Esprit,
tout honneur et toute gloire,
pour les siècles des siècles.
℟. **Amen.**

Suite de la célébration : Notre Père, p. 81.

Prière eucharistique 2

Le Seigneur soit avec vous.
℟. **Et avec votre esprit.**
Élevons notre cœur.
℟. **Nous le tournons vers le Seigneur.**
Rendons grâce au Seigneur notre Dieu.
℟. **Cela est juste et bon.**

Vraiment, Père très saint, il est juste et bon, pour ta gloire et notre salut, de t'offrir notre action de grâce, toujours et en tout lieu, par ton Fils bien-aimé, Jésus, le Christ : il est ta Parole par qui tu as créé toutes choses ; c'est lui que tu nous as envoyé comme Rédempteur et Sauveur, Dieu fait homme, conçu de l'Esprit Saint, né de la Vierge Marie. Pour accomplir jusqu'au bout ta volonté et rassembler un peuple saint qui t'appartienne, il étendit les mains à l'heure de sa passion, afin de briser la mort, et de manifester la résurrection.
C'est pourquoi, avec les anges et tous les saints, nous chantons ta gloire, et d'une seule voix nous proclamons :

Saint ! Saint ! Saint, le Seigneur, Dieu de l'univers !
Le ciel et la terre sont remplis de ta gloire.
Hosanna au plus haut des cieux.
Béni soit celui qui vient au nom du Seigneur.
Hosanna au plus haut des cieux.

Toi qui es vraiment saint, toi qui es la source de toute sainteté, Seigneur, nous te prions : Sanctifie ces offrandes...

Le dimanche

Toi qui es vraiment Saint, toi qui es la source de toute sainteté, Dieu notre Père, nous voici rassemblés devant toi, et, dans la communion de toute l'Église, nous célébrons le jour où le Christ est ressuscité d'entre les morts. Par lui que tu as élevé à ta droite, nous te prions : †

Aux grandes fêtes

Toi qui es vraiment saint, toi qui es la source de toute sainteté, nous voici rassemblés devant toi, et, dans la communion de toute l'Église...

Noël ... nous célébrons (la nuit très sainte) le jour très saint où Marie, dans la gloire de sa virginité, enfanta le Sauveur du monde. Par lui, notre Rédempteur et notre Seigneur, nous te prions : † **S**anctifie

Épiphanie ... nous célébrons le jour très saint où ton Fils unique qui partage éternellement ta propre gloire s'est manifesté à nos yeux dans un vrai corps pris de notre chair. Par lui, notre Rédempteur et notre Sauveur, nous te prions : † **S**anctifie

Jeudi saint ... nous célébrons le jour très saint où notre Seigneur Jésus Christ fut livré pour nous. Par lui, notre Rédempteur et Sauveur, que tu as glorifié, nous te supplions : † **S**anctifie.

Pâques ... nous célébrons (la nuit très sainte) le jour très saint où ressuscita selon la chair notre Seigneur Jésus, le Christ. Par lui, que tu as élevé à ta droite, nous te prions : † **S**anctifie...

Ascension ... nous célébrons le jour très saint où notre Seigneur, ton Fils unique, ayant pris notre nature avec sa faiblesse, la fit entrer dans la gloire, près de toi. Par lui, qui siège désormais à ta droite, nous te prions : † **S**anctifie...

Pentecôte ... nous célébrons le jour très saint de la Pentecôte, où l'Esprit Saint s'est manifesté aux Apôtres par d'innombrables langues de feu, et nous te prions, Seigneur : † **S**anctifie...

Assomption ... nous célébrons le jour où la Vierge, Mère de Dieu, a été élevée au ciel, dans la gloire de son Fils, Jésus Christ, notre Seigneur. Par lui, qui est à l'origine de notre foi et qui la mène à sa perfection, nous te prions : † **S**anctifie...

Toussaint ... nous célébrons le jour consacré à la mémoire de tous les saints : ils ont suivi le Christ pendant leur vie et, à leur mort, ils ont reçu de lui la couronne de gloire. Par lui, qui est à l'origine de notre foi et qui la mène à sa perfection, nous te prions : † **S**anctifie...

---

† Sanctifie ces offrandes en répandant sur elles ton Esprit ; qu'elles deviennent pour nous le Corps et ✠ le Sang de Jésus, le Christ, notre Seigneur.

Au moment d'être livré et d'entrer librement dans sa passion,
il prit le pain, il rendit grâce, il le rompit
et le donna à ses disciples, en disant :

« PRENEZ, ET MANGEZ-EN TOUS :
CECI EST MON CORPS
LIVRÉ POUR VOUS. »

De même, après le repas, il prit la coupe ;
de nouveau il rendit grâce, et la donna à ses disciples, en disant :

« PRENEZ, ET BUVEZ-EN TOUS,
CAR CECI EST LA COUPE DE MON SANG,
LE SANG DE L'ALLIANCE NOUVELLE ET ÉTERNELLE,
QUI SERA VERSÉ
POUR VOUS ET POUR LA MULTITUDE
EN RÉMISSION DES PÉCHÉS.
VOUS FEREZ CELA EN MÉMOIRE DE MOI. »

I. Il est grand, le mystère de la foi :
℟. **Nous annonçons ta mort, Seigneur Jésus,**
nous proclamons ta résurrection,
nous attendons ta venue dans la gloire.

II. Acclamons le mystère de la foi :
℟. **Quand nous mangeons ce Pain**
et buvons à cette Coupe,
nous annonçons ta mort, Seigneur ressuscité,
et nous attendons que tu viennes.

III. Qu'il soit loué, le mystère de la foi :
℟. **Sauveur du monde, sauve-nous !**
Par ta croix et ta résurrection, tu nous as libérés.

ou Proclamons le mystère de la foi :
℟. **Gloire à toi qui étais mort,**
gloire à toi qui es vivant,
notre Sauveur et notre Dieu :
Viens, Seigneur Jésus !

En faisant ainsi mémoire de la mort et de la résurrection de ton Fils, nous t'offrons, Seigneur, le Pain de la vie et la Coupe du salut, et nous te rendons grâce, car tu nous as estimés dignes de nous tenir devant toi pour te servir.

Humblement, nous te demandons qu'en ayant part au Corps et au Sang du Christ, nous soyons rassemblés par l'Esprit Saint en un seul corps.

Souviens-toi, Seigneur, de ton Église répandue à travers le monde : fais-la grandir dans ta charité en union avec notre pape **N.**, notre évêque **N.**, et tous les évêques, les prêtres et les diacres.

De la Veillée pascale jusqu'au 2e dimanche de Pâques inclus, on peut ajouter :

Souviens-toi des baptisés de Pâques que tu as fait renaître de l'eau et de l'Esprit Saint pour une vie nouvelle dans le Christ.

Aux messes pour les défunts, on peut ajouter :

Souviens-toi de N. ou celui (celle) (ton serviteur ou ta servante) qui a quitté ce monde (aujourd'hui) et que tu appelles auprès de toi. Puisqu'il (elle) a été uni(e) à la mort de ton Fils, accorde-lui de participer à sa résurrection.

Souviens-toi aussi de nos frères et sœurs qui se sont endormis dans l'espérance de la résurrection, et souviens-toi, dans ta miséricorde, de tous les défunts : accueille-les dans la lumière de ton visage.

Sur nous tous enfin, nous implorons ta bonté : permets qu'avec la Vierge Marie, la bienheureuse Mère de Dieu, avec saint Joseph, son époux, les Apôtres et tous les saints qui ont fait ta joie au long des âges, nous ayons part à la vie éternelle et que nous chantions ta louange et ta gloire, par ton Fils Jésus, le Christ.

Par lui, avec lui et en lui,
à toi, Dieu le Père tout-puissant,
dans l'unité du Saint-Esprit,
tout honneur et toute gloire,
pour les siècles des siècles.
℟. **Amen.**

Suite de la célébration : Notre Père, p. 81.

Prière eucharistique 3

Le Seigneur soit avec vous.
℟. **Et avec votre esprit.**
Élevons notre cœur.
℟. **Nous le tournons vers le Seigneur.**
Rendons grâce au Seigneur notre Dieu.
℟. **Cela est juste et bon.**

Préface, p. 34. Sanctus, p. 42.

Tu es vraiment Saint, Dieu de l'univers, et il est juste que toute la création proclame ta louange, car c'est toi qui donnes la vie, c'est toi qui sanctifies toutes choses, par ton Fils, Jésus Christ, notre Seigneur, avec la puissance de l'Esprit Saint ; et tu ne cesses de rassembler ton peuple, afin que, du levant au couchant du soleil, une offrande pure soit présentée à ton nom.

C'est pourquoi nous te supplions, Seigneur, de consacrer toi-même les offrandes que nous apportons : Sanctifie-les par ton Esprit pour qu'elles deviennent le Corps ✠ et le Sang de ton Fils, Jésus Christ, notre Seigneur, qui nous a dit de célébrer ce mystère. La nuit même où il fut livré...

Le dimanche

C'est pourquoi nous voici rassemblés devant toi, Dieu notre Père, et, dans la communion de toute l'Église, nous célébrons le jour où le Christ est ressuscité d'entre les morts. Par lui, que tu as élevé à ta droite, nous te supplions de consacrer toi-même les offrandes que nous apportons : † Sanctifie-les...

Aux grandes fêtes

C'est pourquoi nous voici rassemblés devant toi, Dieu notre Père, et, dans la communion de toute l'Église, ...

Noël ... nous célébrons (la nuit très sainte) le jour très saint où Marie, dans la gloire de sa virginité, enfanta le Sauveur du monde. Par lui, notre Rédempteur et notre Seigneur, nous te supplions de consacrer toi-même les offrandes que nous apportons : † Sanctifie-les...

Épiphanie ... nous célébrons le jour très saint où ton Fils unique qui partage éternellement ta propre gloire s'est manifesté à nos yeux dans un vrai corps pris de notre chair. Par lui, notre Rédempteur et notre Sauveur, nous te supplions de consacrer toi-même les offrandes que nous apportons : † Sanctifie-les...

Jeudi saint ... nous célébrons le jour très saint où notre Seigneur Jésus Christ fut livré pour nous. Par lui, notre Rédempteur et Sauveur, que tu as glorifié, Dieu notre Père, nous te supplions de consacrer toi-même les offrandes que nous apportons : † Sanctifie-les...

Pâques ... nous célébrons (la nuit très sainte) le jour très saint où ressuscita selon la chair notre Seigneur Jésus, le Christ. Par lui, que tu as élevé à ta droite, nous te supplions de consacrer toi-même les offrandes que nous apportons : † Sanctifie-les...

Ascension ... nous célébrons le jour très saint où notre Seigneur, ton Fils unique, ayant pris notre nature avec sa faiblesse, la fit entrer dans la gloire, près de toi. Par lui, qui siège désormais à ta droite, nous te supplions de consacrer toi-même les offrandes que nous apportons : † Sanctifie-les...

Pentecôte ... nous célébrons le jour très saint de la Pentecôte, où l'Esprit Saint s'est manifesté aux Apôtres par d'innombrables langues de feu. nous te supplions de consacrer toi-même les offrandes que nous apportons : † Sanctifie-les...

Assomption .. nous célébrons le jour où la Vierge, Mère de Dieu, a été élevée au ciel, dans la gloire de son fils, Jésus Christ, notre Seigneur. Par lui, qui est à l'origine de notre foi et qui la mène à sa perfection, nous te supplions de consacrer toi-même les offrandes que nous apportons : † Sanctifie-les...

Toussaint ... nous célébrons le jour consacré à la mémoire de tous les saints : ils ont suivi le Christ pendant leur vie et, à leur mort, ils ont reçu de lui la couronne de gloire. Par lui, qui est à l'origine de notre foi et qui la mène à sa perfection, nous te supplions de consacrer toi-même les offrandes que nous apportons : † Sanctifie-les...

---

† Sanctifie-les par ton Esprit pour qu'elles deviennent le Corps ✠ et le Sang de ton Fils, Jésus Christ, notre Seigneur, qui nous a dit de célébrer ce mystère.

La nuit même où il fut livré, il prit le pain,
en te rendant grâce il dit la bénédiction,
il rompit le pain,
et le donna à ses disciples, en disant :

> « PRENEZ, ET MANGEZ-EN TOUS :
> CECI EST MON CORPS
> LIVRÉ POUR VOUS. »

De même, après le repas,
il prit la coupe ;
en te rendant grâce il dit la bénédiction,
et donna la coupe à ses disciples, en disant :

> « PRENEZ, ET BUVEZ-EN TOUS,
> CAR CECI EST LA COUPE DE MON SANG,
> LE SANG DE L'ALLIANCE NOUVELLE ET ÉTERNELLE,
> QUI SERA VERSÉ
> POUR VOUS ET POUR LA MULTITUDE
> EN RÉMISSION DES PÉCHÉS.
> VOUS FEREZ CELA EN MÉMOIRE DE MOI. »

I. Il est grand, le mystère de la foi :
℟. **Nous annonçons ta mort, Seigneur Jésus,**
nous proclamons ta résurrection,
nous attendons ta venue dans la gloire.

II. Acclamons le mystère de la foi :
℟. **Quand nous mangeons ce Pain
et buvons à cette Coupe,
nous annonçons ta mort, Seigneur ressuscité,
et nous attendons que tu viennes.**

III. Qu'il soit loué, le mystère de la foi :
℟. **Sauveur du monde, sauve-nous !
Par ta croix et ta résurrection, tu nous as libérés.**

ou Proclamons le mystère de la foi :
℟. **Gloire à toi qui étais mort,
gloire à toi qui es vivant,
notre Sauveur et notre Dieu :
Viens, Seigneur Jésus !**

En faisant ainsi mémoire de ton Fils, de sa passion qui nous sauve, de sa glorieuse résurrection et de son ascension dans le ciel, alors que nous attendons son dernier avènement, nous t'offrons, Seigneur, en action de grâce, ce sacrifice vivant et saint.

Regarde, nous t'en prions, l'oblation de ton Église, et daigne y reconnaître ton Fils qui, selon ta volonté, s'est offert en sacrifice pour nous réconcilier avec toi. Quand nous serons nourris de son Corps et de son Sang, et remplis de l'Esprit Saint, accorde-nous d'être un seul corps et un seul esprit dans le Christ.

Que l'Esprit Saint fasse de nous une éternelle offrande à ta gloire, pour que nous obtenions un jour l'héritage promis, avec tes élus : en premier lieu la bienheureuse Vierge Marie, Mère de Dieu, avec saint Joseph, son époux, les bienheureux Apôtres, les glorieux martyrs, (saint **N.**) et tous les saints, qui ne cessent d'intercéder auprès de toi et nous assurent de ton secours.

Et maintenant nous te supplions, Seigneur : par le sacrifice qui nous réconcilie avec toi, étends au monde entier le salut et la paix. Affermis ton Église, en pèlerinage sur la terre, dans la foi et la charité, en union avec ton serviteur notre pape **N.**, et notre évêque **N.**, l'ensemble des évêques, les prêtres, les diacres, et tout le peuple que tu as racheté.

Pâques Souviens-toi des baptisés de Pâques que tu as fait renaître de l'eau et de l'Esprit Saint pour une vie nouvelle dans le Christ.

Baptême Souviens-toi, Seigneur, de **N.** et **N.** qui sont entrés aujourd'hui dans ta famille par le baptême.

Écoute, en ta bonté, les prières de ta famille, que tu as voulu rassembler devant toi. Dans ta miséricorde, ramène à toi, Père très aimant, tous tes enfants dispersés.

Pour nos frères et sœurs défunts, et pour tous ceux qui ont quitté ce monde et trouvent grâce devant toi, nous te prions : en ta bienveillance, accueille-les dans ton Royaume, où nous espérons être comblés de ta gloire, tous ensemble et pour l'éternité, par le Christ, notre Seigneur, par qui tu donnes au monde toute grâce et tout bien.

Aux messes des défunts

Souviens-toi de N. celui (celle) qui a quitté ce monde (aujourd'hui) et que tu appelles auprès de toi. Puisqu'il (elle) a été uni(e) à la mort de ton Fils, accorde-lui de participer à sa résurrection le jour où le Christ ressuscitera dans la chair ceux qui sont morts, et transformera nos pauvres corps à l'image de son corps glorieux. Souviens-toi aussi de nos frères et sœurs défunts, souviens-toi de tous ceux qui ont quitté ce monde et trouvent grâce devant toi : en ta bienveillance, reçois-les dans ton Royaume, où nous espérons être comblés de ta gloire, tous ensemble et pour l'éternité, quand tu essuieras toute larme de nos yeux ; en te voyant, toi notre Dieu, tel que tu es, nous te serons semblables éternellement et, sans fin, nous chanterons ta louange par le Christ, notre Seigneur, par qui tu donnes au monde toute grâce et tout bien.

Par lui, avec lui et en lui,
à toi, Dieu le Père tout-puissant,
dans l'unité du Saint-Esprit,
tout honneur et toute gloire,
pour les siècles des siècles.
℟. **Amen.**

Suite de la célébration : p. 81.

Prière eucharistique 4

Le Seigneur soit avec vous.
℟. **Et avec votre esprit.**
Élevons notre cœur.
℟. **Nous le tournons vers le Seigneur.**
Rendons grâce au Seigneur notre Dieu.
℟. **Cela est juste et bon.**

Vraiment, il est bon de te rendre grâce, il est juste et bon de te glorifier, Père très saint, car tu es le seul Dieu, le Dieu vivant et vrai : toi qui es avant tous les siècles, tu demeures éternellement, lumière au-delà de toute lumière.
Toi, le Dieu de bonté, la source de la vie, tu as fait le monde pour que toute créature soit comblée de tes bénédictions, et que beaucoup se réjouissent de l'éclat de ta lumière.
Ainsi, la foule innombrable des Anges qui te servent jour et nuit se tiennent devant toi et, contemplant la splendeur de ta face, n'interrompent jamais leur louange. Unis à leur hymne d'allégresse, avec la création tout entière qui t'acclame par nos voix, Dieu, nous te chantons (ou : louons) :
Saint ! Saint ! Saint ! Le Seigneur, Dieu de l'univers ! *(p. 42)*

Père très saint, nous proclamons que tu es grand et que tu as fait toutes choses avec sagesse et par amour : tu as créé l'homme à ton image, et tu lui as confié l'univers, afin qu'en te servant, toi seul, son Créateur, il règne sur la création.
Comme il avait perdu ton amitié par sa désobéissance, tu ne l'as pas abandonné au pouvoir de la mort. Dans ta miséricorde, tu es venu en aide à tous les hommes pour qu'ils te cherchent et puissent te trouver. Tu as multiplié les alliances avec eux, et tu les as formés, par les prophètes, dans l'espérance du salut.

Tu as tellement aimé le monde, Père très saint, que tu nous as envoyé ton Fils unique, lorsque les temps furent accomplis, pour qu'il soit notre Sauveur. Dieu fait homme, conçu de l'Esprit Saint, né de la Vierge Marie, il a vécu notre condition humaine en toute chose, excepté le péché, annonçant aux pauvres la bonne nouvelle du salut ; aux captifs, la délivrance ; aux affligés, la joie.
Pour accomplir le dessein de ton amour, il s'est livré lui-même à la mort, et, par sa résurrection, il a détruit la mort et renouvelé la vie. Afin que désormais notre vie ne soit plus à nous-mêmes, mais à lui qui est mort et ressuscité pour nous, il a envoyé d'auprès de toi, Père, comme premier don fait aux croyants, l'Esprit Saint qui continue son œuvre dans le monde et achève toute sanctification.

Que ce même Esprit Saint, nous t'en prions, Seigneur, sanctifie ces offrandes : qu'elles deviennent ainsi le Corps ✠ et le Sang de notre Seigneur Jésus, le Christ, dans la célébration de ce grand mystère, que lui-même nous a laissé en signe de l'Alliance éternelle.

Quand l'heure fut venue où tu allais le glorifier, Père très saint, comme il avait aimé les siens qui étaient dans le monde, il les aima jusqu'au bout : pendant le repas qu'il partageait avec eux, il prit le pain, dit la bénédiction, le rompit et le donna à ses disciples, en disant :

> « PRENEZ, ET MANGEZ-EN TOUS :
> CECI EST MON CORPS
> LIVRÉ POUR VOUS. »

De même, il prit la coupe remplie de vin, il rendit grâce, et la donna à ses disciples, en disant :

> « PRENEZ, ET BUVEZ-EN TOUS,
> CAR CECI EST LA COUPE DE MON SANG,
> LE SANG DE L'ALLIANCE NOUVELLE ET ÉTERNELLE,

QUI SERA VERSÉ
POUR VOUS ET POUR LA MULTITUDE
EN RÉMISSION DES PÉCHÉS.
VOUS FEREZ CELA EN MÉMOIRE DE MOI. »

Acclamations, p. 56.

Voilà pourquoi, Seigneur, nous célébrons aujourd'hui le mémorial de notre rédemption : en rappelant la mort du Christ et sa descente au séjour des morts, en proclamant sa résurrection et son ascension à ta droite, en attendant sa venue dans la gloire, nous t'offrons son Corps et son Sang, le sacrifice qui est digne de toi et qui sauve le monde entier. Regarde, Seigneur, Celui qui s'offre dans le sacrifice que toi-même as préparé pour ton Église, et, dans ta bonté, accorde à tous ceux qui vont partager ce Pain et boire à cette Coupe d'être rassemblés par l'Esprit Saint en un seul corps, pour qu'ils deviennent eux-mêmes dans le Christ une vivante offrande à la louange de ta gloire.

Et maintenant, Seigneur, rappelle-toi tous ceux pour qui nous offrons le sacrifice : en premier lieu, ton serviteur notre pape N., notre évêque N., et l'ensemble des évêques, les prêtres et les diacres, les fidèles qui présentent cette offrande, les membres de notre assemblée,

---

Pour un baptême

N. et N. (ceux) que tu as fait renaître aujourd'hui de l'eau et de l'Esprit Saint.

---

le peuple entier qui t'appartient et tous ceux qui te cherchent avec droiture.

Souviens-toi aussi de ceux qui sont morts dans la paix du Christ, et de tous les défunts dont toi seul connais la foi.

On peut rappeler ici les défunts de la communauté.

À nous qui sommes tes enfants, accorde, Père très bon, l'héritage de la vie éternelle auprès de la Vierge Marie, la bienheureuse Mère de Dieu, auprès de saint Joseph, son époux, des Apôtres et de tous les saints, dans ton Royaume. Nous pourrons alors, avec la création tout entière, enfin libérée de la corruption du péché et de la mort, te glorifier par le Christ, notre Seigneur, par qui tu donnes au monde toute grâce et tout bien.

Par lui, avec lui et en lui, à toi,
Dieu le Père tout-puissant,
dans l'unité du Saint-Esprit,
tout honneur et toute gloire,
pour les siècles des siècles.
℟. **Amen.**

Suite de la célébration : Notre Père, p. 81.

Prière eucharistique I pour la réconciliation

Vraiment, il est juste et bon de toujours te rendre grâce, Seigneur, Père très saint, Dieu éternel et tout-puissant. Car tu ne cesses de nous appeler à une vie plus belle ; toi qui es riche en miséricorde, sans te lasser tu offres ton pardon et tu invites les pécheurs à s'en remettre à ta seule bonté. Bien loin de te détourner de nous, qui avons si souvent rompu ton Alliance, tu as noué avec la famille humaine un nouveau lien de charité, si fort que rien ne pourra le défaire.
Et maintenant que tu accordes à ton peuple un temps de grâce et de réconciliation, tu lui donnes, par la conversion du cœur, de mettre son espérance dans le Christ Jésus et de se dévouer au service de tous les hommes en se livrant davantage à l'Esprit Saint.
C'est pourquoi, remplis d'admiration, nous voulons joindre nos voix aux voix innombrables du ciel, pour magnifier la puissance de ton amour dans la joie de notre salut, et sans fin nous proclamons :

Saint ! Saint ! Saint, le Seigneur, Dieu de l'univers !...

Toi, Seigneur, tu es vraiment Saint, tu es toujours à l'œuvre, depuis les origines du monde, pour que l'homme devienne saint comme toi-même es Saint. Regarde, nous t'en prions, les offrandes de ton peuple, et répands sur elles la puissance de ton Esprit : qu'elles deviennent le Corps ✠ et le Sang de ton Fils bien-aimé, Jésus, le Christ, en qui, nous aussi, nous sommes tes fils.
Nous qui étions perdus, incapables de nous rapprocher de toi, tu nous as aimés du plus grand amour : ton Fils, le seul Juste, s'est livré lui-même à la mort et n'a pas refusé d'être cloué pour nous sur le bois de la croix.

Mais avant que ses bras étendus dessinent entre ciel et terre le signe indélébile de ton Alliance, il voulut célébrer la Pâque au milieu de ses disciples.

Au cours du repas, il prit le pain, en te rendant grâce il dit la bénédiction, il rompit le pain, et le donna à ses disciples, en disant :

> « PRENEZ, ET MANGEZ-EN TOUS :
> CECI EST MON CORPS
> LIVRÉ POUR VOUS. »

De même, après le repas, sachant qu'il allait tout réconcilier en lui par son sang répandu sur la croix, il prit la coupe remplie de vin, et, te rendant grâce à nouveau, il la fit passer à ses disciples, en disant :

> « PRENEZ, ET BUVEZ-EN TOUS,
> CAR CECI EST LA COUPE DE MON SANG,
> LE SANG DE L'ALLIANCE NOUVELLE ET ÉTERNELLE,
> QUI SERA VERSÉ
> POUR VOUS ET POUR LA MULTITUDE
> EN RÉMISSION DES PÉCHÉS.
> VOUS FEREZ CELA EN MÉMOIRE DE MOI. »

Acclamations, p. 56.

En faisant mémoire de ton Fils Jésus, le Christ, notre Pâque et notre paix définitive, nous célébrons sa mort et sa résurrection du séjour des morts, et, en appelant le jour béni de sa venue, nous te présentons, Dieu de fidélité et de miséricorde, Celui qui s'est offert lui-même en sacrifice pour réconcilier l'humanité avec toi.
Regarde avec bonté, Père très aimant, ceux que tu attires à toi, par le sacrifice de ton propre Fils : accorde à ceux qui ont part à un seul pain et une seule coupe d'être rassemblés, par la force de l'Esprit Saint, en un seul corps dans le Christ par qui est abolie toute division.

Daigne nous garder toujours en communion d'esprit et de cœur avec notre pape N. et notre évêque N. Aide-nous à préparer ensemble la venue de ton règne jusqu'à l'heure où nous nous tiendrons devant toi, saints parmi les saints dans le ciel, avec la bienheureuse Vierge Marie, Mère de Dieu, les bienheureux Apôtres et tous les saints, avec nos frères et sœurs défunts, que nous confions humblement à ta miséricorde. Alors, enfin libérés de la corruption qui nous blesse, nous deviendrons une création nouvelle, et, avec joie, nous te chanterons l'action de grâce

Par lui, avec lui et en lui,
à toi, Dieu le Père tout-puissant,
dans l'unité du Saint-Esprit,
tout honneur et toute gloire,
pour les siècles des siècles.
℟. **Amen.**

Suite de la célébration : Notre Père, p. 81.

Prière eucharistique II pour la réconciliation

Vraiment, il est juste et bon, de te rendre grâce et de chanter ta louange, Dieu, le Père tout-puissant, pour l'œuvre que tu accomplis dans ce monde par notre Seigneur Jésus, le Christ. Au sein de notre humanité encore désunie et déchirée, nous savons d'expérience que tu changes les cœurs et les prépares à la réconciliation. Ton Esprit travaille le cœur des hommes : pour que les ennemis se parlent à nouveau, les adversaires se tendent la main, et que les peuples cherchent à se rencontrer. Oui, c'est ton œuvre, Seigneur, quand l'amour l'emporte sur la haine, quand la vengeance fait place au pardon, et la discorde se change en amitié. C'est pourquoi, unis aux chœurs célestes qui te chantent, nous ne cessons de te rendre grâce, et, sur la terre, nous proclamons sans fin ta gloire :

Saint ! Saint ! Saint, le Seigneur, Dieu de l'univers !...

Père tout-puissant, nous te bénissons par Jésus Christ, ton Fils, venu dans notre monde en ton nom. Il est la Parole du salut pour les hommes, la main que tu tends aux pécheurs, le chemin par où nous arrive la paix que tu donnes.
Alors que nos péchés nous avaient détournés de toi, Seigneur, tu nous as conduits à la réconciliation, pour que, tournés vers toi, nous nous aimions les uns les autres, par ton Fils, que tu as livré pour nous à la mort.
Et maintenant que nous célébrons la réconciliation que le Christ nous a obtenue, nous te prions ; sanctifie ces offrandes en répandant sur elles ton Esprit : qu'elles deviennent le Corps et ✠ le Sang de ton Fils, qui nous a dit de célébrer ce mystère.

Au cours du repas, lui qui allait donner sa vie pour notre libération, il prit le pain dans ses mains et, te rendant grâce, il dit la bénédiction, il rompit le pain, et le donna à ses disciples, en disant :

> « PRENEZ, ET MANGEZ-EN TOUS :
> CECI EST MON CORPS
> LIVRÉ POUR VOUS. »

De même, ce soir-là, il prit dans ses mains la coupe de bénédiction, en proclamant ta miséricorde ; puis il donna la coupe à ses disciples, en disant :

> « PRENEZ, ET BUVEZ-EN TOUS,
> CAR CECI EST LA COUPE DE MON SANG,
> LE SANG DE L'ALLIANCE NOUVELLE ET ÉTERNELLE,
> QUI SERA VERSÉ
> POUR VOUS ET POUR LA MULTITUDE
> EN RÉMISSION DES PÉCHÉS.
> VOUS FEREZ CELA EN MÉMOIRE DE MOI. »

Acclamations p. 56.

En faisant ainsi mémoire de la mort et de la résurrection de ton Fils, qui nous a laissé un tel gage de son amour, nous te présentons cette offrande qui vient de toi, le sacrifice de la parfaite réconciliation.
Père très saint, nous t'en supplions, accueille-nous avec ton Fils, et, dans ce repas qui nous sauve, accorde-nous son Esprit : qu'il fasse disparaître les causes de nos divisions.
Que ce même Esprit fasse de ton Église le signe visible de l'unité entre les hommes, et l'instrument de ta paix ; qu'il nous garde en communion avec notre pape N. et notre évêque N., avec l'ensemble des évêques, et ton peuple tout entier.

Et comme tu nous as réunis maintenant à la table de ton Fils, rassemble-nous un jour, auprès de la glorieuse Vierge Marie, Mère de Dieu, avec tes bienheureux Apôtres et tous les saints, avec nos frères et sœurs, avec les hommes et les femmes de toute origine et de toute langue qui sont morts dans ton amitié ; ce jour-là, rassemble-nous au banquet de l'unité à jamais accomplie, dans les cieux nouveaux et la terre nouvelle où resplendit en plénitude la paix qui vient de toi, dans le Christ Jésus, notre Seigneur.

Par lui, avec lui et en lui, à toi,
Dieu le Père tout-puissant,
dans l'unité du Saint-Esprit,
tout honneur et toute gloire,
pour les siècles des siècles.
℟. **Amen.**

Suite de la célébration : Notre Père, p. 81.

Prière eucharistique pour des circonstances particulières

I
L'Église en marche vers l'unité

Cette Prière eucharistique dans sa forme I convient notamment aux formulaires de messes pour l'Église, pour le pape, pour l'évêque, pour l'élection d'un pape ou d'un évêque, pour un concile ou un synode, pour les prêtres, pour le prêtre lui-même, pour ceux qui accomplissent un ministère dans l'Église, pour une réunion d'ordre spirituel ou pastoral.

Vraiment, il est juste et bon de t'offrir notre action de grâce, de chanter une hymne à ta louange et à ta gloire, Seigneur, Père d'infinie bonté.
À la parole de ton Fils annonçant l'Évangile, tu as rassemblé ton Église de toute langue, peuple et nation, et tu ne cesses de la vivifier par la force de ton Esprit pour faire grandir jour après jour l'unité du genre humain. En rendant visible l'Alliance de ton amour, elle ouvre à tous la bienheureuse espérance de ton royaume, et resplendit comme un signe de la fidélité que tu as promise à tous les âges dans le Christ Jésus, notre Seigneur.
C'est pourquoi, avec toutes les puissances des cieux, nous pouvons te bénir sur la terre et proclamer d'une seule voix avec toute l'Église :

Saint ! Saint ! Saint, le Seigneur, Dieu de l'univers !...

Vraiment, tu es Saint et digne de louange, Dieu qui aimes tes enfants, toi qui es toujours avec eux sur les chemins de cette vie. Vraiment, ton Fils, Jésus, est béni, lui qui se tient au milieu de nous, quand son amour nous réunit ; comme autrefois pour ses disciples, il nous ouvre les Écritures et il rompt le pain.

C'est pourquoi, Père très aimant, nous t'en prions, envoie ton Esprit Saint afin qu'il sanctifie nos offrandes : que ce pain et ce vin deviennent pour nous le Corps ✠ et le Sang de notre Seigneur Jésus, le Christ.

La veille de sa passion, la nuit de la dernière Cène, il prit le pain, dit la bénédiction, le rompit et le donna à ses disciples, en disant :

« PRENEZ, ET MANGEZ-EN TOUS :
CECI EST MON CORPS
LIVRÉ POUR VOUS. »

De même, après le repas, il prit la coupe, te rendit grâce, et la donna à ses disciples, en disant :

« PRENEZ, ET BUVEZ-EN TOUS,
CAR CECI EST LA COUPE DE MON SANG,
LE SANG DE L'ALLIANCE NOUVELLE ET ÉTERNELLE,
QUI SERA VERSÉ
POUR VOUS ET POUR LA MULTITUDE
EN RÉMISSION DES PÉCHÉS.
VOUS FEREZ CELA EN MÉMOIRE DE MOI. »

Acclamations, p. 56.

Voilà pourquoi, Père très saint, nous faisons mémoire de ton Fils, le Christ, notre Sauveur, que tu as conduit, par la passion et la mort sur la croix, à la gloire de la résurrection pour qu'il siège à ta droite ; nous annonçons, jusqu'à ce qu'il vienne, l'œuvre de ton amour, et nous t'offrons le pain de la vie et la coupe de bénédiction.
Regarde avec bonté l'offrande de ton Église qui te présente par nos mains ce qu'elle a reçu de toi : le sacrifice pascal du Christ. Que la force de ton Esprit d'amour fasse de nous, dès maintenant et pour l'éternité, les membres de ton Fils, nous qui communions à son Corps et à son Sang.

Renouvelle, Seigneur, par la lumière de l'Évangile, ton Église (qui est à N.). Resserre le lien de l'unité entre les fidèles et les pasteurs de ton peuple, en union avec notre pape N., notre évêque N., et l'ensemble des évêques, pour qu'au milieu d'un monde déchiré par les divisions, le peuple qui t'appartient brille comme un signe prophétique de concorde et d'unité.

Souviens-toi de nos frères et sœurs (N. et N.) qui se sont endormis dans la paix du Christ, et de tous les morts dont toi seul connais la foi : accueille-les dans la joie et la clarté de ton visage et donne-leur, par la résurrection, la plénitude de la vie. Et lorsque prendra fin notre pèlerinage sur la terre, reçois-nous dans la demeure où nous vivrons près de toi pour toujours. Alors, avec la Vierge Marie, la bienheureuse Mère de Dieu, avec les Apôtres, les martyrs, (saint N. : le saint du jour ou le saint patron) et tous les saints, nous pourrons te louer et te magnifier, par ton Fils, Jésus, le Christ.

Par lui, avec lui et en lui,
à toi, Dieu le Père tout-puissant,
dans l'unité du Saint-Esprit,
tout honneur et toute gloire,
pour les siècles des siècles.
℟. **Amen.**

Suite de la célébration : Notre Père, *p. 81.*

II

Dieu guide son Église sur la voie du salut

Cette Prière eucharistique dans sa forme II convient notamment aux formulaires de messes pour l'Église, pour les vocations sacerdotales, pour les laïcs, pour la famille, pour les religieux, pour les vocations religieuses, pour demander la charité, pour nos proches et nos amis, pour rendre grâce à Dieu.

Vraiment, il est juste et bon, pour ta gloire et notre salut, de t'offrir notre action de grâce, toujours et en tout lieu,

Seigneur, Père très saint, Créateur de l'univers et source de toute vie.
Car tu n'abandonnes jamais ce que tu crées dans ta sagesse, mais tu te montres bienveillant, toujours à l'œuvre parmi nous. Tu as guidé ton peuple Israël à travers le désert, d'une main forte et d'un bras vigoureux ; aujourd'hui encore tu ne cesses d'accompagner ton Église au long de son pèlerinage en ce monde, par la force de ton Esprit Saint, et tu la conduis sur les routes de ce temps vers la joie éternelle de ton Royaume, par le Christ, notre Seigneur.
C'est pourquoi, avec les anges et les saints, nous chantons l'hymne de ta gloire et sans fin nous proclamons :

Saint ! Saint ! Saint, le Seigneur, Dieu de l'univers !...

Vraiment, tu es Saint et digne de louange, Dieu qui aimes tes enfants, toi qui es toujours avec eux sur les chemins de cette vie. Vraiment, ton Fils, Jésus, est béni, lui qui se tient au milieu de nous, quand son amour nous réunit ; comme autrefois pour ses disciples, il nous ouvre les Écritures et il rompt le pain.
C'est pourquoi, Père très aimant, nous t'en prions, envoie ton Esprit Saint afin qu'il sanctifie nos offrandes : que ce pain et ce vin deviennent pour nous le Corps ✠ et le Sang de notre Seigneur Jésus, le Christ.

La veille de sa passion, la nuit de la dernière Cène, il prit le pain, dit la bénédiction, le rompit et le donna à ses disciples, en disant :

> « PRENEZ, ET MANGEZ-EN TOUS :
> CECI EST MON CORPS
> LIVRÉ POUR VOUS. »

De même, après le repas, il prit la coupe, te rendit grâce, et la donna à ses disciples, en disant :

« PRENEZ, ET BUVEZ-EN TOUS,
CAR CECI EST LA COUPE DE MON SANG,
LE SANG DE L'ALLIANCE NOUVELLE ET ÉTERNELLE,
QUI SERA VERSÉ
POUR VOUS ET POUR LA MULTITUDE
EN RÉMISSION DES PÉCHÉS.
VOUS FEREZ CELA EN MÉMOIRE DE MOI. »

Acclamations p. 56.

Voilà pourquoi, Père très saint, nous faisons mémoire de ton Fils, le Christ, notre Sauveur, que tu as conduit, par la passion et la mort sur la croix, à la gloire de la résurrection pour qu'il siège à ta droite ; nous annonçons, jusqu'à ce qu'il vienne, l'œuvre de ton amour, et nous t'offrons le pain de la vie et la coupe de bénédiction.
Regarde avec bonté l'offrande de ton Église qui te présente par nos mains ce qu'elle a reçu de toi : le sacrifice pascal du Christ. Que la force de ton Esprit d'amour fasse de nous, dès maintenant et pour l'éternité, les membres de ton Fils, nous qui communions à son Corps et à son Sang.
Toi qui nous invites à cette table, Seigneur, fortifie-nous dans l'unité : alors, en union avec notre pape N. et notre évêque N., avec l'ensemble des évêques, les prêtres, les diacres et ton peuple répandu par tout l'univers, nous avancerons sur tes chemins dans la foi et l'espérance, et nous pourrons apporter au monde la confiance et la joie.

Souviens-toi de nos frères et sœurs (N. et N.) qui se sont endormis dans la paix du Christ, et de tous les morts dont toi seul connais la foi : accueille-les dans la joie et la clarté de ton visage et donne-leur, par la résurrection, la plénitude de la vie. Et lorsque prendra fin notre pèlerinage sur la terre, reçois-nous dans la demeure où nous vivrons près de toi pour toujours. Alors, avec la Vierge Marie, la bienheureuse Mère de Dieu, avec les Apôtres, les martyrs, (saint N. : le saint du jour ou le saint patron) et tous les saints, nous pourrons te louer et te magnifier, par ton Fils, Jésus, le Christ.

Par lui, avec lui et en lui,
à toi, Dieu le Père tout-puissant,
dans l'unité du Saint-Esprit,
tout honneur et toute gloire,
pour les siècles des siècles.
℟. **Amen.**

Suite de la célébration : Notre Père, p. 81.

III
Jésus, chemin vers le Père

Cette Prière eucharistique dans sa forme III convient notamment aux formulaires de messes pour l'évangélisation des peuples, pour les chrétiens persécutés, pour le pays ou la cité, pour les responsables ou des dirigeants, pour une réunion de chefs d'État, pour le début de l'année civile, pour le développement des peuples.

Vraiment, il est juste et bon, pour ta gloire et notre salut, de t'offrir notre action de grâce, toujours et en tout lieu, Père très saint, maître du ciel et de la terre, par le Christ, notre Seigneur.
Par ton Verbe, tu as créé le monde et tu gouvernes toute chose avec justice. C'est lui, Verbe fait chair, que tu nous as donné pour médiateur, lui qui nous a dit tes propres paroles et nous appelle à le suivre. Il est le chemin qui nous mène vers toi, la vérité qui nous rend libres, la vie qui nous comble de joie.
Par lui, ton Fils bien-aimé, tu rassembles en une seule famille ceux que tu as créés pour la gloire de ton nom, rachetés par le sang de la croix et marqués du sceau de ton Esprit.
C'est pourquoi, dès maintenant et pour l'éternité, nous chantons ta gloire avec tous les anges et dans la joie, nous te célébrons en proclamant :

Saint ! Saint ! Saint, le Seigneur, Dieu de l'univers !...

Vraiment, tu es Saint et digne de louange, Dieu qui aimes tes enfants, toi qui es toujours avec eux sur les chemins de cette vie. Vraiment, ton Fils, Jésus, est béni, lui qui se tient au milieu de nous, quand son amour nous réunit ; comme autrefois pour ses disciples, il nous ouvre les Écritures et il rompt le pain.
C'est pourquoi, Père très aimant, nous t'en prions, envoie ton Esprit Saint afin qu'il sanctifie nos offrandes : que ce pain et ce vin deviennent pour nous le Corps ✠ et le Sang de notre Seigneur Jésus, le Christ.

La veille de sa passion, la nuit de la dernière Cène, il prit le pain, dit la bénédiction, le rompit et le donna à ses disciples, en disant :

> « PRENEZ, ET MANGEZ-EN TOUS :
> CECI EST MON CORPS
> LIVRÉ POUR VOUS. »

De même, après le repas, il prit la coupe, te rendit grâce, et la donna à ses disciples, en disant :

> « PRENEZ, ET BUVEZ-EN TOUS,
> CAR CECI EST LA COUPE DE MON SANG,
> LE SANG DE L'ALLIANCE NOUVELLE ET ÉTERNELLE,
> QUI SERA VERSÉ
> POUR VOUS ET POUR LA MULTITUDE
> EN RÉMISSION DES PÉCHÉS.
> VOUS FEREZ CELA EN MÉMOIRE DE MOI. »

Acclamations, p. 56.

Voilà pourquoi, Père très saint, nous faisons mémoire de ton Fils, le Christ, notre Sauveur, que tu as conduit, par la passion et la mort sur la croix, à la gloire de la résurrection pour qu'il siège à ta droite ; nous annonçons, jusqu'à ce qu'il vienne, l'œuvre de ton amour, et nous t'offrons le pain de la vie et la coupe de bénédiction.

Regarde avec bonté l'offrande de ton Église qui te présente par nos mains ce qu'elle a reçu de toi : le sacrifice pascal du Christ. Que la force de ton Esprit d'amour fasse de nous, dès maintenant et pour l'éternité, les membres de ton Fils, nous qui communions à son Corps et à son Sang.

Père tout-puissant, que la participation à ce mystère nous fasse vivre de ton Esprit : transforme-nous à l'image de ton Fils, et resserre nos liens de communion avec notre pape **N.** et notre évêque **N.**, l'ensemble des évêques, les prêtres, les diacres et ton peuple répandu par tout l'univers. Donne à tous les fidèles de l'Église, qui scrutent les signes des temps à la lumière de la foi, de se dépenser sans relâche au service de l'Évangile. Rends-nous attentifs aux besoins de tous, afin que partageant leurs tristesses et leurs angoisses, leurs espérances et leurs joies, nous leur annoncions fidèlement la Bonne Nouvelle du salut et progressions avec eux sur le chemin de ton Royaume.

Souviens-toi de nos frères et sœurs (**N.** et **N.**) qui se sont endormis dans la paix du Christ, et de tous les morts dont toi seul connais la foi : accueille-les dans la joie et la clarté de ton visage et donne-leur, par la résurrection, la plénitude de la vie. Et lorsque prendra fin notre pèlerinage sur la terre, reçois-nous dans la demeure où nous vivrons près de toi pour toujours. Alors, avec la Vierge Marie, la bienheureuse Mère de Dieu, avec les Apôtres, les martyrs, (saint **N.** : le saint du jour ou le saint patron) et tous les saints, nous pourrons te louer et te magnifier, par ton Fils, Jésus, le Christ.

Par lui, avec lui et en lui,
à toi, Dieu le Père tout-puissant,
dans l'unité du Saint-Esprit,
tout honneur et toute gloire,
pour les siècles des siècles.
℟. **Amen.**

Suite de la célébration : Notre Père, p. 81.

IV
Jésus est passé en faisant le bien

Cette Prière eucharistique dans sa forme IV convient notamment aux formulaires de messes pour les réfugiés et les exilés, en temps de famine ou pour ceux qui souffrent de la faim, pour ceux qui nous font souffrir, pour ceux qui sont en captivité ou en prison, pour les malades et les infirmes, pour les mourants, pour demander la grâce de bien mourir, pour toute nécessité.

Vraiment, il est juste et bon, pour ta gloire et notre salut, de t'offrir notre action de grâce, toujours et en tout lieu, à toi, Père des miséricordes et Dieu fidèle.
Car tu nous as donné ton Fils, Jésus, le Christ, comme Seigneur et comme Rédempteur. Il a toujours fait preuve de miséricorde envers les petits et les pauvres, les malades et les pécheurs ; il s'est fait le prochain des opprimés et des affligés. Sa parole et ses actes ont annoncé au monde que tu es le Père et que tu prends soin de tous tes enfants.
C'est pourquoi, avec les anges et tous les saints, nous te louons, nous te bénissons, nous chantons l'hymne de ta gloire et sans fin nous proclamons :

Saint ! Saint ! Saint, le Seigneur, Dieu de l'univers !...

Vraiment, tu es Saint et digne de louange, Dieu qui aimes tes enfants, toi qui es toujours avec eux sur les chemins de cette vie. Vraiment, ton Fils, Jésus, est béni, lui qui se tient au milieu de nous, quand son amour nous réunit ; comme autrefois pour ses disciples, il nous ouvre les Écritures et il rompt le pain.
C'est pourquoi, Père très aimant, nous t'en prions, envoie ton Esprit Saint afin qu'il sanctifie nos offrandes : que ce pain et ce vin deviennent pour nous le Corps ✠ et le Sang de notre Seigneur Jésus, le Christ.

La veille de sa passion, la nuit de la dernière Cène, il prit le pain, dit la bénédiction, le rompit et le donna à ses disciples, en disant :

« PRENEZ, ET MANGEZ-EN TOUS :
CECI EST MON CORPS
LIVRÉ POUR VOUS. »

De même, après le repas, il prit la coupe, te rendit grâce, et la donna à ses disciples, en disant :

« PRENEZ, ET BUVEZ-EN TOUS,
CAR CECI EST LA COUPE DE MON SANG,
LE SANG DE L'ALLIANCE NOUVELLE ET ÉTERNELLE,
QUI SERA VERSÉ
POUR VOUS ET POUR LA MULTITUDE
EN RÉMISSION DES PÉCHÉS.
VOUS FEREZ CELA EN MÉMOIRE DE MOI. »

Acclamations, p. 56.

Voilà pourquoi, Père très saint, nous faisons mémoire de ton Fils, le Christ, notre Sauveur, que tu as conduit, par la passion et la mort sur la croix, à la gloire de la résurrection pour qu'il siège à ta droite ; nous annonçons, jusqu'à ce qu'il vienne, l'œuvre de ton amour, et nous t'offrons le pain de la vie et la coupe de bénédiction.
Regarde avec bonté l'offrande de ton Église qui te présente par nos mains ce qu'elle a reçu de toi : le sacrifice pascal du Christ. Que la force de ton Esprit d'amour fasse de nous, dès maintenant et pour l'éternité, les membres de ton Fils, nous qui communions à son Corps et à son Sang.

Seigneur, fais grandir ton Église dans la foi et la charité, en union avec notre pape **N.** et notre évêque **N.**, avec l'ensemble des évêques, les prêtres, les diacres et tout le peuple que tu as racheté.
Ouvre nos yeux aux détresses de nos frères et sœurs, inspire-nous la parole et le geste qui conviennent pour réconforter ceux qui peinent sous le poids du fardeau ; donne-nous de les servir avec un cœur sincère selon l'exemple et le comman-

dement du Christ lui-même. Fais de ton Église un vivant témoignage de vérité et de liberté, de justice et de paix, afin que l'humanité tout entière se lève pour une espérance nouvelle.

Souviens-toi de nos frères et sœurs (N. et N.) qui se sont endormis dans la paix du Christ, et de tous les morts dont toi seul connais la foi : accueille-les dans la joie et la clarté de ton visage et donne-leur, par la résurrection, la plénitude de la vie. Et lorsque prendra fin notre pèlerinage sur la terre, reçois-nous dans la demeure où nous vivrons près de toi pour toujours. Alors, avec la Vierge Marie, la bienheureuse Mère de Dieu, avec les Apôtres, les martyrs, (saint N. : le saint du jour ou le saint patron) et tous les saints, nous pourrons te louer et te magnifier, par ton Fils, Jésus, le Christ.

Par lui, avec lui et en lui,
à toi, Dieu le Père tout-puissant,
dans l'unité du Saint-Esprit,
tout honneur et toute gloire,
pour les siècles des siècles.
℟. **Amen.**

Suite de la célébration : Notre Père, p. 81.

Rite de la communion

Prière du Seigneur

• Comme nous l'avons appris du Sauveur, et selon son commandement, nous osons dire :

• Unis dans le même Esprit, nous pouvons dire avec confiance la prière que nous avons reçue du Sauveur :

• *Ou une autre introduction.*

Notre Père qui es aux cieux,
que ton nom soit sanctifié,
que ton règne vienne,
que ta volonté soit faite
sur la terre comme au ciel.
Donne-nous aujourd'hui
notre pain de ce jour.
Pardonne-nous nos offenses,
comme nous pardonnons aussi
à ceux qui nous ont offensés.
Et ne nous laisse pas entrer en tentation,
mais délivre-nous du Mal.

Ou bien, si l'on chante en latin :

Præcéptis salutáribus móniti, et divína institutióne formáti, audémus dícere :

Pater noster, qui es in cælis : sanctificétur nomen tuum ; advéniat regnum tuum ; fiat volúntas tua, sicut in cælo, et in terra. Panem nostrum cotidiánum da nobis hódie ; et dimítte nobis débita nostra, sicut et nos dimíttimus debitóribus nostris ; et ne nos indúcas in tentatiónem ; sed líbera nos a malo.

Délivre-nous de tout mal, Seigneur, et donne la paix à notre temps : soutenus par ta miséricorde, nous serons libérés de tout péché, à l'abri de toute épreuve, nous qui attendons que se réalise cette bienheureuse espérance : l'avènement de Jésus Christ, notre Sauveur.

Car c'est à toi qu'appartiennent
le règne, la puissance et la gloire,
pour les siècles des siècles !

(La formule « À toi, le règne » ne figure plus dans le Missel.)

Rite de la paix

Seigneur Jésus Christ, tu as dit à tes Apôtres : « Je vous laisse la paix, je vous donne ma paix » ; ne regarde pas nos péchés mais la foi de ton Église ; pour que ta volonté s'accomplisse, donne-lui toujours cette paix, et conduis-la vers l'unité parfaite, toi qui vis et règnes pour les siècles des siècles. ℟. **Amen.**

Que la paix du Seigneur soit toujours avec vous.
℟. **Et avec votre esprit.**
Dans la charité du Christ, donnez-vous la paix.

Fraction du pain

Le rite de la paix étant achevé, le prêtre prend l'hostie, la rompt au-dessus de la patène, et en met un fragment dans le calice, en disant tout bas :

Que le Corps et le Sang de notre Jésus Christ, réunis dans cette coupe, nourrissent en nous la vie éternelle.

Pendant ce temps, on chante ou on dit :

Agneau de Dieu, qui enlèves les péchés du monde,
prends pitié de nous.

On peut chanter ce refrain plusieurs fois. On termine par :

Agneau de Dieu, qui enlèves les péchés du monde,
donne-nous la paix.

Ou bien, si l'on chante en latin :

Agnus Dei qui tollis peccáta mundi,
miserére nobis (dona nobis pacem).

Le prêtre met un fragment dans le calice, en disant tout bas :

Que le Corps et le Sang de notre Seigneur Jésus Christ, réunis dans cette coupe, nourrissent en nous la vie éternelle.

Communion

Avant de communier, le prêtre dit à voix basse :

• Seigneur Jésus Christ, Fils du Dieu vivant, selon la volonté du Père et avec la puissance du Saint-Esprit, tu as donné, par ta mort, la vie au monde ; que ton Corps et ton Sang très saints me délivrent de mes péchés et de tout mal ; fais que je demeure fidèle à tes commandements et que jamais je ne sois séparé de toi.

Ou bien :

• Seigneur Jésus Christ, que cette communion à ton Corps et à ton Sang n'entraîne pour moi ni jugement ni condamnation ; mais que, par ta bonté, elle soutienne mon esprit et mon corps et me donne la guérison.

Le prêtre fait la génuflexion, prend l'hostie, et, la tenant un peu élevée au-dessus de la patène ou du calice, tourné vers le peuple, dit à voix haute :

Voici l'Agneau de Dieu,
voici celui qui enlève les péchés du monde.
Heureux les invités au repas des noces de l'Agneau !

Seigneur, je ne suis pas digne de te recevoir ;
mais dis seulement une parole et je serai guéri.

En communiant lui-même, le prêtre dit tout bas :

Que le Corps du Christ me garde pour la vie éternelle.
Que le Sang du Christ me garde pour la vie éternelle.

Pendant que le prêtre communie au Corps du Christ, on commence le chant de communion.

Les fidèles qui vont donner la communion et ceux qui vont porter la communion aux malades s'approchent de l'autel pour communier. Un rite de délégation est prévu dans le *Missel romain*, p. 1378.

Le prêtre prend alors la patène ou le ciboire, et s'approche des communiants ; il montre à chacun l'hostie en l'élevant légèrement, et dit :

Le Corps du Christ.

Le communiant répond :

℟. **Amen.**

De même pour la communion au Sang du Christ :

Le Sang du Christ. ℟. **Amen.**

Au moment où le prêtre fait la purification, il dit tout bas :

Puissions-nous accueillir d'un cœur pur, Seigneur, ce que notre bouche a reçu, et trouver dans cette communion d'ici-bas la guérison pour la vie éternelle.

Le prêtre peut alors retourner à son siège. On peut rester en silence pendant un certain temps. On peut chanter un psaume ou un cantique de louange ou une hymne.

Prière après la communion *(Voir à la messe du jour)*

Habituellement l'oraison se termine ainsi :

Par le Christ, notre Seigneur.
℟. **Amen.**

Si elle s'adresse au Père, mais avec mention du Fils à la fin :

Lui qui vit et règne pour les siècles des siècles.
℟. **Amen.**

Si elle s'adresse au Fils :

Toi qui vis et règnes pour les siècles des siècles.
℟. **Amen.**

Conclusion et envoi

Si c'est nécessaire, on fait alors brièvement les annonces pour la communauté présente.

Le Seigneur soit avec vous.

℟. **Et avec votre esprit.**

La bénédiction peut être précédée d'une prière sur le peuple (en Carême notamment) ou être développée sous une forme solennelle.

Que Dieu tout-puissant vous bénisse,
le Père, et le Fils, ✠ et le Saint-Esprit. **Amen.**

Puis le diacre, ou le prêtre lui-même, tourné vers l'assemblée, dit :

Allez, dans la paix du Christ.

Ou bien :

Allez porter l'Évangile du Seigneur.

Ou bien :

Allez en paix, glorifiez le Seigneur par votre vie.

Ou bien :

Allez en paix.

Le peuple répond :

℟. **Nous rendons grâce à Dieu.**

Première prière eucharistique pour les assemblées avec enfants

Dieu notre Père, tu nous as réunis, et nous sommes devant toi pour te fêter, pour t'acclamer et te dire l'émerveillement de nos cœurs. Sois loué pour ce qui est beau dans le monde et pour la joie que tu mets en nous. Sois loué pour la lumière du jour et pour ta parole qui nous éclaire. Sois loué pour la terre et les hommes qui l'habitent, sois loué pour la vie qui nous vient de toi. Oui, tu es très bon, tu nous aimes et tu fais pour nous des merveilles. Alors, tous ensemble, nous chantons :

Le ciel et la terre sont remplis de ta gloire.
Hosanna au plus haut des cieux. CL 5-3

Toi, tu penses toujours aux hommes. Tu ne veux pas être loin d'eux, tu as envoyé parmi nous Jésus, ton Fils bien-aimé. Il est venu nous sauver : il a guéri les malades, il a pardonné aux pécheurs. À tous, il a montré ton amour ; il a accueilli et béni les enfants. Pleins de reconnaissance, nous acclamons :

Béni soit celui qui vient au nom du Seigneur.
Hosanna au plus haut des cieux.

Nous ne sommes pas seuls pour te fêter, Seigneur. Partout sur la terre, ton peuple te rend gloire. Nous te prions avec l'Église entière, avec le pape **N.** et notre évêque **N.** Dans le ciel, la Vierge Marie, les Apôtres et tous les saints te bénissent. Avec eux, avec les anges, nous t'adorons en chantant :

Saint ! Saint ! Saint,
le Seigneur, Dieu de l'univers !
Hosanna au plus haut des cieux.

Père très saint, nous voudrions te montrer notre reconnaissance. Nous avons apporté ce pain et ce vin : qu'ils deviennent pour nous le corps et le sang de Jésus ressuscité. Alors nous pourrons t'offrir ce qui vient de toi.

Un soir, en effet, juste avant sa mort, Jésus mangeait avec ses apôtres. Il a pris du pain sur la table. Dans sa prière, il t'a béni. Puis il a partagé le pain, en disant à ses amis :

« PRENEZ, ET MANGEZ-EN TOUS :
CECI EST MON CORPS
LIVRÉ POUR VOUS. »

À la fin du repas, il a pris une coupe de vin. Il dit encore une action de grâce. Puis il donna la coupe à ses amis en leur disant :

« PRENEZ, ET BUVEZ-EN TOUS,
CAR CECI EST LA COUPE DE MON SANG,
LE SANG DE L'ALLIANCE NOUVELLE ET ÉTERNELLE,
QUI SERA VERSÉ
POUR VOUS ET POUR LA MULTITUDE
EN RÉMISSION DES PÉCHÉS.
VOUS FEREZ CELA EN MÉMOIRE DE MOI. »

Ce que Jésus nous a dit de faire, nous le faisons dans cette eucharistie : en proclamant sa mort et sa résurrection, nous te présentons le pain de la vie et la coupe du salut. Il nous conduit vers toi, notre Père : nous t'en prions, accueille-nous avec lui :

Christ est mort pour nous ! Christ est ressuscité !
Nous t'attendons, Seigneur Jésus !

Père, toi qui nous aimes tant, laisse-nous venir à cette table, unis dans la joie de l'Esprit Saint, pour recevoir le corps et le sang de ton Fils. Toi qui n'oublies jamais personne, nous te prions pour ceux que nous aimons, N. et N., et pour ceux qui sont partis vers toi. Souviens-toi de ceux qui souffrent et qui ont de la peine, de la grande famille des chrétiens et de tous les hommes dans le monde entier. Nous te prions aussi pour nous, et nous prions les uns pour les autres. Devant ce que tu fais par ton Fils, Dieu notre Père, nous sommes émerveillés, et nous chantons encore :

Par lui, avec lui et en lui,
à toi, Dieu le Père tout-puissant,
dans l'unité du Saint-Esprit,
tout honneur et toute gloire,
pour les siècles des siècles.
℟. **Amen.**

Suite de la célébration : Notre Père, p. 81.

Deuxième prière eucharistique pour les assemblées avec enfants

On peut choisir d'autres acclamations que celles qui sont proposées.

Oui, Père très bon, c'est une fête pour nous ; notre cœur est plein de reconnaissance : avec Jésus, nous te chantons notre joie.

Gloire à toi : tu nous aimes ! CL 6
Tu nous aimes tellement que tu inventes pour nous ce monde immense et beau.
[**Gloire à toi : tu nous aimes !**]
[Tu nous aimes tellement que] tu nous donnes ton Fils, Jésus,
pour nous conduire à toi.
[**Gloire à toi : tu nous aimes !**]
[Tu nous aimes tellement que] tu nous rassembles en lui, comme les enfants d'une même famille.
Gloire à toi : tu nous aimes !

Pour tant d'amour, nous voulons te rendre grâce et chanter notre merci avec les anges et les saints qui t'adorent dans les cieux :

- **Saint ! Saint ! Saint, le Seigneur...** *(p. 42)*
- **Louange et gloire à notre Dieu !**

Saint est le Seigneur, le Dieu de l'univers.
Louange et gloire à notre Dieu !
Le ciel et la terre nous disent ta splendeur.
Louange et gloire à notre Dieu !
Qu'il soit béni, celui qui vient d'auprès de toi.
Louange et gloire à notre Dieu ! CL 6

Oui, béni soit Jésus, ton envoyé, l'ami des petits et des pauvres. Il est venu nous montrer comment nous pouvons t'aimer et nous aimer les uns les autres. Il est venu arracher du cœur des hommes le mal qui empêche l'amitié, la haine qui empêche d'être heureux.

Il a promis que l'Esprit Saint serait avec nous chaque jour, pour que nous vivions de ta vie.

- **Béni soit celui qui vient au nom du Seigneur.**
Hosanna au plus haut des cieux.
- **Qu'il soit béni, celui qui vient d'auprès de toi.**
Louange et gloire à notre Dieu !

Dieu, notre Père, nous te prions d'envoyer ton Esprit, pour que ce pain et ce vin deviennent le corps et le sang de Jésus, notre Seigneur.

La veille de sa mort, il nous a prouvé ton amour : il était à table avec ses disciples ; il prit un morceau de pain, il dit une prière pour te bénir et te rendre grâce ; il partagea le pain et le donna aux disciples, en leur disant :

« PRENEZ, ET MANGEZ-EN TOUS :
CECI EST MON CORPS
LIVRÉ POUR VOUS. »
Jésus Christ, livré pour nous !

Il prit ensuite une coupe remplie de vin ; il dit encore une prière pour te rendre grâce ; il fit passer la coupe à chacun en leur disant :

« PRENEZ, ET BUVEZ-EN TOUS,
CAR CECI EST LA COUPE DE MON SANG,
LE SANG DE L'ALLIANCE NOUVELLE ET ÉTERNELLE,
QUI SERA VERSÉ
POUR VOUS ET POUR LA MULTITUDE
EN RÉMISSION DES PÉCHÉS.
Jésus Christ, livré pour nous !

Et puis il leur dit : « VOUS FEREZ CELA, EN MÉMOIRE DE MOI. »

Nous rappelons ici, Père très bon, la mort et la résurrection de Jésus, le Sauveur du monde. Il s'est donné lui-même entre nos mains pour être maintenant notre offrande et nous attirer vers toi.

- **Louange et gloire à notre Dieu !**
- **À toi nos cœurs, à toi nos chants, nos actions de grâce !**

Exauce-nous, Seigneur notre Dieu : donne ton Esprit d'amour à ceux qui partagent ce repas ; qu'ils soient de plus en plus unis dans ton Église, avec le pape N., l'évêque N., les autres évêques, et tous ceux qui travaillent pour ton peuple.

Un seul corps pour ta gloire !

N'oublie pas ceux que nous aimons (N.), et ceux que nous n'aimons pas assez. Souviens-toi de ceux qui sont morts (N.) ; accueille-les avec amour dans ta maison.

Un seul corps pour ta gloire !

Rassemble-nous un jour près de toi, avec la Vierge Marie, la Mère du Christ et notre mère, pour la grande fête du ciel dans ton Royaume. Alors, tous les amis de Jésus, le Christ, notre Seigneur, pourront te chanter sans fin.

Un seul corps pour ta gloire !

- Par lui, avec lui et en lui,
à toi, Dieu le Père tout-puissant,
dans l'unité du Saint-Esprit,
tout honneur et toute gloire, pour les siècles des siècles.
℟. **Amen.**

ou bien

- **Avec lui nous te chantons,**
Avec lui nous te bénissons,
Gloire à toi, ô notre Père,
Maintenant et pour toujours !
Amen, Amen, Amen, Amen ! CL 6-1

Suite de la célébration : Notre Père, p. 81.

Troisième prière eucharistique pour les assemblées avec enfants

Père, nous te disons merci, nous te rendons grâce. C'est toi qui nous as créés ; et tu nous appelles à vivre pour toi, à nous aimer les uns les autres. Nous pouvons nous rencontrer, parler ensemble. Grâce à toi, nous pouvons partager nos difficultés et nos joies.

Pour le temps pascal

Père, nous te disons merci, nous te rendons grâce avec Jésus ton Fils : car tu aimes la vie, tu nous as appelés à la vie, tu veux notre bonheur pour toujours. Jésus est le premier que tu as ressuscité des morts. Tu lui as donné la vie nouvelle. Cette vie est en nous aussi depuis notre baptême ; et nous savons que nous ressusciterons comme lui près de toi. Alors, il n'y aura plus de mort : nous n'aurons plus à souffrir.

À cause de tout cela, Dieu, notre Père, nous sommes heureux de te rendre grâce tous ensemble. Avec ceux qui croient en toi, avec les saints et les anges, nous te louons en chantant :

Saint ! Saint ! Saint, le Seigneur, Dieu de l'univers !...

Oui, Dieu, tu es saint, tu es bon pour nous, tu es bon pour tous les hommes. Nous te disons merci, et nous voulons surtout te rendre grâce à cause de Jésus, ton Fils.
Il est venu chez les hommes qui se détournent de toi et n'arrivent pas à s'entendre. Par l'Esprit Saint, il ouvre nos yeux et nos oreilles, il change notre cœur : alors nous arrivons à nous aimer, et nous reconnaissons que tu es notre Père et que nous sommes tes enfants.

Pour le temps pascal Il est venu nous apporter la bonne nouvelle : nous sommes faits pour vivre, pour être dans la gloire du ciel avec toi. Il nous a montré le chemin qui mène à cette vie : c'est l'amour des autres. Il a pris ce chemin avant nous.

C'est lui, Jésus, le Christ, qui nous rassemble maintenant autour de cette table où nous apportons notre offrande.

Sanctifie, Père très bon, ce pain et ce vin : ils deviendront pour nous le corps et le sang de Jésus, ton Fils, qui nous dit de faire à notre tour ce qu'il a fait lui-même la veille de sa passion.

Au cours du dernier repas qu'il partageait avec ses disciples, Jésus prit le pain. Il te rendit grâce. Il partagea le pain et le donna à ses amis, en leur disant :

« PRENEZ, ET MANGEZ-EN TOUS :
CECI EST MON CORPS
LIVRÉ POUR VOUS. »

Il prit aussi la coupe de vin. Il te rendit grâce. Il donna la coupe à ses amis en leur disant :

« PRENEZ, ET BUVEZ-EN TOUS,
CAR CECI EST LA COUPE DE MON SANG,
LE SANG DE L'ALLIANCE NOUVELLE ET ÉTERNELLE,
QUI SERA VERSÉ
POUR VOUS ET POUR LA MULTITUDE
EN RÉMISSION DES PÉCHÉS.
VOUS FEREZ CELA EN MÉMOIRE DE MOI. »

Voilà pourquoi nous sommes ici, rassemblés devant toi, Père. Et tout remplis de joie, nous rappelons ce que Jésus a fait pour nous sauver : dans cette offrande qu'il a confiée à l'Église, nous célébrons sa mort et sa résurrection ; Père du ciel, accueille-nous avec ton Fils bien-aimé.

Pour nous, Jésus a voulu donner sa vie.
Toi, tu l'as ressuscité. Nous t'acclamons : MNA 26.35
Dieu, tu es bon ! Loué sois-tu ! Gloire à toi !
Il vit maintenant près de toi. Il est avec nous toujours et partout.
Dieu, tu es bon ! Loué sois-tu ! Gloire à toi !
Un jour, il viendra dans la gloire du Royaume. Il n'y aura plus de gens tristes, malades ou malheureux.
Dieu, tu es bon ! Loué sois-tu ! Gloire à toi !

Père, nous allons recevoir à cette table, dans la joie de l'Esprit Saint, le corps et le sang du Christ : que cette communion nous rende capables de vivre comme Jésus, entièrement donnés à toi et aux autres. Viens en aide, Seigneur, à notre pape **N.**, à notre évêque **N.**, et à tous les évêques.
Accorde-nous, et à tous les disciples de Jésus Christ, d'être de ceux qui font la paix et le bonheur autour d'eux.

Pour le temps pascal — Mets au cœur des chrétiens la vraie joie de Pâques ; et qu'ils pensent à communiquer cette joie à ceux qui ne savent pas encore que Jésus est ressuscité.

Et puis, donne-nous un jour d'être près de toi, avec la Vierge Marie, la Mère de Dieu, et avec les saints du ciel, tous ensemble, dans le Christ.

Par lui, avec lui et en lui,
à toi, Dieu le Père tout-puissant,
dans l'unité du Saint-Esprit,
tout honneur et toute gloire,
pour les siècles des siècles.
℟. **Amen.**

Suite de la célébration : Notre Père, p. 81.

TEMPS DE L'AVENT

Le temps du désir

Bonne année ! Quatre semaines avant Noël, le temps de l'Avent ouvre l'année liturgique. Période de préparation à la Nativité comme le Carême prépare à Pâques, c'est un temps tourné vers la venue (*adventus*) du Christ, où l'on fait mémoire de sa venue dans le monde « un jour des âges » (hymne de l'Annonciation), et où l'on célèbre par anticipation sa venue dans la gloire, la Parousie, au dernier Jour. L'Avent nous place dans une situation paradoxale : nous attendons ardemment la venue du Seigneur, tout en affirmant que celle-ci est déjà réalisée ! Le grand cri de l'Apocalypse « Maranatha ! » signifie à la fois « Viens ! » et « Il vient ! » Déjà là et à venir, le Seigneur est tout proche. L'Église annonce au monde la présence de Dieu en son sein et l'avènement du Royaume à venir.

À chaque messe, après la consécration, nous chantons le mystère de notre foi : « Nous annonçons ta mort, Seigneur Jésus, nous proclamons ta résurrection, nous attendons ta venue dans la gloire ! » Alors que le Pain de la Vie et la Coupe du Salut sont sur l'autel, nous continuons à attendre la venue du Seigneur « jusqu'à ce qu'il vienne ». C'est ce mystère que le temps de l'Avent nous donne de vivre chaque année.

Le temps de l'Avent nous introduit par anticipation dans la « gloire » du Christ, décelable dès aujourd'hui aux yeux du cœur dans la modestie des espèces du pain et du vin consacrés, comme bientôt elle le sera sous les traits du nouveau-né de Bethléem.

D'ici là, il nous faut attendre, comme les prophètes ont attendu, comme la Vierge elle-même a attendu, elle qui fut enceinte du Fils de Dieu. Temps nocturne de l'attente dans la fidélité, temps qui accueille l'avenir venant vers le présent, temps qui s'ouvre à l'Autre et L'annonce. Le désir de Dieu s'affine, la soif de sa venue se fait plus pressante.

CHANTER EN AVENT

Pour la procession d'ouverture : ***Préparez le chemin du Seigneur*** E 13-95 CNA 371, ***Préparons les chemins du Seigneur*** E 63-42, ***Viens, Seigneur, ne tarde plus*** E 57-31, ***Aube nouvelle*** E 130 CNA 363, ***Voici venir les temps*** E 241.

On retiendra un même ordinaire pendant tout le temps de l'Avent : ***Messe de l'Avent*** AL 72-22, ***Seigneur Jésus, toi qui es venu*** CNA 177, ***Messe grégorienne*** XVII ou XVIII, ou ***litanies pénitentielles*** CNA 185 a.

Pour l'acclamation à l'Évangile : ***Alléluia pour le temps de l'Avent*** U 63-87 ou ***l'Alléluia pour l'Avent*** CNA 215-21.

Pour le refrain de la prière universelle : ***Réveille ta puissance*** EA2 CNA 231-13.

Pendant la procession de communion : ***La Sagesse a dressé une table*** D 580 CNA 332, ***Voici le pain que donne Dieu*** D 50-07-2.

Après la communion : ***Ô viens, Jésus*** E 147 CNA 370, ***Toi qui viens pour tout sauver*** EP 68 CNA 374, ***Vienne la rosée*** EP 103 CNA 376, ***Dieu est à l'œuvre en cet âge*** EP 50 CNA 541.

À la fin de la célébration : ***Venez, divin Messie*** E 52-47 CNA 375, ***Entrons dans l'espérance*** E 26-30

À ces propositions, on peut ajouter les chants suivants :

– Pour le 2e dimanche : ***Une lumière brillera sur nous*** EX 51-68, ***Seigneur, tu nous appelles*** EX 72-42.

– Pour le 3e dimanche : ***Jubilez, criez de joie*** U 52-42 ou Y 68-11.

– Pour le 4e dimanche : le ***Je vous salue, Marie*** ou un autre chant à la Vierge.

CÉLÉBRER EN AVENT

Le temps de l'Avent est celui de l'attente et du désir. Il est bon que nous fassions silence pour intérioriser les réalités sur lesquelles la parole de Dieu nous invite à méditer pendant ces quatre semaines qui préparent Noël et à contempler ce mystère : en Jésus, Dieu sauve l'humanité. Un rythme calme et pondéré, sans lenteur toutefois, un chant entonné avec justesse, des paroles prononcées en vérité contribueront à la qualité du silence qui les suivra. Le soin apporté aux lectures comptera beaucoup.

1er dimanche de l'Avent

3 DÉCEMBRE 2023

« C'est toi, Seigneur, notre Père ! »

D'âge en âge, tout le long du Premier Testament, Dieu se souvient de son peuple et le visite par ses prophètes et ses messagers. Ainsi Isaïe redonne confiance au peuple juif au retour de l'exil ! (*1re lecture*). Tout contribuait à décourager et à déstabiliser les gens après les dures années de déportation. La réalité était loin du rêve ! Où est Dieu ? Dans une prière implorante, mais animé d'une foi inébranlable, le prophète se fait l'écho de cette misère spirituelle et l'intercesseur pathétique de son peuple. Il invoque le nom de Dieu, « notre Père », expression très rare dans l'Ancien Testament, répétée à la fin du texte, que Jésus reprendra quand ses disciples lui demanderont de leur apprendre à prier. Elle dit la confiance dans l'action bienveillante de Dieu.

Le *psaume* appelle le Seigneur « Berger d'Israël », témoignant de la proximité et de l'amour de Dieu pour son peuple. Le péché consiste, chez Isaïe, à ne pas invoquer le nom de Dieu. Ici, vivre, c'est l'invoquer. Paul dans la *deuxième lecture* prépare la communauté de Corinthe au Jour de la venue du Seigneur, en lui rappelant qu'elle a tout reçu des mains du Père en recevant le Christ, qu'elle peut attendre avec confiance. Dans l'*évangile* de Marc que nous entendons pour la première fois cette année et qui nous accompagnera pendant toute l'année, Jésus reprend comme un leitmotiv l'injonction de veiller : la venue de Dieu dans le monde est imminente, quoique imprévisible. Veiller, c'est prier pour être emplis de l'Esprit Saint et contribuer avec lui à l'avènement du Royaume.

Voici venu le temps de l'Avent. Déjà riches de l'Esprit à l'œuvre dans nos vies, nous célébrons l'Eucharistie dans l'action de grâce, sans cesser d'attendre la pleine révélation du Fils de Dieu.

Des chants sont proposés p. 96.

Antienne d'ouverture

cf. Ps 24,1-3

Vers toi, Seigneur, j'élève mon âme.
Mon Dieu, je m'appuie sur toi :
épargne-moi la honte ;
ne laisse pas triompher mon ennemi.
Pour qui espère en toi, pas de honte.

On ne dit pas le Gloria (il en est ainsi chaque fois que le Gloria n'est pas indiqué).

Prière

Donne à tes fidèles, Dieu tout-puissant, la volonté d'aller par les chemins de la justice à la rencontre de celui qui vient, le Christ, afin qu'ils soient admis à sa droite et méritent d'entrer en possession du royaume des Cieux. Par Jésus Christ, ton Fils, notre Seigneur, qui vit et règne avec toi dans l'unité du Saint-Esprit, Dieu, pour les siècles des siècles. ℟. **Amen.**

1re Lecture

« C'est toi, Seigneur, notre Père ! »

→ **Lecture du livre du prophète Isaïe** 63, 16b-17.19b ; 64, 2b-7

C'est toi, Seigneur, notre père ; « Notre-rédempteur-depuis-toujours », tel est ton nom. Pourquoi, Seigneur, nous laisses-tu errer hors de tes chemins ? Pourquoi laisser nos cœurs s'endurcir et ne plus te craindre ? Reviens, à cause de tes serviteurs, des tribus de ton héritage. Ah ! Si tu déchirais les cieux, si tu descendais, les montagnes seraient ébranlées devant ta face.

Voici que tu es descendu : les montagnes furent ébranlées devant ta face. Jamais on n'a entendu, jamais on n'a ouï dire, nul œil n'a jamais vu un autre dieu que toi agir ainsi pour celui qui l'attend. Tu viens rencontrer celui qui pratique avec joie la justice, qui se souvient de toi en suivant tes chemins. Tu étais irrité, mais nous avons encore péché, et nous nous sommes égarés. Tous, nous étions comme des gens impurs, et tous nos actes justes n'étaient que linges souillés. Tous, nous étions desséchés comme des feuilles, et nos fautes, comme le vent, nous emportaient. Personne n'invoque plus ton nom, nul ne se réveille pour prendre appui sur toi. Car tu nous as caché ton visage, tu nous as livrés au pouvoir de nos fautes. Mais maintenant, Seigneur, c'est toi notre père. Nous sommes l'argile, c'est toi qui nous façonnes : nous sommes tous l'ouvrage de ta main.

Psaume 79

℟. Dieu, fais-nous revenir ;
que ton visage s'éclaire,
et nous serons sauvés !

Berger d'Israël, écoute,
resplendis au-dessus des Kéroubim !
Réveille ta vaillance
et viens nous sauver.

Dieu de l'univers, reviens !
Du haut des cieux, regarde et vois :
visite cette vigne, protège-la,
celle qu'a plantée ta main puissante.

Que ta main soutienne ton protégé,
le fils de l'homme qui te doit sa force.
Jamais plus nous n'irons loin de toi :
fais-nous vivre et invoquer ton nom !

2e lecture

« Vous avez tout reçu dans le Christ »

→ Lecture de la première lettre de saint Paul apôtre aux Corinthiens 1, 3-9

Frères, à vous, la grâce et la paix, de la part de Dieu notre Père et du Seigneur Jésus Christ. Je ne cesse de rendre grâce à Dieu à votre sujet, pour la grâce qu'il vous a donnée dans le Christ Jésus ; en lui vous avez reçu toutes les richesses, toutes celles de la parole et de la connaissance de Dieu. Car le témoignage rendu au Christ s'est établi fermement parmi vous. Ainsi, aucun don de grâce ne vous manque, à vous qui attendez de voir se révéler notre Seigneur Jésus Christ. C'est lui qui vous fera tenir fermement jusqu'au bout, et vous serez sans reproche au jour de notre Seigneur Jésus Christ. Car Dieu est fidèle, lui qui vous a appelés à vivre en communion avec son Fils, Jésus Christ notre Seigneur.

Alléluia. Alléluia. Fais-nous voir, Seigneur, ton amour, et donne-nous ton salut. **Alléluia.**

Évangile

Rester éveillés à la porte

→ Évangile de Jésus Christ selon saint Marc 13, 33-37

En ce temps-là, Jésus disait à ses disciples : « Prenez garde, restez éveillés : car vous ne savez pas quand ce sera le moment. C'est comme un homme parti en voyage : en quittant sa maison, il a donné tout pouvoir à ses serviteurs, fixé à chacun son travail, et demandé au portier de veiller. Veillez donc, car vous ne savez pas quand vient le maître de la maison, le soir ou à minuit, au chant du coq ou le matin ; s'il arrive à l'improviste, il ne faudrait pas qu'il vous trouve endormis. Ce que je vous dis là, je le dis à tous : Veillez ! »

Credo.

POUR LA PRIÈRE UNIVERSELLE

Nous qui avons reçu la grâce d'être des veilleurs, prions Dieu pour nos frères humains :

– Notre monde erre dans la nuit, souvent en proie à la souffrance et à la désespérance. Beaucoup attendent la révélation du Fils de Dieu. Nous lui confions l'Église pour qu'elle rende témoignage au Christ, sous l'impulsion

de l'Esprit Saint, en répandant les richesses de la parole et de la connaissance de Dieu qu'elle a reçues ;
– La guerre et les armes font violence dans tant de pays sur notre terre. Nous lui confions les peuples et les familles en guerre afin que s'établisse la paix entre eux et qu'ensemble tous puissent prier en vérité « notre Père », et y trouver leur bonheur ;
– Nos sociétés sont traversées par l'indifférence religieuse et beaucoup sont tentés par le consumérisme individualiste. Que l'Esprit les éveille à la présence du Christ dans leur vie et leur donne la grâce de chercher Dieu comme leur plus grand bien ;
– Notre communauté se rassemble aujourd'hui pour la première fois de la nouvelle année liturgique. Que Dieu lui donne tout au long de ces prochains dimanches le bonheur de célébrer ensemble le Christ ressuscité et de le prier dans la confiance.

Prière sur les offrandes

Nous t'offrons, Seigneur, ces dons prélevés sur les bienfaits reçus de toi : nous t'en prions, accueille-les ; puisse la célébration fervente, que tu nous donnes d'accomplir dans le temps présent, nous obtenir la rédemption éternelle. Par le Christ, notre Seigneur. ℟. **Amen.**

Préface de l'Avent n° 1

Les deux avènements du Christ

Cette préface se dit aux messes du temps de l'Avent, jusqu'au 16 décembre.

Vraiment, il est juste et bon, pour ta gloire et notre salut, de t'offrir notre action de grâce, toujours et en tout lieu, Seigneur, Père très saint, Dieu éternel et tout-puissant, par le Christ, notre Seigneur.
Car il est déjà venu, en assumant l'humble condition de notre chair, pour accomplir l'éternel dessein de ton amour et nous ouvrir à jamais le chemin du salut ; il viendra de nouveau, revêtu de sa gloire, afin que nous possédions dans la pleine lumière les biens que tu nous as promis et que nous attendons en veillant dans la foi.

C'est pourquoi, avec les anges et les archanges, avec les puissances d'en haut et tous les esprits bienheureux, nous chantons l'hymne de ta gloire et sans fin nous proclamons : Saint ! Saint ! Saint, le Seigneur, Dieu de l'univers !

Dans les prières eucharistiques I, II et III, il y a des textes propres pour le dimanche.

Antienne de la communion

Ps 84, 13

Le Seigneur donnera ses bienfaits,
et notre terre donnera son fruit.

Prière après la communion

Nous t'en prions, Seigneur, fais fructifier en nous les mystères que nous avons célébrés : tandis que nous marchons dans ce monde qui passe, tu nous enseignes par eux à aimer dès maintenant les biens du ciel, et à nous attacher à ceux qui demeurent. Par le Christ, notre Seigneur.

L'affût

« Il attend. Il ne peut pas cesser d'attendre,
Écoute tout autour, et tout autour attend.
Ses yeux vers le passé s'habituent à surprendre
Tout ce qui attendait. Ils voient au ciel présent
Les grands prophètes morts qui tressaillaient d'attente
En tressaillir toujours ; et la Vierge qui fut
Pleine attente de Dieu, dès l'annonce étonnante,
Mais ne devrait plus l'être, ayant enfin connu
La gloire de l'Enfant, demeurer dans l'attente :
Car le Seigneur qu'elle enfanta n'est pas encore
Aux cœurs de tous, s'il est au cœur de tout. Il chante
Cela, rien que cela ; des quatre vents, de mort
Et de vie, il ne respire que l'attente... »

P. de La Tour du Pin, *Le Jeu de l'homme devant Dieu*,
Gallimard, 1983, p. 60.

CALENDRIER LITURGIQUE

Di 3	**1er dimanche de l'Avent B.** *Liturgie des Heures : Psautier semaine I.* [S. François Xavier, prêtre, jésuite missionnaire, † 1552 dans l'île de San-Choan (Chine)]
Lu 4	Isaïe 2, 1-5 ; Ps 121 ; Mt 8, 5-11 : « Beaucoup viendront de l'orient et de l'occident et prendront place au festin du royaume des Cieux » *S. Jean de Damas, prêtre, docteur de l'Église, † vers 749 près de Jérusalem.* À Monaco, Ste Barbe, vierge et martyre, dans l'Antiquité à une date inconnue
Ma 5	Isaïe 11, 1-10 ; Ps 71 ; Luc 10, 21-24 : « Jésus exulta de joie sous l'action de l'Esprit » *En Afrique du Nord,* Ste Crispine, martyrisée à Tébessa le 5 décembre 304.
Me 6	Isaïe 25, 6-10a ; Ps 22 ; Mt 15, 29-37 : Jésus guérit les infirmes et multiplie les pains *S. Nicolas, évêque de Myre, (Asie Mineure), † vers 350.*
Je 7	S. Ambroise, évêque de Milan, docteur de l'Église, † vers 397. Isaïe 26, 1-6 ; Ps 117 ; Mt 7, 21.24-27 : « Pour entrer dans le royaume des Cieux, il faut faire la volonté de mon Père »
Ve 8	**IMMACULÉE CONCEPTION DE LA BIENHEUREUSE VIERGE MARIE,** p. 104.
Sa 9	Isaïe 30, 19-21.23-26 ; Ps 146 ; Mt 9, 35–10, 1.5A.6-8 « Voyant les foules, Jésus fut saisi de compassion » *S. Juan Diego Cuauhtlatoatzin, † 1548, près de Mexico.*

Bonne fête ! 3 : Xavier. 4 : Barbara, Barbe. 5 : Gérard, Géraldine. 6 : Nicolas, Colas, Nils. 7 : Ambroise. 8 : Conception, Sabine, Édith. 9 : Valérie.

Sainte* Crispine de Thagare, *martyre (5 décembre). Dame noble et mère de famille, elle refusa de sacrifier aux idoles. C'est pourquoi elle fut humiliée puis décapitée en 303 durant la persécution de Dioclétien à Tébessa en Afrique du Nord, aujourd'hui en Algérie. Saint Augustin fait plusieurs fois son éloge.

Immaculée Conception

8 DÉCEMBRE 2023

Comblée de grâce

« Il est une fleur du grand arbre
Qui ne s'est pas ouverte au vent
Et qui pourtant fut fécondée.
Il est une vierge en plein monde
Qui refusa le plus secret
De son corps aux lois de l'amour
Et qui pourtant fut pénétrée
Sur un passage inconnu d'elle
Par le Secret de tout secret. »

P. de La Tour du Pin, « La Vierge à l'arbre »
Le Jeu de l'homme devant Dieu, p. 92.

CHANTER

Dans l'abondant répertoire marial, on pourra retenir : ***Béni sois tu, Seigneur*** **V 24 CNA 617,** ***Réjouis-toi, comblée de grâce*** **IEV 16-14,** ***Vierge sainte, Dieu t'a choisie*** **V 136 CNA 632,** ***Couronnée d'étoiles*** **V 44-58.**

Prière

Seigneur Dieu, tu as préparé à ton Fils une demeure digne de lui par la Conception immaculée de la Vierge, que tu as préservée de tout péché par une grâce venant déjà de la mort de ton Fils ; à son intercession, accorde-nous d'être purs, nous aussi, et de parvenir jusqu'à toi. Par Jésus Christ, ton Fils, notre Seigneur, qui vit et règne avec toi dans l'unité du Saint-Esprit, Dieu, pour les siècles des siècles.

Lectures

1re Lecture	Gn 3, 9-15.20 L'hostilité entre le serpent et la femme
Psaume 97	℟. **Chantez au Seigneur un chant nouveau, car il a fait des merveilles.**
2e Lecture	Ep 1, 3-6.11-12 « Dieu nous a choisis, dans le Christ, avant la fondation du monde »
Évangile	Lc 1, 26-38 : « Comblée de Grâce »

Préface

Le mystère de Marie et de l'Église

Vraiment, il est juste et bon, pour ta gloire et notre salut, de t'offrir notre action de grâce, toujours et en tout lieu, Seigneur, Père très saint, Dieu éternel et tout-puissant.
Car tu as préservé la bienheureuse Vierge Marie de toute souillure du péché originel, tu l'as comblée de ta grâce en plénitude pour préparer en elle une mère vraiment digne de ton Fils et manifester l'origine de l'Église, l'Épouse sans tache ni ride, resplendissante de beauté. Cette vierge très pure devait nous donner le Fils, l'Agneau innocent qui effacerait nos fautes. Pour ton peuple, tu la disposais à être, parmi toutes les femmes, l'avocate de la grâce et le modèle de la sainteté.
C'est pourquoi, unissant nos voix à celles des anges, nous te louons dans la joie en proclamant :
Saint ! Saint ! Saint, le Seigneur, Dieu de l'univers !

2e dimanche de l'Avent

10 DÉCEMBRE 2023

« Voici votre Dieu »

Deux immenses personnages nous accueillent, Isaïe et Jean Baptiste, choisis et envoyés par Dieu pour nous amener à lui et nous permettre d'accueillir Celui qui vient.

Isaïe annonce le retour de l'exil, après cinquante ans de déportation du peuple hébreu à Babylone (*1re lecture*). Par sa bouche, Dieu lui-même annonce le pardon et la délivrance, avec le beau verbe « consoler » qui littéralement en hébreu signifie « provoquer un profond soupir de soulagement ». Pour accompagner cette libération, les hommes ont du travail à faire, des routes à tracer, des ravins à combler. Quel enthousiasme ! La présence de Dieu auprès de son peuple, sa « gloire », est une bonne nouvelle (en grec « évangile ») qui doit se répandre de colline en colline avec le messager qui la porte. Le prophète développe avec bonheur les images pour évoquer Dieu, d'abord sous forme d'un guerrier puissant et victorieux, puis d'un berger sécurisant et attentionné, penché sur les plus faibles. Amour, vérité, justice et paix (*psaume*) sont les noms de Dieu. Mais ce bonheur annoncé, pourquoi tarde-t-il ? À ceux qui s'impatientent, Pierre *(2e lecture)* rappelle la patience de Dieu et sa confiance dans la capacité de l'humanité à se convertir, à écouter sa voix, à l'accueillir. L'*évangile* de Marc dont nous entendons aujourd'hui le début, est cette bonne nouvelle, relayée depuis Isaïe par tous les prophètes et par le plus grand d'entre eux, Jean, qui baptise dans le Jourdain, habillé comme Élie d'une peau de bête. Inscrit dans la longue histoire du peuple élu, il prépare la venue du Seigneur et son Jour.

C'est ce que nous faisons, nous aussi, chaque fois que nous aplanissons les escarpements de notre cœur pour y accueillir la parole de

Dieu et que nous orientons nos désirs et nos regards vers Celui qui vient. Avec Lui nous rendons grâce à Dieu dans son Eucharistie.

Des chants sont proposés, p. 96.

Antienne d'ouverture

cf. Is 30, 19.30

Peuple de Sion, voici que le Seigneur va venir
pour sauver les nations.
Il fera entendre sa voix majestueuse
pour la joie de vos cœurs.

Prière

Dieu de puissance et de miséricorde, ne laisse pas le souci de nos tâches présentes entraver la marche de ceux qui se hâtent à la rencontre de ton Fils ; mais forme-nous à la sagesse d'en-haut, qui nous fait entrer en communion avec lui. Lui qui vit et règne avec toi dans l'unité du Saint-Esprit, Dieu, pour les siècles des siècles.

1re Lecture

« Consolez, consolez mon peuple »

→ Lecture du livre du prophète d'Isaïe 40, 1-5.9-11

Consolez, consolez mon peuple ! » – dit votre Dieu – parlez au cœur de Jérusalem. Proclamez que son service est accompli, que son crime est expié, qu'elle a reçu de la main du Seigneur le double pour toutes ses fautes.
Une voix proclame : « Dans le désert, préparez le chemin du Seigneur ; tracez droit, dans les terres arides, une route pour notre Dieu. Que tout ravin soit comblé, toute montagne et toute colline abaissées ! que les escarpements se changent en plaine, et les sommets, en large vallée ! Alors se révélera la gloire du Seigneur, et tout être de chair verra que la bouche du Seigneur a parlé. »

Monte sur une haute montagne, toi qui portes la bonne nouvelle à Sion. Élève la voix avec force, toi qui portes la bonne nouvelle à Jérusalem. Élève la voix, ne crains pas. Dis aux villes de Juda: « Voici votre Dieu ! » Voici le Seigneur Dieu ! Il vient avec puissance; son bras lui soumet tout. Voici le fruit de son travail avec lui, et devant lui, son ouvrage. Comme un berger, il fait paître son troupeau: son bras rassemble les agneaux, il les porte sur son cœur, il mène les brebis qui allaitent.

Psaume 84

℟. Fais-nous voir, Seigneur, ton amour,
et donne-nous ton salut.

J'écoute: que dira le Seigneur Dieu ?
Ce qu'il dit, c'est la paix pour son peuple et ses fidèles.
Son salut est proche de ceux qui le craignent,
et la gloire habitera notre terre.

Amour et vérité se rencontrent,
justice et paix s'embrassent;
la vérité germera de la terre
et du ciel se penchera la justice.

Le Seigneur donnera ses bienfaits,
et notre terre donnera son fruit.
La justice marchera devant lui,
et ses pas traceront le chemin.

2e Lecture

« Nous attendons un ciel nouveau et une terre nouvelle »

→ **Lecture de la deuxième lettre de saint Pierre apôtre** 3, 8-14

Bien-aimés, il est une chose qui ne doit pas vous échapper: pour le Seigneur, un seul jour est comme mille ans, et mille ans sont comme un seul jour. Le Seigneur ne tarde pas à tenir sa promesse, alors que certains prétendent qu'il a du retard. Au contraire, il prend patience envers vous, car il ne veut pas en laisser quelques-uns se perdre, mais il veut que tous parviennent à la conversion. Cependant le jour du Seigneur viendra, comme un voleur. Alors les cieux disparaîtront avec fracas, les éléments embrasés seront dissous, la terre, avec tout ce qu'on a fait ici-bas, ne pourra y échapper. Ainsi, puisque tout cela est en voie de dissolution, vous voyez quels hommes vous devez être, en vivant dans la sainteté et la piété, vous qui attendez, vous qui hâtez l'avènement du jour de Dieu, ce jour où les cieux enflammés seront dissous, où les éléments embrasés seront en fusion. Car ce que nous attendons, selon la promesse du Seigneur, c'est un ciel nouveau et une terre nouvelle où résidera la justice. C'est pourquoi, bien-aimés, en attendant cela, faites tout pour qu'on vous trouve sans tache ni défaut, dans la paix.

Alléluia. Alléluia. Préparez le chemin du Seigneur, rendez droits ses sentiers : tout être vivant verra le salut de Dieu. **Alléluia.**

Évangile

« Bonne nouvelle de Jésus Christ, le Fils de Dieu »

→ Évangile de Jésus Christ selon saint Marc 1, 1-8

Commencement de l'Évangile de Jésus, Christ, Fils de Dieu. Il est écrit dans Isaïe, le prophète : *Voici que j'envoie mon messager en avant de toi, pour ouvrir ton chemin. Voix de celui qui crie dans le désert : Préparez le chemin du Seigneur, rendez droits ses sentiers.* Alors Jean, celui qui baptisait, parut dans le désert. Il proclamait un baptême de conversion pour le pardon des péchés.

Toute la Judée, tous les habitants de Jérusalem se rendaient auprès de lui, et ils étaient baptisés par lui dans le Jourdain, en reconnaissant publiquement leurs péchés. Jean était vêtu de poil de chameau, avec une ceinture de cuir autour des reins ; il se nourrissait de sauterelles et de miel sauvage. Il proclamait : « Voici venir derrière moi celui qui est plus fort que moi ; je ne suis pas digne de m'abaisser pour défaire la courroie de ses sandales. Moi, je vous ai baptisés avec de l'eau ; lui vous baptisera dans l'Esprit Saint. »

Credo.

POUR LA PRIÈRE UNIVERSELLE

Faisons monter notre prière vers Dieu de longue patience qui prend soin de ses enfants :

– Prions Dieu pour notre monde secoué par la haine et la violence. Qu'il fasse se lever des hommes et des femmes au service de leurs frères pour consoler ceux qui souffrent et rassurer ceux qui ont perdu confiance ;

– Prions Dieu pour qu'il ne cesse d'appeler à la conversion ceux qui ont été baptisés dans l'Esprit Saint. Qu'il éveille en son Église cette intelligence du cœur qui la prépare à accueillir son Fils et la fait entrer dans sa vie. Qu'elle écoute toujours mieux sa Parole, qu'elle s'en nourrisse et qu'elle l'annonce comme bonne nouvelle à tous ses enfants ;

– Nous lui confions les familles et les communautés qui cherchent à vivre dans l'amour et la vérité pour que chacun grandisse en humanité. Que l'Esprit leur donne de recevoir avec cœur la bonne nouvelle du salut ;

– Nous lui confions nos gouvernants, les hommes et les femmes qui ont des responsabilités politiques et économiques dans le monde. Qu'ils travaillent toujours dans la droiture pour qu'adviennent la justice et la paix.

Prière sur les offrandes

Laisse-toi fléchir, Seigneur, par nos offrandes et nos humbles prières ; nous ne pouvons pas invoquer nos mérites, viens par ta grâce à notre secours. Par le Christ, notre Seigneur.

Préface de l'Avent, n° 1, p. 101

Antienne de la communion

Ba 5, 5 ; 4, 36

Debout, Jérusalem ! tiens-toi sur la hauteur,
et vois l'allégresse qui te vient de ton Dieu.

Prière après la communion

Comblés par cette nourriture spirituelle, nous te supplions, Seigneur : quand nous participons à ce mystère, apprends-nous à évaluer avec sagesse les réalités de ce monde et à nous attacher aux biens du ciel. Par le Christ, notre Seigneur.

Appel à la conversion

« Frères, quand le Jour pascal se lèvera, la terre aussi deviendra pascale. Rappelez-vous qu'à votre baptême, vous avez été nommés et signifiés au nom du Père, du Fils et de l'Esprit Saint. Aussi replongez votre esprit dans ces eaux, et que la grâce d'être baptisés élève votre prière vers le pardon de Dieu. »

P. de La Tour du Pin, *Le Jeu de l'homme devant Dieu*,
Gallimard, 1983, p. 432.

Saint Damase, pape (11 décembre) Fils de prêtre, Damase est élu pape en 366, dans une époque agitée. Il soutient la foi en la Trinité que les ariens combattaient. Il cherche à réconcilier les fidèles que divisaient alors les problèmes de la traduction entre le grec, langue traditionnelle de l'Église de Rome, et le latin qui devenait la langue usuelle des chrétiens en Italie. Il commande à saint Jérôme la traduction latine de la Bible à partir de l'hébreu : ce sera la Vulgate. Il organise le culte des martyrs et, sur leur tombe, grave des épigrammes qui font de lui l'un des premiers poètes latins chrétiens.

CALENDRIER LITURGIQUE

Di 10	**2e dimanche de l'Avent B.** *Liturgie des Heures : Psautier semaine II.* [*Bse Vierge Marie de Lorette*]
Lu 11	Isaïe 35, 1-10 ; Ps 84 ; Luc 5, 17-26 : « Nous avons vu des choses extraordinaires aujourd'hui ! » *S. Damase Ier, pape, † 384 à Rome.*
Ma 12	Isaïe 40, 1-11 ; Ps 95 ; Mt 18, 12-14 : « Dieu ne veut pas qu'un seul de ces petits soit perdu » *Bse Vierge Marie de Guadaloupé (Mexique), patronne des Amériques, (Au Canada,* fête).
Me 13	Ste Lucie, vierge et martyre, à Syracuse, premiers siècles. Isaïe 40, 25-31 ; Ps 102 ; Mt 11, 28-30 « Venez à moi, vous tous qui peinez »
Je 14	S. Jean de la Croix, prêtre carme, docteur de l'Église, † 1591 à Ubeda (Espagne). Isaïe 41, 13-20 ; Ps 144 ; Mt 11, 11-15 : « Personne ne s'est levé de plus grand que Jean le Baptiste »
Ve 15	Isaïe 48, 17-19 ; Ps 1 ; Mt 11, 16-19 : Ils n'écoutent ni Jean ni le Fils de l'homme
Sa 16	Ben Sira 48, 1-4.9-11 ; Ps 79 ; Mt 17, 10-13 : « Élie est déjà venu et ils ne l'ont pas reconnu »

Bonne fête ! 10 : Romaric, Eulalie. 11 : Damase, Daniel, Dany. 12 : Corentin. 13 : Lucie, Aurore, Josselyne ou Jocelyne. 14 : Odile. 15 : Christine, Ninon. 16 : Adélaïde, Alice.

3e dimanche de l'Avent

17 DÉCEMBRE 2023

« Réjouissez-vous ! »

« Soyez dans la joie ! » C'est le leitmotiv de la liturgie de ce dimanche appelé « *Gaudete* », « Réjouissez-vous », premier mot latin de l'antienne d'ouverture. Le thème est présent dans trois des quatre lectures de ce jour. La joie dont il s'agit s'enracine, comme le dit Paul *(2e lecture)* dans l'espérance de la présence de Dieu au plus profond de notre humanité.

Isaïe *(1re lecture)* confirme la promesse de Dieu et annonce la venue d'un envoyé rempli de l'Esprit Saint pour apporter guérison, délivrance et liberté, source d'une joie comparable à celle des esclaves affranchis pendant une année sabbatique (Lv 25). Jésus s'appliquera à lui-même cette prophétie dans la synagogue de Nazareth (Lc 4, 18-21). Car c'est lui la cause de notre joie, Dieu présent dans son peuple aimé. Marie (*cantique*) le chante chez sa cousine Élisabeth, elle exulte de joie, enceinte de Jésus en qui Dieu vient sauver l'humanité.

Trente ans plus tard, Jean Baptiste (*évangile*) contemple le Messie dans la personne de Jésus. Il s'émerveille de la simplicité inattendue de Dieu venant parmi les hommes en toute modestie, puisqu'il marche derrière le prophète qui l'annonce. Le texte que nous entendons est le produit d'un montage audacieux et pertinent qui détache du prologue de l'évangile de Jean les versets sur Jean Baptiste (Jn 1, 6-8) pour en faire l'introduction à son témoignage (Jn 1, 19-28). Sur lui-même, Jean dit seulement ce qu'il n'est pas, pour désigner Jésus, qui se tient au milieu des hommes mais que les hommes ne connaissent pas.

Notre joie est fondée sur Celui dont nous discernons la présence dans nos vies, Jésus, notre salut. À lui nous pouvons dire : « Dirige notre joie vers la joie d'un si grand mystère ! » En lui, nous tressaillons de joie et nous faisons monter vers Dieu notre action de grâce.

Des chants sont proposés, p. 96.

CÉLÉBRER

En cette messe, le prêtre utilise, si possible, la couleur rose pour exprimer la joie de la venue du Christ dans notre monde.

Antienne d'ouverture

Ph 4, 4.5

Soyez toujours dans la joie du Seigneur ;
je le redis : soyez dans la joie.
Le Seigneur est proche.

Prière

Tu le vois, Seigneur Dieu, ton peuple attend avec foi la fête de la naissance de ton Fils ; nous t'en prions, accorde-nous de parvenir au bonheur d'un tel salut, et de le célébrer solennellement avec une joie toujours nouvelle. Par Jésus Christ, ton Fils, notre Seigneur, qui vit et règne avec toi dans l'unité du Saint-Esprit, Dieu, pour les siècles des siècles.

1re Lecture

« Je tressaille de joie dans le Seigneur »

→ **Lecture du livre du prophète Isaïe** 61, 1-2a.10-11

L'esprit du Seigneur Dieu est sur moi parce que le Seigneur m'a consacré par l'onction. Il m'a envoyé annoncer la bonne nouvelle aux humbles, guérir ceux qui ont le cœur brisé, proclamer aux captifs leur délivrance, aux prisonniers leur libération, proclamer une année de bienfaits accordée par le Seigneur.

Je tressaille de joie dans le Seigneur, mon âme exulte en mon Dieu. Car il m'a vêtu des vêtements du salut, il m'a couvert du manteau de la justice, comme le jeune marié orné du diadème, la jeune mariée que parent ses joyaux. Comme la terre fait éclore son germe, et le jardin, germer ses semences, le Seigneur Dieu fera germer la justice et la louange devant toutes les nations.

Cantique Luc 1

℟. **Mon âme exulte en mon Dieu.**

Mon âme exalte le Seigneur,
exulte mon esprit en Dieu, mon Sauveur !
Il s'est penché sur son humble servante ;
désormais tous les âges me diront bienheureuse.

Le Puissant fit pour moi des merveilles ;
Saint est son nom !
Sa miséricorde s'étend d'âge en âge
sur ceux qui le craignent.

Il comble de biens les affamés,
renvoie les riches les mains vides.
Il relève Israël son serviteur,
il se souvient de son amour.

2e Lecture

« Soyez toujours dans la joie »

→ **Lecture de la première lettre de saint Paul apôtre aux Thessaloniciens** 5, 16-24

Frères, soyez toujours dans la joie, priez sans relâche, rendez grâce en toute circonstance : c'est la volonté de Dieu à votre égard dans le Christ Jésus. N'éteignez pas l'Esprit, ne méprisez pas les prophéties, mais discernez la valeur de toute chose : ce qui est bien, gardez-le ; éloignez-vous de toute espèce de mal.
Que le Dieu de la paix lui-même vous sanctifie tout entiers ; que votre esprit, votre âme et votre corps, soient tout entiers gardés sans reproche pour la venue de notre Seigneur Jésus Christ. Il est fidèle, Celui qui vous appelle : tout cela, il le fera.

Alléluia. Alléluia. L'Esprit du Seigneur est sur moi : il m'a envoyé porter la Bonne Nouvelle aux pauvres. **Alléluia.**

Évangile

Jean, témoin de la Lumière

→ **Évangile de Jésus Christ selon saint Jean** 1, 6-8.19-28

Il y eut un homme envoyé par Dieu; son nom était Jean. Il est venu comme témoin, pour rendre témoignage à la Lumière, afin que tous croient par lui. Cet homme n'était pas la Lumière, mais il était là pour rendre témoignage à la Lumière.

Voici le témoignage de Jean, quand les Juifs lui envoyèrent de Jérusalem des prêtres et des lévites pour lui demander: « Qui es-tu ? » Il ne refusa pas de répondre, il déclara ouvertement: « Je ne suis pas le Christ. » Ils lui demandèrent: « Alors qu'en est-il ? Es-tu le prophète Élie ? » Il répondit: « Je ne le suis pas. – Es-tu le Prophète annoncé ? » Il répondit: « Non. » Alors ils lui dirent: « Qui es-tu ? Il faut que nous donnions une réponse à ceux qui nous ont envoyés. Que dis-tu sur toi-même ? » Il répondit: « Je suis *la voix de celui qui crie dans le désert: Redressez le chemin du Seigneur,* comme a dit le prophète Isaïe. » Or, ils avaient été envoyés de la part des pharisiens. Ils lui posèrent encore cette question: « Pourquoi donc baptises-tu, si tu n'es ni le Christ, ni Élie, ni le Prophète ? » Jean leur répondit: « Moi, je baptise dans l'eau. Mais au milieu de vous se tient celui que vous ne connaissez pas; c'est lui qui vient derrière moi, et je ne suis pas digne de délier la courroie de sa sandale. »

Cela s'est passé à Béthanie, de l'autre côté du Jourdain, à l'endroit où Jean baptisait.

Credo.

POUR LA PRIÈRE UNIVERSELLE

Confiants dans l'amour du Père et dans la venue de son Fils, faisons monter vers Dieu notre prière pour nos frères :

– « L'Esprit du Seigneur m'a envoyé porter la bonne nouvelle aux pauvres » dit Isaïe. Nous confions au Père les cœurs brisés, les captifs, les prisonniers, les orphelins, les exilés, les personnes déplacées ou disparues, les déportés, les exclus, tous ceux qui souffrent de la misère et des conflits. Que son Église soit fidèle à la mission qu'il lui a confiée : l'annonce du salut à toutes les nations ;

– « Soyez toujours dans la joie, priez sans relâche, rendez grâce en toute circonstance » demande Paul. Nous confions au Père ceux qui refusent de succomber à la haine, ceux qui aiment en toute circonstance, ceux qui font progresser l'unité, la justice et la paix. Que la prière des croyants, rejoignant celle des moines et des moniales, soit louange et action de grâce au long des jours ;

– « Cet homme n'était pas la lumière, mais il était là pour lui rendre témoignage » annonce l'évangéliste Jean. Nous confions au Père ceux qui travaillent dans les équipes de solidarité, et dans la préparation au baptême, au mariage, aux funérailles, et tous ceux qui s'engagent dans les paroisses. Que chacune de nos communautés chrétiennes soit un reflet de la lumière qui vient de lui, afin que le monde croie.

Prière sur les offrandes

Nous t'en prions, Seigneur, accorde-nous de t'offrir toujours ce sacrifice d'un cœur généreux : qu'il réalise le mystère sacré que tu as institué, et opère en nous ton salut avec puissance. Par le Christ, notre Seigneur.

Préface de l'Avent, n° 1, p. 117.

Antienne de la communion

cf. Is 35, 4

Dites aux esprits abattus :
Soyez forts, ne craignez pas.
Voici notre Dieu :
Il vient et va nous sauver.

Prière après la communion

Nous implorons, Seigneur, ta bonté : que ce réconfort divin nous délivre de nos penchants mauvais et nous prépare aux fêtes qui approchent. Par le Christ, notre Seigneur.

Profession de foi

« Suivons le Christ qui a fait de nous les cellules de son sang pour maintenir le cours de nos vies jusqu'à la joie et à la liberté de celle qui ne meurt plus. »

P. de La Tour du Pin,
Le Jeu de l'homme devant Dieu, p. 464.

Bienheureux Armand ou Hartmann (23 décembre). Originaire de la Bavière, il entra dans l'Ordre des chanoines réguliers de Saint-Augustin. Il réforma de nombreuses communautés de son Ordre, puis il fut évêque de Brixen dans la région de Trente. Il gouverna cette Église avec prudence et fidélité. Mort en 1164, il figure sur le tympan de la porte principale de l'église de l'abbaye de Klosterneuburg en Autriche.

CALENDRIER LITURGIQUE

Di 17	**3e dimanche de l'Avent B.** *Liturgie des Heures : Psautier semaine III.* Lu 18 Messe du 18 déc. Jérémie 23, 5-8 ; Ps 71 ; Mt 1, 18-24 : Jésus, engendré en Marie, épouse de Joseph, fils de David
Ma 19	Juges 13, 267.24-25a ; Ps 70 ; Luc 1, 5-25 L'ange Gabriel annonce la naissance de Jean le Baptiste
Me 20	Isaïe 7, 10-14 ; Ps 23 ; Luc 1, 26-38 : « Voici que tu vas concevoir et enfanter un fils » Isaïe 45, 6b-8.18.21b-25 ; Ps 84 ; Luc 7, 18b-23 : « Allez annoncer à Jean ce que vous avez vu et entendu »
Je 21	Cantique des Cantiques 2, 8-14 ou Sophonie 3, 14-18a ; Ps 32 ; Luc 1, 39-45 : « D'où m'est-il donné que la mère de mon Seigneur vienne jusqu'à moi ? » *S. Pierre Canisius, prêtre jésuite, docteur de l'Église, † 1597 à Fribourg (Suisse)* (En Suisse, 27 avril).
Ve 22	1 Samuel 1, 24-28 ; Cant. 1 Samuel 2 ; Luc 1, 46-56 : « Le Puissant fit pour moi des merveilles »
Sa 23	Malachie 3,1-4.23-24 ; Ps 24 ; Lc 1, 57-66 : Naissance de Jean le Baptiste S. Jean de Kenty, prêtre, † 1473 à Cracovie (Pologne).

Bonne fête ! 17 : Gaël, Tessa. 18 : Gratien. 19 : Urbain. 20 : Abraham, Isaac, Jacob. 21 : Théophile, Zéphirin. 22 : Xavière. 23 : Armand.

Pour mémoire : Aujourd'hui, troisième dimanche de l'Avent, journée *Pax Christi.*

4e dimanche de Avent

24 DÉCEMBRE 2023 MATIN

Jésus, l'enfant de la Promesse

David voulait bâtir une maison, un temple pour le Seigneur *(1re lecture)*, intention louable, mais Dieu ne se laisse pas enfermer dans l'espace et le temps, on ne peut pas le garder sous la main à sa disposition. Cependant Dieu a un autre projet : son dessein, que Paul appelle son « mystère », qui échappe à toute prévision humaine et réclame notre confiance absolue *(2e lecture)*, engage Dieu dans notre histoire : il promet à David une « maison », une lignée, et sa fidélité d'âge en âge (*psaume*). Marie, qui prie les psaumes depuis son enfance, comprend le message de l'ange : Dieu réalise lui-même le désir de l'homme de le rejoindre. Il fait alliance avec l'humanité. En Jésus, né de la lignée de David, Dieu accomplit sa promesse.

Dans *l'évangile* de l'Annonciation, Luc reprend l'image de l'Esprit planant sur les eaux primordiales (Gn 1,2) pour manifester la puissance de création d'un Dieu qui donne naissance et croissance.

La jeune fille appelée Marie, accordée en mariage à un homme appelé Joseph, de la lignée de David, avait appris de sa mère et des siens la longue histoire de tendresse de Dieu avec son peuple. Et voici que dans sa maison paisible, dans sa vie sans histoires, surgit l'ange Gabriel. Dieu va naître dans l'authentique « maison » de David, ce couple attentif à la parole de Dieu et confiant dans sa promesse. Tout se passe dans le recueillement intérieur d'une jeune femme soudain féconde. Personne ne connaîtra jamais ce mystère jusqu'au temps venu. Et dans la maison du silence, Dieu enfante encore et toujours Celui qui va naître.

Nous sommes à la veille de Noël. Nous découvrons que le Seigneur est proche de nous quand nous nous faisons proches de lui. Dans l'action de grâce, accueillons-le pour le donner au monde, comme Marie.

Des chants sont proposés p. 96.

Antienne d'ouverture

cf. Is 45, 8 (Vg)

Cieux, distillez d'en haut votre rosée,
que descende le Juste, comme une pluie,
que la terre s'ouvre, et que germe le Sauveur.

Prière

Nous te prions, Seigneur, de répandre ta grâce en nos cœurs ; par le message de l'Ange, tu nous as fait connaître l'incarnation de ton Fils bien-aimé ; conduis-nous par sa passion et par sa croix jusqu'à la gloire de la résurrection. Par Jésus Christ, ton Fils, notre Seigneur, qui vit et règne avec toi dans l'unité du Saint-Esprit, Dieu, pour les siècles des siècles.

1re Lecture

« Je serai pour lui un père ; et lui sera pour moi un fils »

→ **Lecture du deuxième livre de Samuel** 7, 1-5.8b-12.14a.16

Le roi David habitait enfin dans sa maison. Le Seigneur lui avait accordé la tranquillité en le délivrant de tous les ennemis qui l'entouraient. Le roi dit alors au prophète Nathan : « Regarde ! J'habite dans une maison de cèdre, et l'arche de Dieu habite sous un abri de toile ! » Nathan répondit au roi : « Tout ce que tu as l'intention de faire, fais-le, car le Seigneur est avec toi. »

Mais, cette nuit-là, la parole du Seigneur fut adressée à Nathan : « Va dire à mon serviteur David : Ainsi parle le Seigneur : Est-ce toi qui me bâtiras une maison pour que j'y habite ? C'est moi qui t'ai pris au pâturage, derrière le troupeau, pour que tu sois le chef de mon peuple Israël. J'ai été avec toi partout où tu es allé, j'ai abattu devant toi tous tes ennemis. Je t'ai fait un nom aussi grand que celui des plus grands de la terre. Je fixerai en ce lieu mon peuple Israël, je l'y planterai, il s'y établira et ne tremblera plus, et les méchants ne viendront plus l'humilier, comme ils l'ont fait autrefois, depuis le jour où j'ai institué des juges pour conduire mon peuple Israël. Oui, je t'ai accordé la tranquillité en te délivrant de tous tes ennemis. Le Seigneur t'annonce qu'il te fera lui-même une maison. Quand tes jours seront accomplis et que tu reposeras auprès de tes pères, je te susciterai dans ta descendance un successeur, qui naîtra de toi, et je rendrai stable sa royauté. Moi, je serai pour lui un père ; et lui sera pour moi un fils. Ta maison et ta royauté subsisteront toujours devant moi, ton trône sera stable pour toujours. »

Psaume 88

℟. Ton amour, Seigneur, sans fin je le chante.

L'amour du Seigneur, sans fin je le chante ;
ta fidélité, je l'annonce d'âge en âge.
Je le dis : c'est un amour bâti pour toujours ;
ta fidélité est plus stable que les cieux.

« Avec mon élu, j'ai fait une alliance,
j'ai juré à David, mon serviteur :
J'établirai ta dynastie pour toujours,
je te bâtis un trône pour la suite des âges. »

« Il me dira : "Tu es mon Père,
mon Dieu, mon roc et mon salut !"
Sans fin je lui garderai mon amour,
mon alliance avec lui sera fidèle. »

2e Lecture

Le dessein de Dieu révélé en Jésus Christ

→ Lecture de la lettre de saint Paul apôtre aux Romains 16, 25-27

Frères,
à Celui qui peut vous rendre forts
selon mon Évangile qui proclame Jésus Christ :
révélation d'un mystère

gardé depuis toujours dans le silence,
mystère maintenant manifesté
au moyen des écrits prophétiques,
selon l'ordre du Dieu éternel,
mystère porté à la connaissance de toutes les nations
pour les amener à l'obéissance de la foi,
à Celui qui est le seul sage, Dieu, par Jésus Christ,
à lui la gloire pour les siècles. Amen.

Alléluia. Alléluia. Voici la servante du Seigneur ; que tout m'advienne selon ta parole. **Alléluia.**

Évangile

Jésus, fils de Marie, Fils du Très-Haut

➜ **Évangile de Jésus Christ selon saint Luc** 1, 26-38

En ce temps-là, l'ange Gabriel fut envoyé par Dieu dans une ville de Galilée, appelée Nazareth, à une jeune fille vierge, accordée en mariage à un homme de la maison de David, appelé Joseph ; et le nom de la jeune fille était Marie.
L'ange entra chez elle et dit : « Je te salue, Comblée-de-grâce, le Seigneur est avec toi. »
À cette parole, elle fut toute bouleversée, et elle se demandait ce que pouvait signifier cette salutation.
L'ange lui dit alors : « Sois sans crainte, Marie, car tu as trouvé grâce auprès de Dieu. Voici que tu vas concevoir et enfanter un fils ; tu lui donneras le nom de Jésus. Il sera grand, il sera appelé Fils du Très-Haut ; le Seigneur Dieu lui donnera le trône de David son père ; il régnera pour toujours sur la maison de Jacob, et son règne n'aura pas de fin. »
Marie dit à l'ange : « Comment cela va-t-il se faire, puisque je ne connais pas d'homme ? »
L'ange lui répondit : « L'Esprit Saint viendra sur toi, et la puissance du Très-Haut te prendra sous son ombre ; c'est pourquoi celui qui va naître sera saint, il sera appelé Fils de

Dieu. Or voici que, dans sa vieillesse, Élisabeth, ta parente, a conçu, elle aussi, un fils et en est à son sixième mois, alors qu'on l'appelait la femme stérile. Car rien n'est impossible à Dieu. »
Marie dit alors : « Voici la servante du Seigneur ; que tout m'advienne selon ta parole. »
Alors l'ange la quitta.

Credo.

POUR LA PRIÈRE UNIVERSELLE
Prions avec confiance Dieu notre Père, source de toute sagesse, et confions-lui :
– les femmes qui attendent un enfant et accueillent en elles l'espérance mystérieuse d'une vie nouvelle, et celles qui ne peuvent pas enfanter ;
– les personnes qui n'ont jamais entendu parler de Jésus, et les catéchètes qui font écho de sa présence dans leur vie et dans leur enseignement ;
– les pays en guerre, les hommes, les femmes et les enfants qui souffrent de violences physiques et morales : qu'ils trouvent la paix indispensable à leur vie et à leur croissance ;
– les chrétiens qui s'apprêtent à fêter Noël avec un cœur de pauvre à l'exemple de Marie, et tous les hommes de bonne volonté qui cherchent Dieu avec un cœur pur.

Prière sur les offrandes

Ces offrandes déposées sur ton autel, Seigneur, que l'Esprit les sanctifie, lui dont la puissance a fécondé le sein de la bienheureuse Marie. Par le Christ, notre Seigneur.

Préface de l'Avent nº 2

L'attente des deux avènements du Christ

Vraiment, il est juste et bon, pour ta gloire et notre salut, de t'offrir notre action de grâce, toujours et en tout lieu, Seigneur,

Père très saint, Dieu éternel et tout-puissant, par le Christ, notre Seigneur. Il est celui que tous les prophètes avaient annoncé, celui que la Vierge Mère attendait dans le secret de son amour, celui dont Jean Baptiste a proclamé la venue et manifesté la présence. C'est lui qui nous donne la joie d'entrer déjà dans le mystère de Noël, pour qu'il nous trouve, quand il viendra, vigilants dans la prière et remplis d'allégresse.
C'est pourquoi, avec les anges et les archanges, avec les puissances d'en haut et tous les esprits bienheureux, nous chantons l'hymne de ta gloire et sans fin nous proclamons :
Saint ! Saint ! Saint, le Seigneur, Dieu de l'univers !

Antienne de la communion

Is 7, 14 (Mt 1, 23)

Voici que la Vierge concevra,
elle enfantera un fils,
auquel on donnera le nom d'Emmanuel :
Dieu-avec-nous.

Prière après la communion

Après avoir reçu le gage de la rédemption éternelle, Dieu tout-puissant, nous te prions : à mesure qu'approche le jour où nous fêterons le salut, donne-nous une ferveur de plus en plus grande, pour célébrer dignement le mystère de la nativité de ton Fils. Lui qui vit et règne pour les siècles des siècles.

La Vierge à l'arbre

« Il est une cellule humaine
Où l'Esprit fit œuvre de chair,
La Lumière, de consistance,
L'Avenir, de vie à jamais.
Et depuis lors l'homme peut croître
En s'évidant par le milieu :
Il est un signe dans sa chair

Indiscernable aux yeux de chair
Qui monte encor vers sa naissance :
Quand il crèvera la paroi,
Qui l'entourait et paraîtra,
Les morts crieront à l'évidence.
L'ombre de l'arbre et de l'histoire,
Les couches englouties du temps
Tressailliront dans la Mémoire
Fulgurante entre ciel ouvert
Et le signe ouvert au présent... »

Patrice de La Tour du Pin,
Le Jeu de l'homme devant Dieu, p. 92.

CALENDRIER LITURGIQUE

Di 24	Messe du matin : **4e dimanche de l'Avent B.** *Liturgie des Heures : Psautier semaine IV.* Messe du soir : Messe de la veille au soir de la solennité de Noël
Lu 25	**NATIVITÉ DU SEIGNEUR, solennité.**
Ma 26	S. ÉTIENNE, premier martyr. Lectures propres : Ac 6, 8-10 ; 7, 5460 ; Ps 30 ; Mt 10, 17-22 : « Ce n'est pas vous qui parlerez, c'est l'Esprit de votre Père »
Me 27	S. JEAN, apôtre et évangéliste. Lectures propres : 1 Jean 1,1-4 ; Ps 96 ; Jean 20,2-8 : « L'autre disciple courut plus vite que Pierre et arriva le premier au tombeau »
Je 28	LES SAINTS INNOCENTS, martyrs. Lectures propres : 1 Jean 1,5–2,2 ; Ps 123 ; Mt 2,13-18 : « Hérode envoya tuer tous les enfants de Bethléem »
Ve 29	5e jour dans l'Octave de la Nativité : 1 Jean 2, 3-11 ; Ps 95 ; Luc 2, 22-35 : « Lumière qui se révèle aux nations » S. Thomas Becket, évêque de Cantorbéry, martyr, † 1170.
Sa 30	6e jour dans l'Octave de la Nativité : 1 Jean 2, 12-17 ; Ps 95 ; Luc 2, 36-40 : « Elle parlait de l'enfant à tous ceux qui attendaient la délivrance de Jérusalem »

Bonne fête ! 24 : Adèle, Eugénie. 25 : Noël, Emmanuel, Nelly. 26 : Étienne, Stéphane, Stéphanie, Fanny. 27 : Jean, Yvan, Fabiola. 28 : Innocent, Gaspard. 29 : David. 30 : Roger.

Saint Thomas Becket de Cantorbéry, martyr (**29 décembre**). Le roi Henri II Plantagenêt choisit ce brillant sujet, né à Londres d'une famille normande, comme chancelier. Il le fait nommer archevêque de Cantorbéry, pensant ainsi résoudre les difficultés qu'il connaît avec les évêques de son royaume. Thomas change du tout au tout. Il se trouve bientôt en conflit avec le roi, qui veut imposer sa loi à la loi de l'Église romaine. Il invite les pauvres à sa table et prend l'habit de moine. Il doit s'enfuir en Bourgogne, regagne Cantorbéry en novembre 1170, et c'est là que, dans sa cathédrale, peu après Noël, quatre familiers de roi vont l'abattre devant l'autel.

TEMPS DE NOËL

« Il est né le divin Enfant »

Nous le fêtons depuis plus de 2000 ans, depuis que ses parents l'ont déposé, nouveau-né, dans une mangeoire, au temps de l'empereur Auguste, à Bethléem de Judée. La face de la terre n'en a pas été bouleversée, mais les textes de la liturgie et la vie de l'Église annoncent la venue d'un monde nouveau inauguré par sa naissance.

La tradition mystique chrétienne explique que la naissance de Jésus, Verbe de Dieu, se déploie dans quatre dimensions : sa naissance éternelle du Père, puisque le Fils est « né du Père avant tous les siècles » ; sa naissance humaine, puisque « il a pris chair de la Vierge Marie et s'est fait homme » ; sa naissance en chacun de nous, par la grâce de notre baptême, et lors de sa dernière venue, quand le Seigneur sera tout en tous et que « toute chair verra le salut de Dieu ».

La fête de Noël renvoie chacun de nous au mystère de sa propre naissance. Celle dont nous ne gardons aucune mémoire consciente mais que nous avons vécue un jour, et celle que nous sommes appelés à accomplir dans notre vie, s'il est vrai que chacun de nous n'est encore qu'en gestation de lui-même. « Si vous ne devenez pas comme ces petits enfants, vous ne pourrez pas entrer dans le Royaume de Dieu », dit Jésus (Mt 18, 3). Il faut souvent toute une vie pour naître, et poursuivre ce lent et mystérieux travail sur soi, avant d'aborder sa mort comme une naissance.

C'est dans cette perspective qu'il faut comprendre la naissance de Jésus, l'incarnation de Dieu dans notre humanité. Non pas parachuté du ciel, dans sa perfection héroïque, ou venu en touriste apporter ses bienfaits et s'en retourner d'où il vient, mais né à même le sol, sorti du ventre d'une femme, vagissant, puis grandissant, apprenant à marcher, à parler, à transformer le monde, à se construire avec et contre lui pour accéder à la plénitude de son être. Le mystère de

Noël, c'est que Dieu ait besoin de cette lente et difficile maturation pour s'accomplir en humanité. Et que sa divinité ait si fort à voir avec cette humanité. Dieu s'est fait homme pour que l'homme participe à sa divinité (*oraison d'ouverture de la messe du jour*). Il nous invite à nous faire aussi petits que Jésus dans la crèche, aussi dépendants du bon vouloir des autres, aussi avides d'amour. L'enjeu n'est rien moins que notre naissance à la vie divine, et l'accomplissement en Dieu du monde avec qui nous nous construisons. Depuis Noël, nous savons que Dieu est avec nous, « Emmanuel », dans ce combat pour la vie.

« Tu es venu, tu es là, tu viendras dans la gloire » : jamais mieux qu'à Noël nous ne pouvons chanter l'acclamation d'anamnèse en adorant le corps du Christ présent sur l'autel pour être partagé entre tous les siens.

Le temps de l'Avent a préparé l'Église à recevoir cet événement comme un avènement, l'avenir s'accomplissant déjà dans le présent :

« Ah ! Quel Avent de millénaires
Est nécessaire pour un tel
Accomplissement de Noël ! »

Patrice de La Tour du Pin, « La Vierge à l'arbre »,
Le Jeu de l'homme devant *Dieu*, p. 92.

CHANTER PENDANT LE TEMPS DE NOËL

Pour l'ouverture de la célébration à la messe de la nuit : ***La voici, la nuit de Dieu*** **F 256 CNA 398.**

Pour les autres célébrations : ***Il est né, le divin enfant*** **F 160 CNA 397,** ***À pleine voix, chantons pour Dieu*** **FP 180,** ***Un enfant nous est né*** **F 36-64-3,** ***Au plus haut du ciel*** **Y 221-1.**

Pour tout ce temps, on choisira un même ordinaire : ***Messe du temps de Noël*** **AL 589,** ***Petite messe pour Noël*** **A 35-96,** ***Litanies pénitentielles*** **CNA 383** ou **F 31-10.**

Nous retrouvons le Gloire à Dieu dont on retiendra une version bien connue.

Pour l'acclamation à l'Évangile : ***Alléluia, par la musique*** **Y 43-38 CNA 215-20,** ***Alléluia, je vous annonce*** **AE 60-61.**

Comme refrain de prière universelle, on pourra prendre **Sur la terre des hommes, fais briller, Seigneur, ton amour !**
Pour la procession de communion : ***Venez prendre le corps*** **D 50-06-2,** ***Le Verbe s'est fait chair*** **FD 31-15.**
Après la communion : ***Aujourd'hui, dans notre monde*** **FP 47 CNA 801,** ***Chantons l'enfant qui nous est né*** **F 55 CNA 395,** ***Aujourd'hui, le roi des cieux*** **F 2 CNA 393,** ***Un enfant nous est né, chantons Noël,*** **F 52-38.**
À la fin de la célébration : ***Les anges dans nos campagnes*** **F 9 CNA 399,** ***Qu'exulte tout l'univers*** **DEV 44-72.**
Pour la fête de la Sainte Famille : ***Maintenant, Seigneur*** **IEV 137,** ***Celui qui aime est né de Dieu*** **D 18-13 CNA 537.**

CÉLÉBRER NOËL

C'est sans doute l'une des célébrations les plus fréquentées de l'année, une occasion, dans beaucoup de paroisses, d'une mise en œuvre liturgique soignée. L'objectif est autant de bien communiquer avec ceux qui ne fréquentent pas habituellement l'église que de faire vivre à chacun une expérience fondatrice.
La célébration de Noël est la seule fête de l'année pour laquelle l'Église a prévu quatre messes différentes au fil des heures : la veille, la nuit, l'aurore et le jour. S'il est rare qu'on célèbre les quatre messes, il peut être spirituellement fructueux de lire et de prier les textes de la parole de Dieu proposés pour chacune de ces heures.
Les lectures des quatre messes de Noël sont les mêmes chaque année, elles forment un tout, avec des échos entre elles, et des colorations propres. Le lectionnaire prévoit que l'intérêt pastoral puisse justifier de laisser le choix des lectures pour les messes de la nuit, de l'aurore et du jour.
Seule la messe de la veille, souvent fréquentée par les familles, a des lectures propres. Avec l'annonce de l'ange à Joseph (Mt 1, 18-25), les enfants peuvent faire une courte mise en scène en cinq tableaux (fiançailles, répudiation envisagée, apparition de l'ange, vie commune, naissance de l'enfant). Il ne s'agit pas d'un spectacle, mais d'une simple évocation. Chaque enfant peut déposer dans la crèche un « santon » le représentant et un cadeau qui sera donné à une association caritative pour les enfants démunis.
La messe de la nuit est souvent précédée d'une *veillée*, toute tendue vers l'attente du Sauveur dans le recueillement : lumières tamisées, lectures, chants, accompagnement musical, silences, contribueront à faire entrer dans le grand mystère de Noël : « Dieu s'est fait homme pour que l'homme devienne Dieu » (Saint Irénée de Lyon).

La proclamation du Martyrologe romain au début de la messe de la nuit depuis le haut de la chaire ou de tout autre lieu élevé peut être une solennelle et saisissante transition pour entrer en matière. Au début de la messe, la joie de la naissance de Jésus sera marquée par un grand éclairage de l'église et par un *Gloria* festif, une procession à laquelle peuvent participer les enfants en apportant l'enfant Jésus à la crèche, des chants traditionnels repris par les fidèles, les grands jeux de l'orgue.
Plusieurs lieux sont possibles pour *la crèche*. On peut la placer en lien direct avec l'autel, selon la très belle tradition qui ne dissocie pas le mystère de Noël du mystère de Pâques. C'était la spiritualité de saint François d'Assise lorsqu'il « inventa » la crèche moderne, telle qu'on la connaît encore aujourd'hui, avec le bœuf et l'âne. Mais il y a souvent un problème d'encombrement du chœur qui pousse plutôt à installer la crèche dans une chapelle. Nos églises sont le plus souvent suffisamment grandes, et les espaces latéraux ne demandent qu'à être réutilisés. Les distances permettent aussi des processions, toujours très signifiantes et belles. Dans certaines paroisses, on y dépose le Lectionnaire à la fin de la messe, pour rappeler que Jésus est la parole de Dieu vivante.
À la fin de la célébration, après la bénédiction solennelle, on peut inviter les fidèles à venir déposer dans la crèche une carte avec le prénom d'une personne absente, âgée, malade ou handicapée, pour l'associer à la joie de Noël, et lui apporter ensuite la paix du Christ ou la communion de la part de la communauté.

Joyeux Noël !

La Nativité du Seigneur

25 DÉCEMBRE 2023

Messe de la veille au soir

Rester des veilleurs

La promesse est accomplie, Dieu tient la parole qu'il donne – la Parole qu'il est – en se donnant dans la personne du Fils. L'attente se jette dans la joie de la présence comme un fleuve dans la mer. Vieille de deux mille ans, la naissance du Fils ne se dilue pourtant pas dans le passé ou dans les sables du souvenir : elle reste grosse de la promesse qui l'a engendrée. Nous sommes toujours en attente, quoique déjà en possession pleine et entière de la parole d'amour de Dieu sur le monde : c'est une véritable déclaration publique et solennelle par laquelle Dieu s'engage envers l'humanité, son objet de prédilection (*1re lecture*). De cette alliance de Dieu et de l'humanité sont sortis des hommes et des femmes qui vont donner naissance à Jésus (*2e lecture* et *évangile*), à la fois l'un des nôtres et le tout Autre. C'est du cœur même de la matière que Dieu a choisi de naître au monde, pour que chacun le reconnaisse comme sien par toutes les fibres de son être.

Des chants sont proposés p. 130.

Antienne d'ouverture

cf. Ex 16, 6-7

Aujourd'hui vous saurez que le Seigneur vient nous sauver ;
et demain vous verrez sa gloire.

Gloria.

Prière

Chaque année, Seigneur Dieu, tu nous réjouis tandis que nous attendons notre rédemption ; nous accueillons avec joie ton Fils unique, le Rédempteur : fais que nous puissions aussi le regarder avec confiance, lorsque viendra comme Juge ce même Jésus Christ notre Seigneur. Lui qui vit et règne avec toi dans l'unité du Saint-Esprit, Dieu, pour les siècles des siècles.

1re Lecture

On t'appellera « Ma Préférence »

→ **Lecture du livre du prophète Isaïe** 62,1-5

Pour la cause de Sion, je ne me tairai pas, et pour Jérusalem, je n'aurai de cesse que sa justice ne paraisse dans la clarté, et son salut comme une torche qui brûle. Et les nations verront ta justice ; tous les rois verront ta gloire. On te nommera d'un nom nouveau que la bouche du Seigneur dictera. Tu seras une couronne brillante dans la main du Seigneur, un diadème royal entre les doigts de ton Dieu. On ne te dira plus : « Délaissée ! » À ton pays, nul ne dira : « Désolation ! » Toi, tu seras appelée « Ma Préférence », cette terre se nommera « L'Épousée ». Car le Seigneur t'a préférée, et cette terre deviendra « L'Épousée ». Comme un jeune homme épouse une vierge, ton Bâtisseur t'épousera. Comme la jeune mariée fait la joie de son mari, tu seras la joie de ton Dieu.

Psaume 88

℟. L'amour du Seigneur, sans fin je le chante.

« Avec mon élu, j'ai fait une alliance,
j'ai juré à David, mon serviteur :
J'établirai ta dynastie pour toujours,
je te bâtis un trône pour la suite des âges. »

Heureux le peuple qui connaît l'ovation
Seigneur, il marche à la lumière de ta face ;

tout le jour, à ton nom il danse de joie,
fier de ton juste pouvoir.

« Il me dira : Tu es mon Père,
mon Dieu, mon roc et mon salut
Sans fin je lui garderai mon amour,
mon alliance avec lui sera fidèle. »

2e Lecture

Un projet de longue date

→ **Lecture du livre des Actes des Apôtres** 13, 16-17.22-25

Invité à prendre la parole dans la synagogue d'Antioche de Pisidie, Paul se leva, fit un signe de la main et dit : « Israélites, et vous aussi qui craignez Dieu, écoutez : Le Dieu de ce peuple, le Dieu d'Israël a choisi nos pères ; il a fait grandir son peuple pendant le séjour en Égypte et il l'en a fait sortir à bras étendu. Plus tard, Dieu a, pour eux, suscité David comme roi, et il lui a rendu ce témoignage : *J'ai trouvé David, fils de Jessé ; c'est un homme selon mon cœur qui réalisera toutes mes volontés.* De la descendance de David, Dieu, selon la promesse, a fait sortir un sauveur pour Israël : c'est Jésus, dont Jean le Baptiste a préparé l'avènement, en proclamant avant lui un baptême de conversion pour tout le peuple d'Israël. Au moment d'achever sa course, Jean disait : "Ce que vous pensez que je suis, je ne le suis pas. Mais le voici qui vient après moi, et je ne suis pas digne de retirer les sandales de ses pieds." »

Alléluia. Alléluia. Demain sera détruit le péché de la terre, et sur nous régnera le Sauveur du monde. **Alléluia.**

Évangile

Dieu avec nous, Dieu l'un de nous

→ **Évangile de Jésus Christ selon saint Matthieu** 1, 1-25 (lecture brève : 1, 18-25)

La lecture du texte entre crochets est facultative.

[**Généalogie de Jésus Christ,** fils de David, fils d'Abraham. Abraham engendra Isaac, Isaac engendra Jacob, Jacob engendra Juda et ses frères, Juda, de son union avec Thamar, engendra Pharès et Zara, Pharès engendra Esrom, Esrom engendra Aram, Aram engendra Aminadab, Aminadab engendra Naassone, Naassone engendra Salmone, Salmone, de son union avec Rahab, engendra Booz, Booz, de son union avec Ruth, engendra Jobed, Jobed engendra Jessé, Jessé engendra le roi David.

David, de son union avec la femme d'Ourias, engendra Salomon, Salomon engendra Roboam, Roboam engendra Abia, Abia engendra Asa, Asa engendra Josaphat, Josaphat engendra Joram, Joram engendra Ozias, Ozias engendra Joatham, Joatham engendra Acaz, Acaz engendra Ézékias, Ézékias engendra Manassé, Manassé engendra Amone, Amone engendra Josias, Josias engendra Jékonias et ses frères à l'époque de l'exil à Babylone.

Après l'exil à Babylone, Jékonias engendra Salathiel, Salathiel engendra Zorobabel, Zorobabel engendra Abioud, Abioud engendra Éliakim, Éliakim engendra Azor, Azor engendra Sadok, Sadok engendra Akim, Akim engendra Élioud, Élioud engendra Éléazar, Éléazar engendra Mattane, Mattane engendra Jacob, Jacob engendra Joseph, l'époux de Marie, de laquelle fut engendré Jésus, que l'on appelle Christ. Le nombre total des générations est donc : depuis Abraham jusqu'à David, quatorze générations ; depuis David jusqu'à l'exil à Babylone, quatorze générations ; depuis l'exil à Babylone jusqu'au Christ, quatorze générations.]

Voici comment fut engendré Jésus Christ : Marie, sa mère, avait été accordée en mariage à Joseph ; avant qu'ils aient habité ensemble, elle fut enceinte par l'action de l'Esprit Saint. Joseph, son époux, qui était un homme juste, et ne voulait pas la dénoncer publiquement, décida de la renvoyer en secret. Comme il avait formé ce projet, voici que l'ange du

Seigneur lui apparut en songe et lui dit : « Joseph, fils de David, ne crains pas de prendre chez toi Marie, ton épouse, puisque l'enfant qui est engendré en elle vient de l'Esprit Saint ; elle enfantera un fils, et tu lui donneras le nom de Jésus (c'est-à-dire : Le-Seigneur-sauve), car c'est lui qui sauvera son peuple de ses péchés. »
Tout cela est arrivé pour que soit accomplie la parole du Seigneur prononcée par le prophète : *Voici que la Vierge concevra, et elle enfantera un fils ; on lui donnera le nom d'Emmanuel*, qui se traduit : « Dieu-avec-nous ». Quand Joseph se réveilla, il fit ce que l'ange du Seigneur lui avait prescrit : il prit chez lui son épouse, mais il ne s'unit pas à elle, jusqu'à ce qu'elle enfante un fils, auquel il donna le nom de Jésus.

Credo. On s'agenouille à : il a pris chair de la Vierge Marie.

Prière litanique à la Messe du jour.

Prière sur les offrandes

Donne-nous, Seigneur, nous t'en prions, de célébrer déjà cette solennité, avec une ferveur d'autant plus grande que tu nous montres dans ce mystère le commencement de notre salut. Par le Christ, notre Seigneur.

Préface de la Nativité, n° 1, 2 ou 3, pp. 34-35.

Dans les Prières eucharistiques, textes propres à Noël.

Antienne de la communion

cf. Is 40, 5

La gloire du Seigneur va se révéler,
et tout être de chair verra le salut de notre Dieu.

Prière après la communion

Nous t'en prions, Seigneur : accorde-nous de reprendre vie en rappelant la naissance de ton Fils unique, puisque notre faim et notre soif sont apaisées par le sacrement du ciel. Par le Christ, notre Seigneur.

Messe de la nuit

Accueillir la vraie lumière

Dieu semble aimer les paradoxes : alors que Jésus meurt au printemps, en pleine montée de sève, quand toute la création resplendit de beauté et de vie, la tradition nous dit qu'il naît en hiver, au creux de la nuit. L'Église célèbre la naissance de Jésus dans la profondeur d'une nuit d'hiver, lorsque la lumière et la chaleur sont au plus bas dans l'hémisphère nord. Et c'est bien aussi la nuit de Pâques que nous célébrons pendant la nuit de Noël, la mort assumée et vaincue, la vie, dans sa faiblesse, plus forte que la violence qui la nie. Nous comprenons que la folie et la sagesse, la force et la faiblesse, n'ont pas la même valeur dans le cœur de Dieu et dans le cœur des hommes.

Quelle plus belle expression de l'espérance que la naissance attendue et célébrée d'un enfant ! (*1re lecture*) Le germe de vie va se développer jusqu'aux extrémités du cosmos (*psaume*). Jésus naît au milieu d'un peuple à la longue histoire dont il hérite. Il est si intégré dans son peuple qu'il ne fait aucun bruit en naissant, fondu parmi la foule des gens de condition modeste, et non comme un prince entouré d'une cour (*évangile*). Pourtant il va renouveler le sens des choses et de l'histoire, répandant sur toute la terre la grâce de Dieu pour remplacer la violence des passions individuelles et collectives par l'ardeur à faire le bien *(2e lecture)*. C'est ce Dieu-là que nous sommes appelés à accueillir en nous et à faire grandir pour que toute la création soit ressaisie dans son cœur aimant.

Des chants sont proposés p. 130.

Antienne d'ouverture

Ps 2, 7

Le Seigneur m'a dit :
Tu es mon Fils ;
moi, aujourd'hui, je t'ai engendré.

Gloria.

Prière

Seigneur Dieu, tu as fait resplendir cette nuit très sainte des clartés de la vraie lumière ; nous t'en prions, puisque nous reconnaissons la splendeur des mystères du Christ sur la terre, accorde-nous aussi de goûter pleinement sa joie dans le ciel. Lui qui vit et règne avec toi dans l'unité du Saint-Esprit, Dieu, pour les siècles des siècles.

1re Lecture

Un fils nous a été donné

→ **Lecture du livre du prophète Isaïe** 9, 1-6

Le peuple qui marchait dans les ténèbres a vu se lever une grande lumière ; et sur les habitants du pays de l'ombre, une lumière a resplendi. Tu as prodigué la joie, tu as fait grandir l'allégresse : ils se réjouissent devant toi, comme on se réjouit de la moisson, comme on exulte au partage du butin. Car le joug qui pesait sur lui, la barre qui meurtrissait son épaule, le bâton du tyran, tu les as brisés comme au jour de Madiane. Et les bottes qui frappaient le sol, et les manteaux couverts de sang, les voilà tous brûlés : le feu les a dévorés. Oui, un enfant nous est né, un fils nous a été donné ! Sur son épaule est le signe du pouvoir ; son nom est proclamé : « Conseiller-merveilleux, Dieu-Fort, Père-à-jamais, Prince-de-la-Paix. » Et le pouvoir s'étendra, et la paix sera sans fin pour le trône de David et pour son règne qu'il établira, qu'il affermira sur le droit et la justice dès maintenant et pour toujours. Il fera cela, l'amour jaloux du Seigneur de l'univers !

Psaume 95

**℟. Aujourd'hui, un Sauveur nous est né :
c'est le Christ, le Seigneur.**

Chantez au Seigneur un chant nouveau,
chantez au Seigneur, terre entière,
chantez au Seigneur et bénissez son nom !

De jour en jour, proclamez son salut,
racontez à tous les peuples sa gloire,
à toutes les nations ses merveilles !

Joie au ciel ! Exulte la terre !
Les masses de la mer mugissent,
la campagne tout entière est en fête.

Les arbres des forêts dansent de joie
devant la face du Seigneur, car il vient,
car il vient pour juger la terre.

Il jugera le monde avec justice
et les peuples selon sa vérité.

2e Lecture

La grâce de Dieu s'est manifestée pour tous les hommes

→ Lecture de la lettre de saint Paul apôtre à Tite 2, 11-14

Bien-aimé, la grâce de Dieu s'est manifestée pour le salut de tous les hommes. Elle nous apprend à renoncer à l'impiété et aux convoitises de ce monde, et à vivre dans le temps présent de manière raisonnable, avec justice et piété, attendant que se réalise la bienheureuse espérance : la manifestation de la gloire de notre grand Dieu et Sauveur, Jésus Christ. Car il s'est donné pour nous afin de nous racheter de toutes nos fautes, et de nous purifier pour faire de nous son peuple, un peuple ardent à faire le bien.

Alléluia. Alléluia. Je vous annonce une grande joie : Aujourd'hui vous est né un Sauveur qui est le Christ, le Seigneur ! **Alléluia.**

Évangile

Paix aux hommes sur la terre : Dieu les aime

→ **Évangile de Jésus Christ selon saint Luc** 2, 1-14

En ces jours-là, parut un édit de l'empereur Auguste, ordonnant de recenser toute la terre – ce premier recensement eut lieu lorsque Quirinius était gouverneur de Syrie. Et tous allaient se faire recenser, chacun dans sa ville d'origine. Joseph, lui aussi, monta de Galilée, depuis la ville de Nazareth, vers la Judée, jusqu'à la ville de David appelée Bethléem. Il était en effet de la maison et de la lignée de David. Il venait se faire recenser avec Marie, qui lui avait été accordée en mariage et qui était enceinte. Or, pendant qu'ils étaient là, le temps où elle devait enfanter fut accompli. Et elle mit au monde son fils premier-né ; elle l'emmaillota et le coucha dans une mangeoire, car il n'y avait pas de place pour eux dans la salle commune. Dans la même région, il y avait des bergers qui vivaient dehors et passaient la nuit dans les champs pour garder leurs troupeaux. L'ange du Seigneur se présenta devant eux, et la gloire du Seigneur les enveloppa de sa lumière. Ils furent saisis d'une grande crainte. Alors l'ange leur dit : « Ne craignez pas, car voici que je vous annonce une bonne nouvelle, qui sera une grande joie pour tout le peuple : Aujourd'hui, dans la ville de David, vous est né un Sauveur qui est le Christ, le Seigneur. Et voici le signe qui vous est donné : vous trouverez un nouveau-né emmailloté et couché dans une mangeoire. » Et soudain, il y eut avec l'ange une troupe céleste innombrable, qui louait Dieu en disant : « Gloire à Dieu au plus haut des cieux, et paix sur la terre aux hommes, qu'Il aime. »

Credo. On s'agenouille à : il a pris chair de la Vierge Marie.

Prière litanique à la Messe du jour.

Prière sur les offrandes

Reçois favorablement, Seigneur, l'offrande présentée en cette nuit de fête, afin que, par ce mystérieux échange, nous soyons configurés à ton Fils en qui notre nature est unie à la tienne. Lui qui vit et règne pour les siècles des siècles.

Préface *Le Christ lumière*

Préface de la Nativité, nº 1, 2 ou 3, pp. 34-35.

Dans les Prières eucharistiques, textes propres à Noël.

Antienne de la communion Jn 1, 14

Le Verbe s'est fait chair,
et nous avons vu sa gloire.

Prière après la communion

Joyeux de célébrer la naissance de notre Rédempteur, nous te prions, Seigneur notre Dieu : donne-nous de parvenir, par notre manière de vivre, à la communion avec lui, qui vit et règne pour les siècles des siècles.

Bénédiction solennelle

Dans son infinie bonté, Dieu a dissipé les ténèbres du monde par l'incarnation de son Fils ; par sa nativité glorieuse, il a fait resplendir cette nuit très sainte (ce jour très saint) : qu'il éloigne de vous les ténèbres des péchés, qu'il éclaire vos cœurs pour que vous pratiquiez le bien. ℟. **Amen.**

Il a voulu que l'Ange annonce aux bergers une grande joie : la naissance du Sauveur ; qu'il mette en vos cœurs sa propre joie et vous envoie annoncer son Évangile. ℟. **Amen.**

Par l'incarnation de son Fils, il a scellé l'Alliance du ciel et de la terre : qu'il vous comble de sa paix et de sa bienveillance, qu'il vous unisse à l'Église du ciel. ℟. **Amen.**

Et que la bénédiction de Dieu tout-puissant, le Père, et le Fils, ✠ et le Saint-Esprit, descende sur vous et y demeure toujours.
℟. **Amen.**

Messe de l'aurore

Naître, renaître avec lui

Chaque aurore est un moment privilégié. Qui n'a fait l'expérience d'un total renouvellement de la vie quand la lumière éclate dans le ciel après avoir disparu de la terre ? Nous oublions souvent de nous émerveiller de cette renaissance du soleil. Dans la vie chrétienne, l'aurore évoque la résurrection du Christ, soleil nouveau surgissant des ténèbres de la mort qui l'ont anéanti. C'est pourquoi depuis le IVe siècle l'Église d'Occident fête la naissance de Jésus le 25 décembre, dans l'aurore d'un jour improbable, la nuit hivernale étant alors la plus longue de l'année. C'est un émerveillement chaque jour renouvelé. L'aurore de Noël et l'aurore de Pâques annoncent l'aurore eschatologique du dernier lever du jour sur le monde, qui sera aussi le premier Jour du Monde nouveau. Il pointe déjà, ne le voyons-nous pas ?

Des chants sont proposés p. 130.

Antienne d'ouverture cf. Is 9, 1.5 ; Lc 1, 33

Aujourd'hui, la lumière va resplendir sur nous,
car le Seigneur nous est né.
On l'appelle : Dieu admirable,
Père-à-jamais, Prince-de-la-Paix.
Et son règne n'aura pas de fin.

Gloria.

Prière

Dieu tout-puissant, en ton Verbe fait chair, nous sommes inondés d'une clarté nouvelle ; fais que resplendisse en nos actes cette lumière que la foi fait briller dans nos esprits. Par Jésus Christ, ton Fils, notre Seigneur, qui vit et règne avec toi dans l'unité du Saint-Esprit, Dieu, pour les siècles des siècles.

1re Lecture

Le Seigneur vient

→ **Lecture du livre du prophète Isaïe** 62, 11-12

Voici que le Seigneur se fait entendre jusqu'aux extrémités de la terre : Dites à la fille de Sion : Voici ton Sauveur qui vient ; avec lui, le fruit de son travail, et devant lui, son ouvrage. Eux seront appelés « Peuple-saint », « Rachetés-par-le-Seigneur », et toi, on t'appellera « La-Désirée », « La-Ville-qui-n'est-plus-délaissée ».

Psaume 96

℟. **La lumière aujourd'hui a resplendi sur nous : un Sauveur nous est né !**

Le Seigneur est roi ! Exulte la terre !
Joie pour les îles sans nombre !
Les cieux ont proclamé sa justice,
et tous les peuples ont vu sa gloire.

Une lumière est semée pour le juste,
et pour le cœur simple, une joie.
Que le Seigneur soit votre joie, hommes justes ;
rendez grâce en rappelant son nom très saint.

2e Lecture

Renouvelés par l'Esprit de Dieu

→ **Lecture de la lettre de saint Paul apôtre à Tite** 3, 4-7

Bien-aimé, lorsque Dieu, notre Sauveur, a manifesté sa bonté et son amour pour les hommes, il nous a sauvés, non pas à cause de la justice de nos propres actes, mais par sa miséricorde. Par le bain du baptême, il nous a fait renaître et nous a renouvelés dans l'Esprit Saint. Cet Esprit, Dieu l'a répandu sur nous en abondance, par Jésus Christ notre Sauveur, afin que, rendus justes par sa grâce, nous devenions en espérance héritiers de la vie éternelle.

Alléluia. Alléluia. Gloire à Dieu au plus haut des cieux, et paix sur la terre aux hommes, qu'Il aime ! **Alléluia.**

Évangile

Le Seigneur est là

→ **Évangile de Jésus Christ selon saint Luc** 2, 15-20

Lorsque les anges eurent quitté les bergers pour le ciel, ceux-ci se disaient entre eux : « Allons jusqu'à Bethléem pour voir ce qui est arrivé, l'événement que le Seigneur nous a fait connaître. » Ils se hâtèrent d'y aller, et ils découvrirent Marie et Joseph, avec le nouveau-né couché dans la mangeoire. Après avoir vu, ils racontèrent ce qui leur avait été annoncé au sujet de cet enfant. Et tous ceux qui entendirent s'étonnaient de ce que leur racontaient les bergers. Marie, cependant, retenait tous ces événements et les méditait dans son cœur. Les bergers repartirent ; ils glorifiaient et louaient Dieu pour tout ce qu'ils avaient entendu et vu, selon ce qui leur avait été annoncé.

Credo. On s'agenouille à : il a pris chair de la Vierge Marie.

Prière litanique à la Messe du jour.

Prière sur les offrandes

Puissent nos offrandes, Seigneur, s'accorder au mystère de la nativité que nous célébrons en ce jour ; celui qui est né d'une naissance humaine a resplendi aussi comme Dieu : de même, fais que ces fruits de la terre nous communiquent tes dons divins. Par le Christ, notre Seigneur.

Préface de la Nativité, nº 1, 2 ou 3, pp. 34-35.

Dans les Prières eucharistiques, textes propres à Noël.

Antienne de la communion

cf. Za 9, 9

Exulte, fille de Sion,
pousse des cris de joie, fille de Jérusalem :
Voici ton Roi qui vient,
lui, le saint et le sauveur du monde.

Prière après la communion

Seigneur, nous célébrons la nativité de ton Fils avec une joyeuse ferveur, accorde-nous d'approfondir la connaissance de ce mystère par une foi sans réserve et de l'aimer d'un amour toujours plus ardent. Par le Christ, notre Seigneur.

Messe du jour de Noël

Contempler le visage du Père dans celui du Fils

Les quatre messes de Noël, liées entre elles par les heures qui passent et le mystère qui s'accomplit, trouvent leur aboutissement et leur plénitude dans cette messe du jour. Après la longue généalogie de Jésus, fruit de l'histoire et de la terre des hommes, et le récit de sa conception divine, proclamés pendant la messe de la veille ; après le difficile voyage de Marie et de Joseph jusqu'à Bethléem et la mise au monde du nouveau-né dans l'obscurité d'une étable racontés pendant la nuit ; après le rappel battu par les anges dans les campagnes d'où se lèvent les bergers qui iront à leur tour répandre la nouvelle, comme on a pu l'entendre à la messe de l'aurore, nous entendons en ce jour de Noël proclamer ce texte admirable du Prologue de Jean qui est à la source et au cœur de la confession de la foi chrétienne : le Verbe s'est fait chair, il a habité parmi nous. Après avoir fait évoluer autour de lui la foule de ses ancêtres, puis Marie, Joseph, les anges et les bergers, les textes de la parole de Dieu focalisent notre attention sur cet enfant et nous appellent à la contemplation : il est le Sauveur attendu (*1re lecture*), le Fils éternel de Dieu *(2e lecture)*, et la lumière du monde (*évangile*). Nous sommes invités par Dieu lui-même à l'accueillir dans notre vie, Parole vivante au plus profond de nous, pour qu'il soit en nous plus intime que nous-mêmes.

Des chants sont proposés p. 130.

Antienne d'ouverture

cf. Is 9, 5

Un enfant nous est né,
un fils nous a été donné !
Sur son épaule est le signe du pouvoir ;
on proclame son nom : Ange du grand conseil.

Gloria.

Prière

Seigneur Dieu, tu as merveilleusement créé l'être humain dans sa dignité, et tu l'as rétabli plus merveilleusement encore : accorde-nous d'être unis à la divinité de ton Fils, qui a voulu prendre notre humanité. Lui qui vit et règne avec toi dans l'unité du Saint-Esprit, Dieu, pour les siècles des siècles.

1re Lecture

Bonne nouvelle !

→ Lecture du livre du prophète Isaïe 52, 7-10

Comme ils sont beaux sur les montagnes, les pas du messager, celui qui annonce la paix, qui porte la bonne nouvelle, qui annonce le salut, et vient dire à Sion : « Il règne, ton Dieu ! » Écoutez la voix des guetteurs : ils élèvent la voix, tous ensemble ils crient de joie car, de leurs propres yeux, ils voient le Seigneur qui revient à Sion. Éclatez en cris de joie, vous, ruines de Jérusalem, car le Seigneur console son peuple, il rachète Jérusalem ! Le Seigneur a montré la sainteté de son bras aux yeux de toutes les nations. Tous les lointains de la terre ont vu le salut de notre Dieu.

Psaume 97

℟. La terre tout entière a vu
le salut que Dieu nous donne.

Chantez au Seigneur un chant nouveau,
car il a fait des merveilles ;
par son bras très saint, par sa main puissante,
il s'est assuré la victoire.

Le Seigneur a fait connaître sa victoire
et révélé sa justice aux nations ;
il s'est rappelé sa fidélité, son amour,
en faveur de la maison d'Israël.

La terre tout entière a vu
la victoire de notre Dieu.
Acclamez le Seigneur, terre entière,
sonnez, chantez, jouez !

Jouez pour le Seigneur sur la cithare,
sur la cithare et tous les instruments ;
au son de la trompette et du cor,
acclamez votre roi, le Seigneur !

2e Lecture

« Le Premier-né dans le monde à venir »

→ **Lecture de la lettre aux Hébreux** 1, 1-6

À bien des reprises et de bien des manières, Dieu, dans le passé, a parlé à nos pères par les prophètes ; mais à la fin, en ces jours où nous sommes, il nous a parlé par son Fils qu'il a établi héritier de toutes choses et par qui il a créé les mondes. Rayonnement de la gloire de Dieu, expression parfaite de son être, le Fils, qui porte l'univers par sa parole puissante, après avoir accompli la purification des péchés, s'est assis à la droite de la Majesté divine dans les hauteurs des cieux ; et il est devenu bien supérieur aux anges, dans la mesure même où il a reçu en héritage un nom si différent du leur. En effet, Dieu déclara-t-il jamais à un ange : *Tu es mon Fils, moi, aujourd'hui, je t'ai engendré ?* Ou bien encore : *Moi, je serai pour lui un père, et lui sera pour moi un fils ?* À l'inverse, au moment d'introduire le Premier-né dans le monde à venir, il dit : *Que se prosternent devant lui tous les anges de Dieu.*

Alléluia. Alléluia. Aujourd'hui la lumière a brillé sur la terre. Peuples de l'univers, entrez dans la clarté de Dieu ; venez tous adorer le Seigneur. **Alléluia.**

Évangile

« Le Verbe s'est fait chair »

→ **Évangile de Jésus Christ selon saint Jean** 1, 1-18

Les textes entre crochets sont facultatifs.

Au commencement était le Verbe,
et le Verbe était auprès de Dieu,
et le Verbe était Dieu.
Il était au commencement auprès de Dieu.
C'est par lui que tout est venu à l'existence,

TEMPS DE NOËL

et rien de ce qui s'est fait ne s'est fait sans lui.
En lui était la vie,
et la vie était la lumière des hommes ;
la lumière brille dans les ténèbres,
et les ténèbres ne l'ont pas arrêtée.

[Il y eut un homme envoyé par Dieu ; son nom était Jean. Il est venu comme témoin, pour rendre témoignage à la Lumière, afin que tous croient par lui. Cet homme n'était pas la Lumière, mais il était là pour rendre témoignage à la Lumière.]
Le Verbe était la vraie Lumière, qui éclaire tout homme en venant dans le monde. Il était dans le monde, et le monde était venu par lui à l'existence, mais le monde ne l'a pas reconnu. Il est venu chez lui, et les siens ne l'ont pas reçu. Mais à tous ceux qui l'ont reçu, il a donné de pouvoir devenir enfants de Dieu, eux qui croient en son nom. Ils ne sont pas nés du sang, ni d'une volonté charnelle, ni d'une volonté d'homme : ils sont nés de Dieu. Et le Verbe s'est fait chair, il a habité parmi nous, et nous avons vu sa gloire, la gloire qu'il tient de son Père comme Fils unique, plein de grâce et de vérité.
[Jean le Baptiste lui rend témoignage en proclamant : « C'est de lui que j'ai dit : Celui qui vient derrière moi est passé devant moi, car avant moi il était. » Tous, nous avons eu part à sa plénitude, nous avons reçu grâce après grâce ; car la Loi fut donnée par Moïse, la grâce et la vérité sont venues par Jésus Christ.
Dieu, personne ne l'a jamais vu ; le Fils unique, lui qui est Dieu, lui qui est dans le sein du Père, c'est lui qui l'a fait connaître.]

Credo. On s'agenouille à : il a pris chair de la Vierge Marie.

POUR LA PRIÈRE UNIVERSELLE

En cette fête de Noël, confions à Dieu tous les hommes au milieu de qui Jésus a choisi de naître pour les inviter dans son Royaume : (intentions au choix)

– devant Jésus nouveau-né posé dans la crèche, prions Dieu notre Père pour les enfants du monde entier, pour les orphelins et les enfants abandonnés ou séparés de leurs parents, pour ceux qui souffrent de la guerre et de la misère partout dans le monde ;

– avec Marie et Joseph, confions à Dieu les pères et les mères de famille, et tous ceux qui prennent soin des enfants des autres dans les maternités, les hôpitaux et les crèches : que l'Esprit Saint les fortifie et les fasse grandir dans son amour ;

– avec Jésus Prince de la Paix, confions à Dieu notre Père les chefs d'État et les responsables politiques qui œuvrent pour la justice dans leurs pays ; prions aussi pour ceux qui ne cherchent qu'à assurer leur pouvoir et leur fortune : que l'Esprit Saint les éclaire afin que tous les hommes aient de quoi vivre dignement, et que la paix règne dans les cœurs et entre les nations ;

– avec Jésus enfoui dans l'ombre d'une étable, prions Dieu notre Père pour ceux qui le cherchent dans la nuit et ne savent pas où trouver une lumière dans leur détresse ; confions-lui ceux qui souffrent de la violence, des perturbations climatiques, des troubles sociaux, d'une épidémie, d'une maladie grave ou d'un chômage chronique, ainsi que les chrétiens persécutés dans tant de pays : que l'Esprit Saint les aide à sortir des ténèbres où ils se trouvent et à découvrir la Joie ;

– avec Jésus vrai Dieu et vrai homme, prions Dieu notre Père pour tous ceux qui, par leurs paroles et par leurs actes, transmettent leur foi dans le Christ mort et ressuscité ; confions-lui les croyants du monde entier, le peuple juif dépositaire de la Promesse et nos frères musulmans qui reçoivent Jésus comme un prophète : que l'Esprit Saint les guide sur le chemin du dialogue et de la vérité ;

– avec Jésus qui est né un jour du temps et qui a fait sa demeure parmi nous dans une modeste bourgade de Palestine, prions Dieu notre Père pour nos communautés ; depuis deux mille ans elles annoncent la Bonne Nouvelle du salut à tous les hommes pour que chacun se sache aimé : que l'Esprit Saint les guide aujourd'hui encore pour qu'en elles résonne la Parole d'amour de Dieu et que par elles Jésus soit accueilli comme le sauveur de l'humanité.

Prière sur les offrandes

Que l'offrande présentée en ce jour de solennité te soit agréable, Seigneur, car elle nous a réconciliés avec toi, parfaitement rétablis dans ta paix, et introduits dans la plénitude de l'adoration véritable. Par le Christ, notre Seigneur.

Préface de la Nativité, nº 1, 2 ou 3, pp. 34-35.

Dans les Prières eucharistiques, textes propres à Noël.

Antienne de la communion

cf. Ps 97, 3

Tous les lointains de la terre ont vu
le salut de notre Dieu.

Prière après la communion

Dieu de miséricorde, nous t'en prions : puisque le Sauveur du monde, en naissant aujourd'hui, nous fait naître à la vie divine, que sa générosité nous accorde aussi l'immortalité. Lui qui vit et règne pour les siècles des siècles.

Bénédiction solennelle

Voir à la messe de la nuit.

Méditation devant la crèche

« Je t'aimais. Je t'aime. Je t'aimerai. Il ne suffit pas d'une chair pour naître. Il y faut aussi cette parole. Elle vient de loin. Elle vient du bleu lointain des cieux, elle s'enfonce dans le vivant, elle ruisselle sous les chairs du vivant comme une eau souterraine d'amour pur. »

Christian Bobin, *Le Très-Bas*,
Gallimard,1992.

La Sainte Famille

31 DÉCEMBRE 2023

La fécondité de la foi

En ce dimanche dans l'octave de Noël, nous célébrons la fête de la Sainte Famille. Il ne s'agit pas de chercher dans la Sainte Famille telle que Luc la met en scène un modèle formel pour nos familles humaines. Mais elle est bien un exemple (*oraison d'ouverture*). Les textes mettent l'accent sur ce qui demeure essentiel dans toute vie de famille : la foi. Foi dans l'Alliance (*1re lecture et psaume*), foi de chacun dans l'autre et dans sa parole, foi des enfants en leurs parents, des parents en leurs enfants, foi dans un Dieu qui habite parmi nous, qui prend les risques de la vie avec nous, pour nous. Dans l'Enfant Jésus se concentre la longue histoire de la promesse faite à Abraham, son ancêtre (*évangile de la veille de Noël*) donné par Paul comme le modèle même de l'homme de foi *(2e lecture)*. C'est l'épreuve cependant qui attend Abraham. Le sacrifice d'Isaac préfigure la croix annoncée par Syméon (*évangile*), qui sera « signe de division ». Marie, mère d'humanité, sera la première à être transpercée par ce glaive qui nous atteint tous, un jour ou l'autre, à la jointure de l'âme et du cœur.

Marie et Joseph, dans leur virginité, accueillent Jésus comme un mot d'amour de Dieu à une humanité en quête de fécondité, de beauté et de vérité. Notre propre « virginité », qui est, en chacun de nous, un espace d'hospitalité du divin, accueille la présence de l'Enfant dans la foi. En Jésus, nous découvrons avec émerveillement que tout homme est appelé à devenir ce qu'il est : enfant de Dieu. Au terme d'un chemin souvent douloureux et risqué, c'est une grâce, le fruit promis de l'Alliance.

Dans la Sainte Famille, nous découvrons la grandeur de nos familles humaines et le sens profond d'une véritable filiation.

Des chants sont proposés p. 130. En outre, pour la Sainte Famille :

CHANTER
Tu fais ta demeure en nous D 56-49, *En accueillant l'amour* DP 126 CNA 325.

Antienne d'ouverture

Lc 2, 16

Les bergers vinrent en hâte,
et ils découvrirent Marie et Joseph,
avec le nouveau-né couché dans la mangeoire.

Gloria.

Prière

Tu as voulu, Seigneur Dieu, que la Sainte Famille nous soit donnée en exemple ; accorde-nous, dans ta bonté, de pratiquer, comme elle, les vertus familiales et d'être unis par les liens de ton amour, afin de goûter la récompense éternelle dans la joie de ta maison. Par Jésus Christ, ton Fils, notre Seigneur, qui vit et règne avec toi dans l'unité du Saint-Esprit, Dieu, pour les siècles des siècles.

1re Lecture

La fécondité de la foi d'Abraham

→ **Lecture du livre de la Genèse** 15, 1-6 ; 21, 1-3

En **ces jours-là,** la parole du Seigneur fut adressée à Abram dans une vision : « Ne crains pas, Abram ! Je suis un bouclier pour toi. Ta récompense sera très grande. » Abram répondit : « Mon Seigneur Dieu, que pourrais-tu donc me donner ? Je m'en vais sans enfant, et l'héritier de ma maison, c'est Élièzer de Damas. » Abram dit encore : « Tu ne m'as pas donné de descendance, et c'est un de mes serviteurs qui sera mon héritier. » Alors cette parole du Seigneur fut adressée à Abram : « Ce n'est pas lui qui sera ton héritier, mais quelqu'un de ton sang. » Puis il le fit sortir et lui dit : « Regarde le ciel, et

compte les étoiles, si tu le peux... » Et il déclara : « Telle sera ta descendance ! » Abram eut foi dans le Seigneur et le Seigneur estima qu'il était juste.
Le Seigneur visita Sara comme il l'avait annoncé ; il agit pour elle comme il l'avait dit. Elle devint enceinte, et elle enfanta un fils pour Abraham dans sa vieillesse, à la date que Dieu avait fixée. Et Abraham donna un nom au fils que Sara lui avait enfanté : il l'appela Isaac.

Psaume 104

℟. Le Seigneur, c'est lui notre Dieu ;
il s'est toujours souvenu de son alliance.

Rendez grâce au Seigneur, proclamez son nom,
annoncez parmi les peuples ses hauts faits ;
chantez et jouez pour lui,
redites sans fin ses merveilles.

Glorifiez-vous de son nom très saint :
joie pour les cœurs qui cherchent Dieu !
Cherchez le Seigneur et sa puissance,
recherchez sans trêve sa face.

Souvenez-vous des merveilles qu'il a faites,
de ses prodiges, des jugements qu'il prononça,
vous, la race d'Abraham son serviteur,
les fils de Jacob, qu'il a choisis.

Il s'est toujours souvenu de son alliance,
parole édictée pour mille générations :
promesse faite à Abraham,
garantie par serment à Isaac.

2e Lecture

Prendre le risque de la foi

→ **Lecture de la lettre aux Hébreux** 11, 8.11-12.17-19

Frères, grâce à la foi, Abraham obéit à l'appel de Dieu : il partit vers un pays qu'il devait recevoir en héritage, et il partit sans savoir où il allait. Grâce à la foi, Sara, elle aussi, malgré son âge, fut rendue capable d'être à l'origine d'une descendance parce qu'elle pensait que Dieu est fidèle à ses promesses. C'est pourquoi, d'un seul homme, déjà marqué par la mort, a pu naître une descendance aussi nombreuse que les étoiles du ciel et que le sable au bord de la mer, une multitude innombrable.
Grâce à la foi, quand il fut soumis à l'épreuve, Abraham offrit Isaac en sacrifice. Et il offrait le fils unique, alors qu'il avait reçu les promesses et entendu cette parole : *C'est par Isaac qu'une descendance portera ton nom.* Il pensait en effet que Dieu est capable même de ressusciter les morts ; c'est pourquoi son fils lui fut rendu : il y a là une préfiguration.

Alléluia. Alléluia. À bien des reprises, Dieu, dans le passé, a parlé à nos pères par les prophètes ; à la fin, en ces jours où nous sommes, il nous a parlé par son Fils. **Alléluia.**

Évangile

Regard prophétique de la foi

→ **Évangile de Jésus Christ selon saint Luc** 2, 22-40 (lecture brève : 2, 22.39-40)

Quand fut accompli le temps prescrit par la loi de Moïse pour la purification, les parents de Jésus l'amenèrent à Jérusalem pour le présenter au Seigneur,

Arrêt de la lecture brève qui reprend au v. 39

selon ce qui est écrit dans la Loi : Tout premier-né de sexe masculin sera consacré au Seigneur. Ils venaient aussi offrir le

sacrifice prescrit par la loi du Seigneur : un couple de tourterelles ou deux petites colombes.
Or, il y avait à Jérusalem un homme appelé Syméon. C'était un homme juste et religieux, qui attendait la Consolation d'Israël, et l'Esprit Saint était sur lui. Il avait reçu de l'Esprit Saint l'annonce qu'il ne verrait pas la mort avant d'avoir vu le Christ, le Messie du Seigneur. Sous l'action de l'Esprit, Syméon vint au Temple. Au moment où les parents présentaient l'enfant Jésus pour se conformer au rite de la Loi qui le concernait, Syméon reçut l'enfant dans ses bras, et il bénit Dieu en disant :
« Maintenant, ô Maître souverain, tu peux laisser ton serviteur s'en aller en paix, selon ta parole. Car mes yeux ont vu le salut que tu préparais à la face des peuples : lumière qui se révèle aux nations et donne gloire à ton peuple Israël. »
Le père et la mère de l'enfant s'étonnaient de ce qui était dit de lui. Syméon les bénit, puis il dit à Marie sa mère : « Voici que cet enfant provoquera la chute et le relèvement de beaucoup en Israël. Il sera un signe de contradiction – et toi, ton âme sera traversée d'un glaive – : ainsi seront dévoilées les pensées qui viennent du cœur d'un grand nombre. » Il y avait aussi une femme prophète, Anne, fille de Phanuel, de la tribu d'Aser. Elle était très avancée en âge ; après sept ans de mariage, demeurée veuve, elle était arrivée à l'âge de quatre-vingt-quatre ans. Elle ne s'éloignait pas du Temple, servant Dieu jour et nuit dans le jeûne et la prière. Survenant à cette heure même, elle proclamait les louanges de Dieu et parlait de l'enfant à tous ceux qui attendaient la délivrance de Jérusalem.

Reprise de la lecture brève

Lorsqu'ils eurent achevé tout ce que prescrivait la loi du Seigneur, ils retournèrent en Galilée, dans leur ville de Nazareth. L'enfant, lui, grandissait et se fortifiait, rempli de sagesse, et la grâce de Dieu était sur lui.

POUR LA PRIÈRE UNIVERSELLE

Au nom de la grande famille humaine, de la famille Église et de toutes nos familles répandues sur la terre, en ce dernier dimanche de l'année civile, rendons grâce à Dieu pour l'année écoulée et confions-lui nos frères humains :
– les familles qui souffrent de dispersions, de divisions et de recompositions difficiles : qu'elles sachent donner à chaque enfant une place où il puisse s'épanouir ;
– les familles qui essaient de vivre dans la fidélité et le respect de la parole donnée : qu'elles rayonnent autour d'elles pour ouvrir les esprits et les cœurs au Dieu de l'Alliance ;
– les familles chrétiennes : qu'elles donnent aux enfants de grandir dans la foi, la recherche de la vérité et le goût de Dieu ;
– les familles religieuses apostoliques et contemplatives, qui vivent une fraternité prophétique et une filiation évangélique ;
– les Églises du silence, les chrétiens persécutés pour leur foi, les peuples déchirés par la guerre et la violence, les chefs d'État et de gouvernement : que l'Esprit les guide sur les chemins de la paix.

Prière sur les offrandes

En t'offrant, Seigneur, le sacrifice qui nous réconcilie avec toi, nous te supplions humblement : à la prière de la Vierge, la Mère de Dieu, et à la prière de saint Joseph, affermis nos familles dans ta grâce et dans ta paix. Par le Christ, notre Seigneur.

Préface de la Nativité n° 1, 2 ou 3, pp. 34-35.

Prière eucharistique : textes propres.

Antienne de la communion

cf. Ba 3, 38

Notre Dieu est apparu sur la terre
et il a vécu parmi les hommes.

Prière après la communion

Tu refais nos forces, Père très aimant, par le sacrement du ciel : donne-nous de toujours imiter les vertus de la sainte Famille et, après les épreuves de cette vie, d'obtenir avec elle le bonheur sans fin. Par le Christ, notre Seigneur.

Psaume de l'Office de la Vierge

« N'a-t-elle pas vacillé, ta confiance,
Lorsque tes yeux ont vu l'enfant ?
Dieu, un si petit corps ? Dieu, son silence ?
Dieu, son vagissement ? »

Patrice de La Tour du Pin,
Le Jeu de l'homme en lui-même, Gallimard, 1981, p. 414.

Sainte Colombe, vierge et martyre (31 décembre). Venue de Saragosse en Espagne se réfugier dans la région de Sens en Bourgogne, elle vécut et mourut pour le Christ. À 16 ans, elle résista courageusement aux autorités romaines qui voulaient la faire renoncer à sa foi, et subit le martyre près de Sens au lieu-dit Fontaine d'Azon le 31 décembre 274 sous l'empereur Aurélien. Les chrétiens construisirent une église sur son tombeau et un monastère s'y établit où saint Thomas Becket, poursuivi par le roi d'Angleterre, trouva refuge en 1166. Elle fut très honorée à Paris pendant le Moyen Âge. Aujourd'hui un pèlerinage a lieu tous les ans au mois de juillet à Saint-Denis-lès-Sens.

CALENDRIER LITURGIQUE

Di 31 **La Sainte Famille B.**
Liturgie des Heures : Psautier semaine I.
[S. Sylvestre Ier, pape, † 335, à Rome.]

Lu 1er Octave de la Nativité : **SAINTE MARIE, MÈRE DE DIEU**, p. 161.

Ma 2 S. Basile le Grand, évêque de Césarée (Asie mineure), † 379 et S. Grégoire de Nazianze, évêque de Constantinople, † vers 389, docteurs de l'Église.
1re lettre de Jean 2, 22-28 ; Ps 97 ; Jean 1, 19-28 « C'est lui qui vient derrière moi »

Me 3 1re lettre de Jean 2, 29–3, 6 ; Ps 97 ; Jean 1, 29-34 « Voici l'Agneau de Dieu, qui enlève le péché du monde »
Le Saint Nom de Jésus
En Afrique du Nord, S. Fulgence, évêque, † 527 à Ruspe.
En France, Ste Geneviève, vierge, vers † 500 à Paris.
Au Luxembourg, Ste Irmine, religieuse, vers † 710 à Wissembourg.

Je 4 1re lettre de Jean 3, 7-10 ; Ps 97 ; Jean 1, 35-42 : « Nous avons trouvé le Messie »

Ve 5 1re lettre de Jean 3, 11-21 ; Ps 99 ; Jean 1, 43-51 : « C'est toi le Fils de Dieu ! C'est toi le roi d'Israël »
En Afrique du Nord, Ss. Longin, Eugène et Vindémial, évêques, 5e siècle.

Sa 6 1re lettre de Jean 5, 5-13 ; Ps 147 ; Marc 1, 7-11 : « Tu es mon Fils bien-aimé ; en toi je trouve ma joie » ou Luc 3, 23-38 Généalogie de Jésus Christ, fils d'Adam, fils de Dieu

Bonne fête ! 31 : Sylvestre, Colombe. 1er : Fulgence. 2 : Basile, Vassili. 3 : Geneviève, Ginette. 4 : Odilon. 5 : Édouard, Teddy, Émilien. 6 : Melaine, Tiphaine.

Sainte Marie, Mère de Dieu

LUNDI 1er JANVIER 2024

« Il est né d'une femme »

« Mère de Dieu », c'est le plus beau nom que l'humanité ait trouvé pour qualifier Marie. En grec : « Théotokos », titre qui lui est conféré par le concile d'Éphèse, en 431. C'est sous ce titre aussi qu'est célébrée à Rome, depuis le VIIe siècle, le huitième jour après Noël, donc le 1er janvier, Marie, mère de Jésus en qui « Dieu sauve » – traduction de l'hébreu « Ieshoua ».

La paix chantée par les anges dans le ciel de Bethléem, nous confessons qu'elle ne peut venir que de Dieu. Elle a le visage de Jésus, l'enfant de la crèche, si faible et fragile dans la mangeoire, abandonné entre les bras de son père et de sa mère, déjà offert en nourriture pour la vie du monde (*évangile*). En lui nous reconnaissons le sauveur, celui en qui Dieu donne son salut à tous les hommes. En lui, né d'une femme, nous sommes des enfants de Dieu *(2e lecture)*. « Prodigieux échange ! » s'exclamait le pape saint Léon dans un de ses sermons de Noël (repris dans la *Prière sur les offrandes* de la messe de la nuit).

Privilège étonnant, l'humanité est invitée à donner à Dieu son nom d'homme, Jésus, alors que c'est Dieu lui-même qui vient nous saluer et au nom de qui nous nous saluons les uns les autres ! (*1re lecture*) Le *psaume* chante cette merveille : « La terre a donné son fruit ». Puisse cette nouvelle inouïe retentir dans nos cœurs et dans nos communautés tout au long de l'année !

CHANTER

Nous sommes toujours dans le temps de Noël dont il convient de conserver la tonalité toute particulière. Si l'on désire mettre mieux en lumière la maternité de Marie, on peut chanter en ouverture **V 24** ***Béni sois-tu, Seigneur*** **CNA 617** et le ***Magnificat*** après la communion.
En ce premier jour de la nouvelle année, l'Église prie aussi pour la paix. On peut alors chanter à la fin de la célébration, **T 150** ***Vienne la paix*** **CNA 771.**

Lectures

Livre des Nombres 6, 22-27
« Que Dieu te bénisse et te garde ! »
Lettre de saint Paul aux Galates 4, 4-7
« Il est né d'une femme »
Évangile saint Luc 2, 16-21
Jésus, visage de la paix

POUR LA PRIERE UNIVERSELLE
Frères et sœurs, tournons-nous vers le Seigneur avec Marie :
– beaucoup de personnes appréhendent l'avenir : prions pour qu'elles aient la même confiance que Marie, et qu'elles accueillent les événements de leur vie comme un don ;
– nos communautés vivent de l'écoute de la Parole : prions pour qu'elles suivent l'exemple de Marie méditant la parole de Dieu dans son cœur, et qu'elles progressent tout au long de l'année dans l'intelligence du mystère de la foi ;
– nos familles sont souvent réunies en ce premier jour de l'année : prions pour qu'elles restent unies dans les épreuves, et qu'elles s'ouvrent à ceux qui sont seuls et déshérités ;
– en ce jour de prière pour la paix, prions pour les peuples en guerre et pour ceux, hommes, femmes et enfants, qui sont victimes de la violence.

Psaume pour une fête de la Vierge

« Inlassable, elle berce et raconte,
Elle chante la terre enfantant son Sauveur. »

Patrice de La Tour du Pin,
Le Jeu de l'homme devant Dieu, Gallimard, 1983, p. 295.

Pour mémoire : Aujourd'hui, journée mondiale pour la paix.

Épiphanie du Seigneur

7 JANVIER 2024

La gloire de Dieu manifestée en son Fils

« Dieu, nous avons vu ta gloire en ton Fils,
plein de grâce et de vérité,
en Lui, fais-nous vivre, pleins de charité,
et le monde verra les fruits de ta victoire ! » (F 64)

Ainsi chantons-nous la gloire insurpassable de Dieu manifestée en Jésus en cette fête de l'Épiphanie, mot qui signifie en grec « apparition, manifestation ».

C'est cette révélation que nous célébrons aujourd'hui avec un amour brûlant qui se répand chez tous ceux qui en reçoivent la nouvelle si notre charité est assez ardente. Le message de Noël, Parole vivante et vivifiante, ne pouvait que se communiquer au plus grand nombre, le plus loin possible. La reine de Saba était venue du fond de l'Arabie porter des présents somptueux au roi Salomon pour l'honorer (*psaume*). Pourtant ce n'est pas le roi Hérode le Grand que les Mages viennent saluer de très loin, mais un tout petit enfant (*évangile*).

Les clameurs de victoire messianique poussées par Isaïe pendant l'Exil *(1re lecture)* sont reçues par l'Église dans l'intelligence du mystère pascal : la royauté du Christ n'est pas de ce monde, elle n'étale pas son luxe dans les palais, elle ne vient pas pour être servie, mais pour servir. De Jérusalem à Bethléem, il n'y a pas loin à aller, mais c'est toute la distance d'une conversion qu'il faut faire : il s'agit de passer de l'avoir à l'être. La royauté du Christ est pourtant authentifiée par les présents somptueux offerts par les mages, et par l'étoile qui les a guidés jusque-là. Saint Paul, de son côté, reconnaît dans le Christ le destinataire de la promesse messianique offerte en partage à tous les peuples de la terre *(2e lecture)*.

Contempler Dieu dans le visage de Jésus et vivre de Lui : telle est la grâce à laquelle la liturgie nous invite aujourd'hui, pour que le monde ait la vie. Nous rendons grâce avec Celui qui est toute grâce.

Des chants sont proposés p. 130.

Pour la procession d'ouverture ***Un astre nouveau s'est levé*** **FX 23-18,** ***Lève-toi, Jérusalem*** **FA 39.**
Après la communion ***Jubilez tous les peuples*** **T 25-91,** ***Qu'exulte tout l'univers*** **DEV 44-72.**

Messe de la veille au soir

Antienne d'ouverture

cf. Ba 5, 5

Debout, Jérusalem, et regarde vers l'orient :
vois tes enfants rassemblés du levant au couchant.

Gloria.

Prière

Seigneur, nous t'en prions, fais briller en nos cœurs la splendeur de ta gloire ; nous pourrons ainsi traverser les ténèbres de ce monde et parvenir à la lumière éternelle du ciel, notre patrie. Par Jésus Christ, ton Fils, notre Seigneur, qui vit et règne avec toi dans l'unité du Saint-Esprit, Dieu, pour les siècles des siècles.

Pour les lectures et la prière universelle, voir la messe du jour.

Credo.

Prière sur les offrandes

Nous te prions, Seigneur : accueille les offrandes que nous te consacrons pour célébrer la manifestation de ton Fils unique et le premier hommage des nations ; alors montera vers toi la louange et s'accomplira pour nous le salut éternel. Par le Christ, notre Seigneur.

Préface de l'Épiphanie, p. 170.

Dans les prières eucharistiques, textes propres à l'Épiphanie.

Antienne de communion

cf. Ap 21,23-24

La gloire de Dieu illumina la ville sainte, Jérusalem,
et les nations marchaient à sa lumière.

Prière après la communion

Renouvelés par cette nourriture sainte, nous implorons, Seigneur, ta miséricorde : que l'étoile de justice brille toujours en nos esprits et que le témoignage de notre foi soit le trésor que nous t'offrons. Par le Christ, notre Seigneur.

Messe du jour

Antienne d'ouverture

cf. Ml 3, 1 ; 1 Ch 19, 12

Voici venir le Seigneur souverain ;
il tient en main la royauté, la puissance et l'empire.

Gloria.

Prière

Aujourd'hui, Seigneur Dieu, tu as révélé ton Fils unique aux nations, grâce à l'étoile qui les guidait ; accorde-nous dans ta bonté, à nous qui te connaissons déjà par la foi, d'être conduits jusqu'à la claire vision de ta splendeur. Par Jésus Christ, ton Fils, notre Seigneur, qui vit et règne avec toi dans l'unité du Saint-Esprit, Dieu, pour les siècles des siècles.

1re Lecture

« Elle est venue ta lumière »

→ Lecture du livre du prophète Isaïe 60, 1-6

Debout, Jérusalem, resplendis ! Elle est venue, ta lumière, et la gloire du Seigneur s'est levée sur toi. Voici que les ténèbres couvrent la terre, et la nuée obscure couvre les peuples. Mais sur toi se lève le Seigneur, sur toi sa gloire apparaît. Les nations marcheront vers ta lumière, et les rois, vers la clarté de ton aurore. Lève les yeux alentour, et regarde : tous, ils se rassemblent, ils viennent vers toi ; tes fils reviennent de loin, et tes filles sont portées sur la hanche. Alors tu verras, tu seras radieuse, ton cœur frémira et se dilatera. Les trésors d'au-delà des mers afflueront vers toi, vers toi viendront les richesses des nations. En grand nombre, des chameaux t'envahiront, de jeunes chameaux de Madiane et d'Épha. Tous les gens de Saba viendront, apportant l'or et l'encens ; ils annonceront les exploits du Seigneur.

Psaume 71

℟. Toutes les nations, Seigneur,
se prosterneront devant toi.

Dieu, donne au r<u>o</u>i tes pouvoirs,
à ce fils de r<u>o</u>i ta justice.
Qu'il gouverne ton pe<u>u</u>ple avec justice,
qu'il fasse dr<u>o</u>it aux malheureux !

En ces jours-là fleurir<u>a</u> la justice,
grande paix jusqu'à la f<u>i</u>n des lunes !
Qu'il domine de la m<u>e</u>r à la mer,
et du Fleuve jusqu'au bo<u>u</u>t de la terre !

Les rois de Tarsis et des Îles apporteront des présents,
les rois de Saba et de Seba feront leur offrande.
Tous les rois se prosterneront devant lui,
tous les pays le serviront.

Il délivrera le pauvre qui appelle
et le malheureux sans recours.
Il aura souci du faible et du pauvre,
du pauvre dont il sauve la vie.

2e Lecture

La gloire du Seigneur s'est levée

→ Lecture de la lettre de saint Paul apôtre aux Éphésiens 3, 2-3a.5-6

Frères, vous avez appris, je pense, en quoi consiste la grâce que Dieu m'a donnée pour vous : par révélation, il m'a fait connaître le mystère. Ce mystère n'avait pas été porté à la connaissance des hommes des générations passées, comme il a été révélé maintenant à ses saints Apôtres et aux prophètes, dans l'Esprit. Ce mystère, c'est que toutes les nations sont associées au même héritage, au même corps, au partage de la même promesse, dans le Christ Jésus, par l'annonce de l'Évangile.

Alléluia. Alléluia. Nous avons vu son étoile à l'orient, et nous sommes venus adorer le Seigneur. **Alléluia.**

Évangile

Les mages viennent adorer l'Enfant-Jésus

→ Évangile de Jésus Christ selon saint Matthieu 2, 1-12

Jésus était né à Bethléem en Judée, au temps du roi Hérode le Grand. Or, voici que des mages venus d'Orient arrivèrent à Jérusalem et demandèrent : « Où est le roi des Juifs qui vient de naître ? Nous avons vu son étoile à l'orient et nous sommes venus nous prosterner devant lui. »

En apprenant cela, le roi Hérode fut bouleversé, et tout Jérusalem avec lui. Il réunit tous les grands prêtres et les scribes du peuple, pour leur demander où devait naître le Christ. Ils lui répondirent : « À Bethléem en Judée, car voici ce qui est écrit par le prophète : *Et toi, Bethléem, terre de Juda, tu n'es certes pas le dernier parmi les chefs-lieux de Juda, car de toi sortira un chef, qui sera le berger de mon peuple Israël.* » Alors Hérode convoqua les mages en secret pour leur faire préciser à quelle date l'étoile était apparue : puis il les envoya à Bethléem, en leur disant : « Allez vous renseigner avec précision sur l'enfant. Et quand vous l'aurez trouvé, venez me l'annoncer pour que j'aille, moi aussi, me prosterner devant lui. » Après avoir entendu le roi, ils partirent.
Et voici que l'étoile qu'ils avaient vue à l'orient les précédait, jusqu'à ce qu'elle vienne s'arrêter au-dessus de l'endroit où se trouvait l'enfant. Quand ils virent l'étoile, ils se réjouirent d'une très grande joie. Ils entrèrent dans la maison, ils virent l'enfant avec Marie sa mère ; et, tombant à ses pieds, ils se prosternèrent devant lui. Ils ouvrirent leurs coffrets, et lui offrirent leurs présents : de l'or, de l'encens et de la myrrhe. Mais, avertis en songe de ne pas retourner chez Hérode, ils regagnèrent leur pays par un autre chemin.

Annonce de Pâques et des fêtes mobiles

Après l'évangile et avant la Prière universelle, on annonce la date de Pâques et des fêtes mobiles.

Vous le savez, frères (et sœurs) bien-aimés : à l'invitation de la miséricorde de Dieu, nous nous sommes réjouis de la Nativité de notre Seigneur Jésus Christ ; de même, nous vous annonçons la joie de la Résurrection de notre Sauveur. Le Mercredi des Cendres, 14 février, commencera l'entraînement du Carême.

Vous célébrerez dans la joie la sainte Pâque de notre Seigneur Jésus Christ le dimanche 31 mars.
L'Ascension de notre Seigneur Jésus Christ sera fêtée le 9 mai.
La Pentecôte sera fêtée le 19 mai.
La fête du Corps et du Sang du Christ aura lieu le 2 juin.
Le dimanche 3 décembre sera le premier dimanche de l'Avent de notre Seigneur Jésus Christ, à qui soient l'honneur et la gloire, pour les siècles des siècles. Amen.

Credo.

POUR LA PRIÈRE UNIVERSELLE

Au nom des peuples lointains, les Mages sont venus adorer Jésus, lui apportant l'or comme à un roi, la myrrhe comme à un homme mortel et l'encens comme à un dieu. Au nom de nos frères éloignés ou souffrants, en cette fête de l'Épiphanie, faisons monter vers Dieu son Père notre prière :
– avec les Mages, nous apportons devant Dieu l'or de la foi de l'Église qui reconnaît Jésus comme son Seigneur : que Dieu lui donne de s'ouvrir généreusement à tous les hommes qui le cherchent, sans distinction de race, de pays, de fortune et de culture ;
– avec les Mages, nous apportons devant Dieu la myrrhe, et notre désir de vie éternelle : qu'il mette au cœur de tout homme la soif de ce qui est beau, juste et vrai, et de son amour qui seul ne meurt pas ;
– avec les Mages, nous apportons devant Dieu l'encens de la prière des hommes : qu'il comble de son amour les milliers d'hommes et de femmes éprouvés par les catastrophes naturelles et les guerres, en particulier [*citer les pays en guerre*], et qu'il développe en nos communautés le sens de la solidarité fraternelle.

Prière sur les offrandes

Regarde avec bonté, nous t'en prions, Seigneur, les dons de ton Église qui ne t'offre plus ni l'or, ni l'encens, ni la myrrhe, mais Celui que ces présents révélaient, qui s'immole et se donne en nourriture : Jésus, le Christ. Lui qui vit et règne pour les siècles des siècles.

Préface

Le Christ, lumière des nations

Vraiment, il est juste et bon, pour ta gloire et notre salut, de t'offrir notre action de grâce, toujours et en tout lieu, Seigneur, Père très saint, Dieu éternel et tout-puissant.
Aujourd'hui tu as dévoilé dans le Christ le mystère de notre salut pour que tous les peuples en soient illuminés ; et quand le Christ s'est manifesté dans notre nature mortelle, tu nous as renouvelés par la gloire de son immortalité. C'est pourquoi, avec les anges et les archanges, avec les puissances d'en haut et tous les esprits bienheureux, nous chantons l'hymne de ta gloire et sans fin nous proclamons :
Saint ! Saint ! Saint, le Seigneur, Dieu de l'univers !

Dans les Prières eucharistiques, textes propres à l'Épiphanie.

Antienne de la communion

cf. Mt 2, 2

Nous avons vu son étoile à l'orient
et nous sommes venus avec des présents
adorer le Seigneur.

Prière après la communion

Que la clarté d'en haut, nous t'en prions, Seigneur, nous devance toujours et partout, afin que nous puissions contempler d'un regard pur et accueillir dans un cœur aimant / le mystère auquel tu as voulu nous faire participer. Par le Christ, notre Seigneur.

Bénédiction solennelle

Dieu vous a appelés des ténèbres à son admirable lumière ; dans sa bonté, qu'il répande sur vous sa bénédiction, qu'il établisse vos cœurs dans la foi, l'espérance et la charité. ℟. **Amen.**

Aujourd'hui, le Christ, lumière qui luit dans les ténèbres, s'est manifesté au monde ; puisque vous le suivez avec confiance, qu'il vous donne d'être, vous aussi, lumière pour vos frères.
℟. **Amen.**
Quand vous serez au terme de votre pèlerinage, puissiez-vous rejoindre celui que les mages, conduits par l'étoile, ont cherché et trouvé avec grande joie : le Christ Seigneur, lumière née de la lumière. ℟. **Amen.**
Et que la bénédiction de Dieu tout-puissant, le Père, et le Fils, ✠ et le Saint-Esprit, descende sur vous et y demeure toujours.
℟. **Amen.**

Hymne pour l'Épiphanie

« Père secret qui nous confias
Ton secret afin qu'il éclaire,
Fais qu'il nous brûle et nous envoie
Dans tout le corps où tu n'es pas
Reconnu encor pour lumière. »

Patrice de La Tour du Pin,
Le Jeu de l'homme devant Dieu, Gallimard, 1983, p. 297.

Paulin d'Aquilée (11 janvier). Élément moteur de la renaissance carolingienne, il fut "la lumière de la chrétienté", l'un des hommes les plus savants de son époque, écrivant aussi bien en prose qu'en vers. En 776, Charlemagne le fit nommer évêque d'Aquilée, dans le Frioul italien où il entreprit de convertir à la foi les Avars et les Slovènes. Il est mort en 804. Grand défenseur du "Filioque" ajouté dans le texte latin du Concile de Nicée, il est l'auteur de *Ubi caritas et amor, Deus ibi est* : « Où sont amour et charité, Dieu est présent ».

CALENDRIER LITURGIQUE

Di 7 **ÉPIPHANIE DU SEIGNEUR.**
Liturgie des Heures : Psautier semaine II.
[*S. Raymond de Penyafort, prêtre, dominicain, † 1275 à Barcelone.*
Au Canada, S. André Bessette, religieux, fondateur de l'Oratoire Saint-Joseph, † 1937 à Montréal.]

Lu 8 BAPTÊME DU SEIGNEUR B, p. 173.
[*En Afrique du Nord, Ss. Quodvultdeus et Deogratias, évêques de Carthage* † vers 455.]

Ma 9 1 Samuel 1, 9-20 ; Cantique 1 Samuel 2 ; Marc 1, 21-28 : « Il enseignait en homme qui a autorité »

Me 10 1 Samuel 3, 1-10.19-20 ; Ps 39 ; Marc 1, 29-39 « Il guérit beaucoup de gens atteints de toutes sortes de maladies »

Je 11 1 Samuel 4, 1b-11 ; Ps 43 ; Marc 1, 40-45 : « La lèpre le quitta et il fut purifié »
En Afrique du Nord, S. Victor Ier († 199), S. Miltiade († 314) et S. Gélase Ier († 496), papes d'origine africaine.

Ve 12 1 Samuel 8, 4-7.10-22a ; Ps 88 ; Marc 2, 1-12 : « Le Fils de l'homme a autorité pour pardonner les péchés sur la terre »
Au Canada, Ste Marguerite Bourgeois, vierge, fondatrice, † 1700 à Montréal.

Sa 13 1 Samuel 9, 1-4.10c.17-19 ; 10, 1 ; Ps 20 ; Marc 2, 13-17 : « Je ne suis pas venu appeler des justes, mais des pécheurs »
S. Hilaire, évêque de Poitiers, docteur de l'Église, † 367.

Bonne fête ! 7 : Raymond, Raymonde, Cédric, Virginie. 8 : Lucien, Lucienne, Gudule, Peggy. 9 : Alix, Alexia. 10 : Guillaume, Guillemette, William, Willy. 11 : Paulin. 12 : Césarine, Tatiana, Tania. 13 : Hilaire, Yvette.

Pour mémoire : Le dimanche de l'Épiphanie, en France et en Belgique, quête pour l'aide aux Églises d'Afrique (AEA).

Baptême du Seigneur

LUNDI 8 JANVIER 2024

« C'est toi mon Fils bien-aimé ! »

Le dimanche de l'Épiphanie tombant le 7 janvier, le Baptême du Seigneur est célébré le lundi qui suit. On ne prend alors qu'une des deux lectures, au choix, avant l'évangile, avec le psaume.

Cohérence et richesse de l'année liturgique ! Le temps de Noël, qui se termine aujourd'hui, continue de déployer sa méditation sur la personne de Jésus, dans toute sa profondeur théologique. Noël célèbre Jésus comme « Fils de David » et Messie. À l'Épiphanie, les mages viennent se prosterner devant « le roi des Juifs ». La fête du Baptême du Seigneur célèbre le Christ comme « Fils bien-aimé » de Dieu, point de départ de ce qui sera sa mission de « Serviteur », selon la longue tradition héritée des prophéties d'Isaïe.

Prière

Dieu éternel et tout-puissant, quand le Christ fut baptisé dans le Jourdain, et que l'Esprit Saint descendit sur lui, tu l'as manifesté solennellement comme ton Fils bien-aimé ; accorde à tes enfants d'adoption, qui ont reçu la nouvelle naissance de l'eau et de l'Esprit, d'être toujours fidèles à ce qui te plaît. Par Jésus Christ, ton Fils, notre Seigneur, qui vit et règne avec toi dans l'unité du Saint-Esprit, Dieu, pour les siècles des siècles.

ou bien

Seigneur Dieu, c'est dans la réalité de notre chair que ton Fils unique est apparu ; puisqu'à son aspect extérieur, nous l'avons reconnu semblable à nous, fais que par lui nous soyons intérieurement transformés. Lui qui vit et règne avec toi dans l'unité du Saint-Esprit, Dieu, pour les siècles des siècles.

1re Lecture

Générosité et fécondité de la parole de Dieu

Isaïe 55, 1-11

Cantique d'Isaïe

12, 1-6

℟. Exultant de joie, vous puiserez les eaux
aux sources du salut.

2e Lecture

La Trinité divine, un témoignage d'amour

Première lettre de saint Jean 5, 1-9

Évangile

Le Père reconnaît son Fils dans l'Esprit

→ Évangile selon saint Marc 1, 7-11

Préface

Le Baptême du Seigneur

Vraiment, il est juste et bon, pour ta gloire et notre salut, de t'offrir notre action de grâce, toujours et en tout lieu, Seigneur, Père très saint, Dieu éternel et tout-puissant.
Dans les eaux du Jourdain, tu as préfiguré par d'admirables mystères le baptême nouveau. Une voix venue du ciel atteste que ton Verbe habite parmi les hommes. Par l'Esprit descendu sous l'aspect d'une colombe, le Christ, ton Serviteur, reçoit l'onction d'allégresse : il est reconnu comme le messager de la Bonne Nouvelle aux pauvres.
C'est pourquoi, avec les puissances des cieux, nous pouvons te bénir sur la terre et t'adorer sans fin en proclamant :
Saint ! Saint ! Saint, le Seigneur, Dieu de l'univers !

Après le Baptême du Seigneur, nous entrons dans le Temps ordinaire où nous restons jusqu'au Mercredi des Cendres

L'ÉVANGILE SELON SAINT MARC

Parfois déconcertant, l'évangile de Marc, lu pendant cette année B, témoigne d'une belle cohérence. Dans une première partie, il nous fait découvrir qui est Jésus. Il est celui dont la parole fait autorité et délivre des puissances du mal. Il est aussi celui qui se retire dans la solitude, impose le silence, qui est incompris ou contesté. Les miracles et les paraboles retenus ont pour but de faire connaître le Royaume de Dieu, un Royaume qui met en cause les privilèges et les certitudes de ceux qui deviendront les adversaires de Jésus.

Après la confession messianique de Pierre qui constitue une scène charnière, Marc entraîne son lecteur dans la révélation de Jésus, Fils de Dieu, souffrant, mourant et ressuscitant. Cette seconde partie de l'évangile commence par l'annonce de la Passion du Fils de Dieu, accompagnée d'un appel à le suivre. Sur le chemin qui le conduit à Jérusalem et à la croix, Jésus, l'homme toujours en chemin, invite le lecteur à le suivre. Jésus est bien le Fils de Dieu et pourtant sa majesté va se manifester dans la faiblesse et l'échec apparent. Marc, comme par opposition à la première partie où Jésus se révélait par des miracles, fait comprendre que c'est dans le non-miracle de la croix que se révèle le Dieu chrétien, le Dieu qui ressuscite son Fils.

Trois aspects importants sont à souligner dans l'évangile de Marc. Jésus y apparaît très humain à travers ses attitudes, ses réactions, ses paroles parfois tranchantes. Pour découvrir qui il est, il faut oublier les clichés et se laisser travailler par le texte. Le second aspect est l'invitation permanente à suivre Jésus, le Christ, sur son chemin de souffrances, de renoncement. C'est le chemin du vrai disciple. Enfin, nous avons à devenir disciples, à écouter Jésus et à mettre en pratique sa parole malgré nos peurs, nos limites, nos médiocrités. La foi s'éprouve dans l'engagement au milieu des hommes, dans la vérité de nos vies à la suite de Jésus.

TEMPS ORDINAIRE

Le salut au fil des jours

« Ordinaire », qui veut dire « rangé par ordre », qualifie l'usage, la coutume, l'habitude. Dans le langage ecclésiastique, il exprime ce qui a cours et force de loi. En liturgie, il semble désigner le répétitif, le normatif. Ainsi, l'ordinaire de la messe définit la norme des textes communs et requis pour la célébration (*Kyrie, Gloria, Credo, Sanctus, Agnus*). Ainsi, pour parler de l'autorité de l'évêque dans un diocèse, on parle de l'ordinaire du lieu, c'est-à-dire l'évêque qui exerce habituellement sa charge pastorale sur un territoire donné.

Ce terme « ordinaire », utilisé pour qualifier le temps, est la traduction de la formule latine *per annum*, qui veut dire « du temps à travers l'année ». Cette expression souligne l'extension du salut déjà acquis et combien le temps est désormais, non pas une longue période continue parfois terne et fatigante, mais le lieu de la profonde expérience du « passage » du Seigneur dans le commun de nos jours. Il est vrai que les autres temps liturgiques sont tellement riches des mystères à célébrer que « l'ordinaire », semble fade, sans relief mais il ne s'agit pas d'un temps où il ne se passerait pas grand-chose. En fait, l'ordinaire approfondit peu à peu dans le quotidien de notre vie toute l'action salvifique du Seigneur. C'est un temps de « pain quotidien » qui, s'il n'existait pas, ne permettrait pas de rendre compte du rythme de l'année liturgique. Ainsi, à travers le déroulement régulier de ce temps et, en contrepoint des autres temps, se révèle la profondeur de l'Évangile qui éclaire nos joies et nos peines, et le goût de la « manne » eucharistique qui nous nourrit au fil des jours.

Le Temps ordinaire court toujours sur 34 dimanches. La première semaine du Temps ordinaire commence le lendemain de la fête du baptême du Seigneur qui clôt le temps de Noël. Il s'interrompt lorsque vient le Carême pour reprendre après la Pentecôte. Une grande unité est donnée par la lecture continue d'un évangile chaque dimanche. Ceux-ci sont organisés sur trois années (A, B, C) pour les lectures bibliques. Cette année (B), c'est l'évangile de Marc qui nous accompagne. Étant plus court, sans compter les autres temps liturgiques et les fêtes, il sera complété par d'autres lectures d'évangile, en particulier Jean.

Il existe trois solennités liées aux dimanches du Temps ordinaire : la Trinité, le Saint-Sacrement du Corps et du Sang du Christ, et le Christ Roi de l'univers. Elles ont leurs lectures propres, réparties sur les trois années.

La couleur liturgique verte caractérise ce temps. Elle évoque, à travers les saisons, la lente croissance de la végétation ; la semence dans la bonne terre de ceux qui entendent la Parole, l'accueillent, et portent du fruit (Mc 4,20).

La liturgie, en qualifiant le temps, fait de nos existences le creuset de la réalisation du salut au quotidien ; c'est donc le sens de ce que nous appelons « le Temps ordinaire ». Il se comprend lorsqu'il est articulé aux autres temps liturgiques, particulièrement au Temps pascal. Il en est le déploiement dans le courant des jours et des évènements. Ainsi, la Prière d'ouverture (collecte), du samedi de la septième semaine de Pâques, juste avant la Pentecôte qui termine le Temps pascal, dit : « Dieu tout-puissant, nous te prions au terme de ces fêtes pascales : que, par ta grâce, elles imprègnent nos actes et notre vie ». Le Temps ordinaire est cette imprégnation, dans l'épaisseur de notre vie et la profondeur de notre cœur, de tout le Mystère divin, de la création à la venue dans la gloire du Seigneur.

2e dimanche du Temps ordinaire

14 JANVIER 2024

Écouter et voir

L'appel de Samuel (*1re lecture*) ouvre le Temps ordinaire. Mais dans ce récit comme dans l'évangile, la saveur des célébrations de l'Épiphanie se prolonge. Dieu se manifeste par sa parole à Samuel et Jésus est annoncé comme l'Agneau de Dieu (*évangile*). Dans les deux cas, ces révélations font naître une vocation. Le parallèle entre la première lecture et l'évangile permet de saisir les points communs de la vocation chrétienne ; les différences en disent la richesse. Samuel se place dans la posture de celui qui écoute. Il grandit dans cette écoute car le Seigneur, par sa parole, est avec lui. Sa vocation est alors de ne laisser aucune des paroles du Seigneur sans effet. Dans l'évangile, nous sommes dans le registre de la vision. Jean le Baptiste pose son regard sur Jésus qui va et vient, il comprend qu'il est l'Agneau de Dieu, et le désigne ainsi à Pierre et Jean. Eux entendent et sont appelés aussi à voir, selon l'invitation de Jésus : « Venez et vous verrez ». Jésus lui-même pose son regard sur Simon pour lui donner son nom de Pierre. Écouter et voir sont deux verbes particulièrement liés au processus de la Révélation. La vocation du chrétien est d'écouter la Parole du Seigneur et de l'accomplir : « Ta loi me tient aux entrailles » (*psaume*). Il nous faut discerner la présence du Seigneur qui va et vient dans le quotidien des rencontres et des jours, lui le Verbe fait chair. Parole et regard sont deux actes majeurs de nos célébrations eucharistiques.

Cela peut aussi nous faire comprendre ce qu'écrit saint Paul : « Vos corps sont les membres du Christ » et « Votre corps est un sanctuaire de l'Esprit Saint » *(2e lecture)*. La vocation chrétienne s'incarne dans la Parole à transmettre et dans l'amour à manifester par nos actes et nos vies. La célébration de l'eucharistie nous invite à écouter et à voir l'Agneau de Dieu pour le recevoir pleinement dans toutes les dimensions de sa présence parmi nous.

CHANTER DU 2e AU 6e DIMANCHE DU TEMPS ORDINAIRE
Le répertoire proposé contribuera à unifier les 5 dimanches du Temps ordinaire.
Pour l'ouverture de la célébration : ***Pour avancer ensemble*** **K 20-38 CNA 524,** ***Maître sur nos chemins*** **XA 35-81,** ***Il est venu marcher*** **MF 157-4 CNA 557,** ***Peuple choisi*** **K 64 CNA 543,** ***Évangile de Dieu*** **AX 48-67,** ***Sur les chemins de Palestine*** **X 973.**
On retiendra un ordinaire de la messe pour plusieurs dimanches.
Pour la procession de communion : ***Nous formons un même corps*** **D 105 CNA 57,** ***Devenez ce que vous recevez*** **D 68-39,** ***Voici le pain que donne Dieu*** **D 50-07-3,** ***Bienheureux les invités*** **DY 51-86.**
Pour l'action de grâce : ***En accueillant l'amour*** **DP 126 CNA 325,** ***Écoute la voix du Seigneur*** **XA 548,** ***N'oublions pas les merveilles de Dieu*** **ZL 33-34,** ***Chantons sans fin le nom du Seigneur*** **EDIT 15-85.**
Pour l'envoi : ***Allez dire à tous les hommes*** **U 132-1 CNA 532,** ***En route avec l'Esprit*** **K 20-71-2,** ***Chantons à Dieu*** **MP 30-79-2,** ***Allez par toute la terre*** **TL 20-76 CNA 533.**

Antienne d'ouverture

cf. Ps 65, 4

Toute la terre se prosterne devant toi,
qu'elle chante pour toi,
qu'elle chante un psaume pour ton nom, Dieu très-haut.

Gloria.

Prière

Dieu éternel et tout-puissant, qui régis et le ciel et la terre, exauce, en ta bonté, les supplications de ton peuple et donne à notre temps la paix qui vient de toi. Par Jésus Christ, ton Fils, notre Seigneur, qui vit et règne avec toi dans l'unité du Saint-Esprit, Dieu, pour les siècles des siècles.

1re Lecture

« Parle, Seigneur, ton serviteur écoute »

→ Lecture du premier livre de Samuel 3, 3b-10.19

En ces jours-là, le jeune Samuel était couché dans le temple du Seigneur à Silo, où se trouvait l'arche de Dieu. Le Seigneur appela Samuel, qui répondit : « Me voici ! » Il courut vers le prêtre Éli, et il dit : « Tu m'as appelé, me voici. » Éli répondit : « Je n'ai pas appelé. Retourne te coucher. » L'enfant alla se coucher.
De nouveau, le Seigneur appela Samuel. Et Samuel se leva. Il alla auprès d'Éli, et il dit : « Tu m'as appelé, me voici. » Éli répondit : » Je n'ai pas appelé, mon fils. Retourne te coucher. » Samuel ne connaissait pas encore le Seigneur, et la parole du Seigneur ne lui avait pas encore été révélée.
De nouveau, le Seigneur appela Samuel. Celui-ci se leva. Il alla auprès d'Éli, et il dit : « Tu m'as appelé, me voici. » Alors Éli comprit que c'était le Seigneur qui appelait l'enfant, et il lui dit : « Va te recoucher, et s'il t'appelle, tu diras : "Parle, Seigneur, ton serviteur écoute." » Samuel alla se recoucher à sa place habituelle. Le Seigneur vint, il se tenait là et il appela comme les autres fois : « Samuel ! Samuel ! » Et Samuel répondit : « Parle, ton serviteur écoute. »
Samuel grandit. Le Seigneur était avec lui, et il ne laissa aucune de ses paroles sans effet.

Psaume 39

℟. Me voici, Seigneur, je viens faire ta volonté.

D'un grand espoir, j'espérais le Seigneur :
il s'est penché vers moi.
En ma bouche il a mis un chant nouveau,
une louange à notre Dieu.

Tu ne voulais ni offrande ni sacrifice,
tu as ouvert mes oreilles ;
tu ne demandais ni holocauste ni victime,
alors j'ai dit : « Voici, je viens.

« Dans le livre, est écrit pour moi
ce que tu veux que je fasse.
Mon Dieu, voilà ce que j'aime :
ta loi me tient aux entrailles. »

Vois, je ne retiens pas mes lèvres,
Seigneur, tu le sais.
j'ai dit ton amour et ta vérité
à la grande assemblée.

2e Lecture

Nos corps, membres du Christ
et sanctuaires de l'Esprit Saint

→ **Lecture de la première lettre**
de saint Paul apôtre aux Corinthiens 6, 13c-15a.17-20

F**rères,** le corps n'est pas pour la débauche, il est pour le Seigneur, et le Seigneur est pour le corps ; et Dieu, par sa puissance, a ressuscité le Seigneur et nous ressuscitera nous aussi. Ne le savez-vous pas ? Vos corps sont les membres du Christ. Celui qui s'unit au Seigneur ne fait avec lui qu'un seul esprit. Fuyez la débauche. Tous les péchés que l'homme peut commettre sont extérieurs à son corps ; mais l'homme qui se livre à la débauche commet un péché contre son propre corps.
Ne le savez-vous pas ? Votre corps est un sanctuaire de l'Esprit Saint, lui qui est en vous et que vous avez reçu de Dieu ; vous ne vous appartenez plus à vous-mêmes, car vous avez été achetés à grand prix. Rendez donc gloire à Dieu dans votre corps.

Alléluia. Alléluia. En Jésus Christ, nous avons reconnu le Messie : par lui sont venues la grâce et la vérité. **Alléluia.**

Évangile

« Venez et vous verrez »

→ Évangile de Jésus Christ selon saint Jean 1, 35-42

En ce temps-là, Jean le Baptiste se trouvait avec deux de ses disciples. Posant son regard sur Jésus qui allait et venait, il dit : « Voici l'Agneau de Dieu. » Les deux disciples entendirent ce qu'il disait, et ils suivirent Jésus. Se retournant, Jésus vit qu'ils le suivaient, et leur dit : « Que cherchez-vous ? » Ils lui répondirent : « Rabbi – ce qui veut dire : Maître –, où demeures-tu ? » Il leur dit : « Venez, et vous verrez. » Ils allèrent donc, ils virent où il demeurait, et ils restèrent auprès de lui ce jour-là. C'était vers la dixième heure, (environ quatre heures de l'après-midi).
André, le frère de Simon-Pierre, était l'un des deux disciples qui avaient entendu la parole de Jean et qui avaient suivi Jésus. Il trouve d'abord Simon, son propre frère, et lui dit : « Nous avons trouvé le Messie » – ce qui veut dire : Christ. André amena son frère à Jésus. Jésus posa son regard sur lui et dit : « Tu es Simon, fils de Jean ; tu t'appelleras Kèphas » – ce qui veut dire : Pierre.

Credo.

POUR LA PRIÈRE UNIVERSELLE

Que le Seigneur, par sa Parole et notre prière ouvre nos cœurs à toute détresse :
– prions pour l'Église, qu'elle sache se faire accueillante à toute vocation, et puisse accompagner chacun et chacune sur le chemin de la foi ;
– prions pour l'humanité en quête de sens, qu'elle découvre le visage du Seigneur, pour le suivre là où il demeure ;
– prions pour tous les humains afin qu'ils réalisent que leur corps est un don du Seigneur, et qu'ils le mettent au service de sa gloire ;
– prions pour les jeunes, qu'ils se sentent particulièrement appelés à dire l'amour et la vérité de la vie en Dieu, à l'humanité qui attend une parole d'espérance.

Prière sur les offrandes

Accorde-nous, Seigneur, nous t'en prions, de participer dignement à ces mystères, car chaque fois qu'est célébré ce sacrifice en mémorial, c'est l'œuvre de notre Rédemption qui s'accomplit. Par le Christ, notre Seigneur.

Antienne de la communion

cf. Ps 22, 5

Tu prépares la table pour moi ;
la coupe qui m'enivre, comme elle est admirable !

Prière après la communion

Répands en nous, Seigneur, ton Esprit de charité, afin d'unir dans un même amour ceux que tu as nourris du même pain du ciel. Par le Christ, notre Seigneur.

Voir la Parole

« Celui qui demanderait maintenant ou qui voudrait quelque vision ou révélation non seulement ferait une sottise mais ferait injure à Dieu, ne jetant pas entièrement les yeux sur le Christ, sans vouloir quelque autre chose ou nouveauté. Car Dieu lui pourrait répondre de cette manière, disant : "Si je t'ai tout dit en ma Parole qui est mon Fils, je n'en ai point d'autre que je te puisse maintenant répondre ou révéler qui soit davantage que cela : regarde-le seulement, parce que je t'ai tout dit et révélé en lui, et tu y trouveras encore plus que tu ne demandes et plus que tu ne saurais souhaiter." »

S. Jean de la Croix,
Montée du Carmel, L. II, ch. 22.

Saint Antoine (17 janvier), Il reçoit sa vocation après la proclamation de l'évangile où Jésus invite à vendre tous ses biens et à le suivre. Il devint ermite dans le désert d'Égypte. Harcelé de tentations, il est l'exemple de l'homme qui s'attache à Jésus et veut l'imiter jusqu'à l'abnégation. Sa vie, racontée par saint Athanase a suscité le désir, pour ceux qui voulaient se consacrer à Dieu, de suivre l'exemple de cet ascète devenu le père des moines (IIIe-IVe s.).

CALENDRIER LITURGIQUE

Di 14	**2e dimanche B.** *Liturgie des Heures : Psautier semaine II.*
Lu 15	1 Samuel 15, 16-23 ; Ps 49 ; Marc 2, 18-22 : « L'Époux est avec eux » *En France, S. Remi, évêque de Reims, † vers 530.*
Ma 16	1 Samuel 16, 1-13 ; Ps 88 ; Marc 2, 23-28 : « Le sabbat a été fait pour l'homme, et non pas l'homme pour le sabbat » *À Monaco,* S. Honorat, fondateur du monastère de Lérins, évêque de Fréjus puis d'Arles, † 430.
Me 17	S. Antoine, abbé, ermite en Égypte, † 356. 1 Samuel 17, 32-33.37.40-51 ; Ps 143 ; Marc 3, 1-6 « Est-il permis, le jour du sabbat, de sauver une vie ou de tuer ? »
Jeu 18	1 Samuel 18, 6-9 ; 19, 1-7 ; Ps 55 ; Marc 3, 7-12 « Les esprits impurs criaient : "Toi, tu es le Fils de Dieu !" Mais il leur défendait vivement de le faire connaître »
Ve 19	1 Samuel 24, 3-21 ; Ps 56 ; Marc 3, 13-19 : « Jésus appela ceux qu'il voulait pour qu'ils soient avec lui »
Sa 20	2 Samuel 1, 1-4.11-12.19.23-27 ; Ps 79 ; Marc 3, 20-21 : « Les gens de chez lui affirmaient : Il a perdu la tête » *S. Fabien, pape et martyr, à Rome, † 250.* S. Sébastien, martyr à Rome au début du 4e siècle.

Bonne fête ! 15 : Remi. 16 : Marcel, Priscilla, Honoré. 17 : Antoine, Anthony, Toinon, Toinette. 18 : Prisca. 19 : Marius. 20 : Fabien, Fabienne, Sébastien, Bastien.

Pour mémoire : du 18 au 25 janvier, semaine de prière pour l'unité des chrétiens.

3e dimanche du Temps ordinaire

21 JANVIER 2024

Jésus passe et appelle

Au commencement de son ministère, Jésus lance un appel à se convertir et à croire à l'Évangile, et il choisit ses premiers disciples (*évangile*). Il agit dans la vie régulière et ordinaire, celle de Simon et André en train de jeter les filets dans la mer, celle de Jacques et Jean qui réparent les filets dans leur barque. À partir de ce quotidien qui les façonne, le Seigneur leur manifeste leur véritable vocation. Ces premiers disciples qui sont des pêcheurs deviendront pêcheurs d'hommes. Cet acte du Seigneur concerne tout disciple. Il ne faut pas attendre de révélation spectaculaire, car Dieu se sert souvent de ce que nous sommes et de ce qui tisse le fil de nos jours, pour nous faire signe et nous appeler. C'est en passant le long de la mer de Galilée que Jésus voit ces hommes et qu'il les interpelle. C'est en passant dans notre existence la plus commune que Jésus nous voit et nous appelle. Jésus nous ouvre alors un avenir qui est toujours au service des autres. C'était déjà le cas pour Jonas qui doit proclamer le message que lui donne Dieu pour la ville de Ninive (*1re lecture*). L'appel ne peut être une affaire individuelle. Mais répondre à l'appel de Dieu et à la mission qu'il donne n'est pas évident, cela réclame une véritable conversion. Il faut se rappeler que Jonas, avant d'aller à Ninive pour qu'elle se repente, a désobéi et s'est enfui. Ainsi faut-il, avant d'accomplir toute mission, se laisser guider par le Seigneur afin qu'il « nous enseigne ses chemins » (*psaume*).

Aujourd'hui, le Seigneur s'adresse à nous non pas en surplomb mais du fond de la précarité de nos existences *(2e lecture)*. Aussi, nos célébrations de chaque dimanche, et particulièrement en ce *Dimanche de la parole de Dieu*, nous font vivre ce même appel à la conversion. Rendons grâce à Dieu qui passe dans nos vies et nous invite à le rejoindre en son Fils.

Des chants sont proposés du 2e au 6e dimanche p. 180.

Antienne d'ouverture

Ps 95, 1.6

Chantez au Seigneur un chant nouveau,
chantez au Seigneur, terre entière.
Devant lui, splendeur et majesté,
dans son sanctuaire, puissance et beauté.

Gloria.

Prière

Dieu éternel et tout-puissant, dans ta bienveillance, dirige nos actions, afin qu'au nom de ton Fils bien-aimé, nous portions des fruits en abondance. Par Jésus Christ, ton Fils, notre Seigneur, qui vit et règne avec toi dans l'unité du Saint-Esprit, Dieu, pour les siècles des siècles.

ou pour l'unité des chrétiens

Seigneur, nous t'en prions : porte sur ton peuple un regard favorable ; et, dans ta bonté, répands sur lui les dons de ton Esprit, pour qu'il ne cesse de progresser dans l'amour de la vérité et mette tout son cœur et toutes ses forces à rechercher la parfaite unité des chrétiens. Par Jésus Christ, ton Fils, notre Seigneur, qui vit et règne avec toi dans l'unité du Saint-Esprit, Dieu, pour les siècles des siècles.

ou bien

Montre-nous, Seigneur, à quel point tu nous aimes, et par la puissance de ton Esprit fais que cessent les divisions entre chrétiens ; que ton Église apparaisse plus clairement comme un signe dressé au milieu des nations, et que le monde, illuminé par ton Esprit, mette sa foi dans le Christ, que tu as envoyé. Lui qui vit et règne avec toi dans l'unité du Saint-Esprit, Dieu, pour les siècles des siècles.

1re Lecture

Ninive se convertit à l'appel de Jonas

→ **Lecture du livre de Jonas** 3, 1-5.10

La **parole du Seigneur** fut adressée de nouveau à Jonas : « Lève-toi, va à Ninive, la grande ville païenne, proclame le message que je te donne sur elle. » Jonas se leva et partit pour Ninive, selon la parole du Seigneur. Or, Ninive était une ville extraordinairement grande : il fallait trois jours pour la traverser. Jonas la parcourut une journée à peine en proclamant : « Encore quarante jours, et Ninive sera détruite ! » Aussitôt, les gens de Ninive crurent en Dieu. Ils annoncèrent un jeûne, et tous, du plus grand au plus petit, se vêtirent de toile à sac. En voyant leur réaction, et comment ils se détournaient de leur conduite mauvaise, Dieu renonça au châtiment dont il les avait menacés.

Psaume 24

℟. **Seigneur, enseigne-moi tes chemins.**

Seigneur, enseigne-moi tes voies,
fais-moi connaître ta route.
Dirige-moi par ta vérité, enseigne-moi,
car tu es le Dieu qui me sauve.

Rappelle-toi, Seigneur, ta tendresse,
ton amour qui est de toujours.
Dans ton amour, ne m'oublie pas,
en raison de ta bonté, Seigneur.

Il est droit, il est bon, le Seigneur,
lui qui montre aux pécheurs le chemin.
Sa justice dirige les humbles,
il enseigne aux humbles son chemin.

2e Lecture

« Il passe, ce monde tel que nous le voyons »

➜ Lecture de la première lettre de saint Paul apôtre aux Corinthiens 7, 29-31

Frères, je dois vous le dire : le temps est limité. Dès lors, que ceux qui ont une femme soient comme s'ils n'avaient pas de femme, ceux qui pleurent, comme s'ils ne pleuraient pas, ceux qui ont de la joie, comme s'ils n'en avaient pas, ceux qui font des achats, comme s'ils ne possédaient rien, ceux qui profitent de ce monde, comme s'ils n'en profitaient pas vraiment. Car il passe, ce monde tel que nous le voyons.

Alléluia. Alléluia. Le règne de Dieu est tout proche. Convertissez-vous et croyez à l'Évangile. **Alléluia.**

Évangile

« Venez à ma suite. Je vous ferai devenir pêcheurs d'hommes »

➜ Évangile de Jésus Christ selon saint Marc 1, 14-20

Après l'arrestation de Jean le Baptiste, Jésus partit pour la Galilée proclamer l'Évangile de Dieu ; il disait : « Les temps sont accomplis : le règne de Dieu est tout proche. Convertissez-vous et croyez à l'Évangile. »
Passant le long de la mer de Galilée, Jésus vit Simon et André, le frère de Simon, en train de jeter les filets dans la mer, car c'étaient des pêcheurs. Il leur dit : « Venez à ma suite. Je vous ferai devenir pêcheurs d'hommes. » Aussitôt, laissant leurs filets, ils le suivirent.
Jésus avança un peu et il vit Jacques, fils de Zébédée, et son frère Jean, qui étaient dans la barque et réparaient les filets. Aussitôt, Jésus les appela. Alors, laissant dans la barque leur père Zébédée avec ses ouvriers, ils partirent à sa suite.

Credo.

POUR LA PRIÈRE UNIVERSELLE

Appelés, dans nos existences quotidiennes, à la conversion et au service des autres, prions :
– pour tous ceux qui écoutent la parole de Dieu, la transmettent, la célèbrent, la servent... Que l'Esprit de sagesse les accompagne ;
– pour les laïcs en mission ecclésiale, les fidèles chrétiens.... Qu'ils se laissent toucher par la Parole et se mettent au service de tous ;
– pour les hommes politiques, le personnel administratif, les économistes... Qu'ils organisent la vie en société selon la Parole de paix et la justice ;
– pour les malades, les souffrants, les miséreux... Que leur soient données l'aide qui les soulagera et la parole qui guérit ;
– pour les marins pêcheurs, tous les ouvriers et artisans... Qu'ils poursuivent l'œuvre de la création, parole vivante de la gloire de Dieu ;
– En cette semaine de l'unité des chrétiens, prions pour tous les chrétiens. Qu'ils fondent toutes leurs rencontres dans la concorde et la vérité de la parole du Seigneur.

Prière sur les offrandes

Accueille avec bienveillance nos présents, nous t'en prions, Seigneur : qu'ils soient sanctifiés et servent ainsi à notre salut. Par le Christ, notre Seigneur.

ou pour l'unité des chrétiens

Dans le sacrifice que nous t'offrons, Seigneur, accorde-nous d'être purifiés, et donne à tous ceux qui sont unis par un seul baptême de participer un jour à la même eucharistie. Par le Christ, notre Seigneur.

Antienne de la communion

cf. Ps 33, 6

Approchez du Seigneur : resplendissez de sa lumière,
sans ombre ni trouble au visage.

Prière après la communion

Nous t'en prions, Dieu tout-puissant ; nous recevons de toi la grâce qui fait vivre : fais que nous trouvions toujours notre gloire dans ce que tu nous donnes. Par le Christ, notre Seigneur.

ou pour l'unité des chrétiens

En recevant le sacrement du Christ, nous te demandons, Seigneur, de renouveler dans ton Église la grâce de sainteté que tu lui as accordée ; à tous ceux qui ont l'honneur de porter le nom de chrétiens donne de pouvoir te servir dans l'unité de la foi. Par le Christ, notre Seigneur.

Un appel dérangeant

« Le mot "vocation" est trompeur. Il donne l'impression d'une voix extérieure, d'un appel comparable à celui d'un directeur des ressources humaines... En réalité, la vocation vient bien nous déranger dans notre rangement, mais c'est parce qu'elle met tout ce bazar en place, qu'elle met à leur juste place tous les éléments de notre fouillis intérieur. Elle vient mettre de l'ordre, c'est-à-dire ordonner autour de notre vrai désir, de notre désir le plus profond. Notre vocation est en nous : c'est ce désir. Y répondre, ce n'est pas étouffer ce que nous avons dans le cœur pour suivre la volonté de Dieu. C'est au contraire faire toute la place toute à ce désir que Dieu a mis en nous quand il nous a créés, et qui est, de façon parfois un peu mystérieuse, un désir de Dieu. »

Adrien Candiard, *Quand tu étais sous le figuier*,
Paris, Cerf, 2019, pp. 115-116.

CALENDRIER LITURGIQUE

Di 21	**3e dimanche B.** *Liturgie des Heures : Psautier semaine III.* [Ste Agnès, vierge et martyre, † 305 à Rome.]
Lu 22	2 Samuel 5, 1-7.10 ; Ps 88 ; Marc 3, 22-30 : « C'en est fini de Satan » *S. Vincent, diacre et martyr, † 304 à Valence (Espagne).*
Ma 23	2 Samuel 6, 12b-15.17-19 ; Ps 23 ; Marc 3, 31-35 : « Celui qui fait la volonté de Dieu, celui-là est pour moi un frère, une sœur, une mère »
Me 24	S. François de Sales, évêque de Genève, docteur de l'Église, † 1622 à Lyon. 2 Samuel 7, 4-17 ; Ps 88 ; Marc 4, 1-20 : « Voici que le semeur sortit pour semer »
Je 25	CONVERSION DE SAINT PAUL, apôtre. Lectures propres : Ac 22,3-16 ou Ac 9,1-22 ; Ps 116 ; Marc 16,15-18 : « Allez dans le monde entier, proclamez l'Évangile »
Ve 26	S. Timothée et S. Tite, évêques, compagnons de S. Paul. Lecture propre : 2 Tm 1,1-8 ou Tt 1,1-5. Puis, ou bien Ps 95 ; Luc 10,1-9. Ou bien, férie : Ps 50 ; Marc 4, 26-34 : « L'homme qui jette en terre la semence, qu'il dorme ou qu'il se lève, la semence grandit, il ne sait comment »
Sa 27	2 Samuel 12, 1-7a.10-17 ; Ps 50 ; Marc 4, 35-41 : « Qui est-il donc, celui-ci, pour que même le vent et la mer lui obéissent ? » *Ste Angèle Merici, vierge, fondatrice des Ursulines, † 1540 à Brescia (Italie).* *À Monaco,* sainte Dévote, jeune chrétienne native de Corse, martyrisée en 304, patronne principale de l'Archidiocèse et de la Principauté.

Bonne fête ! 21 : Agnès, Inès. 22 : Vincent. 23 : Barnard. 24 : François, Francis, Franck. 25 : Priest. 26 : Timothée, Tite, Paule, Pauline, Mélanie. 27 : Angèle, Angélique, Julien.

Pour mémoire : 3e Dimanche du Temps ordinaire : « Dimanche de la Parole de Dieu », « jour solennel » consacré « à la célébration, à la réflexion et à la proclamation de la Parole de Dieu » (Pape François, Motu proprio *Aperuit illis* publié le 30 septembre 2019).

Pour mémoire : 24 janvier, S. François de Sales : Journée des communications sociales (selon pape François).

Saint Vincent (22 janvier), diacre de Saragosse, resta inébranlable dans sa foi et mourut martyr (304) avec son évêque Valère. Patron des vignerons, il est très populaire pour de nombreuses raisons la plupart légendaires : « vin » et « sang » ont été rapprochés phonétiquement de son prénom ; autrefois, dans certaines régions, la taille de la vigne était le 22 janvier ; le martyre aurait eu lieu dans un pressoir ; la vigne broutée par son âne aurait produit davantage...

4e dimanche du Temps ordinaire

28 JANVIER 2024

Parole et actes

« Aujourd'hui écouterez-vous sa parole ? » (*psaume*) Telle est l'invitation de ce jour. Quelle parole ? Celle du prophète choisi par Dieu pour parler en son nom. On ne s'invente pas prophète, on l'est toujours par rapport à un autre qui envoie, en portant un message qui vient de plus loin. Ainsi Dieu dit à Moïse : « Je ferai se lever au milieu de leurs frères un prophète comme toi ; je mettrai dans sa bouche mes paroles, et il leur dira tout ce que je lui prescrirai » (*1re lecture*).

Jésus est par excellence le prophète, un homme qui enseigne avec autorité, plus encore il est en sa personne la Bonne nouvelle (*évangile*). Symboliquement, les premières paroles de Jésus ont pour cadre la synagogue de Capharnaüm, lieu de la parole proclamée, écoutée, célébrée. Au sujet de Jésus, naît une question touchant à ce qu'il fait : « Qu'est-ce que cela veut dire ? » En effet, ses contemporains sont frappés de stupeur car Jésus enseigne avec autorité. Mais il ne se contente pas de parler, il incarne cet enseignement en guérissant un homme tourmenté par un esprit impur. Parole et acte sont concomitants : il dit et cela est, comme Dieu dans le récit de la création. Sa parole est efficace, performative.

Aujourd'hui, c'est dans nos lieux de parole, nos *capharnaüms* où tant de choses sont entassées en désordre, que Jésus vient. Ses paroles sont Esprit et Vie, il pose pour nous les gestes de salut. Saurons-nous reconnaître en Lui l'envoyé de Dieu, sa Parole incarnée ?

Paul nous invite à être libres de tout souci *(2e lecture)*, à mesurer si le souci des affaires du monde ne l'emporte pas sur celui des affaires du Seigneur. Notre liberté, gage de notre disponibilité à l'écoute de la Parole, est convoquée au service de nos frères.

Des chants sont proposés du 2e au 6e dimanche p. 180.

Antienne d'ouverture

Ps 105, 47

Sauve-nous, Seigneur notre Dieu ;
rassemble-nous du milieu des nations,
que nous rendions grâce à ton saint nom,
fiers de chanter ta louange !

Gloria.

Prière

Accorde-nous, Seigneur notre Dieu, de pouvoir t'adorer de tout notre esprit, et d'avoir envers tous une vraie charité. Par Jésus Christ, ton Fils, notre Seigneur, qui vit et règne avec toi dans l'unité du Saint-Esprit, Dieu, pour les siècles des siècles.

1re Lecture

« Je ferai se lever au milieu de leurs frères un prophète »

→ **Lecture du livre du Deutéronome** 18, 15-20

M**oïse disait au peuple :** « Au milieu de vous, parmi vos frères, le Seigneur votre Dieu fera se lever un prophète comme moi, et vous l'écouterez. C'est bien ce que vous avez demandé au Seigneur votre Dieu, au mont Horeb, le jour de l'assemblée, quand vous disiez : "Je ne veux plus entendre la voix du Seigneur mon Dieu, je ne veux plus voir cette grande flamme, je ne veux pas mourir !" Et le Seigneur me dit alors : "Ils ont bien fait de dire cela. Je ferai se lever au milieu de leurs frères un prophète comme toi ; je mettrai dans sa bouche mes paroles, et il leur dira tout ce que je lui prescrirai. Si quelqu'un n'écoute pas les paroles que ce prophète prononcera en mon nom, moi-même je lui en demanderai compte.
Mais un prophète qui aurait la présomption de dire en mon nom une parole que je ne lui aurais pas prescrite, ou qui parlerait au nom d'autres dieux, ce prophète-là mourra." »

Psaume 94

**℟. Aujourd'hui, ne fermez pas votre cœur,
mais écoutez la voix du Seigneur.**

Venez, crions de joie pour le Seigneur,
acclamons notre Rocher, notre salut !
Allons jusqu'à lui en rendant grâce,
par nos hymnes de fête acclamons-le !

Entrez, inclinez-vous, prosternez-vous,
adorons le Seigneur qui nous a faits.
Oui, il est notre Dieu ;
nous sommes le peuple qu'il conduit
le troupeau guidé par sa main.

Aujourd'hui écouterez-vous sa parole ?
« Ne fermez pas votre cœur comme au désert,
comme au jour de tentation et de défi,
où vos pères m'ont tenté et provoqué,
et pourtant ils avaient vu mon exploit. »

2e Lecture

« J'aimerais vous voir libres de tout souci »

→ **Lecture de la première lettre de saint Paul apôtre aux Corinthiens** 7, 32-35

Frères, j'aimerais vous voir libres de tout souci. Celui qui n'est pas marié a le souci des affaires du Seigneur, il cherche comment plaire au Seigneur. Celui qui est marié a le souci des affaires de ce monde, il cherche comment plaire à sa femme, et il se trouve divisé.
La femme sans mari, ou celle qui reste vierge, a le souci des affaires du Seigneur, afin d'être sanctifiée dans son corps et son esprit. Celle qui est mariée a le souci des affaires de ce monde, elle cherche comment plaire à son mari. C'est dans votre intérêt que je dis cela ; ce n'est pas pour vous tendre un piège, mais pour vous proposer ce qui est bien, afin que vous soyez attachés au Seigneur sans partage.

Alléluia. Alléluia. Le peuple qui habitait dans les ténèbres a vu une grande lumière. Sur ceux qui habitaient dans le pays et l'ombre de la mort, une lumière s'est levée. **Alléluia.**

Évangile

L'autorité de l'enseignement de Jésus

→ **Évangile de Jésus Christ selon saint Marc** 1, 21-28

Jésus et ses disciples entrèrent à Capharnaüm. Aussitôt, le jour du sabbat, Jésus se rendit à la synagogue, et là, il enseignait. On était frappé par son enseignement, car il enseignait en homme qui a autorité, et non pas comme les scribes.

Or, il y avait dans leur synagogue un homme tourmenté par un esprit impur, qui se mit à crier : « Que nous veux-tu, Jésus de Nazareth ? Es-tu venu pour nous perdre ? Je sais qui tu es : tu es le Saint de Dieu. » Jésus l'interpella vivement : « Tais-toi ! Sors de cet homme. » L'esprit impur le fit entrer en convulsions, puis, poussant un grand cri, sortit de lui.

Ils furent tous frappés de stupeur et se demandaient entre eux : « Qu'est-ce que cela veut dire ? Voilà un enseignement nouveau, donné avec autorité ! Il commande même aux esprits impurs, et ils lui obéissent. » Sa renommée se répandit aussitôt partout, dans toute la région de la Galilée.

Credo.

POUR LA PRIÈRE UNIVERSELLE

Chers frères et sœurs, adressons à Dieu notre fervente prière pour toute l'humanité :

– pour la sainte Église de Dieu : prions le Seigneur de la rendre fidèle à sa Parole ;

– pour tous les peuples de la terre : prions le Seigneur de leur accorder la concorde et la paix ;

– pour tous les missionnaires : prions le Seigneur de leur donner d'être au service de leurs frères ;
– pour les hommes et les femmes atteints par la lèpre : prions le Seigneur, en cette journée mondiale qui leur est consacrée, de leur donner la guérison et la joie ;
– pour ceux qui souffrent sous toutes les latitudes : prions le Seigneur de les soulager des soucis qui accablent.

Prière sur les offrandes

Pour te servir, Seigneur, nous déposons nos présents sur ton autel : accueille-les favorablement, pour qu'ils deviennent le sacrement de notre rédemption. Par le Christ, notre Seigneur.

Antienne de la communion

cf. Ps 30, 17-18

Sur ton serviteur, que s'illumine ta face ;
sauve-moi dans ta miséricorde.
Seigneur, garde-moi d'être humilié,
car je t'ai invoqué.

Prière après la communion

Nous avons été fortifiés par le sacrement de notre Rédemption, et nous t'en prions, Seigneur : que cette nourriture pour le salut éternel nous fasse progresser dans la foi véritable. Par le Christ, notre Seigneur.

Parole événement

« Dans l'Esprit Saint, les paroles de Jésus sont plus qu'un enseignement, elles deviennent Événement. "Je dis et je fais", l'expression prophétique n'est jamais plus vraie qu'en ce moment. La Parole incarnée monte au cœur de l'Église sous l'action de l'Esprit. Le Père ne peut comprendre que cette Parole : il l'a livrée dans l'Économie, elle lui revient dans la Liturgie. Semée dans le Fils unique, elle fructifie maintenant dans les enfants d'adoption. Oui, la Parole s'élance et tend vers sa Communion ; c'est en cela qu'il y a célébration, "liturgie" de la Parole. »

Jean Corbon, *Liturgie de source*,
nouvelle édition, Paris, Cerf, 2007, p. 119.

CALENDRIER LITURGIQUE

Di 28	**4e dimanche B.** *Liturgie des Heures : Psautier semaine IV.* [S. Thomas d'Aquin, prêtre, dominicain, docteur de l'Église, † 1274 (7 mars) à Fossanova (Italie), enseveli à Toulouse.]
Lu 29	2 Samuel 15, 13-14.30 ; 16, 5-13a ; Ps 3 ; Marc 5, 1-20 : « Esprit impur, sors de cet homme ! »
Ma 30	2 Samuel 18, 9-10.14b.24-25a.30–19, 4 ; Ps 85 ; Marc 5, 21-43 : « Jeune fille, je te le dis, lève-toi ! »
Me 31	S. Jean Bosco, prêtre, fondateur des Salésiens, † 1888 à Turin. 2 Samuel 24, 2.9-17 ; Ps31 ; Marc 6, 1-6 : « Un prophète n'est méprisé que dans son pays. »
Jeu 1er février	1 Rois 2, 1-4.10-12 ; Cantique 1 Chroniques 29 ; Marc 6, 7-13 : « Il commença à les envoyer en mission »
Ve 2	PRÉSENTATION DU SEIGNEUR AU TEMPLE, p. 201.
Sa 3	1 Rois 3, 4-13, Ps 118 ; Marc 6, 30-34 : « Ils étaient comme des brebis sans berger » *S. Blaise, évêque de Sébaste (Asie Mineure), martyr, † vers 316.* *S. Anschaire, évêque de Hambourg, † 865.*

Bonne fête ! 28 : Thomas. 29 : Gildas. 30 : Bathilde, Jacinthe, Martine. 31 : Marcelle, Alban. 1er février : Ella, Véridiana. 2 : Théophane. 3 : Blaise, Anatole, Oscar.

Pour mémoire : En ce dernier dimanche de janvier, journée mondiale des lépreux, fondée en 1954 par Raoul Follereau († 1977) et célébrée aujourd'hui dans 127 pays.

Saint Blaise (3 février), né en Arménie, médecin puis évêque de Sébaste, il est décapité et meurt martyr en 316. Il est très populaire car il est invoqué pour la guérison de toutes sortes de maladies. De nombreuses statues en Provence en témoignent. Il est le patron des cardeurs de laine en raison des ongles de fer dont son corps fut déchiré.

Présentation du Seigneur au Temple

2 FÉVRIER 2024

L'accueil du plus petit

Quarante jours après la Nativité, nous célébrons la fête de la Présentation de Jésus au Temple (*évangile*). Cette fête nous plonge à nouveau dans l'atmosphère des célébrations de Noël et de l'Épiphanie. Elle apparaît comme une synthèse de ces fêtes. La *Bénédiction et la procession des cierges* invite à cette compréhension : « Frères et sœurs bien-aimés, il y a quarante jours, nous avons célébré dans la joie la Nativité du Seigneur… avançons vers la maison de Dieu à la rencontre du Christ » (*monition du célébrant*). Nous pouvons aller à la rencontre de Jésus car il est bien celui est venu jusqu'à nous. Pas seulement dans son Temple : « et soudain viendra dans son Temple le Seigneur que vous cherchez » (*1re lecture*), mais jusqu'à la croisée de nos chemins. Lui, le Seigneur de la vie, a partagé notre condition humaine, il a souffert pour nous afin que nous sortions de tout esclavage et soyons rendus libres *(2e lecture)*. Quand nous savons accueillir le plus petit, prendre soin de lui, quelle que soit sa petitesse, sa pauvreté, alors une lumière d'espérance éclaire le monde. Les mots de Syméon peuvent devenir les nôtres : « Mes yeux ont vu le salut que tu préparais à la face des peuples ». Les plus petits de ce monde nous révèlent à quelle grandeur nous sommes appelés et nous aident à trouver les mots de notre action de grâce.

CHANTER

Pour la procession des lumières : ***Joyeuse lumière* I 17, *Lumière des hommes* G 127-2.**

Pour la procession de communion : ***En marchant vers toi, Seigneur* D 380 CNA 326.**

Après la communion : ***Tu es la vraie Lumière* D 86 CNA 595, *Jésus, le Christ, lumière intérieure* Taizé.**

CÉLÉBRER

Parce que cette fête, avec la bénédiction et la procession des cierges est populaire chez les chrétiens, il sera important de veiller à la qualité et la dignité de ce rite. Le Missel romain présente avec précision la forme que doit prendre cette procession. Il s'agit de signifier notre rencontre avec le Christ en allant d'un lieu (extérieur, chapelle...) vers le sanctuaire de l'église. Le rite prévoit l'aspersion d'eau bénite et l'encensement. Ce double geste est une caractéristique propre à cette fête qui se distingue ainsi de la procession de la Vigile pascale.

En cette journée mondiale de la vie consacrée, il serait bienvenu d'honorer cette vocation : intention de prière, lecture par une sœur ou un frère consacré.

Prière de bénédiction des cierges

Dieu, source et origine de toute lumière, en ce jour tu as montré à Syméon le Juste la Lumière qui se révèle aux nations ; nous te supplions humblement : bénis ✠ et sanctifie ces cierges ; accueille les prières de ton peuple, qui s'est rassemblé pour les porter à la louange de ton Nom : qu'en avançant au droit chemin, nous parvenions à la lumière qui ne s'éteint jamais. Par le Christ, notre Seigneur.

Prière d'ouverture de la messe

Dieu éternel et tout-puissant, Dieu de majesté, nous t'adressons cette prière : puisque ton Fils unique, ayant pris notre chair, fut en ce jour présenté dans le Temple, fais que nous puissions, avec une âme purifiée, être présentés devant toi. Par Jésus Christ, ton Fils, notre Seigneur, qui vit et règne avec toi dans l'unité du Saint-Esprit, Dieu, pour les siècles des siècles.

Lectures

1re lecture : Ml 3, 1-4 : Le Seigneur enverra son messager

ou He 2,14-18 : Le Christ s'est rendu semblable aux hommes
Psaume 23 : ℟. **C'est le Seigneur, Dieu de l'univers ; c'est lui, le roi de gloire.**
Évangile : Lc 2, 22-40 : Jésus est présenté au Temple

Préface

Le mystère de la Présentation du Seigneur

Vraiment, il est juste et bon, pour ta gloire et notre salut, de t'offrir notre action de grâce, toujours et en tout lieu, Seigneur, Père très saint, Dieu éternel et tout-puissant.
Aujourd'hui, ton Fils éternel est présenté dans le Temple, et l'Esprit Saint le désigne comme la gloire d'Israël ton peuple et la lumière des nations.
Joyeux, nous aussi, d'aller à la rencontre du Sauveur, nous te chantons avec les anges et tous les saints, et sans fin nous proclamons :
Saint ! Saint ! Saint, le Seigneur, Dieu de l'univers !

La rencontre des deux Testaments

« En la fête d'aujourd'hui, nous contemplons le Seigneur Jésus que Marie et Joseph présentent au temple *pour l'offrir au Seigneur* (Lc 2, 22). Dans cette scène évangélique se révèle le mystère du Fils de la Vierge, le consacré du Père, venu au monde pour accomplir fidèlement sa volonté (He 10, 5-7). Syméon l'indique comme *lumière pour éclairer les nations païennes* (Lc 2, 32) et annonce à travers des paroles prophétiques son offrande suprême à Dieu et sa victoire finale (cf. Lc 2, 32-35). C'est la rencontre des deux Testaments, l'Ancien et le Nouveau. Jésus entre dans l'antique temple. Lui qui est le nouveau Temple de Dieu : il vient visiter son peuple, en portant à son accomplissement l'obéissance à la Loi et en inaugurant les temps ultimes du salut. »

Benoît XVI, *Homélie de la fête de la présentation*, 2 février 2011, Basilique Saint-Pierre.

Pour mémoire : 2 février : Journée de la vie consacrée (religieuses, religieux, instituts séculiers, vierges consacrées, etc.).

5e dimanche du Temps ordinaire

4 FÉVRIER 2024

De la misère à la louange

La misère humaine, par elle-même, est un cri vers Dieu. Job fait l'expérience de la souffrance et du néant. Il ne désespère pas d'être entendu de Dieu, même si son propos semble contradictoire : « Souviens-toi, Seigneur : ma vie n'est qu'un souffle, mes yeux ne verront plus le bonheur » (*1re lecture*). Cette prière est comme un psaume : des mots adressés à Dieu, mots reflets de tous les paradoxes de la vie, de toutes les situations et émotions humaines quelles qu'elles soient. Mais l'espérance est là : « Il est bon de fêter notre Dieu, il guérit les cœurs brisés » (*psaume*). Jésus ne fait pas autre chose (*évangile*) : il guérit la belle-mère de Simon, puis il guérit toutes sortes de maladies, expulse les démons. Il se lève tôt pour prier, mais déjà les disciples l'interpellent car tout le monde le cherche.

Au cœur de cette intense activité, c'est la proclamation de l'Évangile, comme le dit Jésus lui-même, qui est le but de sa vie. Cette annonce ne peut être réduite à la seule guérison physique ou à l'expulsion du mal ; ces miracles sont liés à la parole de salut et de vie que Jésus proclame. Par sa souffrance sur la croix, Jésus fera la même expérience que Job. Il entonnera le psaume 21 : « Mon Dieu, mon Dieu, pourquoi m'as-tu abandonné ? ». Ce psaume chante dans sa dernière partie : « Tu m'as répondu ! Et je proclame ton nom devant mes frères, je te loue en pleine assemblée ». L'amour de Dieu s'est fait misère, son écoute de la souffrance des hommes s'incarne dans toutes les pauvretés de l'existence.

Voilà bien l'Évangile que Paul aussi annonce *(2e lecture)*, et auquel il espère avoir part. Cette Bonne nouvelle fait vivre le passage de toute détresse à l'action de grâce.

Des chants sont proposés du 2e au 6e dimanche p. 180.

Antienne d'ouverture

cf. Ps 94, 6-7

Venez, adorons Dieu,
prosternons-nous devant le Seigneur qui nous a faits,
car il est notre Dieu

Gloria.

Prière

Dans ton inlassable tendresse, nous t'en prions, Seigneur, veille sur ta famille : elle s'appuie sur la grâce du ciel, son unique espérance ; qu'elle soit toujours assurée de ta protection. Par Jésus Christ, ton Fils, notre Seigneur, qui vit et règne avec toi dans l'unité du Saint-Esprit, Dieu, pour les siècles des siècles.

1re Lecture

Prière de Job dans la détresse

→ **Lecture du livre de Job** 7, 1-4.6-7

Job prit la parole et dit : « Vraiment, la vie de l'homme sur la terre est une corvée, il fait des journées de manœuvre. Comme l'esclave qui désire un peu d'ombre, comme le manœuvre qui attend sa paye, depuis des mois je n'ai en partage que le néant, je ne compte que des nuits de souffrance. À peine couché, je me dis : "Quand pourrai-je me lever ?" Le soir n'en finit pas : je suis envahi de cauchemars jusqu'à l'aube. Mes jours sont plus rapides que la navette du tisserand, ils s'achèvent faute de fil. Souviens-toi, Seigneur : ma vie n'est qu'un souffle, mes yeux ne verront plus le bonheur. »

Psaume 146

℟. Bénissons le Seigneur qui guérit nos blessures !
ou : **Alléluia.**

Il est bon de fêter notre Dieu,
il est beau de chanter sa louange :

il guérit les cœurs brisés
et soigne leurs blessures.

Il compte le nombre des étoiles,
il donne à chacune un nom ;
il est grand, il est fort, notre Maître :
nul n'a mesuré son intelligence.

Le Seigneur élève les humbles
et rabaisse jusqu'à terre les impies.
Entonnez pour le Seigneur l'action de grâce,
jouez pour notre Dieu sur la cithare !

2e Lecture

« Malheur à moi si je n'annonçais pas l'Évangile ! »

→ **Lecture de la première lettre de saint Paul apôtre aux Corinthiens** 9, 16-19.22-23

Frères, annoncer l'Évangile, ce n'est pas là pour moi un motif de fierté, c'est une nécessité qui s'impose à moi. Malheur à moi si je n'annonçais pas l'Évangile ! Certes, si je le fais de moi-même, je mérite une récompense. Mais je ne le fais pas de moi-même, c'est une mission qui m'est confiée. Alors quel est mon mérite ? C'est d'annoncer l'Évangile sans rechercher aucun avantage matériel, et sans faire valoir mes droits de prédicateur de l'Évangile. Oui, libre à l'égard de tous, je me suis fait l'esclave de tous afin d'en gagner le plus grand nombre possible. Avec les faibles, j'ai été faible, pour gagner les faibles. Je me suis fait tout à tous pour en sauver à tout prix quelques-uns. Et tout cela, je le fais à cause de l'Évangile, pour y avoir part, moi aussi.

Alléluia. Alléluia. Le Christ a pris nos souffrances, il a porté nos maladies. **Alléluia.**

Évangile

Guérisons et exorcismes à Capharnaüm

→ **Évangile de Jésus Christ selon saint Marc** 1, 29-39

En **ce temps-là,** aussitôt sortis de la synagogue de Capharnaüm, Jésus et ses disciples allèrent, avec Jacques et Jean, dans la maison de Simon et d'André. Or, la belle-mère de Simon était au lit, elle avait de la fièvre. Aussitôt, on parla à Jésus de la malade. Jésus s'approcha, la saisit par la main et la fit lever. La fièvre la quitta, et elle les servait.

Le soir venu, après le coucher du soleil, on lui amenait tous ceux qui étaient atteints d'un mal ou possédés par des démons. La ville entière se pressait à la porte. Il guérit beaucoup de gens atteints de toutes sortes de maladies, et il expulsa beaucoup de démons ; il empêchait les démons de parler, parce qu'ils savaient, eux, qui il était.

Le lendemain, Jésus se leva, bien avant l'aube. Il sortit et se rendit dans un endroit désert, et là il priait. Simon et ceux qui étaient avec lui partirent à sa recherche. Ils le trouvent et lui disent : « Tout le monde te cherche. » Jésus leur dit : « Allons ailleurs, dans les villages voisins, afin que là aussi je proclame l'Évangile ; car c'est pour cela que je suis sorti. » Et il parcourut toute la Galilée, proclamant l'Évangile dans leurs synagogues, et expulsant les démons.

Credo.

POUR LA PRIÈRE UNIVERSELLE

À l'écoute de tout ceux qui souffrent, tournons-nous vers Dieu dans une prière pleine d'espérance :
– « Jésus parcourut toute la Galilée, proclamant l'Évangile » :
que l'Église soit fidèle à sa vocation et serve nos frères les plus démunis ;
– « Malheur à moi si je n'annonçais pas l'Évangile ! » :
que les missionnaires soient fidèles à la parole du Seigneur et à l'écoute de toute détresse humaine ;
– « Dieu guérit les cœurs brisés et soigne leurs blessures » :
que les personnels des institutions de soins, à l'exemple du Christ, apportent à tous le réconfort ;
– « Jésus sortit et se rendit dans un endroit désert, et là il priait » :
que notre communauté, attentive aux pauvretés, n'oublie personne dans sa prière.

Prière sur les offrandes

Seigneur notre Dieu, tu as choisi dans ta création ces aliments qui soutiennent notre fragilité ; nous t'en prions : fais qu'ils deviennent aussi pour nous le sacrement de la vie éternelle. Par le Christ, notre Seigneur.

Antienne de la communion

cf. Ps 106, 8-9

Qu'ils rendent grâce au Seigneur pour sa miséricorde,
pour ses merveilles envers les hommes :
car il rassasie l'âme épuisée,
il comble de biens celle qui a faim !

Prière après la communion

Tu as voulu, Seigneur Dieu, que nous ayons part au même pain et à la même coupe ; nous t'en prions : puisque nous sommes devenus un dans le Christ, que notre manière de vivre nous donne la joie de porter du fruit pour le salut du monde. Par le Christ, notre Seigneur.

Compatir et guérir

« Sachant pertinemment qu'il existe toute une gamme de réactions possibles en présence de la maladie, comment les croyants et croyantes n'essaieraient-ils pas d'aider leurs frères et sœurs dans la foi à vivre de plus en plus la maladie devant Dieu, à devenir capable de s'écrier avec le psalmiste : "Pitié pour moi, Seigneur, je suis à bout de force, guéris-moi, Seigneur, mes os sont bouleversés" (Ps 6,3) ? Par ailleurs, connaissant l'attitude de Jésus à l'endroit des malades, ces mêmes croyants et croyantes feront tout en leur pouvoir pour réconforter ceux et celles qui souffrent physiquement et moralement... ils participent, à la suite des premiers disciples, à son ministère de compassion et de guérison. »

Marie-Thérèse Nadeau, *Choisir la vie, L'onction des malades*, Sainte-Foy (Québec), éd. Anne Sigier, 1995, pp. 152-153.

Bonne fête ! 4 : Gilbert, Véronique, Bérénice, Vanessa. 5 : Agathe. 6 : Amand, Gaston, Dorothée, Doris. 7 : Eugénie. 8 : Joséphine, Jacqueline, Jackie. 9 : Apolline. 10 : Scholastique, Arnaud.

Saint Jean de Matha (6 février), né à Faucon de Barcelonnette, fait ses études à Aix-en-Provence. Il enseigne la théologie à Paris. Lors de sa première messe, il entend l'appel à racheter les chrétiens persécutés. Il fonde en 1194 l'ordre de la Sainte-Trinité et des captifs. Aujourd'hui, les Trinitaires, puisant dans le mystère d'amour et de rédemption de la Trinité, œuvrent à toutes les formes de libération, qu'elles soient physiques, morales ou spirituelles.

CALENDRIER LITURGIQUE

Di 4	**5e dimanche B.** *Liturgie des Heures : Psautier semaine I.* [*En Afrique du Nord, Ste Célérina et ses compagnons martyrs, † entre 203 et 212, à Carthage.*]
Lu 5	Ste Agathe, vierge et martyre, † 251 à Catane (Italie). 1 Rois 8, 1-7.9-13 ; Ps 131 ; Marc 6, 53-56 : « Tous ceux qui touchèrent la frange de son manteau étaient sauvés »
Ma 6	S. Paul Miki et ses compagnons, martyrs, † 1597 à Nagasaki. 1 Rois 8, 22-23.27-30 ; Ps 83 ; Marc 7, 1-13 : « Vous laissez de côté le commandement de Dieu, pour vous attacher à la tradition des hommes » *En Belgique,* S. Amand, évêque de Maastricht, † 679 ou 684 à Saint-Amand-les-Eaux.
Me 7	1 Rois 10, 1-10 ; Ps 36 ; Marc 7, 14-23 : « Ce qui sort de l'homme, voilà ce qui rend l'homme impur » *En Belgique :* S. Paul Miki et ses compagnons, martyrs, † 1597 à Nagasaki.
Je 8	1 Rois11, 4-13 ; Ps 105 ; Marc 7, 24-30 : « Les petits chiens, sous la table, mangent bien les miettes des petits enfants ! » *S. Jérôme Émilien, fondateur des Serviteurs des pauvres, † 1537, à Somasca (Italie).* *Ste Joséphine Bakhita, vierge, esclave soudanaise, puis religieuse, † 1947 à Schio (Italie).*
Ve 9	1 Rois 11, 29-32 ; 12, 19 ; Ps 80 ; Marc 7, 31-37 : « Il fait entendre les sourds et parler les muets »
Sa 10	Ste Scholastique, vierge, moniale, sœur de S. Benoît, † vers 547 au Mont-Cassin (Italie). 1 Rois 12, 26-32 ; 13, 33-34 ; Ps 105 ; Marc 8, 1-10 : « Les gens mangèrent et furent rassasiés ».

6e dimanche du Temps ordinaire

11 FÉVRIER 2024

La divine compassion

La lèpre, au temps de Jésus, désigne toute maladie de la peau. Elle est alors considérée comme un châtiment divin. La conséquence est l'exclusion religieuse et sociale. C'est en termes de « pureté » et d'« impureté » qu'elle est traitée (*1re lecture*). La guérison par Jésus d'un lépreux (*évangile*) est significative de l'annonce de la Bonne Nouvelle. La description est précise : la demande vient du lépreux lui-même ; il ose, malgré l'interdit, s'approcher de Jésus. Le lépreux manifeste une foi chevillée au corps. Car il était prescrit de se signaler pour que les gens s'éloignent. Jésus a une réaction franche et directe qui tranche avec ce qui est requis. Il n'a pas peur de tendre la main, de toucher le lépreux quitte à être lui-même considéré comme impur, ou à attraper la maladie. Mais Jésus ne s'oppose pas à ce qui est prescrit par la Loi car ce qui le motive, c'est la compassion. Cette expression, qui signifie « souffrir avec », laisse percevoir la profondeur de l'être même de Dieu partageant la souffrance humaine. Paradoxalement, c'est Jésus « le pur » qui, avant de toucher, se laisse toucher par la détresse du lépreux. La capacité du Christ à se laisser émouvoir par la souffrance, dessine le constant amour de Dieu pour l'homme. Cette guérison corporelle dit la guérison spirituelle que Jésus apporte en se faisant solidaire de notre humanité. Aussi, « Heureux est l'homme dont la faute est enlevée, et le péché remis ! » (*psaume*).

Paul nous invite à n'être un obstacle pour personne (*2e lecture*). Ce n'est plus la maladie qui devrait être un obstacle, même si nos manières de réagir aujourd'hui prouvent le contraire, mais c'est bien le mal qui gangrène le cœur de l'homme qui crée les séparations. Imiter le Christ, c'est alors vivre comme lui la compassion.

Nous célébrons ensemble cette eucharistie en apportant avec nous tous les êtres souffrants pour qui le Christ a de la compassion.

Des chants sont proposés du 2e au 6e dimanche p. 180.

Antienne d'ouverture

cf. Ps 30, 3-4

Sois pour moi le Dieu qui protège,
un lieu de refuge pour me sauver.
Car tu es mon appui et mon refuge :
à cause de ton nom, tu seras mon guide et tu me nourriras.

Gloria.

Prière

Seigneur Dieu, tu as promis d'habiter les cœurs droits et sincères ; donne-nous, par ta grâce, de vivre de telle manière que tu puisses faire en nous ta demeure. Par Jésus Christ, ton Fils, notre Seigneur, qui vit et règne avec toi dans l'unité du Saint-Esprit, Dieu, pour les siècles des siècles.

1re Lecture

Règles à observer par les lépreux

→ **Lecture du livre des Lévites** 13, 1-2.45-46

Le Seigneur parla à Moïse et à son frère Aaron, et leur dit : « Quand un homme aura sur la peau une tumeur, une inflammation ou une pustule, qui soit une tache de lèpre, on l'amènera au prêtre Aaron ou à l'un des prêtres ses fils. Le lépreux atteint d'une tache portera des vêtements déchirés et les cheveux en désordre, il se couvrira le haut du visage jusqu'aux lèvres, et il criera : "Impur ! Impur !" Tant qu'il gardera cette tache, il sera vraiment impur. C'est pourquoi il habitera à l'écart, son habitation sera hors du camp. »

Psaume 31

**℟. Tu es un refuge pour moi ;
de chants de délivrance tu m'as entouré.**

Heureux l'homme dont la faute est enlevée,
et le péché remis !
Heureux l'homme dont le Seigneur
ne retient pas l'offense,
dont l'esprit est sans fraude !

Je t'ai fait connaître ma faute,
je n'ai pas caché mes torts.
J'ai dit : « Je rendrai grâce au Seigneur
en confessant mes péchés. »

Toi, tu as enlevé l'offense de ma faute.
Que le Seigneur soit votre joie !
Exultez, hommes justes !
Hommes droits, chantez votre allégresse !

2e Lecture

Imiter le Christ

**→ Lecture de la première lettre
de saint Paul apôtre aux Corinthiens** 10, 31–11, 1

Frères, tout ce que vous faites : manger, boire, ou toute autre action, faites-le pour la gloire de Dieu. Ne soyez un obstacle pour personne, ni pour les Juifs, ni pour les païens, ni pour l'Église de Dieu. Ainsi, moi-même, en toute circonstance, je tâche de m'adapter à tout le monde, sans chercher mon intérêt personnel, mais celui de la multitude des hommes, pour qu'ils soient sauvés. Imitez-moi, comme moi aussi j'imite le Christ.

Alléluia. Alléluia. Un grand prophète s'est levé parmi nous, et Dieu a visité son peuple. **Alléluia.**

Évangile

Guérison d'un lépreux

→ **Évangile de Jésus Christ selon saint Marc**

1, 40-45

En ce temps-là, un lépreux vint auprès de Jésus ; il le supplia et, tombant à ses genoux, lui dit : « Si tu le veux, tu peux me purifier. » Saisi de compassion, Jésus étendit la main, le toucha et lui dit : « Je le veux, sois purifié. » À l'instant même, la lèpre le quitta et il fut purifié. Avec fermeté, Jésus le renvoya aussitôt en lui disant : « Attention, ne dis rien à personne, mais va te montrer au prêtre, et donne pour ta purification ce que Moïse a prescrit dans la Loi : cela sera pour les gens un témoignage. »
Une fois parti, cet homme se mit à proclamer et à répandre la nouvelle, de sorte que Jésus ne pouvait plus entrer ouvertement dans une ville, mais restait à l'écart, dans des endroits déserts. De partout cependant on venait à lui.

Credo.

POUR LA PRIÈRE UNIVERSELLE

Remplis de compassion pour tous les êtres, prions pour eux le Dieu d'amour :
– que tous les hommes et les femmes trouvent en l'Église une source de compassion et d'amour fraternel ; implorons le Seigneur !
– que tous ceux et celles qui sont atteints de maladie trouvent une aide compatissante auprès d'eux ; implorons le Seigneur !
– que les médecins, les infirmiers et tout le personnel soignant, en cette journée mondiale du malade, soient renouvelés dans leur vocation à prendre soin des personnes qui souffrent ; implorons le Seigneur !
– que notre communauté ne soit un obstacle pour personne et sache imiter le Christ dans son amour pour les hommes ; implorons le Seigneur !

Prière sur les offrandes

Que cette offrande, nous t'en prions, Seigneur, nous purifie et nous renouvelle ; qu'elle devienne pour ceux qui accomplissent ta volonté la cause de la récompense éternelle. Par le Christ, notre Seigneur.

Antienne de la communion

Ps 77, 29-30 (Vg)

Ils mangèrent, ils furent rassasiés,
Dieu comblait leur désir,
leur attente ne fut pas trompée.

Prière après la communion

Tu nous as fait goûter, Seigneur, aux joies du ciel, et nous te prions : donne-nous de toujours désirer ce qui nous fait vivre en vérité. Par le Christ, notre Seigneur.

Une mission de compassion

« Aujourd'hui, Jésus a besoin de cœurs capables de vivre leur vocation comme une véritable histoire d'amour, qui les fasse sortir aux périphéries du monde et devenir des messagers et des instruments de compassion. Et c'est un appel qu'il adresse à tous, même si ce n'est pas de la même manière. Rappelons-nous qu'il y a des périphéries qui sont proches de nous, au centre d'une ville, ou dans sa propre famille. Il y a aussi un aspect d'ouverture universelle de l'amour qui n'est pas géographique mais existentiel... Vivre la mission, c'est s'aventurer à développer les sentiments mêmes du Christ Jésus et croire avec lui que celui qui est à mes côtés est aussi mon frère et ma sœur. Que son amour de compassion réveille aussi notre cœur et nous rende tous disciples missionnaires. »

Pape François, *Message pour la journée mondiale des missions*,
Basilique Saint-Jean de Latran, 6 janvier 2021.

CALENDRIER LITURGIQUE

Di 11	**6e dimanche B.** *Liturgie des Heures : Psautier semaine II.* [*Bienheureuse Vierge Marie de Lourdes (1858).*]
Lu 12	Jacques 1, 1-11 ; Ps 118 ; Marc 8, 11-13 : « Pourquoi cette génération cherche-t-elle un signe ?
Ma 13	Jacques 1, 12-18 ; Ps 93 ; Marc 8, 14-21 : « Prenez garde au levain des pharisiens et au levain d'Hérode ! »
Me 14	**MERCREDI DES CENDRES**, jour de jeûne et d'abstinence, p. 221. [S. CYRILLE, moine, † 869 à Rome, et son frère S. MÉTHODE, évêque de Moravie, † 895, patrons de l'Europe.]
Je 15	Lectures du Carême : Deutéronome 30, 15-20 ; Ps 1 ; Luc 9, 22-25 : « Celui qui perdra sa vie à cause de moi la sauvera »
Ve 16	Isaïe 58, 1-9a ; Ps 50 ; Mt 9, 14-15 : « Des jours viendront où l'Époux leur sera enlevé ; alors ils jeûneront »
Sa 17	Isaïe 58, 9b-14 ; Ps 85 ; Luc 5, 27-32 : « Je ne suis pas venu appeler des justes mais des pécheurs, pour qu'ils se convertissent » Les sept saints fondateurs de l'ordre des Servites de Marie, à Florence, 14e siècle.

Bonne fête ! 11 : Lourdes. 12 : Félix. 13 : Béatrice, Jourdain. 14 : Cyrille, Méthode, Valentin, Tino. 15 : Faustin, Georgina, Claude. 16 : Juliette, Paméla. 17 : Alexis.

Pour mémoire : 11 février : Notre-Dame de Lourdes : Journée mondiale du malade.

Les sept fondateurs de l'ordre des Servites (17 février), marchands florentins, fondèrent une confrérie afin d'honorer la Vierge Marie. En 1233, ils donnèrent tous leurs biens aux pauvres et se retirèrent dans un faubourg de Florence puis sur le mont Senario, vivant dans une grande pauvreté et dans l'union des cœurs la plus étroite. En 1255, le pape Alexandre IV approuva l'ordre qui s'est répandu partout.

TEMPS DU CARÊME

Richesse et fécondité de la liturgie de ce temps

Il y a soixante ans, le IIe Concile du Vatican dans la Constitution sur la Sainte liturgie exhortait les chrétiens à mieux saisir le double caractère du Carême : « Par la commémoration ou la préparation du baptême et par la pénitence, (le Carême) invite plus instamment les fidèles à écouter la parole de Dieu et à vaquer à la prière, et les dispose ainsi à célébrer le mystère pascal, ce double caractère, aussi bien dans la liturgie que dans la catéchèse liturgique, sera mis plus pleinement en lumière » (*SC* 109).

Le Carême est lié au baptême sur lequel se greffe un caractère pénitentiel. Parole de Dieu et vie baptismale, conversion et pénitence, prière et liturgie sont, en Carême, non pas d'abord des actions en vue d'une sanctification personnelle mais bien une célébration de toute la communauté chrétienne. Par ces actions (prière, jeûne, aumône), la communauté se doit d'accompagner celles et ceux qui vont renaître de l'eau et de l'Esprit pour devenir enfants de Dieu et être nourris de la vie divine ; cela, même dans les communautés qui n'ont pas de catéchumènes.

C'est donc tout le Mystère pascal et les sacrements de l'Initiation chrétienne (baptême, confirmation, eucharistie reçus par les catéchumènes pendant la nuit de Pâques), qui fondent la nature du Carême. Loin d'un quelconque moralisme ou d'un héroïsme ascétique, le Carême doit servir à une identification de notre propre existence à la Pâque du Christ. Le Carême a, par conséquent, un caractère sacramentel où le Christ lui-même agit pour purifier son Église, la rendre belle, telle une épouse prête à vivre ses noces avec Lui, l'Agneau de Dieu (cf. Ap 21, 2) ; car le Christ « a aimé l'Église, il s'est livré lui-même pour elle, afin de la rendre sainte en la purifiant par le bain de l'eau baptismale, accompagné d'une parole ; il voulait se la présenter à lui-même, cette Église, resplendissante, sans tache, ni ride, ni rien de tel ; il la voulait sainte et immaculée » (Ep 5, 25-27).

Ce ne sont donc pas d'abord nos propres efforts personnels qui comptent, mais l'ouverture de notre cœur à Jésus qui accomplit la Pâque (passage) en donnant sa vie sur la croix et en ressuscitant pour notre salut. Le Seigneur, comme il l'a fait pour ses disciples, nous invite à nous préparer à ce don qui est notre fête de Pâques : « Jésus envoya Pierre et Jean, en leur disant : "Allez faire les préparatifs pour que nous mangions la Pâque" » (Luc 22, 8). Le Carême est bien l'art de se laisser préparer par le Seigneur à cette Pâque qu'il veut vivre avec nous, ses disciples.

La parole de Dieu en Carême nous invite à prendre un chemin et nous fait passer par différents lieux :

– le désert (1er dim. du Carême) : lieu de silence où l'on apprend à se connaître en percevant ce qui est essentiel. Le désert oblige à un retour au plus profond de soi, de son identité. C'est souvent une épreuve par rapport à ce que l'on est vraiment. Le désert devient alors le lieu d'un combat pour choisir la vraie vie.

– la montagne du Thabor (2e dim.) : dans toutes les religions, la montagne est un point où le ciel et la terre peuvent se rencontrer. Le Thabor est aussi la montagne des béatitudes, le lieu du dialogue avec Dieu, le lieu de la prière.

– le Temple de Jérusalem (3e dim.) : lieu de la présence de Dieu. C'est au Temple qu'ont lieu les sacrifices. Mais désormais le Temple, c'est nous, et le seul sacrifice qui plaît à Dieu, c'est la louange qui jaillit de nos lèvres.

– à Jérusalem (4e et 5e dim.) : ville de la rencontre entre Nicodème et Jésus et du dialogue d'espérance qui ouvre à une nouvelle naissance. Jérusalem est la Ville sainte vers laquelle Dieu a envoyé ses prophètes ; c'est la ville où Jésus doit être glorifié dans la mort et la résurrection.

CÉLÉBRER

C'est le temps de la sobriété, on pourrait dire d'une "noble simplicité", en reprenant les mots de la Constitution sur la liturgie. Ici l'absence de certains éléments habituels de la messe creuse le désir du Christ et fait apparaître la primauté de la Parole, de la prière et de l'accompagnement des catéchumènes. Il s'agit donc de laisser parler cette ritualité dans sa simplicité qui fait sens.

C'est pourquoi, il est prescrit :

Dans la *Présentation générale du Missel romain* :

– on ne chante pas l'*Alléluia* (n° 62) ;

– le dimanche on ne dit pas le *Gloria* (n° 53) ;

– les messes rituelles (sacrements) ou pour intentions diverses (par exemple, pour la paix), des obsèques, ne sont pas permises les dimanches du Carême (n° 373-376) ;

– les fleurs sont interdites à l'autel, sauf le 4e dim. (*Laetare*) (n° 305) ;

– la couleur liturgique est le violet (n° 346), sauf le rose pour le 4e dim.

Dans le *Missel romain* :

– il y a des oraisons et des préfaces propres et des oraisons sur le peuple (prières pour demander la bénédiction de Dieu) à dire à la suite de l'oraison après la communion. Des prières pour les catéchumènes et des préfaces lors de la lecture des évangiles de s. Jean liées aux scrutins (3e, 4e et 5e dim. de Carême) ;

– il est prévu que soient utilisées les prières eucharistiques pour la réconciliation I & II, particulièrement adaptées au temps du Carême ;

– il est prévu la possibilité de couvrir d'un voile violet les croix et les statues de l'église à partir du 5e dimanche.

Dans le *Rituel de l'Initiation chrétienne des* adultes :

« Le temps inauguré par l'appel décisif coïncide habituellement avec le Carême. Il est consacré à une préparation intense qui tient plus de la retraite spirituelle que de la catéchèse. Les catéchumènes, unis à la communauté locale, se préparent aux fêtes pascales et à l'initiation sacramentelle » (n° 147). On y trouve développée toute une ritualité : appel décisif, scrutins, traditions, derniers rites préparatoires.

Dans le *Rituel de la pénitence et de la réconciliation* :

Outre le fait de se confesser individuellement avant Pâques, le Rituel encourage les célébrations pénitentielles pour la vie des communautés chrétiennes, dont on trouvera un exemple, p. 268.

Voilà bien des richesses du Carême, parfois inconnues, où il nous faudrait puiser pour en vivre. Trésor liturgique qui peut changer nos manières de l'appréhender et source d'une très profonde vie spirituelle.

CHANTER EN CARÊME

Nous proposons un répertoire commun aux cinq dimanches, de manière à favoriser l'unité de ce temps particulier. Ainsi, on retiendra un même ordinaire de la messe que l'on retrouvera chaque dimanche : ***Messe brève pour le Carême* AL 73-93, *Messe du Carême* AL 71-75, *Seigneur Jésus, toi qui es venu nous sauver* CNA 177, *les messes grégoriennes* XVII ou XVIII, *Messe de la miséricorde* AL 50-64.**

Pour la procession d'ouverture : ***Avec toi, nous irons au désert* GP 229 CNA 414, *Rends –nous la joie de ton salut* G 268, *Chemin de Pâques* GX 545, *Choisirons-nous ?* GA 33-33.**

Pour l'acclamation à l'Évangile : ***Ta Parole, Seigneur est vérité*, *Gloire au Christ, Parole éternel* U 614 CNA 211, *Gloire et louange à toi* U 694, *Parole éternelle du Père* GU 13-94 CNA 219.**

Pour la procession de communion : ***T'approcher, Seigneur* G 22-68-6 CNA 590, *Partageons le pain du Seigneur* D 39-31 CNA 342, *Seigneur, je ne suis pas digne* D 590, *Corps du Christ à notre table* D 56-97, *Pain donné pour notre vie* EDIT 10-47.**

Après la communion : ***En toi, Seigneur, mon espérance* GP 7** ou **GP 45-35 CNA 417** ou **418, *C'est ta mission, Seigneur Jésus* G 47-78, *En quel pays de solitude* GP 184 CNA 416, *En accueillant l'amour* DP 126 CNA 325, *Pour que l'homme soit un fils* GP 297-1 CNA 426, *Puisque tu fais miséricorde* Z 129-15.**

À la fin de la célébration : ***Vivons en enfants de lumière* G 14-57-1 CNA 430** (noter que chaque strophe correspond à un dimanche et aux étapes du catéchuménat, ***Tout recommence* G 277, *Sur les routes de l'Alliance* G 321.**

Si l'on veut caractériser davantage chaque dimanche, on peut retenir le chant qui y est proposé.

Mercredi des Cendres

14 FÉVRIER 2024

L'annonce d'une fête solennelle

« Le voici maintenant le moment favorable, le voici maintenant le jour du salut » *(2e lecture)*. Le jour des Cendres inaugure le temps du Carême et c'est un jour de grâce. Jour de jeûne et d'abstinence, d'aumône et de prière (*évangile*). Tout cela n'est pas mortifère mais est le signe qui renvoie au salut, à la grâce que Dieu nous fait de son pardon. C'est un appel, fait au creux de nos manques pour que nous nous laissions réconcilier avec Dieu. L'homme de foi connaît son péché, sa faute est toujours devant lui (*psaume*) mais il a cette espérance qui le pousse à croire en la miséricorde de Dieu et à se laisser combler par elle, pour lui et pour les autres. Le signe des Cendres rappelle notre condition mortelle, la précarité de l'existence et la fragilité de la chair. Il dit notre désir de parvenir « avec un esprit purifié à la célébration du mystère pascal » (*bénédiction des cendres*). Découvrir ainsi le vrai sens de l'existence et le don de Dieu, dont l'amour ne connaît pas de limite, ouvre à la conversion du cœur. Il nous pousse à entendre l'appel à nous réunir, anciens, enfants et nourrissons (*1re lecture*). Ce jour devient alors l'annonce d'une fête solennelle.

Ce jour des Cendres est un appel à passer du vieil homme à l'homme nouveau, du premier Adam au Christ, nouvel Adam. Passer de la poussière avec laquelle Adam avait été façonné, à la lumière de notre configuration au Christ Jésus. Un beau chemin s'ouvre : suivre Jésus du désert jusqu'au lieu de sa passion et de sa mort, et passer avec lui de la mort à la résurrection. Comme un exode qu'ouvre le mercredi des Cendres, et comme les Hébreux l'ont compris au désert : « Aujourd'hui, ne fermez pas votre cœur, mais écoutez la voix du Seigneur » (*verset d'acclamation de l'évangile*).

CHANTER

Le choix des chants et leur mise en œuvre sont marqués par le dépouillement et la sobriété que demande le Carême.

La célébration des cendres peut s'ouvrir par : ***Seigneur, avec toi, nous irons au désert*** **GP 229 CNA 414**, ***Puisque tu fais miséricorde*** **Z 129-15 ou Z 44-71**, ***Changez vos cœurs*** **GA 162 CNA 415.**

Pour l'imposition des cendres : ***Seigneur, ne nous traite pas*** **G 60 CNA 428**, ***Revenez à moi de tout votre cœur*** **GX 94**, ***Oui je me lèverai*** **G 48 CNA 423.**

Après la communion : ***Rends-nous la joie de ton salut*** **G 268.**

À la fin de la célébration : ***Vivons en enfants de lumière*** **G 14-57-1 CNA 430.**

RITE D'OUVERTURE ET LITURGIE DE LA PAROLE

Antienne d'ouverture

Sg 11, 23a.24a.23cd.26a

Seigneur, tu as pitié de tous les hommes,
et tu n'as de répulsion envers aucune de tes œuvres ;
tu fermes les yeux sur leurs péchés :
pour qu'ils se convertissent,
et tu leur pardonnes,
car tu es le Seigneur notre Dieu.

La messe commence comme de coutume, mais on omet la Préparation pénitentielle : l'imposition des cendres en tient lieu.

Prière

Accorde-nous, Seigneur, de savoir commencer saintement par le jeûne l'entraînement au combat spirituel : que nos privations nous rendent plus forts pour lutter contre l'esprit du mal. Par Jésus Christ, ton Fils, notre Seigneur, qui vit et règne avec toi dans l'unité du Saint-Esprit, Dieu, pour les siècles des siècles.

1re Lecture

« Annoncez une fête solennelle »

→ Lecture du livre du prophète Joël 2, 12-18

Maintenant – oracle du Seigneur – revenez à moi de tout votre cœur, dans le jeûne, les larmes et le deuil ! Déchirez vos cœurs et non pas vos vêtements, et revenez au Seigneur votre Dieu, car il est tendre et miséricordieux, lent à la colère et plein d'amour, renonçant au châtiment. Qui sait ? Il pourrait revenir, il pourrait renoncer au châtiment, et laisser derrière lui sa bénédiction : alors, vous pourrez présenter offrandes et libations au Seigneur votre Dieu. Sonnez du cor dans Sion : prescrivez un jeûne sacré, annoncez une fête solennelle, réunissez le peuple, tenez une assemblée sainte, rassemblez les anciens, réunissez petits enfants et nourrissons ! Que le jeune époux sorte de sa maison, que la jeune mariée quitte sa chambre ! Entre le portail et l'autel, les prêtres, serviteurs du Seigneur, iront pleurer et diront : « Pitié, Seigneur, pour ton peuple, n'expose pas ceux qui t'appartiennent à l'insulte et aux moqueries des païens ! Faudra-t-il qu'on dise : “Où donc est leur Dieu ?” »
Et le Seigneur s'est ému en faveur de son pays, il a eu pitié de son peuple.

Psaume 50

℟. Pitié, Seigneur, car nous avons péché.

Pitié pour moi, mon Dieu, dans ton amour,
selon ta grande miséricorde, efface mon péché.
Lave-moi tout entier de ma faute,
purifie-moi de mon offense.

Oui, je connais mon péché,
ma faute est toujours devant moi.
Contre toi, et toi seul, j'ai péché,
ce qui est mal à tes yeux, je l'ai fait.

Crée en moi un cœur pur, ô mon Dieu,
renouvelle et raffermis au fond de moi mon esprit.
Ne me chasse pas loin de ta face,
ne me reprends pas ton esprit saint.

Rends-moi la joie d'être sauvé ;
que l'esprit généreux me soutienne.
Seigneur, ouvre mes lèvres,
et ma bouche annoncera ta louange.

2e Lecture

« Laissez-vous réconcilier avec Dieu »

→ **Lecture de la deuxième lettre de saint Paul apôtre aux Corinthiens** 5, 20 – 6, 2

Frères, nous sommes les ambassadeurs du Christ, et par nous c'est Dieu lui-même qui lance un appel : nous le demandons au nom du Christ, laissez-vous réconcilier avec Dieu. Celui qui n'a pas connu le péché, Dieu l'a pour nous identifié au péché, afin qu'en lui nous devenions justes de la justice même de Dieu. En tant que coopérateurs de Dieu, nous vous exhortons encore à ne pas laisser sans effet la grâce reçue de lui. Car il dit dans l'Écriture : *Au moment favorable je t'ai exaucé, au jour du salut je t'ai secouru.* Le voici maintenant le moment favorable, le voici maintenant le jour du salut.

Ta Parole, Seigneur, est vérité, et ta loi, délivrance. Aujourd'hui, ne fermez pas votre cœur, mais écoutez la voix du Seigneur. **Ta Parole, Seigneur, est vérité, et ta loi, délivrance.**

Évangile

L'aumône, la prière et le jeûne

→ **Évangile de Jésus Christ selon saint Matthieu** 6, 1-6.16-18

En ce temps-là, Jésus disait à ses disciples : « Ce que vous faites pour devenir des justes, évitez de l'accomplir devant les hommes pour vous faire remarquer. Sinon, il n'y a pas de

récompense pour vous auprès de votre Père qui est aux cieux. Ainsi, quand tu fais l'aumône, ne fais pas sonner la trompette devant toi, comme les hypocrites qui se donnent en spectacle dans les synagogues et dans les rues, pour obtenir la gloire qui vient des hommes. Amen, je vous le déclare : ceux-là ont reçu leur récompense. Mais toi, quand tu fais l'aumône, que ta main gauche ignore ce que fait ta main droite, afin que ton aumône reste dans le secret ; ton Père qui voit dans le secret te le rendra.
Et quand vous priez, ne soyez pas comme les hypocrites : ils aiment à se tenir debout dans les synagogues et aux carrefours pour bien se montrer aux hommes quand ils prient. Amen, je vous le déclare : ceux-là ont reçu leur récompense. Mais toi, quand tu pries, retire-toi dans ta pièce la plus retirée, ferme la porte, et prie ton Père qui est présent dans le secret ; ton Père qui voit dans le secret te le rendra.
Et quand vous jeûnez, ne prenez pas un air abattu, comme les hypocrites : ils prennent une mine défaite pour bien montrer aux hommes qu'ils jeûnent. Amen, je vous le déclare : ceux-là ont reçu leur récompense. Mais toi, quand tu jeûnes, parfume-toi la tête et lave-toi le visage ; ainsi, ton jeûne ne sera pas connu des hommes, mais seulement de ton Père qui est présent au plus secret ; ton Père qui voit au plus secret te le rendra. »

La bénédiction et l'imposition des cendres peuvent se faire également en dehors de la messe. En ce cas, le rite est précédé de la liturgie de la Parole, avec le chant d'entrée, la prière d'ouverture, les lectures avec leurs chants, comme à la messe. Viennent ensuite l'homélie, la bénédiction et l'imposition des cendres. La célébration se conclut par la Prière universelle, la bénédiction et le renvoi des fidèles.

BÉNÉDICTION ET IMPOSITION DES CENDRES

Après l'homélie, le prêtre, debout et les mains jointes, dit :

Frères et sœurs bien-aimés, supplions humblement Dieu notre Père de bénir, par l'abondance de sa grâce, les cendres dont nos fronts vont être marqués en signe de pénitence.

Après un bref temps de prière en silence, il poursuit, les mains étendues :

Seigneur Dieu, toi qui te laisses fléchir par ceux qui s'humilient et apaiser par ceux qui réparent leurs torts, prête une oreille bienveillante à nos prières ; en ta tendresse, répands sur tes serviteurs qui vont recevoir les cendres la grâce de ta bénédiction ✠ : par leur fidélité à l'observance de ce temps de Carême, qu'ils parviennent avec un esprit purifié à la célébration du mystère pascal de ton Fils. Lui qui vit et règne pour les siècles des siècles.

ou bien

Seigneur Dieu, toi qui ne veux pas la mort des pécheurs mais leur conversion, exauce avec bonté notre prière ; dans ta tendresse, bénis ✠ les cendres dont nous serons marqués en reconnaissant que nous sommes poussière et cendre et devons retourner en poussière. En nous appliquant à observer le Carême, puissions-nous obtenir le pardon de nos péchés et vivre de la vie nouvelle à l'image de ton Fils ressuscité. Lui qui vit et règne pour les siècles des siècles.

Le prêtre asperge d'eau bénite les cendres, sans rien dire. Ensuite, il impose les cendres à tous les fidèles, qui s'approchent de lui. Il dit à chacun :

Convertissez-vous Mc 1, 15
et croyez à l'Évangile.

ou bien

Souviens-toi que tu es poussière, cf. Gn 3, 19
et que tu retourneras en poussière.

On peut chanter un chant adapté.

L'imposition des cendres une fois terminée, le prêtre se lave les mains, et le rite s'achève par la Prière universelle.

On ne dit pas le Credo.

POUR LA PRIÈRE UNIVERSELLE

Seigneur, écoute et prends pitié :

– « Revenez à moi de tout votre cœur », dit Dieu : que le Seigneur entende notre désir de conversion et lave le visage de son Église ;

– « Rends-moi la joie d'être sauvé » chante le psalmiste : que le Seigneur accorde à tous les malheureux qui crient vers lui, la joie du salut ;

– « Laissez-vous réconcilier avec Dieu », écrit saint Paul : que le Seigneur donne aux familles désunies, aux communautés blessées, aux pays en guerre... la grâce de sa miséricorde ;

– « Ton Père qui voit dans le secret te le rendra », dit Jésus : que le Seigneur manifeste à tous ceux et celles qui participent à son œuvre d'amour l'humilité et l'allégresse de la moisson.

LITURGIE EUCHARISTIQUE

Prière sur les offrandes

En t'offrant solennellement ce sacrifice au début du Carême, nous te supplions, Seigneur : fais que, par des actes de pénitence et de charité, nous évitions tout mauvais plaisir, et que, purifiés de nos péchés, nous méritions de célébrer avec ferveur la passion de ton Fils. Lui qui vit et règne pour les siècles des siècles.

Préface du Carême, n° 3 ou 4, pp. 36-37

Antienne de la communion

Ps 1, 2-3

Qui murmure la loi du Seigneur jour et nuit
donne du fruit en son temps.

Prière après la communion

Puisse le sacrement que nous avons reçu, Seigneur, nous procurer ton secours, afin que notre jeûne te soit agréable et contribue à notre guérison. Par le Christ, notre Seigneur.

Prière sur le peuple

Dans ta bonté, Dieu souverain, répands sur ceux qui s'inclinent devant toi un esprit de contrition, afin que ta miséricorde leur obtienne la récompense promise à ceux qui font pénitence. Par le Christ, notre Seigneur.

L'incarnation : Dieu s'est fait poussière

« L'anamnèse fait professer que le Christ est mort, c'est-à-dire qu'en lui, qui est devenu homme jusqu'à la mort, Dieu s'est fait poussière selon l'expression du mercredi des Cendres. Quand l'Église dit l'anamnèse, elle affirme que la poussière humaine est visitée par la vie du Christ, que notre rien est fécondé par sa plénitude, que notre résistance à Dieu est traversée pour son ouverture à Dieu ; en un mot, que le Christ a livré le combat spirituel pour tous les hommes. »

Louis Groslambert, *La liturgie entraîne au combat spirituel*, article de la revue *Célébrer* n° 389, Paris, Cerf, janv. 2012, p. 24.

1er dimanche du Carême

18 FÉVRIER 2024

Un avant-goût de paradis

La figure de Noé et le signe de l'eau apparaissent, en ce dimanche, comme les témoins de l'alliance que Dieu établit avec toutes les créatures. L'alliance est donnée par Dieu, elle concerne tous les êtres vivants. Pas seulement les hommes mais également toute la création, oiseaux, bétail et bêtes de la terre (*1re lecture*). Elle consiste, à travers l'arc en ciel, à rétablir le lien entre le Créateur et sa création. Elle dit l'union du ciel et de la terre, du divin et de l'humain. Une telle alliance suppose un passage, une pâque que le déluge a fait vivre de manière conséquente. Noé et les siens ont été sauvés à travers les eaux ; cet événement était une figure annonciatrice du baptême qui nous sauve maintenant *(2e lecture).* Cette alliance va plus loin et plus profondément dans la relation entre Dieu et l'humanité, car il ne s'agit pas d'un salut et d'une purification extérieurs, mais d'un « engagement envers Dieu d'une conscience droite ». Cela ne vient pas de nous, mais de Jésus qui s'est offert lui-même, qui a accompli la vérité du baptême en mourant sur la croix et en ressuscitant. Aussi est-il signifiant que, Jésus, après son baptême par Jean le Baptiste dans le Jourdain, soit conduit par l'Esprit et qu'ainsi la préfiguration de la gloire à venir soit dessinée. En plein désert et malgré Satan qui le tente, Jésus vit parmi les bêtes sauvages et les anges le servent (*évangile*). Lorsque le Christ est présent, alors quelque chose change, le désert a déjà des allures de paradis. Le message du salut prend tout son sens : se convertir et croire à l'Évangile. Nos liturgies dominicales, par l'acte pénitentiel et par la liturgie de la Parole, réalisent pour nous ce passage constitutif de notre vie baptismale. L'action de grâce de toute la création, montant sur nos lèvres, est alors la réponse à cette conversion et à cette foi.

Des chants sont proposés dans l'Introduction au Carême p. 220. Pour le 1er dimanche : **Pour l'appel à rejoindre ton peuple *GP 14-58-1 CNA* 676** *(si l'on a des catéchumènes dans la paroisse).*

Antienne d'ouverture

cf. Ps 90, 15-16

Quand mon serviteur m'appelle, dit le Seigneur,
moi, je lui réponds.
Je veux le libérer, le glorifier ;
de longs jours, je veux le rassasier.

On ne dit pas le Gloria.

Prière

Dieu tout-puissant, toi qui nous invites chaque année à vivre le Carême en vérité, donne-nous de progresser dans l'intelligence du mystère du Christ et d'en rechercher la réalisation par une vie qui lui corresponde. Lui qui vit et règne avec toi dans l'unité du Saint-Esprit, Dieu, pour les siècles des siècles.

1re Lecture

L'alliance avec Noé et toute la création

→ **Lecture du livre de la Genèse** 9, 8-15

Dieu dit à Noé et à ses fils : « Voici que moi, j'établis mon alliance avec vous, avec votre descendance après vous, et avec tous les êtres vivants qui sont avec vous : les oiseaux, le bétail, toutes les bêtes de la terre, tout ce qui est sorti de l'arche. Oui, j'établis mon alliance avec vous : aucun être de chair ne sera plus détruit par les eaux du déluge, il n'y aura plus de déluge pour ravager la terre. »
Dieu dit encore : « Voici le signe de l'alliance que j'établis entre moi et vous, et avec tous les êtres vivants qui sont avec vous, pour les générations à jamais : je mets mon arc au milieu des nuages, pour qu'il soit le signe de l'alliance entre moi et la terre. Lorsque je rassemblerai les nuages au-dessus de la terre, et que l'arc apparaîtra au milieu des nuages, je me souviendrai de mon alliance qui est entre moi et vous, et tous les êtres vivants : les eaux ne se changeront plus en déluge pour détruire tout être de chair. »

Psaume 24

**℟. Tes chemins, Seigneur, sont amour et vérité
pour qui garde ton alliance.**

Seigneur, enseigne-moi tes voies,
fais-moi connaître ta route.
Dirige-moi par ta vérité, enseigne-moi,
car tu es le Dieu qui me sauve.

Rappelle-toi, Seigneur, ta tendresse,
ton amour qui est de toujours.
Dans ton amour, ne m'oublie pas,
en raison de ta bonté, Seigneur.

Il est droit, il est bon, le Seigneur,
lui qui montre aux pécheurs le chemin.
Sa justice dirige les humbles,
il enseigne aux humbles son chemin.

2e Lecture

« Le baptême sauve par la résurrection de Jésus Christ »

→ Lecture de la première lettre de saint Pierre apôtre 3, 18-22

Bien-aimés, le Christ, lui aussi, a souffert pour les péchés, une seule fois, lui, le juste, pour les injustes, afin de vous introduire devant Dieu ; il a été mis à mort dans la chair, mais vivifié dans l'Esprit.
C'est en lui qu'il est parti proclamer son message aux esprits qui étaient en captivité. Ceux-ci, jadis, avaient refusé d'obéir, au temps où se prolongeait la patience de Dieu, quand Noé construisit l'arche, dans laquelle un petit nombre, en tout huit personnes, furent sauvées à travers l'eau. C'était une figure du baptême qui vous sauve maintenant : le baptême ne purifie pas de souillures extérieures, mais il est l'engagement envers Dieu d'une conscience droite et il sauve par la résurrection de Jésus Christ, lui qui est à la droite de Dieu, après s'en être allé

au ciel, lui à qui sont soumis les anges, ainsi que les Souverainetés et les Puissances.

Ta Parole, Seigneur, est vérité, et ta loi, délivrance. L'homme ne vit pas seulement de pain, mais de toute parole qui sort de la bouche de Dieu. **Ta Parole, Seigneur, est vérité, et ta loi, délivrance.**

Évangile

« Jésus vivait parmi les bêtes sauvages, et les anges le servaient »

→ Évangile de Jésus Christ selon saint Marc 1, 12-15

En ce temps-là, Jésus venait d'être baptisé. Aussitôt l'Esprit le pousse au désert et, dans le désert, il resta quarante jours, tenté par Satan. Il vivait parmi les bêtes sauvages, et les anges le servaient.
Après l'arrestation de Jean, Jésus partit pour la Galilée proclamer l'Évangile de Dieu ; il disait : « Les temps sont accomplis : le règne de Dieu est tout proche. Convertissez-vous et croyez à l'Évangile. »

Credo

POUR LA PRIÈRE UNIVERSELLE

Dieu, Toi qui fais alliance avec nous, écoute la prière de tes enfants :
– Pendant quarante jours et quarante nuits, le déluge a dévasté la terre. Prions le Dieu de tout bien : qu'il préserve l'humanité des catastrophes naturelles et que notre charité vienne en aide à ceux qui subissent des calamités ;
– L'alliance du Seigneur avec Noé, l'est avec tous les êtres vivants. Prions le Dieu de toute la création : qu'il suscite en l'humanité et en nos sociétés une volonté de préserver notre terre et de respecter toute forme de vie ;
– Le salut nous est donné par Jésus : quels que soient les chemins de tous les chercheurs de Dieu, prions Dieu pour qu'ils soient associés au salut par la Pâque du Seigneur ;

– Au désert, le Christ est tenté par Satan. Prions Dieu, révélé par son Fils Jésus : qu'il donne à chacun le courage de traverser les épreuves et aux pécheurs de se convertir.

Prière sur les offrandes

Alors que nous célébrons les débuts de ce temps très saint, nous te prions, Seigneur : fais que nos cœurs correspondent vraiment aux offrandes que nous allons présenter. Par le Christ, notre Seigneur.

Préface

La tentation du Seigneur

Vraiment, il est juste et bon, pour ta gloire et notre salut, de t'offrir notre action de grâce, toujours et en tout lieu, Seigneur, Père très saint, Dieu éternel et tout-puissant, par le Christ, notre Seigneur.
En jeûnant quarante jours au désert, il consacrait le temps du Carême ; lorsqu'il déjouait les pièges du Tentateur des origines, il nous apprenait à écarter le ferment du mal ; ainsi pourrons-nous célébrer dignement le mystère pascal et enfin passer à la Pâque éternelle.
C'est pourquoi, avec la multitude des anges et des saints, nous chantons l'hymne de ta gloire et sans fin nous proclamons :
Saint, Saint, Saint, le Seigneur, Dieu de l'univers !

Antienne de la communion

Mt 4, 4

L'homme ne vit pas seulement de pain,
mais de toute parole qui sort de la bouche de Dieu.

Prière après la communion

Restaurés par le pain du ciel, qui nourrit la foi, stimule l'espérance et fortifie la charité, nous t'en prions, Seigneur : apprends-nous à toujours avoir faim de celui qui est le pain vivant et vrai, et à vivre de toute parole qui sort de ta bouche. Par le Christ, notre Seigneur.

Prière sur le peuple

Que descende sur ton peuple, Seigneur, l'abondance de ta bénédiction, afin que dans l'épreuve grandisse l'espérance, que dans la tentation s'affermisse le courage, et que soit accordée la Rédemption éternelle. Par le Christ, notre Seigneur.

Le désert-jardin

« Dans sa brève évocation des tentations, Marc a mis en relief le parallèle que l'on peut établir avec Adam – par son acceptation douloureuse du drame humain en tant que tel : Jésus "vivait parmi les bêtes sauvages et les anges le servaient". Le désert – l'image contraire du jardin – devient le lieu de la réconciliation et du salut ; les bêtes sauvages, qui représentent la forme la plus concrète de la menace qui pèse sur l'homme, du fait de la révolte de la création et du pouvoir de la mort, deviennent amies comme au Paradis... Quand le péché est vaincu, quand l'harmonie de l'homme avec Dieu est restaurée, on assiste à la réconciliation de la création, qui après avoir été déchirée redevient un lieu de paix. »

Joseph Ratzinger, *Jésus de Nazareth, la figure et le Message*, Parole et Silence, 2017, pp. 138-139.

CALENDRIER LITURGIQUE

Di 18	**1er dimanche du Carême B.** *Liturgie des Heures : Psautier semaine I.* *[En France, Ste Bernadette Soubirous, vierge, † 1879 à Nevers.]*
Lu 19	Lévitique 19, 1-2.11-18 ; Ps 18 B ; Mt 25, 31-46 : « Chaque fois que vous l'avez fait à l'un de ces plus petits de mes frères, c'est à moi que vous l'avez fait »
Ma 20	Isaïe 55, 10-11 ; Ps 33 ; Mt 6, 7-15 : « Vous donc, priez ainsi »
Me 21	Jonas 3, 1-10 ; Ps 50 ; Luc 11, 29-32 : « À cette génération il ne sera donné que le signe de Jonas le prophète » *S. Pierre Damien, cardinal-évêque d'Ostie, docteur de l'Église, † 1072.*
Je 22	CHAIRE DE SAINT PIERRE, apôtre. Lectures propres : 1 P 5, 1-4 ; Ps 22 ; Mt 16, 13-19 : « Tu es Pierre, et je te donnerai les clés du royaume des Cieux »
Ve 23	S. Polycarpe, évêque de Smyrne (Asie mineure) et martyr, † 155. Ézékiel 18, 21-28 ; Ps 129 ; Mt 5, 20-26 : « Va d'abord te réconcilier avec ton frère »
Sa 24	Deutéronome 26, 16-19 ; Ps 118 ; Mt 5, 43-48 : « Soyez parfaits comme votre Père céleste est parfait »

Bonne fête ! 18 : Bernadette, Siméon, Nadine, Flavien. 19 : Gabin, Boniface. 20 : Aimée. 21 : Damien. 22 : Isabelle. 23 : Lazare, Polycarpe. 24 : Modeste, Robert.

Saint Lazare l'iconographe (23 février) est un grand peintre des saintes images. En pleine crise iconoclaste, l'empereur Théophile le fit torturer en lui brûlant les paumes des mains car il ne voulait pas détruire ses œuvres. L'impératrice Théodora le soigna et, devenue régente, le rétablit. Il fut envoyé à Rome pour rechercher avec le pape les moyens de l'unité et de la paix. Il mourut en 817.

2e dimanche du Carême

25 FÉVRIER 2024

Sacrifice de transfiguration

Lorsque Jésus est transfiguré, Pierre, Jacques et Jean n'assistent à rien de moins qu'à une épiphanie divine. La nuée, symbole de l'Esprit Saint, couvre de son ombre Jésus désigné par la voix du Père comme son Fils bien-aimé (*évangile*). La blancheur éclatante du vêtement, la présence de Moïse et Élie, la frayeur qui s'empare des apôtres, tout concourt à percevoir en Jésus, non seulement l'homme, mais aussi le vrai Dieu. Sur le chemin qui mène à la passion et à la mort, la transfiguration jette une lumière sur la défiguration que subira Jésus ; elle annonce la gloire de la résurrection.

La transfiguration révèle la filiation et la confiance envers le Père, préfigurées par le sacrifice qu'Abraham est appelé à faire de son fils, son unique, celui qu'il aime (*1re lecture*). La foi d'Abraham est alors source de bénédiction pour toute sa descendance. Ce qu'Abraham a vécu dans la foi dit l'infinie miséricorde du Père. Dieu donne ce qu'il a de plus cher : son Fils unique et bien-aimé. Ainsi, l'Esprit Saint, l'Amour est donné à tous les hommes et les illumine dans l'abîme de leurs ténèbres. Jésus entre dans ce désir du Père, ce plus grand amour qui donne sa vie pour ses amis (cf. Jn 15,13). Jésus, qui a prié les psaumes, les accomplit dans le don de sa vie : « Je crois, et je parlerai, moi qui ai beaucoup souffert. Il en coûte au Seigneur de voir mourir les siens ! » (*psaume*).

Paul ne dit pas autre chose. Qui ou quoi peut être contre nous quand nous savons que Dieu n'a pas épargné son propre fils et l'a livré pour nous ? *(2e lecture).* L'Apôtre a alors cette question, qui comme une clarté de transfiguration éclaire le chemin de notre Carême, le chemin de toute vie : « Comment Dieu pourrait-il, avec le Christ, ne pas nous donner tout ? »

Des chants sont proposés dans l'Introduction au Carême p. 220.

Pour le 2e dimanche : ***Lumière des hommes*** **GX 128-2 bis CNA 422.**

Antienne d'ouverture

cf. Ps 26, 8-9 (Vg)

En mon cœur je t'ai dit : Je cherche ton visage,
c'est ta face, Seigneur, que je cherche :
ne me cache pas ta face.

On ne dit pas le Gloria.

Prière

Seigneur Dieu, tu nous as dit d'écouter ton Fils bien-aimé ; fais-nous trouver dans ta parole la nourriture de notre vie spirituelle, afin que, d'un regard purifié, nous ayons la joie de contempler ta gloire. Par Jésus Christ, ton Fils, notre Seigneur, qui vit et règne avec toi dans l'unité du Saint-Esprit, Dieu, pour les siècles des siècles.

1re Lecture

« Le sacrifice de notre père Abraham »

→ **Lecture du livre de la Genèse** 22, 1-2.9-13.15-18

En ces jours-là, Dieu mit Abraham à l'épreuve. Il lui dit : « Abraham ! » Celui-ci répondit : « Me voici ! » Dieu dit : « Prends ton fils, ton unique, celui que tu aimes, Isaac, va au pays de Moriah, et là tu l'offriras en holocauste sur la montagne que je t'indiquerai. »
Ils arrivèrent à l'endroit que Dieu avait indiqué. Abraham y bâtit l'autel et disposa le bois ; puis il lia son fils Isaac et le mit sur l'autel, par-dessus le bois. Abraham étendit la main et saisit le couteau pour immoler son fils. Mais l'ange du Seigneur l'appela du haut du ciel et dit : « Abraham ! Abraham ! » Il répondit : « Me voici ! » L'ange lui dit : « Ne porte pas la main sur le garçon ! Ne lui fais aucun mal ! Je sais mainte-

nant que tu crains Dieu : tu ne m'as pas refusé ton fils, ton unique. » Abraham leva les yeux et vit un bélier retenu par les cornes dans un buisson. Il alla prendre le bélier et l'offrit en holocauste à la place de son fils.
Du ciel, l'ange du Seigneur appela une seconde fois Abraham. Il déclara : « Je le jure par moi-même, oracle du Seigneur : parce que tu as fait cela, parce que tu ne m'as pas refusé ton fils, ton unique, je te comblerai de bénédictions, je rendrai ta descendance aussi nombreuse que les étoiles du ciel et que le sable au bord de la mer, et ta descendance occupera les places fortes de ses ennemis. Puisque tu as écouté ma voix, toutes les nations de la terre s'adresseront l'une à l'autre la bénédiction par le nom de ta descendance. »

Psaume 115

**℟. Je marcherai en présence du Seigneur
sur la terre des vivants.**

Je crois, et je parlerai,
moi qui ai beaucoup souffert.
Il en coûte au Seigneur
de voir mourir les siens !

Ne suis-je pas, Seigneur, ton serviteur,
moi, dont tu brisas les chaînes ?
Je t'offrirai le sacrifice d'action de grâce,
j'invoquerai le nom du Seigneur.

Je tiendrai mes promesses au Seigneur,
oui, devant tout son peuple,
à l'entrée de la maison du Seigneur,
au milieu de Jérusalem !

2e Lecture

« Il n'a pas épargné son propre Fils »

→ Lecture de la lettre de saint Paul apôtre aux Romains 8, 31b-34

Frères, si Dieu est pour nous, qui sera contre nous ? Il n'a pas épargné son propre Fils, mais il l'a livré pour nous tous : comment pourrait-il, avec lui, ne pas nous donner tout ? Qui accusera ceux que Dieu a choisis ? Dieu est celui qui rend juste : alors, qui pourra condamner ? Le Christ Jésus est mort ; bien plus, il est ressuscité, il est à la droite de Dieu, il intercède pour nous.

Gloire au Christ, Parole éternelle du Dieu vivant. Gloire à toi, Seigneur. De la nuée lumineuse, la voix du Père a retenti : « Celui-ci est mon Fils bien-aimé, écoutez-le ! » **Gloire au Christ, Parole éternelle du Dieu vivant. Gloire à toi, Seigneur.**

Évangile

« Celui-ci est mon Fils bien-aimé »

→ Évangile de Jésus Christ selon saint Marc 9, 2-10

En ce temps-là, Jésus prit avec lui Pierre, Jacques et Jean, et les emmena, eux seuls, à l'écart sur une haute montagne. Et il fut transfiguré devant eux. Ses vêtements devinrent resplendissants, d'une blancheur telle que personne sur terre ne peut obtenir une blancheur pareille. Élie leur apparut avec Moïse, et tous deux s'entretenaient avec Jésus.
Pierre alors prend la parole et dit à Jésus : « Rabbi, il est bon que nous soyons ici ! Dressons donc trois tentes : une pour toi, une pour Moïse, et une pour Élie. » De fait, Pierre ne savait que dire, tant leur frayeur était grande. Survint une nuée qui les couvrit de son ombre, et de la nuée une voix se fit entendre : « Celui-ci est mon Fils bien-aimé : écoutez-le ! » Soudain, regardant tout autour, ils ne virent plus que Jésus seul avec eux.

Ils descendirent de la montagne, et Jésus leur ordonna de ne raconter à personne ce qu'ils avaient vu, avant que le Fils de l'homme soit ressuscité d'entre les morts. Et ils restèrent fermement attachés à cette parole, tout en se demandant entre eux ce que voulait dire : « ressusciter d'entre les morts ».

Credo

POUR LA PRIÈRE UNIVERSELLE

Pour ce monde défiguré, prions Dieu notre Père ; qu'il éclaire d'une lumière nouvelle l'humanité :

– Dieu notre Père as transfiguré son Fils devant ses disciples. Qu'il prenne en pitié tant d'homme et de femmes défigurés, à travers le monde, dans leur dignité de personne ;

– Les disciples ont contemplé la gloire du Fils de Dieu. Que le Seigneur prenne en pitié les hommes et les femmes que l'on torture dans la nuit de l'idéologie totalitaire ;

– Le vêtement de Jésus devint resplendissant pendant que Dieu le désignait comme son Fils bien-aimé. Qu'il prenne en pitié ceux qui déshonorent leur robe baptismale par leur péché ;

– Par la transfiguration de son Fils, Dieu as manifesté sa gloire. Qu'il prenne en pitié tous ceux et celles qui sont atteints dans leur vie par l'égoïsme des hommes.

Prière sur les offrandes

Que cette offrande, nous t'en prions, Seigneur, nous purifie de nos péchés : qu'elle sanctifie le corps et l'esprit de tes fidèles, pour les préparer à célébrer les fêtes pascales. Par le Christ, notre Seigneur.

Préface

La transfiguration du Seigneur

Vraiment, il est juste et bon, pour ta gloire et notre salut, de t'offrir notre action de grâce, toujours et en tout lieu, Seigneur, Père très saint, Dieu éternel et tout-puissant, par le Christ, notre Seigneur.
Après avoir prédit sa mort à ses disciples, il leur a manifesté sa splendeur sur la montagne sainte en présence de Moïse et d'Élie. Ainsi la Loi et les Prophètes témoignaient qu'il parviendrait par la passion jusqu'à la gloire de la résurrection.
C'est pourquoi, avec les puissances des cieux, nous pouvons te bénir sur la terre et t'adorer sans fin en proclamant :
Saint, Saint, Saint, le Seigneur, Dieu de l'univers !

Antienne de la communion

cf. Mt 17, 5

Celui-ci est mon Fils bien-aimé,
en qui je trouve ma joie :
écoutez-le !

Prière après la communion

Après avoir communié, Seigneur, aux mystères de ta gloire, nous tenons à te rendre grâce, car tu nous donnes déjà sur cette terre d'avoir part aux biens du ciel. Par le Christ, notre Seigneur.

Prière sur le peuple

Seigneur, ne cesse pas de répandre ta bénédiction sur tes fidèles et donne-leur de s'attacher à l'Évangile de ton Fils unique ; alors, ils auront la force de tendre sans relâche vers la gloire dont il manifesta le rayonnement à ses Apôtres, et d'y parvenir eux-mêmes pour leur bonheur. Par le Christ, notre Seigneur.

Il est le Fils de ta joie

« Père... l'obéissance, c'est lui [Jésus], de toujours à toujours. C'est sa manière d'être Dieu en Dieu, tu le sais, d'être lui-même tourné vers toi, de tout son être, souverainement libre dans l'accueil et le désir de ton bon plaisir. De toute éternité, il n'y a que oui en lui, tu nous l'as dit. Il est le Fils de ta joie. C'est par là qu'il te rend Père, en plénitude. En dehors de lui, tu ne saurais concevoir l'obéissance. Quand tu voulus nous la réapprendre, tu nous as dit : "Écoutez-le !"... L'obéissance, c'était sa vie. Comment imaginer qu'il ait pu en mourir ? Elle était ton trésor en paradis, où venir puiser la liberté des fils de Dieu. Nous l'avons travestie, détournée de sa source ; elle est devenue tout cela qu'il a appris à ses dépens. »

Christian de Chergé, cité par C. Salenson, *Prier 15 jours avec Ch. de Chergé*, Montrouge, Nouvelle Cité, 2006, pp. 65-66.

CALENDRIER LITURGIQUE

Di 25	**2e dimanche du Carême B. 25** *Liturgie des Heures : psautier semaine II.*
Lu 26	Daniel 9, 4-10 ; Ps 78 ; Luc 6, 36-38 : « Pardonnez, et vous serez pardonnés »
Ma 27	Isaïe 1, 10.16-20 ; ; Ps 49 : Mt 23, 1-2 : « Ils disent et ne font pas » *S. Grégoire de Narek, abbé et docteur de l'Église † 1005 à Narek (Arménie).*
Me 28	Jérémie 18, 18-20 ; Ps 30 ; Mt 20, 17-28 : « Ils le condamneront à mort »
Jeu 29	Jérémie 17, 5-10 ; Ps 1 ; Luc 16, 19-31 : « Maintenant, lui, il trouve ici la consolation, et toi, la souffrance »
Ve 1er	Genèse 37, 3-4.12-13a.17b-28 ; Ps 104 ; Mt 21, 33-43.45-46 : « Voici l'héritier : venez ! tuons-le ! »
Sa 2	Michée 7, 14-15.18-20 ; Ps 102 ; Luc 15, 1-3.11-32 : « Ton frère que voilà était mort, et il est revenu à la vie »

Bonne fête ! 25 : Roméo. 26 : Nestor. 27 : Honorine, Gabriel. 28 : Romain. 1er mars : Aubin, Albin. 2 : Charles.

Bienheureux Roméo (25 février). Il mourut à Lucques vers 1380 de la peste noire, alors qu'il se rendait en Terre Sainte en passant par Rome. Il accomplissait ce pèlerinage en mendiant. La tradition populaire a changé son prénom de baptême, Henri, en celui de Roméo : le “pèlerin qui va vers Rome”.

3e dimanche du Carême

3 MARS 2024

Jésus, le nouveau temple

La perspective du mystère pascal s'entrouvre ce dimanche alors que nous progressons dans le Carême. La première alliance scellée dans le Décalogue (*1re lecture*) sera remplacée par une nouvelle alliance scellée dans le sang du Christ. Jésus, à l'occasion de la Pâque juive, se rend à Jérusalem et plus précisément au temple (*évangile*). Cet édifice est déterminant pour le Fils de Dieu : cette somptueuse construction, symbole de la présence de Dieu et lieu des sacrifices offerts pour le pardon des péchés, est devenue une mascarade, tant le pouvoir politico-religieux l'a instrumentalisée à son profit. Jésus, mystérieusement, laisse entrevoir sa mort et sa résurrection qui sera sa propre pâque. Le temple et ses sacrifices seront alors révolus et c'est en nous unissant à sa personne que nous pourrons désormais nous offrir au Père.

Commentant cet épisode, l'évangéliste nous livre une petite catéchèse : la résurrection du Christ permet de croire dans ses paroles et dans celles des Écritures. C'est l'unique signe que Jésus donne pour que l'on croie vraiment en lui.

Saint Paul se souvient aussi que ses frères juifs « réclament des signes miraculeux » *(2e lecture)*. Pourtant l'Évangile qu'il annonce n'a rien d'autre à proposer qu'un Messie crucifié mais dont la résurrection manifeste la puissance de Dieu.

Le temple de Jérusalem évoqué ce dimanche était le lieu du rassemblement du peuple juif. Il a fait place au rassemblement nouveau qu'est l'Église, le Corps du Christ ; quand elle se réunit chaque dimanche pour l'eucharistie, afin de proclamer sa résurrection, elle y reçoit sa Parole et son Corps offert en sacrifice.

Des chants sont proposés du 1er au 5e dimanche, p. 220.

Pour ce dimanche on peut aussi chanter : ***Écoute la voix du Seigneur*** **A 548-X 548.**

Au lieu des lectures suivantes, on peut aussi, surtout dans les communautés où des adultes se préparent au baptême, employer l'évangile, et même les autres lectures, du 3ᵉ dimanche du Carême de l'année A.

Antienne d'ouverture

cf. Ez 36, 23-26

Quand je manifesterai, par vous, ma sainteté,
je vous rassemblerai de tous les pays, dit le Seigneur.
Je répandrai sur vous une eau pure,
et vous serez purifiés de toutes vos souillures.
Et je mettrai en vous un esprit nouveau.

On ne dit pas le Gloria.

Prière

Seigneur Dieu, source de toute bonté, et de toute miséricorde, tu nous as montré comment guérir du péché par le jeûne, la prière et le partage ; accueille favorablement l'aveu de notre faiblesse, et puisque nous prenons humblement conscience de nos fautes, que ta miséricorde nous relève sans cesse. Par Jésus Christ, ton Fils, notre Seigneur, qui vit et règne avec toi dans l'unité du Saint-Esprit, Dieu, pour les siècles des siècles.

1re Lecture

« Tu n'auras pas d'autres dieux en face de moi »

→ **Lecture du livre de l'Exode** 20, 1-17

(lecture brève : 20, 1-3.7-8.12-12)

La lecture des textes entre crochets est facultative.

En ces jours-là, sur le Sinaï, Dieu prononça toutes les paroles que voici : « Je suis le Seigneur ton Dieu, qui t'ai

fait sortir du pays d'Égypte, de la maison d'esclavage. Tu n'auras pas d'autres dieux en face de moi.
[Tu ne feras aucune idole, aucune image de ce qui est là-haut dans les cieux, ou en bas sur la terre, ou dans les eaux par-dessous la terre. Tu ne te prosterneras pas devant ces dieux, pour leur rendre un culte. Car moi, le Seigneur ton Dieu, je suis un Dieu jaloux : chez ceux qui me haïssent, je punis la faute des pères sur les fils, jusqu'à la troisième et la quatrième génération ; mais ceux qui m'aiment et observent mes commandements, je leur montre ma fidélité jusqu'à la millième génération.]
Tu n'invoqueras pas en vain le nom du Seigneur ton Dieu, car le Seigneur ne laissera pas impuni celui qui invoque en vain son nom.
Souviens-toi du jour du sabbat pour le sanctifier.
[Pendant six jours tu travailleras et tu feras tout ton ouvrage ; mais le septième jour est le jour du repos, sabbat en l'honneur du Seigneur ton Dieu : tu ne feras aucun ouvrage, ni toi, ni ton fils, ni ta fille, ni ton serviteur, ni ta servante, ni tes bêtes, ni l'immigré qui est dans ta ville. Car en six jours le Seigneur a fait le ciel, la terre, la mer et tout ce qu'ils contiennent, mais il s'est reposé le septième jour. C'est pourquoi le Seigneur a béni le jour du sabbat et l'a sanctifié.]
Honore ton père et ta mère, afin d'avoir longue vie sur la terre que te donne le Seigneur ton Dieu. Tu ne commettras pas de meurtre. Tu ne commettras pas d'adultère. Tu ne commettras pas de vol. Tu ne porteras pas de faux témoignage contre ton prochain. Tu ne convoiteras pas la maison de ton prochain ; tu ne convoiteras pas la femme de ton prochain, ni son serviteur, ni sa servante, ni son bœuf, ni son âne : rien de ce qui lui appartient. »

Psaume 18 B

℟. Seigneur, tu as les paroles de la vie éternelle.

La loi du Seigneur est parfaite,
qui redonne vie ;
la charte du Seigneur est sûre,
qui rend sages les simples.

Les préceptes du Seigneur sont droits,
ils réjouissent le cœur ;
le commandement du Seigneur est limpide,
il clarifie le regard.

La crainte qu'il inspire est pure,
elle est là pour toujours ;
les décisions du Seigneur sont justes
et vraiment équitables :

plus désirables que l'or,
qu'une masse d'or fin,
plus savoureuses que le miel
qui coule des rayons.

2e Lecture

« Nous proclamons un Messie crucifié »

→ **Lecture de la première lettre de saint Paul apôtre aux Corinthiens** 1, 22-25

Frères, alors que les Juifs réclament des signes miraculeux, et que les Grecs recherchent une sagesse, nous, nous proclamons un Messie crucifié, scandale pour les Juifs, folie pour les nations païennes. Mais pour ceux que Dieu appelle, qu'ils soient Juifs ou Grecs, ce Messie, ce Christ, est puissance de Dieu et sagesse de Dieu. Car ce qui est folie de Dieu est plus sage que les hommes, et ce qui est faiblesse de Dieu est plus fort que les hommes.

Gloire au Christ, Sagesse éternelle du Père vivant. Gloire à toi, Seigneur. Dieu a tellement aimé le monde qu'il a donné son Fils unique, afin que ceux qui croient en lui aient la vie éternelle. **Gloire au Christ, Sagesse éternelle du Père vivant. Gloire à *toi*, Seigneur.**

Évangile *« Détruisez ce sanctuaire, et en trois jours je le relèverai »*

→ Évangile de Jésus Christ selon saint Jean 2, 13-25

Comme la Pâque juive était proche, Jésus monta à Jérusalem. Dans le Temple, il trouva installés les marchands de bœufs, de brebis et de colombes, et les changeurs. Il fit un fouet avec des cordes, et les chassa tous du Temple, ainsi que les brebis et les bœufs ; il jeta par terre la monnaie des changeurs, renversa leurs comptoirs, et dit aux marchands de colombes : « Enlevez cela d'ici. Cessez de faire de la maison de mon Père une maison de commerce. » Ses disciples se rappelèrent qu'il est écrit : *L'amour de ta maison fera mon tourment.*

Des Juifs l'interpellèrent : « Quel signe peux-tu nous donner pour agir ainsi ? » Jésus leur répondit : « Détruisez ce sanctuaire, et en trois jours je le relèverai. » Les Juifs lui répliquèrent : « Il a fallu quarante-six ans pour bâtir ce sanctuaire, et toi, en trois jours tu le relèverais ! » Mais lui parlait du sanctuaire de son corps.

Aussi, quand il se réveilla d'entre les morts, ses disciples se rappelèrent qu'il avait dit cela ; ils crurent à l'Écriture et à la parole que Jésus avait dite.

Pendant qu'il était à Jérusalem pour la fête de la Pâque, beaucoup crurent en son nom, à la vue des signes qu'il accomplissait. Jésus, lui, ne se fiait pas à eux, parce qu'il les connaissait tous et n'avait besoin d'aucun témoignage sur l'homme ; lui-même, en effet, connaissait ce qu'il y a dans l'homme.

Credo.

POUR LA PRIÈRE UNIVERSELLE

Ouvrons notre prière aux dimensions de l'Église et du monde :

– prions pour l'Église qui accueille les catéchumènes et les accompagne vers les sacrements de l'initiation chrétienne ;

– prions pour ceux qui recherchent des signes, afin que leur foi s'appuie sur la parole du Seigneur ;

prions pour ceux qui se font des idoles, afin qu'ils trouvent des chemins de libération ;

– prions pour notre communauté ici rassemblée : qu'elle annonce le Messie crucifié.

Prière sur les offrandes

Par ce sacrifice, Seigneur de bonté, alors que nous implorons le pardon de nos fautes, accorde-nous d'avoir à cœur de pardonner celles de nos frères. Par le Christ, notre Seigneur.

Lorsque l'évangile de la Samaritaine a été lu, on dit la Préface correspondante. Après un autre évangile, on emploie la Préface du Carême nº 1 ou 2, pp. 35-36.

Antienne de la communion

Quand on a lu l'évangile de la Samaritaine : cf. Jn 4, 13-14

L'eau que moi, je donnerai, dit le Seigneur,
deviendra en celui qui en boira
source d'eau jaillissant pour la vie éternelle.

Dans les autres cas : cf. Ps 83, 4-5

Le passereau lui-même s'est trouvé une maison,
et la tourterelle, un nid pour abriter sa couvée :
tes autels, Seigneur de l'univers,
mon Roi et mon Dieu !
Heureux les habitants de ta maison :
ils te loueront pour les siècles des siècles.

Prière après la communion

Nous avons reçu de toi, Seigneur, un avant-goût des mystères du ciel, et, dès cette terre, nous sommes rassasiés par le pain venu d'en haut ; nous t'en supplions : donne-nous de mettre en œuvre ce que le sacrement réalise en nous. Par le Christ, notre Seigneur.

Prière sur le peuple

Dirige, Seigneur, le cœur de tes fidèles et, dans ta bienveillance, donne à ceux qui te servent la grâce d'accomplir la plénitude de tes commandements en demeurant dans l'amour pour toi et pour le prochain. Par le Christ, notre Seigneur.

Ne pas commercer avec Dieu

« Notre Seigneur entra ensuite dans le Temple et il mit dehors à coups de fouet tous ceux qui achetaient et vendaient, et il dit : "Ma maison sera une maison de prière. Mais vous, vous en avez fait un repaire de brigands" (Luc 19, 46). Quel est ce temple devenu une caverne de brigands ? C'est l'âme et le corps de l'homme, qui sont bien plus réellement le temple de Dieu que tous les temples jamais édifiés.

L'homme doit vouloir, doit poursuivre, doit chercher Dieu dans tout ce qu'il fait ; et quand il a fait tout cela – boire, dormir, manger, parler, écouter – qu'il laisse alors complètement les images des choses et fasse en sorte que son temple reste vide. Une fois le temple vidé, une fois que tu en auras chassé cette troupe de vendeurs, les imaginations qui l'encombrent, tu pourras être une maison de Dieu (Ep 2, 19), mais pas avant, quoi que tu fasses. Tu auras alors la paix et la joie du cœur, et plus rien ne te troublera plus, rien de ce qui maintenant t'inquiète continuellement et te déprime et te fait souffrir. »

Jean Tauler, Sermon 46, dans *Aux amis de Dieu*, tome II, Cerf, 1980, pp. 24-25.

CALENDRIER LITURGIQUE

Di 3	**3ᵉ dimanche du Carême B.** *Liturgie des Heures : Psautier semaine III.* En semaine, messe au choix. On peut employer ces lectures n'importe quel jour de cette semaine, surtout les années B et C, quand on ne lit pas l'évangile de la Samaritaine le troisième dimanche de Carême. Exode 17, 1-7 ; Ps 94 ; Jean 4, 5-42 : « Une source d'eau jaillissant pour la vie éternelle »
Lu 4	2 Rois, 5, 1-15a ; Ps 41 ; Luc 4, 24-30 : Jésus, comme Élie et Élisée, n'est pas envoyé qu'aux seuls Juifs S. Casimir, prince de Lituanie, † 1484 à Grodno.
Ma 5	Daniel 3, 25.34-43 ; Ps 24 ; Mt 18, 21-35 : « C'est ainsi que mon Père du ciel vous traitera, si chacun de vous ne pardonne pas à son frère »
Me 6	Deutéronome 4, 1.5-9 ; Ps 147B ; Mt 5, 17-19 : « Celui qui les observera et les enseignera, celui-là sera déclaré grand »
Je 7	Stes Perpétue et Félicité, martyres, † 203 à Carthage. *En Afrique du Nord*, fête. Jérémie 7, 23-28 ; Ps 94 ; Luc 11, 14-23 : « Celui qui n'est pas avec moi est contre moi »
Ve 8	Osée 14, 2-10 ; Ps 80 ; Marc 12, 28b-34 : « Le Seigneur notre Dieu est l'unique Seigneur : tu l'aimeras » *S. Jean de Dieu, fondateur des Frères hospitaliers, † 1550 à Grenade.*
Sa 9	Osée 6, 1-6 ; Ps 50 ; Luc 18, 9-14 : « Le publicain était devenu un homme juste, plutôt que l'autre » *Ste Françoise Romaine, mère de famille, puis religieuse, † 1440 à Rome.*

Bonne fête ! 3 : Guénolé. 4 : Casimir. 5 : Olivia, Olive. 6 : Colette. 7 : Félicité. 8 : Urbain. 9 : Françoise, France, Francine.

Saint Guénolé (3 mars), naquit à Saint-Brieuc et il devint moine pour fonder avec onze compagnons l'abbaye de Landévennec dans la rade de Brest (Finistère). C'est là qu'il mourut en 504. Cette abbaye bénédictine toujours vivante a reconstruit de nouveaux bâtiments au XXᵉ siècle.

4e dimanche du Carême

10 MARS 2024

Dieu fait miséricorde

Quelle est la justice de Dieu ? Serons-nous jugés ? Nous avons conscience que nos attitudes parfois pourraient nous condamner et nous savons que, plus fondamentalement, l'humanité a rompu l'Alliance avec Dieu. Le Jugement de Dieu est-il alors inexorable ? Non, répond Jésus, nous pouvons échapper au Jugement parce que Dieu est bon pour les hommes et que, dans sa miséricorde, il a donné son Fils unique pour sauver le monde (*évangile*). La détermination des hommes est néanmoins indispensable afin qu'ils manifestent leur volonté de recevoir la vie éternelle ; croire en Jésus est la seule condition avec ses conséquences pratiques : agir dans la vérité, elle qui met en lumière les œuvres bonnes.

Saint Paul insiste sur la gratuité du salut que Dieu prodigue aux hommes. Il s'oppose implicitement aux pensées païennes qui, déjà à son époque, considéraient que les hommes pouvaient trouver le salut par leurs propres forces *(2e lecture)*. Saint Augustin, à son tour, aura à combattre ces idées pélagiennes qui reprennent ces conceptions. Elles ne nous sont pas étrangères, puisqu'aujourd'hui encore, beaucoup rejettent l'idée d'un Dieu Sauveur.

Déjà dans la première Alliance, Dieu a prodigué sa miséricorde à son peuple en lui rendant sa liberté et en le menant vers la Terre promise. Ainsi, pour mettre fin à l'exil à Babylone, Cyrus, le roi de Perse, devient l'instrument du Seigneur en décrétant le retour des déportés à Jérusalem afin, qu'en son nom, ils rebâtissent le Temple (*1re lecture*).

Parvenus au milieu du Carême, en ce dimanche de *Laetare*, nous pouvons déjà nous réjouir de la miséricorde divine. Le rose des vêtements liturgiques qui remplace le violet est le signe de cette joie qui exultera pleinement au jour de Pâques. Rendons grâce à Dieu dans cette eucharistie pour les bienfaits de Dieu !

Au lieu des lectures suivantes, on peut aussi, surtout dans les communautés où des adultes se préparent au baptême, employer l'évangile, et même les autres lectures, du 4e dimanche du Carême de l'année A.

Des chants sont proposés du 1er au 5e dimanche, p. 220.
Pour ce dimanche on peut aussi chanter : ***Fais paraître ton jour*** **HY 53 CNA 552.**

Antienne d'ouverture

cf. Is 66, 10-11

Réjouis-toi, Jérusalem ;
vous tous qui l'aimez, rassemblez-vous.
Jubilez de sa joie, vous qui étiez dans la tristesse ;
alors vous exulterez, vous serez rassasiés de consolation.

On ne dit pas le Gloria.

Prière

Seigneur Dieu, par ton Verbe incarné tu as merveilleusement réconcilié avec toi le genre humain ; accorde au peuple chrétien de se hâter avec un amour généreux et une foi ardente au-devant des fêtes pascales qui approchent. Par Jésus Christ.

1re Lecture

« Le Seigneur, sans se lasser, avait pitié de son peuple »

→ **Lecture du deuxième livre des Chroniques**

36, 14-16.19-23

En ces jours-là, tous les chefs des prêtres et du peuple multipliaient les infidélités, en imitant toutes les abominations des nations païennes, et ils profanaient la Maison que le Seigneur avait consacrée à Jérusalem. Le Seigneur, le Dieu de leurs pères, sans attendre et sans se lasser, leur envoyait des messagers, car

il avait pitié de son peuple et de sa Demeure. Mais eux tournaient en dérision les envoyés de Dieu, méprisaient ses paroles, et se moquaient de ses prophètes ; finalement, il n'y eut plus de remède à la fureur grandissante du Seigneur contre son peuple. Les Babyloniens brûlèrent la Maison de Dieu, détruisirent le rempart de Jérusalem, incendièrent tous ses palais, et réduisirent à rien tous leurs objets précieux. Nabucodonosor déporta à Babylone ceux qui avaient échappé au massacre ; ils devinrent les esclaves du roi et de ses fils jusqu'au temps de la domination des Perses. Ainsi s'accomplit la parole du Seigneur proclamée par Jérémie : « *La terre sera dévastée et elle se reposera durant 70 ans, jusqu'à ce qu'elle ait compensé par ce repos tous les sabbats profanés.* »
Or, la première année du règne de Cyrus, roi de Perse, pour que soit accomplie la parole du Seigneur proclamée par Jérémie, le Seigneur inspira Cyrus, roi de Perse. Et celui-ci fit publier dans tout son royaume – et même consigner par écrit – : « Ainsi parle Cyrus, roi de Perse : Le Seigneur, le Dieu du ciel, m'a donné tous les royaumes de la terre ; et il m'a chargé de lui bâtir une maison à Jérusalem, en Juda. Quiconque parmi vous fait partie de son peuple, que le Seigneur son Dieu soit avec lui, et qu'il monte à Jérusalem ! »

Psaume 136

℟. Que ma langue s'attache à mon palais,
si je perds ton souvenir !

Au bord des fleuves de Babylone
    nous étions assis et nous pleurions,
nous souvenant de Sion ;
aux saules des alentours
nous avions pendu nos harpes.

C'est là que nos vainqueurs
    nous demandèrent des chansons,

et nos bourreaux, des airs joyeux :
« Chantez-nous, disaient-ils,
quelque chant de Sion. »

Comment chanterions-nous
un chant du Seigneur
sur une terre étrangère ?
Si je t'oublie, Jérusalem,
que ma main droite m'oublie !

Je veux que ma langue
s'attache à mon palais
si je perds ton souvenir,
si je n'élève Jérusalem,
au sommet de ma joie.

2e Lecture

« C'est bien par grâce que vous êtes sauvés »

→ Lecture de la lettre de saint Paul apôtre aux Éphésiens 2, 4-10

Frères, Dieu est riche en miséricorde ; à cause du grand amour dont il nous a aimés, nous qui étions des morts par suite de nos fautes, il nous a donné la vie avec le Christ : c'est bien par grâce que vous êtes sauvés. Avec lui, il nous a ressuscités et il nous a fait siéger aux cieux, dans le Christ Jésus. Il a voulu ainsi montrer, au long des âges futurs, la richesse surabondante de sa grâce, par sa bonté pour nous dans le Christ Jésus.
C'est bien par la grâce que vous êtes sauvés, et par le moyen de la foi. Cela ne vient pas de vous, c'est le don de Dieu. Cela ne vient pas des actes : personne ne peut en tirer orgueil. C'est Dieu qui nous a faits, il nous a créés dans le Christ Jésus, en vue de la réalisation d'œuvres bonnes qu'il a préparées d'avance pour que nous les pratiquions.

Gloire et louange à toi, Seigneur Jésus. Dieu a tellement aimé le monde qu'il a donné son Fils unique, afin que ceux qui croient en lui aient la vie éternelle. **Gloire et louange à toi, Seigneur Jésus.**

Évangile

« Dieu a envoyé son Fils pour que, par lui, le monde soit sauvé »

→ Évangile de Jésus Christ selon saint Jean 3, 14-21

E**n ce temps-là,** Jésus disait à Nicodème : « De même que le serpent de bronze fut élevé par Moïse dans le désert, ainsi faut-il que le Fils de l'homme soit élevé, afin qu'en lui tout homme qui croit ait la vie éternelle. Car Dieu a tellement aimé le monde qu'il a donné son Fils unique, afin que quiconque croit en lui ne se perde pas, mais obtienne la vie éternelle. Car Dieu a envoyé son Fils dans le monde, non pas pour juger le monde, mais pour que, par lui, le monde soit sauvé.
Celui qui croit en lui échappe au Jugement, celui qui ne croit pas est déjà jugé, du fait qu'il n'a pas cru au nom du Fils unique de Dieu. Et le Jugement, le voici : la lumière est venue dans le monde, et les hommes ont préféré les ténèbres à la lumière, parce que leurs œuvres étaient mauvaises. Celui qui fait le mal déteste la lumière : il ne vient pas à la lumière, de peur que ses œuvres ne soient dénoncées ; mais celui qui fait la vérité vient à la lumière, pour qu'il soit manifeste que ses œuvres ont été accomplies en union avec Dieu. »

Credo.

POUR LA PRIÈRE UNIVERSELLE

Prions le Seigneur d'envoyer sa lumière sur l'Église et sur le monde :

– pour que l'Église porte fidèlement la lumière du Seigneur aux hommes qui vivent dans les ténèbres, prions le Seigneur ;

– pour que les chefs d'État soient des artisans de paix, prions le Seigneur ;
– pour que les victimes de violence, de trahison ou d'abus de toutes sortes trouvent justice et réparation, prions le Seigneur ;
– pour que les catéchumènes de nos communautés découvrent qu'ils sont sauvés par la grâce de Dieu, prions le Seigneur.

Prière sur les offrandes

Seigneur, nous te présentons dans la joie l'eucharistie qui assure la guérison éternelle, et nous te prions humblement : accorde-nous de la vénérer avec foi et de l'offrir avec respect pour le salut du monde. Par le Christ, notre Seigneur.

Lorsque l'évangile de l'Aveugle-né a été lu, on dit la Préface correspondante. Après un autre évangile, on emploie la Préface du Carême n° 1 ou 2, pp. 35-36.

Antienne de la communion

Quand on a lu l'évangile de l'Aveugle-né : cf. Jn 9, 11.38

Le Seigneur a mis de la boue sur mes yeux,
je suis allé me laver, j'ai vu,
et j'ai cru en Dieu.

Dans les autres cas : cf. Ps 121, 3-4

Jérusalem, te voici dans tes murs :
ville où tout ensemble ne fait qu'un !
C'est là que montent les tribus,
les tribus du Seigneur,
pour rendre grâce à ton nom, Seigneur.

Prière après la communion

Dieu qui éclaires tout homme venant dans ce monde, nous t'en prions, illumine nos cœurs par la splendeur de ta grâce : que nos pensées soient toujours dignes de toi, et accordées à ta grandeur, et qu'ainsi nous puissions t'aimer sincèrement. Par le Christ, notre Seigneur.

Prière sur le peuple

Protège, Seigneur, ceux qui te supplient, soutiens les faibles, fais revivre sans cesse par ta lumière ceux qui marchent dans les ténèbres de la mort, et accorde à ceux que ton amour a délivrés de tout mal, de parvenir aux biens suprêmes. Par le Christ, notre Seigneur.

Entrer en soi-même pour trouver Dieu

« Celui qui aime sa vie la perd ? Veux-tu la voir porter du fruit ? Sème-la ! Voilà pourquoi l'évangile nous recommande de renoncer à nous-mêmes. Ainsi, personne ne se perdra en s'aimant d'un amour déréglé.

Il n'existe personne qui ne s'aime soi-même ; mais il faut veiller à un amour bien ordonné. Qui s'aime en laissant Dieu de côté, qui oublie Dieu afin de s'aimer, ne reste pas en soi, mais s'oublie, se quitte. Il s'en va, quitte son cœur, exilé par son mépris des biens intérieurs, sa préférence pour les choses extérieures. Rentre en toi-même ! et lorsque, une fois relevé, tu seras revenu à toi, garde-toi d'y rester enfermé. Commence par te retirer de toutes les choses extérieures, pour rentrer en toi, puis retourne à celui qui t'a fait, à celui qui t'a cherché quand tu étais égaré, qui t'a retrouvé quand tu fuyais loin de lui, qui t'a fait retourner vers lui, malgré tous tes efforts pour lui échapper. Rentre en toi-même et attache-toi à celui qui t'a fait. »

Saint Augustin, *Sermon* 330, 2-3,
dans *Une année avec saint Augustin*, Bayard, 2013, p. 224.

CALENDRIER LITURGIQUE

Di 10	**4e dimanche du Carême B.** *Liturgie des Heures : psautier semaine IV.* En semaine, messe au choix. On peut employer ces lectures n'importe quel jour de cette semaine, surtout les années B et C, quand on ne lit pas l'évangile de l'aveugle-né le quatrième dimanche de Carême. Michée 7, 7-9 ; Ps 26 ; Jean 9, 1-41 : « Il s'en alla et se lava ; quand il revint, il voyait »
Lu 11	Isaïe 65, 17-21 ; Ps 29 ; Jean 4, 43-54 : « Va, ton fils est vivant »
Ma 12	Ézékiel 47, 1-9.12 ; Ps 45 ; Jean 5, 1-16 : « Aussitôt l'homme fut guéri »
Me 13	Isaïe 49, 8-15 ; Ps 144 ; Jean 5, 17-30 : « Comme le Père relève les morts et les fait vivre, ainsi le Fils fait vivre qui il veut »
Je 14	Exode 32, 7-14 ; Ps 105 ; Jean 5, 31-47 : « Votre accusateur, c'est Moïse, en qui vous avez mis votre espérance »
Ve 15	Sagesse 2, 1a.12-22 ; Ps 33 ; Jean 1-2.10.14.25-30 : « On cherchait à l'arrêter, mais son heure n'était pas encore venue »
Sa 16	Jérémie 11, 18-20 ; Ps 7 ; Jean 7, 40-53 :« Est-ce de Galilée que vient le Christ ? »

Bonne fête ! 10 : Viviane. 11 : Rosine. 12 : Justine, Pol. 13 : Rodrigue. 14 : Mathilde, Maud. 15 : Louise. 16 : Bénédicte.

Sainte Louise (de Marillac) (15 mars) est née en 1591, fille naturelle d'un grand seigneur. Élevée par les Dominicaines de Poissy, veuve à 34 ans, elle devint une proche collaboratrice de saint Vincent de Paul. Avec lui elle fonda en 1633 la « Compagnie des Filles de la Charité », ou « Sœurs de Saint Vincent de Paul » pour le service des pauvres, dont elle devint la supérieure. Elle mourut à Paris en 1660, épuisée par sa tâche. Le pape saint Jean XXIII l'a déclarée patronne de tous les travailleurs sociaux chrétiens.

5e dimanche du Carême

17 MARS 2024

Que nos yeux se lèvent vers Jésus en croix

Comme certains contemporains de Jésus, nous aimerions le voir. Mais quel est le motif de cet attrait ? La curiosité ? Le plaisir de rencontrer une personnalité ? Le goût du sensationnel ? Le désir de le suivre ?

Au moment où Jésus s'approche de « son heure », celle de sa crucifixion, des Grecs, c'est-à-dire des sympathisants du judaïsme, expriment leur désir de voir Jésus. C'est l'occasion pour le Christ de montrer que c'est sur la croix qu'il pourra être vu et surtout reconnu comme le Sauveur. Cette réalité n'appartient pas au monde de la terre ; elle ne trouve son sens que dans la relation avec le Père. Aujourd'hui, le Christ veut que nous le suivions pour qu'il nous mène avec lui, auprès du Père. Voilà ce qu'est « perdre sa vie » afin de gagner celle que nous donne Jésus (*évangile*).

Le prophète Jérémie envisage la vraie vie, celle donnée par Dieu, dans l'esprit de l'Alliance : après les infidélités de son peuple, une nouvelle alliance peut être instaurée par la bonté de Dieu. Comme souvent dans la Bible, Jérémie attribue à la notion de connaissance de Dieu une dimension qui dépasse le savoir : la loi du Seigneur, c'est-à-dire sa parole, ses commandements, ne sera plus extérieure à l'homme mais inscrite dans son cœur (*1re lecture*).

Les textes que nous entendons en cette dernière semaine du Carême, avant d'entrer dans la Semaine sainte, nous rappellent que le Fils de Dieu est descendu sur terre et a souffert sur la croix *(2e lecture)* pour que nos regards se lèvent vers lui. Cette attitude est celle de ceux qui mettent leur foi en Jésus. Il a assumé notre condition humaine afin que tous les hommes soient élevés de terre. Si nous le suivons, nous pourrons chanter : « Rends-moi la joie d'être sauvé ; que l'esprit généreux me soutienne » (*psaume*).

Au lieu des lectures suivantes, on peut aussi, surtout dans les communautés où des adultes se préparent au baptême, employer l'évangile, et même les autres lectures, du 5e dimanche du Carême de l'année A.

Des chants sont proposés du 1er au 5e dimanche, p. 220.
Pour ce dimanche on peut aussi chanter : ***Le grain de blé*** **GX 510.**

Antienne d'ouverture

Ps 42, 1-2

Rends-moi justice, ô mon Dieu, défends ma cause
contre un peuple sans foi ;
de l'homme qui ruse et trahit, libère-moi ;
c'est toi, Dieu, ma forteresse.

On ne dit pas le Gloria.

Prière

Viens à notre secours, Seigneur notre Dieu : accorde-nous de marcher avec joie dans la charité de ton Fils qui a aimé le monde jusqu'à donner sa vie pour lui. Lui qui vit et règne avec toi dans l'unité du Saint-Esprit, Dieu, pour les siècles des siècles.

1re Lecture

« J'inscrirai ma Loi sur leur cœur »

→ **Lecture du livre du prophète Jérémie** 31, 31-34

V**oici venir des jours** – oracle du Seigneur –, où je conclurai avec la maison d'Israël et avec la maison de Juda une alliance nouvelle. Ce ne sera pas comme l'alliance que j'ai conclue avec leurs pères, le jour où je les ai pris par la main pour les faire sortir du pays d'Égypte : mon alliance, c'est eux qui l'ont rompue, alors que moi, j'étais leur maître – oracle du Seigneur.

Mais voici quelle sera l'alliance que je conclurai avec la maison d'Israël quand ces jours-là seront passés – oracle du Seigneur. Je mettrai ma Loi au plus profond d'eux-mêmes ; je l'inscrirai sur leur cœur. Je serai leur Dieu, et ils seront mon peuple. Ils n'auront plus à instruire chacun son compagnon, ni chacun son frère en disant : « Apprends à connaître le Seigneur ! » Car tous me connaîtront, des plus petits jusqu'aux plus grands – oracle du Seigneur. Je pardonnerai leurs fautes, je ne me rappellerai plus leurs péchés.

Psaume 50

℟. Crée en moi un cœur pur, ô mon Dieu !

Pitié pour moi, mon Dieu, dans ton amour,
selon ta grande miséricorde, efface mon péché.
Lave-moi tout entier de ma faute,
purifie-moi de mon offense.

Crée en moi un cœur pur, ô mon Dieu,
renouvelle et raffermis au fond de moi mon esprit.
Ne me chasse pas loin de ta face,
ne me reprends pas ton esprit saint.

Rends-moi la joie d'être sauvé ;
que l'esprit généreux me soutienne.
Aux pécheurs, j'enseignerai tes chemins ;
vers toi, reviendront les égarés.

2e Lecture

« Le Christ est devenu la cause du salut éternel »

→ Lecture de la lettre aux Hébreux 5, 7-9

Le Christ, pendant les jours de sa vie dans la chair, offrit, avec un grand cri et dans les larmes, des prières et des supplications à Dieu qui pouvait le sauver de la mort, et il fut exaucé en raison de son grand respect. Bien qu'il soit le

Fils, il apprit par ses souffrances l'obéissance et, conduit à sa perfection, il est devenu pour tous ceux qui lui obéissent la cause du salut éternel.

Gloire à toi, Seigneur, gloire à toi. Si quelqu'un veut me servir, qu'il me suive, dit le Seigneur ; et là où moi je suis, là aussi sera mon serviteur. **Gloire à toi, Seigneur, gloire à toi.**

Évangile

« L'heure est venue où le Fils de l'homme doit être glorifié »

→ Évangile de Jésus Christ selon saint Jean 12, 20-33

En ce temps-là, il y avait quelques Grecs parmi ceux qui étaient montés à Jérusalem pour adorer Dieu pendant la fête de la Pâque. Ils abordèrent Philippe, qui était de Bethsaïde en Galilée, et lui firent cette demande : « Nous voudrions voir Jésus. » Philippe va le dire à André, et tous deux vont le dire à Jésus.

Alors Jésus leur déclare : « L'heure est venue où le Fils de l'homme doit être glorifié. Amen, amen, je vous le dis : si le grain de blé tombé en terre ne meurt pas, il reste seul ; mais s'il meurt, il porte beaucoup de fruit. Qui aime sa vie la perd ; qui s'en détache en ce monde la gardera pour la vie éternelle. Si quelqu'un veut me servir, qu'il me suive ; et là où moi je suis, là aussi sera mon serviteur. Si quelqu'un me sert, mon Père l'honorera. Maintenant mon âme est bouleversée. Que vais-je dire ? "Père, sauve-moi de cette heure" ? – Mais non ! C'est pour cela que je suis parvenu à cette heure-ci ! Père, glorifie ton nom ! » Alors, du ciel vint une voix qui disait : « Je l'ai glorifié et je le glorifierai encore. »

En l'entendant, la foule qui se tenait là disait que c'était un coup de tonnerre. D'autres disaient : « C'est un ange qui lui a parlé. » Mais Jésus leur répondit : « Ce n'est pas pour moi qu'il y a eu cette voix, mais pour vous. Maintenant a lieu le jugement de ce monde ; maintenant le prince de ce monde va être jeté dehors ; et moi, quand j'aurai été élevé de terre, j'attirerai à moi tous les hommes. » Il signifiait par là de quel genre de mort il allait mourir.

Credo.

POUR LA PRIÈRE UNIVERSELLE

Implorons la miséricorde du Seigneur pour son peuple et pour le monde :
– pour les catéchumènes qui vivent leur ultime préparation au baptême : qu'ils se rendent disponibles au travail de l'Esprit Saint ;
– pour les personnes qui s'engagent dans la solidarité avec les pays les plus pauvres, particulièrement pour ceux qui collaborent au Comité catholique contre la faim et pour le développement : que leurs actions soient efficaces ;
– pour les personnes qui sont angoissées à l'idée de la mort : que des témoins leur partagent l'espérance de la vie éternelle ;
– pour ceux qui, dans notre communauté, enseignent la parole de Dieu aux plus petits et aux plus grands : qu'ils vivent leur mission avec joie et ferveur.

Prière sur les offrandes

Exauce-nous, Dieu tout-puissant, et accorde à tes serviteurs, formés par l'enseignement de la foi chrétienne, d'être purifiés par l'action de ce sacrifice. Par le Christ, notre Seigneur.

Lorsque l'évangile de la résurrection de Lazare a été lu, on dit la Préface correspondante. Après un autre évangile, on emploie la Préface du Carême n° 1 ou 2, pp. 35-36.

Antienne de la communion

Quand on a lu l'évangile de Lazare : Jn 11, 26

Quiconque vit et croit en moi
ne mourra jamais, dit le Seigneur.

Quand on a lu un autre évangile : Jn 12, 24-25

Amen, amen, je vous le dis :
si le grain de blé tombé en terre ne meurt pas,
il reste seul ;
mais s'il meurt, il donne beaucoup de fruit.

Prière après la communion

Accorde-nous, Dieu tout-puissant, d'être toujours comptés parmi les membres du Christ, nous qui communions à son Corps et à son Sang. Lui qui vit et règne pour les siècles des siècles.

Prière sur le peuple

Seigneur, bénis ton peuple qui attend le bienfait de ta compassion ; accorde-lui, dans ta largesse, de voir exaucer les désirs que toi-même lui inspires. Par le Christ, notre Seigneur.

« J'attirerai toutes choses à moi »

« Voyons maintenant cette parole de Notre Seigneur qu'il veut attirer toute chose à lui. Celui qui veut attirer toutes choses les rassemble d'abord et les attire ensuite. Ainsi fait Notre Seigneur ; il rappelle d'abord l'homme de ses divagations au dehors et de ses dispersions, lui faisant rassembler ses sens, ses facultés, paroles, œuvres, et à l'intérieur ses pensées, son intention, son imagination, ses désirs, ses inclinations, son intelligence, sa volonté et son amour. Quand tout est ainsi bien rassemblé, Dieu attire l'homme à lui, car il faut d'abord te séparer de tout le bien extérieur ou intérieur auquel tu t'es attaché intérieurement en y mettant plein de satisfaction. Ce détachement est une croix pénible, d'autant plus pénible que l'attachement était plus ferme et plus fort, car toute jouissance, tout amour que tu as pour les créatures doit nécessairement être écarté, si tu dois jamais être vraiment exalté et tiré en Dieu. »

Jean Tauler, Sermon 59,
dans *Aux amis de Dieu*, tome II, Cerf, 1980, p. 59.

Pour mémoire: la quête est faite pour le CCFD, Comité catholique contre la Faim et pour le Développement-Terre Solidaire. Ce mouvement propose chaque année une démarche de solidarité: www.ccfd-terresolidaire.org. En Belgique, quête pour Entraide et Fraternité.

Axel (21 mars) était un évêque danois du XIIe siècle. Il devint le conseiller du roi du Danemark après des études à Paris. Nommé archevêque à Lund, aujourd'hui en Suède, il tira profit de sa situation pour jouer un rôle déterminant dans la fondation de Copenhague. Il est fêté le 21 mars, mais il n'a pas été canonisé par l'Église catholique.

CALENDRIER LITURGIQUE

Di 17	**5e dimanche du Carême B.** *Liturgie des Heures : Psautier semaine I.* *[S. Patrick, évêque, apôtre de l'Irlande, † 461.]* En semaine, messe au choix. On peut employer ces lectures n'importe quel jour de cette semaine, surtout les années B et C, quand on ne lit pas l'évangile de Lazare le cinquième dimanche de Carême. 2 Rois 4, 18b-21.32-37 ; Ps 16 ; Jean 11, 1-45 : « Je suis la résurrection et la vie »
Lu 18	Daniel 13, 1-9.15-17.19-30.33-62 ; lecture brève : 42-62 ; Ps 22 ; Jean 8, 1-11 : « Celui d'entre vous qui est sans péché, qu'il soit le premier à lui jeter une pierre » *S. Cyrille, évêque de Jérusalem, docteur de l'Église, † 386.*
Ma 19	**S. JOSEPH, ÉPOUX DE LA VIERGE MARIE**, patron principal de la Belgique et du Canada. Lectures propres : 2 Samuel 7, 4-5a.12-14a.16 ; Ps 88 ; Romains 4, 13.16-18.22 ; Mt 1, 16.18-21.24a : « Joseph fit ce que l'ange du Seigneur lui avait prescrit » ou Luc 2, 41-51 : « Vois comme ton père et moi, nous avons souffert en te cherchant ! »
Me 20	Daniel 3, 14-20.91-92.95 ; Cant. Daniel 3 ; Jean 8, 31-42 : « Si le Fils vous rend libres, réellement vous serez libres »
Je 21	Genèse 17,3-9 ; Ps 104 ; Jean 8,51-59 : « Abraham votre père a exulté, sachant qu'il verrait mon Jour »
Ve 22	Jérémie 20, 10-13 ; Ps 17 ; Jean 10, 31-42 : « Ils cherchaient à l'arrêter, mais il échappa à leurs mains »
Sa 23	Ézékiel 37, 21-28 ; Cant. Jérémie 31 ; Jean 11, 45-57 : « Afin de rassembler dans l'unité les enfants de Dieu dispersés » *S. Turibio de Mogrovejo, évêque de Lima, † 1606.*

Bonne fête ! 17 : Patrick, Patrice, Patricia. 18 : Cyrille, Salvatore. 19 : Joseph, José, Josette, Josiane. 20 : Herbert. 21 : Clémence, Axel. 22 : Léa, Leïla, Lia, Lila. 23 : Victorien, Rébecca.

Célébration de la Réconciliation dans une assemblée

Le Carême est un moment propice à une démarche de pardon puisque c'est un temps de pénitence et de conversion, comme l'oraison du Mercredi des Cendres l'indiquait : « En nous appliquant à observer le Carême, puissions-nous obtenir le pardon de nos péchés et vivre de la vie nouvelle ».
La forme qui est proposée ci-dessous invite à la fois à une démarche commune et fraternelle de demande de pardon et à une rencontre individuelle d'un prêtre pour recevoir l'absolution.
On se réfèrera au *Rituel (Célébrer la pénitence et la réconciliation)* à partir du n° 94 pour le déroulement liturgique. Sont présentés ici quelques éléments de mise en œuvre.

1. S'accueillir mutuellement

Pour l'ouverture de la célébration, on peut chanter : ***Prenons la main que Dieu nous tend*** **T 42-2 CNA 280,** ***Seigneur, rassemble-nous*** **D 87 CNA 702,** ***Vivons en enfants de lumière*** **G 14-57-1 CNA 430,** ***Changez vos cœurs*** **GA 162 CNA 415**

Mot d'accueil :
Au cours de ce Carême, nous écoutons la parole du Seigneur ; elle nous appelle à la conversion et elle nous révèle que le Seigneur est toujours prêt à accorder son pardon. Nous nous retrouvons comme les catéchumènes qui se préparent à recevoir les sacrements par lesquels ils deviendront enfants de Dieu et membres du Corps du Christ : nous voulons rejeter toutes pratiques étrangères à la foi chrétienne, reconnaître nos péchés et demander la grâce de vivre en fidèles du Seigneur.

Prière : plusieurs propositions sont faites dans le *Rituel* aux n° 104-109.

2. Écouter la parole de Dieu

Lecture : Éphésiens 5, 8-14

3. Examen de conscience

Après une courte homélie, on peut proposer ces questions :
– *« La lumière a pour fruit tout ce qui est bonté, justice et vérité »*
Nous prenons d'abord le temps de nous souvenir de ce qui est pour nous la joie d'être chrétien : les situations où nous rencontrons la bonté... la justice... la vérité... Là où, grâce à Dieu, nous sommes aussi artisans de justice, de paix, de charité.
Quels sont les événements qui nous redonnent de l'espérance..., les personnes qui nous stimulent dans notre foi, dans la vie quotidienne ?... Elles sont les dons de Dieu sur notre route.
– *« Ne prenez aucune part aux activités des ténèbres, elles ne produisent rien de bon ; démasquez-les plutôt. »*
En repensant aux visages de ceux que nous croisons, nous démasquons nos lâchetés, nos mots ou nos attitudes violentes ou blessantes, nos actes d'injustice, nos paroles de mensonge. Il nous arrive de pactiser avec les ténèbres par lassitude, par manque d'espérance, par égoïsme, par orgueil ; cela nous conduit à ne plus voir nos frères et nos sœurs. Où en est notre vie spirituelle ? Nos avancées ? Nos paresses ? Nos lassitudes ?

4. Confesser l'amour de Dieu et notre péché

À l'invitation du célébrant, l'assemblée se lève et tous ensemble disent : « Je confesse à Dieu... » (p. 20)
Le célébrant : « Maintenant, prions Dieu notre Père, avec les paroles mêmes que le Christ nous a enseignées, pour qu'il nous pardonne nos péchés et nous délivre de tout mal : »

Tous chantent (ou disent) : Notre Père...

5. Accueillir le pardon de Dieu pour en être les témoins

Confessions et absolution individuelles

Le célébrant : « Maintenant, ceux qui le désirent peuvent aller trouver l'un des prêtres pour recevoir le pardon sacramentel. »

Proposition à tous d'un signe de conversion et de pénitence : Ensuite, tous se retrouvent après les confessions individuelles et le célébrant propose un geste (contrition) qui peut être un geste de partage au profit d'un organisme caritatif ; il peut aussi inviter chacun à faire un geste de pardon dans les jours qui viennent.

Geste de paix

Le célébrant : « Frères et sœurs, pour manifester la réconciliation que Dieu nous a offerte, donnez-vous la paix ».

Action de grâce

On peut chanter le Magnificat, ***Que ma bouche chante ta louange*** Éd. Emmanuel, ***Je veux chanter ton amour, Seigneur*** **DEV 169**, ***Nous chanterons pour toi, Seigneur*** **K 38** (CNA 569) strophes 1, 7, 12, 16.

Oraison finale : Rituel n° 134-139.

Conclusion

Le célébrant peut dire une des trois prières solennelles qui se trouvent dans le Rituel (n° 147-149) puis il renvoie l'assemblée :

Allez dans la paix du Christ.

℟. Nous rendons grâce à Dieu.

LA SEMAINE SAINTE

Le Christ, Seigneur et serviteur

Pour les chrétiens des premiers siècles de l'Église, la Semaine sainte était la « Grande semaine » dont le déploiement des liturgies trouvait sa source à Jérusalem au IVe siècle. On ne sera pas étonné qu'ici les processions et les célébrations se soient déroulées dans les lieux des événements majeurs de la vie du Sauveur. De la procession des Rameaux au matin de Pâques, aujourd'hui encore, nous accompagnerons le Christ dans son abaissement et son relèvement qui nous ont valu notre propre relèvement.

C'est d'abord le « roi d'Israël » que nous acclamerons le dimanche des Rameaux en tenant en main nos rameaux bénits. Nous voulons être avec lui alors qu'il entre dans sa ville sainte pour accomplir la prophétie de Zacharie : « Voici ton roi qui vient assis sur le petit d'une ânesse » (*évangile*). Toutefois sa royauté n'est pas de ce monde. Après avoir participé à son entrée triomphale, nous écouterons le récit de la Passion où le Christ s'abaisse « prenant la condition de serviteur » *(2e lecture).* C'est ainsi qu'il accomplit sa mission et qu'il désigne la véritable place qu'il nous faut occuper à sa suite : « là où je suis, là sera mon serviteur » nous disait-il au 5e dimanche du Carême.

Le Jeudi saint, le « Maître et Seigneur » nous invite à son dernier repas qu'il préside avec ses Apôtres. Mais de nouveau sa seigneurie se révèle pleinement quand il se fait serviteur des hommes, lavant les pieds de ses disciples et allant jusqu'à donner sa vie pour la multitude. Dans le sacrement de l'eucharistie, nous accueillons le don de son corps et de son sang, ainsi que le modèle du service que chacun doit accomplir en fidélité à l'esprit du Maître.

Le Vendredi saint, le titre donné à Jésus nous vient d'un païen, Pilate, un procurateur romain. Il expose un écriteau avec le motif de la condamnation de Jésus qui sera le signe de notre salut « Jésus le

Nazaréen, roi des Juifs » (*évangile*). Quelle que soit sa compréhension de la royauté du Christ, Pilate nous offre un indice pour discerner le dessein du Père : Jésus est venu inaugurer le royaume des Cieux afin que les hommes soient en paix avec Dieu. Il est le roi et le grand prêtre qui compatit à nos faiblesses et qui s'offre pour notre libération *(2e lecture).*

Le « grand jour de Pâques » fera résonner nos alléluias dès la nuit pascale. Puisqu'il a triomphé de la mort, Jésus peut être appelé « Seigneur » ; sa divinité s'est ainsi manifestée sur la Croix. Désormais il est « assis à la droite de Dieu » (*2e lecture du jour*). Par la puissance de sa Résurrection, il donne le pardon des péchés et ouvre les portes du royaume des Cieux à tout homme qui confesse son nom (*1re lecture du jour*).

Entrons dans la Ville sainte avec le Christ-Seigneur pour vivre avec lui sa Passion et sa résurrection, preuve ultime de son amour pour les hommes et de son obéissance à son Père.

CÉLÉBRER

Pour les préparations des célébrations de la Semaine sainte, on se reportera au *Missel romain.*

Notre missel ne présente pas la messe chrismale qui est concélébrée par tous les prêtres du diocèse réunis autour de l'évêque, en présence des diacres et des fidèles, le plus souvent à la cathédrale. Toutefois, nous encourageons à y prêter attention et à participer à cette messe qui est la plus significative de l'Église. Pendant cette messe est consacré le saint Chrême qui sera utilisé au cours de l'année pour les baptêmes, les confirmations, les ordinations des prêtres et des évêques ainsi que pour la consécration des autels. Au cours de cette messe sont aussi bénites les huiles pour les malades et les catéchumènes, et les prêtres y renouvellent leurs promesses sacerdotales.

Dimanche des Rameaux et de la Passion du Seigneur

24 MARS 2024

« Béni soit celui qui vient au nom du Seigneur ! »

Cette acclamation exprimée par les disciples de Jésus résume tout le drame qui va se jouer à Jérusalem (*évangile des Rameaux*). Jésus, l'envoyé de Dieu, est accueilli triomphalement à Jérusalem. La foule qui l'acclame reprend un verset du psaume 118 : « Béni soit au nom du Seigneur celui qui vient ! » et elle donne une actualité à cette parole de Dieu sans en saisir tout le sens. La parole de Dieu, le Verbe de Dieu, est souvent rejetée par les hommes, comme le sera le Messie. Si la venue du Sauveur est une bénédiction, celle-ci s'accomplira selon l'esprit d'abaissement de Jésus, « devenant obéissant jusqu'à la mort » *(2ᵉ lecture)*. Paradoxalement, quand Jésus monte sur un ânon, cette humble monture utilisée par les gens simples, il commence son abaissement : il entre dans la Ville sainte pour y être crucifié.

Mais la mort du Christ n'est pas le terme de son mystère pascal. En lui est la vie, une vie donnée pour que la multitude ait la vie éternelle. C'est pourquoi en ce jour nous portons avec fierté ces rameaux verts. Ils sont le signe de la vie qui rejaillit après l'hiver. Ils sont pour nous le signe de la victoire du Christ qui a affronté l'épreuve du Mal.

C'est le long récit de sa Passion que nous entendrons ce jour où nous serons témoins des souffrances du Christ qui les acceptées à l'image du serviteur de Dieu présenté par Isaïe (*1ʳᵉ lecture*). Jésus a connu les coups, les insultes, la dérision, l'humiliation, la trahison, l'angoisse, l'abandon, sans jamais se laisser gagner par la haine. Il est bien celui qui est venu au nom du Seigneur, lui qui fait miséricorde. Descendant au plus bas de ce que peut vivre un homme, il peut conduire toute l'humanité vers la joie pascale par la force de son Esprit. Acclamons-le : « Hosanna ! Hosanna ! au plus haut des cieux !

CHANTER

Pour l'ouverture de la célébration : ***Hosanna*** (répertoire de Lourdes), ***Hosanna*** **AL 179 CNA 441**, ***Hosanna au fils de David*** **HX 70-65.**
Pour la bénédiction des rameaux : ***Gloire et louange à toi*** **X 10 CNA 555.**
Pour la procession : ***Gloire à toi, Seigneur, notre chef et notre roi !*** **HY112,** ***Gloire à toi, Sauveur des homme*** **H 27 CNA 442,** ***Peuple où s'avance le Seigneur*** **K 82 CNA 578,** ***Hosanna, qu'il entre le roi de gloire*** **Z 23-14.**
À l'entrée de l'église : ***Voici que s'ouvrent pour le Roi*** **HA 96-2 CNA 444,** ***Sion, crie d'allégresse*** **HA 113.**
Pendant la lecture de la Passion : ***Le Christ s'est fait obéissant*** **HX 43-76,** ***Mystère du calvaire*** **H 44 CNA 464,** ***C'était nos péchés qu'il portait*** **ZL8-1 CNA 463,** ***Au cœur de nos détresses*** **H 128 CNA 462.**
Pendant la communion : ***Tu fais ta demeure en nous*** **D 56-49,** ***c'est toi, Seigneur, le pain rompu*** **D 293 CNA 322,** ***Recevez le corps du Christ*** **SYL 250 CNA 345.**
À la fin de la célébration : ***Victoire, tu règneras*** **H 32 CNA 468,** ***Fais paraître ton jour*** **HY 53 CNA 552.**

COMMÉMORATION DE L'ENTRÉE DU SEIGNEUR À JÉRUSALEM

Première forme : la Procession

Les fidèles se rassemblent dans une église secondaire ou dans un autre lieu convenable, distinct de l'église vers laquelle doit se diriger la procession. Ils tiennent en mains des rameaux.

Antienne

cf. Mt 21, 9

Hosanna au fils de David !
Béni soit celui qui vient au nom du Seigneur, le Roi d'Israël !
Hosanna au plus haut des cieux !

Prière de bénédiction

Après une monition, le prêtre, les mains étendues, dit l'une des deux prières suivantes :

Dieu éternel et tout-puissant, bénis et sanctifie ✠ ces rameaux, afin qu'en suivant dans l'allégresse le Christ notre Roi, nous puissions parvenir par lui jusqu'à la Jérusalem éternelle. Lui qui vit et règne pour les siècles des siècles.

ou bien

Augmente la foi de ceux qui espèrent en toi, Seigneur Dieu, exauce en ta bonté les prières de ceux qui te supplient : aujourd'hui, nous tenons à la main ces rameaux pour acclamer le Christ en son triomphe ; puissions-nous, par nos œuvres bonnes, porter en lui du fruit à ta gloire. Lui qui vit et règne pour des siècles des siècles.

Puis le prêtre asperge d'eau bénite les rameaux, sans rien dire.

Évangile

On peut choisir entre le texte de Marc et celui de Jean.

Béni soit celui qui vient
au nom du Seigneur

→ **Évangile de Jésus Christ selon saint Marc** 11, 1-10

Lorsqu'ils approchent de Jérusalem, vers Bethphagé et Béthanie, près du mont des Oliviers, Jésus envoie deux de ses disciples et leur dit : « Allez au village qui est en face de vous. Dès que vous y entrerez, vous trouverez un petit âne attaché, sur lequel personne ne s'est encore assis. Détachez-le et amenez-le. Si l'on vous dit : "Que faites-vous là ?", répondez : "Le Seigneur en a besoin, mais il vous le renverra aussitôt." » Ils partirent, trouvèrent un petit âne attaché près d'une porte, dehors, dans la rue, et ils le détachèrent.

Des gens qui se trouvaient là leur demandaient : « Qu'avez-vous à détacher cet ânon ? » Ils répondirent ce que Jésus leur avait dit, et on les laissa faire.
Ils amenèrent le petit âne à Jésus, le couvrirent de leurs manteaux, et Jésus s'assit dessus. Alors, beaucoup de gens étendirent leurs manteaux sur le chemin, d'autres, des feuillages coupés dans les champs. Ceux qui marchaient devant et ceux qui suivaient criaient : « *Hosanna ! Béni soit celui qui vient au nom du Seigneur !* Béni soit le Règne qui vient, celui de David, notre père. *Hosanna* au plus haut des cieux ! »

ou bien *Quelques jours avant la fête de la Pâque*

→ Évangile de Jésus Christ selon saint Jean 12, 12-16

En ce temps-là, quelques jours avant la Pâque, la grande foule venue pour la fête apprit que Jésus arrivait à Jérusalem. Les gens prirent des branches de palmiers et sortirent à sa rencontre. Ils criaient : « Hosanna ! *Béni soit celui qui vient au nom du Seigneur !* Béni soit le roi d'Israël ! » Jésus, trouvant un petit âne, s'assit dessus, comme il est écrit : *Ne crains pas, fille de Sion. Voici ton roi qui vient, assis sur le petit d'une ânesse.* Cela, ses disciples ne le comprirent pas sur le moment ; mais, quand Jésus fut glorifié, ils se rappelèrent que l'Écriture disait cela de lui : c'était bien ce qu'on lui avait fait.

Après l'évangile, il peut y avoir une brève homélie. Pour donner le signal du départ de la procession, le prêtre ou le diacre ou bien un ministre laïc peut faire une monition en ces termes ou en d'autres semblables :

Et maintenant, frères et sœurs bien-aimés, imitons les foules de Jérusalem heureuses d'acclamer Jésus, et avançons dans la paix.

ou bien seulement :

Avançons dans la paix.

Dans ce cas, tous répondent :

Au nom du Christ. Amen.

On part alors en procession vers l'église où l'on doit célébrer la messe. Tous ont des rameaux en mains. On chante des chants en l'honneur du Christ Roi.

Deuxième forme : l'Entrée solennelle

Les fidèles se rassemblent devant la porte de l'église ou dans l'église elle-même tenant en main leurs rameaux. Le prêtre et les ministres, ainsi qu'une députation de fidèles, se rendent en un endroit de l'église autre que le sanctuaire mais qui permette à la majeure partie de l'assemblée de suivre la célébration.
Quand le prêtre est arrivé au lieu prévu, on chante l'antienne Hosanna *ou un autre chant qui convienne. On fait ensuite la bénédiction des Rameaux et on proclame l'évangile de l'entrée du Seigneur à Jérusalem comme indiqué ci-dessus (Première forme). Après l'évangile, le prêtre, accompagné des ministres et de la députation des fidèles, s'avance à travers l'église vers le sanctuaire, tandis que l'on chante le répons* À l'entrée du Seigneur *ou un autre chant adapté.*

Troisième forme : l'Entrée simple

À toutes les autres messes de ce dimanche dans lesquelles il n'y a pas d'entrée solennelle, on fait mémoire de l'entrée du Seigneur à Jérusalem par une entrée simple.

Tandis que le prêtre gagne l'autel, on chante l'Antienne d'ouverture avec le psaume ou un autre chant évoquant l'entrée du Seigneur. Quand le prêtre est arrivé à l'autel, il le vénère, puis il se rend à son siège. Après le signe de la croix, il salue le peuple ; et la messe se poursuit comme d'habitude.

Antienne d'ouverture

cf. Jn 12,1.12-13 ; Ps 23,9-10

Six jours avant la fête de la Pâque,
lorsque le Seigneur fit son entrée à Jérusalem,
les enfants allèrent à sa rencontre.
Ils tenaient en main des branches de palmier,
et criaient à pleine voix :

℟. Hosanna au plus haut des cieux !
Sois béni, toi qui viens dans l'abondance de ta miséricorde !

MESSE DE LA PASSION

Après la Procession ou l'Entrée solennelle, on peut omettre le Kyrie. Le prêtre commence alors la messe par la prière d'ouverture.

Prière

Dieu éternel et tout-puissant, pour donner au genre humain un exemple d'humilité, tu as voulu que notre Sauveur prenne chair et qu'il subisse la croix : accorde-nous, dans ta bonté, d'accueillir le témoignage de sa force dans la souffrance et d'avoir part à sa résurrection. Lui qui vit et règne avec toi dans l'unité du Saint-Esprit, Dieu, pour les siècles des siècles.

1re Lecture

« Le Seigneur vient à mon secours »

→ **Lecture du livre du prophète Isaïe** 50, 4-7

Le Seigneur mon Dieu m'a donné le langage des disciples, pour que je puisse, d'une parole, soutenir celui qui est épuisé. Chaque matin, il éveille, il éveille mon oreille pour qu'en disciple, j'écoute. Le Seigneur mon Dieu m'a ouvert l'oreille, et moi, je ne me suis pas révolté, je ne me suis pas dérobé. J'ai présenté mon dos à ceux qui me frappaient, et mes joues à ceux qui m'arrachaient la barbe. Je n'ai pas caché ma face devant les outrages et les crachats. Le Seigneur mon Dieu vient à mon secours ; c'est pourquoi je ne suis pas atteint par les outrages, c'est pourquoi j'ai rendu ma face dure comme pierre : je sais que je ne serai pas confondu.

Psaume 21

℟. Mon Dieu, mon Dieu, pourquoi m'as-tu abandonné ?

Tous ceux qui me voient me bafouent ;
ils ricanent et hochent la tête :
« Il comptait sur le Seigneur : qu'il le délivre !
Qu'il le sauve, puisqu'il est son ami ! »

Oui, des chiens me cernent,
une bande de vauriens m'entoure ;
Ils me percent les mains et les pieds,
je peux compter tous mes os.

Ils partagent entre eux mes habits
et tirent au sort mon vêtement.
Mais toi, Seigneur, ne sois pas loin :
ô ma force, viens vite à mon aide !

Tu m'as répondu !
Et je proclame ton nom devant mes frères,
je te loue en pleine assemblée.
Vous qui le craignez, louez le Seigneur.

2e Lecture

Jésus s'est abaissé lui-même

→ Lecture de la lettre de saint Paul apôtre aux Philippiens 2, 6-11

Le Christ Jésus,
ayant la condition de Dieu,
ne retint pas jalousement
le rang qui l'égalait à Dieu.

Mais il s'est anéanti,
prenant la condition de serviteur,
devenant semblable aux hommes.

Reconnu homme à son aspect,
il s'est abaissé,
devenant obéissant jusqu'à la mort,
et la mort de la croix.

C'est pourquoi Dieu l'a exalté :
il l'a doté du Nom
qui est au-dessus de tout nom,

afin qu'au nom de Jésus
tout genou fléchisse
au ciel, sur terre et aux enfers,

et que toute langue proclame :
« Jésus Christ est Seigneur »
à la gloire de Dieu le Père.

Gloire et louange à toi, Seigneur Jésus. Pour nous, le Christ est devenu obéissant, jusqu'à la mort, et la mort de la croix. C'est pourquoi Dieu l'a exalté : il l'a doté du Nom qui est au-dessus de tout nom. **Gloire et louange à toi, Seigneur Jésus.**

Évangile

Passion de notre Seigneur Jésus Christ

→ La Passion de notre Seigneur Jésus Christ selon saint Marc[1] 14, 1–15, 47 (lecture brève : 15, 1-39)

L. La fête de la Pâque et des pains sans levain allait avoir lieu deux jours après. Les grands prêtres et les scribes cher-

1. 1. *Indication pour la lecture dialoguée :* Les sigles désignant les divers interlocuteurs sont les suivants : **+** = Jésus ; **L** = Lecteur ; **D** = Disciples et amis ; **F** = Foule ; **A** = Autres personnages.

chaient comment arrêter Jésus par ruse, pour le faire mourir. Car ils se disaient :

A. « Pas en pleine fête, pour éviter des troubles dans le peuple. »

L. Jésus se trouvait à Béthanie, dans la maison de Simon le lépreux. Pendant qu'il était à table, une femme entra, avec un flacon d'albâtre contenant un parfum très pur et de grande valeur. Brisant le flacon, elle lui versa le parfum sur la tête. Or, de leur côté, quelques-uns s'indignaient :

A. « À quoi bon gaspiller ce parfum ? On aurait pu, en effet, le vendre pour plus de trois cents pièces d'argent, que l'on aurait données aux pauvres. »

L. Et ils la rudoyaient. Mais Jésus leur dit :

+ « Laissez-la ! Pourquoi la tourmenter ? Il est beau, le geste qu'elle a fait envers moi. Des pauvres, vous en aurez toujours avec vous, et, quand vous le voulez, vous pouvez leur faire du bien ; mais moi, vous ne m'avez pas pour toujours. Ce qu'elle pouvait faire, elle l'a fait. D'avance elle a parfumé mon corps pour mon ensevelissement. Amen, je vous le dis : partout où l'Évangile sera proclamé – dans le monde entier –, on racontera, en souvenir d'elle, ce qu'elle vient de faire. »

L. Judas Iscariote, l'un des Douze, alla trouver les grands prêtres pour leur livrer Jésus. À cette nouvelle, ils se réjouirent et promirent de lui donner de l'argent. Et Judas cherchait comment le livrer au moment favorable.

Le premier jour de la fête des pains sans levain, où l'on immolait l'agneau pascal, les disciples de Jésus lui disent :

D. « Où veux-tu que nous allions faire les préparatifs pour que tu manges la Pâque ? »

L. Il envoie deux de ses disciples en leur disant :

+ « Allez à la ville ; un homme portant une cruche d'eau viendra à votre rencontre. Suivez-le, et là où il entrera, dites au propriétaire : "Le Maître te fait dire : Où est la salle où je pourrai manger la Pâque avec mes disciples ?" Il vous indiquera, à l'étage, une grande pièce aménagée et prête pour un repas. Faites-y pour nous les préparatifs. »

L. Les disciples partirent, allèrent à la ville ; ils trouvèrent tout comme Jésus leur avait dit, et ils préparèrent la Pâque.

Le soir venu, Jésus arrive avec les Douze. Pendant qu'ils étaient à table et mangeaient, Jésus déclara :

+ « Amen, je vous le dis : l'un de vous, qui mange avec moi, va me livrer. »

L. Ils devinrent tout tristes et, l'un après l'autre, ils lui demandaient :

D. « Serait-ce moi ? »

L. Il leur dit :

+ « C'est l'un des Douze, celui qui est en train de se servir avec moi dans le plat. Le Fils de l'homme s'en va, comme il est écrit à son sujet ; mais malheureux celui par qui le Fils de l'homme est livré ! Il vaudrait mieux pour lui qu'il ne soit pas né, cet homme-là ! »

L. Pendant le repas, Jésus, ayant pris du pain et prononcé la bénédiction, le rompit, le leur donna, et dit :

+ « Prenez, ceci est mon corps. »

L. Puis, ayant pris une coupe et ayant rendu grâce, il la leur donna, et ils en burent tous. Et il leur dit :

+ « Ceci est mon sang, le sang de l'Alliance, versé pour la multitude. Amen, je vous le dis : je ne boirai plus du fruit de la vigne, jusqu'au jour où je le boirai, nouveau, dans le royaume de Dieu. »

L. Après avoir chanté les psaumes, ils partirent pour le mont des Oliviers. Jésus leur dit :

+ « Vous allez tous être exposés à tomber, car il est écrit : *Je frapperai le berger, et les brebis seront dispersées.* Mais, une fois ressuscité, je vous précéderai en Galilée. »

L. Pierre lui dit alors :

D. « Même si tous viennent à tomber, moi, je ne tomberai pas. »

L. Jésus lui répond : « Amen, je te le dis : toi, aujourd'hui, cette nuit même, avant que le coq chante deux fois, tu m'auras renié trois fois. »

L. Mais lui reprenait de plus belle :

D. « Même si je dois mourir avec toi, je ne te renierai pas. »

L. Et tous en disaient autant. Ils parviennent à un domaine appelé Gethsémani. Jésus dit à ses disciples :

+ « Asseyez-vous ici, pendant que je vais prier. »

L. Puis il emmène avec lui Pierre, Jacques et Jean, et commence à ressentir frayeur et angoisse. Il leur dit :

+ « Mon âme est triste à mourir. Restez ici et veillez. »

L. Allant un peu plus loin, il tombait à terre et priait pour que, s'il était possible, cette heure s'éloigne de lui. Il disait :

+ « *Abba...* Père, tout est possible pour toi. Éloigne de moi cette coupe. Cependant, non pas ce que moi, je veux, mais ce que toi, tu veux ! »

L. Puis il revient et trouve les disciples endormis. Il dit à Pierre :

+ « Simon, tu dors ! Tu n'as pas eu la force de veiller seulement une heure ? Veillez et priez, pour ne pas entrer en tentation ; l'esprit est ardent, mais la chair est faible. »

L. De nouveau, il s'éloigna et pria, en répétant les mêmes paroles. Et de nouveau, il vint près des disciples qu'il trouva endormis, car leurs yeux étaient alourdis de sommeil. Et eux ne savaient que lui répondre. Une troisième fois, il revient et leur dit :

+ « Désormais, vous pouvez dormir et vous reposer. C'est fait ; l'heure est venue : voici que le Fils de l'homme est livré aux mains des pécheurs. Levez-vous ! Allons ! Voici qu'il est proche, celui qui me livre. »

L. Jésus parlait encore quand Judas, l'un des Douze, arriva et avec lui une foule armée d'épées et de bâtons, envoyée par les grands prêtres, les scribes et les anciens. Or, celui qui le livrait leur avait donné un signe convenu :

D. « Celui que j'embrasserai, c'est lui : arrêtez-le, et emmenez-le sous bonne garde. »

L. À peine arrivé, Judas, s'approchant de Jésus, lui dit :

D. « Rabbi ! »

L. Et il l'embrassa. Les autres mirent la main sur lui et l'arrêtèrent. Or un de ceux qui étaient là tira son épée, frappa le serviteur du grand prêtre et lui trancha l'oreille. Alors Jésus leur déclara :

+ « Suis-je donc un bandit, pour que vous soyez venus vous saisir de moi, avec des épées et des bâtons ? Chaque jour, j'étais auprès de vous dans le Temple en train d'enseigner, et vous ne m'avez pas arrêté. Mais c'est pour que les Écritures s'accomplissent. »

L. Les disciples l'abandonnèrent et s'enfuirent tous. Or, un jeune homme suivait Jésus ; il n'avait pour tout vêtement qu'un drap. On essaya de l'arrêter. Mais lui, lâchant le drap, s'enfuit tout nu. Ils emmenèrent Jésus chez le grand prêtre. Ils se rassemblèrent tous, les grands prêtres, les anciens et les scribes. Pierre avait suivi Jésus à distance, jusqu'à l'intérieur du palais du grand prêtre, et là, assis avec les gardes, il se chauffait près du feu. Les grands prêtres et tout le

Conseil suprême cherchaient un témoignage contre Jésus pour le faire mettre à mort, et ils n'en trouvaient pas.

De fait, beaucoup portaient de faux témoignages contre Jésus, et ces témoignages ne concordaient pas. Quelques-uns se levèrent pour porter contre lui ce faux témoignage :

A. « Nous l'avons entendu dire : "Je détruirai ce sanctuaire fait de main d'homme, et en trois jours j'en rebâtirai un autre qui ne sera pas fait de main d'homme." »

L. Et même sur ce point, leurs témoignages n'étaient pas concordants. Alors s'étant levé, le grand prêtre, devant tous, interrogea Jésus :

A. « Tu ne réponds rien ? Que dis-tu des témoignages qu'ils portent contre toi ? »

L. Mais lui gardait le silence et ne répondait rien. Le grand prêtre l'interrogea de nouveau :

A. « Es-tu le Christ, le Fils du Dieu béni ? »

L. Jésus lui dit :

+ « Je le suis. Et vous verrez *le Fils de l'homme siéger à la droite du Tout-Puissant, et venir parmi les nuées du ciel.* »

L. Alors, le grand prêtre déchire ses vêtements et dit :

A. « Pourquoi nous faut-il encore des témoins ? Vous avez entendu le blasphème. Qu'en pensez-vous ? »

L. Tous prononcèrent qu'il méritait la mort. Quelques-uns se mirent à cracher sur lui, couvrirent son visage d'un voile, et le giflèrent, en disant :

F. « Fais le prophète ! »

L. Et les gardes lui donnèrent des coups. Comme Pierre était en bas, dans la cour, arrive une des jeunes servantes du grand prêtre. Elle voit Pierre qui se chauffe, le dévisage et lui dit :

A. « Toi aussi, tu étais avec Jésus de Nazareth ! »

L. Pierre le nia :

D. « Je ne sais pas, je ne comprends pas de quoi tu parles. »

L. Puis il sortit dans le vestibule, au dehors. Alors un coq chanta. La servante, ayant vu Pierre, se mit de nouveau à dire à ceux qui se trouvaient là :

A. « Celui-ci est l'un d'entre eux ! »

L. De nouveau, Pierre le niait. Peu après, ceux qui se trouvaient là lui disaient à leur tour :

F. « Sûrement tu es l'un d'entre eux ! D'ailleurs, tu es Galiléen. »

L. Alors il se mit à protester violemment et à jurer :

D. « Je ne connais pas cet homme dont vous parlez. »

L. Et aussitôt, pour la seconde fois, un coq chanta. Alors Pierre se rappela cette parole que Jésus lui avait dite : « Avant que le coq chante deux fois, tu m'auras renié trois fois. » Et il fondit en larmes.

Début de la lecture brève.

L. Dès le matin, les grands prêtres convoquèrent les anciens et les scribes, et tout le Conseil suprême. Puis, après avoir ligoté Jésus, ils l'emmenèrent et le livrèrent à Pilate. Celui-ci l'interrogea :

A. « Es-tu le roi des Juifs ? »

Jésus répondit :

+ « C'est toi-même qui le dis. »

L. Les grands prêtres multipliaient contre lui les accusations. Pilate lui demanda à nouveau :

A. « Tu ne réponds rien ? Vois toutes les accusations qu'ils portent contre toi. »

L. Mais Jésus ne répondit plus rien, si bien que Pilate fut étonné. À chaque fête, il leur relâchait un prisonnier, celui qu'ils demandaient. Or, il y avait en prison un dénommé Barabbas, arrêté avec des émeutiers pour un meurtre qu'ils avaient commis lors de l'émeute. La foule monta donc chez Pilate, et se mit à demander ce qu'il leur accordait d'habitude. Pilate leur répondit :

A. « Voulez-vous que je vous relâche le roi des Juifs ? »

L. Il se rendait bien compte que c'était par jalousie que les grands prêtres l'avaient livré. Ces derniers soulevèrent la foule pour qu'il leur relâche plutôt Barabbas. Et comme Pilate reprenait :

A. « Que voulez-vous donc que je fasse de celui que vous appelez le roi des Juifs ? »,

L. de nouveau ils crièrent :

F. « Crucifie-le ! »

L. Pilate leur disait :

A. « Qu'a-t-il donc fait de mal ? »

L. Mais ils crièrent encore plus fort :

F. « Crucifie-le ! »

L. Pilate, voulant contenter la foule, relâcha Barabbas et, après avoir fait flageller Jésus, il le livra pour qu'il soit crucifié.

Les soldats l'emmenèrent à l'intérieur du palais, c'est-à-dire dans le Prétoire. Alors ils rassemblent toute la garde, ils le revêtent de pourpre, et lui posent sur la tête une couronne d'épines qu'ils ont tressée. Puis ils se mirent à lui faire des salutations, en disant :

F. « Salut, roi des Juifs ! »

L. Ils lui frappaient la tête avec un roseau, crachaient sur lui, et s'agenouillaient pour lui rendre hommage. Quand ils se furent bien moqués de lui, ils lui enlevèrent le manteau de pourpre, et lui remirent ses vêtements.

Puis, de là, ils l'emmènent pour le crucifier, et ils réquisitionnent, pour porter sa croix, un passant, Simon de Cyrène, le père d'Alexandre et de Rufus, qui revenait des champs. Et ils amènent Jésus au lieu dit Golgotha, ce qui se traduit : Lieu-du-Crâne (ou Calvaire). Ils lui donnaient du vin aromatisé de myrrhe ; mais il n'en prit pas. Alors ils le crucifient, *puis se partagent ses vêtements, en tirant au sort* pour savoir la part de chacun. C'était la troisième heure (c'est-à-dire : neuf heures du matin) lorsqu'on le crucifia. L'inscription indiquant le motif de sa condamnation portait ces mots : « Le roi des Juifs ». Avec lui ils crucifient deux bandits, l'un à sa droite, l'autre à sa gauche. Les passants l'injuriaient en hochant la tête ; ils disaient :

F. « Hé ! toi qui détruis le Sanctuaire et le rebâtis en trois jours, sauve-toi toi-même, descends de la croix ! »

L. De même, les grands prêtres se moquaient de lui avec les scribes, en disant entre eux :

A. « Il en a sauvé d'autres, et il ne peut pas se sauver lui-même ! Qu'il descende maintenant de la croix, le Christ, le roi d'Israël ; alors nous verrons et nous croirons. »

L. Même ceux qui étaient crucifiés avec lui l'insultaient.

Quand arriva la sixième heure (c'est-à-dire : midi), l'obscurité se fit sur toute la terre jusqu'à la neuvième heure. Et à la neuvième heure, Jésus cria d'une voix forte :

+ « Éloï, Éloï, lema sabactani ? »,

L. ce qui se traduit :

+ « Mon Dieu, mon Dieu, pourquoi m'as-tu abandonné ? »

L. L'ayant entendu, quelques-uns de ceux qui étaient là disaient :

F. « Voilà qu'il appelle le prophète Élie ! »

L. L'un d'eux courut tremper une éponge dans une boisson vinaigrée, il la mit au bout d'un roseau, et il lui donnait à boire, en disant :

A. « Attendez ! Nous verrons bien si Élie vient le descendre de là ! »

L. Mais Jésus, poussant un grand cri, expira.

Ici on fléchit le genou et on s'arrête un instant.

Le rideau du Sanctuaire se déchira en deux, depuis le haut jusqu'en bas. Le centurion qui était là en face de Jésus, voyant comment il avait expiré, déclara :

A. « Vraiment, cet homme était Fils de Dieu ! »

Fin de la lecture brève

L. Il y avait aussi des femmes, qui observaient de loin, et parmi elles, Marie Madeleine, Marie, mère de Jacques le Petit et de José, et Salomé, qui suivaient Jésus et le servaient quand il était en Galilée, et encore beaucoup d'autres, qui étaient montées avec lui à Jérusalem. Déjà il se faisait tard ; or, comme c'était le jour de la Préparation, qui précède le sabbat, Joseph d'Arimathie intervint. C'était un homme influent, membre du Conseil, et il attendait lui aussi le règne de Dieu. Il eut l'audace d'aller chez Pilate pour demander le corps de Jésus. Pilate s'étonna qu'il soit déjà mort ; il fit appeler le centurion, et l'interrogea pour savoir si Jésus était mort depuis longtemps. Sur le rapport du centurion, il permit à Joseph de prendre le corps. Alors Joseph acheta un linceul, il descendit Jésus de la croix, l'enveloppa dans le linceul et le déposa dans un tombeau qui était creusé dans le roc. Puis il roula une pierre contre l'entrée du tombeau. Or, Marie Madeleine et Marie, mère de José, observaient l'endroit où on l'avait mis.

On dit le Credo et on fait la prière universelle.

POUR LA PRIÈRE UNIVERSELLE

Au début de cette grande Semaine, invoquons le Seigneur :
– pour les chrétiens qui se rassembleront au cours de la Semaine sainte, et pour ceux qui, du fait des conditions politiques, seront empêchés de vivre ces liturgies ;
– pour les hommes et les femmes qui, à travers le monde, souffrent de l'exclusion et de l'injustice ;
– pour ceux qui ont une responsabilité judiciaire, afin qu'ils l'exercent en toute équité ;
– pour ceux qui, à l'image du serviteur fidèle décrit par Isaïe, sont constants dans la patience et gardent la foi, malgré les épreuves.

Prière sur les offrandes

Par la passion de ton Fils unique, nous te prions, Seigneur : ne tarde pas à nous réconcilier avec toi ; et même si nos œuvres ne méritent pas ton pardon, nous comptons sur ta miséricorde pour le recevoir, grâce à l'unique sacrifice du Christ. Lui qui vit et règne pour les siècles des siècles.

Préface

Le dimanche de la Passion

Vraiment, il est juste et bon, pour ta gloire et notre salut, de t'offrir notre action de grâce, toujours et en tout lieu, Seigneur, Père très saint, Dieu éternel et tout-puissant, par le Christ, notre Seigneur.
Alors qu'il était innocent, il a voulu souffrir pour les coupables, et, sans avoir commis le mal, il s'est laissé condamner pour les criminels ; sa mort a effacé nos fautes et sa résurrection a fait de nous des justes. C'est pourquoi nous te louons

avec tous les anges et, dans la joie, nous te célébrons en proclamant :
Saint, Saint, Saint, le Seigneur, Dieu de l'univers !

Antienne de communion

Mt 26, 42

Mon Père,
si cette coupe ne peut passer sans que je la boive,
que ta volonté soit faite !

Prière après la communion

Rassasiés par ce don sacré, nous te supplions humblement, Seigneur : toi qui nous as donné, dans la mort de ton Fils, d'espérer les biens auxquels nous croyons, donne-nous, par sa résurrection, de parvenir au but vers lequel nous tendons. Par le Christ, notre Seigneur.

Prière sur le peuple

Regarde, Seigneur, nous t'en prions, la famille qui t'appartient : c'est pour elle que Jésus, le Christ, notre Seigneur, n'hésita pas à se livrer aux mains des méchants et à subir le supplice de la croix. Lui qui vit et règne pour les siècles des siècles.

Jésus réalise les promesses de Dieu

« Jésus revendique le droit royal de la réquisition de moyens de transport, un droit connu dans toute l'Antiquité. Et le fait qu'il s'agisse d'un animal, sur lequel personne n'est encore monté, renvoie aussi à un droit royal. Mais surtout, il y a une allusion à ces paroles vétérotestamentaires qui donnent à tout le déroulement de la scène sa signification profonde. (...) Il veut que son cheminement et son agir soient compris selon les promesses de l'Ancien Testament, qui, en lui, deviennent réalité. »

Benoit XVI, *Jésus de Nazareth*, Parole et silence, 2011, p. 17.

CALENDRIER LITURGIQUE

Di 24	**DIMANCHE DES RAMEAUX ET DE LA PASSION B.** *Liturgie des Heures : Psautier semaine II.*
Lu 25	Lundi saint : Isaïe 42,1-7 ; Ps 26 ; Jean 12,1-11 : « Laisse-la observer cet usage en vue du jour de mon ensevelissement ! » [L'Annonciation du Seigneur est reportée au lundi 8 avril.]
Ma 26	Mardi saint : Isaïe 49,1-6 ; Ps 70 ; Jean 13,21-33.36-38 : « L'un de vous me livrera... Le coq ne chantera pas avant que tu m'aies renié trois fois »
Me 27	Mercredi saint : Isaïe 50,4-9 ; Ps 68 ; Mt 26,14-25 : « Le Fils de l'homme s'en va, comme il est écrit ; mais malheureux celui par qui il est livré ! »
Je 28	**JEUDI SAINT** (p. 293).
Ve 29	**VENDREDI SAINT** (p. 301) Journée de jeûne et d'abstinence.
Sa 30	**SAMEDI SAINT**. Il n'y a pas de célébration de mariage. Le tabernacle reste vide : c'est l'attente de la célébration de la Résurrection du Seigneur.

Bonne fête ! 24 : Catherine, Aldemar. 25 : Annuntiata, Annonciation. 26 : Larissa, Lara. 27 : Habib. 28 : Gontran. 29 : Gladys. 30 : Amédée. 31 : Benjamin, Balbine.

Dimanche prochain : passage à l'heure d'été (on avance les horloges d'une heure).

Saint Gontran (28 mars), né vers 532, était le petit-fils du roi Clovis. Devenu roi mérovingien, il se manifesta comme souverain pacifique. Il autorisa le moine irlandais saint Colomban à fonder l'abbaye de Luxeuil. Après avoir commis des meurtres et des infidélités conjugales, il pleura ses péchés le reste de sa vie et se montra généreux envers les pauvres et les abbayes de son royaume. Il finit sa vie au monastère Saint-Marcel de Chalon-sur-Saône où il mourut vers 592.

TRIDUUM PASCAL
Jeudi saint
Messe du soir en mémoire de la Cène du Seigneur

28 MARS 2024

Suivre le Christ dans sa Passion

L'eucharistie qui nous rassemble ce soir est sans doute la liturgie qui manifeste le mieux le lien entre l'Incarnation du Christ et son mystère pascal. Associer le sacrifice que Jésus fait de sa vie à un repas met en lumière la faiblesse de notre condition humaine : sans nourriture, nous allons à la mort ; sans l'oblation du Fils, nous ne pouvons pas vivre.

Déjà le repas pascal consommé avant la sortie d'Égypte avait cette fonction de « mémorial » : c'est un repas rituel qui est associé à la protection de la vie des Hébreux par le Seigneur, grâce au sang du sacrifice projeté sur les portes des maisons (*1re lecture*). Lors du dernier fléau qui a touché l'Égypte, ces maisons ont été épargnées : c'est la Pâque (le passage) du Seigneur. De même, saint Paul transmet aux Corinthiens la tradition qu'il a reçue à propos du dernier repas du Seigneur. Il mentionne par deux fois la parole de Jésus « Faites cela en mémoire de moi » qui est le signe de la version la plus ancienne du récit de l'eucharistie *(2e lecture)*.

Le lavement des pieds pratiqué par Jésus est un geste qui touche ses disciples dans leur humanité. C'est ce geste que le Christ choisit pour leur demander de demeurer serviteurs et frères les uns des autres (*évangile*). Participer à l'eucharistie du Seigneur nous place comme convives de son dernier repas et comme serviteurs des hommes d'aujourd'hui, nos frères et sœurs. La présence du Corps du Seigneur dans le pain eucharistique ne peut être reconnue qu'à la mesure du service des frères.

Quand nous accompagnerons la réserve eucharistique au reposoir à la fin de la messe, nous continuerons ce que nous avons commencé dans la procession des Rameaux : nous suivrons le Seigneur dans son mystère pascal, de la crucifixion à la résurrection. Il s'est abaissé jusqu'à subir la mort de la Croix ; il s'est abaissé jusqu'à se présenter à nous sous la forme d'un simple morceau de pain, afin que nous vivions de sa vie.

CHANTER

Pour la procession d'ouverture : ***Dieu nous a tous appelés*** **KD 14-56-1 CNA 571** (couplets 3 et 4), ***Avec le Christ, vivons*** **H 149,** ***La nuit qu'il fut livré*** **C 3 CNA 449,** ***Quand vint le jour d'étendre les bras*** **D 128-5 CNA 454.**
Pendant le lavement des pieds : ***Ubi Caritas*** **Taizé CNA 448,** ***À l'heure du plus grand amour*** **HX 20-39-1,** ***Pas de plus grand amour*** **CNA 452.**
Pour la procession des dons : ***Dieu notre Père, voici le pain*** **B 57-30.**
Pendant la communion : ***Voici le pain que donne Dieu*** **D 50-07-3,** ***Devenez ce que vous recevez*** **D 68-39,** ***Qui mange ma chair*** **D 290 CNA 343,** ***Voici le corps et le sang du Seigneur*** **D 44-80.**
Pour la procession au reposoir : ***La nuit qu'il fut livré*** **C 3 CNA 449,** ***C'est toi, Seigneur, le pain rompu*** **D 293 CNA 322.**
Au reposoir : ***Pange lingua*** **CNA 775,** ***In manus tuas, Pater*** **Taizé,** ***Âme du Christ*** **D 63-24-2.**

CÉLÉBRER

Cette messe est marquée par le geste du lavement des pieds qui se situe après l'homélie. On notera que le Missel romain prévoit maintenant que les personnes à qui les pieds seront lavés sont « ceux qui ont été choisis parmi le peuple de Dieu » (p. 176 n° 11) et non plus seulement des hommes.
Le Missel souligne aussi l'importance, ce jour, de la procession des offrandes : « Au début de la liturgie eucharistique, on peut prévoir que les fidèles apportent en procession, avec le pain et le vin, des dons destinés à subvenir aux besoins des pauvres » (p. 178 n° 14).

Antienne d'ouverture

cf. Ga 6, 14

Que notre seule fierté
soit la croix de notre Seigneur Jésus Christ.
En lui, nous avons le salut, la vie et la résurrection,
par lui, nous sommes sauvés et délivrés.

Gloria.

Pendant le chant, les cloches sonnent. Elles se taisent ensuite jusqu'au même chant de la Vigile pascale.

Prière

Seigneur Dieu, tu nous appelles à célébrer la très sainte Cène où ton Fils unique, avant de se livrer lui-même à la mort, a remis pour toujours à son Église le sacrifice nouveau, le repas qui est le sacrement de son amour ; donne-nous de puiser à ce grand mystère la charité et la vie en plénitude. Par Jésus Christ, ton Fils, notre Seigneur, qui vit et règne avec toi dans l'unité du Saint-Esprit, Dieu, pour les siècles des siècles.

1re Lecture

Ce sera pour vous un mémorial

→ Lecture du livre de l'Exode 12, 1-8.11-14

En ces jours-là, dans le pays d'Égypte, le Seigneur dit à Moïse et à son frère Aaron : « Ce mois-ci sera pour vous le premier des mois, il marquera pour vous le commencement de l'année. Parlez ainsi à toute la communauté d'Israël :

Le dix de ce mois, que l'on prenne un agneau par famille, un agneau par maison. Si la maisonnée est trop peu nombreuse pour un agneau, elle le prendra avec son voisin le plus proche, selon le nombre des personnes. Vous choisirez l'agneau d'après ce que chacun peut manger. Ce sera une bête sans défaut, un mâle, de l'année. Vous prendrez un agneau ou un chevreau. Vous le garderez jusqu'au quatorzième jour du mois. Dans toute l'assemblée de la communauté d'Israël, on l'immolera au coucher du soleil. On prendra du sang, que l'on mettra sur les deux montants et sur le linteau des maisons où on le mangera. On mangera sa chair cette nuit-là, on la mangera rôtie au feu, avec des pains sans levain et des herbes amères. Vous mangerez ainsi : la ceinture aux reins, les

sandales aux pieds, le bâton à la main. Vous mangerez en toute hâte : c'est la Pâque du Seigneur.
Je traverserai le pays d'Égypte, cette nuit-là ; je frapperai tout premier-né au pays d'Égypte, depuis les hommes jusqu'au bétail. Contre tous les dieux de l'Égypte j'exercerai mes jugements : Je suis le Seigneur. Le sang sera pour vous un signe, sur les maisons où vous serez. Je verrai le sang, et je passerai : vous ne serez pas atteints par le fléau dont je frapperai le pays d'Égypte.
Ce jour-là sera pour vous un mémorial. Vous en ferez pour le Seigneur une fête de pèlerinage. C'est un décret perpétuel : d'âge en âge vous la fêterez. »

Psaume 115

**℟. La coupe de bénédiction
est communion au sang du Christ.**

Comment rendrai-je au Seigneur
tout le bien qu'il m'a fait ?
J'élèverai la coupe du salut,
j'invoquerai le nom du Seigneur.

Il en coûte au Seigneur
de voir mourir les siens !
Ne suis-je pas, Seigneur, ton serviteur,
moi, dont tu brisas les chaînes ?

Je t'offrirai le sacrifice d'action de grâce,
j'invoquerai le nom du Seigneur.
Je tiendrai mes promesses au Seigneur,
oui, devant tout son peuple.

2e Lecture

L'institution de l'eucharistie

→ **Lecture de la première lettre de saint Paul apôtre aux Corinthiens**

11, 23-26

Frères, moi, Paul, j'ai moi-même reçu ce qui vient du Seigneur, et je vous l'ai transmis : la nuit où il était livré, le Seigneur Jésus prit du pain, puis, ayant rendu grâce, il le rompit, et dit : « Ceci est mon corps, qui est pour vous. Faites cela en mémoire de moi. » Après le repas, il fit de même avec la coupe, en disant : « Cette coupe est la nouvelle Alliance en mon sang. Chaque fois que vous en boirez, faites cela en mémoire de moi. » Ainsi donc, chaque fois que vous mangez ce pain et que vous buvez cette coupe, vous proclamez la mort du Seigneur, jusqu'à ce qu'il vienne.

Gloire et louange à toi, Seigneur Jésus. Je vous donne un commandement nouveau, dit le Seigneur. Aimez-vous les uns les autres comme je vous ai aimés. **Gloire et louange à toi, Seigneur Jésus.**

Évangile

Le lavement des pieds

→ Évangile de Jésus Christ selon saint Jean 13, 1-15

Avant la fête de la Pâque, sachant que l'heure était venue pour lui de passer de ce monde à son Père, Jésus, ayant aimé les siens qui étaient dans le monde, les aima jusqu'au bout. Au cours du repas, alors que le diable a déjà mis dans le cœur de Judas, fils de Simon l'Iscariote, l'intention de le livrer, Jésus, sachant que le Père a tout remis entre ses mains, qu'il est sorti de Dieu et qu'il s'en va vers Dieu, se lève de table, dépose son vêtement, et prend un linge qu'il se noue à la ceinture ; puis il verse de l'eau dans un bassin. Alors il se mit à laver les pieds des disciples et à les essuyer avec le linge qu'il avait à la ceinture.

Il arrive donc à Simon-Pierre, qui lui dit : « C'est toi, Seigneur, qui me laves les pieds ? » Jésus lui répondit : « Ce que je veux faire, tu ne le sais pas maintenant ; plus tard tu comprendras. » Pierre lui dit : « Tu ne me laveras pas les pieds ; non, jamais ! » Jésus lui répondit : « Si je ne te lave pas, tu n'auras pas de part avec moi. » Simon-Pierre lui dit : « Alors, Seigneur, pas seule-

ment les pieds, mais aussi les mains et la tête ! » Jésus lui dit : « Quand on vient de prendre un bain, on n'a pas besoin de se laver, sinon les pieds : on est pur tout entier. Vous-mêmes, vous êtes purs, mais non pas tous. » Il savait bien qui allait le livrer ; et c'est pourquoi il disait : « Vous n'êtes pas tous purs. »
Quand il leur eut lavé les pieds, il reprit son vêtement, se remit à table et leur dit : « Comprenez-vous ce que je viens de faire pour vous ? Vous m'appelez "Maître" et "Seigneur", et vous avez raison, car vraiment je le suis. Si donc moi, le Seigneur et le Maître, je vous ai lavé les pieds, vous aussi, vous devez vous laver les pieds les uns aux autres. C'est un exemple que je vous ai donné afin que vous fassiez, vous aussi, comme j'ai fait pour vous. »

Lavement des pieds

Après l'homélie, on procède au lavement des pieds, là où, pastoralement, il semble bon de le faire. Ceux qui ont été choisis parmi le peuple de Dieu sont conduits aux sièges qui leur ont été préparés à l'endroit le plus approprié.

Antienne

cf. Jn 13, 4.5.15

Après s'être levé de table,
le Seigneur versa de l'eau dans un bassin
et se mit à laver les pieds des disciples.
C'est l'exemple qu'il leur a donné.

Aujourd'hui, on ne dit pas le Credo.

POUR LA PRIÈRE UNIVERSELLE

En ce jour mémorial du dernier repas du Seigneur, unissons notre prière à celle du Christ-Sauveur :

– prions pour les prêtres : que l'Esprit Saint les guide et qu'ils aient toujours la joie de servir leurs frères et sœurs dans leur ministère de pasteur ;

– prions pour tous les chrétiens qui ont mission de servir les hommes à l'image du Christ : qu'en toute occasion ils cherchent à œuvrer avec bienveillance au service du bien commun ;

– prions pour toutes les personnes qui cherchent à construire l'unité au sein de l'Église ;

– prions pour les plus démunis, les absents, les malades, ceux qui souffrent de la solitude : qu'ils trouvent dans leur entourage de vrais serviteurs.

Prière sur les offrandes

Accorde-nous, Seigneur, nous t'en prions, de participer dignement à ces mystères, car chaque fois qu'est célébré ce sacrifice en mémorial, c'est l'œuvre de notre Rédemption qui s'accomplit. Par le Christ, notre Seigneur.

Préface

Le sacrifice et le sacrement du Christ

Vraiment, il est juste et bon, pour ta gloire et notre salut, de t'offrir notre action de grâce, toujours et en tout lieu, Seigneur, Père très saint, Dieu éternel et tout-puissant, par le Christ, notre Seigneur.
Il est le Prêtre éternel et véritable, qui institua le sacrement destiné à perpétuer son sacrifice ; il s'est d'abord offert à toi en victime pour notre salut et nous a prescrit de faire cette offrande en mémoire de lui. Quand nous recevons sa chair immolée pour nous, nous sommes fortifiés ; quand nous buvons le sang qu'il a versé pour nous, nous sommes purifiés.
C'est pourquoi, avec les anges et les archanges, avec les puissances d'en haut et tous les esprits bienheureux, nous chantons l'hymne de ta gloire et sans fin nous proclamons : Saint, Saint, Saint, le Seigneur, Dieu de l'univers !

Dans les Prières eucharistiques, textes propres au Jeudi saint.

Antienne de la communion

1 Co 11, 24. 25

« Ceci est mon corps, livré pour vous, dit le Seigneur.
Faites cela en mémoire de moi.
Cette coupe est la nouvelle Alliance en mon sang.
Chaque fois que vous en boirez,
faites cela en mémoire de moi. »

La distribution de la communion étant achevée, le ciboire avec les hosties pour la communion du lendemain, reste sur l'autel. Le prêtre, se tenant debout au siège, dit la prière après la communion.

Prière après la communion

Nous avons repris des forces, Dieu tout-puissant, en célébrant aujourd'hui la Cène de ton Fils ; accorde-nous d'être rassasiés au banquet de l'éternité. Par le Christ, notre Seigneur.

Ensuite le prêtre porte solennellement au lieu prévu le pain eucharistique pour la communion du lendemain et pour l'adoration dans la soirée.

Dieu, solidaire des hommes par l'eucharistie

« Ce soir, encore une fois, le Seigneur distribue pour nous le pain qui est son Corps, il se fait don. Et nous aussi, nous faisons l'expérience de la "solidarité de Dieu" avec l'homme, une solidarité qui ne s'épuise jamais, une solidarité qui ne finit pas de nous surprendre : Dieu se fait proche de nous, par le sacrifice de la Croix, il s'abaisse en entrant dans l'obscurité de la mort pour nous donner sa vie qui vainc le mal, l'égoïsme, la mort. Ce soir aussi Jésus se donne à nous dans l'Eucharistie, partage notre chemin, ou plutôt se fait nourriture, la vraie nourriture qui soutient notre vie, y compris dans les moments où la route se fait difficile, et où les obstacles ralentissent nos pas. [...] Demandons-nous alors ce soir, en adorant le Christ réellement présent dans l'Eucharistie : est-ce que je me laisse transformer par Lui ? »

Pape François, *Homélie pour la Fête-Dieu*, 2013.

Vendredi saint[1]
Célébration de la Passion du Seigneur

29 MARS 2024

« Jésus le Nazaréen, roi des Juifs »

Le titre attribué au Christ, que nous entendrons dans le récit de la Passion, lui vient d'un préfet romain, Pilate (*évangile*). Ironie ? Non ! Ce libellé qui figure sur la plupart de nos crucifix résume ce que nous célébrons en ce jour : la royauté du Christ, souverain sur les événements de ce monde, même dans son ultime combat contre le Mal.

« L'heure de Jésus », expression par laquelle saint Jean désigne la crucifixion, est arrivée et elle réalise ce qui était déjà présent dans l'Incarnation du Fils. Jésus a manifesté, dans et par son humanité, l'amour de Dieu pour les hommes. En son Fils, Dieu s'est montré visible, et l'amour de Jésus est la réalisation de l'amour de Dieu pour les hommes. C'est ainsi que Jésus s'est présenté comme serviteur, à l'image du portrait que nous livre le prophète Isaïe (*1re lecture*). Il est aussi celui qui a présenté à son Père sa supplication en notre faveur *(2e lecture)* et il continue à le faire jusqu'à la fin des temps.

Bien sûr, la royauté que revendique Jésus n'est pas dans l'esprit du monde. Saint Jean le présente comme maître des événements, y compris pendant sa Passion, mais c'est en vue d'ouvrir au monde le règne de Dieu. Parce qu'il a éprouvé nos souffrances, ce roi pauvre, « doux et humble de cœur » (Matthieu 11, 29) est digne d'être notre guide. Par sa

---

1. On trouvera les 14 stations du Chemin de Croix, avec des passages de l'évangile de la Passion, pp. 670-677.

Passion il a réalisé les deux premières béatitudes : pauvre, le royaume des Cieux est à lui ; doux, il reçoit cette terre nouvelle en héritage.

En vénérant la Croix, nous nous inclinerons devant la majesté de Dieu qui s'est manifestée dans la chair, afin que nos heures d'épreuve soient transfigurées par l'amour du Christ-Jésus.

CHANTER

La célébration débute dans le silence.

Si on le juge utile, on peut chanter, de manière très sobre, pendant la lecture de la Passion : ***Chant pour la Passion selon saint Jean*** **H 14-41** ou ***C'était nos péchés qu'il portait*** **ZL8-1 CNA 463.**

Pendant la vénération de la Croix : ***Croix de lumière*** **H 30-89**, ***Impropères*** **H 52-55 CNA 461** ou **HP 60-44-4.**

Pour la communion (si l'assemblée est restreinte, on pourra garder le silence) : ***Corps livré, sang versé*** **D 54-18**, ***C'est toi, Seigneur, le pain rompu*** **D 293 CNA 322.**

La célébration se termine en silence.

CÉLÉBRER

La célébration de la Passion du Seigneur est prévue à trois heures de l'après-midi, à moins que pour une raison pastorale on ne choisisse une autre heure, ce qui est habituellement le cas dans les pays où ce jour n'est pas chômé.

Avant de commencer, il est souhaitable de présenter à l'assemblée le déroulement particulier de cette célébration qui n'est pas une messe. Elle comporte trois parties :
- la liturgie de la Parole avec la prière universelle largement déployée,
- l'adoration de la sainte Croix,
- la sainte communion.

Entrée

Le prêtre et le diacre, s'il y en a un, revêtus des vêtements de la messe, qui sont de couleur rouge, s'avancent vers l'autel en silence, et, après l'avoir salué, se prosternent face contre terre ou se mettent à genoux. Tous prient en silence pendant quelque temps. Tous les autres se mettent à genoux. Ensuite, le prêtre avec les ministres gagne le siège, où, se tenant tourné vers le peuple, il dit, les mains étendues, l'une des prières suivantes, en omettant l'invitation Prions le Seigneur.

Prière

Souviens-toi, Seigneur, de ta miséricorde, sanctifie ceux qui veulent te servir et protège-les toujours, car c'est pour eux que ton Fils Jésus Christ a institué par son sang répandu le sacrement pascal. Lui qui vit et règne pour les siècles des siècles.

ou bien

Seigneur Dieu, par la passion du Christ, ton Fils, notre Seigneur, tu as détruit la mort héritée du premier péché, elle qui tenait l'humanité sous sa loi ; accorde-nous de ressembler à ton Fils : du fait de notre nature, nous sommes à l'image de l'homme pétri d'argile ; de même, que ta grâce nous sanctifie pour que nous soyons à l'image de celui qui vient du ciel. Par le Christ, notre Seigneur.

1. LITURGIE DE LA PAROLE

1re Lecture

« Il était si défiguré qu'il ne ressemblait plus à un homme »

→ **Lecture du livre du prophète Isaïe** 52, 13–53, 12

Mon serviteur réussira, dit le Seigneur ; il montera, il s'élèvera, il sera exalté ! La multitude avait été consternée en le voyant, car il était si défiguré qu'il ne ressemblait plus à un homme ; il n'avait plus l'apparence d'un fils d'homme. Il étonnera de même une multitude de nations ; devant lui les rois resteront bouche bée, car ils verront ce que, jamais, on ne leur avait dit, ils découvriront ce dont ils n'avaient jamais entendu parler. Qui aurait cru ce que nous avons entendu ? Le bras puissant du Seigneur, à qui s'est-il révélé ? Devant lui, le serviteur a poussé comme une plante chétive, une racine dans une terre aride ; il était sans apparence ni beauté qui attire nos regards, son aspect n'avait rien pour nous plaire. Méprisé, abandonné des hommes, homme de douleurs, familier de la souffrance, il était pareil à celui devant qui on se voile la face ; et nous l'avons méprisé, compté pour rien. En fait, c'étaient nos souffrances qu'il portait, nos douleurs dont il était chargé. Et nous, nous pensions qu'il était frappé, meurtri par Dieu, humilié. Or, c'est à cause de nos révoltes qu'il a été transpercé, à cause de nos fautes qu'il a été broyé. Le châtiment qui nous donne la paix a pesé sur lui : par ses blessures, nous sommes guéris.

Nous étions tous errants comme des brebis, chacun suivait son propre chemin. Mais le Seigneur a fait retomber sur lui nos fautes à nous tous. Maltraité, il s'humilie, il n'ouvre pas la bouche : comme un agneau conduit à l'abattoir, comme une brebis muette devant les tondeurs, il n'ouvre pas la bouche. Arrêté, puis jugé, il a été supprimé. Qui donc s'est inquiété de son sort ? Il a été retranché de la terre des vivants, frappé à mort pour les révoltes de son peuple. On a placé sa tombe avec les méchants, son tombeau avec les riches ; et pourtant il n'avait pas commis de violence, on ne trouvait pas de tromperie dans sa bouche. Broyé par la souffrance, il a plu au Seigneur. S'il remet sa vie en sacrifice de réparation, il verra une descendance, il prolongera ses jours : par lui, ce qui plaît au Seigneur réussira.

Par suite de ses tourments, il verra la lumière, la connaissance le comblera. Le juste, mon serviteur, justifiera les multitudes, il se chargera de leurs fautes. C'est pourquoi, parmi les grands, je lui donnerai sa part, avec les puissants il partagera le butin, car il s'est dépouillé lui-même jusqu'à la mort, et il a été compté avec les pécheurs, alors qu'il portait le péché des multitudes et qu'il intercédait pour les pécheurs.

Psaume 30

℟. Ô Père, en tes mains je remets mon esprit.

En toi, Seigneur, j'ai mon refuge ;
garde-moi d'être humilié pour toujours.
En tes mains je remets mon esprit ;
tu me rachètes, Seigneur, Dieu de vérité.

Je suis la risée de mes adversaires
et même de mes voisins,
je fais peur à mes amis,
s'ils me voient dans la rue, ils me fuient.

On m'ignore comme un mort oublié,
comme une chose qu'on jette.
J'entends les calomnies de la foule ;
ils s'accordent pour m'ôter la vie.

Moi, je suis sûr de toi, Seigneur,
je dis : « Tu es mon Dieu ! »
Mes jours sont dans ta main : délivre-moi
des mains hostiles qui s'acharnent.

Sur ton serviteur, que s'illumine ta face ;
sauve-moi par ton amour.
Soyez forts, prenez courage,
vous tous qui espérez le Seigneur !

2e Lecture

Il a appris l'obéissance

→ Lecture de la lettre aux Hébreux 4, 14-16 ; 5, 7-9

Frères, en Jésus, le Fils de Dieu, nous avons le grand prêtre par excellence, celui qui a traversé les cieux ; tenons donc ferme l'affirmation de notre foi. En effet, nous n'avons pas un grand prêtre incapable de compatir à nos faiblesses, mais un grand prêtre éprouvé en toutes choses, à notre ressemblance, excepté le péché. Avançons-nous donc avec assurance vers le Trône de la grâce, pour obtenir miséricorde et recevoir, en temps voulu, la grâce de son secours.

Le Christ, pendant les jours de sa vie dans la chair, offrit, avec un grand cri et dans les larmes, des prières et des supplications à Dieu qui pouvait le sauver de la mort, et il fut exaucé en raison de son grand respect. Bien qu'il soit le Fils, il apprit par ses souffrances l'obéissance et, conduit à sa perfection, il est devenu pour tous ceux qui lui obéissent la cause du salut éternel.

Le Christ s'est anéanti, prenant la condition de serviteur. Pour nous, le Christ est devenu obéissant, jusqu'à la mort, et la mort sur une croix. C'est pourquoi Dieu l'a exalté : il l'a doté du Nom qui est au-dessus de tout nom. **Le Christ s'est anéanti, prenant la condition de serviteur.**

Évangile

La Passion de notre Seigneur Jésus Christ

→ **La Passion de notre Seigneur Jésus Christ selon saint Jean** 18, 1–19, 42[1]

1. Jésus est arrêté

L. En ce temps-là, après le repas, Jésus sortit avec ses disciples et traversa le torrent du Cédron ; il y avait là un jardin, dans lequel il entra avec ses disciples. Judas, qui le livrait, connaissait l'endroit, lui aussi, car Jésus et ses disciples s'y étaient souvent réunis. Judas, avec un détachement de soldats ainsi que des gardes envoyés par les grands prêtres et les pharisiens, arrive à cet endroit. Ils avaient des lanternes, des torches et des armes. Alors Jésus, sachant tout ce qui allait lui arriver, s'avança et leur dit :

\+ « Qui cherchez-vous ? »

L. Ils lui répondirent :

---

1. *Indications pour la lecture dialoguée : Les sigles désignant les divers interlocuteurs sont les suivants : + = Jésus ; L = Lecteur ; D = Disciples et amis ; F = Foule ; A = Autres personnages.*

F. « Jésus le Nazaréen. »

L. Il leur dit :

+ « C'est moi, je le suis. »

L. Judas, qui le livrait, se tenait avec eux. Quand Jésus leur répondit : « C'est moi, je le suis », ils reculèrent, et ils tombèrent à terre. Il leur demanda de nouveau :

+ « Qui cherchez-vous ? »

L. Ils dirent :

F. « Jésus le Nazaréen. »

L. Jésus répondit :

+ « Je vous l'ai dit : c'est moi, je le suis. Si c'est bien moi que vous cherchez, ceux-là, laissez-les partir. »

L. Ainsi s'accomplissait la parole qu'il avait dite : « Je n'ai perdu aucun de ceux que tu m'as donnés ». Or Simon-Pierre avait une épée ; il la tira, frappa le serviteur du grand prêtre et lui coupa l'oreille droite. Le nom de ce serviteur était Malcus. Jésus dit à Pierre :

+ « Remets ton épée au fourreau. La coupe que m'a donnée le Père, vais-je refuser de la boire ? »

L. Alors la troupe, le commandant et les gardes juifs se saisirent de Jésus et le ligotèrent. Ils l'emmenèrent d'abord chez Hanne, beau-père de Caïphe, qui était grand prêtre cette année-là. Caïphe était celui qui avait donné aux Juifs ce conseil : « Il vaut mieux qu'un seul homme meure pour le peuple. »

2. Jésus est renié par Pierre

L. Or Simon-Pierre, ainsi qu'un autre disciple, suivait Jésus. Comme ce disciple était connu du grand prêtre, il entra avec Jésus dans le palais du grand prêtre. Pierre se tenait près de la porte, dehors. Alors l'autre disciple – celui qui était connu du grand prêtre – sortit, dit un mot à la servante qui gardait la porte, et fit entrer Pierre. Cette jeune servante dit alors à Pierre :

A. « N'es-tu pas, toi aussi, l'un des disciples de cet homme ? »

L. Il répondit :

D. « Non, je ne le suis pas ! »

L. Les serviteurs et les gardes se tenaient là ; comme il faisait froid, ils avaient fait un feu de braise pour se réchauffer. Pierre était avec eux, en train de se chauffer.

3. Jésus est interrogé par le grand prêtre

L. Le grand prêtre interrogea Jésus sur ses disciples et sur son enseignement. Jésus lui répondit :

+ « Moi, j'ai parlé au monde ouvertement. J'ai toujours enseigné à la synagogue et dans le Temple, là où tous les Juifs se réunissent, et je n'ai jamais parlé en cachette. Pourquoi m'interroges-tu ? Ce que je leur ai dit, demande-le à ceux qui m'ont entendu. Eux savent ce que j'ai dit. »

L. À ces mots, un des gardes, qui était à côté de Jésus, lui donna une gifle en disant :

A. « C'est ainsi que tu réponds au grand prêtre ! »

L. Jésus lui répliqua :

+ « Si j'ai mal parlé, montre ce que j'ai dit de mal. Mais si j'ai bien parlé, pourquoi me frappes-tu ? »

L. Hanne l'envoya, toujours ligoté, au grand prêtre Caïphe.

4. Jésus est renié par Pierre pour la seconde fois

L. Simon-Pierre était donc en train de se chauffer. On lui dit :

A. « N'es-tu pas, toi aussi, l'un de ses disciples ? »

L. Pierre le nia et dit :

D. « Non, je ne le suis pas ! »

L. Un des serviteurs du grand prêtre, parent de celui à qui Pierre avait coupé l'oreille, insista :

A. « Est-ce que moi, je ne t'ai pas vu dans le jardin avec lui ? »

L. Encore une fois, Pierre le nia. Et aussitôt un coq chanta.

5. Jésus est emmené chez Pilate

L. Alors on emmène Jésus de chez Caïphe au Prétoire. C'était le matin. Ceux qui l'avaient amené n'entrèrent pas dans le Prétoire, pour éviter une souillure et pouvoir manger l'agneau pascal. Pilate sortit donc à leur rencontre et demanda :

A. « Quelle accusation portez-vous contre cet homme ? »

L. Ils lui répondirent :

F. « S'il n'était pas un malfaiteur, nous ne t'aurions pas livré cet homme. »

L. Pilate leur dit :

A. « Prenez-le vous-mêmes et jugez-le suivant votre loi. »

L. Les Juifs lui dirent :

F. « Nous n'avons pas le droit de mettre quelqu'un à mort. »

L. Ainsi s'accomplissait la parole que Jésus avait dite pour signifier de quel genre de mort il allait mourir.

6. Jésus est interrogé par Pilate

L. Alors Pilate rentra dans le Prétoire ; il appela Jésus et lui dit :

A. « Es-tu le roi des Juifs ? »

L. Jésus lui demanda :

+ « Dis-tu cela de toi-même, ou bien d'autres te l'ont dit à mon sujet ? »

L. Pilate répondit :

A. « Est-ce que je suis juif, moi ? Ta nation et les grands prêtres t'ont livré à moi : qu'as-tu donc fait ? »

L. Jésus déclara :

+ « Ma royauté n'est pas de ce monde ; si ma royauté était de ce monde, j'aurais des gardes qui se seraient battus pour que je ne sois pas livré aux Juifs. En fait, ma royauté n'est pas d'ici. »

L. Pilate lui dit :

A. « Alors, tu es roi ? »

L. Jésus répondit :

+ « C'est toi-même qui dis que je suis roi. Moi, je suis né, je suis venu dans le monde pour ceci : rendre témoignage à la vérité. Quiconque appartient à la vérité écoute ma voix. »

L. Pilate lui dit :

A. « Qu'est-ce que la vérité ? »

7. Jésus est flagellé et couronné d'épines

L. Ayant dit cela, il sortit de nouveau à la rencontre des Juifs, et il leur déclara :

A. « Moi, je ne trouve en lui aucun motif de condamnation. Mais, chez vous, c'est la coutume que je vous relâche quelqu'un pour la Pâque : voulez-vous donc que je vous relâche le roi des Juifs ? »

L. Alors ils répliquèrent en criant :

F. « Pas lui ! Mais Barabbas ! »

L. Or ce Barabbas était un bandit. Alors Pilate fit saisir Jésus pour qu'il soit flagellé. Les soldats tressèrent avec des épines une couronne qu'ils lui posèrent sur la tête ; puis ils le revêtirent d'un manteau pourpre. Ils s'avançaient vers lui et ils disaient :

F. « Salut à toi, roi des Juifs ! »

L. Et ils le giflaient.

8. Jésus est interrogé par Pilate pour la deuxième fois

L. Pilate, de nouveau, sortit dehors et leur dit :

A. « Voyez, je vous l'amène dehors pour que vous sachiez que je ne trouve en lui aucun motif de condamnation. »

L. Jésus donc sortit dehors, portant la couronne d'épines et le manteau pourpre. Et Pilate leur déclara :

A. « Voici l'homme. »

L. Quand ils le virent, les grands prêtres et les gardes se mirent à crier :

F. « Crucifie-le ! Crucifie-le ! »

L. Pilate leur dit :

A. « Prenez-le vous-mêmes, et crucifiez-le ; moi, je ne trouve en lui aucun motif de condamnation. »

L. Ils lui répondirent :

F. « Nous avons une Loi, et suivant la Loi il doit mourir, parce qu'il s'est fait Fils de Dieu. »

L. Quand Pilate entendit ces paroles, il redoubla de crainte. Il rentra dans le Prétoire, et dit à Jésus :

A. « D'où es-tu ? »

L. Jésus ne lui fit aucune réponse. Pilate lui dit alors :

A. « Tu refuses de me parler, à moi ? Ne sais-tu pas que j'ai pouvoir de te relâcher, et pouvoir de te crucifier ? »

L. Jésus répondit :

+ « Tu n'aurais aucun pouvoir sur moi si tu ne l'avais reçu d'en haut ; c'est pourquoi celui qui m'a livré à toi porte un péché plus grand. »

L. Dès lors, Pilate cherchait à le relâcher ; mais des Juifs se mirent à crier :

F. « Si tu le relâches, tu n'es pas un ami de l'empereur. Quiconque se fait roi s'oppose à l'empereur. »

L. En entendant ces paroles, Pilate amena Jésus au-dehors ; il le fit asseoir sur une estrade au lieu dit le Dallage – en hébreu : Gabbatha. C'était le jour de la Préparation de la Pâque, vers la sixième heure, environ midi. Pilate dit aux Juifs :

A. « Voici votre roi. »

L. Alors ils crièrent :

F. « À mort ! À mort ! Crucifie-le ! »

L. Pilate leur dit :

A. « Vais-je crucifier votre roi ? »

L. Les grands prêtres répondirent :

F. « Nous n'avons pas d'autre roi que l'empereur. »

L. Alors, il leur livra Jésus pour qu'il soit crucifié.

9. Jésus est crucifié

L. Ils se saisirent de Jésus. Et lui-même, portant sa croix, sortit en direction du lieu dit Le Crâne (ou Calvaire), qui se dit en hébreu Golgotha. C'est là qu'ils le crucifièrent, et deux autres avec lui, un de chaque côté, et Jésus au milieu. Pilate avait rédigé un écriteau qu'il fit placer sur la croix ; il était écrit : « Jésus le Nazaréen, roi des Juifs. » Beaucoup de Juifs lurent cet écriteau, parce que l'endroit où l'on avait crucifié Jésus était proche de la ville, et que c'était écrit en hébreu, en latin et en grec. Alors les grands prêtres des Juifs dirent à Pilate :

F. « N'écris pas : "Roi des Juifs" ; mais : "Cet homme a dit : Je suis le roi des Juifs". » Pilate répondit :

A. « Ce que j'ai écrit, je l'ai écrit. »

10. Les vêtements de Jésus sont tirés au sort

L. Quand les soldats eurent crucifié Jésus, ils prirent ses habits ; ils en firent quatre parts, une pour chaque soldat.

Ils prirent aussi la tunique ; c'était une tunique sans couture, tissée tout d'une pièce de haut en bas. Alors ils se dirent entre eux :

A. « Ne la déchirons pas, désignons par le sort celui qui l'aura. »

L. Ainsi s'accomplissait la parole de l'Écriture : *Ils se sont partagé mes habits ; ils ont tiré au sort mon vêtement.* C'est bien ce que firent les soldats.

11. La mère de Jésus était là

L. Or, près de la croix de Jésus se tenaient sa mère et la sœur de sa mère, Marie, femme de Cléophas, et Marie Madeleine. Jésus, voyant sa mère, et près d'elle le disciple qu'il aimait, dit à sa mère :

+ « Femme, voici ton fils. »

L. Puis il dit au disciple :

+ « Voici ta mère. »

L. Et à partir de cette heure-là, le disciple la prit chez lui.

12. Jésus meurt sur la croix

L. Après cela, sachant que tout, désormais, était achevé pour que l'Écriture s'accomplisse jusqu'au bout, Jésus dit :

+ « J'ai soif. »

L. Il y avait là un récipient plein d'une boisson vinaigrée. On fixa donc une éponge remplie de ce vinaigre à une branche d'hysope, et on l'approcha de sa bouche. Quand il eut pris le vinaigre, Jésus dit :

+ « Tout est accompli. »

L. Puis, inclinant la tête, il remit l'esprit.

Ici on fléchit le genou et on s'arrête un instant.

13. Le cœur de Jésus est percé d'un coup de lance

L. Comme c'était le jour de la Préparation (c'est-à-dire le vendredi), il ne fallait pas laisser les corps en croix durant le sabbat, d'autant plus que ce sabbat était le grand jour de la Pâque. Aussi les Juifs demandèrent à Pilate qu'on enlève les corps après leur avoir brisé les jambes. Les soldats allèrent donc briser les jambes du premier, puis de l'autre homme crucifié avec Jésus. Quand ils arrivèrent à Jésus, voyant qu'il était déjà mort, ils ne lui brisèrent pas les jambes, mais un des soldats avec sa lance lui perça le côté ; et aussitôt, il en sortit du sang et de l'eau. Celui qui a vu rend témoignage, et son témoignage est véridique ; et celui-là sait qu'il dit vrai afin que vous aussi, vous croyiez. Cela, en effet, arriva pour que s'accomplisse l'Écriture : *Aucun de ses os ne sera brisé.* Un autre passage de l'Écriture dit encore : *Ils lèveront les yeux vers celui qu'ils ont transpercé.*

14. Jésus est mis au tombeau

L. Après cela, Joseph d'Arimathie, qui était disciple de Jésus, mais en secret par crainte des Juifs, demanda à Pilate de pouvoir enlever le corps de Jésus. Et Pilate le permit. Joseph vint donc enlever le corps de Jésus. Nicodème – celui qui, au début, était venu trouver Jésus pendant la nuit – vint lui aussi ; il apportait un mélange de myrrhe et d'aloès pesant environ cent livres. Ils prirent donc le corps de Jésus, qu'ils lièrent de linges, en employant les aromates selon la coutume juive d'ensevelir les morts. À l'endroit où Jésus avait été crucifié, il y avait un jardin et, dans ce jardin, un tombeau neuf dans lequel on n'avait encore déposé personne. À cause de la Préparation de la Pâque juive, et comme ce tombeau était proche, c'est là qu'ils déposèrent Jésus.

Prière universelle

L'invitatoire précédant chaque intention peut être dit par un diacre. On peut prévoir une acclamation du peuple avant chaque oraison. Le prêtre peut choisir, parmi les intentions proposées, celles seulement qui sont les plus aptes à nourrir la prière de l'assemblée, de manière toutefois que soient conservées les séries habituelles de la prière universelle.

1. Pour l'Église

Prions, frères et sœurs bien-aimés, pour la sainte Église de Dieu : que notre Dieu et Seigneur lui donne la paix, la rassemble dans l'unité et la garde par toute la terre ; qu'il nous accorde une vie calme et paisible, pour glorifier Dieu le Père tout-puissant.

Tous prient en silence. Puis le prêtre dit :

Dieu éternel et tout-puissant, dans le Christ, tu as révélé ta gloire à tous les peuples ; protège l'œuvre de ta miséricorde, afin que ton Église répandue par tout l'univers demeure inébranlable dans la foi pour proclamer ton nom. Par le Christ, notre Seigneur. ℟. **Amen.**

2. Pour le pape

Prions pour notre saint Père le pape N., choisi par Dieu notre Seigneur dans le collège des évêques : qu'il le garde sain et sauf au service de son Église pour gouverner le peuple saint de Dieu.

Dieu éternel et tout-puissant dont la sagesse organise toutes choses, écoute en ta bonté notre prière : protège avec amour l'évêque de Rome que tu nous as choisi, afin que, sous la conduite du Pontife suprême, le peuple chrétien que tu gouvernes progresse toujours dans la foi. Par le Christ, notre Seigneur. ℟. **Amen.**

3. *Pour le clergé et le peuple fidèle*

Prions pour notre évêque N., pour tous les évêques, les prêtres, les diacres de l'Église et pour l'ensemble du peuple des fidèles.
Dieu éternel et tout-puissant dont l'Esprit sanctifie et gouverne le corps entier de l'Église, exauce les prières que nous t'adressons pour tes ministres : afin que, par le don de ta grâce, tout ton peuple te serve avec fidélité. Par le Christ, notre Seigneur. ℟. **Amen.**

4. *Pour les catéchumènes*

Prions pour les (nos) catéchumènes : que Dieu notre Seigneur ouvre leur cœur à sa parole, et les accueille dans sa miséricorde ; après avoir reçu le pardon de tous leurs péchés par le bain de la naissance nouvelle, qu'ils soient reconnus comme appartenant au Christ Jésus notre Seigneur.
Dieu éternel et tout-puissant, toi qui assures la fécondité de ton Église en lui donnant toujours de nouveaux enfants, augmente en nos catéchumènes la foi et l'intelligence de la foi : qu'ils renaissent à la source du baptême et prennent place parmi tes enfants d'adoption. Par le Christ, notre Seigneur. ℟. **Amen.**

5. *Pour l'unité des Chrétiens*

Prions pour tous nos frères et sœurs qui croient au Christ et cherchent à faire la vérité : que le Seigneur notre Dieu les rassemble et les garde dans son unique Église.
Dieu éternel et tout-puissant, toi qui rassembles ce qui est dispersé, et qui gardes ce que tu as rassemblé, jette un regard de paix sur le troupeau conduit par ton Fils : accorde à ceux qu'un même baptême a consacrés d'être unis dans la plénitude de la foi et de demeurer en communion par le lien de la charité. Par le Christ, notre Seigneur. ℟. **Amen.**

6. Pour le peuple juif

Prions pour les Juifs à qui le Seigneur notre Dieu a parlé en premier : qu'il leur donne de progresser dans l'amour de son Nom et dans la fidélité à son Alliance.
Dieu éternel et tout-puissant, toi qui as confié tes promesses à Abraham et à sa descendance, écoute avec bonté les prières de ton Église : donne au peuple que tu as choisi en premier de parvenir à la plénitude de la rédemption. Par le Christ, notre Seigneur. ℟. **Amen.**

7. Pour ceux qui ne croient pas au Christ

Prions pour ceux qui ne croient pas au Christ : demandons qu'à la lumière de l'Esprit Saint, ils puissent s'engager, eux aussi, sur le chemin du salut.
Dieu éternel et tout-puissant, donne à ceux qui ne reconnaissent pas le Christ de marcher en ta présence d'un cœur sincère, afin de découvrir la vérité ; et donne-nous de progresser sans cesse dans l'amour mutuel, attentifs à percevoir plus pleinement le mystère de ta vie, pour être dans le monde des témoins plus parfaits de ton amour. Par le Christ, notre Seigneur. ℟. **Amen.**

8. Pour ceux qui ne croient pas en Dieu

Prions pour ceux qui ne connaissent pas Dieu : demandons qu'en recherchant d'un cœur sincère ce qui est droit, ils puissent parvenir jusqu'à Dieu lui-même.
Dieu éternel et tout-puissant, tu as créé l'être humain pour qu'il te cherche dans un désir inlassable et que son cœur s'apaise en te trouvant ; nous t'en prions, fais que tous, au milieu des difficultés qui leur font obstacle, discernent les signes de ta tendresse et perçoivent le témoignage des œuvres bonnes de ceux qui croient en toi, afin d'avoir le bonheur de te reconnaître, toi, le seul vrai Dieu et notre Père. Par le Christ, notre Seigneur. ℟. **Amen.**

9. Pour les responsables des pouvoirs publics

Prions pour les chefs d'État et tous les responsables des affaires publiques : que le Seigneur notre Dieu dirige leur esprit et leur cœur selon sa volonté pour la paix véritable et la liberté de tous.
Dieu éternel et tout-puissant, le cœur humain et les droits des peuples sont dans ta main ; regarde avec bienveillance ceux qui exercent le pouvoir sur nous ; que par ta grâce s'affermissent partout sur la terre la sécurité et la paix, la prospérité des nations et la liberté religieuse. Par le Christ, notre Seigneur.
℟. **Amen.**

10. Pour ceux qui sont dans l'épreuve

Frères et sœurs bien-aimés, prions Dieu le Père tout-puissant, pour qu'il purifie le monde de toute erreur, chasse les maladies et repousse la famine, ouvre les prisons et brise les chaînes, protège ceux qui voyagent, ramène chez eux les exilés, donne la force aux malades, et, aux mourants, accorde le salut.
Dieu éternel et tout-puissant, consolation des affligés, force de ceux qui peinent, entends les prières de ceux qui crient vers toi, quelles que soient leurs souffrances : que tous aient la joie de trouver dans leurs détresses le secours de ta miséricorde. Par le Christ, notre Seigneur. ℟. **Amen.**

2. ADORATION DE LA SAINTE CROIX

La présentation de la Croix peut se faire sous deux formes. On choisira celle des deux qui est la mieux adaptée à l'assemblée, selon les exigences pastorales. Une grande croix est apportée dans l'église, en passant au milieu de l'assemblée, ou bien une croix voilée est découverte peu à peu. Lors de chacune des trois stations, on chante :

Voici le bois de la Croix,
qui a porté le salut du monde.

Venez, adorons le Seigneur.

Puis tous s'agenouillent et adorent en silence durant quelques instants tandis que le prêtre reste debout et tient la Croix élevée.

Puis chacun vient vénérer la croix.

Pendant l'adoration de la Croix, on chante des chants adaptés, notamment les Impropères ou, si les traditions populaires s'y prêtent, le Stabat Mater.

Ta croix, Seigneur, nous l'adorons,
et ta sainte résurrection, nous la chantons :
c'est par le bois de la Croix
que la joie est venue dans le monde. cf. Ps 66, 2

℣. Que Dieu nous prenne en grâce et nous bénisse,
que son visage s'illumine pour nous,
et qu'il nous prenne en pitié.

3. SAINTE COMMUNION

On apporte sur l'autel le pain consacré à la messe du Jeudi saint.

Notre Père...

On omet le rite de paix, le rite de la fraction et l'Agnus Dei.

Prière après la communion

Dieu éternel et tout-puissant, tu nous as renouvelés par la mort et la résurrection bienheureuse de ton Christ ; entretiens en nous l'œuvre de ta miséricorde : que notre communion à ce mystère consacre à ton service notre vie tout entière. Par le Christ, notre Seigneur.

Bénédiction

Le prêtre étend les mains sur l'assemblée et dit :

Que ta bénédiction, nous t'en prions, Seigneur, descende en abondance sur ton peuple qui a célébré la mort de ton Fils dans l'espérance de sa propre résurrection : accorde-lui pardon et réconfort, augmente sa foi, assure son éternelle rédemption. Par le Christ, notre Seigneur.

La célébration se termine dans le silence et le recueillement.

Croix du supplice, croix glorieuse.

« La Croix rend la lumière à l'univers entier, elle chasse les ténèbres et rassemble les nations de l'Occident, du Nord, de la mer et de l'Orient en une seule Église, une seule foi, un seul baptême dans la charité. Elle se dresse au centre du monde, fixée sur le Calvaire. Armés de la Croix, les Apôtres s'en vont prêcher et rassembler dans son adoration tout l'univers, foulant aux pieds toute puissance hostile. Par elle, les martyrs ont confessé la foi avec audace et n'ont pas craint les ruses des tyrans. S'en étant chargés, les moines, dans une immense joie, ont fait de la solitude leur séjour. Cette Croix paraîtra lors du retour du Christ, la première dans le ciel, sceptre précieux, vivant, véritable et saint du Grand Roi : "Alors, dit le Seigneur, apparaîtra dans le ciel le signe du Fils de l'homme." »

Saint Éphrem, dans Jean-René Bouchet,
Lectionnaire Patristique Dominicain pour les Dimanches et pour les Fêtes, Cerf, 1994, p. 180.

Dimanche de Pâques
La Résurrection du Seigneur
Vigile pascale dans la nuit sainte

DANS LA NUIT DU 30 AU 31 MARS 2024

Le Christ : premier-né d'entre les morts

« Mon Seigneur, avec nous tous ! » s'exclame le premier homme, Adam, voyant le Christ descendu aux enfers, selon une homélie ancienne lue à l'office des lectures du Samedi saint. Oui, le Seigneur, avec chacun de nous, pour nous relever de la mort. C'est le mystère pascal que nous célébrons en cette nuit : joie de la résurrection du Premier-né d'entre les morts, vrai homme et vrai Dieu.

Dans la première Alliance, bien des événements vécus par le peuple hébreu ont préfiguré la Résurrection. Nous les entendrons au cours de la Vigile : Isaac épargné du sacrifice (*2e lecture*), le peuple libéré de la servitude (*3e lecture*), la promesse d'une alliance éternelle annoncée par les prophètes (*de la 4e à la 7e lecture*). C'est dans l'histoire des hommes que Dieu intervient ; c'est avec son humanité que le Christ est passé de la mort à la vie ; et par le baptême, dans notre vie d'homme greffée à celle du Christ, nous vivons ce passage vers la vie éternelle (*épître*).

Pâques nous fait entrer dans une dynamique. Les déplacements des personnages que rapportent les évangiles de la Résurrection en sont le signe : on ne peut rester statique et affligé à l'entrée du tombeau puisqu' « il vous précède en Galilée » (*évangile*). Pâques nous fait aussi entrevoir l'accomplissement de la mission du Christ avec son entrée dans la gloire auprès du Père. Ce que fêterons au jour de l'Ascension n'est pas un retour du Christ à la situation d'avant sa venue sur la terre puisque désormais c'est le Fils de Dieu incarné qui siège à la droite du Père. Il nous devance sur ce chemin où le reste de l'humanité est appelé à le rejoindre. Dans cette proximité avec le Père, le Christ peut alors nous envoyer son Esprit de Ressuscité pour que nous lui restions fidèles en vivant dans le monde.

CHANTER

Pendant la procession de la lumière : ***Joyeuse lumière* I 17 CNA 477** ou **SYL C 001 CNA 86.**
Pour l'annonce de la Pâque, soit la mélodie proposée dans le Missel, soit ***Qu'éclate dans le ciel* IL 111-1** ou **IL 14-08-4.**
Pour l'acclamation à l'évangile : ***Alléluia pascal avec le psaume* 117 CNA 530** ou **CNA 218-38.**
Pour la liturgie baptismale : ***Baptisés dans l'eau et dans l'Esprit* I 14-67**-1 ou **CNA 673, *Hommes nouveaux baptisés* IX 14-64-1, *Baptisés dans la lumière de Jésus* N 297 CNA 672.**
Pour le rite d'aspersion : ***J'ai vu l'eau vive* I 132-1, *J'ai vu des fleuves d'eau vive* I 44-62, *Nés de l'eau et de l'Esprit* GX 814.**
Pendant la communion : ***Devenez ce que vous recevez* D 68-39, *De la table du Seigneur* D 80 CNA 324, *Voici le pain que donne Dieu* D 50-07-3, *Venez manger la Pâque* I 119-2 CNA 347.**
Après la communion : ***Tu as triomphé de la mort* ILH 165 CNA 594, *Christ est ressuscité* ID 24-72-1, *Rendez grâce au Seigneur* Z 135.**
Pour l'envoi : ***Criez de joie, Christ est ressuscité* I 52-51, *Le Seigneur est ressuscité* I 13 CNA 491, *À Toi la gloire, Ô Ressuscité* M 191 IEV 105.**

CÉLÉBRER

On se réfèrera aux indications du Missel romain pour la préparation et le déroulement de la Vigile pascale qui prévoit notamment qu'elle se déroule entièrement de nuit. Ceux qui participent à la Vigile pascale peuvent aussi communier à la messe du jour de Pâques.

---

1. OUVERTURE SOLENNELLE DE LA VIGILE OU OFFICE DE LA LUMIÈRE

Frères et sœurs bien-aimés, en cette nuit très sainte où notre Seigneur Jésus Christ est passé de la mort à la vie, l'Église invite tous ses enfants disséminés de par le monde à se réunir pour veiller et prier. Nous allons donc commémorer la Pâque du Seigneur en écoutant sa parole et en célébrant ses mystères ; ainsi nous aurons l'espérance d'avoir part à son triomphe sur la mort et de vivre avec lui en Dieu.

Bénédiction du feu

Seigneur Dieu, par ton Fils tu as apporté à tes fidèles le feu de ta splendeur ; sanctifie ce feu ✠ nouveau ; accorde-nous, durant ces fêtes pascales, d'être enflammés d'un si grand désir du ciel que nous puissions parvenir, avec un cœur pur, aux fêtes de l'éternelle lumière. Par le Christ, notre Seigneur. ℟. **Amen.**

Préparation du cierge pascal

Le Christ, hier et aujourd'hui, commencement et fin de toutes choses, Alpha et Oméga ; à lui, le temps et l'éternité, à lui, la gloire et la puissance pour les siècles sans fin. ℟. **Amen.**
Par ses saintes plaies, ses plaies glorieuses, que le Christ Seigneur nous garde et nous protège. ℟. **Amen.**
Que la lumière du Christ, ressuscitant dans la gloire, dissipe les ténèbres de notre cœur et de notre esprit. ℟. **Amen.**

Procession d'entrée

Lumière du Christ !
Nous rendons grâce à Dieu !

Annonce de Pâques

(forme brève)

Exultez dans le ciel, multitude des anges !
Exultez, célébrez les mystères divins !
Résonne, trompette du salut,
pour la victoire d'un si grand Roi !

Que la terre, elle aussi, soit heureuse,
irradiée de tant de feux :
illuminée de la splendeur du Roi éternel,
qu'elle voie s'en aller l'obscurité
qui recouvrait le monde entier !

Réjouis-toi, Église notre mère,
parée d'une lumière si éclatante !
Que retentisse dans ce lieu saint
l'acclamation de tous les peuples !

(Le Seigneur soit avec vous. ℟. **Et avec votre esprit.**)
Élevons notre cœur. ℟. **Nous le tournons vers le Seigneur.**
Rendons grâce au Seigneur notre Dieu. ℟. **Cela est juste et bon.**
Vraiment, il est juste et bon de chanter à pleine voix,
dans tout l'élan du cœur et de l'esprit,
le Père tout-puissant, Dieu invisible,
et son Fils unique, Jésus Christ, notre Seigneur.

C'est lui qui a remis pour nous au Père éternel
le prix de la dette encourue par Adam ;
c'est lui qui répandit son sang par amour
pour effacer la condamnation du premier péché.

Car voici la fête de la Pâque
dans laquelle est mis à mort l'Agneau véritable
dont le sang consacre les portes des croyants.

Voici la nuit où tu as tiré d'Égypte
les enfants d'Israël, nos pères,

et leur as fait passer la mer Rouge à pied sec.
Voici la nuit où le feu d'une colonne lumineuse
a dissipé les ténèbres du péché.
Voici la nuit
qui arrache au monde corrompu, aveuglé par le mal,
ceux qui, aujourd'hui et dans tout l'univers,
ont mis leur foi dans le Christ :
nuit qui les rend à la grâce
et leur ouvre la communion des saints.
Voici la nuit où le Christ,
brisant les liens de la mort,
s'est relevé, victorieux, du séjour des morts.
Ô merveilleuse condescendance de ta tendresse envers nous !
inestimable choix de ton amour :
pour racheter l'esclave, tu as livré le Fils !
Il fallait le péché d'Adam
que la mort du Christ abolit.
Ô bienheureuse faute
qui nous valut pareil Rédempteur !
Car le pouvoir sanctifiant de cette nuit
chasse les crimes et lave les fautes,
rend l'innocence aux coupables et l'allégresse aux affligés.
Ô nuit de vrai bonheur,
nuit où le ciel s'unit à la terre,
où l'homme rencontre Dieu.
Dans la grâce de cette nuit,
accueille, Père saint, en sacrifice du soir
(la flamme montant de) cette colonne de cire (œuvre des abeilles)
que la sainte Église t'offre par nos mains.
Aussi nous t'en prions, Seigneur :
permets que ce cierge consacré en l'honneur de ton nom
brûle sans déclin pour dissiper les ténèbres de cette nuit.
Qu'il te soit d'un parfum agréable
et joigne sa clarté à celle des étoiles.
Qu'il brûle encore quand se lèvera l'astre du matin,

cet astre sans pareil qui ne connaît pas de couchant,
le Christ, ton Fils, revenu du séjour des morts,
qui répand sur le genre humain sa lumière et sa paix,
lui qui vit et règne pour les siècles des siècles. ℟. **Amen.**

Tous éteignent leur cierge et s'assoient.

2. LITURGIE DE LA PAROLE

En cette Vigile qui est « la mère de toutes les Vigiles », sont proposées neuf lectures, à savoir sept de l'Ancien Testament et deux du Nouveau (l'épître et l'évangile). Ces lectures doivent être lues partout où c'est possible, pour que soit conservée la nature de la Vigile qui exige une longue durée.

Cependant, pour de graves raisons d'ordre pastoral, on peut réduire le nombre des lectures de l'Ancien Testament ; mais on respectera toujours la règle selon laquelle la Parole de Dieu constitue un élément fondamental de la Vigile dans la nuit de Pâques. On fera donc au moins trois lectures de l'Ancien Testament, tirées de la Loi et des Prophètes, et l'on chantera leurs psaumes responsoriaux respectifs. On n'omettra jamais le récit du chap. 4 de l'Exode (3e lecture), avec son cantique.

1re Lecture

Le récit de la création

→ **Lecture du livre de la Genèse**

1, 1–2, 2 (lecture brève : 1, 1.26-31a)

La lecture du texte entre crochets est facultative.

Au commencement, Dieu créa le ciel et la terre. [La terre était informe et vide, les ténèbres étaient au-dessus de l'abîme et le souffle de Dieu planait au-dessus des eaux. Dieu dit : « Que la lumière soit. » Et la lumière fut. Dieu vit que la lumière était bonne, et Dieu sépara la lumière des ténèbres. Dieu appela la lumière « jour », il appela les ténèbres « nuit ». Il y eut un soir, il y eut un matin : premier jour.

Et Dieu dit : « Qu'il y ait un firmament au milieu des eaux, et qu'il sépare les eaux. » Dieu fit le firmament, il sépara les eaux qui sont au-dessous du firmament et les eaux qui sont au-dessus. Et ce fut ainsi. Dieu appela le firmament « ciel ». Il y eut un soir, il y eut un matin : deuxième jour.

Et Dieu dit : « Les eaux qui sont au-dessous du ciel, qu'elles se rassemblent en un seul lieu, et que paraisse la terre ferme. » Et ce fut ainsi. Dieu appela la terre ferme « terre », et il appela la masse des eaux « mer ». Et Dieu vit que cela était bon. Dieu dit : « Que la terre produise l'herbe, la plante qui porte sa semence, et que, sur la terre, l'arbre à fruit donne, selon son espèce, le fruit qui porte sa semence. » Et ce fut ainsi. La terre produisit l'herbe, la plante qui porte sa semence, selon son espèce, et l'arbre qui donne, selon son espèce, le fruit qui porte sa semence. Et Dieu vit que cela était bon. Il y eut un soir, il y eut un matin : troisième jour.

Et Dieu dit : « Qu'il y ait des luminaires au firmament du ciel, pour séparer le jour de la nuit ; qu'ils servent de signes pour marquer les fêtes, les jours et les années ; et qu'ils soient, au firmament du ciel, des luminaires pour éclairer la terre. » Et ce fut ainsi. Dieu fit les deux grands luminaires : le plus grand pour commander au jour, le plus petit pour commander à la nuit ; il fit aussi les étoiles. Dieu les plaça au firmament du ciel pour éclairer la terre, pour commander au jour et à la nuit, pour séparer la lumière des ténèbres. Et Dieu vit que cela était bon. Il y eut un soir, il y eut un matin : quatrième jour.

Et Dieu dit : « Que les eaux foisonnent d'une profusion d'êtres vivants, et que les oiseaux volent au-dessus de la terre, sous le firmament du ciel. » Dieu créa, selon leur espèce, les grands monstres marins, tous les êtres vivants qui vont et viennent et foisonnent dans les eaux, et aussi, selon leur espèce, tous les oiseaux qui volent. Et Dieu vit que cela était bon. Dieu les bénit par ces paroles : « Soyez féconds et multipliez-vous, remplissez les mers, que les oiseaux se multiplient sur la terre. » Il y eut un soir, il y eut un matin : cinquième jour.

Et Dieu dit : « Que la terre produise des êtres vivants selon leur espèce, bestiaux, bestioles et bêtes sauvages selon leur espèce. » Et ce fut ainsi. Dieu fit les bêtes sauvages selon leur espèce, les bestiaux selon leur espèce, et toutes les bestioles de la terre selon leur espèce. Et Dieu vit que cela était bon.]

Dieu dit : « Faisons l'homme à notre image, selon notre ressemblance. Qu'il soit le maître des poissons de la mer, des oiseaux du ciel, des bestiaux, de toutes les bêtes sauvages, et de toutes les bestioles qui vont et viennent sur la terre. » Dieu créa l'homme à son image, à l'image de Dieu il le créa, il les créa homme et femme. Dieu les bénit et leur dit : « Soyez féconds et multipliez-vous, remplissez la terre et soumettez-la. Soyez les maîtres des poissons de la mer, des oiseaux du ciel, et de tous les animaux qui vont et viennent sur la terre. » Dieu dit encore : « Je vous donne toute plante qui porte sa semence sur toute la surface de la terre, et tout arbre dont le fruit porte sa semence : telle sera votre nourriture. À tous les animaux de la terre, à tous les oiseaux du ciel, à tout ce qui va et vient sur la terre et qui a souffle de vie, je donne comme nourriture toute herbe verte. » Et ce fut ainsi. Et Dieu vit tout ce qu'il avait fait ; et voici : cela était très bon. Il y eut un soir, il y eut un matin : sixième jour.

[Ainsi furent achevés le ciel et la terre, et tout leur déploiement. Le septième jour, Dieu avait achevé l'œuvre qu'il avait faite. Il se reposa, le septième jour, de toute l'œuvre qu'il avait faite.]

Psaume 103

℟. Ô Seigneur, envoie ton Esprit
qui renouvelle la face de la terre !

Bénis le Seigneur, ô mon âme ;
Seigneur mon Dieu, tu es si grand !
Revêtu de magnificence,
tu as pour manteau la lumière !

Tu as donné son assise à la terre :
qu'elle reste inébranlable au cours des temps.
Tu l'as vêtue de l'abîme des mers :
les eaux couvraient même les montagnes.

Dans les ravins tu fais jaillir des sources
et l'eau chemine aux creux des montagnes ;
les oiseaux séjournent près d'elle :
dans le feuillage on entend leurs cris.

De tes demeures tu abreuves les montagnes,
et la terre se rassasie du fruit de tes œuvres ;
tu fais pousser les prairies pour les troupeaux,
et les champs pour l'homme qui travaille.

Quelle profusion dans tes œuvres, Seigneur !
Tout cela, ta sagesse l'a fait ;
la terre s'emplit de tes biens.
Bénis le Seigneur, ô mon âme !

ou bien

Psaume 32

℟. Toute la terre, Seigneur, est remplie de ton amour.

Oui, elle est droite, la parole du Seigneur ;
il est fidèle en tout ce qu'il fait.
Il aime le bon droit et la justice ;
la terre est remplie de son amour.

Le Seigneur a fait les cieux par sa parole,
l'univers, par le souffle de sa bouche.
Il amasse, il retient l'eau des mers ;
les océans, il les garde en réserve.

Heureux le peuple dont le Seigneur est le Dieu,
heureuse la nation qu'il s'est choisie pour domaine !
Du haut des cieux, le Seigneur regarde :
il voit la race des hommes.

Nous attendons notre vie du Seigneur :
il est pour nous un appui, un bouclier.
Que ton amour, Seigneur, soit sur nous
comme notre espoir est en toi !

Prière

Dieu éternel et tout-puissant, toi qui es admirable dans la réalisation de toutes tes œuvres, donne à ceux que tu as rachetés de comprendre que le sacrifice du Christ, notre Pâque, à la plénitude des temps, est une œuvre plus merveilleuse encore que la création au commencement du monde. Lui qui vit et règne pour les siècles des siècles.

ou bien, au sujet de la création de l'homme

Seigneur Dieu, tu as créé l'être humain d'une manière admirable et tu l'as racheté d'une manière plus admirable encore ; nous t'en prions, donne-nous de résister aux attraits du péché par un esprit de sagesse, et de parvenir ainsi aux joies éternelles. Par le Christ, notre Seigneur.

2e Lecture

Le sacrifice d'Isaac

→ Lecture du livre de la Genèse

22, 1-18 (lecture brève : 22, 1-2.9a.10-13.15-18)

La lecture du texte entre crochets est facultative.

En ces jours-là, Dieu mit Abraham à l'épreuve. Il lui dit : « Abraham ! » Celui-ci répondit : « Me voici ! » Dieu dit : « Prends ton fils, ton unique, celui que tu aimes, Isaac, va au pays de Moriah, et là tu l'offriras en holocauste sur la montagne que je t'indiquerai. »

[Abraham se leva de bon matin, sella son âne, et prit avec lui deux de ses serviteurs et son fils Isaac. Il fendit le bois pour l'holocauste, et se mit en route vers l'endroit que Dieu lui avait indiqué. Le troisième jour, Abraham, levant les yeux, vit l'endroit de loin. Abraham dit à ses serviteurs : « Restez ici avec l'âne. Moi et le garçon, nous irons jusque là-bas pour adorer, puis nous reviendrons vers vous. » Abraham prit le bois pour l'holocauste et le chargea sur son fils Isaac ; il prit le feu et le couteau, et tous deux s'en allèrent ensemble. Isaac dit à son père Abraham : « Mon père ! – Eh bien, mon fils ? » Isaac reprit : « Voilà le feu et le bois, mais où est l'agneau pour l'holocauste ? » Abraham répondit : « Dieu saura bien trouver l'agneau pour l'holocauste, mon fils. » Et ils s'en allaient tous les deux ensemble.]

Ils arrivèrent à l'endroit que Dieu avait indiqué. [Abraham y bâtit l'autel et disposa le bois, puis il lia son fils Isaac et le mit sur l'autel, par-dessus le bois.] Abraham étendit la main et saisit le couteau pour immoler son fils. Mais l'ange du Seigneur l'appela du haut du ciel et dit : « Abraham ! Abraham ! » Il répondit : « Me voici ! » L'ange lui dit : « Ne porte pas la main sur le garçon ! Ne lui fais aucun mal ! Je sais maintenant que tu crains Dieu : tu ne m'as pas refusé ton fils, ton unique. »

Abraham leva les yeux et vit un bélier retenu par les cornes dans un buisson. Il alla prendre le bélier et l'offrit en holocauste à la place de son fils. [Abraham donna à ce lieu le nom de « Le-Seigneur-voit ». On l'appelle aujourd'hui : « Sur-le-mont-le-Seigneur-est-vu. »] Du ciel, l'ange du Seigneur appela une seconde fois Abraham. Il déclara : « Je le jure par moi-même, oracle du Seigneur : parce que tu as fait cela, parce que tu ne m'as pas refusé ton fils, ton unique, je te comblerai de bénédictions, je rendrai ta descendance aussi nombreuse que les étoiles du ciel et que le sable au bord de la mer, et ta descendance occupera les places fortes de ses ennemis. Puisque tu as écouté ma voix, toutes les nations de la terre s'adresseront l'une à l'autre la bénédiction par le nom de ta descendance. »

Psaume 15

℟. Garde-moi, mon Dieu : j'ai fait de toi mon refuge.

Seigneur, mon partage et ma coupe :
de toi dépend mon sort.
Je garde le Seigneur devant moi sans relâche ;
il est à ma droite : je suis inébranlable.

Mon cœur exulte, mon âme est en fête,
ma chair elle-même repose en confiance :
tu ne peux m'abandonner à la mort
ni laisser ton ami voir la corruption.

Tu m'apprends le chemin de la vie :
devant ta face, débordement de joie !
À ta droite, éternité de délices !

Prière

Dieu très-haut, Père des croyants, en répandant la grâce de l'adoption, tu multiplies sur toute la terre les fils de ta promesse ; par le mystère pascal, tu établis ton serviteur

Abraham père de toutes les nations, comme tu en as fait le serment ; accorde aux peuples qui t'appartiennent la grâce d'entrer dignement dans cet appel. Par le Christ, notre Seigneur.

3e Lecture *Le passage de la mer*

→ Lecture du livre de l'Exode 14, 15–15, 1a

En ces jours-là, le Seigneur dit à Moïse : « Pourquoi crier vers moi ? Ordonne aux fils d'Israël de se mettre en route ! Toi, lève ton bâton, étends le bras sur la mer, fends-la en deux, et que les fils d'Israël entrent au milieu de la mer à pied sec. Et moi, je ferai en sorte que les Égyptiens s'obstinent : ils y entreront derrière eux ; je me glorifierai aux dépens de Pharaon et de toute son armée, de ses chars et de ses guerriers. Les Égyptiens sauront que je suis le Seigneur, quand je me serai glorifié aux dépens de Pharaon, de ses chars et de ses guerriers. » L'ange de Dieu, qui marchait en avant d'Israël, se déplaça et marcha à l'arrière. La colonne de nuée se déplaça depuis l'avant-garde et vint se tenir à l'arrière, entre le camp des Égyptiens et le camp d'Israël. Cette nuée était à la fois ténèbres et lumière dans la nuit, si bien que, de toute la nuit, ils ne purent se rencontrer. Moïse étendit le bras sur la mer. Le Seigneur chassa la mer toute la nuit par un fort vent d'est ; il mit la mer à sec, et les eaux se fendirent. Les fils d'Israël entrèrent au milieu de la mer à pied sec, les eaux formant une muraille à leur droite et à leur gauche. Les Égyptiens les poursuivirent ; tous les chevaux de Pharaon, ses chars et ses guerriers entrèrent derrière eux jusqu'au milieu de la mer.

Aux dernières heures de la nuit, le Seigneur observa, depuis la colonne de feu et de nuée, l'armée des Égyptiens, et il la frappa de panique. Il faussa les roues de leurs chars, et ils eurent beaucoup de peine à les conduire.

Les Égyptiens s'écrièrent : « Fuyons devant Israël, car c'est le Seigneur qui combat pour eux contre nous ! » Le Seigneur dit à Moïse : « Étends le bras sur la mer : que les eaux reviennent sur les Égyptiens, leurs chars et leurs guerriers ! » Moïse étendit le bras sur la mer. Au point du jour, la mer reprit sa place ; dans leur fuite, les Égyptiens s'y heurtèrent, et le Seigneur les précipita au milieu de la mer. Les eaux refluèrent et recouvrirent les chars et les guerriers, toute l'armée de Pharaon qui était entrée dans la mer à la poursuite d'Israël. Il n'en resta pas un seul. Mais les fils d'Israël avaient marché à pied sec au milieu de la mer, les eaux formant une muraille à leur droite et à leur gauche.

Ce jour-là, le Seigneur sauva Israël de la main de l'Égypte, et Israël vit les Égyptiens morts sur le bord de la mer. Israël vit avec quelle main puissante le Seigneur avait agi contre l'Égypte. Le peuple craignit le Seigneur, il mit sa foi dans le Seigneur et dans son serviteur Moïse. Alors Moïse et les fils d'Israël chantèrent ce cantique au Seigneur :

Cantique d'Exode 15

℟. **Chantons pour le Seigneur ! Éclatante est sa gloire.**

Je chanterai pour le Seigneur !
Éclatante est sa gloire :
il a jeté dans la mer
cheval et cavalier.

Ma force et mon chant, c'est le Seigneur :
il est pour moi le salut.
Il est mon Dieu, je le célèbre ;
j'exalte le Dieu de mon père.

Le Seigneur est le guerrier des combats ;
son nom est « Le Seigneur ».
Les chars du Pharaon et ses armées, il les lance dans la mer.
L'élite de leurs chefs a sombré dans la mer Rouge.

L'abîme les recouvre :
ils descendent, comme la pierre, au fond des eaux.
Ta droite, Seigneur, magnifique en sa force,
ta droite, Seigneur, écrase l'ennemi.

Tu les amènes, tu les plantes sur la montagne, ton héritage,
le lieu que tu as fait, Seigneur, pour l'habiter,
le sanctuaire, Seigneur, fondé par tes mains.
Le Seigneur régnera pour les siècles des siècles.

Prière

Maintenant encore, Seigneur Dieu, nous voyons resplendir tes merveilles d'autrefois : alors que jadis, par ta main puissante, tu as délivré un seul peuple de la poursuite de Pharaon, tu assures désormais le salut de toutes les nations en les faisant renaître par les eaux du baptême ; fais que tous, de par le monde, deviennent des fils d'Abraham et accèdent à la dignité des enfants d'Israël. Par le Christ, notre Seigneur.

ou bien

Seigneur Dieu, dans la lumière de la Nouvelle Alliance, tu as donné leur sens aux merveilles accomplies autrefois : on reconnaît dans la mer Rouge l'image de la fontaine baptismale, et le peuple délivré de la servitude préfigure les sacrements du peuple chrétien ; fais que toutes les nations, grâce à la foi, participent au privilège d'Israël, et soient régénérées en recevant ton Esprit. Par le Christ, notre Seigneur.

4e Lecture

L'amour de Jérusalem

→ **Lecture du livre du prophète Isaïe** 54, 5-14

Parole du Seigneur adressée à Jérusalem : Ton époux, c'est Celui qui t'a faite, son nom est « Le Seigneur de l'univers ». Ton rédempteur, c'est le Saint d'Israël, il s'appelle

« Dieu de toute la terre ». Oui, comme une femme abandonnée, accablée, le Seigneur te rappelle. Est-ce que l'on rejette la femme de sa jeunesse ? – dit ton Dieu.

Un court instant, je t'avais abandonnée, mais dans ma grande tendresse, je te ramènerai. Quand ma colère a débordé, un instant, je t'avais caché ma face. Mais dans mon éternelle fidélité, je te montre ma tendresse, – dit le Seigneur, ton rédempteur. Je ferai comme au temps de Noé, quand j'ai juré que les eaux ne submergeraient plus la terre : de même, je jure de ne plus m'irriter contre toi, et de ne plus te menacer.

Même si les montagnes s'écartaient, si les collines s'ébranlaient, ma fidélité ne s'écarterait pas de toi, mon alliance de paix ne serait pas ébranlée, – dit le Seigneur, qui te montre sa tendresse. Jérusalem, malheureuse, battue par la tempête, inconsolée, voici que je vais sertir tes pierres et poser tes fondations sur des saphirs. Je ferai tes créneaux avec des rubis, tes portes en cristal de roche, et toute ton enceinte avec des pierres précieuses. Tes fils seront tous disciples du Seigneur, et grande sera leur paix. Tu seras établie sur la justice : loin de toi l'oppression, tu n'auras plus à craindre ; loin de toi la terreur, elle ne t'approchera plus.

Psaume 29

℟. Je t'exalte, Seigneur : tu m'as relevé.

Quand j'ai crié vers t<u>o</u>i, Seigneur,
mon Die<u>u</u>, tu m'as guéri ;
Seigneur, tu m'as fait remont<u>e</u>r de l'abîme
et revivre quand je descend<u>a</u>is à la fosse.

Fêtez le Seigneur, vo<u>u</u>s, ses fidèles,
rendez grâce en rappel<u>a</u>nt son nom très saint.
Sa colère ne d<u>u</u>re qu'un instant,
sa bont<u>é</u>, toute la vie.

Avec le soir, viennent les larmes,
mais au matin, les cris de joie !
Tu as changé mon deuil en une danse,
mes habits funèbres en parure de joie !

Que mon cœur ne se taise pas,
qu'il soit en fête pour toi ;
et que sans fin, Seigneur, mon Dieu,
je te rende grâce !

Prière

Dieu éternel et tout-puissant, pour l'honneur de ton nom, multiplie la postérité promise à nos pères à cause de leur foi ; augmente, selon ta promesse, le nombre de tes enfants d'adoption, afin que l'Église reconnaisse à quel point s'accomplit déjà ce que les saints patriarches avaient vu d'avance. Par le Christ, notre Seigneur.

Ou bien l'une des prières qui suivent les autres lectures, si elles sont omises.

5e Lecture

La promesse de l'Alliance éternelle

→ **Lecture du livre du prophète Isaïe** 55, 1-11

Ainsi parle le Seigneur : Vous tous qui avez soif, venez, voici de l'eau ! Même si vous n'avez pas d'argent, venez acheter et consommer, venez acheter du vin et du lait sans argent, sans rien payer. Pourquoi dépenser votre argent pour ce qui ne nourrit pas, vous fatiguer pour ce qui ne rassasie pas ? Écoutez-moi bien, et vous mangerez de bonnes choses, vous vous régalerez de viandes savoureuses ! Prêtez l'oreille ! Venez à moi ! Écoutez, et vous vivrez. Je m'engagerai envers vous par une alliance éternelle : ce sont les bienfaits garantis à David. Lui, j'en ai fait un témoin pour les peuples, pour les peuples, un guide et un chef. Toi, tu appelleras une nation inconnue de toi ; une nation qui ne te connaît pas accourra vers toi, à cause du Seigneur ton Dieu, à cause du Saint d'Israël, car il fait ta splendeur.

Cherchez le Seigneur tant qu'il se laisse trouver ; invoquez-le tant qu'il est proche. Que le méchant abandonne son chemin, et l'homme perfide, ses pensées ! Qu'il revienne vers le Seigneur qui lui montrera sa miséricorde, vers notre Dieu qui est riche en pardon. Car mes pensées ne sont pas vos pensées, et vos chemins ne sont pas mes chemins, – oracle du Seigneur. Autant le ciel est élevé au-dessus de la terre, autant mes chemins sont élevés au-dessus de vos chemins, et mes pensées, au-dessus de vos pensées.

La pluie et la neige qui descendent des cieux n'y retournent pas sans avoir abreuvé la terre, sans l'avoir fécondée et l'avoir fait germer, donnant la semence au semeur et le pain à celui qui doit manger ; ainsi ma parole, qui sort de ma bouche, ne me reviendra pas sans résultat, sans avoir fait ce qui me plaît, sans avoir accompli sa mission.

Cantique d'Isaïe 12

℟. **Exultant de joie, vous puiserez les eaux
aux sources du salut !**

Voici le Dieu qui me sauve :
j'ai confiance, je n'ai plus de crainte.
Ma force et mon chant, c'est le Seigneur ;
il est pour moi le salut.

Rendez grâce au Seigneur,
proclamez son nom,
annoncez parmi les peuples ses hauts faits !
Redites-le : « Sublime est son nom ! »

Jouez pour le Seigneur, il montre sa magnificence,
et toute la terre le sait.
Jubilez, criez de joie, habitants de Sion,
car il est grand au milieu de toi, le Saint d'Israël !

Prière

Dieu éternel et tout-puissant, unique espoir du monde, toi qui annonçais par la voix des prophètes les mystères qui s'accomplissent en ce temps présent, dans ta bonté, fais grandir les désirs de ton peuple, car, sans ton inspiration, aucun de tes fidèles ne peut progresser en vertu. Par le Christ, notre Seigneur.

Ou bien l'une des prières qui suivent les lectures 4, 6 et 7.

6e Lecture

La sagesse vit parmi les hommes

→ **Lecture du livre du prophète Baruc** 3, 9-15.32 – 4, 4

Écoute, Israël, les commandements de vie, prête l'oreille pour acquérir la connaissance.

Pourquoi donc, Israël, pourquoi es-tu exilé chez tes ennemis, vieillissant sur une terre étrangère, souillé par le contact des cadavres, inscrit parmi les habitants du séjour des morts ? – Parce que tu as abandonné la Source de la Sagesse ! Si tu avais suivi les chemins de Dieu, tu vivrais dans la paix pour toujours. Apprends où se trouvent et la connaissance, et la force, et l'intelligence ; pour savoir en même temps où se trouvent de longues années de vie, la lumière des yeux et la paix.

Mais qui donc a découvert la demeure de la Sagesse, qui a pénétré jusqu'à ses trésors ? Celui qui sait tout en connaît le chemin, il l'a découvert par son intelligence. Il a pour toujours aménagé la terre, et l'a peuplée de troupeaux. Il lance la lumière, et elle prend sa course ; il la rappelle, et elle obéit en tremblant. Les étoiles brillent, joyeuses, à leur poste de veille ; il les appelle, et elles répondent : « Nous voici ! » Elles brillent avec joie pour celui qui les a faites. C'est lui qui est notre Dieu : aucun autre ne lui est comparable. Il a découvert les chemins du savoir, et il les a confiés à Jacob, son serviteur, à Israël, son bien-aimé.

Ainsi, la Sagesse est apparue sur la terre, elle a vécu parmi les hommes. Elle est le livre des préceptes de Dieu, la Loi qui demeure éternellement : tous ceux qui l'observent vivront, ceux qui l'abandonnent mourront.

Reviens, Jacob, saisis-la de nouveau ; à sa lumière, marche vers la splendeur : ne laisse pas ta gloire à un autre, tes privilèges à un peuple étranger. Heureux sommes-nous, Israël ! Car ce qui plaît à Dieu, nous le connaissons.

Psaume 18 B

℟. Seigneur, tu as les paroles de la vie éternelle.

La loi du Seigneur est parfaite,
qui redonne vie ;
la charte du Seigneur est sûre,
qui rend sages les simples.

Les préceptes du Seigneur sont droits,
ils réjouissent le cœur ;
le commandement du Seigneur est limpide,
il clarifie le regard.

La crainte qu'il inspire est pure,
elle est là pour toujours ;
les décisions du Seigneur sont justes
et vraiment équitables :

plus désirables que l'or,
qu'une masse d'or fin,
plus savoureuses que le miel
qui coule des rayons.

Prière

Seigneur Dieu, tu ne cesses de faire grandir ton Église en appelant à elle toutes les nations ; dans ta bonté, nous te le demandons : garde sous ta constante protection ceux que tu purifies dans l'eau du baptême. Par le Christ, notre Seigneur.

Ou bien l'une des prières qui suivent les lectures 4, 5 et 7.

7ᵉ Lecture

« Un cœur et un esprit nouveaux »

→ Lecture du livre du prophète Ézékiel 36, 16-17a.18-28

La parole du Seigneur me fut adressée : « Fils d'homme, lorsque les gens d'Israël habitaient leur pays, ils le rendaient impur par leur conduite et leurs actes. Alors j'ai déversé sur eux ma fureur, à cause du sang qu'ils avaient versé dans le pays, à cause des idoles immondes qui l'avaient rendu impur. Je les ai dispersés parmi les nations, ils ont été disséminés dans les pays étrangers. Selon leur conduite et leurs actes, je les ai jugés. Dans les nations où ils sont allés, ils ont profané mon saint nom, car on disait : "C'est le peuple du Seigneur, et ils sont sortis de son pays !" Mais j'ai voulu épargner mon saint nom, que les gens d'Israël avaient profané dans les nations où ils sont allés.

Eh bien ! tu diras à la maison d'Israël : Ainsi parle le Seigneur Dieu : Ce n'est pas pour vous que je vais agir, maison d'Israël, mais c'est pour mon saint nom que vous avez profané dans les nations où vous êtes allés. Je sanctifierai mon grand nom, profané parmi les nations, mon nom que vous avez profané au milieu d'elles. Alors les nations sauront que Je suis le Seigneur – oracle du Seigneur Dieu – quand par vous je manifesterai ma sainteté à leurs yeux. Je vous prendrai du milieu des nations, je vous rassemblerai de tous les pays, je vous conduirai dans votre terre. Je répandrai sur vous une eau pure, et vous serez purifiés ; de toutes vos souillures, de toutes vos idoles, je vous purifierai. Je vous donnerai un cœur nouveau, je mettrai en vous un esprit nouveau. J'ôterai de votre chair le cœur de pierre, je vous donnerai un cœur de chair. Je mettrai en vous mon esprit, je ferai que vous marchiez selon mes lois, que vous gardiez mes préceptes et leur soyez fidèles. Vous habiterez le pays que j'ai donné à vos pères : vous, vous serez mon peuple, et moi, je serai votre Dieu. »

S'il n'y a pas de baptême :

Psaume 41

℟. Comme un cerf altéré cherche l'eau vive,
ainsi mon âme te cherche, toi, mon Dieu.

Mon âme a soif de Dieu,
le Dieu vivant ;
quand pourrai-je m'avancer,
paraître face à Dieu ?

Je conduisais vers la maison de mon Dieu
la multitude en fête,
parmi les cris de joie
et les actions de grâce.

Envoie ta lumière et ta vérité :
qu'elles guident mes pas
et me conduisent à ta montagne sainte,
jusqu'en ta demeure.

J'avancerai jusqu'à l'autel de Dieu,
vers Dieu qui est toute ma joie ;
je te rendrai grâce avec ma harpe,
Dieu, mon Dieu.

Lorsqu'il y a baptême, Cantique d'Isaïe 12, comme après la 5e lecture, *p. 338.*

ou bien

Psaume 50

℟. Crée en moi un cœur pur, ô mon Dieu.

Crée en moi un cœur pur, ô mon Dieu,
renouvelle et raffermis au fond de moi mon esprit.
Ne me chasse pas loin de ta face,
ne me reprends pas ton esprit saint.

Rends-moi la joie d'être sauvé ;
que l'esprit généreux me soutienne.
Aux pécheurs, j'enseignerai tes chemins ;
vers toi, reviendront les égarés.

Si j'offre un sacrifice, tu n'en veux pas,
tu n'acceptes pas d'holocauste.
Le sacrifice qui plaît à Dieu,
c'est un esprit brisé ;
tu ne repousses pas, ô mon Dieu,
un cœur brisé et broyé.

Prière

Seigneur Dieu, puissance inaltérable et lumière sans déclin, regarde avec bonté le sacrement que constitue l'Église entière. Comme tu l'as prévu de toute éternité, poursuis dans la paix l'œuvre du salut de l'humanité ; que le monde entier éprouve et reconnaisse la merveille : ce qui était abattu est relevé, ce qui avait vieilli est rénové, et tout retrouve son intégrité première en celui qui est le principe de tout : le Christ. Lui qui vit et règne pour les siècles des siècles.

ou bien

Seigneur Dieu, tu veux nous former à célébrer le mystère pascal en nous faisant écouter l'Ancien et le Nouveau Testament ; ouvre-nous à l'intelligence de ta miséricorde : ainsi la conscience des grâces déjà reçues affermira en nous l'espérance des biens à venir. Par le Christ, notre Seigneur.

Ou l'une des prières qui suivent les lectures 4, 5 et 6.

Gloria.

Nous retrouvons le chant du Gloire à Dieu. Là où les conditions locales le permettent, les cloches annoncent alors la joie de Pâques.

Prière

Seigneur Dieu, tu fais resplendir cette nuit très sainte par la gloire de la résurrection du Seigneur ; ravive en ton Église l'esprit qui fait de nous des fils, afin que, renouvelés dans notre corps et notre âme, nous te rendions le culte véritable. Par Jésus Christ, ton Fils, notre Seigneur, qui vit et règne avec toi dans l'unité du Saint-Esprit, Dieu, pour les siècles des siècles.

Épître

Baptisés dans la mort et la résurrection du Christ

→ **Lecture de la lettre de saint Paul apôtre aux Romains** 6, 3b-11

Frères, nous tous qui par le baptême avons été unis au Christ Jésus, c'est à sa mort que nous avons été unis par le baptême. Si donc, par le baptême qui nous unit à sa mort, nous avons été mis au tombeau avec lui, c'est pour que nous menions une vie nouvelle, nous aussi, comme le Christ qui, par la toute-puissance du Père, est ressuscité d'entre les morts. Car, si nous avons été unis à lui par une mort qui ressemble à la sienne, nous le serons aussi par une résurrection qui ressemblera à la sienne.

Nous le savons : l'homme ancien qui est en nous a été fixé à la croix avec lui pour que le corps du péché soit réduit à rien, et qu'ainsi nous ne soyons plus esclaves du péché. Car celui qui est mort est affranchi du péché.

Et si nous sommes passés par la mort avec le Christ, nous croyons que nous vivrons aussi avec lui. Nous le savons en effet : ressuscité d'entre les morts, le Christ ne meurt plus ; la mort n'a plus de pouvoir sur lui. Car lui qui est mort, c'est au péché qu'il est mort une fois pour toutes ; lui qui est vivant, c'est pour Dieu qu'il est vivant. De même, vous aussi, pensez que vous êtes morts au péché, mais vivants pour Dieu en Jésus Christ.

Quand la lecture de l'épître est terminée, tous se lèvent, et le prêtre entonne trois fois solennellement l'Alléluia, en prenant un ton de plus en plus élevé. Tous reprennent. Si c'est nécessaire, le psalmiste entonne l'Alléluia à la place du prêtre.

Ensuite un psalmiste ou un chantre, à l'ambon, chante le Psaume 117, auquel le peuple répond Alléluia.

Psaume 117

℟. **Alléluia, alléluia, alléluia !**

Rendez grâce au Seigneur : Il est bon !
Éternel est son amour !
Oui, que le dise Israël :
Éternel est son amour !

Le bras du Seigneur se lève,
le bras du Seigneur est fort !
Non, je ne mourrai pas, je vivrai,
pour annoncer les actions du Seigneur.

La pierre qu'ont rejetée les bâtisseurs
est devenue la pierre d'angle :
c'est là l'œuvre du Seigneur,
la merveille devant nos yeux.

Évangile

Les femmes au tombeau

→ **Évangile de Jésus Christ selon saint Matthieu** 28, 1-10

A**près le sabbat,** à l'heure où commençait à poindre le premier jour de la semaine, Marie Madeleine et l'autre Marie vinrent pour regarder le sépulcre. Et voilà qu'il y eut un grand tremblement de terre ; l'ange du Seigneur descendit du ciel, vint rouler la pierre et s'assit dessus. Il avait l'aspect de l'éclair, et son vêtement était blanc comme neige. Les gardes, dans la crainte qu'ils éprouvèrent, se mirent à trembler et devinrent comme morts.

L'ange prit la parole et dit aux femmes : « Vous, soyez sans crainte ! Je sais que vous cherchez Jésus le Crucifié. Il n'est pas ici, car il est ressuscité, comme il l'avait dit. Venez voir l'endroit où il reposait. Puis, vite, allez dire à ses disciples : "Il est ressuscité d'entre les morts, et voici qu'il vous précède en Galilée ; là, vous le verrez." Voilà ce que j'avais à vous dire. »

Vite, elles quittèrent le tombeau, remplies à la fois de crainte et d'une grande joie, et elles coururent porter la nouvelle à ses disciples.

Et voici que Jésus vint à leur rencontre et leur dit : « Je vous salue. » Elles s'approchèrent, lui saisirent les pieds et se prosternèrent devant lui. Alors Jésus leur dit : « Soyez sans crainte, allez annoncer à mes frères qu'ils doivent se rendre en Galilée : c'est là qu'ils me verront. »

Homélie.

3. LITURGIE BAPTISMALE

La célébration s'organise comme suit :
– monition du prêtre ;
– chant des Litanies (sauf s'il n'y a ni baptême ni fonts baptismaux) ;
– bénédiction de l'eau ;
– baptême, s'il y a lieu, et éventuellement confirmation.

A. Bénédiction de l'eau baptismale et baptême

Après l'homélie, on procède à la liturgie baptismale. Si la fontaine baptismale est aménagée de telle sorte que le peuple puisse facilement participer à une célébration qui s'y déroule, le prêtre s'y rend avec les ministres. Autrement, on apporte dans le chœur une cuve contenant l'eau à bénir.

S'il y a des baptêmes, on invite les catéchumènes à s'approcher de la fontaine baptismale. Les adultes sont accompagnés par leurs parrains et marraines ; les enfants, par leurs parents, leurs parrains et marraines ; les tout-petits sont portés par leurs parents accompagnés des parrains et marraines, devant l'assemblée.
S'il y a une procession vers le baptistère, ou vers les fonts baptismaux, aussitôt on commence la procession. Durant la procession, on chante les litanies (nº 43). Les litanies étant achevées, le prêtre fait la monition (nº 40).

Monition

Si la liturgie baptismale se fait dans le chœur, aussitôt le prêtre fait la monition d'introduction en ces termes ou d'autres semblables :

– S'il y a des baptêmes :

Frères et sœurs bien-aimés, en priant tous ensemble pour ceux d'entre nous qui vont être baptisés, soutenons leur espérance. Tandis qu'ils s'approchent de la fontaine baptismale où ils vont naître à la vie nouvelle, demandons au Père tout-puissant de les entourer de toute sa miséricorde.

– Si on doit bénir la fontaine baptismale, mais s'il n'y a pas de baptême :

Frères et sœurs bien-aimés, supplions Dieu, le Père tout-puissant, de sanctifier par sa grâce cette fontaine baptismale, et de compter au nombre de ses enfants d'adoption dans le Christ ceux qui renaîtront par le baptême.

S'il n'y a pas de baptême à la Vigile pascale et si l'on ne doit pas non plus bénir de l'eau baptismale pour les baptêmes qui auront lieu pendant le Temps pascal, on passe directement à la bénédiction de l'eau comme indiqué au nº 54, p. 352.

Litanies

– Dans les litanies, on peut ajouter quelques noms à la liste des saints, notamment ceux du titulaire de l'église et des patrons du lieu et ceux des futurs baptisés.

Kyrie, eleison	℟. **Kyrie, eleison.**
Christe eleison	℟. **Christe, eleison.**
Kyrie eleison	℟. **Kyrie, eleison.**

ou bien

Seigneur, prends pitié	℟. **Seigneur, prends pitié.**
Ô Christ, prends pitié	℟. **Ô Christ, prends pitié.**
Seigneur, prends pitié	℟. **Seigneur, prends pitié.**

Sainte Marie, Mère de Dieu,	**priez pour nous.**
Saint Michel,	**priez pour nous.**
Saints Anges de Dieu,	**priez pour nous.**
Saint Jean Baptiste,	**priez pour nous.**
Saint Joseph,	**priez pour nous.**
Saint Pierre et saint Paul,	**priez pour nous.**
Saint André,	**priez pour nous.**
Saint Jean,	**priez pour nous.**
Sainte Marie Madeleine,	**priez pour nous.**
Saint Étienne,	**priez pour nous.**
Saint Ignace d'Antioche,	**priez pour nous.**
Saint Laurent,	**priez pour nous.**
Sainte Perpétue et sainte Félicité,	**priez pour nous.**
Sainte Agnès,	**priez pour nous.**
Saint Grégoire,	**priez pour nous.**
Saint Augustin,	**priez pour nous.**
Saint Athanase,	**priez pour nous.**
Saint Basile,	**priez pour nous.**
Saint Martin,	**priez pour nous.**
Saint Benoît,	**priez pour nous.**
Saint François et saint Dominique,	**priez pour nous.**
Saint François Xavier,	**priez pour nous.**
Saint Jean-Marie Vianney,	**priez pour nous.**
Sainte Catherine de Sienne,	**priez pour nous.**
Sainte Thérèse d'Avila,	**priez pour nous.**
Vous tous, saints et saintes de Dieu,	**priez pour nous.**
Montre-toi favorable,	**délivre-nous, Seigneur.**
De tout mal,	**délivre-nous, Seigneur.**

De tout péché, **délivre-nous, Seigneur.**
De la mort éternelle, **délivre-nous, Seigneur.**
Par ton incarnation, **délivre-nous, Seigneur.**
Par ta mort et ta résurrection, **délivre-nous, Seigneur.**
Par le don de l'Esprit Saint, **délivre-nous, Seigneur.**
Nous qui sommes pécheurs, **de grâce, écoute-nous.**

S'il y a des baptêmes :

Pour qu'il te plaise d'accorder à ceux que tu as choisis la vie nouvelle par la grâce du baptême, **de grâce, écoute-nous**

Si l'on bénit l'eau baptismale, sans toutefois célébrer de baptême :

Pour qu'il te plaise de sanctifier par ta grâce cette eau d'où renaîtront pour toi de nouveaux enfants, **de grâce, écoute-nous.**

On continue :

Jésus, Fils du Dieu vivant, **de grâce, écoute-nous.**
Ô Christ, écoute-nous. **Ô Christ, écoute-nous.**
Ô Christ, exauce-nous. **Ô Christ, exauce-nous.**

À la fin des litanies, s'il y a des baptêmes, le prêtre dit cette oraison :

Dieu éternel tout tout-puissant, viens agir dans les sacrements qui révèlent ta grande tendresse ; envoie ton Esprit d'adoption pour recréer des peuples nouveaux qui naissent pour toi de la fontaine baptismale : rends efficaces par ta puissance les gestes de notre humble ministère. Par le Christ, notre Seigneur.

Bénédiction de l'eau baptismale

Seigneur Dieu, par ta puissance invisible, tu accomplis des merveilles dans les sacrements, et, de bien des manières, tu as préparé l'eau, ta créature, à devenir un signe de la grâce baptismale.

Aux origines du monde, ton Esprit planait sur les eaux pour qu'elles reçoivent déjà la force qui sanctifie.
Par les flots du déluge, tu annonçais le baptême qui fait revivre, puisque, dans un seul et même mystère, l'eau marquait la fin du péché et le commencement de la sainteté.
Aux enfants d'Abraham, tu as donné de traverser la mer Rouge à pied sec pour que cette multitude, libérée de l'esclavage de Pharaon, préfigure le peuple des baptisés.
Ton Fils bien-aimé, baptisé par Jean dans les eaux du Jourdain, a reçu l'onction du Saint-Esprit ; suspendu à la croix, il laissa couler de son côté ouvert du sang et de l'eau ;
et quand il fut ressuscité, il donna cet ordre à ses disciples : « Allez ! Enseignez toutes les nations : baptisez-les au nom du Père, et du Fils, et du Saint-Esprit. »
Maintenant, Seigneur Dieu, regarde le visage de ton Église et fais jaillir en elle la source du baptême.
Que cette eau reçoive de l'Esprit Saint, la grâce de ton Fils unique, afin que, par le sacrement du baptême, l'homme, créé à ton image, soit lavé de toutes les souillures de sa condition ancienne et renaisse de l'eau et de l'Esprit Saint pour la vie nouvelle d'enfant de Dieu.

Le ministre peut, si cela lui paraît opportun, plonger le cierge pascal dans l'eau une fois ou trois fois ; puis il continue :

Nous t'en prions, Seigneur : par ton Fils, que la puissance de l'Esprit Saint descende dans l'eau qui remplit cette fontaine

(il peut maintenir le cierge dans l'eau)

afin que, par le baptême, tous ceux qui seront ensevelis dans la mort avec le Christ ressuscitent avec lui pour la vie. Lui qui vit et règne avec toi dans l'unité du Saint-Esprit, Dieu, pour les siècles des siècles. ℟. **Amen.**

Le cierge est ensuite retiré de l'eau, tandis que le peuple acclame :

Fontaines du Seigneur, bénissez le Seigneur !
À lui, haute gloire, louange éternelle !

S'il n'y a pas de baptême à la Vigile pascale, on passe immédiatement à la rénovation de la Profession de foi baptismale n° 55, p. 353.

Baptême et confirmation

La bénédiction de l'eau baptismale achevée, et le peuple ayant chanté l'acclamation, le prêtre, debout, interroge les adultes, ainsi que les parents ou les parrains et marraines des petits enfants, pour la renonciation à Satan, comme cela est prévu dans les parties du Rituel Romain correspondantes.
Si l'onction des adultes avec l'huile des catéchumènes n'a pas été faite auparavant lors des rites préparatoires, on la fait à ce moment-ci.
Ensuite, le prêtre interroge chaque adulte sur la foi, et, s'il y a des petits enfants, il invite tous les parents, parrains et marraines, à faire en même temps la triple profession de foi, comme c'est indiqué dans les Rituels respectifs.

Après les interrogations, le prêtre baptise les adultes et les petits enfants en disant :

Je te baptise au nom du Père, et du Fils, et du Saint-Esprit.

Après le baptême, le prêtre donne aux enfants l'onction du Saint Chrême. Puis, on remet le vêtement blanc à tous les nouveaux baptisés, qu'ils soient adultes ou petits enfants. Ensuite, le prêtre ou le diacre reçoit de la main d'un ministre le cierge pascal, auquel sont allumés les cierges des nouveaux baptisés. On omet, pour les enfants, le rite de l'Effetha.

Il peut leur remettre un vêtement blanc.

Vous avez revêtu le Christ...

et il leur donne un cierge allumé :

Vous êtes devenus lumière dans le Christ...

Après cela, sauf si le baptême et les autres rites (indiqués ci-dessus) ont eu lieu dans le chœur, on y retourne. Pendant la procession, on chante le cantique baptismal Vidi aquam (J'ai vu l'eau vive) *ou un autre chant adapté (n° 56).*

Si ce sont des adultes qui ont été baptisés, l'évêque, ou en son absence, le prêtre qui a conféré le baptême, administre aussitôt le sacrement de la confirmation dans le chœur, comme c'est indiqué dans le Pontifical ou le Rituel romain.

Il impose les mains aux nouveaux baptisés :

Dieu tout-puissant, Père de Jésus, le Christ, notre Seigneur, tu as fait renaître ces baptisés de l'eau et de l'Esprit, tu les as libérés du péché ; répands maintenant sur eux ton Esprit Saint...

Puis, avec le saint chrême, il trace le signe de la croix sur le front de chacun des confirmands en disant :

N., sois marqué de l'Esprit Saint, le don de Dieu. ℟. **Amen.**

La confirmation des nouveaux baptisés étant achevée, le prêtre descend dans l'allée centrale pour asperger tous les participants qui tiennent leur cierge allumé.

B. Bénédiction de l'eau

54. Lorsqu'il n'y a pas lieu de bénir de l'eau baptismale (pas de baptême ni de fonts baptismaux à bénir), le prêtre bénit l'eau dont il aspergera le peuple à la fin de la rénovation de la profession de foi baptismale, en disant :

Frères et sœurs bien-aimés, supplions humblement Dieu notre Seigneur de bénir cette eau qu'il a créée ; nous allons en être aspergés en souvenir de notre baptême ; que Dieu lui-même nous renouvelle afin que nous demeurions fidèles à l'Esprit que nous avons reçu.

Tous prient quelques instants en silence. Puis le prêtre continue, les mains étendues :

Seigneur notre Dieu, sois favorable aux prières de ton peuple qui veille en cette nuit très sainte ; alors que nous célébrons la merveille de notre création et la merveille plus grande encore de notre rédemption, daigne bénir cette eau.
Tu l'as créée pour féconder la terre et donner à nos corps fraîcheur et pureté. Tu en as fait aussi l'instrument de ta miséricorde : par elle tu as libéré ton peuple de la servitude et tu as étanché sa soif dans le désert ; par elle les prophètes ont annoncé la nouvelle Alliance que tu voulais sceller avec les hommes ; par elle enfin, eau sanctifiée quand le Christ fut baptisé au Jourdain, tu as renouvelé notre nature pécheresse dans le bain de la nouvelle naissance.
Que cette eau, maintenant, nous rappelle notre baptême, et nous fasse participer à la joie de nos frères et sœurs, les baptisés de Pâques. Par le Christ, notre Seigneur.

C. Renouvellement des promesses du baptême

55. La célébration du baptême (et de la confirmation) achevée, ou immédiatement après la bénédiction de l'eau s'il n'y a pas de célébration des sacrements, tous, debout et tenant en mains leurs cierges allumés, renouvellent la profession de foi baptismale, en même temps que ceux qui vont être baptisés, sauf si cette rénovation a déjà eu lieu en même temps que la profession de foi de ceux qui viennent d'être baptisés (cf. nº 49).

Le prêtre s'adresse aux fidèles dans les termes suivants, ou d'autres, équivalents :

Frères et sœurs bien-aimés, par le mystère pascal nous avons été mis au tombeau avec le Christ dans le baptême, afin que

nous menions avec lui une vie nouvelle. C'est pourquoi, après avoir terminé l'entraînement du Carême, renouvelons les promesses faites au moment de notre baptême, quand nous avons renoncé à Satan et à ses œuvres, et promis de servir Dieu dans la sainte Église catholique.
Ainsi donc :

Le prêtre propose au choix l'une des deux formulations de la renonciation à Satan qui suivent :

Le prêtre : Renoncez-vous à Satan ?
Tous : **J'y renonce.**
Le prêtre : Renoncez-vous à toutes ses œuvres, c'est-à-dire au péché ?
Tous : **J'y renonce.**
Le prêtre : Renoncez-vous à toutes ses séductions, qui conduisent au péché ?
Tous : **J'y renonce.**

Ou bien

Le prêtre : Pour vivre dans la liberté des enfants de Dieu, renoncez-vous au péché ?
Tous : **J'y renonce.**
Le prêtre : Pour échapper au pouvoir du péché, renoncez-vous à ce qui conduit au mal ?
Tous : **J'y renonce.**
Le prêtre : Pour suivre Jésus Christ, renoncez-vous à Satan, auteur et instigateur du péché ?
Tous : **J'y renonce.**

Le cas échéant, cette seconde formule peut être adaptée par les Conférences épiscopales, selon les nécessités locales, par exemple (Rituel de l'initiation chrétienne des adultes 1997) :

Renoncez-vous aux séductions du monde,
elles étouffent la parole de Dieu semée en vous ? ℟. **Je renonce.**

Renoncez-vous au péché, il empêche la parole de Dieu de porter du fruit ? ℟. **Je renonce.**
Renoncez-vous à Satan, votre ennemi, il sème l'ivraie au milieu du bon grain ? ℟. **Je renonce.**

Ensuite, le prêtre poursuit :

Croyez-vous en Dieu le Père tout-puissant, créateur du ciel et de la terre ?
Tous : **Je crois.**
Le prêtre : Croyez-vous en Jésus Christ, son Fils unique, notre Seigneur, qui est né de la Vierge Marie, a souffert la passion, a été enseveli, est ressuscité d'entre les morts, et qui est assis à la droite du Père ?
Tous : **Je crois.**
Le prêtre : Croyez-vous en l'Esprit Saint, à la sainte Église catholique, à la communion des saints, au pardon des péchés, à la résurrection de la chair, et à la vie éternelle ?
Tous : **Je crois.**

Le prêtre conclut :

Que Dieu tout-puissant, Père de notre Seigneur Jésus Christ, qui nous a fait renaître par l'eau et l'Esprit Saint, et qui nous a accordé le pardon des péchés, nous garde encore par sa grâce dans le Christ Jésus notre Seigneur pour la vie éternelle.
Tous : **Amen.**

Ensuite, le prêtre asperge le peuple d'eau bénite (en circulant dans l'église si c'est utile pour la signification du geste). Pendant ce temps, on chante l'antienne Vidi aquam :

J'ai vu l'eau jaillissant du côté droit du temple, alléluia ;
tous ceux que cette eau a touchés
furent sauvés et ils chanteront : Alléluia, alléluia.

On peut chanter un autre chant baptismal, par exemple :

– J'ai vu l'eau vive jaillissant du cœur du Christ, alléluia !

TRIDUUM PASCAL

Tous ceux que lave cette eau seront sauvés et chanteront : alléluia !
– J'ai vu la source devenir un fleuve immense, alléluia !
Les fils de Dieu rassemblés chantaient leur joie d'être sauvés, alléluia ! ℟. **Alléluia, alléluia, alléluia !**

Entre-temps, les nouveaux baptisés sont conduits à leur place parmi les fidèles.
Si la bénédiction de l'eau baptismale n'a pas été faite au baptistère, le diacre et des ministres portent avec respect la cuve d'eau baptismale au baptistère.
Si l'on n'a pas béni d'eau baptismale mais de l'eau ordinaire, cette eau bénite est portée là où il convient.
Après l'aspersion, le prêtre revient au siège. On omet le Credo.
On fait la Prière universelle, à laquelle les nouveaux baptisés participent pour la première fois.

POUR LA PRIÈRE UNIVERSELLE

Dans la joie de Pâques adressons nos prières au Seigneur :
– prions pour les nouveaux baptisés de cette nuit de Pâques : que la joie qui les habite fructifie en eux ;
– prions pour l'Église qui célèbre la résurrection du Seigneur à travers le monde : que tous les chrétiens puissent se réunir librement en ce jour de joie ;
– prions pour ceux qui nous gouvernent : qu'ils garantissent à chacun la paix et la liberté de culte ;
– prions pour notre communauté : qu'elle soit témoin de la vie éternelle reçue du Christ.

4. LITURGIE EUCHARISTIQUE

Prière sur les offrandes

Accueille, nous t'en supplions, Seigneur, les prières de ton peuple qui t'offre ce sacrifice ; fais que les mystères inaugurés dans la célébration pascale nous procurent, avec l'aide de ta grâce, la guérison éternelle. Par le Christ, notre Seigneur.

Préface

Le mystère pascal

Vraiment, il est juste et bon, pour ta gloire et notre salut, de te louer, Seigneur, en tout temps, mais plus encore de te glorifier en cette nuit où le Christ, notre Pâque, a été immolé.
Car il est l'Agneau véritable qui a enlevé les péchés du monde : en mourant, il a détruit notre mort ; en ressuscitant, il nous a rendu la vie.
C'est pourquoi la joie pascale rayonne par tout l'univers, la terre entière exulte, les puissances d'en haut et les anges dans le ciel chantent sans fin l'hymne de ta gloire :
Saint, Saint, Saint, le Seigneur, Dieu de l'univers !

Il convient que les nouveaux baptisés reçoivent la sainte Communion sous les deux espèces, avec les parrains, marraines, parents et époux catholiques, ainsi que les catéchistes laïcs. Il convient également, que, avec le consentement de l'évêque diocésain, et si les circonstances s'y prêtent, tous les fidèles soient admis à la sainte Communion sous les deux espèces.

Antienne de la communion

cf. 1 Co 5, 7-8

Le Christ, notre agneau pascal, a été immolé.
Célébrons la fête en partageant un pain non fermenté,
signe de droiture et de vérité, alléluia.

Il serait bon de chanter le psaume 117.

Prière après la communion

Répands en nous, Seigneur, ton Esprit de charité, afin que soient unis par ta tendresse ceux que tu as nourris des sacrements de Pâques. Par le Christ, notre Seigneur.

Bénédiction solennelle

Que Dieu tout-puissant vous bénisse, en ce jour où nous célébrons la solennité de Pâques et, dans sa bonté, qu'il vous protège des assauts du péché. ℟. **Amen.**
Il vous régénère pour la vie éternelle par la résurrection de son Fils unique : qu'il vous comble de la vie sans fin. ℟. **Amen.**
Ils sont finis, les jours de la passion du Seigneur : vous qui célébrez avec allégresse la fête de Pâques, venez, avec son aide, prendre part en exultant aux fêtes qui s'accomplissent dans la joie de l'éternité. ℟. **Amen.**
Et que la bénédiction de Dieu tout-puissant, le Père, et le Fils, ✠ et le Saint-Esprit, descende sur vous et y demeure toujours.
℟. **Amen.**

On peut employer aussi la formule de bénédiction finale du Rituel du baptême des adultes ou des petits enfants, adaptée selon les cas.

Envoi

Allez, dans la paix du Christ, alléluia, alléluia !
℟. **Nous rendons grâce à Dieu, alléluia, alléluia !**

Messe du jour de Pâques

31 MARS 2024

Avec les Apôtres, nous croyons !

Dès ce matin de Pâques, et tout au long de la cinquantaine pascale, nous accueillons les témoignages apostoliques sur la résurrection du Christ. En proclamant le *Credo*, nous professons notre foi en l'Église « apostolique » et c'est bien sur les déclarations des Apôtres, les « témoins que Dieu avait choisis d'avance » (*1re lecture*) que nous fondons notre foi. Eux-mêmes n'ont pas eu de preuve de la résurrection de Jésus mais ils ont cru à partir des signes qui leur étaient donnés : une pierre roulée, un tombeau vide, des linges posés à plat (*évangile*). Ces éléments ont suffi pour qu'ils se souviennent des paroles que Jésus leur avaient dites et qu'ils comprennent que, par lui, les promesses de Dieu ont été accomplies.

Ces promesses de Dieu vont bien au-delà de ce qu'espérait le peuple d'Israël : non seulement Jésus est effectivement le Messie attendu mais, comme Fils de Dieu, il agit selon l'onction de l'Esprit Saint qu'il a reçue (*1re lecture*) et Dieu l'a élevé dans sa gloire, assis à sa droite (*2e lecture, première proposition*).

Alors que Pilate, dans une connaissance imparfaite, désignait Jésus comme le « Nazaréen, Roi des Juifs » dans le motif de sa condamnation, Jésus ressuscité est pour nous « celui qui siège à la droite de Dieu » dans son Royaume. Il est « Christ et Seigneur », c'est-à-dire le Messie qui a pleinement accompli sa mission ; ayant assumé notre humanité, il l'a menée à sa perfection. Si nous sommes appelés à penser aux réalités d'En-haut, nous savons que le Christ se révèle aussi sur nos chemins d'humanité, comme pour les disciples d'Emmaüs (*évangile du soir de Pâques*). C'est pourquoi nous pouvons rendre grâce à Dieu et faire de ce jour un jour de fête. Alléluia !

CHANTER

Pour la procession d'ouverture : ***Un nouveau matin se lève* I 180-2, *Jour du vivant* I 34-92-8 CNA 561, *Chrétiens, chantons* I 36 CNA 485, *Voici le jour du Seigneur* IA 508, *Pâque nouvelle* I 26-19.**

Pour l'aspersion : ***J'ai vu des fleuves d'eau vive* I 44-62, *J'ai vu l'eau vive* I 132-1 ou I 18-65-11 CNA 191 ou 481.**

Après la 2e lecture, on chante la ***Séquence du jour de Pâques* IX 40-80 ou I 60-80-2.**

Pour l'acclamation à l'évangile : ***Alléluia pascal* CNA 215-38, *Alléluia pour le temps de Pâques* IU 56-65.**

Pour le Saint le Seigneur et l'Agneau de Dieu, on retiendra des mélodies qui serviront pendant tout le Temps pascal, par exemple : ***Messe pascale* AL 46-29, AL 20, AL 44-03, AL 56-19.**

Pendant la procession de communion : ***Venez manger la Pâque* D 38-93-3, *Christ, ô Pâque nouvelle* IX 33-63, *Voici le pain que donne Dieu* D 50-07.**

Après la communion : ***Recevez le Corps du Christ* D 585 (CNA 345), *Tu as triomphé de la mort* IP 165 CNA 594, *Christ est vraiment ressuscité* I 169 CNA 487, *Nous te chantons, Ressuscité* I 262-1, *Dans la puissance de l'Esprit* K 26-29 CNA 488.**

Pour l'envoi : ***Criez de joie, Christ est ressuscité* I 52-51, *Par la musique et par nos voix* Y 43-38 CNA 572, *Le Seigneur est ressuscité* I 13 CNA 491, *À Toi la gloire, Ô Ressuscité* M 191 IEV 105.**

Antienne d'ouverture

cf. Ps 138, 18. 5-6 (Vg)

Je suis ressuscité, et je suis avec toi, alléluia.
Ta main s'est posée sur moi, alléluia,
ta sagesse s'est montrée admirable, alléluia, alléluia.

Gloria.

Prière

Aujourd'hui, Seigneur Dieu, par ton Fils unique, vainqueur de la mort, tu nous as ouvert les portes de l'éternité ; tandis que nous fêtons solennellement la résurrection du Seigneur, nous t'en prions : accorde-nous d'être renouvelés par ton Esprit pour que nous ressuscitions dans la lumière de la vie. Par Jésus Christ, ton Fils, notre Seigneur, qui vit et règne avec toi dans l'unité du Saint-Esprit, Dieu, pour les siècles des siècles.

1re Lecture

« Dieu l'a ressuscité le troisième jour »

→ Lecture du livre des Actes des Apôtres 10, 34a.37-43

En ces jours-là, quand Pierre arriva à Césarée chez un centurion de l'armée romaine, il prit la parole et dit : « Vous savez ce qui s'est passé à travers tout le pays des Juifs, depuis les commencements en Galilée, après le baptême proclamé par Jean : Jésus de Nazareth, Dieu lui a donné l'onction d'Esprit Saint et de puissance. Là où il passait, il faisait le bien et guérissait tous ceux qui étaient sous le pouvoir du diable, car Dieu était avec lui. Et nous, nous sommes témoins de tout ce qu'il a fait dans le pays des Juifs et à Jérusalem. Celui qu'ils ont supprimé en le suspendant au bois du supplice, Dieu l'a ressuscité le troisième jour. Il lui a donné de se manifester, non pas à tout le peuple, mais à des témoins que Dieu avait choisis d'avance, à nous qui avons mangé et bu avec lui après sa résurrection d'entre les morts. Dieu nous a chargés d'annoncer au peuple et de témoigner que lui-même l'a établi Juge des vivants et des morts. C'est à Jésus que tous les prophètes rendent ce témoignage : Quiconque croit en lui reçoit par son nom le pardon de ses péchés. »

Psaume 117

℟. **Voici le jour que fit le Seigneur,**
qu'il soit pour nous jour de fête et de joie !
ou : **Alléluia.**

Rendez grâce au Seigneur : Il est bon !
Éternel est son amour !
Oui, que le dise Israël :
Éternel est son amour !

Le bras du Seigneur se lève,
le bras du Seigneur est fort !
Non, je ne mourrai pas, je vivrai,
pour annoncer les actions du Seigneur.

La pierre qu'ont rejetée les bâtisseurs
est devenue la pierre d'angle :
c'est là l'œuvre du Seigneur,
la merveille devant nos yeux.

2e Lecture

« Recherchez les réalités d'en haut »

→ Lecture de la lettre de saint Paul apôtre aux Colossiens 3, 1-4

Frères, si vous êtes ressuscités avec le Christ, recherchez les réalités d'en haut : c'est là qu'est le Christ, assis à la droite de Dieu. Pensez aux réalités d'en haut, non à celles de la terre. En effet, vous êtes passés par la mort, et votre vie reste cachée avec le Christ en Dieu. Quand paraîtra le Christ, votre vie, alors vous aussi, vous paraîtrez avec lui dans la gloire.

ou bien

« Vous qui êtes le pain de la Pâque »

→ Lecture de la première lettre de saint Paul apôtre aux Corinthiens 5, 6b-8

Frères, ne savez-vous pas qu'un peu de levain suffit pour que fermente toute la pâte ? Purifiez-vous donc des vieux ferments, et vous serez une pâte nouvelle, vous qui êtes le pain de la Pâque, celui qui n'a pas fermenté. Car notre agneau pascal a été immolé : c'est le Christ. Ainsi, célébrons la Fête, non pas avec de vieux ferments, non pas avec ceux de la perversité et du vice, mais avec du pain non fermenté, celui de la droiture et de la vérité.

Séquence

À la Victime pascale,
chrétiens, offrez le sacrifice de louange.

L'Agneau a racheté les brebis ;
le Christ innocent a réconcilié
l'homme pécheur avec le Père.

La mort et la vie s'affrontèrent
en un duel prodigieux.
Le Maître de la vie mourut ; vivant, il règne.

« Dis-nous, Marie Madeleine,
qu'as-tu vu en chemin ? »

« J'ai vu le sépulcre du Christ vivant,
j'ai vu la gloire du Ressuscité.

J'ai vu les anges ses témoins,
le suaire et les vêtements.

Le Christ, mon espérance, est ressuscité !
Il vous précédera en Galilée. »

Nous le savons : le Christ
est vraiment ressuscité des morts.

Roi victorieux,
prends-nous tous en pitié !
Amen.

Alléluia. Alléluia. Notre Pâque immolée, c'est le Christ ! Célébrons la Fête dans le Seigneur ! **Alléluia.**

Évangile

« Le premier jour de la semaine »

→ **Évangile de Jésus Christ selon saint Jean** 20, 1-9

Le premier jour de la semaine, Marie Madeleine se rend au tombeau de grand matin ; c'était encore les ténèbres. Elle s'aperçoit que la pierre a été enlevée du tombeau. Elle court donc trouver Simon-Pierre et l'autre disciple, celui que Jésus aimait, et elle leur dit : « On a enlevé le Seigneur de son tombeau, et nous ne savons pas où on l'a déposé. »

Pierre partit donc avec l'autre disciple pour se rendre au tombeau. Ils couraient tous les deux ensemble, mais l'autre disciple courut plus vite que Pierre et arriva le premier au tombeau. En se penchant, il s'aperçoit que les linges sont posés à plat ; cependant il n'entre pas. Simon-Pierre, qui le suivait, arrive à son tour. Il entre dans le tombeau ; il aperçoit les linges, posés à plat, ainsi que le suaire qui avait entouré la tête de Jésus, non pas posé avec les linges, mais roulé à part à sa place. C'est alors qu'entra l'autre disciple, lui qui était arrivé le premier au tombeau. Il vit, et il crut. Jusque-là, en effet, les disciples n'avaient pas compris que, selon l'Écriture, il fallait que Jésus ressuscite d'entre les morts.

Au lieu de cet évangile, on peut aussi lire celui de la Vigile pascale, *p. 345.*

À la messe du soir de Pâques, on peut lire : *Les disciples d'Emmaüs*

→ Évangile de Jésus Christ selon saint Luc 24, 13-35

Le même jour (c'est-à-dire le premier jour de la semaine), deux disciples faisaient route vers un village appelé Emmaüs, à deux heures de marche de Jérusalem, et ils parlaient entre eux de tout ce qui s'était passé.

Or, tandis qu'ils s'entretenaient et s'interrogeaient, Jésus lui-même s'approcha, et il marchait avec eux. Mais leurs yeux étaient empêchés de le reconnaître. Jésus leur dit : « De quoi discutez-vous en marchant ? » Alors, ils s'arrêtèrent, tout tristes. L'un des deux, nommé Cléophas, lui répondit : « Tu es bien le seul étranger résidant à Jérusalem qui ignore les événements de ces jours-ci. » Il leur dit : « Quels événements ? » Ils lui répondirent : « Ce qui est arrivé à Jésus de Nazareth, cet homme qui était un prophète puissant par ses actes et ses paroles devant Dieu et devant tout le peuple : comment les grands prêtres et nos chefs l'ont livré, ils l'ont fait condamner à mort et ils l'ont crucifié. Nous, nous espérions que c'était lui qui allait délivrer Israël. Mais avec tout cela, voici déjà le troisième jour qui passe depuis que c'est arrivé. À vrai dire, des femmes de notre groupe nous ont remplis de stupeur. Quand, dès l'aurore, elles sont allées au tombeau, elles n'ont pas trouvé son corps ; elles sont venues nous dire qu'elles avaient même eu une vision : des anges, qui disaient qu'il est vivant. Quelques-uns de nos compagnons sont allés au tombeau, et ils ont trouvé les choses comme les femmes l'avaient dit ; mais lui, ils ne l'ont pas vu. » Il leur dit alors : « Esprits sans intelligence ! Comme votre cœur est lent à croire tout ce que les prophètes ont dit ! Ne fallait-il pas que le Christ souffrît cela pour entrer dans sa gloire ? » Et, partant de Moïse et de tous les Prophètes, il leur interpréta, dans toute l'Écriture, ce qui le concernait. Quand ils approchèrent du village où ils se rendaient, Jésus fit semblant d'aller plus loin. Mais ils s'efforcèrent de le retenir : « Reste avec nous, car le soir approche et déjà le jour baisse. » Il entra donc pour rester avec eux.

Quand il fut à table avec eux, ayant pris le pain, il prononça la bénédiction et, l'ayant rompu, il le leur donna. Alors leurs yeux s'ouvrirent, et ils le reconnurent, mais il disparut à leurs regards. Ils se dirent l'un à l'autre : « Notre cœur n'était-il pas brûlant en nous, tandis qu'il nous parlait sur la route et nous ouvrait les Écritures ? » À l'instant même, ils se levèrent et retournèrent à Jérusalem. Ils y trouvèrent réunis les onze Apôtres et leurs compagnons, qui leur dirent : « Le Seigneur est réellement ressuscité : il est apparu à Simon-Pierre. » À leur tour, ils racontaient ce qui s'était passé sur la route, et comment le Seigneur s'était fait reconnaître par eux à la fraction du pain.

Credo.

POUR LA PRIÈRE UNIVERSELLE
Prions le Seigneur qui nous donne la joie de la Résurrection :
– prions pour les nouveaux baptisés de Pâques : qu'illuminés par l'Esprit, ils aient à cœur de continuer leur cheminement dans des communautés fraternelles et accueillantes ;
– prions pour ceux qui doutent de la vie et de l'espérance apportées par le Christ ressuscité : que la lumière de Pâques parviennent en leurs cœurs ;
– prions pour ceux qui annoncent aujourd'hui la Bonne Nouvelle : que leurs actes confirment leurs paroles ;
– prions pour notre communauté : qu'elle témoigne de sa foi dans son quotidien.

Prière sur les offrandes

Dans l'exultation de la joie pascale, Seigneur, nous t'offrons ce sacrifice : c'est par lui que ton Église, de manière admirable, naît à la vie nouvelle et reçoit sa nourriture. Par le Christ, notre Seigneur.

Préface de Pâques, p. 357.

Antienne de la communion

cf. 1 Co 5, 7-8

Le Christ, notre agneau pascal, a été immolé.
Célébrons la fête en partageant un pain non fermenté,
signe de droiture et de vérité, alléluia.

Prière après la communion

Seigneur Dieu, ne cesse pas de veiller avec tendresse sur ton Église, afin que, déjà renouvelée par les sacrements de Pâques, elle parvienne à la lumière de la résurrection. Par le Christ, notre Seigneur.

Bénédiction solennelle, p. 358.

Envoi

Allez, dans la paix du Christ, alléluia, alléluia !
℟. **Nous rendons grâce à Dieu, alléluia, alléluia !**

Toucher ou croire

« Et le Christ lui dit : ?Ne me touche pas, je ne suis pas encore monté vers mon Père ?. Qu'est-ce que cela veut dire ? Il s'était laissé toucher par ses disciples sur la terre... et les femmes ne pourraient le toucher qu'au ciel ? Qu'est-ce toucher, sinon croire ? Car c'est par la foi que nous touchons le Christ ; or, il vaut mieux toucher par la foi, sans pouvoir toucher par les mains, que palper avec la main, sans toucher par la foi. Il n'était pas difficile de toucher le Christ matériellement ; les Juifs l'ont touché pour le lier, touché pour le suspendre à la croix ; ils l'ont touché et touché bien mal, puisque ce qu'ils ont touché, ils l'ont perdu. Mais en le touchant par la foi, ô Église catholique, c'est cette foi qui te sauve. Et toi aussi, contente-toi de toucher par la foi, c'est-à-dire approche sincèrement, crois fermement. »

Saint Augustin, *Les plus beaux sermons de saint Augustin*, tome III, Études augustiniennes, 1986, p. 113.

CALENDRIER LITURGIQUE

Di 31	**DIMANCHE DE PÂQUES, RÉSURRECTION DU SEIGNEUR.** *Liturgie des Heures : Psautier semaine propre.* Tous les jours de cette octave de Pâques ont une messe propre l'emportant sur toute autre fête.
Lu 1er avril	Actes 2,14.22b-33 ; Ps 15 ; Mt 28,8-15 : « Allez annoncer à mes frères qu'ils doivent se rendre en Galilée : c'est là qu'ils me verront ».
Ma 2	Actes 2, 36-41 ; Ps 32 ; Jean 20,11-18 : « "J'ai vu le Seigneur !", et elle raconta ce qu'il lui avait dit ». [*S. François de Paule, ermite italien † 1507 à Plessis-les-Tours.*]
Me 3	Actes 3,1-10 ; Ps 104 ; Luc 24,13-35 : Il se fit reconnaître par eux à la fraction du pain.
Je 4	Actes 3,11-26 ; Ps 8 ; Luc 24,35-48 : « Ainsi est-il écrit que le Christ souffrirait, qu'il ressusciterait d'entre les morts le troisième jour ». [*S. Isidore, évêque de Séville, docteur de l'Église, † 636.*]
Ve 5	Actes 4,1-12 ; Ps 117 ; Jean 21,1-14 : « Jésus s'approche ; il prend le pain et le leur donne ;.et de même pour le poisson » [*S. Vincent Ferrier, prêtre, dominicain espagnol, † 1419 à Vannes.*]
Sa 6	Actes 4,13-21 ; Ps 117 ; Marc 16,9-15 : « Allez dans le monde entier. Proclamez l'Évangile »

Bonne fête ! 31 : Benjamin, Balbine. 1er : Hugues, Valérie. 2 : Sandra. 3 : Richard. 4 : Isidore, Aleth. 5 : Irène, Ève, Juliana. 6 : Marcellin.

Sainte Rita (22 mai), dont le nom est le diminutif de sainte Margherita, est née en mai 1381 à Roccaporena (Italie) et est morte le 22 mai 1457 à Cascia. Après le décès de son mari, elle entra chez les Augustines à l'âge de 40 ans. Ce n'est qu'au XXe siècle qu'un sanctuaire fut érigé à Cascia pour lui confier les causes désespérées. Son culte a été introduit en France par des immigrés italiens dans les Ardennes et connut un vif succès.

LE TEMPS PASCAL

La joie de croire

« Les cinquante jours à partir du dimanche de la résurrection jusqu'à celui de Pentecôte sont célébrés dans la joie et l'exultation, comme si c'était un jour de fête unique ou mieux un grand dimanche » (*Normes de l'année liturgique*, n° 22).

S'il fallait ne retenir qu'un mot de cette explication, ce serait la joie. La joie est le marqueur de ces quasi deux mois jusqu'au soir de la Pentecôte : « Voici le jour que fit le Seigneur, qu'il soit pour nous jour de fête et de joie ! » (*Psaume du jour de Pâques*). Mais, nous le savons, la joie ne s'impose pas, au risque de paraître indécente face aux malheurs du monde ; cette joie-là se reçoit, portée par le souffle de l'Esprit qui nous « enthousiasme », mot qui signifie littéralement « inspiration ».

Lors de la messe du jour de Pâques, nous avons entendu « les nouvelles du matin », à première vue un fait divers d'une tombe profanée. Pas d'information sur le corps de Jésus qui revient à la vie, ni même sur l'ouverture du tombeau. Les femmes qui sont allées au tombeau reviennent affolées : le corps de Jésus a disparu. Rien de très réjouissant à priori, sauf cette petite mention à la fin de l'évangile de Pâques à propos de Jean : « il vit et il crut » (Jn 20,8). Nous pourrions ajouter : il crut sur parole. Voici que Jean, le disciple aimé de Jésus, comprend que la résurrection du Messie, annoncée dans les Écritures anciennes, vient de s'accomplir. L'avenir est enfin ouvert.

Le Temps pascal ne se superpose pas au temps des vacances, ni aux jours qui s'allongent, ni au printemps qui s'installe. Il est une manière de vivre plus vigoureusement et plus profondément de la foi en la résurrection du Seigneur dans ce temps qui est le nôtre. Pour chacun de nous, la foi en la résurrection n'est jamais acquise, elle reste toujours à élaborer et à fortifier. Elle suppose, comme pour les proches de Jésus, que nous renoncions à une représentation du moment de la résurrection pour croire sur parole en la promesse et au témoignage des Écritures. Le Temps pascal déploie la joie de croire sur parole et invite à la confiance en l'autre. Là encore, cela ne dépend pas d'un volontarisme abstrait mais d'une ouverture confiante à la vie. La joie pascale ne s'entend donc pas d'abord dans un alléluia tonitruant, mais se découvre par notre consentement à croire, à passer d'une lecture superficielle de la parole de Dieu à sa compréhension profonde et engagée. Le mystère pascal a mené à son terme l'Incarnation du Fils de Dieu. Le temps liturgique nous offre cinquante jours pour habiter davantage cette réalité, pour nous laisser transformer et trouver la vraie joie.

Les signes liturgiques : l'eau et la lumière

Rappelons-nous, lors de la veillée pascale, le cierge pascal a été plongé dans l'eau baptismale : les paroles de Paul aux Romains se réalisent, le baptême nous unit au Christ mort et ressuscité, pour que nous menions une vie nouvelle (Rm 6). Le cierge pascal est allumé lors de toutes les célébrations du Temps pascal. De même, le rite d'aspersion est fortement conseillé au moment du rite pénitentiel. Par ces signes, la liturgie du Temps pascal fait mémoire de notre baptême et de notre confirmation en célébrant l'eucharistie. Nous reconnaissons ici les trois sacrements de l'initiation chrétienne que des adultes ont reçus dans la nuit de Pâques. Ensemble, nous donnons corps à une communauté baptismale qui confesse la foi et l'espérance en la résurrection.

Lectures tirées du Nouveau Testament

La liturgie renonce pour un temps à la lecture des textes de l'Ancien Testament (excepté le psaume) pour n'entendre que la nouveauté qu'expérimentent des disciples du Ressuscité. Les lectures témoignent, pourrait-on dire, de la petite enfance de l'Église. Les Actes des apôtres (*premières lectures*) racontent cette jouvence. La première lettre de Jean (*deuxièmes lectures*) est une sorte de guide spirituel qui nous centre sur l'essentiel : l'amour de Dieu. Enfin les évangiles tracent un itinéraire de foi, commençant par les témoignages de la résurrection (2e et 3e dimanche), puis nous faisant contempler les figures du Bon berger et de la Vigne (4e et 5e dimanche), pour être introduits au cœur même de la prière de Jésus à son Père (6e et 7e dimanche). La conclusion du Temps pascal prend la forme d'une Pentecôte, précédée par l'Ascension du Seigneur. Non que l'Esprit soit absent depuis le dimanche de Pâques mais plutôt pour célébrer l'apogée de la joie pascale, là où l'enthousiasme authentiquement missionnaire est pur don de l'Esprit.

CHANTER PENDANT LE TEMPS PASCAL

Le choix d'un seul et même ordinaire de la messe pour tout le Temps pascal en favorisera l'unité. Ainsi le rite d'aspersion est recommandé et peut s'accompagner des chants suivants : ***J'ai vu des fleuves d'eau vive*** **I 44-62**, ***J'ai vu l'eau vive*** **I 132-1** ou **I 18-6511 CNA 191** ou **481.**

Si on ne fait pas d'aspersion, on pourra chanter : ***Par ton mystère pascal*** AL **18-69-4**, ***Messe pascale*** AL **56-29**, ***Messe de Saint Boniface*** AL **69-8-18.**

Pour le Gloire à Dieu **AL 51-59, AL 61-96**, ***Messe de l'Emmanuel*** ou ***Missa pro Europa.***

Pour ***le Saint le Seigneur*** **AL 20 CNA 243**, ***Missa pro Europa, Messe de Saint Boniface.***

Pour l'Agneau de Dieu : ***Jubilus*** **AL 35-46-24**, ***Missa pro Europa, Messe des chantres*** **AL 59-87.**

Pour la procession d'ouverture : ***Jour du Vivant*** **I 34-92-8 CNA 561**, ***Christ est vraiment ressuscité*** **I 169 CNA 487**, ***Peuple de baptisés*** **K 106 CNA 573,**

Chrétiens, chantons **I 36 CNA 485,** ***Jour de fête et jour de joie*** **I 57-89-3,** ***Dieu règne*** **I 47 CNA 490,** ***Nous chanterons pour toi, Seigneur*** **K 38 CNA 569** strophes 1-9-13-14-15.
Pour la procession de communion : ***Celui qui a mangé de ce pain*** **D 140-2 CNA 321,** ***Nous formons un même corps*** **D 105 CNA 570,** ***Venez approchons-nous, Pain véritable*** **D 103 CNA 34,** ***Goûtez et voyez*** **D 57-71,** ***La sagesse a dressé une table*** **D 580 CNA 332,** ***Nous partageons le pain nouveau*** **D 184-4 CNA 335.**
Après la communion : ***Chantez au Seigneur*** **Y 82 CNA 483,** ***Tu as triomphé de la mort*** **IP 165 CNA 594,** ***Sans avoir vu*** **I 168 CNA 494,** ***Tenons en éveil*** **Y 243-1 CNA 591,** ***Celui qui aime*** **D 18-13 CNA 537.**
Pour l'envoi : ***Par la musique et par nos voix*** **Y 43-38 CNA 572,** ***Jubilez, criez de joie*** **U 52-42.**
À partir du 6e dimanche, on pourra chanter un chant à la Vierge Marie puisque nous entrons dans le mois de mai, mois de Marie.

Amen ! Alléluia !

« Dans le ciel il y aura un sabbat éternel (...) et bien que je ne puisse dire ce qu'il sera, car je ne peux encore le voir, je puis pourtant dire sans crainte ce que nous ferons, car l'Écriture en parle. Toute notre occupation sera : Amen et Alléluia. Qu'en dites-vous, frères ? Je vois que vous m'avez entendu et que vous êtes dans la joie ! Je vais donc m'expliquer. Ce n'est pas avec des sons qui passent que nous dirons : Amen, Alléluia, mais avec les sentiments de l'âme. Que veut dire Amen ? Que veut dire Alléluia ? Amen veut dire : "C'est vrai !", Alléluia veut dire : "Louez Dieu" (...)

Embrasés de l'amour de cette vérité, et adhérant à elle par un doux et chaste embrassement, nous la louerons aussi par un tel cri, et nous dirons : "Alléluia !" Bondissant en effet dans une louange égale, brûlant d'amour les uns pour les autres et pour Dieu, tous les habitants de cette cité diront : "Alléluia !", parce qu'ils diront : "Amen !" »

S. Augustin, *Sermon 362*, 27-28.

2e dimanche de Pâques ou de la divine Miséricorde

7 AVRIL 2024

Vivons spirituellement

N'attendons pas la Pentecôte pour croire en l'Esprit Saint ! L'évangile de ce dimanche l'atteste : le jour de la résurrection, premier jour de la semaine, notre dimanche, Jésus souffle sur ses disciples et leur dit : « Recevez l'Esprit Saint ». En effet, comment les disciples pourraient-ils croire et agir sans l'Esprit ? C'est l'Esprit qui rend témoignage *(2e lecture)*.

Deux mots révèlent le climat de la rencontre avec le Ressuscité : la paix et la joie. La paix qui vient du Seigneur est tangible ; en lui, elle a traversé la mort, la torture, l'échec. C'est pourquoi, loin d'un vain souhait, elle ouvre un processus nouveau et transformant. La paix est une manifestation de l'Esprit ; elle n'est pas au terme de l'action mais à sa racine car c'est dans cette paix que le pardon est possible, que la confiance s'installe comme l'expérimente progressivement Thomas. La joie est, elle aussi, une manifestation de l'Esprit Saint. En son expression la plus mûre, il s'agit de la joie de ceux qui croient sans avoir vu. Ceux-là, dit Jésus, sont « heureux » (*évangile*).

Nous sommes ces croyants qui n'ont pas vu les blessures sur le corps de Jésus, qui ne l'ont pas entendu parler et qui ne l'ont pas touché. Rien de commun avec l'expérience des disciples. Et pourtant, pas de foi sans signe, parce que croire n'est pas une idée abstraite. Pour les nouveaux chrétiens des Actes des Apôtres, la foi est concrète : la mise en commun des ressources, l'expérience de l'unité, sont des expressions de la foi pascale (*1re lecture*). Aujourd'hui encore, nous pourrions prendre très au sérieux cette description du vivre ensemble des chrétiens. Car n'est-ce pas là, l'authentique manifestation de la vie dans l'Esprit (*Spiritus*), autrement dit, de la vie spirituelle ?

Des chants sont proposés pour le Temps pascal, p. 371.

On peut aussi retenir pour exprimer la fête de la divine miséricorde : ***Puisque tu fais miséricorde*** **Z 129-15** ou **Z 44-71**.

Antienne d'ouverture 1 P 2, 2

Comme des enfants nouveau-nés,
soyez avides du lait pur de la Parole,
qui vous fera grandir pour arriver au salut, alléluia.

Gloria.

Prière

Dieu d'éternelle miséricorde, chaque année, par les célébrations pascales, tu ranimes la foi du peuple qui t'est consacré : fais grandir le don de ta grâce, afin que tous comprennent vraiment quel baptême les a purifiés, quel Esprit les a fait renaître, et quel sang les a rachetés. Par Jésus Christ, ton Fils, notre Seigneur, qui vit et règne avec toi dans l'unité du Saint-Esprit, Dieu, pour les siècles des siècles.

1re Lecture *Un seul cœur et une seule âme*

→ **Lecture du livre des Actes des Apôtres** 4, 32-35

La multitude de ceux qui étaient devenus croyants avait un seul cœur et une seule âme ; et personne ne disait que ses biens lui appartenaient en propre, mais ils avaient tout en commun. C'est avec une grande puissance que les Apôtres rendaient témoignage de la résurrection du Seigneur Jésus, et une grâce abondante reposait sur eux tous. Aucun d'entre eux n'était dans l'indigence, car tous ceux qui étaient propriétaires de domaines ou de maisons les vendaient, et ils apportaient le montant de la vente pour le déposer aux pieds des Apôtres ; puis on le distribuait en fonction des besoins de chacun.

Psaume 117

℟. **Rendez grâce au Seigneur : Il est bon !**
Éternel est son amour !
ou : **Alléluia.**

Oui, que le dise Israël :
Éternel est son amour !
Que le dise la maison d'Aaron :
Éternel est son amour !
Qu'ils le disent, ceux qui craignent le Seigneur :
Éternel est son amour !

Le bras du Seigneur se lève,
le bras du Seigneur est fort !
Non, je ne mourrai pas, je vivrai
pour annoncer les actions du Seigneur.
Il m'a frappé, le Seigneur, il m'a frappé,
mais sans me livrer à la mort.

La pierre qu'ont rejetée les bâtisseurs
est devenue la pierre d'angle :
c'est là l'œuvre du Seigneur,
la merveille devant nos yeux.
Voici le jour que fit le Seigneur,
qu'il soit pour nous jour de fête et de joie !

2e Lecture

L'Esprit rend témoignage

→ Lecture de la première lettre de saint Jean 5, 1-6

Bien-aimés, celui qui croit que Jésus est le Christ, celui-là est né de Dieu ; celui qui aime le Père qui a engendré aime aussi le Fils qui est né de lui. Voici comment nous reconnaissons que nous aimons les enfants de Dieu : lorsque nous aimons Dieu et que nous accomplissons ses commandements. Car tel est l'amour de Dieu : garder ses commandements ; et ses commandements ne sont pas un fardeau, puisque tout être qui est né de Dieu est vainqueur du monde. Or la victoire remportée sur le monde, c'est notre foi. Qui donc est vainqueur du monde ? N'est-ce pas celui qui croit que Jésus est le Fils de Dieu ?

C'est lui, Jésus Christ, qui est venu par l'eau et par le sang : non pas seulement avec l'eau, mais avec l'eau et avec le sang. Et celui qui rend témoignage, c'est l'Esprit, car l'Esprit est la vérité.

Alléluia. Alléluia. Thomas, parce que tu m'as vu, tu crois, dit le Seigneur. Heureux ceux qui croient sans avoir vu ! **Alléluia.**

Évangile

Pour que vous croyez que Jésus est le Christ

→ Évangile de Jésus Christ selon saint Jean 20, 19-31

C'était après la mort de Jésus. Le soir venu, en ce premier jour de la semaine, alors que les portes du lieu où se trouvaient les disciples étaient verrouillées par crainte des Juifs, Jésus vint, et il était là au milieu d'eux. Il leur dit : « La paix soit avec vous ! » Après cette parole, il leur montra ses mains et son côté. Les disciples furent remplis de joie en voyant le Seigneur. Jésus leur dit de nouveau : « La paix soit avec vous ! De même que le Père m'a envoyé, moi aussi, je vous envoie. » Ayant ainsi parlé, il souffla sur eux et il leur dit : « Recevez l'Esprit Saint. À qui vous remettrez ses péchés, ils seront remis ; à qui vous maintiendrez ses péchés, ils seront maintenus. »

Or, l'un des Douze, Thomas, appelé Didyme (c'est-à-dire Jumeau), n'était pas avec eux quand Jésus était venu. Les autres disciples lui disaient : « Nous avons vu le Seigneur ! » Mais il leur déclara : « Si je ne vois pas dans ses mains la marque des clous, si je ne mets pas mon doigt dans la marque des clous, si je ne mets pas la main dans son côté, non, je ne croirai pas ! »

Huit jours plus tard, les disciples se trouvaient de nouveau dans la maison, et Thomas était avec eux. Jésus vient, alors que les portes étaient verrouillées, et il était là au milieu d'eux. Il dit : « La paix soit avec vous ! » Puis il dit à Thomas : « Avance ton doigt ici, et vois mes mains ; avance ta main, et mets-la dans mon côté : cesse d'être incrédule, sois croyant. » Alors Thomas lui dit : « Mon Seigneur et mon Dieu ! » Jésus lui dit : « Parce que tu m'as vu, tu crois. Heureux ceux qui croient sans avoir vu. » Il y a encore beaucoup d'autres signes que Jésus a faits en présence des disciples et qui ne sont pas écrits dans ce livre. Mais ceux-là ont été écrits pour que vous croyiez que Jésus est le Christ, le Fils de Dieu, et pour qu'en croyant, vous ayez la vie en son nom.

Credo.

POUR LA PRIÈRE UNIVERSELLE

Dieu de tout amour, Père de Jésus Christ, avec l'Esprit, nous te prions :

– pour les nouveaux baptisés de Pâques : qu'ils cultivent la joie de l'Évangile avec ferveur et enthousiasme ;

– pour les communautés chrétiennes : que leur témoignage de vie rende crédible la foi au Ressuscité ;

– pour les chrétiens de toutes les confessions : que le Temps pascal soit pour les Églises un temps d'unité et de rencontre ;

– pour les peuples qui subissent la guerre : que le temps de Pâques renouvelle leur espérance en l'avenir.

Prière sur les offrandes

Accueille, nous t'en prions, Seigneur, les offrandes de ton peuple, et, en particulier, de ceux que tu as fait renaître ; ils ont été renouvelés en confessant ton nom et en recevant le baptême : accorde-leur de parvenir au bonheur sans fin. Par le Christ, notre Seigneur.

Préface de Pâques, n° 1 (aujourd'hui), p. 357.

Prière eucharistique : textes propres, I, p. ; II, p. ; III, p..

Antienne de la communion

cf. Jn 20, 27

Jésus dit à Thomas :
Avance ta main, touche du doigt l'endroit des clous ;
cesse d'être incrédule, sois croyant, alléluia.

Prière après la communion

Nous t'en prions, Dieu tout-puissant : que le mystère pascal accueilli dans cette communion ne cesse jamais d'agir en nos cœurs. Par le Christ, notre Seigneur.

Bénédiction solennelle, p. 358.

Envoi

Allez, dans la paix du Christ, alléluia, alléluia !
℟. **Nous rendons grâce à Dieu, alléluia, alléluia !**

La résurrection habite la Création

« Le Nouveau Testament ne nous parle pas seulement de Jésus terrestre et de sa relation si concrète et aimable avec le monde. Il le montre aussi comme ressuscité et glorieux, présent à toute la création par sa Seigneurie universelle... »

Pape François, *Laudato si*, n° 100.

CALENDRIER LITURGIQUE

Di 7	**2e DIMANCHE DE PÂQUES B OU DE LA DIVINE MISÉRICORDE.** *Liturgie des Heures : Psautier semaine II.* [S. Jean-Baptiste de la Salle, prêtre, fondateur des Frères des écoles chrétiennes, † 1719 à Rouen.]
Lu 8	ANNONCIATION DU SEIGNEUR, p. 380.
Ma 9	Actes 4, 32-37 ; Ps 92 ; Jean 3, 7-15 : « Nul n'est monté au ciel sinon celui qui est descendu du ciel, le Fils de l'homme »
Me 10	Actes 5, 17-26 ; Ps 33 ; Jean 3, 16-21 : « Dieu a envoyé son Fils dans le monde, pour que, par lui, le monde soit sauvé »
Je 11	S. Stanislas, évêque de Cracovie, martyr, † 1079. Actes 5, 27-33 ; Ps 33 ; Jean 3, 31-36 : « Le Père aime le Fils et il a tout remis dans sa main »
Ve 12	Actes 5, 34-42 ; Ps 26 ; Jean 6, 1-15 : « Il en distribua aux convives, autant qu'ils en voulaient »
Sa 13	Actes 6, 1-7 ; Ps 32 ; Jean 6, 16-21 : « Ils virent Jésus qui marchait sur la mer » *S. Martin Ier, pape, martyr en Crimée, † 656.*

Bonne fête ! 7 : Saturnin. 8 : Constance, Julie. 9 : Gautier, Walter. 10 : Fulbert. 11 : Stanislas, Gemma. 12 : Jules. 13 : Ida.

Saint Fulbert (10 avril). Homme de lettres et de sciences, il fut le précepteur du fils du roi Hugues Capet et il fonda à Chartres une importante école où on enseignait les sciences, la philosophie et la théologie. Évêque de Chartres, il composa des hymnes en l'honneur de la Vierge Marie, très vénérée à Chartres. Il mourut en 1028.

Annonciation du Seigneur

8 AVRIL 2024

Neuf mois d'espérance

Dans neuf mois, nous fêterons Noël, la Nativité du Seigneur. Ainsi, l'annonce faite à Marie par l'ange Gabriel inscrit la naissance de Jésus dans le temps des hommes et des femmes. Les neufs mois à venir que Marie, comme toute maman, a vécu patiemment, sont le signe que Dieu s'est fait humain, selon les lois du corps humain. L'incarnation de Dieu dans l'humanité concerne, bien-sûr, la naissance de Jésus mais aussi sa mort en croix. C'est cela qui nous sauve : Dieu s'est fait homme pour qu'avec lui, nous passions de la mort à la vie. Célébrer l'attente de la Nativité au Temps pascal est alors riche de sens, car ressusciter, n'est-ce pas aussi renaître ?

Prière

Seigneur Dieu, tu as voulu que ton Verbe prît chair en toute vérité dans le sein de la Vierge Marie ; puisque nous reconnaissons en lui notre Rédempteur, à la fois Dieu et homme, accorde-nous d'être participants de sa nature divine. Lui qui vit et règne avec toi dans l'unité du Saint-Esprit, Dieu, pour les siècles des siècles.

Lectures

Is 7, 10-14	La vierge enfantera.
Ps 39	℟. **Me voici, Seigneur, je viens faire ta volonté.**
He 10, 4-10	Je viens faire ta volonté.
Lc 1, 26-38	L'annonce à Marie. (p. 123 4e dim. de l'Avent)

Prière sur les offrandes

Daigne accepter, Dieu tout-puissant, les dons offerts par ton Église : elle reconnaît son origine dans l'incarnation de ton Fils unique ; en ce jour de fête, qu'elle trouve sa joie à célébrer les mystères du Christ. Lui qui vit et règne pour les siècles des siècles.

Préface

L'annonce à Marie

Vraiment, il est juste et bon, pour ta gloire et notre salut, de t'offrir notre action de grâce, toujours et en tout lieu, Seigneur, Père très saint, Dieu éternel et tout-puissant, par le Christ, notre Seigneur.
C'est lui qui pour sauver les hommes devait naître parmi les hommes, par la puissance de l'Esprit Saint qui couvrit Marie de son ombre ; c'est lui que le messager du ciel annonça à la Vierge, lui qu'elle accueillit dans la foi, lui qu'elle porta avec amour dans son corps immaculé. Il venait accomplir en vérité les promesses faites aux enfants d'Israël, combler, et même dépasser, l'espérance des nations.
C'est par lui que les anges adorent ta majesté et se réjouissent en ta présence à jamais. À leur hymne de louange, laisse-nous joindre nos voix, pour chanter et proclamer :

Prière après la communion

Nous t'en prions, Seigneur, affermis dans nos cœurs les mystères de la vraie foi ; puisque nous proclamons vrai Dieu et vrai homme celui qui a été conçu dans le sein de la Vierge, puissions-nous parvenir à la joie éternelle par la puissance de sa résurrection qui nous sauve. Lui qui vit et règne pour les siècles des siècles.

3e dimanche de Pâques

14 AVRIL 2024

La pédagogie de Jésus

Il faut du temps pour saisir le mystère de la résurrection. Les deux disciples revenus d'Emmaüs racontent à leurs pairs comment Jésus s'est révélé à eux « à la fraction du pain ». Mais leur récit ne convainc personne et quand Jésus se tient au milieu de ce groupe de disciples, ceux-ci sont très effrayés. Alors, Jésus agit de la même manière qu'avec Thomas (*dimanche dernier*) ; il les salue : « La paix soit avec vous », et il semble bien que ces disciples en aient fort besoin ; puis il les invite à le toucher (*évangile*). Il rend palpable la continuité entre l'homme Jésus qui mangeait avec ses amis, et le Ressuscité, non pas un esprit mais un corps intégralement rempli d'une vie nouvelle.

Comme à Emmaüs, Jésus a commencé par être là parmi ses disciples. Puis il parle des Écritures : tout était écrit. Mais encore faut-il que les disciples puissent interpréter la Torah à la lumière de la résurrection. Seul le Ressuscité peut ouvrir l'esprit des disciples à cette nouvelle lecture. Aujourd'hui encore, l'Esprit du Ressuscité ouvre nos cœurs afin que nous comprenions la parole de Dieu à la lumière de la Résurrection. Quand l'évangile relate un épisode de la vie de Jésus, nous entendons ces paroles comme témoins du Ressuscité. Il y a véritablement une manière chrétienne, croyante, de lire la Bible (*1re lecture*).

Enfin le Ressuscité a besoin de témoins parce que l'enjeu est grand pour l'humanité : la résurrection du Fils de Dieu fait advenir des hommes et des femmes pardonnés et renouvelés. Reste à chacun de nous à convertir sa vie pour percevoir le plus profondément possible la résurrection déjà à l'œuvre *(2e lecture)*.

Des chants sont proposés pour le Temps pascal, p. 371.

On peut aussi retenir pour ce 3e dimanche : ***Reste avec nous, Seigneur Jésus*** **IP10-80-5**.

Antienne d'ouverture

Ps 65, 1.2

Acclamez Dieu, toute la terre ;
fêtez la gloire de son nom,
glorifiez-le en célébrant sa louange, alléluia.

Gloria.

Prière

Garde à ton peuple sa joie, Seigneur Dieu, car tu renouvelles la jeunesse de son âme ; il se réjouit d'avoir retrouvé la gloire de l'adoption filiale : qu'il attende désormais le jour de la résurrection, dans la ferme espérance du bonheur que tu donnes. Par Jésus Christ, ton Fils, notre Seigneur, qui vit et règne avec toi dans l'unité du Saint-Esprit, Dieu, pour les siècles des siècles.

1re Lecture *Dieu a accompli ce qu'avaient annoncé les prophètes*

→ **Lecture du livre des Actes des Apôtres** 3, 13-15.17-19

En ces jours-là, devant le peuple, Pierre prit la parole : « Hommes d'Israël, *le Dieu d'Abraham, d'Isaac et de Jacob, le Dieu de nos pères*, a glorifié son serviteur Jésus, alors que vous, vous l'aviez livré, vous l'aviez renié en présence de Pilate qui était décidé à le relâcher. Vous avez renié le Saint et le Juste, et vous avez demandé qu'on vous accorde la grâce d'un meurtrier. Vous avez tué le Prince de la vie, lui que Dieu a ressuscité d'entre les morts, nous en sommes témoins. D'ailleurs, frères, je sais bien que vous avez agi dans l'ignorance, vous et vos chefs. Mais Dieu a ainsi accompli ce qu'il avait d'avance annoncé par la bouche de tous les prophètes : que le Christ, son Messie, souffrirait. Convertissez-vous donc et tournez-vous vers Dieu pour que vos péchés soient effacés. »

Psaume 4

℟. Sur nous, Seigneur, que s'illumine ton visage !
ou : **Alléluia.**

Quand je crie, réponds-moi,
Dieu, ma justice !
Toi qui me libères dans la détresse,
pitié pour moi, écoute ma prière !

Sachez que le Seigneur a mis à part son fidèle,
le Seigneur entend quand je crie vers lui.
Beaucoup demandent : « Qui nous fera voir le bonheur ? »
Sur nous, Seigneur, que s'illumine ton visage !

Dans la paix moi aussi, je me couche et je dors,
car tu me donnes d'habiter, Seigneur,
seul, dans la confiance.

2e Lecture

Garder la parole

→ Lecture de la première lettre de saint Jean 2, 1-5a

Mes petits enfants, je vous écris cela pour que vous évitiez le péché. Mais si l'un de nous vient à pécher, nous avons un défenseur devant le Père : Jésus Christ, le Juste. C'est lui qui, par son sacrifice, obtient le pardon de nos péchés, non seulement des nôtres, mais encore de ceux du monde entier. Voici comment nous savons que nous le connaissons : si nous gardons ses commandements. Celui qui dit : « Je le connais », et qui ne garde pas ses commandements, est un menteur : la vérité n'est pas en lui. Mais en celui qui garde sa parole, l'amour de Dieu atteint vraiment la perfection.

Alléluia. Alléluia. Seigneur Jésus, ouvre-nous les Écritures ! Que notre cœur devienne brûlant tandis que tu nous parles. **Alléluia.**

Évangile

Tout ce qui était écrit s'est accompli

→ **Évangile de Jésus Christ selon saint Luc** 24, 35-48

En ce temps-là, les disciples qui rentraient d'Emmaüs racontaient aux onze Apôtres et à leurs compagnons ce qui s'était passé sur la route, et comment le Seigneur s'était fait reconnaître par eux à la fraction du pain.

Comme ils en parlaient encore, lui-même fut présent au milieu d'eux, et leur dit : « La paix soit avec vous ! » Saisis de frayeur et de crainte, ils croyaient voir un esprit. Jésus leur dit : « Pourquoi êtes-vous bouleversés ? Et pourquoi ces pensées qui surgissent dans votre cœur ? Voyez mes mains et mes pieds : c'est bien moi ! Touchez-moi, regardez : un esprit n'a pas de chair ni d'os comme vous constatez que j'en ai. » Après cette parole, il leur montra ses mains et ses pieds.

Dans leur joie, ils n'osaient pas encore y croire, et restaient saisis d'étonnement. Jésus leur dit : « Avez-vous ici quelque chose à manger ? » Ils lui présentèrent une part de poisson grillé qu'il prit et mangea devant eux. Puis il leur déclara : « Voici les paroles que je vous ai dites quand j'étais encore avec vous : "Il faut que s'accomplisse tout ce qui a été écrit à mon sujet dans la loi de Moïse, les Prophètes et les Psaumes." »

Alors il ouvrit leur intelligence à la compréhension des Écritures. Il leur dit : « Ainsi est-il écrit que le Christ souffrirait, qu'il ressusciterait d'entre les morts le troisième jour, et que la conversion serait proclamée en son nom, pour le pardon des péchés, à toutes les nations, en commençant par Jérusalem. À vous d'en être les témoins. »

Credo.

POUR LA PRIÈRE UNIVERSELLE

Dieu d'Abraham, d'Isaac et de Jacob, avec Jésus, Prince de la vie, et avec l'Esprit, nous te prions :

– pour les nouveaux baptisés, enfants et adultes : qu'ils trouvent au sein des communautés chrétiennes des lieux d'approfondissement de la foi et de formation spirituelle ;

– pour les personnes malades de notre entourage, de nos communautés : que ce temps de Pâques soit porteur d'espérance et de réconfort ;

– pour les jeunes qui recherchent un emploi, pour ceux qui continuent leurs études : que ce temps de Pâques soit l'occasion de mieux discerner le sens qu'ils souhaitent donner à leur vie ;

– pour l'Église, témoin et gardienne de la foi pascale : que cette responsabilité soit réellement orientée vers l'ouverture et le dialogue nécessaires à ceux qui cheminent dans la foi.

Prière sur les offrandes

Accueille, nous t'en prions, Seigneur, les dons de ton Église en fête ; tu es pour elle à l'origine d'un si grand bonheur : qu'il s'épanouisse en joie éternelle. Par le Christ, notre Seigneur.

Préface du Temps pascal, n° 1-5, pp. 37-38.

Antienne de la communion

Lc 24, 46-47

Il fallait que le Christ connaisse la souffrance,
qu'il ressuscite d'entre les morts le troisième jour,
et que la conversion soit proclamée en son nom,
pour le pardon des péchés, à toutes les nations, alléluia.

Prière après la communion

Regarde avec bonté, Seigneur, nous t'en prions, le peuple que tu as rénové par tes sacrements ; accorde-nous de parvenir à la vie incorruptible lorsque notre chair ressuscitera dans la gloire. Par le Christ, notre Seigneur.

Les ressources de la foi pour l'écologie

« Je veux montrer dès le départ comment les convictions de la foi offrent aux chrétiens et aussi à d'autres croyants de grandes motivations pour la protection de la nature et des frères et sœurs les plus fragiles. Si le seul fait d'être humain pousse les personnes à prendre soin de l'environnement dont elles font partie, les chrétiens, notamment, savent que leurs devoirs à l'intérieur de la création et leurs devoirs à l'égard de la nature et du Créateur font partie intégrante de leur foi ; donc c'est un bien pour l'humanité et pour le monde que nous, les croyants, nous reconnaissions mieux les engagements écologiques qui jaillissent de nos convictions. »

Pape François, *Lettre encyclique « Laudato si »*, n° 64.

CALENDRIER LITURGIQUE

Di 14	**3e dimanche de Pâques B.** *Liturgie des Heures : Psautier semaine III.*
Lu 15	Actes 6, 8-15 ; Ps 118 ; Jean 6, 22-29 : « Travaillez non pas pour la nourriture qui se perd, mais pour la nourriture qui demeure jusque dans la vie éternelle »
Ma 16	Actes 7, 51–8, 1a ; Ps 30 ; Jean 6, 30-35 : « Ce n'est pas Moïse, c'est mon Père qui vous donne le vrai pain venu du ciel »
Me 17	Actes 8, 1b-8 ; Ps 65 ; Jean 6, 35-40 : « Telle est la volonté de mon Père : que celui qui voit le Fils et croit en lui ait la vie éternelle » *Au Canada,* Ste Kateri Tekakwitha, vierge, jeune indienne, † 1680 à Kahnawake, en face de Montréal.
Je 18	Actes 8, 26-40 ; Ps 65 ; Jean 6, 44-51 : « Moi, je suis le pain vivant, qui est descendu du ciel » *Au Canada, Bse Marie-Anne Blondin, vierge,* † 1890.
Ve 19	Actes 9, 1-20 ; Ps 116 ; Jean 6, 52-59 : « Ma chair est la vraie nourriture, et mon sang est la vraie boisson »
Sa 20	Actes 9, 31-42 ; Ps 115 ; Jean 6, 60-69 : « Seigneur, à qui irions-nous ? Tu as les paroles de la vie éternelle »

Bonne fête ! 14 : Maxime, Ludivine. 15 : Paterne. 16 : Benoît-Joseph. 17 : Étienne. 18 : Parfait. 19 : Emma. 20 : Odette, Giraud.

Kateri Tekakwitha (17 avril). Elle est la première sainte indienne du continent nord-américain (1856-1880). Handicapée et défigurée par la variole, elle fut baptisée à l'âge de 20 ans par des missionnaires français. Mise à l'écart par sa famille en raison de sa conversion, elle fonda à Kahnawake une communauté d'indiens chrétiens, vivant dans la prière, la pénitence et le soin des malades.

4e dimanche de Pâques

21 AVRIL 2024

La pierre et le berger

Qu'il faille plusieurs images pour comprendre le mystère de Jésus ressuscité, cela ne nous étonne pas. De nombreux chrétiens affirment qu'ils croient en Jésus mais pas en la résurrection. En effet, nous confondons souvent la résurrection avec une sorte de réanimation du corps, alors qu'il s'agit d'un passage inédit à la vie nouvelle animée par l'Esprit Saint. D'ailleurs, lors des dimanches précédents, les textes bibliques ont montré combien cela était difficile pour les disciples du Seigneur qui pourtant l'ont vu « en direct ».

Deux images, deux métaphores, viennent nous éclairer : la première est celle de la pierre angulaire c'est-à-dire une pierre de fondation extrêmement solide (*1re lecture et psaume*) ; la deuxième image est celle du pasteur, bon berger, qui prend des risques pour sauver son troupeau (*évangile*). Jésus ressuscité est comparé à ces deux images.

La figure de la pierre d'angle, comme celle du bon berger, est d'abord opposée à une image négative. La pierre d'angle a été « méprisée des bâtisseurs » : D'une certaine manière, Jésus n'a pas convaincu le peuple, ses chefs et les anciens, comme l'atteste sa passion et sa mise à mort. Sa résurrection est la révélation ultime qu'il est bien le messie attendu, celui qui sauve et guérit.

L'évangile compare Jésus ressuscité à un bon berger. L'image est transparente : comme ce berger, Jésus donne sa vie pour sauver l'humanité des prédateurs de vie. Il entretient avec chacun une proximité qui est semblable à celle qui l'unit à son Père. En effet, il n'est en rien un mercenaire rémunéré pour s'occuper des humains, et qui ne connaîtrait pas la mort car s'étant enfui avant le danger. Jésus est un fils libre parce que sa vie, nul ne la prend, c'est lui qui la donne (*évangile*) ; il nous faut méditer cette parole qui exprime si bien ce que signifie donner et se donner. C'est pourquoi, en « enfants de Dieu » *(2e lecture)* développons en nous cette même liberté, celle du don de soi consenti et fécond.

Des chants sont proposés pour le Temps pascal, p. 371.

On peut aussi retenir pour ce 4e dimanche : ***Il est l'Agneau et le Pasteur*** **ZL 22-2 CNA 556.**

Antienne d'ouverture

Ps 32, 1.5.6

La terre est remplie de l'amour du Seigneur ;
il a fait les cieux par sa parole, alléluia.

Gloria.

Prière

Dieu éternel et tout-puissant, guide-nous jusqu'au bonheur du ciel ; que le troupeau parvienne, malgré sa faiblesse, là où son Pasteur est entré victorieux. Lui qui vit et règne avec toi dans l'unité du Saint-Esprit, Dieu, pour les siècles des siècles.

1re Lecture

Le Christ, pierre de fondation

→ **Lecture du livre des Actes des Apôtres** 4, 8-12

En ces jours-là, Pierre, rempli de l'Esprit Saint, déclara : « Chefs du peuple et anciens, nous sommes interrogés aujourd'hui pour avoir fait du bien à un infirme, et l'on nous demande comment cet homme a été sauvé. Sachez-le donc, vous tous, ainsi que tout le peuple d'Israël : c'est par le nom de Jésus le Nazaréen, lui que vous avez crucifié mais que Dieu a ressuscité d'entre les morts, c'est par lui que cet homme se trouve là, devant vous, bien portant. Ce Jésus est *la pierre méprisée de vous, les bâtisseurs, mais devenue la pierre d'angle.* En nul autre que lui, il n'y a de salut, car, sous le ciel, aucun autre nom n'est donné aux hommes, qui puisse nous sauver. »

Psaume 117

℟. La pierre qu'ont rejetée les bâtisseurs
est devenue la pierre d'angle.
ou : **Alléluia.**

Rendez grâce au Seigneur : Il est bon !
Éternel est son amour !
Mieux vaut s'appuyer sur le Seigneur
que de compter sur les hommes ;
mieux vaut s'appuyer sur le Seigneur
que de compter sur les puissants !

Je te rends grâce car tu m'as exaucé :
tu es pour moi le salut.
La pierre qu'ont rejetée les bâtisseurs
est devenue la pierre d'angle ;
c'est là l'œuvre du Seigneur,
la merveille devant nos yeux.

Béni soit au nom du Seigneur celui qui vient !
De la maison du Seigneur, nous vous bénissons !
Tu es mon Dieu, je te rends grâce,
mon Dieu, je t'exalte !
Rendez grâce au Seigneur : Il est bon !
Éternel est son amour !

2e Lecture

« Nous sommes enfants de Dieu »

→ **Lecture de la première lettre de saint Jean** 3, 1-2

B**ien-aimés,** voyez quel grand amour nous a donné le Père pour que nous soyons appelés enfants de Dieu – et nous le sommes. Voici pourquoi le monde ne nous connaît pas : c'est qu'il n'a pas connu Dieu. Bien-aimés, dès maintenant, nous sommes enfants de Dieu, mais ce que nous serons n'a pas encore été manifesté. Nous le savons : quand cela sera manifesté, nous lui serons semblables car nous le verrons tel qu'il est.

Alléluia. Alléluia. Je suis le bon Pasteur, dit le Seigneur ; je connais mes brebis et mes brebis me connaissent. **Alléluia.**

Évangile

Le Christ, bon pasteur

→ Évangile de Jésus Christ selon saint Jean 10, 11-18

En ce temps-là, Jésus disait : « Moi, je suis le bon pasteur, le vrai berger, qui donne sa vie pour ses brebis. Le berger mercenaire n'est pas le pasteur, les brebis ne sont pas à lui : s'il voit venir le loup, il abandonne les brebis et s'enfuit ; le loup s'en empare et les disperse. Ce berger n'est qu'un mercenaire, et les brebis ne comptent pas vraiment pour lui. Moi, je suis le bon pasteur ; je connais mes brebis, et mes brebis me connaissent, comme le Père me connaît, et que je connais le Père ; et je donne ma vie pour mes brebis.

J'ai encore d'autres brebis, qui ne sont pas de cet enclos : celles-là aussi, il faut que je les conduise. Elles écouteront ma voix : il y aura un seul troupeau et un seul pasteur. Voici pourquoi le Père m'aime : parce que je donne ma vie, pour la recevoir de nouveau. Nul ne peut me l'enlever : je la donne de moi-même. J'ai le pouvoir de la donner, j'ai aussi le pouvoir de la recevoir de nouveau : voilà le commandement que j'ai reçu de mon Père. »

Credo.

POUR LA PRIÈRE UNIVERSELLE
En enfants de Dieu, prions notre Père par son Fils Jésus le bon pasteur, dans l'Esprit Saint :
– pour ceux que nous nommons « frères » ou « sœurs », dans nos familles, dans nos amitiés, dans notre Église : que nous progressions ensemble vers plus d'unité et de bienveillance ;
– pour les personnes âgées, parfois entourées ou malheureusement isolées : qu'elles demeurent persuadées de leur utilité sociale et conscientes des richesses qu'elles ont encore à partager ;
– pour les politiques, les responsables économiques : que l'organisation du monde qu'ils promeuvent soit prioritairement au service de tous, sans recherche de profits personnels ;
– pour notre Église, particulièrement en France : que par la voix de ses évêques, elle parvienne à parler en vérité et simplicité, en faisant confiance au peuple de Dieu.

Prière sur les offrandes

Donne-nous, Seigneur, nous t'en prions, de toujours te rendre grâce par ces mystères de Pâques ; qu'ils continuent l'œuvre de notre relèvement et deviennent pour nous une source intarissable de joie. Par le Christ, notre Seigneur.

Préface du Temps pascal, n° 1-5, pp. 37-38.

Antienne de la communion

Le bon Pasteur est ressuscité,
lui qui a donné sa vie pour ses brebis,
lui qui a choisi de mourir pour son troupeau, alléluia.

Prière après la communion

Seigneur, Pasteur plein de bonté, regarde avec bienveillance ton troupeau ; tu l'as racheté par le sang précieux de ton Fils : ouvre-lui les pâturages de la vie éternelle. Par le Christ, notre Seigneur.

Créer des liens pour vivre

« On oublie qu'il n'y a pas pire aliénation que de faire l'expérience de ne pas avoir de racines, de n'appartenir à personne. Une terre sera féconde, un peuple portera des fruits et sera en mesure de générer l'avenir uniquement dans la mesure où il donne vie à des relations d'appartenance entre ses membres, dans la mesure où il crée des liens d'intégration entre les générations et les diverses communautés qui le composent ; également dans la mesure où il rompt les spirales qui embrouillent les sens en nous éloignant toujours les uns des autres. »

Pape François, *Lettre encyclique « Fratelli tutti » sur la fraternité et l'amitié sociale*, n° 53.

Sainte Zita (27 avril). Née à Lucques en Toscane en 1218, Zita connaît une enfance pauvre. C'est un personnage aimé des gens simples car son existence est à l'image de beaucoup d'autres : elle fut vendeuse de fruits à douze ans, puis placée dans une famille comme domestique ; elle vécut cela avec patience et gentillesse. Elle est considérée comme la sainte patronne du personnel domestique.

CALENDRIER LITURGIQUE

Di 21	**4e dimanche de Pâques B.** *Liturgie des Heures : Psautier semaine IV.* [*S. Anselme, évêque de Cantorbéry, bénédictin, docteur de l'Église, † 1109.*]
Lu 22	Actes 11, 1-18 ; Ps 41. À employer de préférence les années B et C : Jean 10, 1-10 : « Moi, je suis la porte des brebis »
Ma 23	Actes 11, 19-26 ; Ps 86 ; Jean 10, 22-30 : « Le Père et moi, nous sommes UN » S. Georges, martyr à Lod en Palestine, 3e-4e siècle. *S. Adalbert, évêque de Prague, martyr, † 997 près de Gdansk (Pologne).*
Me 24	Actes 12, 24–13, 5 ; Ps 66 ; Jean 12, 44-50 : « Moi qui suis la lumière, je suis venu dans le monde » *S. Fidèle de Sigmaringen, capucin, martyr à Seewis (Suisse), † 1622.*
Je 25	S. MARC, évangéliste. Lectures propres : 1 Pierre 5, 5b-14 ; Ps 88 ; Marc 16, 15-20 : « Proclamez l'Évangile à toute la création »
Ve 26	Actes 13, 26-33 ; Ps 2 ; Jean 14, 1-6 : « Moi, je suis le Chemin, la Vérité et la Vie » *Au Canada, Bse Vierge Marie du Bon Conseil.*
Sa 27	Actes 13, 44-52 ; Ps 97 ; Jean 14, 7-14 : « Celui qui m'a vu a vu le Père » *Au Luxembourg,* samedi de la 4e semaine de Pâques : la Vierge Marie Consolatrice des affligés, patronne principale du Luxembourg. *En Suisse,* S. Pierre Canisius, prêtre jésuite, † 21 décembre 1597 à Fribourg (Suisse). *Ailleurs, mémoire facultative le 21 décembre*

Bonne fête ! 21 : Anselme, Selma. 22 : Alexandre. 23 : Georges, Georgina, Youri, Fortunat. 24 : Fidèle, Euphrasie. 25 : Marc. 26 : Alida, Clet. 27 : Zita.

5e dimanche de Pâques

28 AVRIL 2024

L'Église à sa source

Dans les Actes des Apôtres lus depuis Pâques, nous revivons la naissance de l'Église (*1re lecture*). L'Église est fondée sur la foi en Jésus ressuscité (*évangile*), non par un processus d'auto-persuasion mais dans le don de l'Esprit Saint. Cette petite enfance de l'Église doit nous inspirer. Bien sûr, il ne s'agit pas ici d'un retour en arrière, d'un « c'était mieux avant » ou encore de la « magnification » d'un âge d'or dont on connaît les difficultés et les conflits de pouvoir. Mais d'une invitation à accomplir un pèlerinage spirituel à la source, à nous ressourcer en tradition.

La source essentielle de l'Église est la résurrection du Seigneur, plus exactement son mystère pascal. « Mystère » en cela qu'il nous est nécessaire d'en poursuivre l'approfondissement, « pascal » car l'Église suit son Seigneur dans sa mort et sa résurrection. Le témoignage de Paul (*1re lecture*) rejoint celui des apôtres : Jésus ressuscité a parlé à Paul, comme il l'a fait avec Thomas, ou avec les disciples d'Emmaüs. Le Ressuscité se découvre dans une relation à la fois personnelle et intime mais aussi communautaire, partagée avec tous. L'Église est tissée de ces multiples fils qui relient chacun de ses membres à Dieu. L'image de la vigne et des sarments est une autre manière de décrire l'Église (*évangile*). Cette image est déjà utilisée dans l'Ancien Testament pour exprimer l'alliance entre Dieu et son peuple. Mais au-delà de l'aspect structurel, la finalité de la vigne-peuple-Église est sa fécondité, sa capacité à se déployer et à réjouir nos cœurs. La condition de cette fécondité spirituelle est le « branchement » sur Dieu.

En définitive, c'est d'ouverture et de témoignage dont il est ici question. Devenons de ces disciples qui, profondément attachés à Dieu, sont capables, comme jadis l'apôtre Paul, de discuter avec les hommes et les femmes de notre époque.

Des chants sont proposés pour le Temps pascal, p. 371.

On peut aussi retenir pour ce 5e dimanche : ***La vigne et le chemin* IX 53-08**.

Antienne d'ouverture

Ps 97, 1-2

Chantez au Seigneur un chant nouveau,
car il a fait des merveilles ;
aux nations, il a révélé sa justice, alléluia.

Gloria.

Prière

Dieu éternel et tout-puissant, continue d'accomplir en nous le mystère pascal ; soutiens et protège ceux que tu as voulu renouveler dans le saint baptême : qu'ils portent beaucoup de fruits et parviennent aux joies de la vie éternelle. Par Jésus Christ, ton Fils, notre Seigneur, qui vit et règne avec toi dans l'unité du Saint-Esprit, Dieu, pour les siècles des siècles.

1re Lecture

« L'Église était en paix »

→ **Lecture du livre des Actes des Apôtres** 9, 26-31

En ces jours-là, arrivé à Jérusalem, Saul cherchait à se joindre aux disciples, mais tous avaient peur de lui, car ils ne croyaient pas que lui aussi était un disciple. Alors Barnabé le prit avec lui et le présenta aux Apôtres ; il leur raconta comment, sur le chemin, Saul avait vu le Seigneur, qui lui avait parlé, et comment, à Damas, il s'était exprimé avec assurance au nom de Jésus. Dès lors, Saul allait et venait dans Jérusalem avec eux, s'exprimant avec assurance au nom du Seigneur. Il parlait aux Juifs de langue grecque, et discutait avec eux. Mais ceux-ci cherchaient à le supprimer. Mis au courant, les frères l'accompagnèrent jusqu'à Césarée et le firent partir pour Tarse.

L'Église était en paix dans toute la Judée, la Galilée et la Samarie ; elle se construisait et elle marchait dans la crainte du Seigneur ; réconfortée par l'Esprit Saint, elle se multipliait.

Psaume 21

℟. Tu seras ma louange, Seigneur, dans la grande assemblée.
ou : **Alléluia.**

Devant ceux qui te craignent, je tiendrai mes promesses.
Les pauvres mangeront : ils seront rassasiés ;
ils loueront le Seigneur, ceux qui le cherchent :
« À vous, toujours, la vie et la joie ! »

La terre entière se souviendra et reviendra vers le Seigneur,
chaque famille de nations se prosternera devant lui :
« Oui, au Seigneur la royauté,
le pouvoir sur les nations ! »

Et moi, je vis pour lui : ma descendance le servira ;
on annoncera le Seigneur aux générations à venir.
On proclamera sa justice au peuple qui va naître :
« Voilà son œuvre ! »

2e Lecture

Aimons par des actes

→ Lecture de la première lettre de saint Jean 3, 18-24

Petits enfants, n'aimons pas en paroles ni par des discours, mais par des actes et en vérité. Voilà comment nous reconnaîtrons que nous appartenons à la vérité, et devant Dieu nous apaiserons notre cœur ; car si notre cœur nous accuse, Dieu est plus grand que notre cœur, et il connaît toutes choses.

Bien-aimés, si notre cœur ne nous accuse pas, nous avons de l'assurance devant Dieu. Quoi que nous demandions à Dieu, nous le recevons de lui, parce que nous gardons ses commandements, et que nous faisons ce qui est agréable à ses yeux.

Or, voici son commandement : mettre notre foi dans le nom de son Fils Jésus Christ, et nous aimer les uns les autres comme il nous l'a commandé. Celui qui garde ses commandements demeure en Dieu, et Dieu en lui ; et voilà comment nous reconnaissons qu'il demeure en nous, puisqu'il nous a donné part à son Esprit.

Alléluia. Alléluia. Demeurez en moi, comme moi en vous, dit le Seigneur ; celui qui demeure en moi porte beaucoup de fruit. **Alléluia.**

Évangile *Jésus est la vigne et nous sommes les sarments*

→ Évangile de Jésus Christ selon saint Jean 15, 1-8

E**n ce temps-là,** Jésus disait à ses disciples : « Moi, je suis la vraie vigne, et mon Père est le vigneron. Tout sarment qui est en moi, mais qui ne porte pas de fruit, mon Père l'enlève ; tout sarment qui porte du fruit, il le purifie en le taillant, pour qu'il en porte davantage. Mais vous, déjà vous voici purifiés grâce à la parole que je vous ai dite. Demeurez en moi, comme moi en vous. De même que le sarment ne peut pas porter de fruit par lui-même s'il ne demeure pas sur la vigne, de même vous non plus, si vous ne demeurez pas en moi.

Moi, je suis la vigne, et vous, les sarments. Celui qui demeure en moi et en qui je demeure, celui-là porte beaucoup de fruit, car, en dehors de moi, vous ne pouvez rien faire. Si quelqu'un ne demeure pas en moi, il est, comme le sarment, jeté dehors, et il se dessèche. Les sarments secs, on les ramasse, on les jette au feu, et ils brûlent. Si vous demeurez en moi, et que mes paroles demeurent en vous, demandez tout ce que vous voulez, et cela se réalisera pour vous. Ce qui fait la gloire de mon Père, c'est que vous portiez beaucoup de fruit et que vous soyez pour moi des disciples. »

Credo.

POUR LA PRIÈRE UNIVERSELLE
« Nous avons de l'assurance devant Dieu. Quoi que nous demandions à Dieu, nous le recevons de lui » *(2e lecture)*. Prions le Père, par le Christ et dans l'Esprit Saint :
– pour les agriculteurs, ceux qui travaillent à nourrir les populations : que ce temps de Pâques les encourage à trouver les moyens nécessaires pour une alimentation respectueuse de l'homme et de son environnement ;
– pour les familles, quels que soient leur style et leur configuration : que ce temps de Pâques soit l'occasion de prendre du temps ensemble et de grandir avec toutes les générations dans la joie ;
– pour les jeunes mineurs isolés, réfugiés : qu'ils trouvent dans les Églises des lieux d'écoute, de sécurité et d'accompagnement ;
– pour les communautés chrétiennes : que ce temps de Pâques libère en leur sein une énergie nouvelle pour promouvoir un style de vie évangélique, plus libre, plus sobre, et plus fraternel.

Prière sur les offrandes

Seigneur notre Dieu, dans l'admirable échange du sacrifice eucharistique, tu nous fais participer à ton unique et souveraine divinité ; nous avons reçu la connaissance de ta vérité : accorde-nous de lui être fidèles par toute notre vie. Par le Christ, notre Seigneur.

Préface du Temps pascal, nº 1-5, pp. 37-38.

Antienne de la communion

Jn 15, 1.5

Je suis la vraie vigne, et vous, les sarments,
dit le Seigneur.
Celui qui demeure en moi et en qui je demeure,
celui-là porte beaucoup de fruit, alléluia.

Prière après la communion

Dans ta bienveillance, reste auprès de ton peuple, nous t'en prions, Seigneur ; puisque tu l'as initié aux sacrements du ciel, fais-le passer de ce qui est ancien à la vie nouvelle. Par le Christ, notre Seigneur.

L'amour, ultime critère de décision

« "La teneur spirituelle d'une vie humaine est caractérisée par l'amour qui est le critère pour la décision définitive concernant la valeur ou la non valeur d'une vie humaine." Cependant, il y a des croyants qui pensent que leur grandeur réside dans l'imposition de leurs idéologies aux autres, ou dans la défense violente de la vérité, ou encore dans de grandes manifestations de force. Nous, croyants, nous devons tous le reconnaître : l'amour passe en premier ; ce qui ne doit jamais être mis en danger, c'est l'amour ; le plus grand danger, c'est de ne pas aimer. »

Pape François, *Lettre encyclique « Fratelli tutti » sur la fraternité et l'amitié sociale*, nº 92.

Saint Florian (4 mai). Vétéran de l'armée romaine, il mourut en martyr à Lorch, en Carinthie en 304, où il était venu secourir des chrétiens emprisonnés sous les persécutions de Dioclétien. Il est le protecteur de l'Autriche où son culte est resté très vivant. On dit qu'il a sauvé un village d'un incendie en priant, c'est pourquoi il est aussi associé aux pompiers et à ceux qui protègent du feu.

CALENDRIER LITURGIQUE

Di 28	**5e dimanche de Pâques B.** *Liturgie des Heures : Psautier semaine I.* *[S. Pierre Chanel, prêtre mariste français, premier martyr de l'Océanie, † 1841 à Futuna.* *S. Louis-Marie Grignion de Montfort, prêtre, fondateur de congrégations religieuses, † 1716 à Saint-Laurent-sur-Sèvre (Vendée).*]
Lu 29	Ste CATHERINE DE SIENNE, vierge, tertiaire dominicaine, docteur de l'Église, † 1380 à Rome, patronne de l'Europe. En Europe, fête, lectures propres : 1 Jean 1,5–2, 2 ; Ps 102 ; Luc 10,38-42 : « Ce que tu as caché aux sages et aux savants, tu l'as révélé aux tout-petits »
Ma 30	Actes 14, 19-28 ; Ps 144 ; Jean 14, 27-31a : « Je vous donne ma paix » *S. Pie V, pape, † 1572 à Rome.* *En Afrique du Nord,* Bse Vierge Marie, Notre-Dame d'Afrique. *Au Canada,* Ste Marie de l'Incarnation, veuve, puis religieuse ursuline, † 1672 à Québec
Me 1er mai	Actes 15, 1-6 ; Ps 121 ; Jean 15, 1-8 : « Celui qui demeure en moi et en qui je demeure, celui-là porte beaucoup de fruit » S. Joseph travailleur.
Je 2	S. Athanase, évêque d'Alexandrie, docteur de l'Église, † 373. Actes 15, 7-21 ; Ps 95 ; Jean 15, 9-11 : « Demeurez dans mon amour pour que votre joie soit parfaite »
Ve 3	S. PHILIPPE et S. JACQUES, apôtres. Lectures propres : 1 Corinthiens 15,1-8 ; Ps 18 A ; Jean 14, 6-14 : « Il y a si longtemps que je suis avec vous, et tu ne me connais pas ! »
Sa 4	Actes 16, 1-10 ; Ps 99 ; Jean 15, 18-21 : « Vous n'appartenez pas au monde, puisque je vous ai choisis en vous prenant dans le monde » *Au Canada, Bse Marie-Léonie Paradis, vierge, † 1912*

Bonne fête ! 28 : Louis-Marie, Vital. 29 : Catherine. 30 : Robert, Robin, Rosemonde. 1er : Tamara, Jérémie, Brieuc. 2 : Athanase, Antonin, Boris, Zoé. 3 : Jacques, James, Jim, Juvénal, Philippe. 4 : Florian, Sylvain.

6e dimanche de Pâques

5 MAI 2024

Amis dans le Seigneur

Témoignage tout à fait étonnant : l'Esprit Saint est donné avant le baptême (*1re lecture*) ; l'Esprit est reçu par ceux qui écoutent la parole de Dieu ou, dit autrement, c'est dans l'Esprit Saint que la Parole s'écoute. À quoi voit-on qu'il s'agit bien de l'écoute dans l'Esprit ? Aux « œuvres justes » car écouter signifie tout autant obéir. A contrario, ne dit-on pas de quelqu'un qui se conduit sans cohérence, qu'« il n'écoute rien » ?

L'œuvre du disciple, c'est-à-dire le témoignage effectif, l'action, renvoie ultimement à la demande de Jésus « Aimez-vous comme je vous ai aimés » (*évangile*). Cette parole que l'évangéliste Jean situe avant la dernière Cène serait redoutable si nous la transformions en injonction : « Vous devez vous aimer ». Elle devient audible si nous la comprenons comme une promesse : « Tout ce que vous demanderez au Père en mon nom, il vous le donnera ». Autrement dit, Jésus ne nous demande pas l'impossible mais, en revanche, il nous demande notre confiance en la puissance de son amour. Un amour divin qui précède tout élan et aussi toute résistance.

Il peut sembler facile de parler de l'amour de Dieu, expression que l'on utilise parfois dans l'Église en lieu et place d'une explication raisonnée : « Ce n'est pas grave, Dieu nous (t') aime... » ! Nous vidons ainsi de son contenu les mots mêmes de saint Jean « Dieu est amour » *(2e lecture)*. Pour mieux approcher ce que signifie « Dieu est amour », attardons-nous sur la nouvelle identité que l'amour de Dieu nous confère, celle d'ami : « Je vous appelle amis ». C'est là notre vocation (*vocare* en latin signifie appeler). Vivre avec le Christ est de l'ordre d'une présence amicale, fidèle, sans jugement et libre. Il est pour chacun de nous l'ami véritable.

Des chants sont proposés pour le Temps pascal, p. 371.

On peut aussi retenir pour ce pour le 6e dimanche : ***Celui qui aime son frère* D 32-89**.

Antienne d'ouverture

cf. Is 48, 20

Avec des cris de joie, répandez la nouvelle,
portez-la jusqu'aux extrémités de la terre :
le Seigneur a libéré son peuple, alléluia.

Gloria.

Prière

Dieu tout-puissant, accorde-nous, en ces jours de fête, de célébrer avec ferveur le Seigneur ressuscité : puissions-nous mettre en œuvre fidèlement tout ce dont nous faisons mémoire. Par Jésus Christ, ton Fils, notre Seigneur, qui vit et règne avec toi dans l'unité du Saint-Esprit, Dieu, pour les siècles des siècles.

1re Lecture

Écouter la parole dans l'Esprit Saint

→ **Lecture du livre des Actes des Apôtres**

10, 25-26.34-35.44-48

Comme Pierre arrivait à Césarée chez Corneille, centurion de l'armée romaine, celui-ci vint à sa rencontre, et, tombant à ses pieds, il se prosterna. Mais Pierre le releva en disant : « Lève-toi. Je ne suis qu'un homme, moi aussi. » Alors Pierre prit la parole et dit : « En vérité, je le comprends, Dieu est impartial : il accueille, quelle que soit la nation, celui qui le craint et dont les œuvres sont justes. »

Pierre parlait encore quand l'Esprit Saint descendit sur tous ceux qui écoutaient la Parole. Les croyants qui accompagnaient Pierre, et qui étaient juifs d'origine, furent stupéfaits de voir que, même sur les nations, le don de l'Esprit Saint avait été répandu. En effet, on les entendait parler en langues et chanter la grandeur de Dieu. Pierre dit alors : « Quelqu'un peut-il refuser l'eau du baptême à ces gens qui ont reçu l'Esprit Saint tout comme nous ? » Et il donna l'ordre de les baptiser au nom de Jésus Christ. Alors ils lui demandèrent de rester quelques jours avec eux.

Psaume 97

℟. Le Seigneur a fait connaître sa victoire
et révélé sa justice aux nations.
ou : **Alléluia.**

Chantez au Seigneur un chant nouveau,
car il a fait des merveilles ;
par son bras très saint, par sa main puissante,
il s'est assuré la victoire.

Le Seigneur a fait connaître sa victoire
et révélé sa justice aux nations ;
il s'est rappelé sa fidélité, son amour,
en faveur de la maison d'Israël.

La terre tout entière a vu
la victoire de notre Dieu.
Acclamez le Seigneur, terre entière,
sonnez, chantez, jouez !

2e Lecture

« L'amour vient de Dieu »

→ Lecture de la première lettre de saint Jean 4, 7-10

Bien-aimés, aimons-nous les uns les autres, puisque l'amour vient de Dieu. Celui qui aime est né de Dieu et connaît Dieu. Celui qui n'aime pas n'a pas connu Dieu, car Dieu est amour.

Voici comment l'amour de Dieu s'est manifesté parmi nous : Dieu a envoyé son Fils unique dans le monde pour que nous vivions par lui. Voici en quoi consiste l'amour : ce n'est pas nous qui avons aimé Dieu, c'est lui qui nous a aimés, et il a envoyé son Fils en sacrifice de pardon pour nos péchés.

Alléluia. Alléluia. Si quelqu'un m'aime, il gardera ma parole, dit le Seigneur ; mon Père l'aimera, et nous viendrons vers lui. **Alléluia.**

Évangile

« Je vous appelle mes amis »

→ Évangile de Jésus Christ selon saint Jean 15, 9-17

En ce temps-là, Jésus disait à ses disciples : « Comme le Père m'a aimé, moi aussi je vous ai aimés. Demeurez dans mon amour. Si vous gardez mes commandements, vous demeurerez dans mon amour, comme moi, j'ai gardé les commandements de mon Père, et je demeure dans son amour. Je vous ai dit cela pour que ma joie soit en vous, et que votre joie soit parfaite.

Mon commandement, le voici : Aimez-vous les uns les autres comme je vous ai aimés. Il n'y a pas de plus grand amour que de donner sa vie pour ceux qu'on aime. Vous êtes mes amis si vous faites ce que je vous commande. Je ne vous appelle plus serviteurs, car le serviteur ne sait pas ce que fait son maître ; je vous appelle mes amis, car tout ce que j'ai entendu de mon Père, je vous l'ai fait connaître. Ce n'est pas vous qui m'avez choisi, c'est moi qui vous ai choisis et établis afin que vous alliez, que vous portiez du fruit, et que votre fruit demeure. Alors, tout ce que vous demanderez au Père en mon nom, il vous le donnera. Voici ce que je vous commande : c'est de vous aimer les uns les autres. »

Credo.

POUR LA PRIÈRE UNIVERSELLE
Seigneur Dieu, toi qui nous as aimé le premier, écoute nos prières et regarde avec amour les personnes que nous te présentons :
– les exilés qui ont tout quitté, sans rien emporter avec eux : qu'ils puissent trouver sur leur route des foyers, des couples, des communautés pour les accueillir et leur garantir un peu de sécurité ;
– les éducateurs, les enseignants : que l'Esprit Saint suscite en eux l'énergie et la bienveillance nécessaires à toute action éducative ;
– les plus pauvres qui aujourd'hui encore cherchent de quoi se nourrir au quotidien : que leur soient manifestées la tendresse et la solidarité des hommes de bonne volonté ;
– l'Église qui avance sur le chemin synodal : qu'elle s'appuie en vérité sur l'égale dignité de tous les baptisés.

Prière sur les offrandes

Que nos prières montent vers toi, Seigneur, avec ces offrandes pour le sacrifice ; dans ta bonté, purifie-nous, et nous serons mieux préparés au sacrement de ton amour infini. Par le Christ, notre Seigneur.

Préface du Temps pascal, nº 1-5, pp. 37-38.

Antienne de la communion

cf. Jn 14, 15-16

Si vous m'aimez, dit le Seigneur,
vous garderez mes commandements.
Moi, je prierai le Père et il vous donnera un autre Défenseur
qui sera pour toujours avec vous, alléluia.

Prière après la communion

Dieu éternel et tout-puissant, dans la résurrection du Christ, tu nous recrées pour la vie éternelle ; multiplie en nous les fruits du sacrement pascal : répands en nos cœurs la force de cette nourriture qui apporte le salut. Par le Christ, notre Seigneur.

CALENDRIER LITURGIQUE

Di 5	**6e dimanche de Pâques B.** *Liturgie des Heures : Psautier semaine II.*
Lu 6	Actes 16, 11-15 ; Ps 149 ; Jean 15, 26–16, 4a : « L'Esprit de vérité rendra témoignage en ma faveur » *En Afrique du Nord, S. Jacques, diacre, S. Martien, lecteur, et leurs compagnons, religieux et martyrs, † 259, à Lambèze.* *Au Canada,* S. François de Laval, premier évêque de Québec, † 1708 à Québec.
Ma 7	Actes 16, 22-34 ; Ps 137 ; Jean 16, 5-11 : « Si je ne m'en vais pas, le Défenseur ne viendra pas à vous »
Me 8	Actes 17, 15.22–18, 1 ; Ps 148 ; Jean 16, 12-15 : « L'Esprit de vérité vous conduira dans la vérité tout entière » *En Afrique du Nord, Bx Pierre Claverie, dominicain, évêque d'Oran, et ses compagnons, religieux et martyrs, en particulier les moines cisterciens de Tibhirine, † entre 1994 et1996.* *Au Canada, Bse Catherine de Saint-Augustin, vierge, † 1668 à Québec.*
Je 9	**ASCENSION DU SEIGNEUR, p. 409.** [*En France, Ste Louise de Marillac, fondatrice des Filles de la Charité, † 1660 à Paris.*]
Ve 10	Actes18, 9-18 ; Ps 46 ; Jn 16, 20-23a : « Votre joie, personne ne vous l'enlèvera » *S. Jean d'Avila, prêtre et docteur de l'Église, † 1569, à Cordoue.* *En Belgique*, S. Damien De Veuster, prêtre, religieux des Sacrés-Cœurs, apôtre des lépreux, † 1889 (15 avril) à Molokaï (archipel des Hawaï).
Sa 11	Actes 18, 23-28 ; Ps 46 ; Jean 16, 23b-28 : « Le Père lui-même vous aime, parce que vous m'avez aimé et vous avez cru »

Bonne fête ! 5 : Ange, Judith. 6 : Prudence. 7 : Flavie. 8 : Désiré. 9 : Pacôme, Isaïe. 10 : Solange, Damien. 11 : Mayeul, Estelle, Stella.

Ascension du Seigneur

9 MAI 2024

Appel d'air

Deux récits de l'Ascension de Jésus : dans les Actes des Apôtres, au cours d'un repas s'accomplit une véritable théophanie, semblable à celle de la Transfiguration, comportant les signes bibliques des manifestations de Dieu : la nuée, deux hommes lumineux (en blanc) et une parole qui interprète cette manifestation (*1re lecture*). Dans l'évangile, l'événement est raconté plus sobrement : « Le Seigneur Jésus, après leur avoir parlé, fut enlevé au ciel et s'assit à la droite de Dieu » (*évangile*). Conjointement à l'Ascension du Seigneur, l'Esprit Saint est déjà à l'œuvre, comme moteur puissant de la mission des Apôtres qui accomplissent des prodiges et qui guérissent.

Cette montée du Fils auprès du Père crée comme un appel d'air par lequel Jésus se détache de la terre et suscite chez les disciples une activité pastorale intense. L'axe vertical de l'Ascension du Seigneur renforce un axe horizontal d'être au monde pour annoncer l'Évangile.

Pourtant, rien n'est encore gagné malgré la pédagogie du Seigneur qui a pris le temps des hommes en restant avec eux autant que nécessaire pour que leur confiance en lui grandisse. Mais la tentation d'instrumentaliser la puissance de Dieu à l'œuvre dans la résurrection est encore bien présente : « Seigneur, est-ce maintenant le temps où tu vas rétablir le royaume pour Israël ? » Les Apôtres n'ont pas encore accepté que l'œuvre de Dieu ne concerne pas l'établissement d'un royaume temporel avec ses frontières, ses pouvoirs et ses habitants. Leur conversion passe par le consentement à la non puissance, à laisser Dieu être Dieu dans le temps et l'espace de la Création et pour cela, à accueillir son Esprit. En définitive, c'est à une mission spirituelle que les Apôtres et aussi tous les disciples de Jésus doivent consentir, et celle-ci ne connaît pas de frontières.

CHANTER
Pour la procession d'ouverture : ***Le Seigneur monte au ciel* I 35, *Dans la joie, le Seigneur est monté, Chantez au Seigneur* Y 82 CNA 483.**
Pour la procession de communion : ***Christ est monté aux cieux* ID 24-72-1 CNA 486, *Nous formons un même corps* D 105 CNA 570, *Voici le pain partagé* D 14-42 CNA 348.**
Après la communion : ***Entré dans la gloire* JP 15-52-5, *Dans la puissance de l'Esprit* K 26-29 CNA 488, *Christ est ressuscité* ID 24-72-1, *N'oublions pas les merveilles de Dieu* ZL 33-34.**
Pour l'envoi : ***Allez par toute la terre* TL 20-76 CNA 533, *Allez dire à tous les hommes* T 132-1 CNA 532, *Exultez de joie, peuples de la terre* I 508, *Laudate Dominum* Taizé.**

CÉLÉBRER
Pour l'Ascension, l'édition de 2008 du Missel romain présente deux séries de prières et d'antiennes, l'une pour la messe de la veille au soir, qui est nouvelle, et l'autre pour la messe du jour, qui est celle que nous avions auparavant, et qui a en outre une deuxième prière d'ouverture au choix. Le formulaire est donc plus riche.

Messe de la veille au soir

Antienne d'ouverture

cf. Ps 67, 33-35

Royaumes de la terre, chantez pour Dieu,
jouez pour le Seigneur ;
il monte au plus haut des cieux ;
dans la nuée, sa splendeur et sa puissance. Alléluia.

Gloria.

Prière

Aujourd'hui, Seigneur Dieu, ton Fils monte au ciel en présence des Apôtres ; nous t'en prions : puisque, selon sa promesse, il est toujours avec nous sur la terre, accorde-nous de vivre avec lui dans le ciel. Lui qui vit et règne avec toi dans l'unité du Saint-Esprit, Dieu, pour les siècles des siècles.

Pour les lectures et la prière universelle, voir la messe du jour.

Prière sur les offrandes

Seigneur Dieu, ton Fils unique, notre souverain Prêtre, est vivant à jamais et siège à ta droite, pour intercéder en notre faveur : accorde-nous d'avancer avec assurance vers le trône de la grâce pour obtenir ta miséricorde. Par le Christ, notre Seigneur.

Préface de l'Ascension, voir à la messe du jour.

Dans les prières eucharistiques, textes propres à l'Ascension.

Antienne de communion

cf. He 10, 12

Jésus Christ, après avoir offert pour les péchés
un unique sacrifice,
siège pour toujours à la droite de Dieu, alléluia.

Prière après la communion

Que les dons reçus à ton autel, Seigneur, embrasent nos cœurs du désir du ciel, notre patrie, afin qu'en marchant sur les traces du Sauveur, nous cherchions à parvenir là où il est entré pour nous en précurseur. Lui qui vit et règne pour les siècles des siècles.

Bénédiction solennelle, p. 417.

Messe du jour

Antienne d'ouverture

cf. Ac 1, 11

Hommes de Galilée, pourquoi restez-vous là
à regarder vers le ciel ?
Il viendra de la même manière,
celui que vous avez vu s'en aller vers le ciel, alléluia.

Gloria.

Prière

Dieu tout-puissant, fais-nous exulter d'une joie sainte et nous réjouir dans une fervente action de grâce, car l'ascension de ton Fils, le Christ, nous introduit déjà auprès de toi, nous, les membres du corps dont il est la tête, appelés à vivre en espérance dans la gloire où il nous a précédés. Lui qui vit et règne avec toi dans l'unité du Saint-Esprit, Dieu, pour les siècles des siècles.

ou bien

Nous t'en prions, Dieu tout-puissant : puisque nous croyons que ton Fils unique, notre Rédempteur, est aujourd'hui monté au ciel, accorde-nous d'habiter en esprit dans la demeure des cieux. Par Jésus Christ, ton Fils, notre Seigneur, qui vit et règne avec toi dans l'unité du Saint-Esprit, Dieu, pour les siècles des siècles.

1re Lecture

L'Ascension du Seigneur

→ **Commencement du livre des Actes des Apôtres** 1, 1-11

Cher Théophile, dans mon premier livre j'ai parlé de tout ce que Jésus a fait et enseigné depuis le moment où il commença, jusqu'au jour où il fut enlevé au ciel, après avoir, par l'Esprit Saint, donné ses instructions aux Apôtres qu'il avait choisis. C'est à eux qu'il s'est présenté vivant après sa Passion ; il leur en a donné bien des preuves, puisque, pendant quarante jours, il leur est apparu et leur a parlé du royaume de Dieu.

Au cours d'un repas qu'il prenait avec eux, il leur donna l'ordre de ne pas quitter Jérusalem, mais d'y attendre que s'accomplisse la promesse du Père. Il déclara : « Cette promesse, vous l'avez entendue de ma bouche : alors que Jean a baptisé avec l'eau, vous, c'est dans l'Esprit Saint que vous serez baptisés d'ici peu de jours. » Ainsi réunis, les Apôtres l'interrogeaient : « Seigneur, est-ce maintenant le temps où tu vas rétablir le royaume pour Israël ? » Jésus leur répondit : « Il ne vous appartient pas de connaître les temps et les moments que le Père a fixés de sa propre autorité. Mais vous allez recevoir une force quand le Saint-Esprit viendra sur vous ; vous serez alors mes témoins à Jérusalem, dans toute la Judée et la Samarie, et jusqu'aux extrémités de la terre. » Après ces paroles, tandis que les Apôtres le regardaient, il s'éleva, et une nuée vint le soustraire à leurs yeux. Et comme ils fixaient encore le ciel où Jésus s'en allait, voici que, devant eux, se tenaient deux hommes en vêtements blancs, qui leur dirent : « Galiléens, pourquoi restez-vous là à regarder vers le ciel ? Ce Jésus qui a été enlevé au ciel d'auprès de vous, viendra de la même manière que vous l'avez vu s'en aller vers le ciel. »

Psaume 46

℟. **Dieu s'élève parmi les ovations,**
le Seigneur, aux éclats du cor.
ou : **Alléluia.**

Tous les peuples, battez des mains,
acclamez Dieu par vos cris de joie !

Car le Seigneur est le Très-Haut, le redoutable,
le grand roi sur toute la terre.

Dieu s'élève parmi les ovations,
le Seigneur, aux éclats du cor.
Sonnez pour notre Dieu, sonnez,
sonnez pour notre roi, sonnez !

Car Dieu est le roi de la terre :
que vos musiques l'annoncent !
Il règne, Dieu, sur les païens,
Dieu est assis sur son trône sacré.

2e Lecture

L'unité dans a foi

→ Lecture de la lettre de saint Paul apôtre aux Éphésiens 4, 1-13 (lecture brève 4, 1-7.11-13)

Frères, moi qui suis en prison à cause du Seigneur, je vous exhorte donc à vous conduire d'une manière digne de votre vocation : ayez beaucoup d'humilité, de douceur et de patience, supportez-vous les uns les autres avec amour ; ayez soin de garder l'unité dans l'Esprit par le lien de la paix. Comme votre vocation vous a tous appelés à une seule espérance, de même il y a un seul Corps et un seul Esprit. Il y a un seul Seigneur, une seule foi, un seul baptême, un seul Dieu et Père de tous, au-dessus de tous, par tous, et en tous. À chacun d'entre nous, la grâce a été donnée selon la mesure du don fait par le Christ.

Arrêt de la lecture brève

C'est pourquoi l'Écriture dit : *Il est monté sur la hauteur, il a capturé des captifs il a fait des dons aux hommes.* Que veut dire : *Il est monté ?* – Cela veut dire qu'il était d'abord descendu dans les régions inférieures de la terre. Et celui qui était descendu est le même qui est monté au-dessus de tous les cieux pour remplir l'univers.

Reprise de la lecture brève

Et les *dons qu'il a faits*, ce sont les Apôtres, et aussi les prophètes, les évangélisateurs, les pasteurs et ceux qui enseignent. De cette manière, les fidèles sont organisés pour que les tâches du ministère soient accomplies et que se construise le corps du Christ, jusqu'à ce que nous parvenions tous ensemble à l'unité dans la foi et la pleine connaissance du Fils de Dieu, à l'état de l'Homme parfait, à la stature du Christ dans sa plénitude.

Alléluia. Alléluia. Allez ! De toutes les nations faites des disciples, dit le Seigneur. Moi, je suis avec vous tous les jours jusqu'à la fin du monde. **Alléluia.**

Évangile

Les disciples missionnaires

→ **Évangile de Jésus Christ selon saint Marc** 16, 15-20

En ce temps-là, Jésus ressuscité se manifesta aux onze Apôtres et leur dit : « Allez dans le monde entier. Proclamez l'Évangile à toute la création. Celui qui croira et sera baptisé sera sauvé ; celui qui refusera de croire sera condamné. Voici les signes qui accompagneront ceux qui deviendront croyants : en mon nom, ils expulseront les démons ; ils parleront en langues nouvelles ; ils prendront des serpents dans leurs mains et, s'ils boivent un poison mortel, il ne leur fera pas de mal ; ils imposeront les mains aux malades, et les malades s'en trouveront bien. »

Le Seigneur Jésus, après leur avoir parlé, fut enlevé au ciel et s'assit à la droite de Dieu. Quant à eux, ils s'en allèrent proclamer partout l'Évangile. Le Seigneur travaillait avec eux et confirmait la Parole par les signes qui l'accompagnaient.

Credo.

POUR LA PRIÈRE UNIVERSELLE
« Père de tous, au-dessus de tous, par tous, et en tous », les yeux levés vers le ciel, nous te prions :
– pour l'Église fondée sur la foi des Apôtres : que ses fidèles regardent vers le ciel et vers la terre, en véritables témoins du Christ toujours parmi nous par son Esprit ;
– pour les prisonniers : qu'ils persévèrent dans la foi et la dignité avec l'aide des aumôniers et des visiteurs de prison, à l'exemple de saint Paul ;
– pour les disciples missionnaires : qu'ils annoncent l'Évangile avec douceur et bienveillance, en poursuivant leur propre conversion dans la vérité et l'action de grâce.

Prière sur les offrandes

Seigneur, en ce jour où nous fêtons l'admirable ascension de ton Fils auprès de toi, nous te présentons humblement ce sacrifice ; nous t'en prions, fais que cet échange très saint élève nos cœurs vers les réalités célestes. Par le Christ, notre Seigneur.

Préface

Le mystère de l'Ascension

Ou préface de Pâques, n° 1-5, pp. 35-38, ou de l'Ascension, n° 21, p. 423 (au 7e dimanche).

Vraiment, il est juste et bon, pour ta gloire et notre salut, de t'offrir notre action de grâce, toujours et en tout lieu, Seigneur, Père très saint, Dieu éternel et tout-puissant.
Car le Seigneur Jésus, le Roi de gloire, vainqueur du péché et de la mort, s'élève aujourd'hui au plus haut des cieux devant les anges émerveillés, lui, le Médiateur entre Dieu et les hommes, Juge du monde et Seigneur de l'univers.
Sans quitter notre condition humaine, le premier, il entre au ciel, tête de l'Église et commencement de tout ce qui existe, et il donne aux membres de son Corps l'espérance de le rejoindre un jour.

C'est pourquoi la joie pascale rayonne par tout l'univers, la terre entière exulte, les puissances d'en haut et les anges dans le ciel chantent sans fin l'hymne de ta gloire :
Saint ! Saint ! Saint, le Seigneur, Dieu de l'univers !

Dans les Prières eucharistiques, textes propres à l'Ascension.

Antienne de la communion

Mt 28, 20

Je suis avec vous tous les jours,
jusqu'à la fin du monde, alléluia.

Prière après la communion

Dieu éternel et tout-puissant, tu nous donnes d'avoir part aux mystères divins alors que nous sommes encore sur la terre ; mets en nos cœurs un grand désir d'être unis au Christ en qui notre nature humaine est déjà près de toi. Lui qui vit et règne pour les siècles des siècles.

Bénédiction solennelle

Aujourd'hui, le Fils unique est entré au plus haut des cieux, il a ouvert la voie pour que vous puissiez vous élever jusqu'à lui ; que Dieu tout-puissant vous comble de sa bénédiction.
℟. **Amen.**
Après sa résurrection, le Christ s'est manifesté à ses disciples : quand il viendra pour le jugement, qu'il vous soit favorable à jamais. ℟. **Amen.**
Le Christ, vous le croyez, siège avec le Père dans la gloire : puissiez-vous éprouver, avec joie, qu'il reste auprès de vous jusqu'à la fin du monde, comme il vous l'a promis. ℟. **Amen.**
Et que la bénédiction de Dieu tout-puissant, le Père, et le Fils, ✠ et le Saint-Esprit, descende sur vous et y demeure toujours.
℟. **Amen.**

7e dimanche de Pâques

12 MAI 2024

De la nomination d'un nouvel apôtre et du rapport au monde

Qu'est-ce qu'un apôtre ? Un témoin de la résurrection qui connaît Jésus depuis ses commencements. Comment devient-on apôtre ? Par suffrage, de Dieu d'abord, de l'assemblée ensuite. Voici en substance ce que nous apprenons des Actes des Apôtres (*1re lecture*).

Les (à nouveau) douze Apôtres sont les premiers dépositaires de la foi. Cette charge sera ensuite transmise à travers les siècles aux évêques « successeurs des Apôtres ». Puisse le récit de l'élection de Matthias, en remplacement de Judas, nous inspirer pour la nomination des évêques d'aujourd'hui.

Quel rapport les disciples de Jésus entretiennent-ils avec le monde ? Voilà la question que nous pose l'évangile. Mais d'abord, quel est ce monde, terme si fréquemment utilisé dans l'évangile de Jean, qui ne reconnaît pas en Jésus la parole de Dieu et qui prend en haine ses disciples ? Déjà, dans le Prologue de l'évangile de Jean, le monde qui pourtant est créé par Dieu ne reçoit pas le Fils, le Verbe fait chair (Jn 1, 10-12). Il y a donc une double signification du mot « monde » : il désigne la création, l'humanité, et en ce sens, les disciples de Jésus en font partie ; mais il désigne aussi la part de ce monde qui est hostile à la parole de Dieu et qui s'oppose avec violence aux disciples. Rien alors de commun entre les disciples et ce monde hostile, dont la figure ultime est celle du mal qu'a incarné Judas (*1re lecture).* Aujourd'hui, dans des contextes d'instabilité démocratique, la mission des chrétiens rencontre de la violence. Mais la forme la plus aboutie de cette hostilité qui sourd dans de nombreux pays n'est-elle pas celle de l'indifférence, voire du matérialisme, érigé comme sens de la vie ? Notre consolation vient de la prière même de Jésus qui nous confie à son Père, afin que nous soyons solidaires de la création de Dieu pour y percevoir les semences du Verbe.

Des chants sont proposés pour le Temps pascal, p. 371.

On peut aussi retenir pour ce 7e dimanche : ***Envoie ton Esprit Saint* K 47-40.**

Antienne d'ouverture

Ps 26, 7-9

Écoute, Seigneur, je t'appelle.
Mon cœur m'a redit ta parole :
    Cherchez ma face.
C'est ta face, Seigneur, que je cherche :
    ne me cache pas ta face, alléluia.

Gloria.

Prière

Sois favorable à nos supplications, Seigneur : nous croyons que le Sauveur du genre humain est auprès de toi dans la gloire ; puissions-nous éprouver qu'il demeure avec nous jusqu'à la fin du monde, comme lui-même l'a promis. Lui qui vit et règne avec toi dans l'unité du Saint-Esprit, Dieu, pour les siècles des siècles.

1re Lecture

Matthias est choisi comme Apôtre

→ **Lecture du livre des Actes des Apôtres** 1, 15-17.20a.c-26

En ces jours-là, Pierre se leva au milieu des frères qui étaient réunis au nombre d'environ cent vingt personnes, et il déclara : « Frères, il fallait que l'Écriture s'accomplisse. En effet, par la bouche de David, l'Esprit Saint avait d'avance parlé de Judas, qui en est venu à servir de guide aux gens qui ont arrêté Jésus : ce Judas était l'un de nous et avait reçu sa part de notre ministère. Il est écrit au livre des Psaumes : *Qu'un autre prenne sa charge.* Or, il y a des hommes qui nous ont accompagnés durant tout le temps où le Seigneur Jésus a vécu parmi nous, depuis le commencement, lors du baptême donné par Jean, jusqu'au jour où il fut enlevé d'auprès de nous. Il faut donc que l'un d'entre eux devienne, avec nous, témoin de sa résurrection. »

On en présenta deux : Joseph appelé Barsabbas, puis surnommé Justus, et Matthias. Ensuite, on fit cette prière : « Toi, Seigneur, qui connais tous les cœurs, désigne lequel des deux tu as choisi pour qu'il prenne, dans le ministère apostolique, la place que Judas a désertée en allant à la place qui est désormais la sienne. » On tira au sort entre eux, et le sort tomba sur Matthias, qui fut donc associé par suffrage aux onze Apôtres.

Psaume 102

℟. Le Seigneur a son trône dans les cieux.
ou : **Alléluia.**

Bénis le Seigneur, ô mon âme,
bénis son nom très saint, tout mon être !
Bénis le Seigneur, ô mon âme,
n'oublie aucun de ses bienfaits !

Comme le ciel domine la terre,
fort est son amour pour qui le craint ;
aussi loin qu'est l'orient de l'occident,
il met loin de nous nos péchés.

Le Seigneur a son trône dans les cieux :
sa royauté s'étend sur l'univers.
Messagers du Seigneur, bénissez-le,
invincibles porteurs de ses ordres !

2e Lecture

Nous avons cru à l'amour de Dieu pour nous

→ **Lecture de la première lettre de saint Jean** 4, 11-16

Bien-aimés, puisque Dieu nous a tellement aimés, nous devons, nous aussi, nous aimer les uns les autres. Dieu, personne ne l'a jamais vu. Mais si nous nous aimons les uns les autres, Dieu demeure en nous, et, en nous, son amour atteint la perfection. Voici comment nous reconnaissons que nous demeurons en lui et lui en nous : il nous a donné part à son Esprit. Quant à nous, nous avons vu et nous attestons que le Père a envoyé son Fils comme Sauveur du monde.

Celui qui proclame que Jésus est le Fils de Dieu, Dieu demeure en lui, et lui en Dieu. Et nous, nous avons reconnu l'amour que Dieu a pour nous, et nous y avons cru. Dieu est amour : qui demeure dans l'amour demeure en Dieu, et Dieu demeure en lui.

Alléluia. Alléluia. Je ne vous laisserai pas orphelins, dit le Seigneur ; je reviens vers vous, et votre cœur se réjouira. **Alléluia.**

Évangile

Les disciples sont envoyés dans le monde

→ **Évangile de Jésus Christ selon saint Jean** 17, 11b-19

En ce temps-là, les yeux levés au ciel, Jésus priait ainsi : « Père saint, garde mes disciples unis dans ton nom, le nom que tu m'as donné, pour qu'ils soient un, comme nous-mêmes. Quand j'étais avec eux, je les gardais unis dans ton nom, le nom que tu m'as donné. J'ai veillé sur eux, et aucun ne s'est perdu, sauf celui qui s'en va à sa perte de sorte que l'Écriture soit accomplie. Et maintenant que je viens à toi, je parle ainsi, dans le monde, pour qu'ils aient en eux ma joie, et qu'ils en soient comblés. Moi, je leur ai donné ta parole, et le monde les a pris en haine parce qu'ils n'appartiennent pas au monde, de même que moi je n'appartiens pas au monde. Je ne prie pas pour que tu les retires du monde, mais pour que tu les gardes du Mauvais. Ils n'appartiennent pas au monde, de même que moi, je n'appartiens pas au monde.

Sanctifie-les dans la vérité : ta parole est vérité. De même que tu m'as envoyé dans le monde, moi aussi, je les ai envoyés dans le monde. Et pour eux je me sanctifie moi-même, afin qu'ils soient, eux aussi, sanctifiés dans la vérité. »

Credo.

POUR LA PRIÈRE UNIVERSELLE

Reconnaissant l'amour que Dieu a pour nous, prions le Seigneur d'exaucer nos demandes :

– pour ceux qui, dans le monde, détiennent des ressources énergétiques, culturelles, scientifiques : que l'Esprit Saint les conduisent à la recherche du bien commun et au partage des richesses ;

– pour les jeunes, les adultes qui sont confirmés lors du Temps pascal : que l'Esprit Saint leur communique une joie de vivre authentique et le goût du partage ;

– pour les catéchistes qui ont pour charge d'ouvrir les trésors de la parole de Dieu : que l'Esprit Saint les inspire pour déployer attention et persévérance dans l'accompagnement des enfants et adultes ;

– pour l'Église, pour notre communauté chrétienne : que l'Esprit Saint nous guide vers davantage de simplicité et de vérité.

Prière sur les offrandes

Avec l'offrande de ce sacrifice, accueille, Seigneur, les prières de tes fidèles ; que cette liturgie célébrée avec ferveur nous fasse parvenir à la gloire du ciel. Par le Christ, notre Seigneur.

Préface

Le mystère de l'Ascension

Ou préface de Pâques, nº 1-5, pp. 37-38, ou de l'Ascension nº 1, (à la messe du jour).

Vraiment, il est juste et bon, pour ta gloire et notre salut, de t'offrir notre action de grâce, toujours et en tout lieu, Seigneur, Père très saint, Dieu éternel et tout-puissant, par le Christ, notre Seigneur.
Car il s'est manifesté après sa résurrection, en apparaissant à tous ses disciples, et, devant leurs yeux, il s'éleva au ciel pour nous rendre participants de sa divinité.
C'est pourquoi la joie pascale rayonne par tout l'univers, la terre entière exulte, les puissances d'en haut et les anges dans le ciel chantent sans fin l'hymne de ta gloire :
Saint ! Saint ! Saint, le Seigneur, Dieu de l'univers !

Dans les Prières eucharistiques, textes propres à l'Ascension.

Antienne de la communion

cf. Jn 17, 22

Père, dit Jésus, je prie
pour qu'ils soient un
comme nous sommes un, alléluia.

Prière après la communion

Exauce-nous, Dieu notre Sauveur : par ces mystères très saints, confirme-nous dans cette assurance que s'accomplira pour le corps entier de l'Église ce qui s'est déjà réalisé pour celui qui en est la tête : le Christ. Lui qui vit et règne pour les siècles des siècles.

Reconnaître la transcendance

« S'il n'existe pas de vérité transcendante, par l'obéissance à laquelle l'homme acquiert sa pleine identité, dans ces conditions, il n'existe aucun principe sûr pour garantir des rapports justes entre les hommes. Leurs intérêts de classe, de groupes ou de nations les opposent inévitablement les uns aux autres. Si la vérité transcendante n'est pas reconnue, la force du pouvoir triomphe (...). Il faut donc situer la racine du totalitarisme moderne dans la négation de la dignité transcendante de la personne humaine. »

Jean-Paul II, Lettre encyclique
Centesimus annus, n° 44.

Saint Pascal (17 mai). Pascal est né dans le pays d'Aragon en Espagne en 1540, dans une famille de modestes cultivateurs. Il fut d'abord berger puis entra comme portier chez les franciscains. En raison de sa douceur et de sa gentillesse, beaucoup de gens venaient lui demander conseil. Il puisait sa force dans sa ferveur pour l'Eucharistie. Le pape Léon XIII le nomma patron des Congrès eucharistiques.

CALENDRIER LITURGIQUE

Di 12	**7e dimanche de Pâques B.** *Liturgie des Heures : Psautier semaine III.* [*S. Nérée et S. Achille, martyrs, † 304-305 à Rome.* *S. Pancrace, martyr, † 304-305 à Rome.*]
Lu 13	Actes 19, 1-8 ; Ps 67 ; Jean 16, 29-33 : « Courage ! Moi, je suis vainqueur du monde » Bse Vierge Marie de Fatima.
Ma 14	S. MATTHIAS, apôtre. Lectures propres : Actes 1,15-17.20-26 ; Ps 112 ; Jean 15,9-17 : « Ce n'est pas vous qui m'avez choisi, c'est moi qui vous ai choisis »
Me 15	Actes 20, 28-38 ; Ps 67 ; Jean 17, 11b-19 : « Qu'ils soient un comme nous-mêmes » [*À Monaco, S. Pons, né à Rome et converti, martyr à Cimiez † 258.*]
Je 16	Actes 22, 30 ; 23, 6-11 ; Ps 15 ; Jean 17, 20-26 : « Qu'ils deviennent parfaitement un ! »
Ve 17	Actes 25, 13-21 ; Ps 102 ; Jean 21, 15-19 : « Sois le berger de mes agneaux. Sois le pasteur de mes brebis »
Sa 18	Messe du matin : Actes 28, 16-20.30-31 ; Ps 10 ; Jean 21, 20-25 : « C'est ce disciple qui a écrit ces choses ; son témoignage est vrai » *S. Jean Ier, pape et martyr, † 526 à Ravenne.* Messe du soir : Messe de la Veille de la Pentecôte.

Bonne fête ! 12 : Achille, Nérée, Simon. 13 : Rolande. 14 : Matthias. 15 : Denise, Victorin. 16 : Honoré. 17 : Pascal. 18 : Éric, Corinne, Coralie.

Pour mémoire : en ce dimanche avant la Pentecôte, journée chrétienne de la communication.

En Belgique, fête des mères (2e dimanche de mai)

Dimanche de la Pentecôte

19 MAI 2024

Dieu parle nos langues

***Pentekonta* signifie en grec « cinquante »** ; nous célébrons le don de l'Esprit Saint à tous les peuples, cinquante jours après Pâques.

Après celle de l'Ascension, voici une nouvelle théophanie, une nouvelle manifestation de Dieu. La venue de l'Esprit est décrite comme un violent coup de vent qui emplit tout et une multitude de flammes qui se répandent au-dessus de chaque personne. L'effet que produit l'Esprit Saint est la compréhension par tous de la langue maternelle de chacun : l'unité dans la différence (*1re lecture, messe du jour*). C'est à proprement parler le récit de l'anti-Babel, là où les hommes, refusant d'obéir à Dieu et d'habiter toute la terre, voulurent construire une ville qui touchait le ciel et ne purent y parvenir car ils ne comprenaient plus la langue de l'autre (Gn 11,1-9).

La question de la langue est cruciale quand il s'agit de définir une appartenance et une identité. Au cours des siècles, des peuples ont été asservis en niant leur langue ancestrale et en imposant celle du vainqueur. Dans un registre plus familial, on sait que l'apprentissage de la langue maternelle est décisif pour la construction affective d'un enfant. La langue est tout autant facteur d'intégration que de divisions. Dans l'Esprit Saint, la langue de Dieu est rendue audible par chaque peuple et par chaque personne : Dieu s'adresse aux hommes avec des mots d'hommes ; tout langage qui ne serait pas humain n'est pas de Dieu.

Mais la fête de la Pentecôte est aussi fête de la Trinité : « Tout ce que possède le Père est à moi ; voilà pourquoi je vous ai dit : L'Esprit reçoit ce qui vient de moi pour vous le faire connaître » (*évangile, messe du jour B*). Ne cherchons pas la manifestation de l'Esprit dans des théophanies extraordinaires, il est l'Esprit du quotidien avec Dieu et se révèle dans la patience, la douceur… *(2e lecture, messe du jour B).*

CHANTER

Pour la procession d'ouverture : ***Viens Esprit Saint, qui remplis tout l'univers*** **K 47-55 CNA 508,** ***Envoi ton Esprit, Seigneur*** **KX 41-93,** ***Esprit de Pentecôte*** **K 138,** ***Esprit de Dieu, viens nous donner la vie*** **IEV 10-12,** ***Pour que Dieu soit dit*** **K 550.**

Après la 2e lecture, on chante la séquence : ***Veni sancte Spiritus*** **Taizé KY 169 CNA 689,** ***Viens, Esprit Saint, Viens en nos cœurs*** **IEV 957** ou **KY 500,** ***Viens, Esprit de Dieu*** **KY 235 CNA 691,** ***Séquence du jour de la Pentecôte*** **KL 29-79.**

Pour la procession de communion : ***Nous formons un même corps*** **D 105 CNA 570,** ***Seigneur et Saint*** **K 11-72-2,** ***Esprit d'amour, Esprit d'unité*** **D 47-42.**

Après la communion, ***Envoie ton Esprit Saint*** **K 47-40 CNA 502,** ***Église de ce temps*** **K 35-64 CNA 661,** ***Viens, Esprit de Dieu*** **KX 55-62-1.**

Pour l'envoi : ***Jubilez, criez de joie*** **U 52-42,** ***Appelés pour bâtir le Royaume*** **TK 51-32,** ***Allez par toute la terre*** **TL 20-76 CNA 553.**

Messe de la veille au soir

Dans les églises où on célèbre la messe de la veille au soir sous la forme développée, *voir p. 429.*

Antienne d'ouverture

Rm 5, 5 ; cf. 8, 11

L'amour de Dieu a été répandu dans nos cœurs
par son Esprit qui habite en nous, alléluia.

Gloria.

Prière

Dieu éternel et tout-puissant, tu as voulu que le mystère de Pâques soit célébré durant cinquante jours ; accorde aux nations dispersées dans le monde et que divisent les langues, d'être rassemblées par le don de l'Esprit Saint dans l'unique confession de ton nom. Par Jésus Christ, ton Fils, notre Seigneur, qui vit et règne avec toi dans l'unité du Saint-Esprit, Dieu, pour les siècles des siècles.

ou bien

Nous t'en prions, Dieu tout-puissant : que brille sur nous la splendeur de ta gloire ; que le Christ, lumière de ta lumière, affermisse le cœur de ceux que tu as fait renaître par ta grâce en leur donnant à profusion la lumière du Saint-Esprit. Par Jésus Christ, ton Fils, notre Seigneur, qui vit et règne avec toi dans l'unité du Saint-Esprit, Dieu, pour les siècles des siècles.

Pour la prière universelle, voir celle du jour.

Prière sur les offrandes

Sur les offrandes que voici, nous t'en prions, Seigneur, répands la bénédiction de ton Esprit : que l'Église en reçoive cette charité qui fera resplendir, pour le monde entier, la vérité du mystère du salut. Par le Christ, notre Seigneur.

Préface : voir la messe du jour, p. 441.

Dans les Prières eucharistiques, textes propres à la Pentecôte.

Antienne de la communion

Jn 7, 37

Au jour solennel où se terminait la fête,
Jésus, debout, s'écria :
Si quelqu'un a soif, qu'il vienne à moi,
et qu'il boive, alléluia.

Prière après la communion

Que les dons reçus dans cette communion, Seigneur, nous soient profitables et nous remplissent toujours de la ferveur de l'Esprit que tu as répandu de manière ineffable sur tes Apôtres. Par le Christ, notre Seigneur.

On peut employer la formule de bénédiction solennelle, p. 442.

Messe de la veille au soir ou vigile

Sous la forme développée

Si la messe commence de la manière habituelle, après le Kyrie, le prêtre dit l'oraison.

Nous t'en prions, Dieu tout-puissant : que brille sur nous la splendeur de ta gloire ; que le Christ, lumière de ta lumière, affermisse le cœur de ceux que tu as fait renaître par ta grâce en leur donnant à profusion la lumière du Saint-Esprit. Par Jésus Christ, ton Fils, notre Seigneur, qui vit et règne avec toi dans l'unité du Saint-Esprit, Dieu, pour les siècles des siècles.

Puis il adresse au peuple une monition, en ces termes ou en d'autres semblables :

Frères et sœurs bien-aimés, nous voici entrés dans la Vigile de la Pentecôte : comme les Apôtres et les disciples qui, avec Marie, la Mère de Jésus, assidus à la prière, attendaient l'Esprit Saint promis par le Seigneur, écoutons maintenant d'un cœur paisible la parole de Dieu. Méditons tout ce que Dieu a fait pour son peuple et demandons que l'Esprit Saint, envoyé par le Père comme premier don fait aux croyants, poursuive son œuvre dans le monde.

Quatre textes au choix : Genèse, Exode, Ézékiel, Joël.

1re Lecture (1)

L'unité perdue à Babel

→ Lecture du livre de la Genèse 11, 1-9

Toute la terre avait alors la même langue et les mêmes mots. Au cours de leurs déplacements du côté de l'orient, les hommes découvrirent une plaine en Mésopotamie, et s'y établirent. Ils se dirent l'un à l'autre : « Allons ! Fabriquons des briques et mettons-les à cuire ! » Les briques leur servaient de pierres, et le bitume, de mortier. Ils dirent : « Allons ! bâtissons-nous une ville, avec une tour dont le sommet soit dans les cieux. Faisons-nous un nom, pour ne pas être disséminés sur toute la surface de la terre. » Le Seigneur descendit pour voir la ville et la tour que les hommes avaient bâties. Et le Seigneur dit : « Ils sont un seul peuple, ils ont tous la même langue : s'ils commencent ainsi, rien ne les empêchera désormais de faire tout ce qu'ils décideront. Allons ! descendons, et là, embrouillons leur langue : qu'ils ne se comprennent plus les uns les autres. » De là, le Seigneur les dispersa sur toute la surface de la terre. Ils cessèrent donc de bâtir la ville. C'est pourquoi on l'appela Babel, car c'est là que le Seigneur embrouilla la langue des habitants de toute la terre ; et c'est de là qu'il les dispersa sur toute la surface de la terre.

Psaume 32

10-11, 12-13, 14-15

℟. Heureux le peuple
que le Seigneur s'est choisi pour domaine.

Prière

Nous t'en prions, Dieu tout-puissant : accorde à ton Église d'être toujours ce peuple saint qui tient son unité de celle du Père, du Fils et du Saint-Esprit ; qu'elle soit pour le monde le sacrement de ta sainteté et de ton unité, et qu'elle le conduise à la plénitude de ta charité. Par le Christ, notre Seigneur.

1re Lecture (2)

La Loi sur des tables de pierre

→ Lecture du livre de l'Exode 19, 3-8a.16-20b

En ces jours-là Moïse monta vers Dieu. Le Seigneur l'appela du haut de la montagne : « Tu diras à la maison de Jacob, et tu annonceras aux fils d'Israël : Vous avez vu ce que j'ai fait à l'Égypte, comment je vous ai portés comme sur les ailes d'un aigle et vous ai amenés jusqu'à moi. Maintenant donc, si vous écoutez ma voix et gardez mon alliance, vous serez mon domaine particulier parmi tous les peuples car toute la terre m'appartient ; mais vous, vous serez pour moi un royaume de prêtres, une nation sainte. Voilà ce que tu diras aux fils d'Israël. » Moïse revint et convoqua les anciens du peuple, il leur exposa tout ce que le Seigneur avait ordonné. Le peuple tout entier répondit, unanime : « Tout ce que le Seigneur a dit, nous le mettrons en pratique. »

Le troisième jour, dès le matin, il y eut des coups de tonnerre, des éclairs, une lourde nuée sur la montagne, et une puissante sonnerie de cor ; dans le camp, tout le peuple trembla. Moïse fit sortir le peuple hors du camp, à la rencontre de Dieu, et ils restèrent debout au pied de la montagne. La montagne du Sinaï était toute fumante, car le Seigneur y était descendu dans le feu ; la fumée montait, comme la fumée d'une fournaise, et toute la montagne tremblait violemment. La sonnerie du cor était de plus en plus puissante. Moïse parlait, et la voix de Dieu lui répondait. Le Seigneur descendit sur le sommet du Sinaï, il appela Moïse sur le sommet de la montagne.

Cantique de Daniel

Dn 3, 52-56

℟. À toi, louange et gloire éternellement ! 3, 52b

ou bien

Psaume 18

18B, 8-11

℟. Seigneur, tu as les paroles de la vie éternelle.

Prière

Seigneur Dieu, dans les éclairs et le feu, sur la montagne du Sinaï, tu as donné à Moïse l'ancienne loi, et dans le feu de l'Esprit, au jour de la Pentecôte, tu as révélé l'Alliance nouvelle ; accorde-nous de toujours brûler de cet Esprit dont tu as comblé tes Apôtres, et donne à l'Israël nouveau, rassemblé de toutes les nations, d'accueillir avec joie l'éternel commandement de ton amour. Par le Christ, notre Seigneur.

1re Lecture (3)

L'Esprit rend la vie aux morts

→ Lecture du livre d'Ézékiel

37, 1-14

En ces jours-là, la main du Seigneur se posa sur moi, par son esprit il m'emporta et me déposa au milieu d'une vallée ; elle était pleine d'ossements. Il me fit circuler parmi eux ; le sol de la vallée en était couvert, et ils étaient tout à fait desséchés. Alors le Seigneur me dit : « Fils d'homme, ces ossements peuvent-ils revivre ? » Je lui répondis : « Seigneur Dieu, c'est toi qui le sais ! » Il me dit alors : « Prophétise sur ces ossements. Tu leur diras : Ossements desséchés, écoutez la parole du Seigneur : Ainsi parle le Seigneur Dieu à ces ossements : Je vais faire entrer en vous l'esprit, et vous vivrez. Je vais mettre sur vous des nerfs, vous couvrir de chair, et vous revêtir de peau ; je vous donnerai l'esprit, et vous vivrez. Alors vous saurez que Je suis le Seigneur. » Je prophétisai, comme j'en avais reçu l'ordre. Pendant que je prophétisais, il y eut un bruit, puis une violente secousse, et les ossements se rapprochèrent les uns des autres. Je vis qu'ils se couvraient de nerfs, la chair repoussait, la peau les recouvrait, mais il n'y avait pas d'esprit en eux.

Le Seigneur me dit alors : « Adresse une prophétie à l'esprit, prophétise, fils d'homme. Dis à l'esprit : Ainsi parle le Seigneur Dieu : Viens des quatre vents, esprit ! » Souffle sur ces morts, et qu'ils vivent ! » Je prophétisai, comme il m'en avait donné l'ordre, et l'esprit entra en eux ; ils revinrent à la vie, et ils se dressèrent sur leurs pieds : c'était une armée immense !

Puis le Seigneur me dit : « Fils d'homme, ces ossements, c'est toute la maison d'Israël. Car ils disent : "Nos ossements sont desséchés, notre espérance est détruite, nous sommes perdus !" C'est pourquoi, prophétise. Tu leur diras : Ainsi parle le Seigneur Dieu : Je vais ouvrir vos tombeaux et je vous en ferai remonter, ô mon peuple, et je vous ramènerai sur la terre d'Israël. Vous saurez que Je suis le Seigneur, quand j'ouvrirai vos tombeaux et vous en ferai remonter, ô mon peuple ! Je mettrai en vous mon esprit, et vous vivrez ; je vous donnerai le repos sur votre terre. Alors vous saurez que Je suis le Seigneur : j'ai parlé et je le ferai – oracle du Seigneur. »

Psaume 106

2-3, 4-5, 8-9

℟. **Rendez grâce au Seigneur ! Éternel et son amour !**
ou : **Alléluia !**

Prière

Seigneur, Dieu puissant et fort, tu relèves ce qui est tombé, tu protèges ce que tu as relevé ; fais grandir le peuple de ceux que tu renouvelles en leur donnant de sanctifier ton nom : que ton Esprit dirige toujours ceux que purifie le sacrement du baptême. Par le Christ, notre Seigneur.

ou bien

Seigneur Dieu, tu nous as régénérés par la parole de vie ; répands sur nous ton Esprit Saint, afin qu'en avançant dans l'unité de la foi nous méritions de parvenir à la vie incorruptible lorsque notre chair ressuscitera dans la gloire. Par le Christ, notre Seigneur.

ou bien

Que ton peuple exulte toujours, Seigneur Dieu, car ton Esprit Saint renouvelle la jeunesse de son âme ; joyeux d'avoir retrouvé la gloire de l'adoption filiale, qu'il attende désormais le jour de la résurrection, dans la ferme espérance du bonheur que tu donnes. Par le Christ, notre Seigneur.

1re Lecture (4)

L'Esprit répandu sur toute créature

→ **Lecture du livre de Joël** 3, 1-5a

Ainsi parle le Seigneur : Je répandrai mon esprit sur tout être de chair, vos fils et vos filles prophétiseront, vos anciens seront instruits par des songes, et vos jeunes gens par des visions. Même sur les serviteurs et sur les servantes je répandrai mon esprit en ces jours-là. Je ferai des prodiges au ciel et sur la terre : du sang, du feu, des nuages de fumée. Le soleil sera changé en ténèbres, et la lune sera changée en sang, avant que vienne le jour du Seigneur, jour grand et redoutable. Alors, quiconque invoquera le nom du Seigneur sera sauvé.

Psaume 103

℟. **Ô Seigneur, envoie ton Esprit**
qui renouvelle la face de la terre !
ou : **Alléluia.**

Bénis le Seigneur, ô mon âme ;
Seigneur mon Dieu, tu es si grand !
Revêtu de magnificence,
tu as pour manteau la lumière !

Quelle profusion dans tes œuvres, Seigneur !
Tout cela, ta sagesse l'a fait ;
la terre s'emplit de tes biens.
Bénis le Seigneur, ô mon âme !

Tous, ils comptent sur toi
pour recevoir leur nourriture au temps voulu.
Tu donnes : eux, ils ramassent ;
tu ouvres la main : ils sont comblés.

Tu reprends leur souffle, ils expirent
et retournent à leur poussière.
Tu envoies ton souffle : ils sont créés ;
tu renouvelles la face de la terre.

Prière

Dans ta bonté, Seigneur, accomplis ta promesse : que vienne sur nous l'Esprit Saint et qu'il nous rende, à la face du monde, témoins de l'Évangile de notre Seigneur Jésus, le Christ. Lui qui vit et règne avec toi pour les siècles des siècles.

Gloria.

Prière

Dieu éternel et tout-puissant, tu as voulu que le mystère de Pâques soit célébré durant cinquante jours ; accorde aux nations dispersées dans le monde et marquées par la diversité des langues, d'être rassemblées par le don de l'Esprit Saint dans l'unique confession de ton nom. Par Jésus Christ, ton Fils, notre Seigneur, qui vit et règne avec toi dans l'unité du Saint-Esprit, Dieu, pour les siècles des siècles.

2e Lecture *La création dans les douleurs de l'enfantement*

→ Lecture de la lettre de saint Paul apôtre aux Romains 8, 22-27

Frères, nous le savons bien, la création tout entière gémit, elle passe par les douleurs d'un enfantement qui dure encore. Et elle n'est pas seule. Nous aussi, en nous-mêmes, nous gémissons ; nous avons commencé à recevoir l'Esprit Saint, mais nous attendons notre adoption et la rédemption de notre corps.

Car nous avons été sauvés, mais c'est en espérance ; voir ce qu'on espère, ce n'est plus espérer : ce que l'on voit, comment peut-on l'espérer encore ? Mais nous, qui espérons ce que nous ne voyons pas, nous l'attendons avec persévérance. Bien plus, l'Esprit Saint vient au secours de notre faiblesse, car nous ne savons pas prier comme il faut. L'Esprit lui-même intercède pour nous par des gémissements inexprimables. Et Dieu, qui scrute les cœurs, connaît les intentions de l'Esprit puisque c'est selon Dieu que l'Esprit intercède pour les fidèles.

Alléluia. Alléluia. Viens, Esprit Saint ! Emplis le cœur de tes fidèles ! Allume en eux le feu de ton amour ! **Alléluia.**

Évangile

La promesse du don de l'Esprit

→ **Évangile de Jésus Christ selon saint Jean** 7, 37-39

A**u jour solennel où se terminait la fête des Tentes,** Jésus, debout, s'écria : « Si quelqu'un a soif, qu'il vienne à moi, et qu'il boive, celui qui croit en moi ! Comme dit l'Écriture : *De son cœur couleront des fleuves d'eau vive.* »

En disant cela, il parlait de l'Esprit Saint qu'allaient recevoir ceux qui croiraient en lui. En effet, il ne pouvait y avoir l'Esprit puisque Jésus n'avait pas encore été glorifié.

Prières et préface, voir la messe du jour, p. 441-442.

On peut employer la formule de bénédiction solennelle, p. 442.

Envoi

Allez, dans la paix du Christ, alléluia, alléluia.
℟. **Nous rendons grâce à Dieu, alléluia, alléluia.**

Messe du jour

19 MAI 2024

Antienne d'ouverture

Sg 1, 7

L'Esprit du Seigneur remplit l'univers :
lui qui tient ensemble tous les êtres,
il sait se faire comprendre en toute langue, alléluia.

Gloria.

Prière

Seigneur Dieu, dans le mystère de la fête que nous célébrons aujourd'hui, tu sanctifies ton Église entière chez tous les peuples et dans toutes les nations ; répands les dons de l'Esprit Saint sur l'immensité du monde, et continue dans le cœur des croyants l'œuvre divine entreprise au début de la prédication évangélique. Par Jésus Christ, ton Fils, notre Seigneur, qui vit et règne avec toi dans l'unité du Saint-Esprit, Dieu, pour les siècles des siècles.

1re Lecture

Nous entendons dans notre langue les merveilles de Dieu

→ Lecture du livre des Actes des Apôtres 2, 1-11

Quand arriva le jour de la Pentecôte, au terme des cinquante jours après Pâques, ils se trouvaient réunis tous ensemble. Soudain un bruit survint du ciel comme un violent coup de vent : la maison où ils étaient assis en fut remplie tout entière. Alors leur apparurent des langues qu'on aurait dites de feu, qui se partageaient, et il s'en posa une sur chacun d'eux. Tous furent remplis d'Esprit Saint : ils se mirent à parler en d'autres langues, et chacun s'exprimait selon le don de l'Esprit.

Or, il y avait, résidant à Jérusalem, des Juifs religieux, venant de toutes les nations sous le ciel. Lorsque ceux-ci entendirent la voix qui retentissait, ils se rassemblèrent en foule. Ils étaient en pleine confusion parce que chacun d'eux entendait dans son propre dialecte ceux qui parlaient. Dans la stupéfaction et l'émerveillement, ils disaient : « Ces gens qui parlent ne sont-ils pas tous Galiléens ? Comment se fait-il que chacun de nous les entende dans son propre dialecte, sa langue maternelle ? Parthes, Mèdes et Élamites, habitants de la Mésopotamie, de la Judée et de la Cappadoce, de la province du Pont et de celle d'Asie, de la Phrygie et de la Pamphylie, de l'Égypte et des contrées de Libye proches de Cyrène, Romains de passage, Juifs de naissance et convertis, Crétois et Arabes, tous nous les entendons parler dans nos langues des merveilles de Dieu. »

Psaume 103

℟. **Ô Seigneur, envoie ton Esprit**
qui renouvelle la face de la terre !
ou : **Alléluia.**

Bénis le Seigneur, ô mon âme ;
Seigneur mon Dieu, tu es si grand !
Quelle profusion dans tes œuvres, Seigneur !
la terre s'emplit de tes biens.

Tu reprends leur souffle, ils expirent
et retournent à leur poussière.
Tu envoies ton souffle : ils sont créés ;
tu renouvelles la face de la terre.

Gloire au Seigneur à tout jamais !
Que Dieu se réjouisse en ses œuvres !
Que mon poème lui soit agréable ;
moi, je me réjouis dans le Seigneur.

2e Lecture

« Marchons sous la conduite de l'Esprit »

→ Lecture de la lettre de saint Paul apôtre aux Galates 5, 16-25

Frères, je vous le dis : marchez sous la conduite de l'Esprit Saint, et vous ne risquerez pas de satisfaire les convoitises de la chair. Car les tendances de la chair s'opposent à l'Esprit, et les tendances de l'Esprit s'opposent à la chair. En effet, il y a là un affrontement qui vous empêche de faire tout ce que vous voudriez. Mais si vous vous laissez conduire par l'Esprit, vous n'êtes pas soumis à la Loi. On sait bien à quelles actions mène la chair : inconduite, impureté, débauche, idolâtrie, sorcellerie, haines, rivalité, jalousie, emportements, intrigues, divisions, sectarisme, envie, beuveries, orgies et autres choses du même genre. Je vous préviens, comme je l'ai déjà fait : ceux qui commettent de telles actions ne recevront pas en héritage le royaume de Dieu.

Mais voici le fruit de l'Esprit : amour, joie, paix, patience, bonté, bienveillance, fidélité, douceur et maîtrise de soi. En ces domaines, la Loi n'intervient pas. Ceux qui sont au Christ Jésus ont crucifié en eux la chair, avec ses passions et ses convoitises. Puisque l'Esprit nous fait vivre, marchons sous la conduite de l'Esprit.

Séquence

Viens, Esprit Saint, en nos cœurs
et envoie du haut du ciel
un rayon de ta lumière.

Viens en nous, père des pauvres,
viens, dispensateur des dons,
viens, lumière de nos cœurs.

Consolateur souverain,
hôte très doux de nos âmes,
adoucissante fraîcheur.

Dans le labeur, le repos ;
dans la fièvre, la fraîcheur ;
dans les pleurs, le réconfort.

Ô lumière bienheureuse,
viens remplir jusqu'à l'intime
le cœur de tous tes fidèles.

Sans ta puissance divine,
il n'est rien en aucun homme,
rien qui ne soit perverti.

Lave ce qui est souillé,
baigne ce qui est aride,
guéris ce qui est blessé.

Assouplis ce qui est raide,
réchauffe ce qui est froid,
rends droit ce qui est faussé.

À tous ceux qui ont la foi
et qui en toi se confient
donne tes sept dons sacrés.

Donne mérite et vertu,
donne le salut final,
donne la joie éternelle. Amen

Alléluia. Alléluia. Viens, Esprit Saint ! Emplis le cœur de tes fidèles ! Allume en eux le feu de ton amour ! **Alléluia.**

Évangile

Le Père, le Fils et l'Esprit de vérité

→ Évangile de Jésus Christ selon saint Jean 15, 26-27 ; 16, 12-15

En ce temps-là, Jésus disait à ses disciples : « Quand viendra le Défenseur, que je vous enverrai d'auprès du Père, lui, l'Esprit de vérité qui procède du Père, il rendra témoignage en ma faveur. Et vous aussi, vous allez rendre témoignage, car vous êtes avec moi depuis le commencement.

J'ai encore beaucoup de choses à vous dire, mais pour l'instant vous ne pouvez pas les porter. Quand il viendra, lui, l'Esprit de vérité, il vous conduira dans la vérité tout entière. En effet, ce qu'il dira ne viendra pas de lui-même : mais ce qu'il aura entendu, il le dira ; et ce qui va venir, il vous le fera connaître. Lui me glorifiera, car il recevra ce qui vient de moi pour vous le faire connaître. Tout ce que possède le Père est à moi ; voilà pourquoi je vous ai dit : L'Esprit reçoit ce qui vient de moi pour vous le faire connaître. »

Credo.

POUR LA PRIÈRE UNIVERSELLE

Laissons-nous conduire par l'Esprit et, dans le Christ Jésus, prions Dieu notre Père :
– pour les personnes confirmées en cette fête de Pentecôte : que l'Esprit Saint conforte en elles « amour, joie, paix, patience, bonté, bienveillance, fidélité, douceur et maîtrise de soi » ;

– pour les évêques et les prêtres qui ont reçu l'onction du Saint-Chrême lors de leur ordination, signe que l'Esprit de Dieu pénètre en eux : que l'Esprit Saint renouvelle leur disponibilité de cœur pour le service de toute l'Église ;
– pour les peuples de la terre qui peinent à s'entendre et à respecter la langue de l'autre : que l'Esprit Saint leur donne le goût de la paix et de la concorde ;
– pour la Création tout entière, habitée par l'Esprit de Dieu ; qu'elle soit respectée, protégée, et demeure source d'émerveillement et d'action de grâce.

Prière sur les offrandes

Nous t'en prions, Seigneur : selon la promesse de ton Fils, que l'Esprit Saint nous fasse entrer plus avant dans l'intelligence du sacrifice que nous célébrons et nous ouvre à la vérité tout entière. Par le Christ, notre Seigneur.

Préface

Le mystère de la Pentecôte

Vraiment, il est juste et bon, pour ta gloire et notre salut, de t'offrir notre action de grâce, toujours et en tout lieu, Seigneur, Père très saint, Dieu éternel et tout-puissant.
Pour accomplir jusqu'au bout le mystère de Pâques, tu as répandu largement aujourd'hui l'Esprit Saint sur ceux dont tu as fait tes enfants d'adoption en les unissant à ton Fils unique. C'est ton Esprit qui, au commencement de l'Église, a donné à tous les peuples la connaissance du vrai Dieu, et a rassemblé les diverses langues dans la confession d'une seule foi.
C'est pourquoi la joie pascale rayonne par tout l'univers, la terre entière exulte, les puissances d'en haut et les anges dans le ciel chantent sans fin l'hymne de ta gloire :
Saint, Saint, Saint, le Seigneur, Dieu de l'univers !

Dans les Prières eucharistiques, textes propres à la Pentecôte.

Antienne de la communion

Ac 2, 4.11

Tous furent remplis d'Esprit Saint,
et proclamaient les merveilles de Dieu, alléluia.

Prière après la communion

Seigneur Dieu, tu accordes largement les dons du ciel à ton Église, protège la grâce que tu lui as donnée : que l'effusion de l'Esprit Saint agisse avec toujours plus de force, et que cette nourriture spirituelle multiplie les effets de la rédemption éternelle. Par le Christ, notre Seigneur.

Bénédiction solennelle

Dieu, le Père des lumières, a voulu éclairer le cœur des disciples par l'effusion de l'Esprit Consolateur : qu'il vous donne la joie de sa bénédiction et vous accorde à jamais les dons de l'Esprit. ℟. **Amen.**
Que le feu d'en haut venu sur les disciples consume avec puissance tout mal au fond de vos cœurs
et les éclaire par l'effusion de sa lumière. ℟. **Amen.**
L'Esprit rassemble les peuples de toutes langues pour proclamer une seule foi : qu'il vous donne de persévérer dans cette même foi et de passer ainsi de l'espérance à la claire vision.
℟. **Amen.**
Et que la bénédiction de Dieu tout-puissant, le Père, et le Fils, ✠ et le Saint-Esprit, descende sur vous et y demeure toujours.
℟. **Amen.**

Envoi

Allez, dans la paix du Christ, alléluia, alléluia.
℟. **Nous rendons grâce à Dieu, alléluia, alléluia.**

CALENDRIER LITURGIQUE

Di 19 **DIMANCHE DE PENTECÔTE B.**
Liturgie des Heures : Psautier semaine III.
[*En France, S. Yves, prêtre et juge, † 1303 à Tréguier.*]

Lu 20 7e semaine du Temps ordinaire.
Lundi après la Pentecôte : La Vierge Marie, Mère de l'Église (mémoire obligatoire).
Jacques 3, 13-18 ; Ps 18B ; Marc 9, 14-29 : « Je crois ! Viens au secours de mon manque de foi ! »
[*S. Bernardin de Sienne, prêtre, franciscain, † 1444 à L'Aquila (Italie).*]

Ma 21 Jacques 4, 10 ; Ps 54 ; Marc 9, 30-37 « Le Fils de l'homme est livré. Si quelqu'un veut être le premier, qu'il soit le dernier de tous »
S. Christophe Magallanès, prêtre, et ses compagnons, martyrs au Mexique, † 1926-1928.
Au Canada, S. Eugène de Mazenod, évêque de Marseille, fondateur des Missionnaires Oblats de Marie Immaculée, † 1861 à Marseille.
À Monaco, S. Hospice, ermite vivant à l'est du Cap Ferrat (6e siècle).

Me 22 Jacques 4, 13-17 ; Ps 48 ; Marc 9, 38-40 : « Celui qui n'est pas contre nous est pour nous »
Ste Rita de Cascia, religieuse augustine, † 1453 à Cascia (Italie)

Je 23 Jacques 5, 1-6 ; Ps 48 ; Marc 9, 41-50 : « Mieux vaut pour toi entrer manchot dans la vie éternelle que de t'en aller dans la géhenne avec tes deux mains »
Jeudi après la Pentecôte, au Luxembourg, N. S. Jésus Christ, éternel et souverain prêtre

Ve 24 Jacques 5, 9-12 ; Ps 102 ; Marc 10, 1-12 : « Ce que Dieu a uni, que personne ne le sépare ! »
Au Canada, le Bx Louis-Zéphyrin Moreau, évêque, † 1901 à Saint-Hyacinthe.

Sa 25 Jacques 5, 13-20 ; Ps 140 ; Marc 10, 13-16 : « Celui qui n'accueille pas le royaume de Dieu à la manière d'un enfant n'y entrera pas »
S. Bède le Vénérable, prêtre, bénédictin, docteur de l'Église, † 735 à Jarrow (Angleterre).
S. Grégoire VII, pape, † 1085 à Salerne (Italie).
Ste Marie-Madeleine de Pazzi, vierge, carmélite, † 1607 à Florence.

Bonne fête! 19 : Yves, Yvon, Yvonne, Célestin, Erwin. 20 : Bernardin. 21 : Christophe, Constantin. 22 : Émilie, Rita. 23 : Didier. 24 : Donatien, Rogatien. 25 : Bède, Sophie.

Saint Didier (23 mai). Troisième évêque de Langres, lors des invasions des Vandales, il fut témoin des maux infligés à son peuple. Il tenta de faire fléchir le roi des Vandales mais celui-ci ordonna de l'égorger sur le champ († 407). Il est le modèle de l'évêque-berger qui donne sa vie pour son troupeau.

Chacun avec sa propre voix. Tous frères

« Je forme le vœu qu'en cette époque que nous traversons, en reconnaissant la dignité de chaque personne humaine, nous puissions tous ensemble faire renaître un désir universel d'humanité. Tous ensemble : "Voici un très beau secret pour rêver et faire de notre vie une belle aventure. Personne ne peut affronter la vie de manière isolée. Nous avons besoin d'une communauté qui nous soutient, qui nous aide, et dans laquelle nous nous aidons mutuellement à regarder de l'avant." Les rêves se construisent ensemble. Rêvons en tant qu'une seule et même humanité, comme des voyageurs partageant la même chair humaine, comme des enfants de cette même terre qui nous abritent tous, chacun avec la richesse de sa foi ou de ses convictions, chacun avec sa propre voix, tous frères. »

Pape François, *Lettre encyclique « Fratelli tutti » sur la fraternité et l'amitié sociale*, n° 8.

La Sainte Trinité

26 MAI 2024

« Au nom du Père, et du Fils, et du Saint-Esprit »

On entend parfois dire que la doctrine de la Sainte Trinité est une invention du IVe siècle. Certes, les conciles et les Pères de l'Église ont alors apporté à cette doctrine des précisions utiles. Mais elle figure déjà dans le Nouveau Testament, en particulier dans la formule baptismale que l'on trouve sur les lèvres de Jésus à la fin de l'*évangile* de Matthieu : « Baptisez-les au nom du Père, et du Fils, et du Saint-Esprit. » Ce texte, à la fois biblique et liturgique, atteste, à l'aurore du christianisme, l'ancienneté de la foi au Dieu unique, qui se révèle, sans perdre son unité, comme Père, Fils et Saint-Esprit.

L'élaboration conceptuelle de la doctrine de la sainte Trinité faite plus tard par les Pères de l'Église permet au christianisme de tenir un monothéisme strict : il n'y a pas trois dieux mais un seul : Dieu est l'unique créateur.

Mais déjà, dans une sorte de pressentiment trinitaire, le *psaume* 32 avait dit que, dès le début du monde, Dieu s'associe la Parole et le Souffle : « Le Seigneur a fait les cieux par sa parole ; l'univers, par le souffle de sa bouche. Il parla, et ce qu'il dit exista ». Cette dimension trinitaire se manifeste plus clairement dans l'histoire du salut : *Dieu* choisit un peuple et lui adresse sa *parole* par ses prophètes animés par son *Esprit* (*1re lecture*). Et surtout, l'Incarnation révèle que Dieu est à la fois Père, Fils unique qui s'est fait homme pour sauver l'humanité, et Esprit par qui nous devenons enfants de Dieu (*2e lecture*). La Trinité, qui est amour, est foyer de relations.

Le texte qui fait la synthèse de la doctrine trinitaire est la profession de foi des conciles de Nicée (325) et de Constantinople (381). Elle a traversé les siècles puisque, aujourd'hui encore, le Credo est proclamé à la messe.

CHANTER
Pour la procession d'ouverture : ***Père adorable*** **MP 28-50-4 CNA 516,** ***Chantons à Dieu*** **MP 30-79 CNA 538** ou **MP 30-79-2,** ***Chantons avec toute l'Église*** **M 26-03,** ***Nous chanterons pour toi, Seigneur*** **K 38 CNA 569** (strophes 1, 6, 14, 16).
Pour la procession des dons : ***Dieu notre Père, voici le pain*** **B 57-30.**
Pour la procession de communion : ***En marchant vers toi, Seigneur*** **D 380 CNA 326,** ***Voici le corps et le sang du Seigneur*** **D 44-80.**
Après la communion : ***Ô Père, ô tout puissant*** **MP 22-26,** ***Gloire à toi, Dieu notre Père*** **Y 47-43,** ***Père adorable*** **ou** ***Chantons à Dieu*** s'ils n'ont pas été chantés au début de la célébration.
Pour l'envoi : ***Jubilez, criez de joie*** **U 52-42,** ***Par la musique et par nos voix*** **Y 43-38 CNA 572.**

Antienne d'ouverture

Béni soit Dieu le Père, et le Fils unique de Dieu,
ainsi que le Saint-Esprit,
car il nous a montré sa miséricorde.

Gloria.

Prière

Dieu notre Père, tu as envoyé dans le monde le Verbe de vérité et l'Esprit qui sanctifie pour révéler aux hommes ton admirable mystère ; donne-nous de professer la vraie foi en reconnaissant la gloire de l'éternelle Trinité, en adorant son Unité dans sa toute-puissance. Par Jésus Christ, ton Fils, notre Seigneur, qui vit et règne avec toi dans l'unité du Saint-Esprit, Dieu, pour les siècles des siècles.

1re Lecture

Un Dieu soucieux du bonheur de son peuple

→ **Lecture du livre du Deutéronome** 4, 32-34.39-40

Moïse disait au peuple : « Interroge donc les temps anciens qui t'ont précédé, depuis le jour où Dieu créa l'homme sur la terre : d'un bout du monde à l'autre, est-il arrivé quelque chose d'aussi grand, a-t-on jamais connu rien de pareil ? Est-il un peuple qui ait entendu comme toi la voix de Dieu parlant du milieu du feu, et qui soit resté en vie ? Est-il un dieu qui ait entrepris de se choisir une nation, de venir la prendre au milieu d'une autre, à travers des épreuves, des signes, des prodiges et des combats, à main forte et à bras étendu, et par des exploits terrifiants – comme tu as vu le Seigneur ton Dieu le faire pour toi en Égypte ? Sache donc aujourd'hui, et médite cela en ton cœur : c'est le Seigneur qui est Dieu, là-haut dans le ciel comme ici-bas sur la terre ; il n'y en a pas d'autre. Tu garderas les décrets et les commandements du Seigneur que je te donne aujourd'hui, afin d'avoir, toi et tes fils, bonheur et longue vie sur la terre que te donne le Seigneur ton Dieu, tous les jours. »

Psaume 32

℟. Heureux le peuple dont le Seigneur est le Dieu.

Oui, elle est droite, la parole du Seigneur ;
il est fidèle en tout ce qu'il fait.
Il aime le bon droit et la justice ;
la terre est remplie de son amour.

Le Seigneur a fait les cieux par sa parole,
l'univers, par le souffle de sa bouche.
Il parla, et ce qu'il dit exista ;
il commanda, et ce qu'il dit survint.

Dieu veille sur ceux qui le craignent,
qui mettent leur espoir en son amour.
pour les délivrer de la mort,
les garder en vie aux jours de famine.

Nous attendons notre vie du Seigneur :
il est pour nous un appui, un bouclier.
Que ton amour, Seigneur, soit sur nous,
comme notre espoir est en toi !

2e Lecture

L'Esprit Saint fait de nous des fils de Dieu

→ **Lecture de la lettre de saint Paul apôtre aux Romains** 8, 14-17

Frères, tous ceux qui se laissent conduire par l'Esprit de Dieu, ceux-là sont fils de Dieu. Vous n'avez pas reçu un esprit qui fait de vous des esclaves et vous ramène à la peur ; mais vous avez reçu un Esprit qui fait de vous des fils ; et c'est en lui que nous crions « *Abba !* », c'est-à-dire : Père ! C'est donc l'Esprit Saint lui-même qui atteste à notre esprit que nous sommes enfants de Dieu. Puisque nous sommes ses enfants, nous sommes aussi ses héritiers : héritiers de Dieu, héritiers avec le Christ, si du moins nous souffrons avec lui pour être avec lui dans la gloire.

Alléluia. Alléluia. Gloire au Père, et au Fils, et au Saint-Esprit : au Dieu qui est, qui était et qui vient ! **Alléluia.**

Évangile

« Baptisez-les au nom du Père, et du Fils, et du Saint-Esprit »

→ **Évangile de Jésus Christ selon saint Matthieu** 28, 16-20

En ce temps-là, les onze disciples s'en allèrent en Galilée, à la montagne où Jésus leur avait ordonné de se rendre. Quand ils le virent, ils se prosternèrent, mais certains eurent des doutes. Jésus s'approcha d'eux et leur adressa ces paroles : « Tout pouvoir m'a été donné au ciel et sur la terre. Allez ! De toutes les nations faites des disciples : baptisez-les au nom du Père, et du Fils, et du Saint-Esprit, apprenez-leur à observer tout ce que je vous ai commandé. Et moi, je suis avec vous tous les jours jusqu'à la fin du monde. »

Credo.

POUR LA PRIÈRE UNIVERSELLE

Avec foi, prions notre Dieu qui est Père, Fils et Esprit, dans l'unité de la même divinité :
– pour que soit davantage respectée l'œuvre magnifique faite par le Père, créateur du ciel et de la terre, prions ;
– pour que s'accroisse le nombre de ceux et celles qui reconnaissent le Fils unique, Dieu fait homme, comme unique sauveur, prions ;
– pour que l'amour divin dont l'Esprit Saint est la source se développe dans l'Église, dans les familles, dans toutes les relations humaines, prions.

Prière sur les offrandes

Nous t'en prions, Seigneur notre Dieu : par ton nom que nous invoquons, sanctifie ces présents offerts par ceux qui te servent, et fais de nous-mêmes, par ces dons, une éternelle offrande à ta gloire. Par le Christ, notre Seigneur.

Préface

Le mystère de la Sainte Trinité

Vraiment, il est juste et bon, pour ta gloire et notre salut, de t'offrir notre action de grâce, toujours et en tout lieu, Seigneur, Père très saint, Dieu éternel et tout-puissant.
Avec ton Fils unique et le Saint-Esprit, tu es un seul Dieu, tu es un seul Seigneur, non pas en une seule personne mais une seule substance en trois personnes. Ce que nous croyons de ta gloire, parce que tu l'as révélé, nous le croyons pareillement, et de ton Fils et du Saint-Esprit ; et quand nous proclamons notre foi au Dieu éternel et véritable, nous adorons en même temps chacune des personnes, dans leur unique nature et leur égale majesté.
C'est ainsi que les anges et les archanges et les plus hautes puissances des cieux, ne cessent de chanter d'une même voix, en proclamant :
Saint, Saint, Saint, le Seigneur, Dieu de l'univers !

Antienne de la communion

cf. Ga 4, 6

Puisque vous êtes des fils,
Dieu a envoyé dans vos cœurs
l'Esprit de son Fils, qui crie *Abba*, c'est-à-dire : Père !

Prière après la communion

Seigneur notre Dieu, puissions-nous trouver le salut de l'âme et du corps dans notre communion à ce sacrement, en professant notre foi en la Trinité, éternelle et sainte, comme en son indivisible Unité. Par le Christ, notre Seigneur.

Participer à la vie de la Trinité

« La Trinité, c'est, en un seul Dieu, trois personnes distinctes, Père, Fils et Esprit, dont le lien est l'"amour. L'humanité sera donc à son image si, dans le maintien des distinctions personnelles, elle est unifiée par l'amour autant qu'il est possible à des être finis, par un amour qui soit une participation de celui dont les Personnes divines s'aiment éternellement… Il faut bien comprendre que ce qui se poursuit dans l'Église et par l'Église, ce qui constitue déjà la vie intérieure de l'Église, c'est cette participation à la vie de la Trinité, vie vécue même sur terre, ne l'oublions pas, par des êtres qui ont à s'arracher progressivement au mal, et à réparer leur passé. »

Yves de Montcheuil,
Aspects de l'Église, Cerf, 1951, pp. 52 sv.

S. Augustin de Cantorbéry (27 mai). Moine bénédictin, Augustin fut envoyé en 596 par le pape Grégoire le Grand, pour évangéliser l'Angleterre. Avec quarante moines, il se rendit dans le Kent, dont le roi se convertit, entraînant son peuple avec lui. Dans ce milieu païen, Augustin chercha à discerner les valeurs compatibles avec l'évangile et à adapter plutôt qu'à détruire. Il fut le premier évêque de Cantorbéry, dont le siège épiscopal est aujourd'hui encore le siège primatial de l'Église d'Angleterre.

CALENDRIER LITURGIQUE

Di 26	**LA SAINTE TRINITÉ B.** *Liturgie des Heures : Psautier semaine IV.* [S. Philippe Néri, prêtre, fondateur de l'Oratoire, † 1595 à Rome.]
Lu 27	8e semaine du Temps ordinaire : 1 Pierre 1, 3-9 ; Ps 110 ; Marc 10, 17-27 : « Va, vends ce que tu as. Puis viens, suis-moi » *S. Augustin, évêque de Cantorbéry, † 604 ou 605*
Ma 28r	1 Pierre 1, 10-16 ; Ps 97 ; Marc 10, 28-31 : « Vous recevrez, en ce temps déjà, le centuple, avec des persécutions, et, dans le monde à venir, la vie éternelle »
Me 29	1 Pierre 1, 18-25 ; Ps 147 ; Marc 10, 32-45 : « Voici que nous montons à Jérusalem. Le Fils de l'homme sera livré » *S. Paul VI, pape, † 1978 à Rome.*
Je 30	1 Pierre 2, 2-5.9-12 ; Ps 99 ; Marc 10, 46-52 : « Rabbouni, que je retrouve la vue ! » *En France,* Ste Jeanne d'Arc, vierge, patronne secondaire de la France, † 1431 à Rouen.
Ve 31	VISITATION DE LA VIERGE MARIE. Lectures propres : Sophonie 3, 14-18 ou Romains 12, 9-16 ; Cant. Isaïe 12 ; Luc 1, 39-56 : « D'où m'est-il donné que la mère de mon Seigneur vienne jusqu'à moi ? »
Sa 1er juin	S. Justin, philosophe, martyr, † vers 165 à Rome. Jude 17.20b-25 ; Ps 62 ; Marc 11, 27-33 : « Par quelle autorité fais-tu cela ? »

Bonne fête ! 26 : Béranger, Bérangère. 27 : Augustin. 28 : Germain. 29 : Aymar, Maximin. 30 : Ferdinand, Lorraine. 31 : Pétronille, Perrette, Perrine. 1er : Justin, Roman.

Dernier dimanche de mai : Aujourd'hui, dernier dimanche de mai, en France : fête des mères.

Le Corps et le Sang du Christ

2 JUIN 2024

« Les invités au repas des noces de l'Agneau »

Cette nouvelle formule n'est nouvelle qu'en apparence. Elle n'est, en fait, que la reprise de la formule de l'Apocalypse (Ap 19, 9) proposée depuis cinquante ans par le Missel romain latin. La précédente traduction française proposait une formule abrégée : au lieu du « repas des noces de l'Agneau », elle se contentait de parler de « repas du Seigneur », expression figurant certes dans la Première lettre aux Corinthiens (11, 20), mais en dehors d'une formule d'invitation.

Le changement de formule peut être l'occasion d'enrichir notre regard sur l'eucharistie. Celle-ci est participation au repas du Seigneur, mais il s'agit, en profondeur, d'un repas de noces : les noces entre l'humanité, comparée à une épouse, et son sauveur, appelé « l'Agneau ». Toute noce est une alliance (nous la symbolisons par un anneau). Mais il s'agit ici de l'alliance définitive entre Dieu et son peuple, alliance qui accomplit en plénitude ce que préfigurait l'ancienne alliance conclue avec Dieu par Moïse au Sinaï (*1re lecture*).

Cette alliance, célébrée annuellement par le peuple juif, le fut d'ailleurs aussi par Jésus. Lors de ce mémorial, on consommait un agneau, en souvenir de la nuit de la délivrance en Égypte, où, pour échapper à la mort, les Hébreux avaient consommé un agneau et marqué leurs portes de son sang. C'est le rite dont parle l'évangile de Marc (14, 12s) : « Le premier jour de la fête des pains sans levain, où l'on immolait l'agneau pascal, les disciples de Jésus lui disent : "Où veux-tu que nous allions faire les préparatifs pour que tu manges la Pâque [concrètement : l'agneau] ?" » (*évangile*).

Mais, la veille de sa mort, lors de la célébration de ce rite, Jésus opère un changement radical : désormais, l'agneau de la Pâque, c'est lui (1 Co 5, 7). À l'avenir, il ne sera plus nécessaire d'immoler un agneau, car, bientôt immolé sur la croix, le Christ le sera « une fois pour toutes ». C'est lui le « médiateur d'une alliance nouvelle » (*2e lecture*), à jamais.

Pour y participer, il suffira de recevoir le pain – et, si possible, le vin –, qui seront devenus son corps et son sang, « sang de l'Alliance, versé pour la multitude » (*évangile*).

Quelle joie d'être invité à participer aux noces qui scellent l'alliance éternelle entre l'humanité délivrée du mal et l'Agneau immolé qui la délivre !

Dans les pays où la fête du Saint-Sacrement n'est pas de précepte le jeudi, ce qui est le cas de la plupart des pays francophones, elle est transférée au dimanche après la Sainte Trinité, qui devient son jour propre.

CHANTER

Pour la procession d'ouverture : ***Nous formons un même corps*** **D 105 CNA 570,** ***Béni sois-tu Seigneur Jésus*** **KA 520,** ***Peuple de Dieu, marche joyeux*** **K 180 CNA 574** (couplets 1, 3, 8 et 12).

Après la 2e lecture, on peut chanter la séquence : ***Le voici le pain des Anges*** **ML 71-12,** ***Lauda Sion*** **DEV 188.**

Pour la procession des dons : ***Dieu notre Père, voici le pain*** **B 57-30,** ***Préparons la table*** **B 21-85 CNA 232,** ***Approchons-nous de la table*** **D 19-30.**

Pour la procession de communion : ***Qui mange ma chair*** **D 290 CNA 343,** ***Pain véritable*** **D 103 CNA 340,** ***La Sagesse a dressé une table*** **SYL F 502 CNA 332,** ***Voici le Corps et le Sang du Seigneur*** **D 44-80.**

Après la communion : ***Celui qui a mangé de ce pain*** **D 140-2 CNA 321,** ***En accueillant l'amour*** **DP 126 CNA 325,** ***Tenons en éveil*** **Y 243-1 CNA 591.**

Antienne d'ouverture

cf. Ps 80, 17

Le Seigneur a nourri son peuple de la fleur du froment,
il l'a rassasié avec le miel du rocher.

Gloria.

Prière

Seigneur Jésus Christ, dans cet admirable sacrement, tu nous as laissé le mémorial de ta passion ; donne-nous de vénérer avec une telle ferveur les saints mystères de ton Corps et de ton Sang, que nous puissions goûter sans cesse en nous le fruit de ta rédemption. Toi qui vis et règnes avec le Père dans l'unité du Saint-Esprit, Dieu, pour les siècles des siècles.

1re Lecture

Le sang de l'Alliance

→ **Lecture du livre de l'Exode** 24, 3-8

En ces jours-là, Moïse vint rapporter au peuple toutes les paroles du Seigneur et toutes ses ordonnances. Tout le peuple répondit d'une seule voix : « Toutes ces paroles que le Seigneur a dites, nous les mettrons en pratique. »

Moïse écrivit toutes les paroles du Seigneur. Il se leva de bon matin et il bâtit un autel au pied de la montagne, et il dressa douze pierres pour les douze tribus d'Israël. Puis il chargea quelques jeunes garçons parmi les fils d'Israël d'offrir des holocaustes, et d'immoler au Seigneur des taureaux en sacrifice de paix.

Moïse prit la moitié du sang et le mit dans des coupes ; puis il aspergea l'autel avec le reste du sang. Il prit le livre de l'Alliance et en fit la lecture au peuple. Celui-ci répondit : « Tout ce que le Seigneur a dit, nous le mettrons en pratique, nous y obéirons. » Moïse prit le sang, en aspergea le peuple, et dit : « Voici le sang de l'Alliance que, sur la base de toutes ces paroles, le Seigneur a conclue avec vous. »

Psaume 115

℟. J'élèverai la coupe du salut,
j'invoquerai le nom du Seigneur.
ou : **Alléluia.**

Comment rendrai-je au Seigneur
tout le bien qu'il m'a fait ?
J'élèverai la coupe du salut,
j'invoquerai le nom du Seigneur.

Il en coûte au Seigneur
de voir mourir les siens !
Ne suis-je pas, Seigneur, ton serviteur,
moi, dont tu brisas les chaînes ?

Je t'offrirai le sacrifice d'action de grâce,
j'invoquerai le nom du Seigneur.
Je tiendrai mes promesses au Seigneur,
oui, devant tout son peuple.

2e Lecture

Le sang de la purification

→ **Lecture de la lettre aux Hébreux** 9, 11-15

Frères, le Christ est venu, grand prêtre des biens à venir. Par la tente plus grande et plus parfaite, celle qui n'est pas œuvre de mains humaines et n'appartient pas à cette création, il est entré une fois pour toutes dans le sanctuaire, en répandant, non pas le sang de boucs et de jeunes taureaux, mais son propre sang. De cette manière, il a obtenu une libération définitive. S'il est vrai qu'une simple aspersion avec le sang de boucs et de taureaux, et de la cendre de génisse, sanctifie ceux qui sont souillés, leur rendant la pureté de la chair, le sang du Christ fait bien davantage, car le Christ, poussé par l'Esprit éternel, s'est offert lui-même à Dieu comme une victime sans défaut ; son sang purifiera donc notre conscience des actes qui mènent à la mort, pour que nous puissions rendre un culte au Dieu vivant.

Voilà pourquoi il est le médiateur d'une alliance nouvelle, d'un testament nouveau : puisque sa mort a permis le rachat des transgressions commises sous le premier Testament, ceux qui sont appelés peuvent recevoir l'héritage éternel jadis promis.

Séquence

Cette séquence (ad libitum) peut être dite intégralement ou sous une forme abrégée à partir de : « Le voici, le pain des anges ».

Sion, célèbre ton Sauveur,
chante ton chef et ton pasteur
par des hymnes et des chants.

Tant que tu peux, tu dois oser,
car il dépasse tes louanges,
tu ne peux trop le louer.

Le Pain vivant, le Pain de vie,
il est aujourd'hui proposé
comme objet de tes louanges.

Au repas sacré de la Cène,
il est bien vrai qu'il fut donné
au groupe des douze frères.
Louons-le à voix pleine et forte,
que soit joyeuse et rayonnante
l'allégresse de nos cœurs !

C'est en effet la journée [solennelle
où nous fêtons de ce banquet [divin
la première institution.

À ce banquet du nouveau Roi,
la Pâque de la Loi nouvelle
met fin à la Pâque ancienne.

L'ordre ancien le cède au [nouveau,
la réalité chasse l'ombre,
et la lumière, la nuit.

Ce que fit le Christ à la Cène,
il ordonna qu'en sa mémoire
nous le fassions après lui.

Instruits par son précepte saint,
nous consacrons le pain, le vin,
en victime de salut.

C'est un dogme pour les chrétiens
que le pain se change en son [corps,
que le vin devient son sang.

Ce qu'on ne peut comprendre [et voir,
notre foi ose l'affirmer,
hors des lois de la nature.

L'une et l'autre de ces espèces,
qui ne sont que de purs signes,

voilent un réel divin.

Sa chair nourrit, son sang
[abreuve,
mais le Christ tout entier
[demeure
sous chacune des espèces.

On le reçoit sans le briser,
le rompre ni le diviser ;
il est reçu tout entier.

Qu'un seul ou mille communient,
il se donne à l'un comme aux
[autres,
il nourrit sans disparaître.

Bons et mauvais le consomment,
mais pour un sort bien différent,
pour la vie ou pour la mort.

Mort des pécheurs, vie pour
[les justes ;
vois : ils prennent pareillement ;
quel résultat différent !

Si l'on divise les espèces,
n'hésite pas, mais souviens-toi
qu'il est présent dans un
[fragment
aussi bien que dans le tout.

Le signe seul est partagé,
le Christ n'est en rien divisé,
ni sa taille ni son état
n'ont en rien diminué.

* Le voici, le pain des anges,
il est le pain de l'homme en
[route,
le vrai pain des enfants de
[Dieu,
qu'on ne peut jeter aux chiens.

D'avance il fut annoncé
par Isaac en sacrifice,
par l'agneau pascal immolé,
par la manne de nos pères.

Ô bon Pasteur, notre vrai pain,
ô Jésus, aie pitié de nous,
nourris-nous et protège-nous,
fais-nous voir les biens éternels
dans la terre des vivants.

Toi qui sais tout et qui peux tout,
toi qui sur terre nous nourris,
conduis-nous au banquet du ciel
et donne-nous ton héritage,
en compagnie de tes saints.
Amen

Alléluia. Alléluia. Moi, je suis le pain vivant qui est descendu du ciel, dit le Seigneur ; si quelqu'un mange de ce pain, il vivra éternellement. **Alléluia.**

Évangile

Le sang de la Pâque

→ **Évangile de Jésus Christ selon saint Marc** 14, 12-16.22-26

Le premier jour de la fête des pains sans levain, où l'on immolait l'agneau pascal, les disciples de Jésus lui disent : « Où veux-tu que nous allions faire les préparatifs pour que tu manges la Pâque ? » Il envoie deux de ses disciples en leur disant : « Allez à la ville ; un homme portant une cruche d'eau viendra à votre rencontre. Suivez-le, et là où il entrera, dites au propriétaire : "Le Maître te fait dire : Où est la salle où je pourrai manger la Pâque avec mes disciples ?" Il vous indiquera, à l'étage, une grande pièce aménagée et prête pour un repas. Faites-y pour nous les préparatifs. » Les disciples partirent, allèrent à la ville ; ils trouvèrent tout comme Jésus leur avait dit, et ils préparèrent la Pâque.

Pendant le repas, Jésus, ayant pris du pain et prononcé la bénédiction, le rompit, le leur donna, et dit : « Prenez, ceci est mon corps. » Puis, ayant pris une coupe et ayant rendu grâce, il la leur donna, et ils en burent tous. Et il leur dit : « Ceci est mon sang, le sang de l'Alliance, versé pour la multitude. Amen, je vous le dis : je ne boirai plus du fruit de la vigne, jusqu'au jour où je le boirai, nouveau, dans le royaume de Dieu. »

Après avoir chanté les psaumes, ils partirent pour le mont des Oliviers.

POUR LA PRIÈRE UNIVERSELLE

Faisant mémoire du Seigneur dans cette eucharistie, présentons-lui nos demandes avec foi :

– pour l'Église, épouse du Christ, afin qu'elle célèbre avec une grande reconnaissance le sacrement qui porte au long des semaines son alliance avec le Christ, prions ;

– pour les prêtres, présidents de l'assemblée eucharistique, afin qu'ils aient le souci d'offrir aux fidèles la possibilité d'y participer activement, prions ;

– pour toutes les personnes qui exercent une fonction dans la célébration, lecteurs, animateurs, musiciens, servants et servantes d'autel, fleuristes, etc., afin qu'ils aient conscience d'être totalement au service de l'assemblée, prions ;
– pour que les malades et les personnes qui ont des difficultés à se déplacer ne soient pas oubliées et aient la possibilité de recevoir la communion, prions ;
– pour nous tous, afin que l'eucharistie nourrisse fréquemment notre attachement personnel au Christ, prions.

Prière sur les offrandes

Nous t'en prions, Seigneur : dans ta bonté accorde à ton Église les dons de l'unité et de la paix, signifiés mystérieusement par les présents que nous t'offrons. Par le Christ, notre Seigneur.

Préface

Les fruits de la Sainte Eucharistie

Vraiment, il est juste et bon, pour ta gloire et notre salut, de t'offrir notre action de grâce, toujours et en tout lieu, Seigneur, Père très saint, Dieu éternel et tout-puissant, par le Christ, notre Seigneur.
Lors du dernier repas qu'il partageait avec ses Apôtres, voulant perpétuer la mémoire du salut par la croix, il s'est offert à toi, comme l'Agneau sans tache, et tu as accueilli son sacrifice de parfaite louange. Quand tes fidèles communient à ce mystère incomparable, tu les sanctifies, pour que la famille humaine, habitant un même univers, soit éclairée par une même foi et réunie par une même charité. Nous venons à la table de cet admirable sacrement, pour être imprégnés de la douceur de ta grâce et transformés à l'image de ce que nous serons au ciel.
C'est pourquoi le ciel et la terre t'adorent ; ils te chantent leur hymne toujours nouvelle, et nous-mêmes, unissant notre voix à celle des anges, nous t'acclamons :
Saint ! Saint ! Saint, le Seigneur, Dieu de l'univers !

On peut également employer la préface du Jeudi saint, p. 299.

Antienne de la communion Jn 6, 57

Celui qui mange ma chair et boit mon sang
demeure en moi, et moi en lui, dit le Seigneur.

Prière après la communion

Nous t'en prions, Seigneur Jésus Christ : donne-nous de goûter pleinement à ta vie divine dans l'éternité, ce que préfigure dans le temps la communion à ton Corps et à ton Sang précieux. Toi qui vis et règnes pour les siècles des siècles.

Pain de vie aujourd'hui proposé à ta louange

On pourrait relire lentement la séquence de cette messe (p. 456), riche méditation sur l'eucharistie.

S. Pothin, Ste Blandine et leurs compagnons (2 juin) En 177, moins d'un siècle et demi après la mort de Jésus, la foi chrétienne était déjà parvenue à Lyon, en Gaule. Mais elle y fut violemment persécutée par le pouvoir romain. Pothin, premier évêque de Lyon, mourut en prison à l'âge de 90 ans. Blandine, esclave, fut livrée aux bêtes avec 48 compagnons. Le sang des martyrs fut une semence. L'archevêque de Lyon porte le titre de primat des Gaules.

CALENDRIER LITURGIQUE

Di 2	**LE SAINT-SACREMENT.** *Liturgie des Heures : Psautier semaine I.* [*S. Marcellin et S. Pierre, martyrs, † 304 à Rome.* *En France, S. Pothin, évêque de Lyon, Ste Blandine, vierge, et leurs compagnons, martyrs, † 177.*]
Lu 3	9e semaine du Temps ordinaire. S. Charles Lwanga et ses compagnons, martyrs en Ouganda, † 1886. 2 Pierre 1, 2-7 ; Ps 90 ; Marc 12, 1-12 : « Ils se saisirent du fils bien-aimé, le tuèrent, et le jetèrent hors de la vigne »
Ma 4	2 Pierre 3, 12-15a.17-18 ; Ps 89 ; Marc 12, 13-17 : « Ce qui est à César, rendez-le à César, et à Dieu ce qui est à Dieu. » *En Afrique du Nord,* S. Optat, évêque de Milève dans le Constantinois et théologien (4e siècle). *En France, Ste Clotilde, reine des Francs, † 545 à Tours.*
Me 5	S. Boniface, évêque de Mayence, martyr, † 754. 2 Timothée 1, 1-3.6-12 ; Ps 122 ; Marc 12, 18-27 : « Il n'est pas le Dieu des morts, mais des vivants »
Je 6	2 Timothée 2, 8-15 ; Ps 24 ; Marc 12, 28b-34 : « Il n'y a pas de commandement plus grand que ceux-là » *S. Norbert, évêque de Magdebourg, fondateur des Prémontrés, † 1134.*
Ve 7	**LE SACRÉ-CŒUR DE JÉSUS**, p. 462.
Sa 8	2 Timothée 4, 1-8 ; Ps 70 ; Ps 70 ; Marc 12, 38-44 : « Cette pauvre veuve a mis dans le Trésor plus que tous les autres » Samedi après le Sacré-Cœur : *Le Cœur immaculé de Marie. Si l'on célèbre cette mémoire, l'évangile de Luc 2, 41-51 est obligatoire.*

Bonne fête ! 2 : Marcellin, Blandine, Vital. 3 : Kévin. 4 : Clotilde. 5 : Boniface, Igor. 6 : Norbert, Claude. 7 : Gilbert, Maïté. 8 : Médard, Armand.

Le Sacré-Cœur de Jésus

7 JUIN 2024

« L'expression "Cœur de Jésus", entendue au sens de la divine Écriture, désigne le mystère même du Christ, c'est-à-dire la totalité de son être, ou le centre intime et essentiel de sa personne : Fils de Dieu, sagesse incréée ; Amour infini, principe du salut et de sanctification pour toute l'humanité. Le "cœur du Christ" s'identifie au Christ lui-même, Verbe incarné et Rédempteur ; dans l'Esprit Saint, le cœur de Jésus est orienté, par nature, avec un amour infini à la fois divin et humain, vers le Père et vers les hommes, ses frères. »

(*Directoire sur la piété populaire et la liturgie*, n° 166.)

CHANTER

***Litanies du Sacré-Cœur* Y 22-83 CNA 787, *J'ai vu l'eau vive* I 132-1 CNA 191, *J'ai vu des fleuves d'eau vive* I 44-62.**

Prière

Dieu tout-puissant, en glorifiant le Cœur de ton Fils bien-aimé, nous rappelons les admirables bienfaits de son amour pour nous ; nous t'en prions, accorde-nous de puiser à cette source divine une surabondance de grâce. Par Jésus Christ, ton Fils, notre Seigneur, qui vit et règne avec toi dans l'unité du Saint-Esprit, Dieu, pour les siècles des siècles.

1re Lecture

Osée 1, 1.3-4.8c-9

L'amour du Seigneur pour son peuple

Cantique

Isaïe 12 : p. 338

(Veillée pascale)

℟. **Exultant de joie, vous puiserez les eaux
aux sources du salut !**

2e Lecture

« Enracinés dans l'amour »

→ Lecture de la lettre de saint Paul apôtre aux Éphésiens 3, 8-12.14-19

Frères, à moi qui suis vraiment le plus petit de tous les fidèles, la grâce a été donnée d'annoncer aux nations l'insondable richesse du Christ, et de mettre en lumière pour tous le contenu du mystère qui était caché depuis toujours en Dieu, le créateur de toutes choses ; ainsi, désormais, les Puissances célestes elles-mêmes connaissent, grâce à l'Église, les multiples aspects de la Sagesse de Dieu. C'est le projet éternel que Dieu a réalisé dans le Christ Jésus notre Seigneur. Et notre foi au Christ nous donne l'assurance nécessaire pour accéder auprès de Dieu en toute confiance. C'est pourquoi je tombe à genoux devant le Père, de qui toute paternité au ciel et sur la terre tient son nom. Lui qui est si riche en gloire, qu'il vous donne la puissance de son Esprit, pour que se fortifie en vous l'homme intérieur.

Que le Christ habite en vos cœurs par la foi ; restez enracinés dans l'amour, établis dans l'amour. Ainsi vous serez capables de comprendre avec tous les fidèles quelle est la largeur, la longueur, la hauteur, la profondeur... Vous connaîtrez ce qui surpasse toute connaissance : l'amour du Christ. Alors vous serez comblés jusqu'à entrer dans toute la plénitude de Dieu.

Évangile

Le cœur ouvert de Jésus

→ Évangile de Jésus Christ selon saint Jean 19, 31-37

Jésus venait de mourir. Comme c'était le jour de la Préparation (c'est-à-dire le vendredi), il ne fallait pas laisser les corps en croix durant le sabbat, d'autant plus que ce sabbat était le grand jour de la Pâque. Aussi les Juifs demandèrent à Pilate qu'on enlève les corps après leur avoir brisé les jambes.

Les soldats allèrent donc briser les jambes du premier, puis de l'autre homme crucifié avec Jésus. Quand ils arrivèrent à Jésus, voyant qu'il était déjà mort, ils ne lui brisèrent pas les jambes, mais un des soldats avec sa lance lui perça le côté ; et aussitôt, il en sortit du sang et de l'eau.

Celui qui a vu rend témoignage, et son témoignage est véridique ; et celui-là sait qu'il dit vrai afin que vous aussi, vous croyiez. Cela, en effet, arriva pour que s'accomplisse l'Écriture : *Aucun de ses os ne sera brisé.* Un autre passage de l'Écriture dit encore : *Ils lèveront les yeux vers celui qu'ils ont transpercé.*

Préface

L'immense amour du Christ

Vraiment, il est juste et bon, pour ta gloire et notre salut, de t'offrir notre action de grâce, toujours et en tout lieu, Seigneur, Père très saint, Dieu éternel et tout-puissant, par le Christ, notre Seigneur.

Dans son amour admirable, quand il fut élevé sur la croix, il s'est livré lui-même pour nous et, de son côté transpercé, il répandit le sang et l'eau d'où jaillirent les sacrements de l'Église, afin que tous, attirés vers le Cœur ouvert du Sauveur, ne cessent de venir puiser dans la joie aux sources vives du salut.

C'est pourquoi, avec les saints et tous les anges, nous te louons et sans fin nous proclamons :

Saint, Saint, Saint, le Seigneur, Dieu de l'univers !

Prière après la communion

Par ce sacrement de ton amour, Seigneur, fais-nous brûler d'une charité qui nous attire toujours vers ton Fils, et nous apprenne ainsi à le reconnaître en nos frères. Lui qui vit et règne pour les siècles des siècles.

10e dimanche

9 JUIN 2024

La lutte contre le Mal et ses sbires

Les lectures bibliques de ce dimanche sont percutantes. D'abord, le récit de genre littéraire mythique où la première femme rejette sur le serpent la responsabilité de la faute originelle (*1re lecture*), récit qui a souvent servi de fondement à la misogynie théologique. Puis la calomnie des scribes qui accusent Jésus d'être possédé par le chef des démons, et de pouvoir ainsi expulser les démons. Notons que ce pouvoir lui était reconnu même par ses ennemis (*évangile*). Or cette accusation injuste envers un homme qui ne fait que du bien leur vaut de sa part une sentence étonnante : c'est un impardonnable blasphème contre l'Esprit Saint. Car une telle sentence paraît contredire l'absolue miséricorde divine, dont témoignera jusqu'à l'arbre de la croix le Fils crucifié : n'est-ce pas là qu'il a inversé pour toujours le flux de la justice en pardonnant à ceux qui l'assassinent ?

Dans ce chassé-croisé biblique, notre mentalité contemporaine se sent dépassée. Elle est tentée de faire sienne l'opinion des gens venus se saisir de Jésus, parce qu'ils estimaient qu'il avait perdu la tête.

Tentons de renouer quelques fils. Ces expulsions de démons, qui nous paraissent moyenâgeuses, touchent des problématiques modernes sans issue. Ainsi : Pourquoi le mal dans le monde ? Pourquoi les maladies, physiques et psychiques, alors que l'on croit à la bonté originelle de la nature ? Pourquoi les injustices liées aux inégalités sociales ? Celles qui sont liées au genre, et vont parfois jusqu'à faire de la femme une esclave ? Pourquoi les jalousies, les hostilités, qui dégénèrent trop souvent en violences, voire en guerres meurtrières ? Ces maux seraient-ils l'effet de la volonté divine, dont pourtant l'évangile nous dit qu'il faut l'accomplir pour être de la toute aimante famille de Jésus ?

À nous d'accepter que Jésus renouvelle de jour en jour notre humanité intérieure (*2e lecture*) et notre mentalité. Alors, sans doute, nous y verrons clair.

CHANTER

En ce 10e dimanche, nous retrouvons l'évangile de Marc et un ensemble cohérent de 4 dimanches. Un répertoire commun pourra unifier les 10e, 11e, 12e et 13e dimanches.

Pour la procession d'ouverture : ***Pour avancer ensemble* DK 20-38 CNA 524, *Sur les chemins de Palestine* X 973, *Dieu nous éveille à la foi* IA 20-70-3 CNA 546, *Chantons avec toute l'Église* M 26-03.**

Un même ordinaire de la messe sera retenu pour ces quatre dimanches.

Pour la procession de communion : **Goûtez et voyez D 68-45, *Recevons le corps sacré* D 37-36, *Voici le pain que donne Dieu* D 50-07-3, *Venez, approchons* IEV 19-19.**

Après la communion : ***Prenons la main que Dieu nous tend* GR 42-2, *Grâce te soit rendue* MY 36-76-7, *En accueillant l'amour* DP 126 CNA 325.**

Pour l'envoi : ***Je veux chanter ton amour, Seigneur* C 19-42, *Par la musique et par nos voix* Y 43-38 CNA 572, *Chantons sans fin le nom du Seigneur* EDIT 15-95, *Appelés pour bâtir le Royaume* TK 51-32.**

Si l'on souhaite caractériser chaque dimanche, on pourra retenir pour le 10e dimanche : ***Me voici Seigneur, je viens faire ta volonté* ZL 39.**

Antienne d'ouverture

Ps 26, 1-2

Le Seigneur est ma lumière et mon salut ;
de qui aurais-je crainte ?
Le Seigneur est le rempart de ma vie ;
devant qui tremblerais-je ?
Mes ennemis, mes adversaires,
perdent pied et succombent.

Gloria.

Prière

Seigneur Dieu, source de tout bien, réponds sans te lasser à notre appel : inspire-nous de discerner ce qui est juste et dirige-nous pour que nous puissions l'accomplir. Par Jésus Christ, ton Fils, notre Seigneur, qui vit et règne avec toi dans l'unité du Saint-Esprit, Dieu, pour les siècles des siècles.

1re Lecture

« Le serpent m'a trompée, et j'ai mangé »

→ **Lecture du livre de la Genèse** 3, 9-15

Lorsqu'Adam eut mangé du fruit de l'arbre, le Seigneur Dieu l'appela et lui dit : « Où es-tu donc ? » Il répondit : « J'ai entendu ta voix dans le jardin, j'ai pris peur parce que je suis nu, et je me suis caché. » Le Seigneur reprit : « Qui donc t'a dit que tu étais nu ? Aurais-tu mangé de l'arbre dont je t'avais interdit de manger ? » L'homme répondit : « La femme que tu m'as donnée, c'est elle qui m'a donné du fruit de l'arbre, et j'en ai mangé. »

Le Seigneur Dieu dit à la femme : « Qu'as-tu fait là ? » La femme répondit : « Le serpent m'a trompée, et j'ai mangé. » Alors le Seigneur Dieu dit au serpent : « Parce que tu as fait cela, tu seras maudit parmi tous les animaux et toutes les bêtes des champs. Tu ramperas sur le ventre et tu mangeras de la poussière tous les jours de ta vie. Je mettrai une hostilité entre toi et la femme, entre ta descendance et sa descendance : celle-ci te meurtrira la tête, et toi, tu lui meurtriras le talon. »

Psaume 129

℟. **Près du Seigneur, est l'amour ;**
près de lui, abonde le rachat.

Des profondeurs je crie vers toi, Seigneur,
Seigneur, écoute mon appel !
Que ton oreille se fasse attentive
au cri de ma prière !

Si tu retiens les fautes, Seigneur,
Seigneur, qui subsistera ?
Mais près de toi se trouve le pardon
pour que l'homme te craigne.

J'espère le Seigneur de toute mon âme ;
je l'espère, et j'attends sa parole.
Mon âme attend le Seigneur
plus qu'un veilleur ne guette l'aurore.

Oui, près du Seigneur, est l'amour ;
près de lui, abonde le rachat.
C'est lui qui rachètera Israël
de toutes ses fautes.

2e Lecture *L'espérance des biens éternels*

→ **Lecture de la deuxième lettre de saint Paul apôtre aux Corinthiens** 4, 13–5, 1

Frères, l'Écriture dit : *J'ai cru, c'est pourquoi j'ai parlé.* Et nous aussi, qui avons le même esprit de foi, nous croyons, et c'est pourquoi nous parlons. Car, nous le savons, celui qui a ressuscité le Seigneur Jésus nous ressuscitera, nous aussi, avec Jésus, et il nous placera près de lui avec vous. Et tout cela, c'est pour vous, afin que la grâce, plus largement répandue dans un plus grand nombre, fasse abonder l'action de grâce pour la gloire de Dieu.

C'est pourquoi nous ne perdons pas courage, et même si en nous l'homme extérieur va vers sa ruine, l'homme intérieur se renouvelle de jour en jour. Car notre détresse du moment présent est légère par rapport au poids vraiment incomparable de gloire éternelle qu'elle produit pour nous. Et notre regard ne s'attache pas à ce qui se voit, mais à ce qui ne se voit pas ; ce qui se voit est provisoire, mais ce qui ne se voit pas est éternel.

Nous le savons, en effet, même si notre corps, cette tente qui est notre demeure sur la terre, est détruit, nous avons un édifice construit par Dieu, une demeure éternelle dans les cieux qui n'est pas l'œuvre des hommes.

Alléluia. Alléluia. Maintenant le prince de ce monde va être jeté dehors, dit le Seigneur ; et moi, quand j'aurai été élevé de terre, je les attirerai tous à moi. **Alléluia.**

Évangile

Jésus, vainqueur de Satan

→ **Évangile de Jésus Christ selon saint Marc** 3, 20-35

En ce temps-là, Jésus revint à la maison, où de nouveau la foule se rassembla, si bien qu'il n'était même pas possible de manger. Les gens de chez lui, l'apprenant, vinrent pour se saisir de lui, car ils affirmaient : « Il a perdu la tête. »

Les scribes, qui étaient descendus de Jérusalem, disaient : « Il est possédé par Béelzéboul ; c'est par le chef des démons qu'il expulse les démons. » Les appelant près de lui, Jésus leur dit en parabole : « Comment Satan peut-il expulser Satan ? Si un royaume est divisé contre lui-même, ce royaume ne peut pas tenir. Si les gens d'une même maison se divisent entre eux, ces gens ne pourront pas tenir. Si Satan s'est dressé contre lui-même, s'il est divisé, il ne peut pas tenir ; c'en est fini de lui. Mais personne ne peut entrer dans la maison d'un homme fort et piller ses biens, s'il ne l'a d'abord ligoté. Alors seulement il pillera sa maison. Amen, je vous le dis : Tout sera pardonné aux enfants des hommes : leurs péchés et les blasphèmes qu'ils auront proférés. Mais si quelqu'un blasphème contre l'Esprit Saint, il n'aura jamais de pardon. Il est coupable d'un péché pour toujours. » Jésus parla ainsi parce qu'ils avaient dit : « Il est possédé par un esprit impur. »

Alors arrivent sa mère et ses frères. Restant au-dehors, ils le font appeler. Une foule était assise autour de lui ; et on lui dit : « Voici que ta mère et tes frères sont là dehors : ils te cherchent. » Mais il leur répond : « Qui est ma mère ? qui sont mes frères ? » Et parcourant du regard ceux qui étaient assis en cercle autour de lui, il dit : « Voici ma mère et mes frères. Celui qui fait la volonté de Dieu, celui-là est pour moi un frère, une sœur, une mère. »

Credo.

POUR LA PRIÈRE UNIVERSELLE

Ayant écouté la parole de Jésus, nous faisons, comme il l'a dit, partie de sa famille ; nous pouvons donc l'invoquer avec confiance :
– pour l'Église, afin qu'elle soit toujours plus accueillante à la parole de l'Évangile qui délivre du mal, prions ;
– pour les responsables politiques, afin qu'ils ne se fassent pas complices des puissances des ténèbres et de la violence, prions ;
– pour les exorcistes diocésains, afin que l'Esprit Saint leur donne de discerner ce qui est juste, prions ;
– pour notre assemblée, afin que nous ayons davantage le souci d'agir selon la volonté de Dieu, prions.

Prière sur les offrandes

Regarde favorablement tes serviteurs, Seigneur, nous t'en prions : que notre offrande soit pour toi un présent agréable et nous fasse grandir en charité. Par le Christ, notre Seigneur.

Antienne de la communion

cf. Ps 17, 2-3

Le Seigneur est ma forteresse,
mon refuge et mon libérateur.
Mon Dieu vient à mon aide.

Prière après la communion

Par ta force de guérison, Seigneur, dans ta bonté, libère-nous de nos égarements, et conduis-nous sur le droit chemin. Par le Christ, notre Seigneur.

Les signes de la résurrection

« Les signes de la résurrection du Seigneur sont clairs : la ruse a cessé, la jalousie a été bannie, la querelle a été foulée aux pieds, la paix est en honneur et la guerre a pris fin. Nous ne pleurons plus sur Adam, lui qui fut formé le premier, mais nous glorifions le second Adam. Nous ne blâmons plus Ève, la désobéissante, mais nous disons bienheureuse Marie, la mère de Dieu. Nous ne nous détournons plus de l'arbre, mais nous portons la croix du Seigneur. Nous ne redoutons plus le serpent, mais nous révérons l'Esprit Saint. Nous ne descendons plus en terre, mais nous remontons aux cieux. »

Homélie attribuée à S. Jean Chrysostome († 407),
dans *Homélies pascales (Cinq homélies inédites), par Hésychius, Basile, etc.*, Sources chrétiennes 187,
Éd. du Cerf, 1972, pp. 318-322.

CALENDRIER LITURGIQUE

Di 9	**10e dimanche B.** *Liturgie des Heures : Psautier semaine II.* [*S. Éphrem, diacre, docteur de l'Église, † 373 à Édesse (Urfa, Turquie).*]
Lu 10	1 Rois 17, 1-6 ; Ps 120 ; Mt 5, 1-12 : « Heureux les pauvres de cœur » *En Belgique, Bx Édouard Poppe, prêtre, † 1924 à Moerzeke (B).*
Ma 11	S. Barnabé, apôtre. La *première* lecture est obligatoire : Actes 11,21b-26 ; 13,1-3 ; Ps 97 ; Mt 10, 7-13. Ou, férie :1 Rois 17, 7-16 ; Ps 4 ; Mt 5, 13-16 : « Vous êtes le sel de la terre » *À Monaco,* Dédicace de *l'église* cathédrale.
Me 12	1 Rois 18, 20-39 ; Ps 15 ; Mt 5, 17-19 : « Je ne suis pas venu abolir, mais accomplir »
Je 13	S. Antoine de *Padoue, prêtre,* franciscain portugais, docteur de l'Église, † 1231 à Padoue. 1 Rois 18, 41-46 ; Ps 64 ; Mt 5, 20-26 : « Tout homme qui se met en colère contre son frère *devra* passer en jugement »
Ve 14	1 Rois 19, 9a.11-16 ; Ps 26 ; Mt 5, 27-32 : « Tout homme qui regarde une femme avec *convoitise* a déjà commis l'adultère »
Sa 15	2 Chroniques 24, 17-25 ; Ps 88 ; Mt 6, 24-34 : « Ne vous faites pas de souci pour demain »

Bonne fête ! 9 : Éphrem, Diane, Anne-Marie, Félicien. 10 : Landry. 11 : Barnabé, Yolande. 12 : Guy. 13 : Antoine, Rambert. 14 : Élisée, Valère, Rufin. 15 : Germaine.

S. Éphrem (9 juin) Théologien et poète, il refusa le sacerdoce par humilité et fut diacre à Nisibe, puis à Édesse (Urfa, Turquie). Il composa en syriaque des commentaires de la Bible, des homélies et des hymnes, ainsi que des poèmes à la Vierge Marie. Il a été surnommé « la cithare du Saint-Esprit », puis déclaré docteur de l'Église, Il mourut en 373 à Édesse. (Cf. *Missel de l'assemblée pour la semaine*, Clervaux-Hautecombe, 1986, p. 1581)

11e dimanche

16 JUIN 2024

Je la planterai sur une montagne très élevée

Charmés par la beauté littéraire des paraboles contées par Jésus : une semence, une graine de moutarde…, nous pourrions, à la limite, oublier de quoi il parle. Certes, nous entendons qu'il s'agit du règne de Dieu (*évangile*). L'expression nous est devenue familière, car on la rencontre souvent dans les évangiles synoptiques, même si, chez Matthieu, elle prend la forme (équivalente) de règne des Cieux. Mais de quoi s'agit-il au fond ? Un bon catholique de jadis aurait répondu sans hésiter : de l'Église. Pourtant, on ne peut, sans plus, les identifier l'une à l'autre.

Chez les membres de la Première alliance, le règne de Dieu est l'action par laquelle Dieu est à la tête d'un peuple qui est le sien. En tant que créateur, il règne sur l'univers. En tant que sauveur, c'est-à-dire libérateur, il règne sur le peuple qu'il a choisi, d'abord sous l'ancienne alliance entre Dieu et les hommes (*1re lecture*), puis sous la nouvelle, réalisée par Jésus ressuscité qui communique sa vie nouvelle par son Esprit, au peuple nouveau qui est appelé Église. Ce peuple, restant marqué par les faiblesses humaines, est en marche vers la plénitude du salut au-delà de l'histoire (*2e lecture*). Mais entre-temps, sa marche est malaisée, voire chaotique, faite d'avancées et de reculs. On parle alors de crise. En fait, la crise est permanente, et les paraboles évangéliques qui cherchent à la décrire par des symboles, souvent agricoles, ont fort à faire pour soutenir les croyants de toutes les époques. Pourtant une foi solide, largement partagée dans ce groupe, est indispensable pour que la moisson ait lieu, et pour que le monde vive dans l'espérance, jusqu'à la venue définitive du Sauveur.

Des chants sont proposés p. 466 (10e dimanche).

Pour le 11e dimanche : ***Le semeur est sorti pour semer* X 55-09.**

Antienne d'ouverture

cf. Ps 26, 7.9

Écoute, Seigneur, ma voix qui t'appelle !
Sois mon secours, ne m'abandonne pas,
ne me délaisse pas, Dieu, mon salut !

Gloria

Prière

Seigneur Dieu, force de ceux qui espèrent en toi, sois favorable à nos appels : puisque, mortels et fragiles, nous ne pouvons rien sans toi, donne-nous toujours le secours de ta grâce ; ainsi pourrons-nous, en observant tes commandements, vouloir et agir de manière à te plaire. Par Jésus Christ, ton Fils, notre Seigneur, qui vit et règne avec toi dans l'unité du Saint-Esprit, Dieu, pour les siècles des siècles.

1re Lecture

Dieu relève l'arbre renversé

→ **Lecture du livre du prophète Ézékiel** 17, 22-24

Ainsi parle le Seigneur Dieu : « À la cime du grand cèdre, je prendrai une tige ; au sommet de sa ramure, j'en cueillerai une toute jeune, et je la planterai moi-même sur une montagne très élevée. Sur la haute montagne d'Israël je la planterai. Elle portera des rameaux, et produira du fruit, elle deviendra un cèdre magnifique. En dessous d'elle habiteront tous les passereaux et toutes sortes d'oiseaux, à l'ombre de ses branches ils habiteront. Alors tous les arbres des champs sauront que Je suis le Seigneur : je renverse l'arbre élevé et relève l'arbre renversé, je fais sécher l'arbre vert et reverdir l'arbre sec. Je suis le Seigneur, j'ai parlé, et je le ferai. »

Psaume 91

℟. Il est bon, Seigneur, de te rendre grâce.

Qu'il est bon de rendre grâce au Seigneur,
de chanter pour ton nom, Dieu Très-Haut,
d'annoncer dès le matin ton amour,
ta fidélité, au long des nuits,

Le juste grandira comme un palmier,
il poussera comme un cèdre du Liban ;
planté dans les parvis du Seigneur,
il grandira dans la maison de notre Dieu.

Vieillissant, il fructifie encore,
il garde sa sève et sa verdeur
pour annoncer : « Le Seigneur est droit !
Pas de ruse en Dieu, mon rocher ! »

2e Lecture

« Notre ambition, c'est de plaire au Seigneur »

→ **Lecture de la deuxième lettre de saint Paul apôtre aux Corinthiens** 5, 6-10

Frères, nous gardons toujours confiance, tout en sachant que nous demeurons loin du Seigneur, tant que nous demeurons dans ce corps ; en effet, nous cheminons dans la foi, non dans la claire vision. Oui, nous avons confiance, et nous voudrions plutôt quitter la demeure de ce corps pour demeurer près du Seigneur. Mais de toute manière, que nous demeurions dans ce corps ou en dehors, notre ambition, c'est de plaire au Seigneur. Car il nous faudra tous apparaître à découvert devant le tribunal du Christ, pour que chacun soit rétribué selon ce qu'il a fait, soit en bien soit en mal, pendant qu'il était dans son corps.

Alléluia. Alléluia. La semence est la parole de Dieu ; le semeur est le Christ ; celui qui le trouve demeure pour toujours. **Alléluia.**

Évangile

Semer et dormir

→ **Évangile de Jésus Christ selon saint Marc** 4, 26-34

En ce temps-là, parlant à la foule, Jésus disait : « Il en est du règne de Dieu comme d'un homme qui jette en terre la semence : nuit et jour, qu'il dorme ou qu'il se lève, la semence germe et grandit, il ne sait comment. D'elle-même, la terre produit d'abord l'herbe, puis l'épi, enfin du blé plein l'épi. Et dès que le blé est mûr, il y met la faucille, puisque le temps de la moisson est arrivé. »

Il disait encore : « À quoi allons-nous comparer le règne de Dieu ? Par quelle parabole pouvons-nous le représenter ? Il est comme une graine de moutarde : quand on la sème en terre, elle est la plus petite de toutes les semences. Mais quand on l'a semée, elle grandit et dépasse toutes les plantes potagères ; et elle étend de longues branches, si bien que les oiseaux du ciel peuvent faire leur nid à son ombre. »

Par de nombreuses paraboles semblables, Jésus leur annonçait la Parole, dans la mesure où ils étaient capables de l'entendre. Il ne leur disait rien sans parabole, mais il expliquait tout à ses disciples en particulier.

Credo.

POUR LA PRIÈRE UNIVERSELLE

Même si nous sommes souvent loin du Seigneur, S. Paul exhorte à garder toujours confiance. Dans cette confiance, invoquons Dieu notre Père :

– pour l'Église, afin qu'elle chemine avec une foi renouvelée, sans perdre confiance malgré la crise qu'elle connaît et qu'elle porte de nouveaux rameaux, prions ;

– pour les responsables politiques, afin qu'ils prennent les mesures favorisant la sauvegarde de la maison commune qu'est la nature, œuvre de Dieu, prions ;
– pour les agriculteurs, afin qu'ils aient la compétence et le courage d'exercer leur métier qui est un service vital rendu à la collectivité, prions.

Prière sur les offrandes

Seigneur Dieu, tu donnes à notre humanité la nourriture qui fortifie, et le sacrement qui renouvelle ; nous t'en prions : fais que ton secours ne manque jamais à nos corps et à nos esprits. Par le Christ, notre Seigneur.

Antienne de la communion

Ps 26, 4

J'ai demandé une chose au Seigneur,
la seule que je cherche :
habiter la maison du Seigneur
tous les jours de ma vie.

Prière après la communion

Cette communion à tes mystères, Seigneur, préfigure l'union des fidèles en toi ; fais qu'elle produise un fruit d'unité dans ton Église. Par le Christ, notre Seigneur.

Guetteur de l'aube

« Au cœur de l'homme est déposée,
Fragile encor,
Une espérance...
Sauras-tu la reconnaître
Et moissonner ce grain
D'Éternité ?
Ce fruit du sol, jour après jour,
Dieu l'a nourri
De sa lumière...
Ta demeure est bien trop sombre :
N'étouffe pas la vie
Dans tes greniers !
Les champs sont prêts, sème à nouveau,
Car le Seigneur
T'offre le monde...
Et la terre en son offrande
Fera monter vers Dieu
L'action de grâces. »

CFC, *Guetteur de l'Aube,* Paris, Desclée, 1976, p. 29.
L'auteure de cette hymne, et de beaucoup d'autres,
est Sr Marie-Pierrre Faure, cistercienne, décédée en 2022.

CALENDRIER LITURGIQUE

Di 16	**11e dimanche B.** *Liturgie des Heures : Psautier semaine III.*
Lu 17	1 Rois 21, 1-16 ; Ps 5 ; Mt 5, 38-42 : « Moi, je vous dis de ne pas riposter au méchant »
Ma 18	1 Rois 21, 17-29 ; Ps 50 ; Mt 5, 43-48 : « Aimez vos ennemis »
Me 19	2 Rois 2, 1.6-14 ; Ps 30 ; Mt 6, 1-6.16-18 : « Ton Père qui voit dans le secret te le rendra » *S. Romuald, abbé, fondateur des Camaldules, † 1027 à Camaldoli (Italie).*
Je 20	Ben Sira 48, 1-14 ; Ps 96 ; Mt 6, 7-15 « Vous donc, priez ainsi »
Ve 21	S. Louis de Gonzague, étudiant jésuite, † 1591 à Rome. 2 Rois 11, 1-4.9-18.20 ; Ps 131 ; Mt 6, 19-23 : « Là où est ton trésor, là aussi sera ton cœur »
Sa 22	2 Chroniques 24, 17-25 ; Ps 88 ; Mt 6, 24-34 : « Ne vous faites pas de souci pour demain » *S. Paulin (Bordelais), évêque de Nole (Italie), † 431.* S. Jean Fisher, évêque de Rochester, et S. Thomas More, chancelier d'Angleterre, martyrs à Londres, † 1535

Bonne fête ! 16 : Jean-François, Régis, Aurélien, Ferréol. 17 : Hervé, Rainier. 18 : Léonce. 19 : Romuald, Gervais. 20 : Silvère. 21 : Gonzague, Rodolphe, Rudy, Loïs. 22 : Paulin, Alban.

S. Romuald (19 juin). Fils du duc de Ravenne, il eut une jeunesse dissipée avant de se convertir et de mener la vie érémitique. Il la mena en divers lieux avant de se fixer à Camaldoli dans les Apennins, où il mourut en 1027. Il y avait fondé l'ordre des Camaldules, religieux formés à la vie commune par la règle de S. Benoît mais libres ensuite de mener la vie érémitique.

12e dimanche

23 JUIN 2024

« Pourquoi êtes-vous si craintifs ? »

On pourrait s'imaginer que l'homme moderne, fort des progrès de la technique, est libéré de la crainte des tempêtes de la mer. On est cependant loin du compte : les ouragans, les typhons, les tsunamis et autres cataclysmes sont loin d'avoir disparu, au contraire. Sans parler de la crainte diffuse, et justifiée, de la hausse du niveau des mers qui entraînera d'autres catastrophes.

Cette constatation ne devrait toutefois pas servir d'appui au renouveau des croyances liées aux religions naturelles plus qu'à la foi au Christ. Certes, l'*évangile*, qui raconte l'épisode de la tempête apaisée, en fait comme un argument décisif pour la foi des premiers disciples de Jésus. Mais ce miracle, peu ordinaire, peut-il suffire à fonder la foi d'un chrétien d'aujourd'hui ? Car les catastrophes continuent, avec leur cortège de victimes, et elles engendrent la peur plutôt que la foi.

Pourtant l'admonestation de Jésus à ses disciples apeurés reste d'actualité : « Pourquoi êtes-vous si craintifs ? » Il ne s'agit nullement de minimiser les dangers des catastrophes naturelles. Mais plutôt d'un appel pressant à garder *la* foi : « N'avez-vous pas encore la foi ? » Cette foi ne met pas automatiquement à l'abri des catastrophes : Jésus lui-même, tout Fils de Dieu qu'il était, n'a pas échappé à la mort de la croix ; il a partagé jusqu'à l'extrême toutes les détresses humaines. En même temps, il a gardé confiance dans son Père, créateur des éléments du monde (*1re lecture*), entre les mains duquel il a remis son esprit. Et cette confiance lui a valu de connaître la résurrection, l'avènement de la vie nouvelle. Par lui « le monde ancien s'en est allé, un monde nouveau est déjà né » (*2e lecture*). Pour ceux qui sont animés d'une telle foi, il n'y a donc pas lieu d'être craintifs, mais croyants. La foi au Christ pourra devenir source du dynamisme qui lutte contre les maux du monde.

Des chants sont proposés p. 466 (10e dimanche).

Pour le 12e dimanche : ***Il est venu marcher*** **M 157-4 CNA 557.**

Antienne d'ouverture

cf. Ps 27, 8-9

Le Seigneur est la force de son peuple,
le refuge et le salut de son messie.
Sauve ton peuple, Seigneur, bénis ton héritage,
et conduis-le à jamais.

Gloria

Prière

Fais-nous vivre à tout moment, Seigneur, dans l'amour et le respect de ton saint nom, toi qui ne cesses jamais de guider ceux que tu enracines solidement dans ta charité. Par Jésus Christ, ton Fils, notre Seigneur, qui vit et règne avec toi dans l'unité du Saint-Esprit, Dieu, pour les siècles des siècles.

1re Lecture

Le Créateur est maître des flots

→ **Lecture du livre de Job** 38, 1.8-11

Le Seigneur s'adressa à Job du milieu de la tempête et dit : « Qui donc a retenu la mer avec des portes, quand elle jaillit du sein primordial ; quand je lui mis pour vêtement la nuée, en guise de langes le nuage sombre ; quand je lui imposai ma limite, et que je disposai verrou et portes ? Et je dis : “Tu viendras jusqu'ici ! tu n'iras pas plus loin, ici s'arrêtera l'orgueil de tes flots !” »

Psaume 106

℟. **Rendez grâce au Seigneur : Il est bon !**
Éternel est son amour !
ou : **Alléluia.**

Qu'ils rendent grâce au Seigneur de son amour,
qu'ils offrent des sacrifices de louange,
ceux qui ont vu les œuvres du Seigneur
et ses merveilles parmi les océans.

Il parle, et provoque la tempête,
un vent qui soulève les vagues :
portés jusqu'au ciel, retombant aux abîmes,
leur sagesse était engloutie.

Dans leur angoisse, ils ont crié vers le Seigneur,
et lui les a tirés de la détresse,
réduisant la tempête au silence,
faisant taire les vagues.

Ils se réjouissent de les voir s'apaiser,
d'être conduits au port qu'ils désiraient.
Qu'ils rendent grâce au Seigneur de son amour,
de ses merveilles pour les hommes.

2e Lecture

Un monde nouveau est déjà né

→ **Lecture de la deuxième lettre de saint Paul apôtre aux Corinthiens** 5, 14-17

Frères, l'amour du Christ nous saisit quand nous pensons qu'un seul est mort pour tous, et qu'ainsi tous ont passé par la mort. Car le Christ est mort pour tous, afin que les vivants n'aient plus leur vie centrée sur eux-mêmes, mais sur lui, qui est mort et ressuscité pour eux.

Désormais nous ne regardons plus personne d'une manière simplement humaine : si nous avons connu le Christ de cette manière, maintenant nous ne le connaissons plus ainsi. Si donc quelqu'un est dans le Christ, il est une créature nouvelle. Le monde ancien s'en est allé, un monde nouveau est déjà né.

Alléluia. Alléluia. Un grand prophète s'est levé parmi nous, et Dieu a visité son peuple. **Alléluia.**

Évangile

Le Christ est maître de la tempête

→ **Évangile de Jésus Christ selon saint Marc** 4, 35-41

Toute la journée, Jésus avait parlé à la foule. Le soir venu, Jésus dit à ses disciples : « Passons sur l'autre rive. » Quittant la foule, ils emmenèrent Jésus, comme il était, dans la barque, et d'autres barques l'accompagnaient.

Survient une violente tempête. Les vagues se jetaient sur la barque, si bien que déjà elle se remplissait. Lui dormait sur le coussin à l'arrière. Les disciples le réveillent et lui disent : « Maître, nous sommes perdus ; cela ne te fait rien ? »

Réveillé, il menaça le vent et dit à la mer : « Silence, tais-toi ! » Le vent tomba, Jésus leur dit : « Pourquoi êtes-vous si craintifs ? N'avez-vous pas encore la foi ? » Saisis d'une grande crainte, ils se disaient entre eux : « Qui est-il donc, celui-ci, pour que même le vent et la mer lui obéissent ? »

Credo.

POUR LA PRIÈRE UNIVERSELLE
Nous appuyant sur Dieu et confiants en sa Parole, déposons entre ses mains les soucis de notre monde :
– pour les ministres de l'Église, afin que, confrontés à de multiples difficultés, ils ne soient pas submergés de crainte, mais s'appuient sur Dieu, le Maître de l'impossible ;
– pour les croyants de toutes les religions confrontés à des catastrophes naturelles, afin qu'ils joignent à la prière le souci de venir efficacement en aide à leurs prochains ;
– pour les victimes des catastrophes naturelles, afin qu'elles ne perdent pas l'espérance et reçoivent les secours dont elles ont besoin ;
– pour les membres de notre assemblée, afin qu'ils n'aient pas leur vie centrée sur eux-mêmes, mais sur le Christ sauveur des hommes.

Prière sur les offrandes

Accueille, Seigneur, le sacrifice de louange et de paix ; accorde-nous d'être purifiés par son action et de t'offrir un cœur qui te plaise. Par le Christ, notre Seigneur.

Antienne de la communion

Ps 144, 15

Les yeux sur toi, tous, ils espèrent, Seigneur :
tu leur donnes la nourriture au temps voulu.

Prière après la communion

Nourris et renouvelés par le Corps sacré et le Sang précieux de ton Fils, nous implorons ta bonté, Seigneur : fais que, sûrs de la rédemption, / nous possédions ce que nous aimons célébrer avec ferveur. Par le Christ, notre Seigneur.

Il est au cœur même de la mort

« Le monde dans la tourmente, dans la crainte, dans l'angoisse, se débattant contre la mort, la maladie, la faim, le désespoir, et un Dieu qui dort, la tête posée sur un coussin confortable, alors que ses créatures font face à leurs dernières heures et à leur agonie... Et pourtant c'est lui, il est au cœur de la tempête, il n'est pas au bord du lac, appelant ses disciples vers un havre de sûreté. Il est au cœur de ce déchaînement, parce que le Seigneur qui est le Seigneur de la paix, le Seigneur de la vie, est aussi le Seigneur de la mort... Et c'est au cœur même de la tempête que nous le trouvons, au point où toutes les violences s'affrontent, où toutes les forces de la mort se rencontrent et s'équilibrent de façon écrasante, capables de broyer toutes choses : il est au cœur même de la mort. »

A. de Souroge, « La prière d'intercession »,
dans *Cahiers universitaires catholiques*,
nº 6, juillet-août 1975, p. 5.

S. Irénée (28 juin) Né à Smyrne, en Asie Mineure, vers 135, il y fut disciple de Polycarpe, qui avait été lui-même disciple de l'apôtre Jean. Il vint à Lyon, où il succéda à l'évêque Pothin, martyr en 177. Irénée, dont le nom signifie « pacifique », écrivit une réfutation des hérésies de son temps, qui détruisaient la paix de l'Église. Il défendit l'universalité de l'Église en même temps que l'attachement à l'Église de Rome, gardienne de la tradition apostolique. Sa théologie a influencé Vatican II. Il mourut martyr vers 202. Une de ses phrases est célèbre : « La gloire de Dieu, c'est l'homme vivant ; la vie de l'homme, c'est la vision de Dieu. »

CALENDRIER LITURGIQUE

Di 23	**12e dimanche B.** *Liturgie des Heures : Psautier semaine IV.* *Dimanche soir :* MESSE DE LA VEILLE AU SOIR DE S. JEAN BAPTISTE : Jérémie 1, 4-10 ; Ps 70 ; 1 Pierre 1, 8-12 ; Luc 1, 5-17 : « Ta femme mettra au monde pour toi un fils, et tu lui donneras de nom de Jean »
Lu 24	**NATIVITÉ DE S. JEAN BAPTISTE.** Lectures propres : Is 49,1-6 ; Ps 138 ; Actes 13,22-26 ; Lc 1,57-66.80 : « Son nom est Jean »
Ma 25	2 Rois 19, 9b-11.14-21.31-35a.36 ; Ps 47 ; Mt 7, 6.12-14 : « Tout ce que vous voudriez que les autres fassent pour vous, faites-le pour eux »
Me 26	2 Rois 8, 13 ; 23, 1-3 ; Ps 118 ; Mt 7, 15-20 : « C'est à leurs fruits que vous les reconnaîtrez »
Je 27	2 Rois 24, 8-17 ; Ps 78 ; Mt 7, 21-29 : La maison construite sur le roc et la maison construite sur le sable *S. Cyrille, évêque d'Alexandrie, docteur de l'Église, † 444.* *Au Canada, les Bx Nykyta Budka (*† 1949*) et Vasyl Velychovsky (*† 1973*), évêques de l'Église grecque catholique ukrainienne et martyrs*
Ve 28	S. Irénée, évêque de Lyon et martyr, † vers 202. 2 Rois 25, 1-12 ; Ps 136 ; Matthieu 8, 1-4 : « Si tu le veux, tu peux me purifier » *Vendredi soir :* MESSE DE LA VEILLE AU SOIR DES SAINTS PIERRE ET PAUL : Actes 3, 1-10 ; Ps 18A ; Galates 1, 11-20 ; Jean 21, 15-19 : « Sois le berger de mes agneaux, sois le berger de mes brebis »
Sa 29	**SAINTS PIERRE et PAUL, apôtres.** Lectures propres : Actes 12, 1-11 ; Ps 33 ; 2 Timothée 4, 6-8.17-18 ; Mt 16, 13-19 : « Tu es Pierre, et je te donnerai les clés du royaume des Cieux »

Bonne fête ! 23 : Audrey. 24 : Jean-Baptiste, Johnny, Yann, Yannick. 25 : Léonore, Prosper, Nora, Salomon. 26 : Anthelme. 27 : Cyrille, Fernand. 28 : Irénée. 29 : Pierre, Paul, Pablo, Peter.

13e dimanche

30 JUIN 2024

« Ne crains pas, crois seulement »

Nous allons entendre un texte étonnant. Il prend le contrepied de ce qui paraît être une évidence pour les mortels que nous sommes. Il affirme : « La puissance de la Mort ne règne pas sur la terre » (*1re lecture*). Le texte est tiré du livre de la Sagesse, écrit en grec par un juif fidèle, attaché à la Loi et soucieux de sagesse, et qui prétend même être Salomon, le sage par excellence. En fait, il habitait Alexandrie, peu avant l'ère chrétienne. Ce sage juif n'ignorait pas l'une des thèses de la philosophie grecque qui y était à l'honneur : l'immortalité de l'âme, même s'il évoque ici l'immortalité de la justice. Il va jusqu'à affirmer : « Dieu a créé l'homme pour l'incorruptibilité. » La mort des humains ne fait pas partie du plan initial du Créateur. C'est le diable qui l'a introduite dans le monde.

Les chrétiens qui, pour la plupart, lisaient la Bible en grec, reconnurent à ce livre du pseudo-Salomon un caractère inspiré. D'autant plus qu'entre-temps le Nouveau Testament proposait des conceptions nouvelles, ne figurant pas dans la Bible juive. Ainsi, l'affirmation que le Christ, en ressuscitant, a vaincu la mort ; que, baptisés, nous participons à sa vie nouvelle, dépassant ce que nous appelons aujourd'hui vie biologique.

Ce texte étonnant consonne avec l'*évangile* du jour qui raconte comment Jésus, dès sa vie publique, a lutté contre la maladie et la mort : il guérit une femme que les médecins n'avaient pu guérir – tant s'en faut –, et même il rend la vie à une adolescente, dont il disait, contre l'évidence, qu'elle dormait. Après avoir manifesté, dimanche dernier, sa maîtrise sur la nature, voici qu'aujourd'hui il triomphe de la maladie et de la mort. Déjà apparaissent quelques lueurs de Pâques. Les signes avant-coureurs de la vie nouvelle clignotent déjà.

Des chants sont proposés p. 466 (10e dimanche).

Pour le 13e dimanche : ***Vous tous qui peinez*** **U 13-21 CNA 700.**

Antienne d'ouverture

Ps 46, 2

Tous les peuples, battez des mains,
acclamez Dieu par vos cris de joie !

Gloria.

Prière

Tu as voulu, Seigneur Dieu, que par la grâce de l'adoption filiale, nous devenions des enfants de lumière ; ne permets pas que nous soyons enveloppés des ténèbres de l'erreur, mais accorde-nous d'être toujours rayonnants dans la splendeur de ta vérité. Par Jésus Christ, ton Fils, notre Seigneur, qui vit et règne avec toi dans l'unité du Saint-Esprit, Dieu, pour les siècles des siècles.

1re Lecture

Dieu est le Dieu de la vie

→ **Lecture du livre de la Sagesse** 1, 13-15 ; 2, 23-24

Dieu n'a pas fait la mort, il ne se réjouit pas de voir mourir les êtres vivants. Il les a tous créés pour qu'ils subsistent ; ce qui naît dans le monde est porteur de vie : on n'y trouve pas de poison qui fasse mourir. La puissance de la Mort ne règne pas sur la terre, car la justice est immortelle.

Dieu a créé l'homme pour l'incorruptibilité, il a fait de lui une image de sa propre identité. C'est par la jalousie du diable que la mort est entrée dans le monde ; ils en font l'expérience, ceux qui prennent parti pour lui.

Psaume 29

℟. Je t'exalte, Seigneur : tu m'as relevé.

Je t'exalte, Seigneur : tu m'as relevé,
tu m'épargnes les rires de l'ennemi.
Seigneur, tu m'as fait remonter de l'abîme
et revivre quand je descendais à la fosse.

Fêtez le Seigneur, vous, ses fidèles,
rendez grâce en rappelant son nom très saint.
Sa colère ne dure qu'un instant,
sa bonté, toute la vie.

Avec le soir, viennent les larmes,
mais au matin, les cris de joie !
Tu as changé mon deuil en une danse,
mes habits funèbres en parure de joie !

Que mon cœur ne se taise pas,
qu'il soit en fête pour toi ;
et que sans fin, Seigneur, mon Dieu,
je te rende grâce !

2e Lecture

Lui qui est riche, il s'est fait pauvre

→ Lecture de la deuxième lettre de saint Paul apôtre aux Corinthiens 8, 7.9.13-15

Frères, puisque vous avez tout en abondance, la foi, la Parole, la connaissance de Dieu, toute sorte d'empressement et l'amour qui vous vient de nous, qu'il y ait aussi abondance dans votre don généreux ! Vous connaissez en effet le don généreux de notre Seigneur Jésus Christ : lui qui est riche, il s'est fait pauvre à cause de vous, pour que vous deveniez riches par sa pauvreté. Il ne s'agit pas de vous mettre dans la gêne en soulageant les autres, il s'agit d'égalité.

Dans la circonstance présente, ce que vous avez en abondance comblera leurs besoins, afin que, réciproquement, ce qu'ils ont en abondance puisse combler vos besoins, et cela fera l'égalité, comme dit l'Écriture à propos de la manne : *Celui qui en avait ramassé beaucoup n'eut rien de trop, celui qui en avait ramassé peu ne manqua de rien.*

Alléluia. Alléluia. Notre Sauveur, le Christ Jésus, a détruit la mort ; il a fait resplendir la vie par l'Évangile. **Alléluia.**

Évangile

Le Christ fait resplendir la vie

→ Évangile de Jésus Christ selon saint Marc

5, 21-43

(lecture brève : 5, 21-24.35b-43)

En ce temps-là, Jésus regagna en barque l'autre rive, et une grande foule s'assembla autour de lui. Il était au bord de la mer. Arrive un des chefs de synagogue, nommé Jaïre. Voyant Jésus, il tombe à ses pieds et le supplie instamment : « Ma fille, encore si jeune, est à la dernière extrémité. Viens lui imposer les mains pour qu'elle soit sauvée et qu'elle vive. » Jésus partit avec lui, et la foule qui le suivait était si nombreuse qu'elle l'écrasait.

Arrêt de la lecture brève

Or, une femme, qui avait des pertes de sang depuis douze ans… – elle avait beaucoup souffert du traitement de nombreux médecins, et elle avait dépensé tous ses biens sans avoir la moindre amélioration ; au contraire, son état avait plutôt empiré –… cette femme donc, ayant appris ce qu'on disait de Jésus, vint par derrière dans la foule et toucha son vêtement. Elle se disait en effet : « Si je parviens à toucher seulement son vêtement, je serai sauvée. » À l'instant, l'hémorragie s'arrêta, et elle ressentit dans son corps qu'elle était guérie de son mal. Aussitôt Jésus se rendit compte qu'une force était sortie de lui. Il se retourna dans la foule, et il demandait : « Qui a touché mes vêtements ? » Ses disciples lui répondirent : « Tu vois bien la foule qui t'écrase, et tu demandes : "Qui m'a touché ?" » Mais lui regardait tout autour pour voir celle qui avait fait cela. Alors la femme, saisie de crainte et toute tremblante, sachant ce qui lui était arrivé, vint se jeter à ses pieds et lui dit toute la vérité. Jésus lui dit alors : « Ma fille, ta foi t'a sauvée. Va en paix et sois guérie de ton mal. »

Reprise de la lecture brève

Comme il parlait encore, des gens arrivent de la maison de Jaïre, le chef de synagogue, pour dire à celui-ci : « Ta fille vient de mourir. À quoi bon déranger encore le Maître ? » Jésus, surprenant ces mots, dit au chef de synagogue : « Ne crains pas, crois seulement. » Il ne laissa personne l'accompagner, sauf Pierre, Jacques, et Jean, le frère de Jacques. Ils arrivent à la maison du chef de synagogue. Jésus voit l'agitation, et des gens qui pleurent et poussent de grands cris. Il entre et leur dit : « Pourquoi cette agitation et ces pleurs ? L'enfant n'est pas morte : elle dort. » Mais on se moquait de lui.

Alors il met tout le monde dehors, prend avec lui le père et la mère de l'enfant, et ceux qui étaient avec lui ; puis il pénètre là où reposait l'enfant. Il saisit la main de l'enfant, et lui dit : « *Talitha koum* », ce qui signifie : « Jeune fille, je te le dis, lève-toi ! » Aussitôt la jeune fille se leva et se mit à marcher – elle avait en effet douze ans. Ils furent frappés d'une grande stupeur. Et Jésus leur ordonna fermement de ne le faire savoir à personne ; puis il leur dit de la faire manger.

Credo.

POUR LA PRIÈRE UNIVERSELLE

Avec une foi renouvelée, prions Dieu qui donne la vie :
– pour les messagers de l'Évangile, afin qu'ils portent sans se lasser le message de Pâques, annonçant la vie nouvelle, prions ;
– pour les personnes souffrant d'une longue maladie, afin qu'elles soient soutenues et ne perdent pas courage, prions ;
– pour les familles frappées par la mort d'un proche, afin qu'elles gardent l'espérance de la vie nouvelle assurée par le Christ, prions ;
– pour ceux qui, dans le monde, provoquent la mort d'innocents de tous âges, afin qu'ils se convertissent à la vie, prions.

Prière sur les offrandes

Seigneur Dieu, dans ta bonté, tu donnes à tes mystères de produire leurs effets ; nous t'en prions : que notre liturgie soit accordée à la sainteté de ces dons. Par le Christ, notre Seigneur.

Antienne de la communion

Ps 102, 1

Bénis le Seigneur, ô mon âme,
bénis son nom très saint, tout mon être !

Prière après la communion

Nous t'en prions, Seigneur : donne-nous d'être vivifiés par le sacrifice divin que nous avons offert et reçu en communion ; ainsi, reliés à toi par une charité qui ne passera jamais, nous porterons un fruit qui demeure pour toujours. Par le Christ, notre Seigneur.

« Ta santé, c'est le Christ »

« Si cette infirmité que tu éprouves ne te laisse aucun doute sur la gravité de ton état, préoccupe-toi d'abord de ta santé. Ta santé, c'est le Christ. Pense d'abord au Christ. Prends son calice salutaire : "C'est lui qui guérit toutes les infirmités." Cette santé-là, si tu la veux, tu l'obtiendras... Toute ton infirmité sera guérie quand ce corps corruptible sera revêtu d'incorruptibilité ; mais ta vie a déjà été rachetée de la corruption ; désormais, sois sans inquiétude »

S. Augustin, Homélie sur le Ps 102 ; dans G. Humeau, *Les plus belles homélies de S. A. sur les ps.*, Beauchesne, 1942, p. 318.

CALENDRIER LITURGIQUE

Di 30	**13e dimanche B.** *Liturgie des Heures : Psautier semaine I.* [*Les premiers martyrs de l'Église de Rome, † 64.*]
Lu 1er	Amos 2, 6-10.13-60 ; Ps 49 ; Mt 8, 18-22 : « Suis-moi » *Au Canada,* fête du Canada.
Ma 2	Amos 3, 1-8 ; 4, 11-12 ; Ps 5 ; Mt 8, 23-27 : « Jésus, debout, menaça les vents et la mer, et il se fit un grand calme »
Me 3	S. THOMAS, apôtre ; Lectures propres : Éphésiens 2, 19-22 ; Ps 116 ; Jean 20, 24-29 : « Mon Seigneur et mon Dieu ! »
Je 4	Amos 7, 10-17 ; Ps 18B ; Mt 9, 1-8 : « Les foules rendirent gloire à Dieu qui a donné un tel pouvoir aux hommes » *Ste Élisabeth, reine du Portugal, † 1336.*
Ve 5	Amos 8, 4-6.9-12 ; Ps 118 ; Mt 9, 9-13 : « Ce ne sont pas les gens bien portants qui ont besoin du médecin. Je veux la miséricorde, non le sacrifice ». *S. Antoine-Marie Zaccaria, fondateur des Barnabites, † 1539 à Crémone (Italie).*
Sa 6	Amos 9, 11-15 ; Ps 84 ; Mt 9, 14-17 : « Les invités de la noce pourraient-ils donc être en deuil pendant le temps où l'Époux est avec eux ? » *Ste Maria Goretti, vierge et martyre, † 1902 à Nettuno (Italie).*

Bonne fête ! 30 : Martial. 1er : Thierry, Dietrich, Servan, Esther. 2 : Martinien. 3 : Thomas. 4 : Florian, Berthe, Élian, Éliane, Élisabeth. 5 : Antoine-Marie. 6 : Mariette.

Ste Maria Goretti (6 juillet) Maria vivait avec sa mère, veuve et mère de six enfants, dans une pauvre ferme des Marais Pontins, non loin de Rome. À 12 ans, le 5 juillet 1902, elle fut sollicitée par un jeune voisin de 18 ans. Devant son refus, il la frappa de 14 coups de poinçon. Avant de mourir, le lendemain à l'hôpital de Nettuno, Maria pardonna à son bourreau « pour l'amour de Jésus ».

14e dimanche

7 JUILLET 2024

« N'est-il pas le charpentier ? »

Il n'est pas possible que cet homme de chez nous, que nous connaissons bien, lui et les siens, soit quelqu'un qui ait reçu de Dieu une mission le sortant du rang. Certes, il a d'indéniables talents : il parle avec une sagesse surprenante, il pose des actes de guérison extraordinaires, du moins ailleurs que chez nous (*évangile*). Mais de là à reconnaître en lui un prophète envoyé par Dieu, il y a un pas que le bon sens nous empêche de franchir.

Les quatre évangiles rapportent cet épisode, mais seul Marc (6,6) ajoute que Jésus lui-même s'est étonné de cette attitude. Un comble. Pourtant, beaucoup de prophètes avant lui avaient connu un rejet comparable, Ézékiel par exemple (*1re lecture*). Mais le Fils incarné a voulu s'abaisser jusque là, lui aussi.

Parmi les leçons à tirer de cet épisode évangélique, on peut voir un encouragement pour les missionnaires d'aujourd'hui dont le message est souvent rejeté : Jésus lui-même, le maître incomparable, a rencontré l'échec, non seulement auprès des autorités religieuses de son pays, mais chez ses compagnons d'enfance, jusqu'à l'échec de la croix. Alors ne dramatisons pas trop nos difficultés à transmettre aujourd'hui la foi.

Mais, que nous soyons ministres ou simples fidèles, tous témoins de l'Évangile, essayons de faire nôtre l'attitude de saint Paul. Reconnaissons nos faiblesses, sans que cela nous paralyse, et repartons de l'avant, en laissant agir en nous la puissance du Christ (*2e lecture*), désormais ressuscité.

CHANTER

Les chants proposés pour ce dimanche vaudront pour les 14e, 15e, et 16e dimanches ;

Pour la procession d'ouverture : ***Au cœur de ce monde* EA 238-1, *Peuple choisi* K 64 CNA 543** (strophes 1, 4, 5 et 7), ***Peuple de Dieu, marche joyeux* K 180 CNA 574** (couplets 2, 3, 6, 8, et 13), ***pour avancer ensemble* K 20-38 CNA 524.**

Pour la procession de communion : ***Recevez le Corps du Christ* D 585, *En marchant vers toi, Seigneur* D 380 CNA 326, *Tu fais ta demeure en nous* D 56-49.**

Après la communion : ***Tenons en éveil* Y 243-1 CNA 591, *Nul n'est disciple* WP 214, *En accueillant l'amour* DP 126 CNA 325, *Écoute la voix du Seigneur* X 548 CNA 761.**

Pour l'envoi : ***Ouvrier de la paix* XW 61 CNA 522, *Si le Père vous appelle* O 154-1 CNA 721.**

Pour le 14e dimanche : ***Le Seigneur passe* DLH 110.**

Antienne d'ouverture

cf. Ps 47, 10-11

Dieu, nous accueillons ta miséricorde
au milieu de ton temple.
Ta louange, comme ton nom, Seigneur Dieu,
couvre l'étendue de la terre.
Ta main droite est pleine de justice.

Gloria.

Prière

Seigneur Dieu, par l'abaissement de ton Fils, tu as relevé le monde déchu ; donne à tes fidèles une joie sainte : tu les as tirés de l'esclavage du péché ; fais-leur connaître le bonheur éternel. Par Jésus Christ, ton Fils, notre Seigneur, qui vit et règne avec toi dans l'unité du Saint-Esprit, Dieu, pour les siècles des siècles.

1re Lecture

La difficile mission d'Ézékiel

→ **Lecture du livre du prophète Ézékiel** 2, 2-5

En ces jours-là, l'esprit vint en moi et me fit tenir debout. J'écoutai celui qui me parlait. Il me dit : « Fils d'homme, je t'envoie vers les fils d'Israël, vers une nation rebelle qui s'est révoltée contre moi. Jusqu'à ce jour, eux et leurs pères se sont soulevés contre moi. Les fils ont le visage dur, et le cœur obstiné ; c'est à eux que je t'envoie. Tu leur diras : "Ainsi parle le Seigneur Dieu..." Alors, qu'ils écoutent ou qu'ils n'écoutent pas – c'est une engeance de rebelles ! – ils sauront qu'il y a un prophète au milieu d'eux. »

Psaume 122

℟. **Nos yeux, levés vers le Seigneur, attendent sa pitié.**

Vers toi j'ai les yeux levés,
vers toi qui es au ciel,
comme les yeux de l'esclave
vers la main de son maître.

Comme les yeux de la servante
vers la main de sa maîtresse,
nos yeux, levés vers le Seigneur notre Dieu,
attendent sa pitié.

Pitié pour nous, Seigneur, pitié pour nous :
notre âme est rassasiée de mépris.
C'en est trop, nous sommes rassasiés
du rire des satisfaits,
du mépris des orgueilleux !

2e Lecture

Faiblesse et force de l'Apôtre

→ Lecture de la deuxième lettre de saint Paul apôtre aux Corinthiens 12, 7-10

Frères, les révélations que j'ai reçues sont tellement extraordinaires que, pour m'empêcher de me surestimer, j'ai reçu dans ma chair une écharde, un envoyé de Satan qui est là pour me gifler, pour empêcher que je me surestime. Par trois fois, j'ai prié le Seigneur de l'écarter de moi. Mais il m'a déclaré : « Ma grâce te suffit, car ma puissance donne toute sa mesure dans la faiblesse. » C'est donc très volontiers que je mettrai plutôt ma fierté dans mes faiblesses, afin que la puissance du Christ fasse en moi sa demeure. C'est pourquoi j'accepte de grand cœur pour le Christ les faiblesses, les insultes, les contraintes, les persécutions et les situations angoissantes. Car, lorsque je suis faible, c'est alors que je suis fort.

Alléluia. Alléluia. L'Esprit du Seigneur est sur moi : il m'a envoyé porter la Bonne Nouvelle aux pauvres. **Alléluia.**

Évangile

Le prophète méprisé dans son pays

→ Évangile de Jésus Christ selon saint Marc 6, 1-6

En ce temps-là, Jésus se rendit dans son lieu d'origine, et ses disciples le suivirent. Le jour du sabbat, il se mit à enseigner dans la synagogue. De nombreux auditeurs, frappés d'étonnement, disaient : « D'où cela lui vient-il ? Quelle est cette sagesse qui lui a été donnée, et ces grands miracles qui se réalisent par ses mains ? N'est-il pas le charpentier, le fils de Marie, et le frère de Jacques, de José, de Jude et de Simon ? Ses sœurs ne sont-elles pas ici chez nous ? » Et ils étaient profondément choqués à son sujet.

Jésus leur disait : « Un prophète n'est méprisé que dans son pays, sa parenté et sa maison. » Et là il ne pouvait accomplir aucun miracle ; il guérit seulement quelques malades en leur imposant les mains. Et il s'étonna de leur manque de foi. Alors, Jésus parcourait les villages d'alentour en enseignant.

Credo.

POUR LA PRIÈRE UNIVERSELLE

Avec une foi dont nous demandons à Dieu de combler les manques, implorons le Seigneur :

– pour les messagers de l'Évangile : afin que, malgré les difficultés, ils ne se découragent pas et, quoi qu'il leur en coûte, continuent leur mission dans la sérénité, prions ;

– pour les parents, les éducateurs, et tous ceux qui exercent une responsabilité, afin qu'ils respectent ceux qui dépendent d'eux et favorisent leur épanouissement, prions ;

– pour les personnes qui ont un handicap particulier, physique ou psychique, afin que, comme saint Paul, elles mettent leur confiance dans le Christ, prions.

Prière sur les offrandes

Puissions-nous être purifiés, Seigneur, par l'offrande consacrée à ton nom ; qu'elle nous conduise, de jour en jour, à vivre de la vie du ciel. Par le Christ, notre Seigneur.

Antienne de la communion

Ps 33, 9

Goûtez et voyez : le Seigneur est bon !
Heureux qui trouve en lui son refuge !

Prière après la communion

Comblés de si grands bienfaits, nous te supplions, Seigneur : fais que nous en retirions des fruits pour notre salut et que jamais nous ne cessions de chanter ta louange. Par le Christ, notre Seigneur.

Tous reliés au Christ

« Il a pris le corps humain, [...] l'économique de la pauvreté, les modes de vie des basses classes, [...] Il a pris les catégories sociales de son pays et de son temps ; les obligations rituelles, les codes pénaux, la forme des peines capitales, les images et les récits d'un Israélite de Palestine... Il a souffert avec des nerfs d'homme tous les détails d'une mort d'homme, la soif des hémorragies, l'immobilité terrible de la Croix... Il s'est fait passible, mortel, très lentement connu. Jamais je ne contemplerai assez la sainte humanité de mon Dieu. »

J. Malègue, *Augustin ou le Maître est là*,
Paris, Spes, II, p. 473.

S. Henri (13 juillet). Né en 973, duc de Bavière, il fut élu empereur de Germanie à Mayence en 1007, puis couronné à Rome par le pape. Avec sainte Cunégonde, son épouse d'origine luxembourgeoise, il mena une vie personnelle quasi monastique, soucieux des pauvres, respectueux de la liberté de l'Église, tout en veillant à pourvoir celle-ci d'évêques intègres, et en soutenant les monastères. Mort en 1024, il fut enterré à Bamberg dans la cathédrale qu'il avait construite. Il est le patron des oblats bénédictins.

CALENDRIER LITURGIQUE

Di 7	**14e dimanche B.** *Liturgie des Heures : Psautier semaine II.*
Lu 8	Osée 2, 16.17b-18.21-22 ; Ps 144 ; Mt 9, 18-26 : « Ma fille est morte à l'instant ; mais viens, et elle vivra »
Ma 9	Osée 8, 4-7.11-13 ; Ps 113 B ; Mt 9, 32-38 : « La moisson est abondante, mais les ouvriers sont peu nombreux » *S. Augustin Zhao Rong, prêtre, † 1815, et ses compagnons, martyrs en Chine, † 1648-1930.*
Me 10	Osée 10, 1-3.7-8.12 ; Ps 104 ; Mt 10, 1-7 : « Allez plutôt vers les brebis perdues de la maison d'Israël » *En Afrique du Nord, Ste Marcienne, vierge et martyre, † 4e siècle.*
Je 11	S. BENOÎT, abbé, patron de l'Europe, † 547 au Mont-Cassin (Italie). *En Europe,* fête. Lectures propres : Proverbes 2,1-9 ; Ps 33 ; Mt 19,27-29 : « Vous qui m'avez suivi, vous recevrez le centuple »
Ve 12	Osée 14, 2-10 ; Ps 50 ; Mt 10, 16-23 : « Ce n'est pas vous qui parlerez, c'est l'Esprit de votre Père »
Sa 13	Isaïe 6, 1-8 ; Ps 92 ; Mt 10, 24-33 : « Ne craignez pas ceux qui tuent le corps » *S. Henri, empereur d'Allemagne, † 1024 à Bamberg.* *Au Luxembourg,* S. Henri et Ste Cunégonde, son épouse, † 1033 ou 1039.

Bonne fête ! 7 : Ralf, Raoul. 8 : Thibault, Edgar. 9 : Amandine, Irma, Marianne, Hermine. 10 : Ulrich. 11 : Benoît, Olga. 12 : Olivier. 13 : Henri, Harry, Joël, Eugène.

15e dimanche

14 JUILLET 2024

« Saisi par Dieu »

Faut-il prier pour les vocations ? Certes. Mais de quoi parle-t-on ? Le terme est polyvalent. Amos (*1re lecture*), à qui on doit les textes prophétiques les plus anciens de la Bible, défend l'authenticité de sa vocation face au prêtre officiel, en lui déclarant : « Le Seigneur m'a *saisi* quand j'étais derrière le troupeau… et c'est lui qui m'a dit : "Va, tu seras prophète…" (Am 7, 15). Amos a été saisi par Dieu qui l'a arraché à ses occupations quotidiennes et lui a donné une parole d'envoi en mission.

Dans le Nouveau Testament, ce caractère intrusif se retrouvera dans la vocation de Paul. Mais dans l'*évangile* d'aujourd'hui, le Maître appelle simplement les Douze (dont Marc ne précise même pas qu'ils sont ses disciples). Puis il les envoie deux par deux, leur donne autorité sur les esprits impurs et leur fait plusieurs recommandations. Ce n'est pas un appel intérieur, c'est un ordre de mission détaillé, donné oralement.

Dans la lettre aux Éphésiens (*2e lecture*), on change de registre : le verbe employé n'est pas « appeler » mais « choisir ». Il ne concerne plus une seule personne, ni même douze, mais « nous », « que le Père a choisis dans le Christ avant la fondation du monde ». En fait ce « nous » ne désigne pas seulement Paul et ses correspondants mais la foule innombrable des futurs rachetés. Et ce n'est plus un ordre de mission mais un choix fait par Dieu, afin que « nous soyons saints, immaculés devant le Christ, dans l'amour. » C'est un appel, non pas à une fonction mais à une manière d'être, celle « des fils adoptifs ».

Prier pour les vocations ? C'est dans un autre passage biblique que Jésus demande que l'on prie le maître de la moisson d'envoyer des ouvriers à sa moisson (Mt 9, 38 ; Lc 10, 2).

Des chants sont proposés p. 496 (14e dimanche).

Pour le 15e dimanche : ***Je vous ai choisis* DEV 44-63.**

Antienne d'ouverture

cf. Ps 16, 15

Moi, par ta justice, je verrai ta face ;
quand ta gloire se manifestera, je serai rassasié.

Gloria.

Prière

Seigneur Dieu, tu montres aux égarés la lumière de ta vérité pour qu'ils puissent reprendre le bon chemin ; donne à tous ceux qui se déclarent chrétiens de rejeter ce qui est contraire à ce nom et de rechercher ce qui lui fait honneur. Par Jésus Christ, ton Fils, notre Seigneur, qui vit et règne avec toi dans l'unité du Saint-Esprit, Dieu, pour les siècles des siècles.

1re Lecture

« Tu seras prophète pour mon peuple »

→ **Lecture du livre du prophète Amos** 7, 12-15

En ces jours-là, Amazias, prêtre de Béthel, dit au prophète Amos : « Toi, le voyant, va-t'en d'ici, fuis au pays de Juda ; c'est là-bas que tu pourras gagner ta vie en faisant ton métier de prophète. Mais ici, à Béthel, arrête de prophétiser ; car c'est un sanctuaire royal, un temple du royaume. » Amos répondit à Amazias : « Je n'étais pas prophète ni fils de prophète ; j'étais bouvier, et je soignais les sycomores. Mais le Seigneur m'a saisi quand j'étais derrière le troupeau, et c'est lui qui m'a dit : "Va, tu seras prophète pour mon peuple Israël." »

Psaume 84

**℟. Fais-nous voir, Seigneur, ton amour,
et donne-nous ton salut.**

J'écoute : que dira le Seigneur Dieu ?
Ce qu'il dit, c'est la paix pour son peuple et ses fidèles.
Son salut est proche de ceux qui le craignent,
et la gloire habitera notre terre.

Amour et vérité se rencontrent,
justice et paix s'embrassent ;
la vérité germera de la terre
et du ciel se penchera la justice.

Le Seigneur donnera ses bienfaits,
et notre terre donnera son fruit.
La justice marchera devant lui,
et ses pas traceront le chemin.

2e Lecture

« Il nous a choisis dans le Christ »

→ **Lecture de la lettre de saint Paul apôtre aux Éphésiens** 1, 3-14 (lecture brève : 1, 3-10)

Béni soit Dieu, le Père de notre Seigneur Jésus Christ ! Il nous a bénis et comblés des bénédictions de l'Esprit, au ciel, dans le Christ. Il nous a choisis, dans le Christ, avant la fondation du monde, pour que nous soyons saints, immaculés devant lui, dans l'amour. Il nous a prédestinés à être, pour lui, des fils adoptifs par Jésus, le Christ. Ainsi l'a voulu sa bonté, à la louange de gloire de sa grâce, la grâce qu'il nous donne dans le Fils bien-aimé. En lui, par son sang, nous avons la rédemption, le pardon de nos fautes. C'est la richesse de la grâce que Dieu a fait déborder jusqu'à nous en toute sagesse et intelligence. Il nous dévoile ainsi le mystère de sa volonté, selon que sa bonté l'avait prévu dans le Christ : pour mener les temps à leur plénitude, récapituler toutes choses dans le Christ, celles du ciel et celles de la terre.

Fin de la lecture brève

En lui, nous sommes devenus le domaine particulier de Dieu, nous y avons été prédestinés selon le projet de celui qui réalise tout ce qu'il a décidé : il a voulu que nous vivions à la louange de sa gloire, nous qui avons d'avance espéré dans le Christ. En lui, vous aussi, après avoir écouté la parole de vérité, l'Évangile de votre salut, et après y avoir cru, vous avez reçu la marque de l'Esprit Saint. Et l'Esprit promis par Dieu est une première avance sur notre héritage, en vue de la rédemption que nous obtiendrons, à la louange de sa gloire.

Alléluia. Alléluia. Que le Père de notre Seigneur Jésus Christ ouvre à sa lumière les yeux de notre cœur, pour que nous percevions l'espérance que donne son appel. **Alléluia.**

Évangile

Jésus envoie les Douze en mission

→ **Évangile de Jésus Christ selon saint Marc** 6, 7-13

En ce temps-là, Jésus appela les Douze ; alors il commença à les envoyer en mission deux par deux. Il leur donnait autorité sur les esprits impurs, et il leur prescrivit de ne rien prendre pour la route, mais seulement un bâton ; pas de pain, pas de sac, pas de pièces de monnaie dans leur ceinture. « Mettez des sandales, ne prenez pas de tunique de rechange. » Il leur disait encore : « Quand vous avez trouvé l'hospitalité dans une maison, restez-y jusqu'à votre départ. Si, dans une localité, on refuse de vous accueillir et de vous écouter, partez et secouez la poussière de vos pieds : ce sera pour eux un témoignage. »

Ils partirent, et proclamèrent qu'il fallait se convertir. Ils expulsaient beaucoup de démons, faisaient des onctions d'huile à de nombreux malades, et les guérissaient.

Credo.

POUR LA PRIÈRE UNIVERSELLE

« Béni soit Dieu qui nous a choisis dans le Christ. » Forts de ce choix, faisons monter vers Dieu notre prière :

– il a saisi Amos pour en faire son prophète : qu'il suscite aujourd'hui des témoins dynamiques de sa parole, prions ;

– son Fils a appelé les Douze à proclamer la conversion : qu'il soutienne leurs successeurs, les évêques et les prêtres, dans leur mission évangélique, prions ;

– il nous a « choisis, dans le Christ, pour que nous soyons saints, immaculés devant lui, dans l'amour » : qu'il aide tous les fidèles à répondre davantage à cette vocation, prions.

Prière sur les offrandes

Regarde, Seigneur, les dons de l'Église qui te supplie : accorde à tes fidèles qui vont les recevoir la grâce d'une sainteté plus grande. Par le Christ, notre Seigneur.

Antienne de la communion

cf. Ps 83, 4-5

Le passereau lui-même s'est trouvé une maison,
 et la tourterelle, un nid pour abriter sa couvée :
tes autels, Seigneur de l'univers,
 mon Roi et mon Dieu !
Heureux les habitants de ta maison :
 ils te loueront pour les siècles des siècles.

Prière après la communion

Nous avons reçu tes bienfaits, Seigneur, et nous te supplions : chaque fois que nous célébrons ce mystère, fais grandir en nous ton œuvre de salut. Par le Christ, notre Seigneur.

Ce qui inspire l'apôtre

« L'apôtre ne parle pas en son nom, mais au nom du Christ. Ce qui l'inspire, ce n'est pas sa science ou son expérience, mais la parole de Dieu, et la mission reçue. Il est rempli du Christ, saturé de sa pensée. Le Seigneur est le contenu même de sa vie. C'est lui qu'il apporte, non par la vertu de son expérience religieuse personnelle, mais parce que le Seigneur l'a désigné pour cela. »

Romano Guardini, *Le Seigneur*,
t. I, Paris, Alsatia, 1945, p. 80.

S. Bonaventure (15 juillet) Jean Fidanza, né vers 1217 à Bagnoregio en Ombrie, était étudiant à Paris lorsqu'en 1243 il entra dans l'ordre franciscain où il prit le nom de Bonaventure. Théologien profondément spirituel, il proposa un *Itinéraire de l'esprit (mentis) vers Dieu.* Devenu maître régent des franciscains, puis général de l'ordre, qu'il s'efforça de pacifier, il fut nommé cardinal-évêque d'Albano. Légat du pape au 2e concile œcuménique de Lyon, il mourut bientôt dans cette ville le 15 juillet 1274. On l'appelle le docteur séraphique.

CALENDRIER LITURGIQUE

Di 14	**15e dimanche B.** *Liturgie des Heures : Psautier semaine III.* [*S. Camille de Lellis, prêtre, fondateur des Camilliens, religieux hospitaliers, † 1614 à Rome.*]
Lu 15	S. Bonaventure, évêque d'Albano et cardinal, franciscain, docteur de l'Église, † 1274 à Lyon pendant le concile. Isaïe 1, 10-17 ; Ps 49 ; Matthieu 10, 34–11, 1 : « Je ne suis pas venu apporter la paix, mais le glaive »
Ma 16	Isaïe 7,1-9 ; Ps 47 ; Mt 11, 20-24 : « Au jour du Jugement, Tyr et Sidon et le pays de Sodome seront traités moins sévèrement que vous » Bienheureuse Vierge Marie du Mont Carmel.
Me 17	Isaïe 10, 5-7.13-16 ; Ps 93 ; Mt 11, 25-27 : « Ce que tu as caché aux sages et aux savants, tu l'as révélé aux tout-petits » *En Afrique du Nord,* S. Spérat et ses compagnons, martyrs « scillitains » † 180, à Carthage.
Je 18	Isaïe 26, 7-9.12.16-19 ; Ps 101 ; Mt 11, 28-30 : « Je suis doux et humble de cœur »
Ve 19	Isaïe 38, 1-6.21-22.7-8 ; Cantique Isaïe 38 ; Mt 12, 1-8 : « Le Fils de l'homme est maître du sabbat »
Sa 20	Michée 2, 1-5 ; Ps 9 B ; Mt 12, 14-21 : « Il leur défendit vivement de parler de lui. Ainsi devait s'accomplir la parole d'Isaïe » *S. Apollinaire, évêque de Ravenne et martyr, † 2e siècle.*

Bonne fête ! 14 : Camille. 15 : Bonaventure, Donald, Vladimir. 16 : Carmen, Elvire. 17 : Charlotte, Carole. 18 : Arnould, Frédéric, Frida. 19 : Arsène. 20 : Apollinaire, Élie, Marina, Marguerite, Maggy.

16e dimanche

21 JUILLET 2024

Il fut saisi de compassion

Deux attitudes opposées. Aux responsables officiels du peuple, le prophète fait des reproches cinglants : « Vous avez dispersé mes brebis, vous les avez chassées, et vous ne vous êtes pas occupés d'elles » (*1re lecture*). À l'inverse, l'évangéliste Marc note que Jésus, malgré son souci du repos qu'il voulait donner à ses disciples rentrant de leur premier voyage missionnaire, « fut saisi de compassion envers les gens, parce qu'ils étaient comme des brebis sans berger » (*évangile*). Le texte évangélique, ici, ne dit pas que Jésus est le bon pasteur, mais il pousse le lecteur à le déduire de son comportement.

Pourtant, le Maître avait commencé par inviter ses disciples à un repos bien mérité : « Venez à l'écart dans un endroit désert. » Cette phrase a traditionnellement été employée pour désigner la vie contemplative, séparée du monde, soucieuse de s'unir à Dieu seul. Mais, sans nier la beauté de cette vocation, l'évangile montre qu'en cette circonstance, Jésus a pris une autre option : « Il se mit à les enseigner longuement », longuement, parce que les foules, pourtant fatiguées elles aussi, ne se lassaient pas d'écouter un tel maître.

Qu'est-ce qui l'a poussé à agir ainsi ? C'est un sentiment, révélateur de son identité divino-humaine : la compassion. Le terme grec était jusqu'ici traduit par « pitié », mais il désigne en fait un sentiment plus viscéral : avec eux Jésus souffre au plus profond de lui-même. Du coup, sa parole les touche au plus profond d'eux-mêmes. Et, au bord de la mer, l'unité entre Dieu et les humains progresse.

Elle ne cessera plus de progresser, malgré les apparences. La lettre aux Éphésiens affirme sans ambages que « c'est lui, le Christ, qui est notre paix. Des deux, le Juif et le païen, il a fait une seule réalité… par sa chair crucifiée » (*2e lecture*). La compassion du Verbe fait chair embrasse toute l'humanité, par delà ses différences.

Des chants sont proposés p. 496 (14e dimanche).

Pour le 16e dimanche : ***Il est l'Agneau et le Pasteur* ZL 22-2 CNA 556.**

Antienne d'ouverture

cf. Ps 53, 6.8

Voici que Dieu vient à mon aide,
le Seigneur est le soutien de mon âme.
De grand cœur, je t'offrirai le sacrifice,
je confesserai ton nom, car il est bon !

Gloria.

Prière

Sois favorable à tes fidèles, Seigneur, et, dans ta bonté, multiplie pour eux les dons de ta grâce, afin que, brûlant de charité, de foi et d'espérance, ils soient toujours vigilants pour garder tes commandements. Par Jésus Christ, ton Fils, notre Seigneur, qui vit et règne avec toi dans l'unité du Saint-Esprit, Dieu, pour les siècles des siècles.

1re Lecture

Dieu prend soin de son peuple

→ **Lecture du livre du prophète Jérémie** 23, 1-6

Quel malheur pour vous, pasteurs ! Vous laissez périr et vous dispersez les brebis de mon pâturage – oracle du Seigneur ! C'est pourquoi, ainsi parle le Seigneur, le Dieu d'Israël, contre les pasteurs qui conduisent mon peuple : Vous avez dispersé mes brebis, vous les avez chassées, et vous ne vous êtes pas occupés d'elles. Eh bien ! Je vais m'occuper de vous, à cause de la malice de vos actes – oracle du Seigneur. Puis, je rassemblerai moi-même le reste de mes brebis de tous les pays où je les ai chassées. Je les ramènerai dans leur enclos, elles seront fécondes et se multiplieront. Je susciterai pour elles des pasteurs qui les conduiront ; elles ne seront plus apeurées ni effrayées, et aucune ne sera perdue – oracle du Seigneur.

Voici venir des jours – oracle du Seigneur, où je susciterai pour David un Germe juste : il régnera en vrai roi, il agira avec intelligence, il exercera dans le pays le droit et la justice. En ces jours-là, Juda sera sauvé, et Israël habitera en sécurité. Voici le nom qu'on lui donnera : « Le-Seigneur-est-notre-justice. »

Psaume 22

℟. **Le Seigneur est mon berger :
rien ne saurait me manquer.**

Le Seigneur est mon berger :
je ne manque de rien.
Sur des prés d'herbe fraîche,
il me fait reposer.

Il me mène vers les eaux tranquilles
et me fait revivre ;
il me conduit par le juste chemin
pour l'honneur de son nom.

Si je traverse les ravins de la mort,
je ne crains aucun mal,
car tu es avec moi :
ton bâton me guide et me rassure.

Tu prépares la table pour moi
devant mes ennemis ;
tu répands le parfum sur ma tête,
ma coupe est débordante.

Grâce et bonheur m'accompagnent
tous les jours de ma vie ;
j'habiterai la maison du Seigneur
pour la durée de mes jours.

2e Lecture

Le Christ nous rassemble dans la paix

→ Lecture de la lettre de saint Paul apôtre aux Éphésiens 2, 13-18

Frères, maintenant, dans le Christ Jésus, vous qui autrefois étiez loin, vous êtes devenus proches par le sang du Christ. C'est lui, le Christ, qui est notre paix : des deux, le Juif et le païen, il a fait une seule réalité ; par sa chair crucifiée, il a détruit ce qui les séparait, le mur de la haine ; il a supprimé les prescriptions juridiques de la loi de Moïse. Ainsi, à partir des deux, le Juif et le païen, il a voulu créer en lui un seul Homme nouveau en faisant la paix, et réconcilier avec Dieu les uns et les autres en un seul corps par le moyen de la croix ; en sa personne, il a tué la haine. Il est venu annoncer *la bonne nouvelle de la paix, la paix pour vous qui étiez loin, la paix pour ceux qui étaient proches.* Par lui, en effet, les uns et les autres, nous avons, dans un seul Esprit, accès auprès du Père.

Alléluia. Alléluia. Mes brebis écoutent ma voix, dit le Seigneur ; moi, je les connais, et elles me suivent. **Alléluia.**

Évangile

Jésus, le Bon Pasteur

→ Évangile de Jésus Christ selon saint Marc 6, 30-34

En ce temps-là, après leur première mission, les Apôtres se réunirent auprès de Jésus, et lui annoncèrent tout ce qu'ils avaient fait et enseigné. Il leur dit : « Venez à l'écart dans un endroit désert, et reposez-vous un peu. » De fait, ceux qui arrivaient et ceux qui partaient étaient nombreux, et l'on n'avait même pas le temps de manger.

Alors, ils partirent en barque pour un endroit désert, à l'écart. Les gens les virent s'éloigner, et beaucoup comprirent leur intention. Alors, à pied, de toutes les villes, ils coururent là-bas et arrivèrent avant eux. En débarquant, Jésus vit une grande foule. Il fut saisi de compassion envers eux, parce qu'ils étaient comme des brebis sans berger. Alors, il se mit à les enseigner longuement.

Credo.

POUR LA PRIÈRE UNIVERSELLE

Après avoir médité l'enseignement de l'évangile et des autres lectures, tournons-nous vers Dieu dont le Fils a révélé toute la compassion :
– pour les pasteurs de l'Église, afin qu'ils transmettent avec joie l'Évangile du Christ, et imitent toujours son attitude de bon pasteur, prions ;
– pour les responsables politiques, afin que, comme le roi messianique annoncé par les prophètes, ils exercent dans leur pays le droit et la justice, et favorisent la paix entre les pays du monde, prions ;
– afin que la dynamique de réconciliation lancée par le Christ marque davantage les relations entre tous les hommes, quelles que soient leur religion ou leurs croyances, prions.

Prière sur les offrandes

Seigneur Dieu, dans le sacrifice unique et parfait de ton Fils, tu as porté à leur achèvement les multiples sacrifices de l'ancienne Loi ; reçois maintenant le sacrifice offert par tes fidèles serviteurs et sanctifie-le comme tu as béni les présents d'Abel : que les dons offerts par chacun pour honorer ta gloire servent au salut de tous. Par le Christ, notre Seigneur.

Antienne de la communion

cf. Ps 110, 4-5

Le Seigneur est tendresse et pitié ;
de ses merveilles il a laissé un mémorial.
Il a donné des vivres à ceux qui le craignent.

Prière après la communion

Dans ta bienveillance, reste auprès de ton peuple, nous t'en prions, Seigneur ; puisque tu l'as initié aux sacrements du ciel, fais-le passer de ce qui est ancien à la vie nouvelle. Par le Christ, notre Seigneur.

« Il fut saisi de compassion envers eux

« Je ne peux psychologiquement pas vivre sans les gens, je ne suis structurellement pas fait pour être moine, c'est pour cela que j'ai continué à habiter ici à Sainte-Marthe, bâtiment situé à l'intérieur du Vatican. J'aime prendre mes repas dans la grande salle à manger entouré de monde, célébrer la messe quatre jours par semaine avec des chrétiens venus de l'extérieur, notamment des paroisses romaines. Je suis devenu prêtre pour être au milieu des autres et je rends grâce à Dieu parce que je vis encore comme cela aujourd'hui. »

Pape François, dans *François en poche. Les pensées du pape choisies par Caroline Pigozzi*, Le Cherche-midi, 2020, p. 160.

CALENDRIER LITURGIQUE

Di 21	**16e dimanche B.** *Liturgie des Heures : Psautier semaine IV.* [*S. Laurent de Brindisi, prêtre, capucin, docteur de l'Église, † 1619 à Lisbonne.*]
Lu 22	Ste MARIE-MADELEINE, disciple du Seigneur. Lectures propres : Cantique 3,1-4a ou 2 Corinthiens 5,14-17 ; Ps 62 ; Jean 20,1.11-18 : « Femme, pourquoi pleures-tu ? »
Ma 23	Ste BRIGITTE DE SUÈDE, patronne de l'Europe, mère de famille, puis religieuse, † 1373 à Rome. *En Europe,* lectures propres : Tobie 8, 4b-7 (Vg 5-10) ou Galates 2, 19-20 ; Ps 33 ; Jean 15, 1-8 : « Celui qui demeure en moi et en qui je demeure, celui-là porte beaucoup de fruit », ou bien : Marc 3, 31-35 : « Celui qui fait la volonté de Dieu, celui-là est pour moi un frère, une sœur, une mère »
Me 24	Jérémie 1, 4.4-10 ; Ps 70 ; Mt 13, 1-9 : « Ils ont donné du fruit à raison de cent pour un » *S. Charbel Makhlouf, prêtre, moine au Liban, † 1898.*
Je 25	S. JACQUES, apôtre. Lectures propres : 2 Corinthiens 4,7-15 ; Ps 125 ; Mt 20,20-28 : « Ma coupe, vous la boirez »
Ve 26	S. Joachim et Ste Anne, parents de la Vierge Marie. *(Au Canada,* fête). Jérémie 3, 14-17 ; Cantique Jérémie 31 ; Matthieu 13, 18-23 : « Celui qui entend la Parole et la comprend porte du fruit »
Sa 27	Jérémie 7, 1-11 ; Ps 83 ; Matthieu 13, 24-30 : « Laissez-les pousser ensemble jusqu'à la moisson »

Bonne fête ! 21 : Victor. 22 : Marie-Madeleine, Marlène, Maddy. 23 : Brigitte. 24 : Christine, Ségolène. 25 : Jacques, Valentine. 26 : Anne, Annick, Annie, Anaïs, Nancy, Joachim. 27 : Nathalie.

S. Charbel Makhlouf (24 juillet), moine de l'Ordre libanais maronite (1828-1898), est l'un des saints les plus populaires du Liban. Sa vie de prêtre et d'ermite, marquée par l'eucharistie, le jeûne et la pénitence, est un modèle de simplicité et de transparence. Il opérait de nombreuses guérisons de l'âme et du corps, si bien que sa renommée s'est rapidement répandue, même chez les non-chrétiens (Missel Romain).

17e dimanche

28 JUILLET 2024

Jésus invite à donner le peu

Au cours des cinq dimanches à venir, la liturgie nous donne d'entendre l'évangile selon saint Jean au chapitre 6. Il s'agit du discours sur le Pain de Vie. Aujourd'hui, nous écoutons le récit de la multiplication des pains.

Jésus est avec ses disciples sur une montagne, lieu symbolique de la rencontre avec Dieu (*évangile*). Une foule nombreuse l'a suivi et Jésus demande à ses disciples d'en prendre soin et de la nourrir. Mais dans ce lieu isolé, il n'est pas envisageable de trouver une solution à vues humaines.

Or la foule rassemblée risque d'exprimer son besoin par cris et révoltes comme le peuple d'Israël l'avait fait dans le désert auprès de Moïse. En effet, devant la faim du peuple en chemin vers une terre promise, Moïse avait dû intercéder auprès de Dieu. Comme avec Moïse, Dieu, par son Fils Jésus, répond par la surabondance. Le peu n'est pas un obstacle pour Lui. Déjà le prophète Élisée osa inviter son serviteur à donner vingt pains d'orge et du grain frais (*1re lecture*) ; de même Jésus ose mettre ses disciples en situation de donner à partir de ce dont ils disposent, et même de ce qu'ils reçoivent ; et il s'agit de très peu : « cinq pains d'orge et deux poissons ». Dans la surabondance de Dieu en Jésus, la foule est nourrie.

Paul invite les croyants d'Éphèse à l'humilité, la douceur et la patience (*2e lecture*). Il s'agit bien de l'expérience qu'ont fait les disciples dans l'évangile : humilité d'attendre une solution qui pourrait en partie venir d'un garçon qui n'a que très peu, douceur de prendre soin d'une foule, patience d'organiser et de dialoguer ensemble. Ensemble, au service « d'un seul Seigneur, d'une seule foi, d'un seul baptême », Jésus nous apprend à donner à partir de notre peu. Lors de l'eucharistie, c'est « un peu » de pain et « un peu » de vin qui deviennent le corps et le sang du Christ, nourriture pour la multitude.

CHANTER

Du 17e au 21e dimanche, un même répertoire de chants peut être retenu et, notamment, un même ordinaire de la messe.

Pour la procession d'ouverture : ***Dieu nous accueille*** **A 174 CNA 545**, ***Jour du Seigneur*** **AP 10-00-1 CNA 562**, ***Dieu nous éveille à la foi*** **A 20-70-1 CNA 546**, ***Peuple du Dieu vivant*** **K 42-70**, ***Chantons avec toute l'Église*** **M 26-03**, ***Écoute la voix du Seigneur*** **X 548 CNA 761**, ***Ce jour que fit le Seigneur*** **Y 3**.

Pour la procession de communion : ***Le pain que tu nous donnes*** **D 83**, ***Devenez ce que vous recevez*** **D 68-39**, ***Qui mange ma chair*** **D 290 CNA 343**, ***Voici le corps et le sang eu Seigneur*** **D44-80**, ***La Sagesse a dressé une table*** **D 580 CNA 332**, ***Prenez et mangez*** **D 52-67**, ***Pain véritable*** **D 103**.

Après la communion : ***Celui qui a mangé de ce pain*** **D 140-2 CNA 321**, ***A l'image de ton amour*** **X 971 CNA 529**, ***Tu fais ta demeure en nous*** **D 56-49**, ***Par la musique et par nos voix*** **Y 43-38 CNA 572**.

Pour l'envoi : ***Jubilez, criez de joie*** **U 52-42** ou **EDZ 204**, ***Partez, messagers de la fête*** **T 10-50-5**.

Chaque dimanche, un chant approprié est indiqué au début du formulaire.

Antienne d'ouverture

cf. Ps 67, 6-7.36

Dieu se tient dans sa sainte demeure :
Dieu fait habiter les siens unanimes dans sa maison :
c'est lui qui donne à son peuple force et puissance.

Gloria.

Prière

Tu protèges, Seigneur Dieu, ceux qui espèrent en toi ; sans toi, rien n'est fort et rien n'est saint : multiplie pour nous les signes de ta miséricorde, afin que, sous ta conduite et sous ta direction, en faisant un bon usage des biens qui passent, nous puissions déjà nous attacher à ceux qui demeurent. Par

Jésus Christ, ton Fils, notre Seigneur, qui vit et règne avec toi dans l'unité du Saint-Esprit, Dieu, pour les siècles des siècles.

1re Lecture

« On mangera, et il en restera »

→ **Lecture du deuxième livre des Rois** 4, 42-44

En ces jours-là, un homme vint de Baal-Shalisha et, prenant sur la récolte nouvelle, il apporta à Élisée, l'homme de Dieu, vingt pains d'orge et du grain frais dans un sac. Élisée dit alors : « Donne-le à tous ces gens pour qu'ils mangent. » Son serviteur répondit : « Comment donner cela à cent personnes ? » Élisée reprit : « Donne-le à tous ces gens pour qu'ils mangent, car ainsi parle le Seigneur : "On mangera, et il en restera." » Alors, il le leur donna, ils mangèrent, et il en resta, selon la parole du Seigneur.

Psaume 144

℟. Tu ouvres la main, Seigneur : nous voici rassasiés.

Que tes œuvres, Seigneur, te rendent grâce
et que tes fidèles te bénissent !
Ils diront la gloire de ton règne,
ils parleront de tes exploits.

Les yeux sur toi, tous, ils espèrent :
tu leur donnes la nourriture au temps voulu ;
tu ouvres ta main :
tu rassasies avec bonté tout ce qui vit.

Le Seigneur est juste en toutes ses voies,
fidèle en tout ce qu'il fait.
Il est proche de tous ceux qui l'invoquent,
de tous ceux qui l'invoquent en vérité.

2e Lecture

Une vocation commune à l'espérance

→ Lecture de la lettre de saint Paul apôtre aux Éphésiens 4, 1-6

Frères, moi qui suis en prison à cause du Seigneur, je vous exhorte à vous conduire d'une manière digne de votre vocation : ayez beaucoup d'humilité, de douceur et de patience, supportez-vous les uns les autres avec amour ; ayez soin de garder l'unité dans l'Esprit par le lien de la paix. Comme votre vocation vous a tous appelés à une seule espérance, de même il y a un seul Corps et un seul Esprit. Il y a un seul Seigneur, une seule foi, un seul baptême, un seul Dieu et Père de tous, au-dessus de tous, par tous, et en tous.

Alléluia. Alléluia. Un grand prophète s'est levé parmi nous : et Dieu a visité son peuple. **Alléluia.**

Évangile

La multiplication des pains et des poissons

→ Évangile de Jésus Christ selon saint Jean 6, 1-15

En ce temps-là, Jésus passa de l'autre côté de la mer de Galilée, le lac de Tibériade. Une grande foule le suivait, parce qu'elle avait vu les signes qu'il accomplissait sur les malades. Jésus gravit la montagne, et là, il était assis avec ses disciples. Or, la Pâque, la fête des Juifs, était proche. Jésus leva les yeux et vit qu'une foule nombreuse venait à lui. Il dit à Philippe : « Où pourrions-nous acheter du pain pour qu'ils aient à manger ? » Il disait cela pour le mettre à l'épreuve, car il savait bien, lui, ce qu'il allait faire.

Philippe lui répondit : « Le salaire de deux cents journées ne suffirait pas pour que chacun reçoive un peu de pain. » Un de ses disciples, André, le frère de Simon-Pierre, lui dit : « Il y a là un jeune garçon qui a cinq pains d'orge et deux poissons, mais qu'est-ce que cela pour tant de monde ! » Jésus dit : « Faites asseoir les gens. » Il y avait beaucoup d'herbe à cet endroit. Ils s'assirent donc, au nombre d'environ cinq mille hommes.

Alors Jésus prit les pains et, après avoir rendu grâce, il les distribua aux convives ; il leur donna aussi du poisson, autant qu'ils en voulaient. Quand ils eurent mangé à leur faim, il dit à ses disciples : « Rassemblez les morceaux en surplus, pour que rien ne se perde. » Ils les rassemblèrent, et ils remplirent douze paniers avec les morceaux des cinq pains d'orge, restés en surplus pour ceux qui prenaient cette nourriture.

À la vue du signe que Jésus avait accompli, les gens disaient : « C'est vraiment lui le Prophète annoncé, celui qui vient dans le monde. » Mais Jésus savait qu'ils allaient l'enlever pour faire de lui leur roi ; alors de nouveau il se retira dans la montagne, lui seul.

Credo.

POUR LA PRIÈRE UNIVERSELLE

Tournons nos cœurs vers Dieu qui est proche de tous ceux qui l'invoquent :
– ton Église peut parfois se sentir dépassée par la tâche à accomplir. Dieu fidèle, que les pasteurs ne soient pas effrayés par le manque de moyens au service de la mission, mais que ce manque soit moteur pour innover ;
– de nombreux pays se trouvent démunis devant les crises alimentaires et le non partage des richesses. Dieu fidèle, éclaire les dirigeants pour qu'ils favorisent la mise en commun même du peu afin que tous soient rassasiés ;
– La société est atteinte par une logique d'hyperconsommation. Dieu fidèle, que des hommes raisonnables sachent alerter sur les dangers de ces comportements ;
– Dieu fidèle, nous te prions pour notre communauté appelée à parler de tes exploits : que l'eucharistie qui nous rassemble nous apprenne à vivre notre vocation à l'unité, à l'espérance, dans ton unique Esprit.

Prière sur les offrandes

Accueille, nous t'en prions, Seigneur, les dons prélevés pour toi sur tes propres largesses ; que ces mystères très saints, où ta grâce opère avec puissance, sanctifient notre vie de tous les jours et nous conduisent aux joies éternelles. Par le Christ, notre Seigneur.

Antienne de la communion

Ps 102, 2

Bénis le Seigneur, ô mon âme,
n'oublie aucun de ses bienfaits.

Prière après la communion

Nous avons communié, Seigneur, au sacrement divin, mémorial à jamais de la passion de ton Fils ; nous t'en prions : fais servir à notre salut le don que lui-même nous a légué dans son amour inexprimable. Lui qui vit et règne pour les siècles des siècles.

Multiplication de grâces

« Ce qui attire le plus de grâces du bon Dieu, c'est la reconnaissance, car si nous le remercions d'un bienfait, il est touché et s'empresse de nous en faire dix autres et si nous le remercions encore avec la même effusion, quelle multiplication incalculable de grâces ! J'en ai fait l'expérience, essayez et vous verrez. Ma gratitude est sans bornes pour tout ce qu'il me donne et je le lui prouve de mille manières. »

Sainte Thérèse de Lisieux, *Conseils et souvenirs...*, Cerf, 1973.

Saint Nicodème (3 juin). Pharisien, notable juif, maître en Israël, il vient à la rencontre de Jésus, de nuit, afin de trouver des réponses à ses questions. Il prend la défense de Jésus devant les grands prêtres et les pharisiens, qui cherchent à le condamner à mort. Lors de la mort de Jésus en croix, avec Joseph d'Arimathie, il recueille son corps.

CALENDRIER LITURGIQUE

Di 28	**17e dimanche B.** *Liturgie des Heures : Psautier semaine I.*
Lu 29	Stes Marthe, Marie et S. Lazare, disciples du Seigneur. Férie : Jérémie 13, 1-11 ; Cant. Dt 32 ; évangile propre (à vérifier) : Jean 11, 19-27 : « Je crois que tu es le Christ, le Fils de Dieu », ou bien : Luc 10, 38-42 : « Marthe, Marthe, tu te donnes du souci et tu t'agites pour bien des choses ».
Ma 30	Jérémie 14, 17-22 ; Ps 78 ; Mt 13, 36-43 : « De même que l'on enlève l'ivraie pour la jeter au feu, ainsi en sera-t-il à la fin du monde » *S. Pierre Chrysologue, évêque de Ravenne, docteur de l'Église, † vers 451.*
Me 31	S. Ignace de Loyola, prêtre, fondateur des Jésuites, † 1556 à Rome. Jérémie 15, 10.16-21 ; Ps 58 ; Mt 13, 44-46 : « Il va vendre tout ce qu'il possède, et il achète ce champ »
Je 1er	S. Alphonse Marie de Liguori, évêque, fondateur des Rédemptoristes, docteur de l'Église, † 1787 à Nocera dei Pagani (Italie). Jérémie 18, 1-6 ; Ps 145 ; Mt 13, 47-53 : « On ramasse dans des paniers ce qui est bon, et on rejette ce qui ne vaut rien »
Ve 2	Jérémie 26, 1-9 ; Ps 68 ; Matthieu 13, 54-58 : « N'est-il pas le fils du charpentier ? Alors, d'où lui vient tout cela ? » *S. Eusèbe, évêque de Verceil (Italie) † 371.* *S. Pierre-Julien Eymard, prêtre, fondateur des Prêtres du Saint-Sacrement et d'une congrégation de religieuses, † 1868 à La Mure (Isère).*
Sa 3	Jérémie 26, 11-16.24 ; Ps 68 ; Mt 14, 1-12 : « Hérode envoya décapiter Jean dans la prison. Les disciples de Jean allèrent l'annoncer à Jésus » À Monaco, S. Sixte II, pape, et ses compagnons, martyrs, et S. Gaétan, prêtre (report du 7).

Bonne fête ! 28 juillet : Samson. 29 : Marthe, Lazare, Loup. 30 : Pierre. 31 : Ignace, Germain. 1er août : Alphonse, Eléazar. 2 : Eusèbe, Julien, Eymard. 3 : Lydie, Nicodème.

18e dimanche

4 AOÛT 2024

Devenir un homme nouveau

Dans le désert, Dieu a nourri son peuple ; au menu, plat de cailles et fine couche de pain (*1re lecture*) ! Dieu a ouvert les « écluses du ciel » (*psaume*), et voici les fils d'Israël désormais rassasiés et apaisés dans cet endroit inhospitalier.

Dans l'évangile, sur une montagne désertique, Jésus vient de nourrir cinq mille hommes et ceux-ci se mettent à sa recherche. Ils sont rassasiés physiquement, mais Jésus leur reproche d'attendre de sa part des prodiges et de ne pas croire suffisamment au don de Dieu. Le pain qu'il veut leur donner est d'un autre ordre, c'est le pain « qui donne la vie au monde », c'est-à-dire son propre corps.

Et nous aujourd'hui ? Nous sommes sûrement un peu comme cette foule en quête de ce qui nourrit. De quoi avons-nous faim ? Pour nous laisser restaurer en profondeur, la Parole de ce dimanche nous indique trois écueils à éviter. Le premier serait de s'arrêter aux signes extérieurs, sans regarder la main de Dieu qui donne (*évangile*). Saint Paul le souligne en alertant sur la convoitise qui mène à l'erreur *(2e lecture).* Le deuxième serait de considérer Dieu, comme un distributeur automatique, alors que le don de Dieu dépasse tout calcul de notre part. Le troisième serait de se préoccuper uniquement de nourrir le corps et même parfois de le sur-nourrir sans croire en la parole de Jésus : « Celui qui vient à moi n'aura jamais faim ».

Or Dieu donne gratuitement, sans aucun mérite de notre part, sans comptabiliser nos œuvres extérieures. Mais il désire que chacun travaille à une seule œuvre : celle de devenir un homme nouveau *(2e lecture).*

Cette conversion est un travail spirituel quotidien. Pour y parvenir, Dieu nous offre en son Fils la nourriture nécessaire ; il nous promet qu'en nous attachant à son Fils, nous n'aurons plus jamais faim. Magnifique promesse que l'eucharistie réalise déjà en chacun de nous !

Des chants sont proposés pour les 17e et 18e dimanches p. 517.

Pour le 18e dimanche : ***Je suis votre pain*** **D 159-3.**

Antienne d'ouverture

cf. Ps 69, 2.6

Dieu, viens à mon aide,
Seigneur, viens vite à mon secours.
Tu es mon secours, mon libérateur,
Seigneur, ne tarde pas !

Gloria.

Prière

Sois proche, Seigneur, de ceux qui te servent et montre à ceux qui t'implorent ton éternelle bonté ; c'est leur fierté d'avoir en toi leur Créateur et leur Guide : restaure pour eux ta création, et l'ayant renouvelée, protège-la. Par Jésus Christ, ton Fils, notre Seigneur, qui vit et règne avec toi dans l'unité du Saint-Esprit, Dieu, pour les siècles des siècles.

1re Lecture

« Du ciel, je vais faire pleuvoir du pain pour vous »

→ Lecture du livre de l'Exode 16, 2-4.12-15

En ces jours-là, dans le désert, toute la communauté des fils d'Israël récriminait contre Moïse et son frère Aaron. Les fils d'Israël leur dirent : « Ah ! Il aurait mieux valu mourir de la main du Seigneur, au pays d'Égypte, quand nous étions assis près des marmites de viande, quand nous mangions du pain à satiété ! Vous nous avez fait sortir dans ce désert pour faire mourir de faim tout ce peuple assemblé ! »

Le Seigneur dit à Moïse : « Voici que, du ciel, je vais faire pleuvoir du pain pour vous. Le peuple sortira pour recueillir chaque jour sa ration quotidienne, et ainsi je vais le mettre à l'épreuve : je verrai s'il marchera, ou non, selon ma loi. J'ai entendu les récriminations des fils d'Israël. Tu leur diras : "Au coucher du soleil, vous mangerez de la viande et, le lendemain matin, vous aurez du pain à satiété. Alors vous saurez que moi, le Seigneur, je suis votre Dieu." »

Le soir même, surgit un vol de cailles qui recouvrirent le camp ; et, le lendemain matin, il y avait une couche de rosée autour du camp. Lorsque la couche de rosée s'évapora, il y avait, à la surface du désert, une fine croûte, quelque chose de fin comme du givre, sur le sol. Quand ils virent cela, les fils d'Israël se dirent l'un à l'autre : « *Mann hou ?* » (ce qui veut dire : Qu'est-ce que c'est ?), car ils ne savaient pas ce que c'était. Moïse leur dit : « C'est le pain que le Seigneur vous donne à manger. »

Psaume 77

℟. **Le Seigneur donne le pain du ciel !**

Nous avons entendu et nous savons
ce que nos pères nous ont raconté :
et nous le redirons à l'âge qui vient,
les titres de gloire du Seigneur.

Il commande aux nuées là-haut,
il ouvre les écluses du ciel :
pour les nourrir il fait pleuvoir la manne,
il leur donne le froment du ciel.

Chacun se nourrit du pain des Forts,
il les pourvoit de vivres à satiété.
Tel un berger, il conduit son peuple.
Il le fait entrer dans son domaine sacré.

2e Lecture

« Revêtez-vous de l'homme nouveau, créé selon Dieu »

→ Lecture de la lettre de saint Paul apôtre aux Éphésiens

4, 17.20-24

Frères, je vous le dis, j'en témoigne dans le Seigneur : vous ne devez plus vous conduire comme les païens qui se laissent guider par le néant de leur pensée. Mais vous, ce n'est pas ainsi que l'on vous a appris à connaître le Christ, si du moins l'annonce et l'enseignement que vous avez reçus à son sujet s'accordent à la vérité qui est en Jésus. Il s'agit de vous défaire de votre conduite d'autrefois, c'est-à-dire de l'homme ancien corrompu par les convoitises qui l'entraînent dans l'erreur. Laissez-vous renouveler par la transformation spirituelle de votre pensée. Revêtez-vous de l'homme nouveau, créé, selon Dieu, dans la justice et la sainteté conformes à la vérité.

Alléluia. Alléluia. L'homme ne vit pas seulement de pain, mais de toute parole qui sort de la bouche de Dieu. **Alléluia.**

Évangile

« L'œuvre de Dieu, c'est que vous croyiez en celui qu'il a envoyé »

→ Évangile de Jésus Christ selon saint Jean

6, 24-35

En ce temps-là, quand la foule vit que Jésus n'était pas là, ni ses disciples, les gens montèrent dans les barques et se dirigèrent vers Capharnaüm à la recherche de Jésus. L'ayant trouvé sur l'autre rive, ils lui dirent : « Rabbi, quand es-tu arrivé ici ? »

Jésus leur répondit : « Amen, amen, je vous le dis : vous me cherchez, non parce que vous avez vu des signes, mais parce que vous avez mangé de ces pains et que vous avez été rassasiés. Travaillez non pas pour la nourriture qui se perd, mais pour la nourriture qui demeure jusque dans la vie éternelle, celle que vous donnera le Fils de l'homme, lui que Dieu, le Père, a marqué de son sceau. »

Ils lui dirent alors : « Que devons-nous faire pour travailler aux œuvres de Dieu ? » Jésus leur répondit : « L'œuvre de Dieu, c'est que vous croyiez en celui qu'il a envoyé. »

Ils lui dirent alors : « Quel signe vas-tu accomplir pour que nous puissions le voir, et te croire ? Quelle œuvre vas-tu faire ? Au désert, nos pères ont mangé la manne ; comme dit l'Écriture : *Il leur a donné à manger le pain venu du ciel.* » Jésus leur répondit : « Amen, amen, je vous le dis : ce n'est pas Moïse qui vous a donné le pain venu du ciel ; c'est mon Père qui vous donne le vrai pain venu du ciel. Car le pain de Dieu, c'est celui qui descend du ciel et qui donne la vie au monde. »

Ils lui dirent alors : « Seigneur, donne-nous toujours de ce pain-là. » Jésus leur répondit : « Moi, je suis le pain de la vie. Celui qui vient à moi n'aura jamais faim ; celui qui croit en moi n'aura jamais soif. »

Credo.

POUR LA PRIÈRE UNIVERSELLE

Dieu rassasie ceux qui se tournent vers Lui, prions-le :
– pour l'Église dont la mission est d'annoncer et enseigner que Jésus est le pain vivant : qu'elle sache trouver les gestes et les paroles pour inviter chaque personne à revêtir le Christ et ainsi devenir un Homme nouveau ;
– pour les États et les institutions qui peinent à lutter contre la corruption : que des hommes et des femmes épris de vérité se dressent pour proposer et vivre une conversion en profondeur ;
– pour nos communautés chrétiennes affamés de la Parole, pain de vie véritable : qu'elles trouvent le courage de se convertir, de se laisser transformer activement en profondeur, pour être témoin de Jésus Christ.

Prière sur les offrandes

Dans ta bonté, sanctifie ces dons, nous t'en prions, Seigneur ; accepte le sacrifice spirituel que nous t'offrons, et fais de nous-mêmes une éternelle offrande pour toi. Par le Christ, notre Seigneur.

Antienne de la communion

Sg 16, 20

Tu nous as donné, Seigneur, le pain venu du ciel,
pain aux multiples saveurs
qui comble tous les goûts.

Prière après la communion

Seigneur, entoure d'une constante protection ceux que tu as renouvelés par le don du ciel ; puisque tu ne cesses de les réconforter, rends-les dignes de la rédemption éternelle. Par le Christ, notre Seigneur.

Plonger dans le Foyer d'amour

« Je ne veux plus vivre de ma propre vie, mais être transformée en Jésus-Christ afin que ma vie soit plus divine qu'humaine, et que le Père en se penchant sur moi puisse reconnaître l'image du Fils bien-aimé en qui Il a mis toutes ses complaisances. »

Élisabeth de la Trinité, *Le Ciel dans la foi*, Cerf, 2007, p. 105.

Sainte Thérèse-Bénédicte de la Croix (9 août). Née en 1891, en Silésie allemande, dans une famille juive, Édith Stein se démarque par une vive intelligence et une affirmation de son athéisme. Philosophe, puis théologienne et conférencière, elle se convertit au Christ dans l'Église catholique à 30 ans. Par les écrits de sainte Thérèse d'Avila, elle découvre la spiritualité du Carmel et entre dans la vie religieuse à 42 ans. Elle est déportée à Auschwitz, dans un convoi de religieux catholiques d'origine juive et meurt gazée en 1942.

CALENDRIER LITURGIQUE

Di 4	**18e dimanche B.** *Liturgie des Heures : Psautier semaine II.* [S. Jean-Marie Vianney, prêtre, curé d'Ars (Ain), † 1859.]
Lu 5	Jérémie 28, 1-17 ; Ps 118 ; Mt 14, 13-21 : « Levant les yeux au ciel, il prononça la bénédiction ; il rompit les pains, il les donna aux disciples, et les disciples les donnèrent à la foule » *Au Canada, Bx Frédéric Janssoone, prêtre, † 1916, à Montréal.*
Ma 6	TRANSFIGURATION DU SEIGNEUR. Lectures propres : Daniel 7,9-10.13-14 ou bien 2 Pierre 1,16-19 ; Ps 96 ; année B Marc 9, 2-10 « Celui-ci est mon Fils bien-aimé »
Me 7	Jérémie 31, 1-7 ; Cantique Jérémie 31 ; Mt 15, 21-28 : « Femme, grande est ta foi ! » *S. Sixte II, pape, et ses compagnons, martyrs à Rome, † 258.* *S. Gaétan, prêtre, fondateur des Théatins, † 1547 à Naples.* *En Belgique, Ste Julienne du Mont Cornillon, vierge, † 1258.*
Je 8	S. Dominique, prêtre, fondateur des Frères Prêcheurs, † 1221 à Bologne. Jérémie 31, 31-34 ; Ps 50 ; Mt 16, 13-23 : « Tu es Pierre, et je te donnerai les clés du royaume des Cieux »
Ve 9	Ste THÉRÈSE-BÉNÉDICTE DE LA CROIX (Édith Stein), carmélite, martyre, patronne de l'Europe, † 1942 à Auschwitz. En Europe, fête. Lectures propres : Osée 2, 16b.17b.21-22 ; Ps 44 ; Mt 25, 1-13 : « Voici l'époux ! Sortez à sa rencontre » *À Monaco,* S. Roman, martyr † 258 à Rome.
Sa 10	S. LAURENT, diacre, martyr à Rome, † 258. Lectures propres : 2 Corinthiens 9, 6-10 ; Ps 111 ; Jean 12, 24-26 : « Si quelqu'un me sert, mon Père l'honorera »

Bonne fête ! 4 : Jean-Marie, Vianney. 5 : Abel, Oswald. 6 : Octavien. 7 : Gaétan, Julienne. 8 : Dominique, Cyriaque. 9 : Amour. 10 : Laurent, Laure, Laurence, Dieudonné.

19e dimanche

11 AOÛT 2024

Jésus, le Pain de vie

En ce dimanche, nous poursuivons l'écoute du discours sur le Pain de vie. Dans *l'évangile*, Jésus exprime clairement son identité : « Moi, je suis le pain qui est descendu du ciel ». Il se présente comme Dieu l'avait fait dans le désert lors de l'épisode du buisson ardent (Ex 3,14) : « Je suis ». Ainsi, il s'identifie à Dieu lui-même. Or, les Juifs connaissent ce récit, ainsi que celui de la manne donnée au désert et celui des galettes données par un ange au prophète Élie (*1re lecture*). Une telle affirmation est insupportable à leurs oreilles. Elle constitue un véritable scandale !

Pourtant, ils ne réagissent pas ouvertement mais ruminent entre eux. Or nous savons combien la puissance de la récrimination dans un groupe est forte. Elle paralyse et endurcit les cœurs. D'ailleurs, dans sa lettre aux chrétiens d'Éphèse, saint Paul alerte sur les effets néfastes de l'« amertume, irritation, colère », etc.. Il interpelle les premiers croyants et nous interpelle aujourd'hui. Nous sommes appelés à « vivre dans l'amour comme le Christ nous a aimés et s'est livré lui-même pour nous » *(2e lecture).*

Jésus est le Pain de vie. Il désire nous donner sa vie pour que nous participions à la promesse de l'éternité faite à l'homme depuis la création. Nous pouvons connaître le découragement comme le prophète Élie : « Seigneur, reprends ma vie » (*1re lecture*). Mais Jésus prend soin de nous, il donne la nourriture et, pour cela, il se donne en son corps et son sang, il s'offre lui-même pour nous révéler l'amour du Père.

Comme Dieu a conduit Élie à l'Horeb, en Jésus, Dieu nous conduit aujourd'hui, dans une marche qui nous mène à l'intime de nous-mêmes. La nourriture que Dieu nous donne est Jésus « descendu du ciel » :

l'eucharistie est le pain véritable pour la route. Vivons de ce pain de vie ! Vivons, comme le demande Paul : dans l'amour !

Des chants sont proposés pour les 17e au 21e dimanches p. 517.

Pour le 19e dimanche : ***Venez manger la Pâque*** **I 119-2 CNA 347.**

Antienne d'ouverture

cf. Ps 73, 19-20.22-23

Regarde vers ton Alliance, Seigneur,
ne délaisse pas sans fin l'âme de tes pauvres.
Lève-toi, Seigneur, défends ta cause,
n'oublie pas le cri de ceux qui te cherchent.

Gloria.

Prière

Dieu éternel et tout-puissant, comme l'enseigne l'Esprit Saint, nous pouvons déjà t'appeler du nom de Père ; fais grandir en nos cœurs l'esprit d'adoption filiale, afin que nous soyons capables d'entrer un jour dans l'héritage qui nous est promis. Par Jésus Christ, ton Fils, notre Seigneur, qui vit et règne avec toi dans l'unité du Saint-Esprit, Dieu, pour les siècles des siècles.

1re Lecture

« Lève-toi et mange »

→ **Lecture du premier livre des Rois** 19, 4-8

En ces jours-là, le prophète Élie, fuyant l'hostilité de la reine Jézabel, marcha toute une journée dans le désert. Il vint s'asseoir à l'ombre d'un buisson, et demanda la mort en disant : « Maintenant, Seigneur, c'en est trop ! Reprends ma vie : je ne vaux pas mieux que mes pères. » Puis il s'étendit sous le buisson, et s'endormit.

Mais voici qu'un ange le toucha et lui dit : « Lève-toi, et mange ! » Il regarda, et il y avait près de sa tête une galette cuite sur des pierres brûlantes et une cruche d'eau. Il mangea, il but, et se rendormit. Une seconde fois, l'ange du Seigneur le toucha et lui dit : « Lève-toi, et mange, car il est long, le chemin qui te reste. » Élie se leva, mangea et but.

Puis, fortifié par cette nourriture, il marcha quarante jours et quarante nuits jusqu'à l'Horeb, la montagne de Dieu.

Psaume 33

℟. Goûtez et voyez comme est bon le Seigneur !

Je bénirai le Seigneur en tout temps,
sa louange sans cesse à mes lèvres.
Je me glorifierai dans le Seigneur :
que les pauvres m'entendent et soient en fête !

Magnifiez avec moi le Seigneur,
exaltons tous ensemble son nom.
Je cherche le Seigneur, il me répond :
de toutes mes frayeurs, il me délivre.

Qui regarde vers lui resplendira,
sans ombre ni trouble au visage.
Un pauvre crie ; le Seigneur entend :
il le sauve de toutes ses angoisses.

L'ange du Seigneur campe alentour
pour libérer ceux qui le craignent.
Goûtez et voyez : le Seigneur est bon !
Heureux qui trouve en lui son refuge !

2e Lecture

« Vivez dans l'amour, comme le Christ »

→ Lecture de la lettre de saint Paul apôtre aux Éphésiens

4, 30–5, 2

Frères, n'attristez pas le Saint-Esprit de Dieu, qui vous a marqués de son sceau en vue du jour de votre délivrance. Amertume, irritation, colère, éclats de voix ou insultes, tout cela doit être éliminé de votre vie, ainsi que toute espèce de méchanceté. Soyez entre vous pleins de générosité et de tendresse. Pardonnez-vous les uns aux autres, comme Dieu vous a pardonné dans le Christ. Oui, cherchez à imiter Dieu, puisque vous êtes ses enfants bien-aimés. Vivez dans l'amour, comme le Christ nous a aimés et s'est livré lui-même pour nous, s'offrant en sacrifice à Dieu, comme un parfum d'agréable odeur.

Alléluia. Alléluia. Moi, je suis le pain vivant, qui est descendu du ciel, dit le Seigneur ; si quelqu'un mange de ce pain, il vivra éternellement. **Alléluia.**

Évangile

« Moi, je suis le pain vivant, qui est descendu du ciel »

→ Évangile de Jésus Christ selon saint Jean

6, 41-51

En ce temps-là, les Juifs récriminaient contre Jésus parce qu'il avait déclaré : « Moi, je suis le pain qui est descendu du ciel. » Ils disaient : « Celui-là n'est-il pas Jésus, fils de Joseph ? Nous connaissons bien son père et sa mère. Alors comment peut-il dire maintenant : “Je suis descendu du ciel” ? »

Jésus reprit la parole : « Ne récriminez pas entre vous. Personne ne peut venir à moi, si le Père qui m'a envoyé ne l'attire, et moi, je le ressusciterai au dernier jour. Il est écrit dans les prophètes : Ils seront *tous instruits par Dieu lui-même.*

Quiconque a entendu le Père et reçu son enseignement vient à moi. Certes, personne n'a jamais vu le Père, sinon celui qui vient de Dieu : celui-là seul a vu le Père. Amen, amen, je vous le dis : il a la vie éternelle, celui qui croit. Moi, je suis le pain de la vie. Au désert, vos pères ont mangé la manne, et ils sont morts ; mais le pain qui descend du ciel est tel que celui qui en mange ne mourra pas. Moi, je suis le pain vivant, qui est descendu du ciel : si quelqu'un mange de ce pain, il vivra éternellement. Le pain que je donnerai, c'est ma chair, donnée pour la vie du monde. »

Credo.

POUR LA PRIÈRE UNIVERSELLE

Le Père nous attire à lui, par son Fils, pour nous apprendre à vivre dans l'amour. Présentons-lui nos prières :

– pour l'Église qui désire transmettre cette faim du Pain de vie descendu du ciel pour chaque homme : qu'elle sache annoncer ce mystère dans la nouveauté ;

– pour notre humanité qui est marquée par les rancœurs, les colères et les guerres : que les messages de paix et de réconciliations se multiplient dans les pays en guerre et en désunion ;

– pour nos communautés qui se nourrissent du Pain de vie et grandissent dans la foi au Christ ressuscité : que ce repas partagé les ouvre davantage aux personnes en périphéries, aux non-croyants qui attendent que Jésus leur soit annoncé.

Prière sur les offrandes

Accueille favorablement, Seigneur, ces présents que, dans ta miséricorde, tu as donnés à ton Église pour qu'elle puisse te les offrir ; fais qu'ils deviennent, par ta puissance, le sacrement de notre salut. Par le Christ, notre Seigneur.

Antienne de la communion

cf. Ps 147, 12.14

Glorifie le Seigneur, Jérusalem :
de la fleur du froment, il te rassasie.

Prière après la communion

Que cette communion à ton sacrement, Seigneur, nous procure le salut et qu'elle nous affermisse dans la lumière de ta vérité. Par le Christ, notre Seigneur.

Le pain de la vie divine

« Le Seigneur, qui sait que nous sommes des hommes et restons aux prises, jour après jour, avec nos faiblesses, vient au secours de notre humanité d'une manière véritablement divine. De même que le corps matériel a besoin de pain quotidien, de même la vie divine en nous demande continuellement une nourriture. Ceci est le pain de vie qui est descendu du ciel ; celui qui en fait véritablement son pain quotidien voit se renouveler en lui chaque jour le mystère de Noël, l'Incarnation du Verbe. C'est là certainement le chemin le plus sûr pour conserver l'union à Dieu et pour s'enraciner chaque jour plus solidement et plus profondément dans le Corps mystique du Christ. »

Sainte Thérèse-Bénédicte de la Croix, *La crèche et la Croix – Le mystère de Noël*, Cerf, 1973, Collection Foi vivante.

Saint Maximilien Kolbe (14 août). Né en Pologne en 1894, de parents engagés dans le tiers-ordre franciscain, il entre à 15 ans au couvent franciscain. Il fonde la mission Immaculée, crée une station de radio et une maison d'édition en vue de promouvoir la vénération de la Vierge Marie Immaculée. Il est envoyé en mission au Japon puis en Inde. Arrêté en 1941 et déporté à Auschwitz, il échange sa vie contre celle d'un père de famille pour sauver ce dernier de la mort en chambre à gaz.

CALENDRIER LITURGIQUE

Di 11	**19e dimanche B.** *Liturgie des Heures : Psautier semaine III.* [Ste Claire, vierge, fondatrice des Pauvres Dames ou Clarisses, † 1253. Au Luxembourg, Bx Schecelin, ermite, † 1138 ou 1139. *À Monaco, Ste Aurélie, jeune martyre romaine sous Valérien vers 260.*]
Lu 12	Ézékiel 1, 2-6.24-28c ; Ps 148 ; Mt 17, 22-27 : « Ils le tueront et, le troisième jour, il ressuscitera. Les fils sont libres de l'impôt » *Ste Jeanne-Françoise de Chantal, mère de famille puis religieuse, fondatrice de la Visitation à Annecy, † 1641 à Moulins.*
Ma 13	Ézékiel 2, 8–3, 4 ; Ps 118 ; Matthieu 18, 1-5.10.12-14 : « Gardez-vous de mépriser un seul de ces petits » *S. Pontien, pape, et S. Hippolyte, prêtre, martyrs en Sardaigne, † v. 235.*
Me 14	S. Maximilien Kolbe, prêtre, frère mineur conventuel, martyr, † 1941 à Auschwitz. Ézékiel 9, 1-7 ; 10, 18-22 ; Ps 112 ; Matthieu 18, 15-20 » S'il t'écoute, tu as gagné ton frère »
Je 15	**ASSOMPTION DE LA VIERGE MARIE**, patronne principale de la France.
Ve 16	Ézékiel 16, 1-15.60.63 ; ou bien lecture brève : 16, 59-63 ; Cant. Isaïe 12 ; Mt 19, 3-12 : « C'est en raison de la dureté de votre cœur que Moïse vous a permis de renvoyer vos femmes. Mais au commencement, il n'en était pas ainsi » *S. Étienne, roi de Hongrie, † 1038.* *À Monaco,* S. Roch, pèlerin à Rome ; † à Montpellier vers 1327.
Sa 17	Ézékiel 18, 1-10.13b.30-32 ; Ps 50 ; Mt 19, 13-15 : « N'empêchez pas les enfants de venir à moi » *À Monaco, S. Étienne, roi de Hongrie, † 1038.*

Bonne fête ! 11 : Claire. 12 : Chantal. 13 : Hyppolite. 14 : Maximilien, Arnold. 15 : Marie, Maria, Marlène, Maryse, Muriel, Mireille, Myriam, Assomption. 16 : Alfred, Roch, Armel. 17 : Hyacinthe.

Assomption de la Vierge Marie

15 AOÛT 2024

Marie, une hymne à la vie

Endormie dans la mort, ressuscitée, entrée dans la gloire auprès de Dieu et couronnée ! Voici ce que signifie cette fête de l'Assomption que l'Église d'Orient nomme Dormition. Très tôt, les premiers chrétiens célèbrent la Vierge Marie, mère de Dieu, élevée en corps et en âme auprès de Dieu.

Marie nous précède : son Assomption, son élévation, est comme la garantie que nous-mêmes ressusciterons. Ainsi, la Tradition prie Marie particulièrement au moment du passage vers la mort. La prière du « Je vous salue Marie » nous y invite : « Priez pour nous, maintenant et à l'heure de notre mort ». La Vierge Marie se rend si proche de notre vie et si proche de notre mort.

Toutes les lectures de cette fête nous emmènent comme entre terre et ciel. Le combat contre le dragon (*1re lecture*), représente les forces du mal prêtes à dévorer l'enfant né de la Femme, identifié à Marie mère de Jésus. Ce récit de l'Apocalypse, terme qui signifie « révélation », nous conforte dans la foi que dès ici-bas, le combat contre le mal est déjà gagné, que nous pouvons lutter et tenir avec l'intercession de Marie. La victoire du Christ sur la mort est certaine *(2e lecture)* quand bien même, nous éprouvons dans notre vie des luttes et des combats intérieurs.

Marie monte vers la région montagneuse (*évangile*), qui symboliquement représente le lieu de rencontre avec Dieu. En fait, Marie nous entraîne dans une rencontre humaine et charitable : elle s'empresse d'assister sa cousine âgée et vit ainsi une expérience spirituelle. Il ne s'agit nullement d'une fête éthérée qui nous inviterait à nous consoler en regardant le ciel, tout en considérant avec dédain les affaires de la terre. Marie n'a pas la tête dans les nuages et elle ne décolle pas dans les Cieux, mais elle garde les pieds sur terre.

Aujourd'hui, cette fête s'accompagne fréquemment de processions religieuses dédiées à la Vierge Marie. Avec elle, marchons vers nos frères et sœurs isolés ou en demande d'aide.

CHANTER

Pour la procession d'ouverture : ***Comme une aurore qui surgit*** **V 289-1,** ***Litanies de la Sainte Mère de Dieu*** **VY 298,** ***Béni sois-tu, Seigneur*** **V 24 CNA 617,** ***La première en chemin*** **V 565,** ***Vierge Marie, mère très pure*** **V 71-24,** ***Vierge Sainte, Dieu t'a choisie*** **V 35CNA 632.**
On peut aussi choisir un chant qui rappelle que Marie est mère de l'Église : ***Église du Seigneur*** **K 128 CNA 662.**
Si la célébration est une liturgie de la Parole, on pourra chanter, après la Parole : ***Toi qui ravis le cœur de Dieu*** **VP 136-2 CNA 372,** ***Couronnée d'étoiles*** **V 44-58,** ***Mon âme chante le Seigneur*** **V 193 CNA 626.**
Pour la procession de communion : ***De la table du Seigneur*** **D 80 CNA 324,** ***Le Verbe s'est fait chair*** **D 31-15.**
Pour l'action de grâce : ***Nous te saluons, Mère très sainte*** **VL 42-65,** ***Mon âme chante le Seigneur*** **V 193 CNA 626,** ou le ***Magnificat***.
À la fin de la célébration : ***Avec Marie, jubilons d'allégresse*** **V 51-34,** ***Couronnée d'étoiles*** **V 44-58** ou un ***Je vous salue, Marie***.

Messe de la veille au soir

Antienne d'ouverture

Pour ta gloire, on parle de toi, Marie :
aujourd'hui tu es élevée bien au-dessus des anges,
et tu partages le triomphe du Christ à jamais.

Gloria.

Prière

Seigneur Dieu, tu t'es penché sur ton humble servante, la bienheureuse Vierge Marie ; tu lui as fait la grâce incomparable de devenir, selon la chair, la mère de ton Fils unique, et tu l'as couronnée aujourd'hui d'une gloire sans pareille ; puisque nous sommes sauvés par le mystère de la rédemption, accorde-nous, à sa prière, d'être élevés dans ta gloire. Par Jésus Christ, ton Fils, notre Seigneur, qui vit et règne avec toi dans l'unité du Saint-Esprit, Dieu, pour les siècles des siècles.

1re Lecture

« Ils amenèrent l'arche de Dieu »

➜ **Lecture du premier livre des Chroniques** 15, 3-4.15-16 ; 16, 1-2

E**n ces jours-là,** David rassembla tout Israël à Jérusalem pour faire monter l'arche du Seigneur jusqu'à l'emplacement préparé pour elle. Il réunit les fils d'Aaron et les Lévites. Les Lévites transportèrent l'arche de Dieu, au moyen de barres placées sur leurs épaules, comme l'avait ordonné Moïse, selon la parole du Seigneur. David dit aux chefs des Lévites de mettre en place leurs frères, les chantres, avec leurs instruments, harpes, cithares, cymbales, pour les faire retentir avec force en signe de joie. Ils amenèrent donc l'arche de Dieu et l'installèrent au milieu de la tente que David avait dressée pour elle. Puis on présenta devant Dieu des holocaustes et des sacrifices de paix. Quand David eut achevé d'offrir les holocaustes et les sacrifices de paix, il bénit le peuple au nom du Seigneur.

Psaume 131

℟. **Monte, Seigneur, vers le lieu de ton repos,
toi, et l'arche de ta force !**

Entrons dans la demeure de Dieu,
prosternons-nous aux pieds de son trône.
Monte, Seigneur, vers le lieu de ton repos,
toi, et l'arche de ta force !

Que tes prêtres soient vêtus de justice,
que tes fidèles crient de joie !
Pour l'amour de David, ton serviteur,
ne repousse pas la face de ton messie.

Car le Seigneur a fait choix de Sion ;
elle est le séjour qu'il désire :
« Voilà mon repos à tout jamais,
c'est le séjour que j'avais désiré. »

2e Lecture

« Ô Mort, où est ta victoire ? »

→ **Lecture de la première lettre
de saint Paul apôtre aux Corinthiens** 15, 54b-57

Frères, quand cet être mortel aura revêtu l'immortalité, alors se réalisera la parole de l'Écriture : *La mort a été engloutie dans la victoire. Ô Mort, où est ta victoire ? Ô Mort, où est-il, ton aiguillon ?* L'aiguillon de la mort, c'est le péché ; ce qui donne force au péché, c'est la Loi. Rendons grâce à Dieu qui nous donne la victoire par notre Seigneur Jésus Christ.

Alléluia. Alléluia. Heureux ceux qui écoutent la parole de Dieu, et qui la gardent ! **Alléluia.**

Évangile

« Heureuse la mère qui t'a porté en elle ! »

→ **Évangile de Jésus Christ selon saint Luc** 11, 27-28

En ce temps-là, comme Jésus était en train de parler, une femme éleva la voix au milieu de la foule pour lui dire : « Heureuse la mère qui t'a porté en elle, et dont les seins t'ont nourri ! » Alors Jésus lui déclara : « Heureux plutôt ceux qui écoutent la parole de Dieu, et qui la gardent ! »

Credo.

Prière sur les offrandes

Nous t'en prions, Seigneur : accueille le sacrifice de louange et de paix que nous célébrons pour fêter l'Assomption de la sainte Mère de Dieu ; qu'il nous obtienne ton pardon et nous garde toujours dans l'action de grâce. Par le Christ, notre Seigneur.

Préface propre, ci-après, p. 546.

Dans les prières eucharistiques, il y a des textes propres.

Antienne de la communion

cf. Lc 11, 27

Heureuse la Vierge Marie,
qui a porté dans son sein le Fils du Père éternel.

Prière après la communion

Après avoir participé à la table du ciel, nous implorons ta bonté, Seigneur notre Dieu, : puisque nous célébrons l'Assomption de la Mère de Dieu, délivre-nous de toute menace du mal. Par le Christ, notre Seigneur.

Messe du jour

Antienne d'ouverture
cf. Ap 12, 1

Un signe grandiose apparut dans le ciel :
une femme, ayant le soleil pour manteau,
la lune sous les pieds
et, sur la tête, une couronne de douze étoiles.

Gloria.

Prière

Dieu éternel et tout-puissant, tu as élevé jusqu'à la gloire du ciel, dans son âme et son corps, Marie, la Vierge immaculée, la mère de ton Fils ; fais que, toujours tendus vers les réalités d'en haut, nous obtenions de partager sa gloire. Par Jésus Christ, ton Fils, notre Seigneur, qui vit et règne avec toi dans l'unité du Saint-Esprit, Dieu, pour les siècles des siècles.

1re Lecture

« Un grand signe apparut dans le ciel : une Femme »

→ Lecture de l'Apocalypse de saint Jean
11, 19a ; 12, 1-6a.10ab

Le sanctuaire de Dieu, qui est dans le ciel, s'ouvrit, et l'arche de son Alliance apparut dans le Sanctuaire. Un grand signe apparut dans le ciel : une Femme, ayant le soleil pour manteau, la lune sous les pieds, et sur la tête une couronne de douze étoiles. Elle est enceinte, elle crie, dans les douleurs et la torture d'un enfantement. Un autre signe apparut dans le ciel : un grand dragon, rouge feu, avec sept têtes et dix cornes, et, sur chacune des sept têtes, un diadème. Sa queue, entraînant le tiers des étoiles du ciel, les précipita sur la terre. Le Dragon vint se poster devant la femme qui allait enfanter, afin de dévorer l'enfant dès sa naissance. Or, elle mit au monde un fils, un enfant mâle, celui qui sera le berger de toutes les nations, les conduisant avec un sceptre de fer. L'enfant fut enlevé jusqu'auprès de Dieu et de son Trône, et la Femme s'enfuit au désert, où Dieu lui a préparé une place. Alors j'entendis dans le ciel une voix forte, qui proclamait : « Maintenant voici le salut, la puissance et le règne de notre Dieu, voici le pouvoir de son Christ ! »

Psaume 44

℟. **Debout, à la droite du Seigneur,**
se tient la reine, toute parée d'or.

Écoute, ma fille, regarde et tends l'oreille ;
oublie ton peuple et la maison de ton père :
le roi sera séduit par ta beauté.

Il est ton Seigneur : prosterne-toi devant lui.
Alors, les plus riches du peuple,
chargés de présents, quêteront ton sourire.

Fille de roi, elle est là, dans sa gloire,
vêtue d'étoffes d'or ;
on la conduit, toute parée, vers le roi.

Des jeunes filles, ses compagnes, lui font cortège ;
on les conduit parmi les chants de fête :
elles entrent au palais du roi.

2e Lecture

« Le Christ premier ressuscité parmi ceux qui se sont endormis »

→ **Lecture de la première lettre de saint Paul apôtre aux Corinthiens** 15, 20-27a

Frères, le Christ est ressuscité d'entre les morts, lui, premier ressuscité parmi ceux qui se sont endormis. Car, la mort étant venue par un homme, c'est par un homme aussi que

TEMPS ORDINAIRE

vient la résurrection des morts. En effet, de même que tous les hommes meurent en Adam, de même c'est dans le Christ que tous recevront la vie, mais chacun à son rang : en premier, le Christ, et ensuite, lors du retour du Christ, ceux qui lui appartiennent. Alors, tout sera achevé, quand le Christ remettra le pouvoir royal à Dieu son Père, après avoir anéanti, parmi les êtres célestes, toute Principauté, toute Souveraineté et Puissance. Car c'est lui qui doit régner jusqu'au jour où Dieu *aura mis sous ses pieds tous ses ennemis.* Et le dernier ennemi qui sera anéanti, c'est la mort, car *il a tout mis sous ses pieds.*

Alléluia. Alléluia. Aujourd'hui s'est ouverte la porte du paradis : Marie est entrée dans la gloire de Dieu ; exultez dans le ciel, tous les anges ! **Alléluia.**

Évangile

« Le Puissant fit pour moi des merveilles : il élève les humbles »

→ Évangile de Jésus Christ selon saint Luc 1, 39-56

En ces jours-là, Marie se mit en route et se rendit avec empressement vers la région montagneuse, dans une ville de Judée. Elle entra dans la maison de Zacharie et salua Élisabeth. Or, quand Élisabeth entendit la salutation de Marie, l'enfant tressaillit en elle. Alors, Élisabeth fut remplie d'Esprit Saint, et s'écria d'une voix forte : « Tu es bénie entre toutes les femmes, et le fruit de tes entrailles est béni. D'où m'est-il donné que la mère de mon Seigneur vienne jusqu'à moi ? Car, lorsque tes paroles de salutation sont parvenues à mes oreilles, l'enfant a tressailli d'allégresse en moi. Heureuse celle qui a cru à l'accomplissement des paroles qui lui furent dites de la part du Seigneur. »

Marie dit alors : « Mon âme exalte le Seigneur, exulte mon esprit en Dieu, mon Sauveur ! Il s'est penché sur son humble servante ; désormais tous les âges me diront bienheureuse. Le Puissant fit pour moi des merveilles ; Saint est son nom ! Sa miséricorde s'étend d'âge en âge sur ceux qui le craignent. Déployant la force de son bras, il disperse les superbes. Il renverse les puissants de leurs trônes, il élève les humbles. Il comble de biens les affamés, renvoie les riches les mains vides. Il relève Israël son serviteur, il se souvient de son amour, de la promesse faite à nos pères, en faveur d'Abraham et sa descendance à jamais. » Marie resta avec Élisabeth environ trois mois, puis elle s'en retourna chez elle.

Credo.

POUR LA PRIÈRE UNIVERSELLE

Avec Marie, prions Dieu notre Père :

– à la suite du joyeux empressement de Marie, Père, nous te rendons grâce pour la ferveur des pèlerins de ce 15 août et nous te prions pour l'Église : qu'elle introduise tous les chrétiens dans le joyeux élan du Ressuscité ;

– à la suite de la rencontre entre Marie à Élisabeth, Père, nous te prions pour notre Assemblée, afin qu'elle fasse de toute rencontre des visitations et reconnaisse Jésus dans le visage du prochain ;

– à la suite de la charité de Marie envers sa parente, Père nous te prions pour les visiteurs de personnes seules ou malades, pour les aumôniers d'hôpitaux et de prison afin qu'ils vivent de la mission du Christ ressuscité.

Prière sur les offrandes

Que monte vers toi, Seigneur, l'offrande que nous te présentons avec ferveur ; et tandis qu'intercède pour nous la bienheureuse Vierge Marie élevée au ciel, que nos cœurs, brûlants de charité, aspirent toujours à monter vers toi. Par le Christ, notre Seigneur.

Préface

La gloire de Marie dans son Assomption

Vraiment, il est juste et bon, pour ta gloire et notre salut, de t'offrir notre action de grâce, toujours et en tout lieu, Seigneur, Père très saint, Dieu éternel et tout-puissant, par le Christ, notre Seigneur.
Aujourd'hui, la Vierge Marie, la Mère de Dieu, est élevée au ciel. Elle est le commencement et l'image de ce que deviendra ton Église en sa plénitude, elle est signe d'espérance et source de réconfort pour ton peuple encore en chemin. Ainsi tu n'as pas voulu qu'elle connaisse la corruption du tombeau, elle qui a porté dans sa chair ton propre Fils et mis au monde d'une manière incomparable l'auteur de la vie.
C'est pourquoi, unissant nos voix à celles des anges, nous te louons dans la joie en proclamant :
Saint ! Saint ! Saint, le Seigneur, Dieu de l'univers !

Dans les Prières eucharistiques, textes propres à l'Assomption.

Antienne de la communion

cf. Lc 1, 48-49

Tous les âges me diront bienheureuse :
le Puissant fit pour moi des merveilles.

Prière après la communion

Nous avons reçu, Seigneur, le sacrement qui nous sauve ; par l'intercession de la bienheureuse Vierge Marie élevée au ciel, accorde-nous de parvenir à la gloire de la résurrection. Par le Christ, notre Seigneur.

Marie, portrait du Christ

« L'imitation de Marie n'est pas différente de l'imitation du Christ : pour la simple raison que Marie fut la première à imiter le Christ, qu'elle fut le premier et le plus parfait portrait du Christ. C'est pour la même raison que l'imitation de Marie n'est pas seulement affaire de femmes, mais le devoir de tous les chrétiens. Pour les femmes cependant, cette voie est tout particulièrement précieuse, puisqu'elle les conduit à une image du Christ qui est propre à leur féminité. »

Sainte Thérèse Bénédicte de la Croix, *La Femme et sa Destinée*, Amiot-Dumont, 1956 (traduction d'une partie de ESW V, Die Frau, De la femme), p. 66.

20e dimanche

18 AOÛT 2024

Passons à table !

À table ! Cette formule du quotidien nous aide à comprendre davantage que l'eucharistie est un repas qui nous rassemble, repas où Jésus nous invite à manger et à boire. D'ailleurs, dans *l'évangile*, Jésus emploie des termes concrets : pain, manger, boire, nourriture. Déjà, annonciatrice du repas du Seigneur, la table dressée par la Sagesse de Dieu, appelle à nous restaurer (*1re lecture*).

Lorsque Jésus s'adresse à la foule dans la synagogue de Capharnaüm, sa parole heurte les auditeurs : ils sont indignés. En effet, ils comprennent que Jésus s'identifie à cette Sagesse divine qui dresse la table et invite les insensés à trouver le chemin de l'intelligence. Ils ne peuvent entendre que Jésus se donne pour le salut et la vie du monde. Y adhérer demande une conversion. Ainsi, saint Paul, dans sa lettre à ses frères d'Éphèse, convoque à un retournement : quitter la folie pour adopter la sagesse (*2e lecture*).

Prenons « le chemin de l'intelligence », comme le dit le livre de la Sagesse ! Accueillir ce pain et ce vin, comprendre qu'il s'agit du corps et du sang du Seigneur relève d'un chemin de foi, d'une certitude intérieure que l'Esprit Saint va inscrire en chacun de nous. Cette page d'évangile ne laisse planer aucune ambiguïté : le pain et le vin sont bien le corps et le sang de Jésus ; et tous, nous sommes conviés à le recevoir pour le prendre, le manger et le boire. « La messe dresse la table aussi bien de la parole de Dieu que du Corps du Christ où les fidèles sont instruits et restaurés », écrit la *Présentation Générale du Missel Romain* (PGMR 28).

L'enjeu de ce repas est de goûter pleinement la vie éternelle offerte. Vivre de l'Eucharistie ouvre nos journées à l'action de grâce, à l'émerveillement, à « chanter le Seigneur ». Alors, vivons du sacrement, vivons d'éternité, vivons l'instant présent dans la louange !

Des chants sont proposés pour les 17e au 21e dimanches p. 517.

Pour le 20e dimanche : ***Qui mange ma chair* D 290 CNA 343.**

Antienne d'ouverture

cf. Ps 83, 10-11

Dieu, notre protecteur, regarde :
vois le visage de ton Christ ;
un jour dans tes parvis
en vaut plus que mille.

Gloria.

Prière

Pour ceux qui t'aiment, Seigneur Dieu, tu as préparé des biens que l'œil ne peut voir : répands en nos cœurs la ferveur de ta charité, afin que t'aimant en toute chose et par-dessus tout, nous obtenions de toi l'héritage promis qui surpasse tout désir. Par Jésus Christ, ton Fils, notre Seigneur, qui vit et règne avec toi dans l'unité du Saint-Esprit, Dieu, pour les siècles des siècles.

1re Lecture

La Sagesse invite à quitter l'étourderie

→ **Lecture du livre des Proverbes** 9, 1-6

La Sagesse a bâti sa maison, elle a taillé sept colonnes. Elle a tué ses bêtes, et préparé son vin, puis a dressé la table. Elle a envoyé ses servantes, elle appelle sur les hauteurs de la cité : « Vous, étourdis, passez par ici ! » À qui manque de bon sens, elle dit : « Venez, mangez de mon pain, buvez le vin que

TEMPS ORDINAIRE

j'ai préparé. Quittez l'étourderie et vous vivrez, prenez le chemin de l'intelligence. »

Psaume 33

℟. Goûtez et voyez comme est bon le Seigneur !

Je bénirai le Seigneur en tout temps,
sa louange sans cesse à mes lèvres.
Je me glorifierai dans le Seigneur :
que les pauvres m'entendent et soient en fête !

Saints du Seigneur, adorez-le :
rien ne manque à ceux qui le craignent.
Des riches ont tout perdu, ils ont faim ;
qui cherche le Seigneur ne manquera d'aucun bien.

Venez, mes fils, écoutez-moi,
que je vous enseigne la crainte du Seigneur.
Qui donc aime la vie
et désire les jours où il verra le bonheur ?

Garde ta langue du mal
et tes lèvres des paroles perfides.
Évite le mal, fais ce qui est bien,
poursuis la paix, recherche-la.

2e Lecture

Soyez remplis de l'Esprit Saint

→ Lecture de la lettre de saint Paul apôtre aux Éphésiens 5, 15-20

Frères, prenez bien garde à votre conduite : ne vivez pas comme des fous, mais comme des sages. Tirez parti du temps présent, car nous traversons des jours mauvais. Ne soyez donc pas insensés, mais comprenez bien quelle est la volonté du Seigneur. Ne vous enivrez pas de vin, car il porte à l'inconduite ; soyez plutôt remplis de l'Esprit Saint. Dites entre vous des psaumes, des hymnes et des chants inspirés, chantez le Seigneur et célébrez-le de tout votre cœur. À tout moment et pour toutes choses, au nom de notre Seigneur Jésus Christ, rendez grâce à Dieu le Père.

Alléluia. Alléluia. Qui mange ma chair et boit mon sang demeure en moi, et moi en lui, dit le Seigneur. **Alléluia.**

Évangile

Jésus nous restaure à sa table

→ Évangile de Jésus Christ selon saint Jean 6, 51-58

E**n ce temps-là,** Jésus disait à la foule : « Moi, je suis le pain vivant, qui est descendu du ciel : si quelqu'un mange de ce pain, il vivra éternellement. Le pain que je donnerai, c'est ma chair, donnée pour la vie du monde. »

Les Juifs se querellaient entre eux : « Comment celui-là peut-il nous donner sa chair à manger ? »

Jésus leur dit alors : « Amen, amen, je vous le dis : si vous ne mangez pas la chair du Fils de l'homme, et si vous ne buvez pas son sang, vous n'avez pas la vie en vous. Celui qui mange ma chair et boit mon sang a la vie éternelle ; et moi, je le ressusciterai au dernier jour. En effet, ma chair est la vraie nourriture, et mon sang est la vraie boisson. Celui qui mange ma chair et boit mon sang demeure en moi, et moi, je demeure en lui. De même que le Père, qui est vivant, m'a envoyé, et que moi je vis par le Père, de même celui qui me mange, lui aussi vivra par moi. Tel est le pain qui est descendu du ciel : il n'est pas comme celui que les pères ont mangé. Eux, ils sont morts ; celui qui mange ce pain vivra éternellement. »

Credo.

POUR LA PRIÈRE UNIVERSELLE

Tournons nos cœurs vers Jésus le pain de vie éternelle :

– Seigneur Jésus, toi qui manges avec tous, tu convies ton Église à la table du pain et du vin partagés : qu'à ta suite, ton Église grandisse dans l'accueil et la fraternité envers tout homme ;

– Seigneur Jésus, tu invites les hommes à suivre le chemin de l'intelligence : que les chefs d'État recherchent la sagesse et travaillent à tracer des chemins pour permettre aux citoyens de vivre dignement ;

– Seigneur Jésus, tu connais « l'étourderie » et la folie des hommes qui laissent des populations souffrir de la faim et de la soif : que les initiatives humanitaires puissent leurs venir en aide et que chaque homme se sente davantage responsable de son frère ;

– Seigneur Jésus, tu invites à la louange et à l'action de grâce : que notre communauté chrétienne rayonne au quotidien de ce repas eucharistique pris ensemble.

Prière sur les offrandes

Accueille, Seigneur, ce que nous présentons pour cette eucharistie où s'accomplit un admirable échange : en offrant ce que tu nous as donné, puissions-nous te recevoir toi-même. Par le Christ, notre Seigneur.

Antienne de la communion

cf. Ps 129, 7

Oui, près du Seigneur, est la miséricorde ;
près de lui abonde le rachat.

Prière après la communion

Par ces sacrements, Seigneur, tu nous as unis au Christ, et nous implorons humblement ta bonté : sur la terre, transforme-nous à son image, pour que nous puissions partager sa vie dans le ciel. Lui qui vit et règne pour les siècles des siècles.

Vivre de l'Eucharistie

« Ainsi, être enfant de Dieu signifie à la fois diminuer et croître. Vivre de l'eucharistie signifie sortir insensiblement de l'étroitesse de sa propre vie pour naître à l'immensité de la vie du Christ. Celui qui recherche le Seigneur dans sa Maison ne voudra plus l'entretenir uniquement de lui-même et de ses affaires. Il commencera à s'intéresser aux affaires du Seigneur. La participation au Sacrifice quotidien nous entraîne naturellement dans la vie de la liturgie. »

Sainte Thérèse-Bénédicte de la Croix,
La crèche et la Croix, Ad Solem, 2008.

Sainte Rose (23 août). Née à Lima (Pérou) en 1586, elle puise sa vie spirituelle dans les écrits de sainte Catherine de Sienne. Elle vit comme tertiaire dominicaine dans le jeûne et la prière. Elle reconnaît l'humilité comme la plus grande mortification. Mystique, soucieuse des pauvres, elle fait preuve de sagesse dans ses réponses face à l'Inquisition. Elle meurt à 33 ans. Elle est la première sainte canonisée du Nouveau Monde.

CALENDRIER LITURGIQUE

Di 18	**20e dimanche B.** *Liturgie des Heures : Psautier semaine IV.*
Lu 19	Ézékiel 24, 15-24 ; Cant. Deutéronome 32 ; Matthieu 19, 16-22 : « Si tu veux être parfait, va, vends ce que tu possèdes, donne-le aux pauvres, et tu auras un trésor dans les cieux » *S. Jean Eudes, prêtre, fondateur des Eudistes, † 1680 à Caen.*
Ma 20	S. Bernard, abbé de Clairvaux, cistercien, docteur de l'Église, † 1153. Ézékiel 28, 1-10 ; Cant. Deutéronome 32 ; Mt 19, 23-30 : « Il est plus facile à un chameau de passer par un trou d'aiguille qu'à un riche d'entrer dans le royaume des Cieux »
Me 21	S. Pie X, pape, † 1914 à Rome. Ézékiel 34, 1-11 ; Ps 22 ; Mt 20, 1-16 : « Ton regard est-il mauvais parce que moi, je suis bon ? »
Je 22	Bse Vierge Marie, Reine. Ézékiel 36, 23-28 ; Ps 50 ; Mt 22, 1-14 : « Tous ceux que vous trouverez, invitez-les à la noce »
Ve 23	Ézékiel 37, 1-14 ; Ps 106 ; Mt 22, 34-40 : « Tu aimeras le Seigneur ton Dieu de tout ton cœur, et ton prochain comme toi-même » *Ste Rose de Lima, vierge, tertiaire dominicaine, † 1617, à Lima.*
Sa 24	S. BARTHÉLEMY, apôtre. Lectures propres : Apocalypse 21, 9b-14 ; Ps 144 ; Jean 1, 45-51 : « Voici vraiment un Israélite : il n'y a pas de ruse en lui. »

Bonne fête ! 18 : Hélène, Mylène, Laetitia, Nelly. 19 : Eudes, Guerric. 20 : Bernard, Philibert, Samuel, Samy. 21 : Grâce, Graziella, Privat. 22 : Fabrice, Siegfried, Symphorien, Reine. 23 : Rose, Rosita. 24 : Barthélemy, Nathanaël.

21e dimanche

25 AOÛT 2024

L'amour ne s'impose pas

Prenez votre décision, puisque vous êtes libres : rester avec Jésus ou partir ? Ce dimanche, contemplons la relation que Dieu propose à son peuple : celui-ci va-t-il le reconnaître et le servir (*1re lecture*) ? Comment va-t-il le servir *(2e lecture)* ? Et jusqu'où (*évangile*) ?

Aujourd'hui encore, nous sommes plongés dans cette dynamique relationnelle du Christ à Dieu, à son Église et en chacun de nous. Comme Jésus avec ses disciples, avec nous, il prend le risque de cette question radicale : « Voulez-vous partir, vous aussi ? » Jésus invite à se positionner : « Que votre oui, soit oui, que votre non soit non » (Mt 5,37). Il n'y a pas d'échappatoire, bien qu'il y ait une grande liberté.

Josué, successeur de Moïse pour guider le peuple de Dieu, nous livre son témoignage personnel et celui des siens : « de ses yeux », ils sont témoins d'un Dieu libérateur. Le *psaume* du jour pourrait-être placé sur les lèvres de Josué : « Le Seigneur délivre ». À son exemple, osons une relecture de notre histoire pour y reconnaitre les signes de sa présence.

Servirons-nous le Seigneur ? Mais comment et jusqu'où le servir ? Nous sommes parfois comme certains de ces disciples qui ne peuvent pas tout entendre : Trop, c'est trop ! Or servir Dieu ne consiste pas en un lien de subordination écrasant mais en un lien d'amour et de respect, tel celui qui unit l'époux et l'épouse (2e lecture). Servir, suivre, aimer et être aimé de Lui pourrait définir notre lien au Christ. C'est reconnaître une dépendance constructive pour nous-mêmes. Nous n'adhérons pas à un Dieu qui nous rend esclaves mais à notre Dieu qui propose une heureuse greffe : une attention amoureuse de l'un envers l'autre dans le respect de chacun, vécue à chaque instant. Servir Dieu, c'est entrer dans une dynamique d'émerveillement et de foi.

Des chants sont proposés pour les 17e au 21e dimanches p. 517.

Pour le 21e dimanche : ***Écoute la voix du Seigneur* X 548 CNA 761.**

Antienne d'ouverture

cf. Ps 85, 1-3

Incline vers moi ton oreille, Seigneur, exauce-moi.
Sauve, ô mon Dieu, ton serviteur qui espère en toi.
Prends pitié de moi, Seigneur,
toi que j'appelle tout le jour.

Gloria.

Prière

Seigneur Dieu, toi qui unis les cœurs des fidèles dans une seule volonté : donne à ton peuple d'aimer ce que tu commandes et de désirer ce que tu promets, pour qu'au milieu des changements de ce monde, nos cœurs s'établissent fermement là où se trouvent les vraies joies. Par Jésus Christ, ton Fils, notre Seigneur, qui vit et règne avec toi dans l'unité du Saint-Esprit, Dieu, pour les siècles des siècles.

1re Lecture

« Nous voulons servir le Seigneur »

→ Lecture du livre de Josué 24, 1-2a.15-17.18b

En ces jours-là, Josué réunit toutes les tribus d'Israël à Sichem ; puis il appela les anciens d'Israël, avec les chefs, les juges et les scribes ; ils se présentèrent devant Dieu. Josué dit alors à tout le peuple : « S'il ne vous plaît pas de servir le Seigneur, choisissez aujourd'hui qui vous voulez servir : les dieux que vos pères servaient au-delà de l'Euphrate, ou les dieux des Amorites dont vous habitez le pays. Moi et les miens, nous voulons servir le Seigneur. »

Le peuple répondit : « Plutôt mourir que d'abandonner le Seigneur pour servir d'autres dieux ! C'est le Seigneur notre Dieu qui nous a fait monter, nous et nos pères, du pays d'Égypte, cette maison d'esclavage ; c'est lui qui, sous nos yeux, a accompli tous ces signes et nous a protégés tout le long du chemin que nous avons parcouru, chez tous les peuples au milieu desquels nous sommes passés. Nous aussi, nous voulons servir le Seigneur, car c'est lui notre Dieu. »

Psaume 33

℟. **Goûtez et voyez comme est bon le Seigneur !**

Je bénirai le Seigneur en tout temps,
sa louange sans cesse à mes lèvres.
Je me glorifierai dans le Seigneur :
que les pauvres m'entendent et soient en fête !

Le Seigneur regarde les justes,
il écoute, attentif à leurs cris.
Le Seigneur affronte les méchants
pour effacer de la terre leur mémoire.

Malheur sur malheur pour le juste,
mais le Seigneur chaque fois le délivre.
Il veille sur chacun de ses os :
pas un ne sera brisé.

Le mal tuera les méchants ;
ils seront châtiés d'avoir haï le juste.
Le Seigneur rachètera ses serviteurs :
pas de châtiment pour qui trouve en lui son refuge.

2e Lecture

Le Christ pour l'Église

→ **Lecture de la lettre de saint Paul apôtre aux Éphésiens** 5, 21-32

Frères, par respect pour le Christ, soyez soumis les uns aux autres ; les femmes, à leur mari, comme au Seigneur Jésus ; car, pour la femme, le mari est la tête, tout comme, pour l'Église, le Christ est la tête, lui qui est le Sauveur de son corps. Eh bien ! puisque l'Église se soumet au Christ, qu'il en soit toujours de même pour les femmes à l'égard de leur mari.

Vous, les hommes, aimez votre femme à l'exemple du Christ : il a aimé l'Église, il s'est livré lui-même pour elle, afin de la rendre sainte en la purifiant par le bain de l'eau baptismale, accompagné d'une parole ; il voulait se la présenter à lui-même, cette Église, resplendissante, sans tache, ni ride, ni rien de tel ; il la voulait sainte et immaculée. C'est de la même façon que les maris doivent aimer leur femme : comme leur propre corps. Celui qui aime sa femme s'aime soi-même. Jamais personne n'a méprisé son propre corps : au contraire, on le nourrit, on en prend soin.

C'est ce que fait le Christ pour l'Église, parce que nous sommes les membres de son corps. Comme dit l'Écriture : *À cause de cela, l'homme quittera son père et sa mère, il s'attachera à sa femme, et tous deux ne feront plus qu'un.* Ce mystère est grand : je le dis en référence au Christ et à l'Église.

Alléluia. Alléluia. Tes paroles, Seigneur, sont esprit et elles sont vie ; tu as les paroles de la vie éternelle. **Alléluia.**

Évangile

Choisir de servir

→ **Évangile de Jésus Christ selon saint Jean** 6, 60-69

En ce temps-là, Jésus avait donné un enseignement dans la synagogue de Capharnaüm. Beaucoup de ses disciples, qui avaient entendu, déclarèrent : « Cette parole est rude ! Qui peut l'entendre ? »

Jésus savait en lui-même que ses disciples récriminaient à son sujet. Il leur dit : « Cela vous scandalise ? Et quand vous verrez le Fils de l'homme monter là où il était auparavant !... C'est l'esprit qui fait vivre, la chair n'est capable de rien. Les paroles que je vous ai dites sont esprit et elles sont vie. Mais il y en a parmi vous qui ne croient pas. »

Jésus savait en effet depuis le commencement quels étaient ceux qui ne croyaient pas, et qui était celui qui le livrerait. Il ajouta : « Voilà pourquoi je vous ai dit que personne ne peut venir à moi si cela ne lui est pas donné par le Père. » À partir de ce moment, beaucoup de ses disciples s'en retournèrent et cessèrent de l'accompagner.

Alors Jésus dit aux Douze : « Voulez-vous partir, vous aussi ? » Simon-Pierre lui répondit : « Seigneur, à qui irions-nous ? Tu as les paroles de la vie éternelle. Quant à nous, nous croyons, et nous savons que tu es le Saint de Dieu. »

Credo.

POUR LA PRIÈRE UNIVERSELLE

L'Esprit Saint nous entraîne dans le lien d'amour du Père et du Fils. Présentons-lui nos prières :

– pour l'Église du Christ, servante, afin qu'elle grandisse dans l'humilité et le service des plus petits comme Jésus lui-même ;

– pour les chefs d'État, afin qu'ils servent leur peuple avec désintérêt personnel et fidélité ;

– pour nos communautés chrétiennes, afin qu'elles soient unies en un même corps, pleines de prévenance et d'attention, à l'image du Christ pour son Église.

Prière sur les offrandes

Par l'unique sacrifice, offert une fois pour toutes, tu t'es donné, Seigneur, le peuple que tu as adopté ; en ta bienveillance, accorde-nous la grâce de l'unité et de la paix dans ton Église. Par le Christ, notre Seigneur.

Antienne de la communion

cf. Ps 103, 13-15

La terre se rassasie du fruit de tes œuvres, Seigneur,
tu fais produire à la terre le pain,
et le vin qui réjouit le cœur de l'homme.

Prière après la communion

Que ta miséricorde agisse en nous, Seigneur, nous t'en prions, et qu'elle nous guérisse entièrement ; par ta bonté, transforme-nous et rends-nous si fervents que nous puissions te plaire en toute chose. Par le Christ, notre Seigneur.

« Ce que c'est qu'aimer »

« Il ne s'agit pas de beaucoup penser, mais de beaucoup aimer ; donc, tout ce qui vous incitera à aimer davantage, faites-le. Nous ne savons peut-être pas ce que c'est qu'aimer, je n'en serais pas très étonnée ; or il ne s'agit pas de goûter le plus grand plaisir, mais d'avoir la plus forte détermination de désirer toujours contenter Dieu, de chercher, autant que possible, à ne pas l'offenser, de le prier de faire toujours progresser l'honneur et la gloire de son Fils, et grandir l'Église catholique. »

Sainte Thérèse de Jésus, *Les Demeures*, IV, 1-7, Cerf, 1995.

Saint Fiacre (30 août). Né en Irlande vers l'an 590, il émigre vers Meaux où il se fait ermite. Il acquiert des dons de cultivateur et nourrit les pauvres grâce à ses fruits et légumes. Il sut également utiliser les plantes en fonction de leurs vertus médicinales. Il est invoqué comme saint patron des maraîchers et jardiniers.

CALENDRIER LITURGIQUE

Di 25	**21e dimanche B.** *Liturgie des Heures : Psautier semaine I.* [*S. Louis, roi de France, † 1270 à Tunis* (*en France,* mémoire). *S. Joseph de Calasanz (Espagne), prêtre, fondateur d'ordre, † 1648 à Rome.*]
Lu 26	2 Thessaloniciens 1, 1-5.11b-10 ; Ps 95 ; Mt 23, 13-22 : « Malheureux êtes-vous, guides aveugles » *En France, S. Césaire, évêque d'Arles, † 542.* En France, S. Joseph de Calasanz (Espagne), (report du 25).
Ma 27	Ste Monique, mère de S. Augustin, † vers 387 à Ostie (près de Rome). *En Afrique du Nord,* fête. 2 Thessaloniciens 2, 1-3a.14-17 ; Ps 95 ; Mt 23, 23-26 : « Voilà ce qu'il fallait pratiquer sans négliger le reste »
Me 28	S. Augustin, évêque d'Hippone (Algérie), docteur de l'Église, † 430. En Afrique du Nord, solennité] 2 Thessaloniciens 3, 6-10.16-18 ; Ps 127 ; Matthieu 23, 27-32 : « Vous êtes bien les fils de ceux qui ont assassiné les prophètes »
Je 29	Martyre de S. Jean Baptiste. Férie : 1 Corinthiens 1, 26-31 ; Ps 32 ; évangile propre : Marc 6,17-29 : « Je veux que, tout de suite, tu me donnes sur un plat la tête de Jean le Baptiste ». *Au Luxembourg,* dédicace de la cathédrale.
Ve 30	1 Corinthiens 1, 17-25 ; Ps 32 ; Mt 25, 1-13 : « Voici l'époux ! Sortez à sa rencontre » *Au Luxembourg,* Martyre de S. Jean Baptiste. *En Afrique du Nord,* S. Alype et S. Possidius, évêques, † après 430.
Sa 31	1 Corinthiens 1, 26-31 ; Ps 32 ; Mt 25, 14-30 : « Tu as été fidèle pour peu de choses, entre dans la joie de ton seigneur » En Belgique, Bse Vierge Marie Médiatrice.

Bonne fête ! 25 : Louis, Clovis, Ludwig. 26 : Césaire, César, Natacha, Tasha. 27 : Monique. 28 : Augustin, Auguste, Hermès, Linda. 29 : Sabine, Sabrina. 30 : Fiacre, Sacha. 31 : Aristide.

22e dimanche

1er SEPTEMBRE 2024

Croyants pratiquants

Quelques disciples se comportent mal aux yeux des pharisiens, et c'est l'ensemble des disciples qui est déconsidéré (*évangile*) ! Comme ces religieux juifs se focalisent sur les purifications rituelles ! Jusqu'à devenir esclaves de leurs scrupuleuses inspections ! Comment Jésus va-t-il pouvoir se donner lui-même en nourriture face à des esprits si étroits ?

Moïse avait réuni le peuple de Dieu pour le faire entrer dans une démarche de foi envers le Seigneur : entendre, écouter, pour ensuite mettre en pratique les paroles (*1re lecture*). L'enjeu résidait dans une promesse de vie et un témoignage auprès des nations environnantes. Jésus, nouveau Moïse, n'enlève pas un seuil iota, un seul point de la Loi de Dieu, mais il souligne la nouveauté déjà inscrite en elle et dans les paroles des prophètes dont celles d'Isaïe citées ici. La tradition des Pères est inscrite profondément dans le cœur des hommes, dans leurs pensées, bien plus que dans des préceptes extérieurs gardés par des hommes.

Les pharisiens inspectent Jésus et Jésus scrute les pensées et les cœurs, le sens des actes. Il déplace ses interlocuteurs et il refuse le dualisme du pur et de l'impur qui tend à exclure. Il replace l'homme au centre de l'échange : à cinq reprises, Jésus convoque l'homme à un travail intérieur. Comme le psalmiste, nous expérimentons combien il est vital de mettre un frein à notre langue (*psaume*). Et la lettre de Jacques nous alerte : entendre, écouter ne constituent pas une fin en soi. La douceur de la Parole nous entraîne à devenir des croyants pratiquants, non pas des pratiquants du rite mais des pratiquants de la charité dans le monde, de ceux qui laveront les pieds à leurs frères et sœurs (*2e lecture*).

CHANTER

Le répertoire proposé ici conviendra également aux 23e et 24e dimanches.
Pour la procession d'ouverture : ***Écoute la voix du Seigneur*** **X 548 CNA 761**, ***Il est venu marcher sur nos routes*** **M 157-4 CNA 557**, ***Venez, Dieu nous appelle*** **A 46-49**, ***Peuple de baptisés*** **K 106 CNA 573**, ***Chantons avec toute l'Eglise*** **M 26-03**, ***Jour du Seigneur*** **AP 10-00-1 CNA 562.**
Pour la procession des dons : ***Tout vient de Dieu*** **B 50-05-2**, ***Voici rassemblée dans ce pain, dans ce vin*** **B 52-91-2** ou **B 52-91-3.**
Pour la procession de communion : ***Corps livré, Sang versé*** **D 54-18**, ***Le pain que tu nous donnes*** **D 83**, ***Voici le pain que donne Dieu*** **D 50-07-3**, ***De la table du Seigneur*** **D 80 CNA 324**, ***Tu fais ta demeure en nous*** **D 56-49**, ***Pain de Dieu, pain rompu*** **D 284 CNA 338.**
Après la communion : ***En accueillant l'amour*** **DP 126 CNA 325**, ***Tenons en éveil*** **Y 243-1 CNA 591**, ***Celui qui a mangé de ce pain*** **D 140 CNA 321**, ***N'oublions pas les merveilles de Dieu*** **ZL 33-34.**
On trouvera à chaque dimanche l'indication d'un chant qu'on pourra retenir.

Pour le 22e dimanche : ***La Parole de Dieu*** **X 59.**

Antienne d'ouverture

cf. Ps 85, 3.5

Prends pitié de moi, Seigneur,
car j'ai crié vers toi tout le jour,
toi qui es bon et qui pardonnes,
plein de miséricorde pour tous ceux qui t'appellent.

Gloria.

Prière

Dieu de l'univers, de qui vient tout don parfait, enracine en nos cœurs l'amour de ton nom ; augmente notre foi, pour développer ce qui est bon en nous ; veille sur nous avec sollicitude, pour protéger ce que tu as fait grandir. Par Jésus Christ, ton Fils, notre Seigneur, qui vit et règne avec toi dans l'unité du Saint-Esprit, Dieu, pour les siècles des siècles.

1re Lecture

Maintenant, écoute

→ Lecture du livre du Deutéronome 4, 1-2.6-8

Moïse disait au peuple : « Maintenant, Israël, écoute les décrets et les ordonnances que je vous enseigne pour que vous les mettiez en pratique. Ainsi vous vivrez, vous entrerez, pour en prendre possession, dans le pays que vous donne le Seigneur, le Dieu de vos pères. Vous n'ajouterez rien à ce que je vous ordonne, et vous n'y enlèverez rien, mais vous garderez les commandements du Seigneur votre Dieu tels que je vous les prescris. Vous les garderez, vous les mettrez en pratique ; ils seront votre sagesse et votre intelligence aux yeux de tous les peuples. Quand ceux-ci entendront parler de tous ces décrets, ils s'écrieront : "Il n'y a pas un peuple sage et intelligent comme cette grande nation !" Quelle est en effet la grande nation dont les dieux soient aussi proches que le Seigneur notre Dieu est proche de nous chaque fois que nous l'invoquons ? Et quelle est la grande nation dont les décrets et les ordonnances soient aussi justes que toute cette Loi que je vous donne aujourd'hui ? »

Psaume 14

℟. Seigneur, qui séjournera sous ta tente ?

Celui qui se conduit parfaitement,
qui agit avec justice
et dit la vérité selon son cœur.
Il met un frein à sa langue.

Il ne fait pas de tort à son frère
et n'outrage pas son prochain.
À ses yeux, le réprouvé est méprisable
mais il honore les fidèles du Seigneur.

Il ne reprend pas sa parole.
Il prête son argent sans intérêt,
n'accepte rien qui nuise à l'innocent.
Qui fait ainsi demeure inébranlable.

2e Lecture

Une parole à mettre en pratique

→ **Lecture de la lettre de saint Jacques** 1, 17-18.21b-22.27

Mes frères bien-aimés, les présents les meilleurs, les dons parfaits, proviennent tous d'en haut, ils descendent d'auprès du Père des lumières, lui qui n'est pas, comme les astres, sujet au mouvement périodique ni aux éclipses. Il a voulu nous engendrer par sa parole de vérité, pour faire de nous comme les prémices de toutes ses créatures. Accueillez dans la douceur la Parole semée en vous ; c'est elle qui peut sauver vos âmes. Mettez la Parole en pratique, ne vous contentez pas de l'écouter : ce serait vous faire illusion. Devant Dieu notre Père, un comportement religieux pur et sans souillure, c'est de visiter les orphelins et les veuves dans leur détresse, et de se garder sans tache au milieu du monde.

Alléluia. Alléluia. Le Père a voulu nous engendrer par sa parole de vérité, pour faire de nous comme les prémices de toutes ses créatures. **Alléluia.**

Évangile

La parole de Dieu, vérité pour le cœur

→ **Évangile de Jésus Christ selon saint Marc** 7, 1-8.14-15.21-23

En ce temps-là, les pharisiens et quelques scribes, venus de Jérusalem, se réunissent auprès de Jésus, et voient quelques-uns de ses disciples prendre leur repas avec des mains impures, c'est-à-dire non lavées. – Les pharisiens en effet, comme tous les Juifs, se lavent toujours soigneusement les mains avant de manger, par attachement à la tradition des anciens ; et au retour du marché, ils ne mangent pas avant de s'être aspergés d'eau, et ils sont attachés encore par tradition à beaucoup d'autres pratiques : lavage de coupes, de carafes et de plats. Alors les pharisiens et les scribes demandèrent à Jésus : « Pourquoi tes disciples ne suivent-ils pas la tradition des anciens ? Ils prennent leurs repas avec des mains impures. »

Jésus leur répondit : « Isaïe a bien prophétisé à votre sujet, hypocrites, ainsi qu'il est écrit : Ce peuple m'honore des lèvres, mais son cœur est loin de moi. C'est en vain qu'ils me rendent un culte ; les doctrines qu'ils enseignent ne sont que des préceptes humains. Vous aussi, vous laissez de côté le commandement de Dieu, pour vous attacher à la tradition des hommes. » Appelant de nouveau la foule, il lui disait : « Écoutez-moi tous, et comprenez bien. Rien de ce qui est extérieur à l'homme et qui entre en lui ne peut le rendre impur. Mais ce qui sort de l'homme, voilà ce qui rend l'homme impur. »

Il disait encore à ses disciples, à l'écart de la foule : « C'est du dedans, du cœur de l'homme, que sortent les pensées perverses : inconduites, vols, meurtres, adultères, cupidités, méchancetés, fraude, débauche, envie, diffamation, orgueil et démesure. Tout ce mal vient du dedans, et rend l'homme impur. »

Credo.

POUR LA PRIÈRE UNIVERSELLE

Avec Jésus, qui se donne à manger et se fait serviteur de la charité, Père, nous te prions :
– pour l'Église qui apprend sans cesse à être à l'image et la ressemblance de Jésus le serviteur : que la charité soit la visée de sa réflexion et de son action ;
– pour les chefs d'État dont certains ont le cœur et la pensée durcies par des années de corruption et d'orgueil : qu'ils retrouvent un chemin d'écoute des plus petits de leur pays ;
– pour les personnes qui s'engagent dans la sauvegarde de la Création : qu'ils trouvent une écoute et un soutien dans leur engagement ;
– pour nos communautés chrétiennes parfois trop focalisées sur ce qu'elles vivent en interne : qu'en leur sein, nous devenions de plus en plus des croyants pratiquants, attentifs à la charité vécue dans le monde.

Prière sur les offrandes

Que cette offrande sainte nous apporte à jamais, Seigneur, la bénédiction du salut, afin qu'elle donne toute sa force à ce qu'elle accomplit dans le sacrement. Par le Christ, notre Seigneur.

Antienne de la communion

Ps 30, 20

Qu'ils sont grands, tes bienfaits, Seigneur !
Tu les réserves à ceux qui te craignent.

Prière après la communion

Rassasiés par le pain reçu à la table du ciel, nous te prions, Seigneur : que cette nourriture fortifie en nos cœurs la charité, et nous stimule à te servir dans nos frères. Par le Christ, notre Seigneur.

« La charité dans les œuvres »

« Ma Mère, en lisant ce que je viens d'écrire, vous pourriez croire que la pratique de la charité ne m'est pas difficile... Il se trouve dans la communauté une sœur qui a le talent de me déplaire en toutes choses, ses manières, ses paroles, son caractère me semblaient très désagréables ; cependant c'est une sainte religieuse qui doit être très agréable au bon Dieu. Aussi ne voulant pas céder à l'antipathie naturelle que j'éprouvais, je me suis dit que la charité ne devait pas consister dans les sentiments, mais dans les œuvres. Alors je me suis appliquée à faire pour cette sœur ce que j'aurais fait pour la personne que j'aime le plus. »

Sainte Thérèse de l'Enfant Jésus de la Sainte Face,
Manuscrit C, Cerf, 1992, p. 252.

Bienheureuse Dina Bélanger (4 septembre). Née au Québec en 1897, pianiste à succès à New York, au tempérament fort et volontaire, elle entre dans la vie religieuse. Disciple de la Petite Voie de sainte Thérèse de Lisieux, elle met son souci dans les petites choses, dans son devoir d'état. Elle meurt à 33 ans.

CALENDRIER LITURGIQUE

Di 1er sept.	**22e dimanche B.** *Liturgie des Heures : Psautier semaine II.*
Lu 2	1 Corinthiens 2, 1-5 ; Ps 118 ; Luc 4, 16-30 : « Il m'a envoyé porter la Bonne Nouvelle aux pauvres. Aucun prophète ne trouve un accueil favorable dans son pays » *Au Canada, Bx André Grasset, prêtre et martyr, † 1792 à Paris, aux Carmes.*
Ma 3	S. Grégoire le Grand, pape, docteur de l'Église, † 604 (12 mars) à Rome. 1 Corinthiens 2, 10b-16 ; Ps 144 ; Luc 4, 31-37 : « Je sais qui tu es : tu es le Saint de Dieu »
Me 4	1 Corinthiens 3, 1-9 ; Ps 32 ; Luc 4, 38-44 : « Aux autres villes aussi, il faut que j'annonce la Bonne Nouvelle, car c'est pour cela que j'ai été envoyé » *Au Canada, Bse Dina Bélanger, vierge, † 1929.*
Je 5	1 Corinthiens 3, 18-23 ; Ps 23 ; Luc 5, 1-11 : « Laissant tout, ils le suivirent »
Ve 6	1 Corinthiens 4, 1-5 ; Ps 36 ; Luc 5, 33-39 : « Des jours viendront où l'Époux leur sera enlevé ; alors, ils jeûneront »
Sa 7	1 Corinthiens 4,6b-15 ; Ps 144 ; Luc 6, 1-5 : « Pourquoi faites-vous ce qui n'est pas permis le jour du sabbat ? »

Bonne fête ! 1er : Gilles, Josué. 2 : Ingrid. 3 : Grégoire, Grégory, Graziella. 4 : Rosalie, Irma, Marien, Moïse. 5 : Raïssa. 6 : Bertrand, Évelyne, Éva. 7 : Régine, Reine, Réjane.

Pour mémoire : le 1er septembre, Journée mondiale de prière pour la sauvegarde de la Création, instituée par le pape François le 6 août 2015, comme le fait aussi l'Église orthodoxe.

23e dimanche

8 SEPTEMBRE 2024

Une nouvelle Création

Le Seigneur passe… Le Sauveur ose emprunter les terres païennes de la Décapole et traverser les frontières (*évangile*). De même, Jésus brise nos propres frontières intérieures dont nous pourrions être prisonniers : nos ténèbres, nos aveuglements, nos mauvais critères nous enferment (*2e lecture*). Le Christ se présente à nous comme un pauvre que nous pouvons librement décider d'accueillir.

Dans l'évangile, « on » amène à Jésus un sourd-muet. Jésus s'investit dans une relation personnelle. Il commence par isoler la personne de la foule ; ce n'est plus un isolement mortifère mais une solitude dans un cœur à cœur de l'homme avec son Dieu. Ainsi, il lui redonne une première autonomie. Comme lors du récit de la création, Dieu sépare pour donner vie. Ici, Jésus, dans un infini respect se penche sur le mal de cet homme, comme il se penche sur le mal de tout être humain, comme il se penche sur notre mal personnel. Dans ce passage, personne n'est nommé ; ainsi, il pourrait s'agir de chacun d'entre nous. Et donc, il nous appartient de nous sentir personnellement concerné par cette rencontre.

Parole éternelle du Père, qui d'une parole peut guérir, Jésus surprend. En cette terre païenne, il va agir en thaumaturge soignant les deux organes de la parole : l'oreille et la bouche. Ses gestes et ses paroles ne sont pas sans rappeler les récits de la Genèse où le Créateur utilise de la terre pour modeler l'homme et lui insuffler la vie.

Avec ses mains, sa salive et son souffle, Jésus guérit et modèle un homme nouveau, il accomplit la prophétie d'Isaïe (*1re lecture*). Dieu « garde à jamais sa fidélité » (*psaume*), afin que tous voient, croient, deviennent héritiers du Royaume (*2e lecture*).

Comme la foule, soyons extrêmement « frappés » ; comme le sourd-muet, laissons Jésus agir afin de devenir nous-mêmes des hommes et des femmes qui ouvrent toutes sortes de frontières à ceux qui en ont besoin : pauvres, malades, étrangers.

Des chants sont proposés pour les 22e au 24e dimanches p. 563.

Pour le 23e dimanche : ***Ouvre mes yeux, Seigneur*** **GP 79-3 CNA 699**.

Antienne d'ouverture

cf. Ps 118, 137.124a

Toi, tu es juste, Seigneur,
tu es droit dans ton jugement.
Agis pour ton serviteur selon ta miséricorde.

Gloria.

Prière

Seigneur Dieu, par toi nous vient la rédemption, par toi nous est donnée l'adoption filiale ; dans ta bonté, regarde avec amour tes enfants ; à ceux qui croient au Christ, accorde la vraie liberté et la vie éternelle en héritage. Par Jésus Christ, ton Fils, notre Seigneur, qui vit et règne avec toi dans l'unité du Saint-Esprit, Dieu, pour les siècles des siècles.

1re Lecture

Dieu vient lui-même

→ Lecture du livre du prophète Isaïe 35, 4-7a

Dites aux gens qui s'affolent : « Soyez forts, ne craignez pas. Voici votre Dieu : c'est la vengeance qui vient, la revanche de Dieu. Il vient lui-même et va vous sauver. » Alors se dessilleront les yeux des aveugles, et s'ouvriront les oreilles des sourds. Alors le boiteux bondira comme un cerf, et la bouche du muet criera de joie ; car l'eau jaillira dans le désert, des torrents dans le pays aride. La terre brûlante se changera en lac, la région de la soif, en eaux jaillissantes.

Psaume 145

℟. Je veux louer le Seigneur, tant que je vis.
ou : **Alléluia.**

Le Seigneur garde à jamais sa fidélité,
il fait justice aux opprimés ;
aux affamés, il donne le pain ;
le Seigneur délie les enchaînés.

Le Seigneur ouvre les yeux des aveugles,
le Seigneur redresse les accablés,
le Seigneur aime les justes,
le Seigneur protège l'étranger.

Il soutient la veuve et l'orphelin,
il égare les pas du méchant.
D'âge en âge, le Seigneur régnera :
ton Dieu, ô Sion, pour toujours !

2e Lecture

Dieu fait des pauvres les héritiers du Royaume

→ Lecture de la lettre de saint Jacques 2, 1-5

Mes frères, dans votre foi en Jésus Christ, notre Seigneur de gloire, n'ayez aucune partialité envers les personnes. Imaginons que, dans votre assemblée, arrivent en même temps un homme au vêtement rutilant, portant une bague en or, et un pauvre au vêtement sale. Vous tournez vos regards vers celui qui porte le vêtement rutilant et vous lui dites : « Assieds-toi ici, en bonne place » ; et vous dites au pauvre : « Toi, reste là debout », ou bien : « Assieds-toi au bas de mon marchepied. » Cela, n'est-ce pas faire des différences entre vous, et juger selon de faux critères ? Écoutez donc, mes frères bien-aimés !

Dieu, lui, n'a-t-il pas choisi ceux qui sont pauvres aux yeux du monde pour en faire des riches dans la foi, et des héritiers du Royaume promis par lui à ceux qui l'auront aimé ?

Alléluia. Alléluia. Jésus proclamait l'Évangile du Royaume et guérissait toute maladie dans le peuple. **Alléluia.**

Évangile

Jésus réalise les promesses de Dieu

→ Évangile de Jésus Christ selon saint Marc 7, 31-37

En ce temps-là, Jésus quitta le territoire de Tyr ; passant par Sidon, il prit la direction de la mer de Galilée et alla en plein territoire de la Décapole. Des gens lui amènent un sourd qui avait aussi de la difficulté à parler, et supplient Jésus de poser la main sur lui. Jésus l'emmena à l'écart, loin de la foule, lui mit les doigts dans les oreilles, et, avec sa salive, lui toucha la langue. Puis, les yeux levés au ciel, il soupira et lui dit : « *Effata !* », c'est-à-dire : « Ouvre-toi ! » Ses oreilles s'ouvrirent ; sa langue se délia, et il parlait correctement.
Alors Jésus leur ordonna de n'en rien dire à personne ; mais plus il leur donnait cet ordre, plus ceux-ci le proclamaient. Extrêmement frappés, ils disaient : « Il a bien fait toutes choses : il fait entendre les sourds et parler les muets. »

Credo.

POUR LA PRIÈRE UNIVERSELLE

Que nos prières montent vers le Père :

– Dieu sauveur : que l'Église apprenne davantage à se déplacer vers des terres inconnues, dans des situations inédites, en brisant les frontières humaines pour y annoncer ta Parole ;

– Dieu sauveur : que les dirigeants et responsables politiques favorisent la communion au sein de leur peuple, entre riches et pauvres, entre autochtones et étrangers ;

– Dieu sauveur : que nos communautés chrétiennes sachent ouvrir leur porte pour sortir à la rencontre des hommes et des femmes qui ne leur ressemblent pas ;
– Dieu sauveur : que les enseignants et les élèves qui viennent de commencer l'année scolaire sachent s'accueillir avec tolérance, traverser les difficultés et se réjouir des succès.

Prière sur les offrandes

Seigneur Dieu, source de la piété véritable et de la paix, nous t'en prions, accorde-nous d'honorer dignement ta gloire par cette offrande ; que, dans la participation fidèle aux saints mystères, nous prenions davantage conscience de notre unité. Par le Christ, notre Seigneur.

Antienne de la communion

cf. Ps 41, 2-3

Comme un cerf altéré cherche la source des eaux,
ainsi mon âme te désire, toi, mon Dieu.
Mon âme a soif de Dieu, le Dieu vivant et fort.

Prière après la communion

Par ta parole, Seigneur, et par le sacrement du ciel, tu nourris tes fidèles et tu les fais vivre : accorde-nous de si bien profiter de tels dons que nous soyons associés pour toujours à la vie de ton Fils bien-aimé. Lui qui vit et règne pour les siècles des siècles.

L'âme franchira les frontières

« Renaître n'est pas autre chose que devenir progressivement un enfant. [...] Séparés de Dieu par le péché, nous sommes éclairés par sa lumière, pris dans les liens de plus en plus étroits de son amour, jusqu'à ce que, devenus de vrais enfants, nous soyons perdus en son sein, ne vivant plus que de sa vie et de son Esprit. »

P. Marie Eugène de l'Enfant Jésus, *Je veux voir Dieu*, Édition du Carmel, 1988, p. 842.

Saint Pierre Claver (9 septembre). Né en Catalogne en 1580, il entre dans la Compagnie de Jésus à 22 ans. Il part en mission à Bogota, puis met son intelligence et son intégrité au service des esclaves, leur prodiguant réconfort, subsistance et interprètes. Il se dévoue auprès des malades aux symptômes les plus répugnants et rend visite aux prisonniers de guerre. Il meurt de la peste en 1654.

CALENDRIER LITURGIQUE

Di 8	**23e dimanche B.** *Liturgie des Heures : Psautier semaine III.* [Nativité de la Bse Vierge Marie.]
Lu 9	1 Corinthiens 5, 1-8 ; Ps 5 ; Luc 6, 6-11 : « Il observaient Jésus pour voir s'il ferait une guérison le jour du sabbat » *S. Pierre Claver, prêtre, jésuite espagnol, apôtre des esclaves noirs, † 1654 à Carthagène en Colombie.*
Ma 10	1 Corinthiens 6, 1-11 ; Ps 149 ; Luc 6, 12-19 : « Il passa toute la nuit à prier Dieu ; il appela ses disciples et en choisit douze auxquels il donna le nom d'apôtres » *En Afrique du Nord, S. Némésianus et ses compagnons martyrs, † vers 258-258.*
Me 11	1 Corinthiens 7, 25-31 ; Ps 44 ; Luc 6, 20-26 : « Heureux, vous les pauvres. Mais quel malheur pour vous, les riches »
Je 12	1 Corinthiens 8, 1b-7.10-13 ; Ps 138 Luc 6, 27-38 : « Soyez miséricordieux comme votre Père est miséricordieux » Saint Nom de Marie. *En Afrique du Nord, S. Marcellin, martyr, † 413, à Carthage.*
Ve 13	S. Jean Chrysostome, évêque de Constantinople, docteur de l'Église, † 407. 1 Corinthiens 9,16-19.22-27 ; Ps 83 ; Luc 6, 39-42 : « Un aveugle peut-il guider un autre aveugle ? »
Sa 14	LA CROIX GLORIEUSE. Lectures propres : Nombres 21,4-9 ou Philippiens 2,6-11 ; Ps 77 ; Jean 3,13-17 : « Il faut que le Fils de l'homme soit élevé »

Bonne fête ! 8 : Adrien. 9 : Alain, Omer. 10 : Aubert, Inès. 11 : Adelphe, Jean-Gabriel. 12 : Guy. 13 : Aimé, Amé. 14 : Materne.

24e dimanche

15 SEPTEMBRE 2024

Ne pas se tromper

Tout en marchant, Jésus questionne ses disciples. Il les invite à exprimer ce qu'ils entendent à son propos. Incontestablement, les personnes reconnaissent l'exceptionnalité de Jésus, semblable à celle de Jean Baptiste, du prophète Élie, des prophètes, tous rendus célèbres par leurs paroles et leurs actes annonciateurs d'un sauveur à venir. Mais Pierre va au-delà : « Tu es le Christ ». Mais de quel Christ Pierre parle-t-il ? (*évangile*)

Et nous, que comprenons-nous devant pareille affirmation de foi ? Un Christ, semblable au roi Cyrus, païen favorable au peuple juif ? Un Christ Messie qui va rendre la liberté politique ? Un Christ souffrant annoncé par le prophète Isaïe (*1re lecture*) ? Jésus les fait taire, tant l'ambiguïté peut être grande et desservir la mission. D'ailleurs, ne sont-ils pas aux environs de Césarée de Philippe, ville à la connotation politique et impériale, ville qui porte le nom de César et du roi Hérode Philippe ? Jésus serait-il donc le roi, à l'image de César ou d'Hérode ?

Alors Jésus prêche ouvertement sur l'identité messianique et sur ce que signifie marcher à sa suite. Jésus est certes le Christ, le Messie envoyé par Dieu. Mais il s'agit d'un Messie souffrant qui prend sur lui les souffrances des hommes. Pour eux, il va offrir sa vie. Et sa mort va mettre une croix sur les « filets de la mort » (*psaume*). Nous préférerions certainement un Messie plus politiquement correct, plus glorieux. Mais ne nous y trompons pas car il appartient à Satan de tromper, et non aux disciples de Jésus que nous sommes. Être témoin du Christ constitue un long chemin de conversion, de lutte pour renoncer à nos conceptions et nous revêtir de la pensée de Dieu. Avec les disciples, en Église, reprenons la route qui mènera davantage à suivre le Messie souffrant !

Des chants sont proposés pour les 22e au 24e dimanches p. 563.

Pour le 24e dimanche : ***Les mots que tu nous dis* EP 164.**

Antienne d'ouverture

cf. Si 36, 18 (grec 21-22)

Donne la paix, Seigneur, à ceux qui t'attendent ;
que tes prophètes soient reconnus dignes de foi.
Écoute les prières de ton serviteur,
et de ton peuple Israël.

Gloria.

Prière

Dieu créateur et maître de tout, pose sur nous ton regard, et pour que nous ressentions l'effet de ton pardon, accorde-nous de te servir avec un cœur sans partage. Par Jésus Christ, ton Fils, notre Seigneur, qui vit et règne avec toi dans l'unité du Saint-Esprit, Dieu, pour les siècles des siècles.

1re Lecture

Dieu vient à mon secours

→ **Lecture du livre du prophète d'Isaïe** 50, 5-9a

Le Seigneur mon Dieu m'a ouvert l'oreille, et moi, je ne me suis pas révolté, je ne me suis pas dérobé. J'ai présenté mon dos à ceux qui me frappaient, et mes joues à ceux qui m'arrachaient la barbe. Je n'ai pas caché ma face devant les outrages et les crachats. Le Seigneur mon Dieu vient à mon secours ; c'est pourquoi je ne suis pas atteint par les outrages, c'est pourquoi j'ai rendu ma face dure comme pierre : je sais que je ne serai pas confondu. Il est proche, Celui qui me justifie. Quelqu'un veut-il plaider contre moi ? Comparaissons ensemble ! Quelqu'un veut-il m'attaquer en justice ? Qu'il s'avance vers moi ! Voilà le Seigneur mon Dieu, il prend ma défense ; qui donc me condamnera ?

Psaume 114

℟. Je marcherai en présence du Seigneur
sur la terre des vivants.
ou : **Alléluia.**

J'aime le Seigneur :
il entend le cri de ma prière ;
il incline vers moi son oreille :
toute ma vie, je l'invoquerai.

J'étais pris dans les filets de la mort,
retenu dans les liens de l'abîme,
j'éprouvais la tristesse et l'angoisse ;
j'ai invoqué le nom du Seigneur :
« Seigneur, je t'en prie, délivre-moi ! »

Le Seigneur est justice et pitié,
notre Dieu est tendresse.
Le Seigneur défend les petits :
j'étais faible, il m'a sauvé.

Il a sauvé mon âme de la mort,
gardé mes yeux des larmes
et mes pieds du faux pas.
Je marcherai en présence du Seigneur
sur la terre des vivants.

2e Lecture

Une foi agissante

→ Lecture de la lettre de saint Jacques 2, 14-18

Mes **frères**, si quelqu'un prétend avoir la foi, sans la mettre en œuvre, à quoi cela sert-il ? Sa foi peut-elle le sauver ?

Supposons qu'un frère ou une sœur n'ait pas de quoi s'habiller, ni de quoi manger tous les jours ; si l'un de vous leur dit : « Allez en paix ! Mettez-vous au chaud, et mangez à votre faim ! » sans leur donner le nécessaire pour vivre, à quoi cela sert-il ?

Ainsi donc, la foi, si elle n'est pas mise en œuvre, est bel et bien morte. En revanche, on va dire : « Toi, tu as la foi ; moi, j'ai les œuvres. Montre-moi donc ta foi sans les œuvres ; moi, c'est par mes œuvres que je te montrerai la foi. »

Alléluia. Alléluia. Que la croix du Seigneur soit ma seule fierté ! Par elle, le monde est crucifié pour moi, et moi pour le monde. **Alléluia.**

Évangile

« Pour vous, qui suis-je ? »

→ Évangile de Jésus Christ selon saint Marc 8, 27-35

En ce temps-là, Jésus s'en alla, ainsi que ses disciples, vers les villages situés aux environs de Césarée-de-Philippe. Chemin faisant, il interrogeait ses disciples : « Au dire des gens, qui suis-je ? » Ils lui répondirent : « Jean le Baptiste ; pour d'autres, Élie ; pour d'autres, un des prophètes. » Et lui les interrogeait : « Et vous, que dites-vous ? Pour vous, qui suis-je ? »

Pierre, prenant la parole, lui dit : « Tu es le Christ. » Alors, il leur défendit vivement de parler de lui à personne. Il commença à leur enseigner qu'il fallait que le Fils de l'homme souffre beaucoup, qu'il soit rejeté par les anciens, les grands prêtres et les scribes, qu'il soit tué, et que, trois jours après, il ressuscite. Jésus disait cette parole ouvertement.

Pierre, le prenant à part, se mit à lui faire de vifs reproches. Mais Jésus se retourna et, voyant ses disciples, il interpella vivement Pierre : « Passe derrière moi, Satan ! Tes pensées ne sont pas celles de Dieu, mais celles des hommes. »

Appelant la foule avec ses disciples, il leur dit : « Si quelqu'un veut marcher à ma suite, qu'il renonce à lui-même, qu'il prenne sa croix et qu'il me suive. Car celui qui veut sauver sa vie la perdra ; mais celui qui perdra sa vie à cause de moi et de l'Évangile la sauvera. »

Credo.

POUR LA PRIÈRE UNIVERSELLE

Forts de notre foi, confions à Dieu nos prières pour le monde :
– Seigneur, tu appelles l'Église à proclamer un Christ crucifié et ressuscité : nous te prions pour les pasteurs et les théologiens qui prêchent, afin que le peuple de Dieu grandisse dans la foi ;
– Seigneur, tu te soucies des grands de ce monde : nous te prions pour les hommes politiques, afin qu'ils servent davantage les plus petits dans la justice ;
– Seigneur, tu as connu la souffrance : nous te prions pour les personnes confrontées à une souffrance physique et psychique, afin qu'elles trouvent en toi la paix ;
– Seigneur, tu nous invites à marcher humblement à ta suite : nous te prions pour ceux qui aujourd'hui sont dans l'épreuve ; accorde-nous d'être proches d'eux, afin que nous fassions route ensemble en raison de ton amour.

Prière sur les offrandes

Sois favorable à nos supplications, Seigneur, et dans ta bonté accueille les offrandes de ceux qui te servent : que les dons offerts par chacun en l'honneur de ton nom soient utiles au salut de tous. Par le Christ, notre Seigneur.

Antienne de la communion

cf. Ps 35, 8

Qu'elle est précieuse, ta miséricorde, ô mon Dieu !
Les hommes trouvent refuge à l'ombre de tes ailes.

Prière après la communion

Que la force agissante de ce don divin, nous t'en prions, Seigneur, saisisse nos esprits et nos corps, afin que son influence, et non pas notre sentiment, prédomine toujours en nous. Par le Christ, notre Seigneur.

Méditer la Passion

« O Seigneur ! tout notre mal vient de ce que nous n'avons pas les yeux fixés sur vous, car si nous ne regardions que le chemin nous arriverions rapidement ; mais nous faisons mille chutes, mille faux pas, et nous perdons le chemin parce que nous ne fixons pas notre regard sur le vrai chemin. On dirait que ce chemin n'a jamais été parcouru, tant il nous semble nouveau. C'est chose déplorable en vérité ; je dis que nous ne semblons pas être chrétiens, ni ne paraissons avoir lu de toute notre vie le récit de la Passion. »

Saint Thérèse de Jésus, *Chemin de Perfection*, 16,11, Cerf, 1995, p. 758.

Bonne fête ! 15 : Dolorès, Roland, Lola, Lolita. 16 : Corneille, Cyprien, Édith, Ludmilla. 17 : Hildegarde Lambert, Robert, Renaud, Romuald, Réginald. 18 : Nadège, Sonia, Océan. 19 : Janvier, Émilie, Amélie. 20 : Davy. 21 : Matthieu, Débo-rah.

Sainte Hildegarde de Bingen (17 septembre). Née en 1098 en Rhénanie, elle est confiée à un monastère bénédictin dès l'âge de 8 ans. Mystique, illustratrice, musicienne, elle prêche en public dans de grandes villes. Elle écrit de nombreux ouvrages de médecine, de physique, de diététique, de christologie. Moniale libre, moderne et visionnaire, elle décède à 81 ans. Le peuple la reconnaît rapidement comme sainte. Elle reçoit le titre de docteur de l'Église en 2012.

CALENDRIER LITURGIQUE

Di 15	**24e dimanche B.** *Liturgie des Heures : Psautier semaine IV.* [Bse Vierge Marie des Douleurs.]
Lu 16	S. Corneille, pape, martyr, † 253 à Civitavecchia, et S. Cyprien, évêque de Carthage, martyr, † 258. 1 Corinthiens 11, 17-26.33 ; Ps 39 ; Luc 7, 1-10 : « Même en Israël, je n'ai pas trouvé une telle foi ! » *En Afrique du Nord,* S. Cyprien, patron principal d'Afrique du Nord, solennité.
Ma 17	1 Corinthiens 12, 12-14.27-31a ; Ps 99 ; Luc 7, 11-17 : « Jeune homme, je te l'ordonne, lève-toi » *S. Robert Bellarmin, évêque et cardinal, jésuite, docteur de l'Église, † 1621 à Rome.* *Ste Hildegarde de Bingen, vierge et docteur de l'Église, † 1179.* *En Belgique, S. Lambert, évêque de Maastricht, martyr à Liège, † 705.*
Me 18	1 Corinthiens 12, 31–13, 13 ; Ps 32 ; Luc 7, 31-35 : « Nous avons joué de la flûte, et vous n'avez pas dansé. Nous avons chanté des lamentations, et vous n'avez pas pleuré » *En Afrique du Nord,* S. Corneille, pape et martyr. *Au Luxembourg, S. Lambert.*
Je 19	1 Corinthiens 15, 1-11 ; Ps 117 ; Luc 7, 36-50 : « Ses péchés, ses nombreux péchés, sont pardonnés, puisqu'elle a montré beaucoup d'amour » *S. Janvier, évêque de Bénévent (Italie), martyr, † 304.* En France, Bse Vierge Marie de La Salette.
Ve 20	S. André Kim Tae-gon, prêtre, S. Paul Chong Ha-sang, et leurs compagnons, martyrs en Corée, de 1839 à 1864. 1 Corinthiens 15, 12-20 ; Ps 16 ; Luc 8, 1-3 : « Des femmes les accompagnaient et les servaient en prenant sur leurs ressources »
Sa 21	S. MATTHIEU, apôtre et évangéliste. Lectures propres : Éphésiens 4,1-7.11-13 ; Ps 18 A ; Mt 9,9-13 : « Suis-moi. L'homme se leva et le suivit »

25e dimanche

22 SEPTEMBRE 2024

Le chemin du serviteur

Nous voici invités, comme les disciples, à prendre, à la suite de Jésus, le chemin du serviteur. Ce chemin sera un chemin de souffrance, passant par la mort et la résurrection. De toute évidence, les disciples ne comprennent pas ce que Jésus annonce, eux qui rêvent d'un messie conquérant, et qui commencent à se disputer les premières places. Pourtant Jésus ne cesse de leur répéter qu'il n'y a pas d'autre chemin, pour le disciple, que celui du serviteur. Pour se faire comprendre, Jésus place un enfant, symbole des pauvres et de tous les exclus, au milieu du groupe des disciples. Désormais, il ne s'agit plus de savoir qui est le plus grand mais de savoir qui est capable d'accueillir le plus petit, le plus pauvre pour, en réalité, accueillir le Christ et son Père. Avec le Christ, la hiérarchie des valeurs est totalement inversée (*évangile*).

On saisit alors pourquoi Jésus est en butte à l'hostilité de ceux qui ont une conception erronée de la loi d'Alliance. Il est ce Juste, contestation vivante et permanente de « ceux qui méditent le mal », comme observait déjà l'auteur du livre de la Sagesse. Sa conduite, ses paroles, sa présence même ne peuvent que susciter hostilité et désir de l'éliminer (*1re lecture*). Pour suivre le chemin du serviteur et mettre nos pas dans les siens, n'avons-nous pas, nous-mêmes, à convertir nos désirs, à inverser la hiérarchie de nos valeurs, à modifier nos comportements ?

S. Jacques s'adresse à nous avec vigueur. Il rappelle que suivre le Christ requiert des actes, des attitudes nouvelles, une droiture que seule sa Sagesse venant de Dieu peut nous procurer *(2e lecture)*. Le chemin du serviteur est celui de la sainteté (*prière d'ouverture*). Demandons au Seigneur la grâce d'emprunter ce chemin, à sa suite et à son exemple.

CHANTER

Du 25e au 30e dimanche, un même répertoire de chants peut être retenu et, notamment, un même ordinaire de la messe.

Pour la procession d'ouverture : ***Pour avancer ensemble*** **K 20-38 CNA 524,** ***Dieu nous éveille à la foi*** **IA 20-70-3 CNA 546,** ***Dieu nous a tous appelés*** **KD 14-56-1 CNA 571,** ***Peuple choisi*** **K 64 CNA 543,** ***Louange de gloire*** **X 765 CNA 592,** ***Peuple de Dieu, marche joyeux*** **K 180 CNA 574,** ***Acclamez votre Dieu*** **A 67-19,** ***Église de ce temps*** **K 35-64 CNA 661.**

Pour la procession de communion : ***Venez, approchons-nous*** **D 19-30,** ***Voici le pain partagé*** **D 14-42 CNA 348,** ***Celui qui a mangé de ce pain*** **D 140 CNA 321,** ***Tu es le Dieu fidèle*** **D 163 CNA 346,** ***Mendiant du jour*** **DP 105-5 CNA 334,** ***En mémoire du Seigneur*** **D 304-1 CNA 327,** ***Voici le corps et le sang du Seigneur*** **D 44-80,** ***Corps livré, sang versé*** **D 54-18.**

Après la communion : ***Tu fais ta demeure en nous*** **D 56-49,** ***En accueillant l'amour*** **DP 126 CNA 325,** ***Pas de plus grand amour*** **EDIT 10-64 CNA 452,** ***Dieu très haut qui fais merveille*** **Y 243-1 CNA 591,** ***Rendons gloire à notre Dieu*** **Y 35-33,** ***Que ma bouche chante ta louange*** **EDIT 18-38.**

Pour l'envoi : ***Allez par toute la terre*** **T 20-76 CNA 533,** ***Jubilez, criez de joie*** **U 52-42 ou Y 68-11,** ***Marchons à la lumière du Seigneur*** **T 43-36,** ***Par la musique et par nos voix*** **Y 43-38 CNA 572.**

Si l'on souhaite caractériser davantage chaque dimanche, on pourra retenir :

– pour le 25e dimanche : ***Nul n'est disciple*** **VP 214.**

Antienne d'ouverture

Je suis le salut de mon peuple, dit le Seigneur,
dans toutes les épreuves, s'il crie vers moi, je l'exaucerai ;
je serai son Seigneur pour toujours.

Gloria.

Prière

Seigneur Dieu, tu as voulu que toute la loi de sainteté consiste à t'aimer et à aimer son prochain : donne-nous de garder tes commandements, et de parvenir ainsi à la vie éternelle. Par Jésus Christ, ton Fils, notre Seigneur, qui vit et règne avec toi dans l'unité du Saint-Esprit, Dieu, pour les siècles des siècles.

1re Lecture

Le juste tourmenté est mis à mort

→ Lecture du livre de la Sagesse 2, 12.17-20

Ceux qui méditent le mal se disent en eux-mêmes : « Attirons le juste dans un piège, car il nous contrarie, il s'oppose à nos entreprises, il nous reproche de désobéir à la loi de Dieu, et nous accuse d'infidélités à notre éducation. Voyons si ses paroles sont vraies, regardons comment il en sortira. Si le juste est fils de Dieu, Dieu l'assistera, et l'arrachera aux mains de ses adversaires. Soumettons-le à des outrages et à des tourments ; nous saurons ce que vaut sa douceur, nous éprouverons sa patience. Condamnons-le à une mort infâme, puisque, dit-il, quelqu'un interviendra pour lui. »

Psaume 53

℟. Le Seigneur est mon appui entre tous.

Par ton nom, Dieu, sauve-moi,
par ta puissance rends-moi justice ;
Dieu, entends ma prière,
écoute les paroles de ma bouche.

Des étrangers se sont levés contre moi,
des puissants cherchent ma perte :
ils n'ont pas souci de Dieu.

Mais voici que Dieu vient à mon aide,
le Seigneur est mon appui entre tous.
De grand cœur, je t'offrirai le sacrifice,
je rendrai grâce à ton nom, car il est bon !

2e Lecture

Renoncer à la violence, construire la paix dans la justice

→ Lecture de la lettre de saint Jacques 3, 16–4, 3

Bien-aimés, la jalousie et les rivalités mènent au désordre et à toutes sortes d'actions malfaisantes. Au contraire, la sagesse qui vient d'en haut est d'abord pure, puis pacifique, bienveillante, conciliante, pleine de miséricorde et féconde en bons fruits, sans parti pris, sans hypocrisie. C'est dans la paix qu'est semée la justice, qui donne son fruit aux artisans de la paix.

D'où viennent les guerres, d'où viennent les conflits entre vous ? N'est-ce pas justement de tous ces désirs qui mènent leur combat en vous-mêmes ? Vous êtes pleins de convoitises et vous n'obtenez rien, alors vous tuez ; vous êtes jaloux et vous n'arrivez pas à vos fins, alors vous entrez en conflit et vous faites la guerre. Vous n'obtenez rien parce que vous ne demandez pas ; vous demandez, mais vous ne recevez rien ; en effet, vos demandes sont mauvaises, puisque c'est pour tout dépenser en plaisirs.

Alléluia. Alléluia. Par l'annonce de l'Évangile, Dieu nous appelle à partager la gloire de notre Seigneur Jésus Christ. **Alléluia.**

Évangile

Si quelqu'un veut être le premier, qu'il soit le serviteur de tous

→ Évangile de Jésus Christ selon saint Marc 9, 30-37

En ce temps-là, Jésus traversait la Galilée avec ses disciples, et il ne voulait pas qu'on le sache, car il enseignait ses disciples en leur disant : « Le Fils de l'homme est livré aux mains des hommes ; ils le tueront et, trois jours après sa mort, il ressuscitera. » Mais les disciples ne comprenaient pas ces paroles et ils avaient peur de l'interroger.

Ils arrivèrent à Capharnaüm, et, une fois à la maison, Jésus leur demanda : « De quoi discutiez-vous en chemin ? » Ils se taisaient, car, en chemin, ils avaient discuté entre eux pour savoir qui était le plus grand. S'étant assis, Jésus appela les Douze et leur dit : « Si quelqu'un veut être le premier, qu'il soit le dernier de tous et le serviteur de tous. » Prenant alors un enfant, il le plaça au milieu d'eux, l'embrassa, et leur dit : « Quiconque accueille en mon nom un enfant comme celui-ci, c'est moi qu'il accueille. Et celui qui m'accueille, ce n'est pas moi qu'il accueille, mais Celui qui m'a envoyé. »

Credo.

POUR LA PRIÈRE UNIVERSELLE

Les yeux levés vers le Christ serviteur, demandons au Père d'envoyer, sur le monde et sur l'Église, un Esprit nouveau :
– pour ceux qui exercent un ministère ou une responsabilité dans l'Église et dans notre communauté, Père nous te prions ;
– pour les exclus, les oubliés dans notre société, dans l'Église et dans notre communauté, Père, nous te prions ;
– pour les victimes des injustices des hommes, pour les innocents condamnés, Père, nous te prions ;
– pour les chrétiens qui ont choisi de suivre le Christ serviteur malgré les persécutions et les jugements du monde, Père, nous te prions.

Prière sur les offrandes

Reçois favorablement, nous t'en prions, Seigneur, les dons présentés par ton peuple : que tous obtiennent par tes sacrements ce qu'ils proclament dans la ferveur de la foi. Par le Christ, notre Seigneur.

Antienne de la communion

Ps 118, 4-5

Toi, tu promulgues des préceptes,
à observer entièrement.
Puissent mes voies s'affermir
à observer tes commandements !

Prière après la communion

Dans ta bonté, Seigneur, fais que ton aide soutienne toujours ceux que tu as nourris de tes sacrements, afin qu'ils puissent, dans ces mystères et par toute leur vie, recueillir les fruits de la rédemption. Par le Christ, notre Seigneur.

Servir

« À l'exemple du Christ, l'Église est ainsi pleinement servante, quand elle s'occupe des enfants, des petits, des abandonnés, des exclus. Elle ne le fait pas d'abord dans un but de prosélytisme, pour façonner de jeunes esprits dans la foi. Elle le fait pour l'imiter. Elle le fait aussi parce que l'enfant est pour elle le rappel des vertus indispensables pour entrer dans le Royaume : la simplicité, la confiance, l'abandon, la capacité d'émerveillement, la tendresse. Sainte Thérèse de Lisieux l'avait bien compris, elle, dont la riche spiritualité est empreinte de cette admiration pour la pauvreté de la petite d'enfance. »

Denis Sonet, *L'Évangile au présent,* 2003, p. 118.

Saint Nicolas de Flüe (25 septembre), patron de la Suisse, est né en 1417 à Sachsen, en Suisse. Il est soldat, puis conseiller et juge de son canton. Marié et père de famille, il quitte sa famille, avec le consentement de sa femme, pour mener une vie d'ermite. Sa sagesse, sa piété, son art de la médiation et son amour de la paix ont fait sa réputation.

CALENDRIER LITURGIQUE

Di 22	**25e dimanche B.** *Liturgie des Heures : Psautier semaine I.* [*En Suisse, S. Maurice et ses compagnons, martyrs, † vers 303-305 à Agaune (Saint-Maurice-en-Valais).*]
Lu 23	*S. Pio de Pietrelcina (Padre Pio), prêtre, capucin, † 1968.* Proverbes 3, 27-34 ; Ps14 ; Luc 8, 16-18 : « On met la lampe sur le lampadaire pour que ceux qui entrent voient la lumière »
Ma 24	Proverbes 21, 1-6.10-13 ; Ps 118 ; Luc 8, 19-21 : « Ma mère et mes frères sont ceux qui écoutent la parole de Dieu, et qui la mettent en pratique » *Au Canada, Bse Émilie Tavernier-Gamelin, religieuse,* † 19e siècle.
Me 25	Proverbes 30, 5-9 ; Ps 118 ; Luc 9, 1-6 : « Il les envoya proclamer le règne de Dieu et guérir les malades » *Au Canada,* S. Côme et S. Damien, martyrs, 3e ou 4e siècle. *En Suisse,* S. Nicolas de Flüe, ermite, patron principal de la Confédération helvétique, † 1487 au Ranft (Sachseln, Suisse), solennité.
Je 26	Qohèleth 1, 2-11 ; Ps 89 ; Luc 9, 7-9 : « Jean, je l'ai fait décapiter. Mais qui est cet homme dont j'entends dire de telles choses ? » S. Côme et S. Damien, martyrs, 3e ou 4e siècle. *Au Canada,* S. Jean de Brébeuf, S. Isaac Jogues, prêtres, et leurs compagnons jésuites, martyrs, † de 1642 à 1649, patrons secondaires du Canada, fête.
Ve 27	S. Vincent de Paul, prêtre, fondateur des Prêtres de la Mission (Lazaristes), † 1660 à Paris. Qohèleth 3, 1-11 ; Ps 143 ; Luc 9, 18-22 : « Tu es le Christ »
Sa 28	Qohèleth 11, 9–12, 8 : Ps 89 ; Cant. Jérémie 31 ; Luc 9, 43b-45 : « Le Fils de l'homme va être livré aux mains des hommes » *S. Venceslas, duc de Bohême, martyr, † 929 ou 935.* *S. Laurent Ruiz et ses compagnons, martyrs à Nagasaki (Japon) de 1633 à 1637.*

Bonne fête ! 22 : Maurice, Morvan. 23 : Constant. 24 : Thècle. 25 : Herman, Firmin. 26 : Côme, Damien. 27 : Vincent. 28 : Venceslas.

26e dimanche

29 SEPTEMBRE 2024

Nous ouvrir à l'Esprit de Dieu

Jésus connaît bien le cœur de l'homme. Il sait que chacun peut être tenté de confisquer à son profit l'Esprit de Dieu. Nous mettant en garde contre cette tentation à laquelle les disciples n''échappent pas, il demande d'accueillir le plus largement possible l'action de l'Esprit chez ceux qui n'en sont pas les adversaires.

Le petit geste du verre d'eau, donné au nom de Jésus en faveur des disciples, en est une illustration parfaite. Ceux qui disent une parole ou posent un geste venant de Dieu ne se trouvent pas tous parmi les prophètes officiels. Pourtant, chaque fois que quelque chose de bon est produit, l'Esprit est présent. À l'inverse, chaque fois qu'est blessé un être humain, particulièrement un petit, c'est l'image de Dieu qui est abîmée et son Esprit nié. La question de la foi est donc bien posée par Jésus. Tout geste d'amour peut, sous la conduite de l'Esprit, nous ouvrir à la foi au Christ ; toute blessure infligée à l'homme est fermeture à l'Esprit et incite la victime à rejeter le Christ (*évangile*).

S. Jacques, quant à lui, nous met en garde d'étouffer l'Esprit qui nous presse de changer notre rapport aux richesses pour en faire un moyen de justice, de partage, de solidarité. Le refus d'entendre les cris des malheureux est une manière de refuser Dieu et le Christ. En condamnant le juste, c'est-à-dire tous ceux qui réclament justice, et en le tuant, les auteurs des injustices se ferment à l'Esprit de Dieu et au Christ (*2e lecture*).

Alors, comme Moïse, peut-être faut-il que nous appelions de nos vœux ce jour où le Seigneur, répandant largement son Esprit, fera « de tout son peuple un peuple de prophètes », un peuple ouvert à l'Esprit (*1re lecture*).

Demandons au Seigneur de « multiplier pour nous les dons de sa grâce » (*prière d'ouverture*).

Des chants sont proposés du 25e au 30e dimanches p. 585.

Pour le 26e dimanche : ***Ouvrez vos cœurs* KP 79-1 CNA 812.**

Antienne d'ouverture

cf. Dn 3, 31.29.30.43.42

Tout ce que tu nous as infligé, Seigneur,
tu l'as fait par un jugement de vérité,
car nous avons péché contre toi,
nous n'avons pas obéi à tes commandements ;
mais glorifie ton nom,
et agis envers nous selon l'abondance de ta miséricorde.

Gloria.

Prière

Seigneur Dieu, quand tu pardonnes et prends pitié, tu manifestes au plus haut point ta toute-puissance ; multiplie pour nous les dons de ta grâce : alors, en nous hâtant vers les biens que tu promets, nous aurons part au bonheur du ciel. Par Jésus Christ, ton Fils, notre Seigneur, qui vit et règne avec toi dans l'unité du Saint-Esprit, Dieu, pour les siècles des siècles.

1re Lecture

L'Esprit fait un peuple de prophètes

→ **Lecture du livre des Nombres** 11, 25-29

En **ces jours-là,** le Seigneur descendit dans la nuée pour parler avec Moïse. Il prit une part de l'esprit qui reposait sur celui-ci, et le mit sur les soixante-dix anciens. Dès que l'esprit reposa sur eux, ils se mirent à prophétiser, mais cela ne dura pas. Or, deux hommes étaient restés dans le camp ; l'un s'appelait Eldad, et l'autre Médad. L'esprit reposa sur eux ; eux aussi avaient été choisis, mais ils ne s'étaient pas rendus à la Tente, et c'est dans le camp qu'ils se mirent à prophétiser.

Un jeune homme courut annoncer à Moïse : « Eldad et Médad prophétisent dans le camp ! » Josué, fils de Noun, auxiliaire de Moïse depuis sa jeunesse, prit la parole : « Moïse, mon maître, arrête-les ! » Mais Moïse lui dit : « Serais-tu jaloux pour moi ? Ah ! Si le Seigneur pouvait faire de tout son peuple un peuple de prophètes ! Si le Seigneur pouvait mettre son esprit sur eux ! »

Psaume 18 B

℟. **Les préceptes du Seigneur sont droits,**
ils réjouissent le cœur.

La loi du Seigneur est parfaite,
qui redonne vie ;
la charte du Seigneur est sûre,
qui rend sages les simples.

La crainte qu'il inspire est pure,
elle est là pour toujours ;
les décisions du Seigneur sont justes
et vraiment équitables.

Aussi ton serviteur en est illuminé ;
à les garder, il trouve son profit.
Qui peut discerner ses erreurs ?
Purifie-moi de celles qui m'échappent.

Préserve aussi ton serviteur de l'orgueil :
qu'il n'ait sur moi aucune emprise.
Alors je serai sans reproche,
pur d'un grand péché.

2e Lecture

Vos richesses sont pourries

→ **Lecture de la lettre de saint Jacques** 5, 1-6

Vous autres, maintenant, les riches ! Pleurez, lamentez-vous sur les malheurs qui vous attendent. Vos richesses sont pourries, vos vêtements sont mangés des mites, votre or et votre argent sont rouillés. Cette rouille sera un témoignage contre vous, elle dévorera votre chair comme un feu. Vous avez amassé des richesses, alors que nous sommes dans les derniers jours ! Le salaire dont vous avez frustré les ouvriers qui ont moissonné vos champs, le voici qui crie, et les clameurs des moissonneurs sont parvenues aux oreilles du Seigneur de l'univers. Vous avez mené sur terre une vie de luxe et de délices, et vous vous êtes rassasiés au jour du massacre. Vous avez condamné le juste et vous l'avez tué, sans qu'il vous oppose de résistance.

Alléluia. Alléluia. Ta parole, Seigneur, est vérité ; dans cette vérité, sanctifie-nous. **Alléluia.**

Évangile

Être ouvert à l'Esprit

→ **Évangile de Jésus Christ selon saint Marc** 9, 38-43.45.47-48

En ce temps-là, Jean, l'un des Douze, disait à Jésus : « Maître, nous avons vu quelqu'un expulser les démons en ton nom ; nous l'en avons empêché, car il n'est pas de ceux qui nous suivent. »

Jésus répondit : « Ne l'en empêchez pas, car celui qui fait un miracle en mon nom ne peut pas, aussitôt après, mal parler de moi ; celui qui n'est pas contre nous est pour nous. Et celui qui vous donnera un verre d'eau au nom de votre appartenance au Christ, amen, je vous le dis, il ne restera pas sans récompense.

Celui qui est un scandale, une occasion de chute, pour un seul de ces petits qui croient en moi, mieux vaudrait pour lui qu'on lui attache au cou une de ces meules que tournent les ânes, et qu'on le jette à la mer. Et si ta main est pour toi une occasion de chute, coupe-la. Mieux vaut pour toi entrer manchot dans la vie éternelle que de t'en aller dans la géhenne avec tes deux mains, là où le feu ne s'éteint pas. Si ton pied est pour toi une occasion de chute, coupe-le. Mieux vaut pour toi entrer estropié dans la vie éternelle que de t'en aller dans la géhenne avec tes deux pieds. Si ton œil est pour toi une occasion de chute, arrache-le. Mieux vaut pour toi entrer borgne dans le royaume de Dieu que de t'en aller dans la géhenne avec tes deux yeux, là où le ver ne meurt pas et où le feu ne s'éteint pas. »

Credo.

POUR LA PRIÈRE UNIVERSELLE

Dans une prière largement ouverte, supplions le Père de répandre, sur l'Église et sur le monde, le souffle de son Esprit Saint :

– pour l'Église : qu'elle demeure accueillante et disponible aux appels de l'Esprit, nous te prions, Seigneur ;

– pour les disciples de Jésus : qu'ils rejettent toute intolérance et tout sectarisme, nous te prions, Seigneur ;

– pour celles et ceux qui sont esclaves de leurs richesses : qu'ils retrouvent la liberté que donne l'Esprit, nous te prions, Seigneur ;

– pour notre communauté : qu'elle sache accueillir tous les témoins de l'Évangile, nous te prions, Seigneur.

Prière sur les offrandes

Dieu de miséricorde, nous t'en prions, accueille cette offrande que nous te présentons : qu'elle ouvre largement pour nous la source de toute bénédiction. Par le Christ, notre Seigneur.

Antienne de la communion

cf. Ps 118, 49-50

Rappelle-toi ta parole à ton serviteur, Seigneur,
celle dont tu fis mon espoir.
Elle est ma consolation dans mon épreuve.

Prière après la communion

Que le sacrement du ciel, Seigneur, guérisse nos esprits et nos corps, afin qu'annonçant la mort du Christ et participant à ses souffrances, nous héritions avec lui de sa gloire. Lui qui vit et règne pour les siècles des siècles.

Se reconnaître pécheur

« L'Évangile nous montre une fois de plus l'immense mansuétude de Jésus. Il ne rejette pas ceux qui n'ont pas encore fait le pas décisif d'entrer dans son Église. Il charge son Esprit de préparer leur cœur à le reconnaître un jour. Il n'est sévère que pour ceux qui se disent vraiment ses disciples. Mais, cette sévérité est encore une marque d'amour, puisqu'elle a comme objectif de les amener à prendre conscience de la gravité du péché, afin que, se reconnaissant pécheurs, ils aient l'intelligence d'aller lui demander un pardon qu'il veut tellement leur accorder. »

Denis Sonet, *L'Évangile au présent,* 2003, p. 125.

Sainte Fleur (**5 octobre**) (1300-1347 environ) est née en Auvergne. À 14 ans, elle fait profession chez les religieuses de Saint Jean de Jérusalem, à l'hôpital de Beaulieu, dans le diocèse de Cahors. Son humilité, malgré des grâces extraordinaires (extases et miracles) et ses vertus, en firent un modèle pour ses compagnes.

CALENDRIER LITURGIQUE

Di 29	**26e dimanche B.** *Liturgie des Heures : Psautier semaine II.* [saints Michel, Gabriel et Raphaël, archanges.]
Lu 30	S. Jérôme, prêtre, docteur de l'Église, † 420 à Bethléem. Job 1, 6-22 ; Ps 16 ; Luc 9, 46-50 : « Le plus petit d'entre vous tous, c'est celui-là qui est grand »
Ma 1er oct.	Ste Thérèse de l'Enfant Jésus et de la Sainte Face, vierge, carmélite, docteur de l'Église, patronne des missions, patronne secondaire de la France, † 1897 à Lisieux. Job 3, 1-3.11-17.20-23 ; Ps 87 ; Luc 9, 51-56 : « Jésus, le visage déterminé, prit la route de Jérusalem »
Me 2	Saints Anges gardiens. Job 9, 1-12.14-16 ; Ps 87 ; Évangile propre : Luc 18, 1-5.10 « Leurs anges dans les cieux voient sans cesse la face de mon Père qui est aux cieux »
Je 3	Job 19, 21-27 ; Ps 26 ; Luc 10, 1-12 : « Votre paix ira reposer sur lui »
Ve 4	S. François, fondateur des Frères mineurs, † 1226 à Assise. Job 38, 1.12-21 ; 40, 3-5 ; Ps 138 ; Luc 10, 13-16 : « Celui qui me rejette rejette celui qui m'a envoyé »
Sa 5	Job 42, 1-3.5-6.12-17 ; Ps 55 ; Luc 10, 17-24 : « Réjouissez-vous parce que vos noms se trouvent inscrits dans les cieux » *Ste Faustine Kowalska, religieuse polonaise, messagère de la Divine Miséricorde, † 1938 à Cracovie.*

Bonne fête ! 29 : Michel, Michaël, Gabriel, Gaby, Raphaël. 30 : Jérôme, Geronimo. 1er octobre : Thérèse, Arielle. 2 : Léger. 3 : Blanche, Candide. 4 : François, Francis, Franck, Aure, Orianne. 5 : Faustine, Fleur, Flore, Capucine, Hortense, Violaine, Placide.

27e dimanche

6 OCTOBRE 2024

Différence, lien et unité

Les lectures de ce dimanche nous révèlent la grandeur, de la relation entre l'homme et la femme selon le projet divin. Nous dévoilant le dessein originel de Dieu sur le couple humain, le texte de la Genèse nous fait entendre les premières paroles de l'homme pour saluer la compagne que Dieu lui donne : « Voilà l'os de mes os et la chair de ma chair » ! Ce n'est pas une opposition qui les définit l'un par rapport à l'autre, mais un côte à côte, un compagnonnage de tous les jours. Le projet de Dieu n'est pas d'opposer l'homme et la femme mais de les faire partenaires d'une alliance d'amour dont le créateur est la source (*1re lecture*).

C'est à cette intention originelle du Créateur qu'en appelle Jésus face à la question que les pharisiens lui posent sur le divorce. Quelles que soient les possibilités offertes par la loi de Moïse, l'amour véritable, s'il veut répondre au projet de Dieu, doit être fidélité et accueil de l'autre comme un don qui lui est fait. Bien au-delà de la loi, l'accueil mutuel et permanent des époux est un appel à la sainteté. Malgré leurs différences, et grâce à leur côte à côte, les époux sont à l'image d'un Dieu unique en trois personnes ; c'est le lien d'amour et le don réciproque qui font leur unité (*évangile*).

Jésus, quant à lui, s'est rendu totalement solidaire de notre humanité. Il l'a épousée jusqu'à faire l'expérience de la mort et lui a ouvert un chemin de délivrance. Ressuscité, il est plus que jamais frère des hommes, lié à jamais à eux. Ainsi tout est question de lien à Dieu et de lien de l'homme et de la femme à Dieu et à l'autre *(2e lecture).* C'est en vivant nous-mêmes, les yeux fixés sur la Trinité, que nous saurons tisser des liens, vivre dans l'unité et vivre chaque jour un côte à côte d'amour.

Des chants sont proposés du 25e au 30e dimanche p. 585.

Pour le 27e dimanche : ***Aimer, c'est tout donner* X 59-79.**

Antienne d'ouverture

Est 13, 9.10-11 (grec : 17b-17c)

Seigneur, tout est soumis à ta volonté,
personne ne peut s'opposer à toi,
car c'est toi qui as fait le ciel et la terre
et toutes les merveilles qui sont sous le ciel.
Tu es le Seigneur de l'univers.

Gloria.

Prière

Dieu éternel et tout-puissant, dans ta tendresse inépuisable, tu combles ceux qui t'implorent, bien au-delà de leurs mérites et de leurs désirs ; répands sur nous ta miséricorde en délivrant notre conscience de ce qui l'inquiète et en donnant plus que nous n'osons demander. Par Jésus Christ, ton Fils, notre Seigneur, qui vit et règne avec toi dans l'unité du Saint-Esprit, Dieu, pour les siècles des siècles.

1re Lecture

« Tous deux ne feront plus qu'un »

→ Lecture du livre de la Genèse 2, 18-24

Le Seigneur Dieu dit : « Il n'est pas bon que l'homme soit seul. Je vais lui faire une aide qui lui correspondra. » Avec de la terre, le Seigneur Dieu modela toutes les bêtes des champs et tous les oiseaux du ciel, et il les amena vers l'homme pour voir quels noms il leur donnerait. C'étaient des êtres vivants, et l'homme donna un nom à chacun.

L'homme donna donc leurs noms à tous les animaux, aux oiseaux du ciel et à toutes les bêtes des champs. Mais il ne trouva aucune aide qui lui corresponde.

Alors le Seigneur Dieu fit tomber sur lui un sommeil mystérieux, et l'homme s'endormit. Le Seigneur Dieu prit une de ses côtes, puis il referma la chair à sa place. Avec la côte qu'il avait prise à l'homme, il façonna une femme et il l'amena vers l'homme. L'homme dit alors : « Cette fois-ci, voilà l'os de mes os et la chair de ma chair ! On l'appellera femme – Ishsha –, elle qui fut tirée de l'homme – Ish. » À cause de cela, l'homme quittera son père et sa mère, il s'attachera à sa femme, et tous deux ne feront plus qu'un.

Psaume 127

℟. Que le Seigneur nous bénisse
tous les jours de notre vie !

Heureux qui craint le Seigneur
et marche selon ses voies !
Tu te nourriras du travail de tes mains :
Heureux es-tu ! À toi, le bonheur !

Ta femme sera dans ta maison
comme une vigne généreuse,
et tes fils, autour de la table,
comme des plants d'olivier.

Voilà comment sera béni
l'homme qui craint le Seigneur.
De Sion, que le Seigneur te bénisse !
Tu verras le bonheur de Jérusalem tous les jours de ta vie,
et tu verras les fils de tes fils. Paix sur Israël.

2e Lecture

Tous frères en Jésus Christ

→ Lecture de la lettre aux Hébreux 2, 9-11

Frères, Jésus, qui a été abaissé un peu au-dessous des anges, nous le voyons couronné de gloire et d'honneur à cause de sa Passion et de sa mort. Si donc il a fait l'expérience de la mort, c'est, par grâce de Dieu, au profit de tous. Celui pour qui et par qui tout existe voulait conduire une multitude de fils jusqu'à la gloire ; c'est pourquoi il convenait qu'il mène à sa perfection, par des souffrances, celui qui est à l'origine de leur salut. Car celui qui sanctifie et ceux qui sont sanctifiés doivent tous avoir même origine ; pour cette raison, Jésus n'a pas honte de les appeler ses frères.

Alléluia. Alléluia. Si nous nous aimons les uns les autres, Dieu demeure en nous ; en nous, son amour atteint la perfection. **Alléluia.**

Évangile

« Ce que Dieu a uni,
que l'homme ne le sépare pas »

→ Évangile de Jésus Christ
selon saint Marc 10, 2-16 (lecture brève : 10, 2-12)

En ce temps-là, des pharisiens abordèrent Jésus et, pour le mettre à l'épreuve, ils lui demandaient : « Est-il permis à un mari de renvoyer sa femme ? » Jésus leur répondit : « Que vous a prescrit Moïse ? » Ils lui dirent : « Moïse a permis de renvoyer sa femme à condition d'établir un acte de répudiation. »

Jésus répliqua : « C'est en raison de la dureté de vos cœurs qu'il a formulé pour vous cette règle. Mais, au commencement de la création, *Dieu les fit homme et femme. À cause de cela, l'homme quittera son père et sa mère, il s'attachera à sa femme, et tous deux deviendront une seule chair.* Ainsi, ils ne sont plus deux, mais une seule chair. Donc, ce que Dieu a uni, que l'homme ne le sépare pas ! »

De retour à la maison, les disciples l'interrogeaient de nouveau sur cette question. Il leur déclara : « Celui qui renvoie sa femme et en épouse une autre devient adultère envers elle. Si une femme qui a renvoyé son mari en épouse un autre, elle devient adultère. »

Fin de la lecture brève

Des gens présentaient à Jésus des enfants pour qu'il pose la main sur eux ; mais les disciples les écartèrent vivement. Voyant cela, Jésus se fâcha et leur dit : « Laissez les enfants venir à moi, ne les empêchez pas, car le royaume de Dieu est à ceux qui leur ressemblent. Amen, je vous le dis : celui qui n'accueille pas le royaume de Dieu à la manière d'un enfant n'y entrera pas. » Il les embrassait et les bénissait en leur imposant les mains.

Credo.

POUR LA PRIÈRE UNIVERSELLE

Dans une prière largement ouverte, supplions Dieu le Père d'envoyer son Esprit d'amour :

– sur l'Église envoie ton Esprit d'amour : qu'elle soit signe de ta prévenance et de ta fidélité, nous te prions, Seigneur ;

– sur les couples engagés dans le mariage envoie ton Esprit d'amour : qu'ils trouvent en toi la source de leur amour, nous te prions, Seigneur ;

– sur les foyers brisés, les personnes remariées, envoie ton Esprit d'amour : qu'ils trouvent, dans nos communautés, un accueil fraternel, prions le Seigneur ;

– sur les enfants envoie ton Esprit d'amour : qu'ils aient toute leur place dans la vie et la prière de nos communautés, nous te prions, Seigneur.

Prière sur les offrandes

Accueille, Seigneur, nous t'en prions, le sacrifice que tu as toi-même institué : dans les saints mystères que nous célébrons pour te servir comme il convient, sanctifie-nous pleinement par ton œuvre de rédemption. Par le Christ, notre Seigneur.

Antienne de la communion

Lm 3, 25

Le Seigneur est bon pour qui se tourne vers lui,
pour l'âme qui le cherche.

Prière après la communion

Dieu tout-puissant, nous t'en prions : par la communion à ce sacrement, comble notre soif et notre faim de toi ; afin que nous puissions devenir ce que nous avons reçu. Par le Christ, notre Seigneur.

La route du bonheur

« Dieu a besoin de la famille ! N'est-elle pas ce "sein spirituel, le liquide amniotique de la foi" (Saint Thomas d'Aquin) ? Où Bernadette Soubirous a-t-elle puisé sa foi profonde, sinon dans cette prière qui chaque soir rassemblait la famille et lui faisait pressentir, à travers des mots qu'elle comprenait pourtant bien mal, la présence mystérieuse de Dieu ? La famille a besoin de Dieu ! Car, certains jours, la fidélité est dure à vivre. Le sacrement de mariage est là pour donner aux époux cette capacité de l'impossible, cette capacité d'aimer comme Dieu et d'aimer de l'amour même de Dieu. Leur petit oui d'époux fragiles est emporté dans le oui fidèle et indéfectible du Christ qui sur la croix épouse l'humanité. »

Denis Sonet, *L'Évangile au présent,* Droguet-Ardant, 2003, p. 134.

CALENDRIER LITURGIQUE

Di 6	**27e dimanche B.** *Liturgie des Heures : Psautier semaine III.* [*S. Bruno, prêtre, fondateur de la Grande Chartreuse, † 1101 en Calabre.* *Au Canada, Bse Marie-Rose Durocher, vierge, † 1849 à Longueil.*]
Lu 7	Bse Vierge Marie du Rosaire. Galates 1, 6-12 ; Ps 110 ; Luc 10, 25-37 ; « Qui est mon prochain ? »
Ma 8	Galates 1, 13-24 ; Ps 138 ; Luc 10, 38-42 : « Une femme nommée Marthe le reçut. Marie a choisi la meilleure part »
Me 9	Galates 2, 1-2.7-14 ; Ps 116 ; Luc 11, 1-4 : « Seigneur, apprends-nous à prier » S. Denis, évêque de Paris, et ses compagnons, martyrs, 3e siècle. [*S. Jean Leonardi, prêtre, fondateur des Clercs de la Mère de Dieu, † 1609 à Rome.*]
Je 10	Galates 3, 1-5 ; Cantique Luc1,60-75 ; Luc 11, 5-13 : « Demandez, on vous donnera »
Ve 11	Galates 3, 6-14 ; Ps 110 ; Luc 11, 15-26 : « Si c'est par le doigt de Dieu que j'expulse les démons, c'est donc que le règne de Dieu est venu jusqu'à vous » *S. Jean XXIII, pape, † 1963 à Rome.*
Sa 12	Galates 3, 22-29 ; Ps 104 ; Luc 11, 27-28 : « Heureuse la mère qui t'a porté en elle ! – Heureux plutôt ceux qui écoutent la parole de Dieu ! »

Bonne fête ! 6 : Bruno, Foy. 7 : Rosario, Gustave, Serge. 8 : Pélagie. 9 : Denis, Sara, Sybille. 10 : Ghislain, Ghislaine, Virgile. 11 : Firmin, Soledad. 12 : Séraphin.

Sainte Pélagie (8 octobre) aurait vécu au Ve siècle selon certaines sources. Actrice et courtisane à Antioche, elle se serait repentie de sa vie dissolue. Portant des vêtements d'homme, elle mène une vie d'ermite sur le mont des Oliviers. À sa mort, les autres moines, qui l'appelaient frère Pélage, découvrent qu'elle était en réalité une femme.

28e dimanche

13 OCTOBRE 2024

Tout quitter pour suivre Jésus

La demande de Jésus au jeune homme paraît insensée à nos yeux. Et pourtant, si la vraie sagesse était là ? Apparemment, le jeune homme a tout pour parvenir au bonheur : il est riche, il vit en observant fidèlement la loi. Il porte la réelle préoccupation de bien faire et désire avec force obtenir la vie éternelle. La question qu'il pose à Jésus est cependant révélatrice d'un manque car l'observance de la loi et la possession de richesses sont, en réalité, des carcans qui l'emprisonnent. Ni la loi ni les richesses ne peuvent sauver et ne sont porteuses de dynamisme. Seul, l'attachement à la personne de Jésus peut lui procurer le salut. La radicalité de la réponse de Jésus le surprend, le transperce jusqu'au plus profond de lui-même, mais il n'arrive pas à choisir le Christ et à abandonner tout ce qui fait sa vie (*évangile*).

À l'inverse, Salomon a reçu comme un don ce qu'il lui manquait et qu'il demandait : la Sagesse, c'est-à-dire la vie dans l'intimité de Dieu. Cette intimité n'a pas de prix et même la possession des biens les plus justes comme la santé, la beauté, l'intelligence ne sont rien à côté de la Sagesse. Cette sagesse n'a rien à voir avec un quelconque art de vivre, une indifférence au monde ou même une ascèse volontaire. Elle est une préférence qui donne sens à la vie (*1re lecture*).

Cette préférence vitale porte un nom : Jésus dont la parole vivante et tranchante transforme le cœur de l'homme et l'entraîne, à l'image de la vie du Maître, dans une aventure dont il ne sait pas où elle le mène, sinon au salut *(2e lecture)*.

Dans la célébration de l'eucharistie, Jésus nous adresse sa parole. Saurons-nous l'entendre aujourd'hui et tout quitter pour ne choisir que lui et le suivre ? Saurons-nous choisir la Sagesse, seule vraie richesse, puisqu'elle est intimité avec le Seigneur ?

Des chants sont proposés du 25e au 30e dimanches, p. 585.

Pour le 28e dimanche : ***Heureux, bienheureux*** **X 589.**

Antienne d'ouverture

cf. Ps 129, 3-4

Si tu retiens les fautes, Seigneur,
Seigneur, qui subsistera ?
Mais près de toi se trouve le pardon,
Dieu d'Israël.

Gloria.

Prière

Nous t'en prions, Seigneur : que ta grâce nous devance et qu'elle nous accompagne toujours, pour nous rendre attentifs à faire le bien sans relâche. Par Jésus Christ, ton Fils, notre Seigneur, qui vit et règne avec toi dans l'unité du Saint-Esprit, Dieu, pour les siècles des siècles.

1re Lecture

« À côté de la sagesse, j'ai tenu pour rien la richesse »

→ Lecture du livre de la Sagesse 7, 7-11

J'ai prié, et le discernement m'a été donné. J'ai supplié, et l'esprit de la Sagesse est venu en moi. Je l'ai préférée aux trônes et aux sceptres ; à côté d'elle, j'ai tenu pour rien la richesse ; je ne l'ai pas comparée à la pierre la plus précieuse ; tout l'or du monde auprès d'elle n'est qu'un peu de sable, et, en face d'elle, l'argent sera regardé comme de la boue. Plus que la santé et la beauté, je l'ai aimée ; je l'ai choisie de préférence à la lumière, parce que sa clarté ne s'éteint pas.

Tous les biens me sont venus avec elle et, par ses mains, une richesse incalculable.

Psaume 89

**℟. Rassasie-nous de ton amour, Seigneur :
nous serons dans la joie.**

Apprends-nous la vraie mesure de nos jours :
que nos cœurs pénètrent la sagesse.
Reviens, Seigneur, pourquoi tarder ?
Ravise-toi par égard pour tes serviteurs.

Rassasie-nous de ton amour au matin,
que nous passions nos jours dans la joie et les chants.
Rends-nous en joies tes jours de châtiment
et les années où nous connaissions le malheur.

Fais connaître ton œuvre à tes serviteurs
et ta splendeur à leurs fils.
Que vienne sur nous la douceur du Seigneur notre Dieu !
Consolide pour nous l'ouvrage de nos mains ;
oui, consolide l'ouvrage de nos mains.

2e Lecture

« Une Parole tranchante »

→ Lecture de la lettre aux Hébreux 4, 12-13

Frères, elle est vivante, la parole de Dieu, énergique et plus coupante qu'une épée à deux tranchants ; elle va jusqu'au point de partage de l'âme et de l'esprit, des jointures et des moelles ; elle juge des intentions et des pensées du cœur. Pas une créature n'échappe à ses yeux, tout est nu devant elle, soumis à son regard ; nous aurons à lui rendre des comptes.

Alléluia. Alléluia. Heureux les pauvres de cœur, car le royaume des Cieux est à eux ! **Alléluia.**

Évangile

« Vends ce que tu as et suis-moi »

→ Évangile de Jésus Christ selon saint Marc

10, 17-30 (lecture brève : 10, 17-27)

En ce temps-là, Jésus se mettait en route quand un homme accourut et, tombant à ses genoux, lui demanda : « Bon Maître, que dois-je faire pour avoir la vie éternelle en héritage ? »

Jésus lui dit : « Pourquoi dire que je suis bon ? Personne n'est bon, sinon Dieu seul. Tu connais les commandements :

Ne commets pas de meurtre,
ne commets pas d'adultère,
ne commets pas de vol,
ne porte pas de faux témoignage,
ne fais de tort à personne,
honore ton père et ta mère. »

L'homme répondit : « Maître, tout cela, je l'ai observé depuis ma jeunesse. »

Jésus posa son regard sur lui, et il l'aima. Il lui dit : « Une seule chose te manque : va, vends ce que tu as et donne-le aux pauvres ; alors tu auras un trésor au ciel. Puis viens, suis-moi. » Mais lui, à ces mots, devint sombre et s'en alla tout triste, car il avait de grands biens.

Alors Jésus regarda autour de lui et dit à ses disciples : « Comme il sera difficile à ceux qui possèdent des richesses d'entrer dans le royaume de Dieu ! » Les disciples étaient stupéfaits de ces paroles. Jésus reprenant la parole leur dit : « Mes enfants, comme il est difficile d'entrer dans le royaume de Dieu ! Il est plus facile à un chameau de passer par le trou d'une aiguille qu'à un riche d'entrer dans le royaume de Dieu. » De plus en plus déconcertés, les disciples se demandaient entre eux : « Mais alors, qui peut être sauvé ? » Jésus les regarde et dit : « Pour les hommes, c'est impossible, mais pas pour Dieu ; car tout est possible à Dieu. »

Fin de la lecture brève

Pierre se mit à dire à Jésus : « Voici que nous avons tout quitté pour te suivre. » Jésus déclara : « Amen, je vous le dis : nul n'aura quitté, à cause de moi et de l'Évangile, une maison, des frères, des sœurs, une mère, un père, des enfants ou une terre sans qu'il reçoive, en ce temps déjà, le centuple : maisons, frères, sœurs, mères, enfants et terres, avec des persécutions, et, dans le monde à venir, la vie éternelle. »

Credo.

POUR LA PRIÈRE UNIVERSELLE

Puisque ce qui est impossible pour les hommes est possible à Dieu, prions-le avec confiance :

– pour tous les chrétiens appelés à choisir Jésus et à le suivre, prions le Seigneur ;

– pour ceux qui sont fascinés par l'argent, le pouvoir, le plaisir facile et n'arrivent plus à choisir le chemin de la vie, prions le Seigneur ;

– pour celles et ceux qui, aujourd'hui, abandonnent tout à cause de Jésus et de l'Évangile, prions le Seigneur ;

– pour tous les hommes en quête de la Sagesse et pour ceux qui découvrent Jésus, prions le Seigneur ;

Prière sur les offrandes

Avec l'offrande de ce sacrifice, accueille, Seigneur, les prières de tes fidèles ; que cette liturgie célébrée avec ferveur nous fasse parvenir à la gloire du ciel. Par le Christ, notre Seigneur.

Antienne de la communion

Ps 33, 11

Des riches ont tout perdu, ils ont faim ;
qui cherche le Seigneur ne manquera d'aucun bien.

Prière après la communion

Seigneur, Dieu de majesté, nous t'en supplions humblement : puisque tu nous as nourris du Corps et du Sang très saints, rends-nous participants de la nature divine. Par le Christ, notre Seigneur.

La foi n'est pas une réalité juridique, mais une relation d'amour

« Le jeune homme riche était du bois dont on fait des chrétiens. Modèle classique et même envié du croyant fidèle, il lui manquait l'essentiel pour devenir disciple du Verbe fait chair et accéder à la religion parfaite. »

F. Deleclos, *Prends et mange la Parole*,
Centurion-Duculot, pp. 173-174.

Saint René Goupil (19 octobre) est né en 1608 en Anjou. Entré chez les Jésuites, il part travailler dans les hôpitaux de Nouvelle-France. En 1642, lors d'un voyage vers les missions huronnes, il est capturé, torturé puis assassiné par les Iroquois. Il meurt en prononçant le nom de Jésus.

CALENDRIER LITURGIQUE

Di 13	**28e dimanche B.** *Liturgie des Heures : Psautier semaine IV.*
Lu 14	Galates 4, 22-24.26-27.31–5, 1 ; Ps 112 ; Luc 11, 29-32 : « À cette génération, il ne sera donné que le signe de Jonas » *S. Calliste Ier, pape, martyr, † 222.*
Ma 15	Ste Thérèse d'Avila, réformatrice du Carmel, docteur de l'Église, † 1582. Galates 5, 1-6 ; Ps 118 ; Luc 11, 37-41 : « Donnez plutôt en aumône ce que vous avez, et alors tout sera pur pour vous »
Me 16	Galates 5, 18-25 ; Ps 1 ; Luc 11, 42-46 : « Quel malheur pour vous, pharisiens ! » *Ste Edwige, mère de famille puis religieuse, † 1243 en Silésie.* *Ste Marguerite-Marie Alacoque, visitandine, † 1690 à Paray-le-Monial.* *Au Canada, Ste Marie-Marguerite d'Youville, mère de famille puis religieuse, † 1771 à Montréal.*
Je 17	S. Ignace, évêque d'Antioche, martyr, † vers 107 à Rome. Éphésiens 1,1-10 ; Ps 97 ; Luc 11, 47-54 : « Cette génération devra rendre compte du sang de tous les prophètes »
Ve 18	S. LUC, évangéliste. Lectures propres : 2 Timothée 4,9-17b ; Ps 144 ; Luc 10,1-9 : « La moisson est abondante »
Sa 19	Éphésiens 1, 15-23 ; Ps 8 ; Luc 12, 8-12 : « L'Esprit Saint vous enseignera à cette heure-là ce qu'il faudra dire » *S. Jean de Brébeuf, S. Isaac Jogues, prêtres, et leurs compagnons jésuites, martyrs † entre 1642 à 1649 au Canada et aux États-Unis (Au Canada, 26 septembre).* *S. Paul de la Croix, prêtre, fondateur des Passionistes, † 1775 à Rome.*

Bonne fête ! 13 : Gérard. 14 : Calliste, Gwendoline. 15 : Thérèse, Térésa, Aurèle, Aurélie. 16 : Edwige, Marguerite-Marie, Bertrand. 17 : Ignace, Baudouin. 18 : Luc, Aimable. 19 : René.

29e dimanche

20 OCTOBRE 2024

La grandeur du service

Les Apôtres auraient-ils perdu toute sagesse ? Voilà Jacques et Jean qui réclament des places privilégiées. Voilà les autres disciples qui s'indignent dans un mouvement de jalousie révélateur de désirs bien mal orientés. L'ambition si humaine des deux premiers et l'indignation des autres sont l'occasion pour Jésus de préciser la notion évangélique de grandeur. Est grand celui qui sert et non celui qui commande en maître ou se fait servir. Quiconque veut partager la gloire du Christ doit marcher à sa suite, emprunter le même chemin, le chemin du serviteur qui passe par la souffrance et l'épreuve de la mort. Encore une fois, Jésus prend le contre-pied de la façon dont le monde considère l'autorité. Sa loi est la loi de la Sagesse qui contredit tout désir de domination. Renversement radical qui inaugure un nouveau type de rapports humains dont le comportement de Jésus lui-même nous est donné comme modèle : il est le serviteur qui donne sa vie et sa mort pour le salut des hommes (*évangile*).

Cette figure du serviteur souffrant nous renvoie à la prophétie d'Isaïe, faisant ainsi le lien entre l'Ancien Testament et Jésus. En ce serviteur de Dieu, fidèle jusque dans la souffrance, les chrétiens ont reconnu, depuis les origines, une figure annonciatrice de Jésus (*1re lecture*).

Solidaire de ses frères en humanité, Jésus a affronté l'épreuve dans la perfection de l'amour. Il est désormais notre intercesseur auprès du Père, notre compagnon de route et notre modèle *(2e lecture)*.

C'est par le Christ dont la loi est le service que nous sommes rassemblés. Forts de cette eucharistie où le Christ nous donne sa Parole et son pain de vie, nous saurons approfondir la grandeur du service et en porter le souci auprès de nos frères.

Des chants sont proposés du 25e au 30e dimanche, p. 585.

Pour le 29e dimanche : ***Ouvriers de la paix*** **XW 13-92-1 CNA 522.**

Antienne d'ouverture

Ps 16, 6.8

Je t'appelle, toi, le Dieu qui répond :
écoute-moi, entends ce que je dis.
Garde-moi comme la prunelle de l'œil ;
à l'ombre de tes ailes, cache-moi.

Gloria.

Prière

Dieu éternel et tout-puissant, fais-nous toujours agir pour toi d'une volonté ardente, et servir ta gloire d'un cœur sans partage. Par Jésus Christ, ton Fils, notre Seigneur, qui vit et règne avec toi dans l'unité du Saint-Esprit, Dieu, pour les siècles des siècles.

1re Lecture

Le juste qui justifiera les multitudes

→ **Lecture du livre du prophète Isaïe** 53, 10-11

Broyé par la souffrance, le Serviteur a plu au Seigneur. S'il remet sa vie en sacrifice de réparation, il verra une descendance, il prolongera ses jours : par lui, ce qui plaît au Seigneur réussira. Par suite de ses tourments, il verra la lumière, la connaissance le comblera. Le juste, mon serviteur, justifiera les multitudes, il se chargera de leurs fautes.

Psaume 32

℟. **Que ton amour, Seigneur, soit sur nous
comme notre espoir est en toi !**

Oui, elle est droite, la parole du Seigneur ;
il est fidèle en tout ce qu'il fait.
Il aime le bon droit et la justice ;
la terre est remplie de son amour.

Dieu veille sur ceux qui le craignent,
qui mettent leur espoir en son amour,
pour les délivrer de la mort,
les garder en vie aux jours de famine.

Nous attendons notre vie du Seigneur :
il est pour nous un appui, un bouclier.
Que ton amour, Seigneur, soit sur nous
comme notre espoir est en toi !

2e Lecture

Le grand prêtre qui compatit à nos faiblesses

→ **Lecture de la lettre aux Hébreux** 4, 14-16

Frères, en Jésus, le Fils de Dieu, nous avons le grand prêtre par excellence, celui qui a traversé les cieux ; tenons donc ferme l'affirmation de notre foi. En effet, nous n'avons pas un grand prêtre incapable de compatir à nos faiblesses, mais un grand prêtre éprouvé en toutes choses, à notre ressemblance, excepté le péché. Avançons-nous donc avec assurance vers le Trône de la grâce, pour obtenir miséricorde et recevoir, en temps voulu, la grâce de son secours.

Alléluia. Alléluia. Le Fils de l'homme est venu pour servir, et donner sa vie en rançon pour la multitude. **Alléluia.**

Évangile

« Le Fils de l'homme est venu donner sa vie en rançon pour la multitude »

→ Évangile de Jésus Christ selon saint Marc

10, 35-45 (lecture brève : 10,42-45)

En ce temps-là, Jacques et Jean, les fils de Zébédée, s'approchent de Jésus et lui disent : « Maître, ce que nous allons te demander, nous voudrions que tu le fasses pour nous. » Il leur dit : « Que voulez-vous que je fasse pour vous ? » Ils lui répondirent : « Donne-nous de siéger, l'un à ta droite et l'autre à ta gauche, dans ta gloire. » Jésus leur dit : « Vous ne savez pas ce que vous demandez. Pouvez-vous boire la coupe que je vais boire, être baptisés du baptême dans lequel je vais être plongé ? » Ils lui dirent : « Nous le pouvons. » Jésus leur dit : « La coupe que je vais boire, vous la boirez ; et vous serez baptisés du baptême dans lequel je vais être plongé. Quant à siéger à ma droite ou à ma gauche, ce n'est pas à moi de l'accorder ; il y a ceux pour qui cela est préparé. »

Les dix autres, qui avaient entendu, se mirent à s'indigner contre Jacques et Jean. Jésus les appela et leur dit : « Vous le savez : ceux que l'on regarde comme chefs des nations les commandent en maîtres ; les grands leur font sentir leur pouvoir. Parmi vous, il ne doit pas en être ainsi. Celui qui veut devenir grand parmi vous sera votre serviteur. Celui qui veut être parmi vous le premier sera l'esclave de tous : car le Fils de l'homme n'est pas venu pour être servi, mais pour servir, et donner sa vie en rançon pour la multitude. »

Début de la lecture brève

[En ce temps-là, Jésus disait à ses disciples :]

« Vous le savez : ceux que l'on regarde comme chefs des nations les commandent en maîtres ; les grands leur font sentir leur pouvoir. Parmi vous, il ne doit pas en être ainsi.

Celui qui veut devenir grand parmi vous sera votre serviteur. Celui qui veut être parmi vous le premier sera l'esclave de tous : car le Fils de l'homme n'est pas venu pour être servi, mais pour servir, et donner sa vie en rançon pour la multitude. »

Credo.

POUR LA PRIÈRE UNIVERSELLE

Par Jésus Christ, le serviteur, faisons monter vers Dieu notre prière :
– pour celles et ceux qui consacrent leur vie à l'annonce de l'Évangile : qu'ils mettent leurs pas dans les pas de Jésus, le serviteur, prions le Seigneur ;
– pour les chrétiens persécutés : qu'ils demeurent fermes dans la foi, les yeux fixés sur Jésus, le serviteur, prions le Seigneur ;
– pour ceux qui, dans le monde, dans l'Église, et dans notre communauté détiennent un pouvoir : qu'ils soient les serviteurs de tous, prions le Seigneur ;
– pour ceux que la souffrance accable : qu'ils trouvent une présence fraternelle au cœur de l'épreuve, prions le Seigneur.

Prière sur les offrandes

Accorde-nous, Seigneur, nous t'en prions, de te servir d'un cœur libre en te présentant ces dons ; puissions-nous, par un effet de ta grâce, être purifiés par ces mystères que nous célébrons. Par le Christ, notre Seigneur.

Antienne de la communion

cf. Ps 32, 18-19

Le Seigneur veille sur ceux qui le craignent,
qui mettent leur espoir en sa miséricorde,
pour délivrer leur âme de la mort,
les nourrir aux jours de famine.

Prière après la communion

Accorde-nous, Seigneur, nous t'en prions, de progresser en participant aux réalités du ciel ; ainsi, nous serons soutenus par tes bienfaits en ce temps et façonnés par ceux de l'éternité. Par le Christ, notre Seigneur.

Exercer un pouvoir à la manière de Jésus

« Le comportement de Jésus s'offrant à la disposition des hommes est le seul modèle de pouvoir que les chrétiens peuvent légitimement exercer les uns vis-à-vis des autres : il est venu "pour servir et donner sa vie en rançon" (verset 45). Le mot "rançon" est difficile : on accepte mal sa tonalité financière ; il fait penser à un prix que Jésus aurait payé par sa mort, on ne sait pas très bien à qui, d'ailleurs… En fait, il y a bien dans le texte de Marc l'idée de libération, libération des prisonniers ou des esclaves que nous sommes, mais il n'est pas nécessaire d'imaginer un rançonneur. En mourant, Jésus s'est fait l'esclave des hommes ; il l'a fait pour que nous soyons libérés de tout ce qui nous rend esclaves, le péché, les oppressions et bien d'autres choses encore.

Jésus est réellement le libérateur. Aussi l'autorité exercée par ses disciples doit-elle être d'abord libératrice ».

M. Quesnel, *Comment lire un évangile, Marc*,
Seuil, p. 192.

Saint Cédric ou saint Cedde (26 octobre) est un moine anglais de la première moitié du VIIe siècle. Élevé par Saint Alban à l'abbaye de Lindisfarne, il évangélise les Saxons de l'Est de l'Angleterre. Sacré évêque, il siège à Londres. Il fonde l'abbaye de Lastingay où il meurt de la peste le 26 octobre 664.

CALENDRIER LITURGIQUE

Di 20	**29e dimanche B.** *Liturgie des Heures : Psautier semaine I.*
Lu 21	Éphésiens 2, 1-10 ; Ps 99 ; Luc 12, 13-21 : « Ce que tu auras accumulé, qui l'aura ? »
Ma 22	Éphésiens 2, 12-22 ; Ps 84 ; Luc 12, 35-38 « Heureux les serviteurs que le maître, à son arrivée, trouvera en train de veiller » *S. Jean-Paul II, pape, † 2005 à Rome.*
Me 23	Éphésiens 3, 2-12 ; Cant. Isaïe 12 ; Luc 12, 39-48 : « À qui l'on a beaucoup donné, on demandera beaucoup » *S. Jean de Capistran, prêtre, franciscain, † 1456 à Vilock (Croatie)*
Je 24	Éphésiens 3, 14-21 ; Ps 32 ; Luc 12, 49-53 : « Pensez-vous que je sois venu mettre la paix sur la terre ? Non, je vous le dis, mais bien plutôt la division »
Ve 25	ou dernier dimanche d'octobre, *en Afrique du Nord, Belgique, Canada, France et Luxembourg,* **DÉDICACE DES ÉGLISES dont on ignore la date de consécration.**
Sa 26	Éphésiens 4, 7-16 ; Ps 121 ; Luc 13, 1-9 : « Si vous ne vous convertissez pas, vous périrez tous de même »

Bonne fête ! 20 : Line, Adeline, Aline. 21 : Ursule, Céline. 22 : Élodie, Salomé. 23 : Séverin. 24 : Florentin, Magloire. 25 : Enguerran ou Enguerrand, Doria. 26 : Dimitri. 27 : Émeline. 28 : Thaddée, Teddy, Simon, Simone. 29 : Narcisse. 30 : Bienvenu. 31 : Quentin, Wolfgang.

Pour mémoire : Le 20 octobre : aujourd'hui, journée de la mission universelle. Le week-end prochain, passage à l'heure d'hiver.

30e dimanche

27 OCTOBRE 2024

S'ouvrir à la lumière

Le peuple d'Israël est exilé. Dans la nuit de la déportation, le prophète Jérémie annonce une espérance : avec la tendresse d'un père, Dieu va faire revenir son peuple exilé. Relevant la foi et l'espérance de ses frères, Jérémie les invite à tourner leur regard vers l'avenir que Dieu leur prépare. Il les appelle à la joie. Une lumière s'allume dans leurs ténèbres, espérance ouverte à tous, même à celles et ceux qui seraient normalement inaptes à une telle marche vers la terre de leurs ancêtres. S'ils s'ouvrent dans la foi à cette nouvelle aurore, la joie succédera aux larmes *(1re lecture).*

Figé dans ses ténèbres, l'aveugle vit en marge de la société, immobile sur le bord de la route. Pour lui aussi, l'avenir paraît bien sombre. Voilà que Jésus est annoncé. Tout change, une lumière s'allume dans le cœur de l'aveugle et sa foi, son espérance le font bondir et crier sa détresse à Jésus. Là où les témoins ne voyaient qu'un exclu dont il fallait faire taire les cris, Jésus révèle un croyant dont le cœur est déjà ouvert à la vraie lumière, la lumière de la foi en Lui. Reste à Jésus à lui ouvrir les yeux pour que l'aveugle puisse désormais marcher fidèlement à sa suite, en vrai disciple *(évangile).*

Quant à l'auteur de l'épître aux Hébreux, il nous invite à nous ouvrir à la lumière. Là où nos yeux de chair ne voient que la faiblesse d'un condamné, la lumière de la foi nous donne de percevoir le grand prêtre qui nous met en relation avec Dieu *(2e lecture).*

Nous voici invités à nous ouvrir, dans la foi et l'espérance, à la lumière du Christ, à nous mettre à sa suite, au lieu de nous figer dans les ténèbres de nos infirmités, de nos exils intérieurs, de nos échecs missionnaires. Réjouissons-nous : le Christ ouvre nos yeux à sa lumière et nous invite à le suivre même sur le chemin de sa Passion et de sa Résurrection.

Des chants sont proposés du 25e au 30e dimanche p. 585.

Pour le 30e dimanche : ***Lumière pour l'homme*** **EP 61-3 CNA 568.**

Antienne d'ouverture

cf. Ps 104, 3-4

Joie pour les cœurs qui cherchent Dieu.
Cherchez le Seigneur, et vous serez affermis,
recherchez sans trêve sa face.

Gloria.

Prière

Dieu éternel et tout-puissant, augmente en nous la foi, l'espérance et la charité ; et pour que nous puissions obtenir ce que tu promets, fais-nous aimer ce que tu commandes. Par Jésus Christ, ton Fils, notre Seigneur, qui vit et règne avec toi dans l'unité du Saint-Esprit, Dieu, pour les siècles des siècles.

1re Lecture

« L'aveugle et le boiteux, je les fais revenir »

→ **Lecture du livre du prophète Jérémie** 31, 7-9

Ainsi parle le Seigneur : Poussez des cris de joie pour Jacob, acclamez la première des nations ! Faites résonner vos louanges et criez tous : « Seigneur, sauve ton peuple, le reste d'Israël ! » Voici que je les fais revenir du pays du nord, que je les rassemble des confins de la terre ; parmi eux, tous ensemble, l'aveugle et le boiteux, la femme enceinte et la jeune accouchée : c'est une grande assemblée qui revient. Ils avancent dans les pleurs et les supplications, je les mène, je les conduis vers les cours d'eau par un droit chemin où ils ne trébucheront pas. Car je suis un père pour Israël, Éphraïm est mon fils aîné.

Psaume 125

**℟. Quelles merveilles le Seigneur fit pour nous :
nous étions en grande fête !**

Quand le Seigneur ramena les captifs à Sion,
nous étions comme en rêve !
Alors notre bouche était pleine de rires,
nous poussions des cris de joie.

Alors on disait parmi les nations :
« Quelles merveilles fait pour eux le Seigneur ! »
Quelles merveilles le Seigneur fit pour nous :
nous étions en grande fête !

Ramène, Seigneur, nos captifs,
comme les torrents au désert.
Qui sème dans les larmes
moissonne dans la joie.

Il s'en va, il s'en va en pleurant,
il jette la semence ;
il s'en vient, il s'en vient dans la joie,
il rapporte les gerbes.

2e Lecture

« Tu es prêtre de l'ordre de Melkisédek pour l'éternité »

→ **Lecture de la lettre aux Hébreux** 5, 1-6

Tout grand prêtre est pris parmi les hommes ; il est établi pour intervenir en faveur des hommes dans leurs relations avec Dieu ; il doit offrir des dons et des sacrifices pour les péchés. Il est capable de compréhension envers ceux qui commettent des fautes par ignorance ou par égarement, car il est, lui aussi, rempli de faiblesse ; et, à cause de cette faiblesse, il doit offrir des sacrifices pour ses propres péchés comme pour ceux du peuple. On ne s'attribue pas cet honneur à soi-même, on est appelé par Dieu, comme Aaron.

Il en est bien ainsi pour le Christ : il ne s'est pas donné à lui-même la gloire de devenir grand prêtre ; il l'a reçue de Dieu, qui lui a dit : *Tu es mon Fils, moi, aujourd'hui, je t'ai engendré,* car il lui dit aussi dans un autre psaume : *Tu es prêtre de l'ordre de Melkisédek pour l'éternité.*

Alléluia. Alléluia. Notre Sauveur, le Christ Jésus, a détruit la mort, il a fait resplendir la vie par l'Évangile. **Alléluia.**

Évangile

« Rabbouni, que je retrouve la vue »

→ Évangile de Jésus Christ selon saint Marc 10, 46b-52

En ce temps-là, tandis que Jésus sortait de Jéricho avec ses disciples et une foule nombreuse, le fils de Timée, Bartimée, un aveugle qui mendiait, était assis au bord du chemin. Quand il entendit que c'était Jésus de Nazareth, il se mit à crier : « Fils de David, Jésus, prends pitié de moi ! » Beaucoup de gens le rabrouaient pour le faire taire, mais il criait de plus belle : « Fils de David, prends pitié de moi ! »

Jésus s'arrête et dit : « Appelez-le. » On appelle donc l'aveugle, et on lui dit : « Confiance, lève-toi ; il t'appelle. » L'aveugle jeta son manteau, bondit et courut vers Jésus. Prenant la parole, Jésus lui dit : « Que veux-tu que je fasse pour toi ? » L'aveugle lui dit : « *Rabbouni*, que je retrouve la vue ! » Et Jésus lui dit : « Va, ta foi t'a sauvé. » Aussitôt l'homme retrouva la vue, et il suivait Jésus sur le chemin.

Credo.

POUR LA PRIÈRE UNIVERSELLE

Avec foi et persévérance, faisons monter vers Dieu notre prière :
– pour tous ceux qui sont assis au bord de la route et que personne ne voit, nous te prions, Seigneur ;
– pour les malades et tous ceux qui souffrent d'un handicap qui les isole dans la société, nous te prions, Seigneur ;
– pour tous les témoins de la lumière aux quatre points du monde, nous te prions, Seigneur ;
– pour notre communauté dont la foi et l'espérance ont besoin d'être entretenues, nous te prions, Seigneur.

Prière sur les offrandes

Regarde les présents que nous t'offrons, nous t'en prions, Seigneur, Dieu de majesté : permets que notre célébration soit d'abord tournée vers ta gloire. Par le Christ, notre Seigneur.

Antienne de la communion

cf. Ps 19, 6

Nous trouverons la joie en ton salut,
et la grandeur dans le nom de notre Dieu.

Prière après la communion

Que tes sacrements, Seigneur, nous t'en prions, achèvent de produire en nous ce qu'ils contiennent ; puissions-nous saisir dans sa pleine vérité ce que notre célébration préfigure aujourd'hui. Par le Christ, notre Seigneur.

Chercher la lumière

« Il n'est pas demandé aux hommes de croire d'abord, mais de chercher passionnément la vérité. Le chrétien, comme les autres, doit toujours être animé par cette soif de vrai et ne jamais rester engoncé dans le fauteuil douillet de ses certitudes. »

Denis Sonet, *L'Évangile au présent*, Droguet-Ardant, 2003, p. 152.

CALENDRIER LITURGIQUE

Di 27	**30e dimanche B.** *Liturgie des Heures : Psautier semaine II.*
Lu 28	S. SIMON et S. JUDE, apôtres. Lectures propres : Éphésiens 2, 19-22 ; Ps 18 A ; Luc 6, 12-19 : « Il en choisit douze auxquels il donna le nom d'apôtres »
Ma 29	Éphésiens 5, 21-33 ; Ps 127 ; Luc 13, 18-21 : « La graine a poussé, elle est devenue un arbre »
Me 30	Éphésiens 6, 1-9 ; Ps 144 ; Luc 13, 22-30 : « On viendra de l'orient et de l'occident, prendre place au festin dans le royaume de Dieu » *En Afrique du Nord, Ss. Marcel et Maximilien, soldats, martyrs sous Dioclétien, le premier à Tanger († 30 septembre 298), le second à Tébessa († 12 mars 295).*
Je 31	Éphésiens 6,10-20 ; Ps 143 ; Luc 13, 31-35 : « Il ne convient pas qu'un prophète périsse en dehors de Jérusalem »
Ve 1er nov.	**TOUS LES SAINTS**, p. 625.
Sa 2	**COMMÉMORATION DE TOUS LES FIDÈLES DÉFUNTS**, p. 632.

Bonne fête ! 27 : Émeline. 28 : Thaddée, Teddy, Simon, Simone. 29 : Narcisse. 30 : Bienvenu. 31 : Quentin, Wolfgang. 1er : Mathurin. 2 : Tobie.

Pour mémoire : Dernier dimanche d'octobre, dimanche de la Réformation pour les communautés protestantes.

Saint Quentin (31 octobre) selon les sources aurait été un apôtre originaire de Rome, envoyé en Gaule du Nord, dans le courant de la seconde moitié du IIIe siècle, pour l'évangéliser. Avec ses compagnons, dont Lucien, il aurait évangélisé les régions de Beauvais et d'Amiens. Arrêté, torturé, il fut décapité et son corps jeté dans les marais qui entouraient la Somme.

Tous les saints

1er NOVEMBRE 2024

Tous appelés

Nous nous représentons souvent les saints comme des êtres d'exception, et la sainteté comme un sommet à atteindre, réservé à une élite. Pourtant, dans l'Église primitive, tous les baptisés étaient appelés saints. En effet, vivre selon l'Évangile n'est pas réservé à quelques privilégiés. Ce ne sont pas quelques uns qui vivent une vie de bonheur dans l'au-delà, mais « une foule immense, que nul ne pouvait dénombrer, une foule de toutes nations, tribus, peuples et langues ». Ainsi, l'auteur de l'Apocalypse, levant le voile sur le terme de l'histoire, laisse entrevoir que tous ceux qui ont marché sur les traces de Jésus partageront sa victoire *(1re lecture).* Si tous sont appelés à la sainteté, quel est le chemin pour y parvenir ? Jésus répond à la question en proclamant les Béatitudes. Les saints sont celles et ceux qui, les yeux fixés sur lui, fidèles en actes à son enseignement et à son exemple, ont vécu ces Béatitudes, dans leur vie la plus ordinaire. Unis au Christ dans la vie comme dans la mort, ils le seront aussi dans la lumière de sa résurrection. L'Évangile est une promesse de bonheur, un bonheur à recevoir dans l'immédiat et accessible à celles et ceux qui cherchent à se configurer au Christ (*évangile*).

Cette configuration au Christ de tous les enfants de Dieu nécessite de connaître avant de faire, de connaître que Dieu est amour, c'est-à-dire de croire, de lui faire confiance, de le laisser éclairer notre route et nous faire découvrir le bonheur que le Christ propose à tous les enfants de Dieu. Ce bonheur est un don de Dieu, le fruit de son amour *(2e lecture).* Alors, si nous fêtons en ce jour tous nos frères et sœurs que l'Église nous donne en exemple, réjouissons-nous d'être tous appelés à la sainteté, la sainteté que Dieu offre à tous ses enfants.

CHANTER

Pour la procession d'ouverture : ***Aujourd'hui est jour de fête*** **W 47-38-1 CNA 644**, ***Dieu, nous te louons*** **W 1 CNA 646**, ***Litanie des Saints*** **W 12 bis CNA 478**, ***Église du Seigneur*** **K 128 CNA 662**, ***Bienheureux, le peule des élus*** **WX 13-22.**

Pour la procession de communion : ***Nous formons un même corps*** **C 105 CNA 570**, ***Tu fais ta demeure en nous*** **D 56•49.**

Après la communion, ***Heureux, bienheureux*** **X 589**, ***Les Béatitudes*** **Y 15**, ***Autour du trône de l'Agneau*** **WP 587 CNA 645.**

Pour l'envoi : ***Dieu, nous te louons*** **W 1 CNA 646**, si on ne l'a pas chanté au début de la célébration.

Antienne d'ouverture

Tous ensemble, réjouissons-nous dans le Seigneur,
célébrons ce jour de fête en l'honneur de tous les saints.
Les anges se réjouissent avec nous de cette fête ;
ils en glorifient le Fils de Dieu.

Gloria.

Prière

Dieu éternel et tout-puissant, tu nous donnes de célébrer dans une même fête la gloire de tous les saints ; puisqu'une telle multitude intercède pour nous, accorde-nous ce que nous désirons, l'abondance de ta miséricorde. Par Jésus Christ, ton Fils, notre Seigneur, qui vit et règne avec toi dans l'unité du Saint-Esprit, Dieu, pour les siècles des siècles.

1re Lecture

La foule immense des rachetés

→ Lecture de l'Apocalypse de saint Jean 7, 2-4.9-14

Moi, Jean, j'ai vu un ange qui montait du côté où le soleil se lève, avec le sceau qui imprime la marque du Dieu vivant ; d'une voix forte, il cria aux quatre anges qui avaient reçu le pouvoir de faire du mal à la terre et à la mer : « Ne faites pas de mal à la terre, ni à la mer, ni aux arbres, avant que nous ayons marqué du sceau le front des serviteurs de notre Dieu. » Et j'entendis le nombre de ceux qui étaient marqués du sceau : ils étaient cent quarante-quatre mille, de toutes les tribus des fils d'Israël.

Après cela, j'ai vu : et voici une foule immense, que nul ne pouvait dénombrer, une foule de toutes nations, tribus, peuples et langues. Ils se tenaient debout devant le Trône et devant l'Agneau, vêtus de robes blanches, avec des palmes à la main. Et ils s'écriaient d'une voix forte : « Le salut appartient à notre Dieu qui siège sur le Trône et à l'Agneau ! » Tous les anges se tenaient debout autour du Trône, autour des Anciens et des quatre Vivants ; se jetant devant le Trône, face contre terre, ils se prosternèrent devant Dieu. Et ils disaient : « Amen ! Louange, gloire, sagesse et action de grâce, honneur, puissance et force à notre Dieu, pour les siècles des siècles ! Amen ! » L'un des Anciens prit alors la parole et me dit : « Ces gens vêtus de robes blanches, qui sont-ils, et d'où viennent-ils ? » Je lui répondis : « Mon seigneur, toi, tu le sais. » Il me dit : « Ceux-là viennent de la grande épreuve ; ils ont lavé leurs robes, ils les ont blanchies par le sang de l'Agneau. »

Psaume 23

℟. Voici le peuple de ceux qui cherchent ta face, Seigneur.

Au Seigneur, le monde et sa richesse,
la terre et tous ses habitants !
C'est lui qui l'a fondée sur les mers
et la garde inébranlable sur les flots.

Qui peut gravir la montagne du Seigneur
et se tenir dans le lieu saint ?
L'homme au cœur pur, aux mains innocentes,
qui ne livre pas son âme aux idoles.

Il obtient, du Seigneur, la bénédiction,
et de Dieu son Sauveur, la justice.
Voici le peuple de ceux qui le cherchent !
Voici Jacob qui recherche ta face !

2e Lecture

Nous sommes enfants de Dieu

→ Lecture de la première lettre de saint Jean 3, 1-3

Bien-aimés, voyez quel grand amour nous a donné le Père pour que nous soyons appelés enfants de Dieu – et nous le sommes. Voici pourquoi le monde ne nous connaît pas : c'est qu'il n'a pas connu Dieu. Bien-aimés, dès maintenant, nous sommes enfants de Dieu, mais ce que nous serons n'a pas encore été manifesté. Nous le savons : quand cela sera manifesté, nous lui serons semblables car nous le verrons tel qu'il est. Et quiconque met en lui une telle espérance se rend pur comme lui-même est pur.

Alléluia. Alléluia. Venez à moi, vous tous qui peinez sous le poids du fardeau, dit le Seigneur, et moi, je vous procurerai le repos. **Alléluia.**

Évangile

Les Béatitudes

→ Évangile de Jésus Christ selon saint Matthieu 5, 1-12a

En ce temps-là, voyant les foules, Jésus gravit la montagne. Il s'assit, et ses disciples s'approchèrent de lui. Alors, ouvrant la bouche, il les enseignait. Il disait :

« Heureux les pauvres de cœur,
car le royaume des Cieux est à eux.
Heureux ceux qui pleurent,
car ils seront consolés.

Heureux les doux,
car ils recevront la terre en héritage.
Heureux ceux qui ont faim et soif de la justice,
car ils seront rassasiés.
Heureux les miséricordieux,
car ils obtiendront miséricorde.
Heureux les cœurs purs,
car ils verront Dieu.
Heureux les artisans de paix,
car ils seront appelés fils de Dieu.
Heureux ceux qui sont persécutés pour la justice,
car le royaume des Cieux est à eux.

Heureux êtes-vous si l'on vous insulte, si l'on vous persécute et si l'on dit faussement toute sorte de mal contre vous, à cause de moi. Réjouissez-vous, soyez dans l'allégresse, car votre récompense est grande dans les cieux ! »

Credo.

POUR LA PRIÈRE UNIVERSELLE

En ce jour de fête, unissons notre prière au Père avec tous les saints du ciel :
– pour ton Église appelée à guider les hommes vers la sainteté, nous te prions, Seigneur ;
– pour nos frères et sœurs persécutés à cause de leur foi, et pour tous les témoins de l'Évangile, nous te prions, Seigneur ;
– pour les artisans de paix et celles et ceux qui s'ouvrent à toutes les détresses, nous te prions, Seigneur ;
– pour nos familles et nos communautés appelées à vivre chaque jour les Béatitudes, nous te prions, Seigneur.

Prière sur les offrandes

Daigne accepter, Seigneur, l'offrande que nous te présentons en l'honneur de tous les saints ; puisque nous croyons qu'ils sont déjà dans la paix de l'immortalité, accorde-nous d'éprouver aussi leur sollicitude pour notre salut. Par le Christ, notre Seigneur.

Préface

La gloire de Jérusalem, notre mère

Vraiment, il est juste et bon, pour ta gloire et notre salut, de t'offrir notre action de grâce, toujours et en tout lieu, Seigneur, Père très saint, Dieu éternel et tout-puissant.
Car tu nous donnes de célébrer aujourd'hui la cité du ciel, notre mère la Jérusalem d'en haut; c'est là que nos frères les saints, déjà rassemblés, chantent sans fin ta louange. Et nous qui marchons vers elle par le chemin de la foi, nous hâtons le pas, joyeux de voir glorifiés ces enfants de l'Église dont tu fais un exemple et un secours pour notre faiblesse.
C'est pourquoi, avec la foule immense des saints et des anges, d'une seule voix, nous célébrons ta louange en proclamant:
Saint! Saint! Saint, le Seigneur, Dieu de l'univers!

Dans les Prières eucharistiques, textes propres à la Toussaint.

Antienne de la communion

Mt 5, 8-10

Heureux les cœurs purs,
car ils verront Dieu!
Heureux les artisans de paix,
car ils seront appelés fils de Dieu!
Heureux ceux qui sont persécutés pour la justice,
car le royaume des Cieux est à eux!

Prière après la communion

Tu es admirable, Seigneur Dieu; tu es le seul saint, toi que nous adorons dans tous les saints; nous implorons ta grâce: quand par elle nous serons parvenus à la sainteté dans la plénitude de ton amour, fais-nous passer de la table des pèlerins au banquet de la patrie du ciel. Par le Christ, notre Seigneur.

Pour être saint, il suffit d'aimer

« En lisant ce passage de l'Évangile, nous reconnaissons souvent une ou deux qualités que possédaient nos proches (parents, amis, voisins) qui nous ont quittés. D'une façon ou d'une autre, tous ont aimé. Or, l'amour résume toutes les Béatitudes. Aujourd'hui, ils sont dans la gloire et le bonheur, parce qu'ils ont aimé. Ils se trouvent au Royaume de l'amour. Certes, ils n'ont pas forcément fait des actions éclatantes, mais ils ont fait l'essentiel : ils ont aimé simplement, pauvrement, avec leurs défauts inévitables, leurs faiblesses, et parfois cette incapacité d'exprimer tout l'amour qu'ils cachaient dans leur cœur.

S'ils sont saints alors qu'ils étaient des gens comme nous, il nous est aussi possible de devenir les saints de demain. Il suffit d'aimer ! ».

Denis Sonet, *L'Évangile au présent*,
Droguet-Ardant, 2003, pp. 214-215.

Commémoration de tous les fidèles défunts

2 NOVEMBRE 2024

Je crois en la résurrection des morts

La résurrection est au centre de la foi chrétienne et elle figure deux fois dans le credo : « Je crois à la résurrection des morts et à la vie éternelle ». Pour les chrétiens, Jésus est bien ressuscité et, en conséquence, nous dit S. Paul, nous croyons que les morts ressuscitent. C'est ce qui distingue la foi chrétienne des autres croyances comme la réincarnation. Alors, lorsque nous prions pour les défunts, c'est cette foi que nous affirmons et qu'il nous faut sans cesse annoncer ; à la suite du Christ, nos défunts sont appelés à ressusciter et à vivre de la vie éternelle : « Si l'on proclame que Christ est ressuscité des morts, comment certains d'entre vous disent-ils qu'il n'y a pas de résurrection des morts ? » (1 Co 15, 12).

La résurrection n'est pas une simple réanimation. Elle est de l'ordre d'un achèvement, d'une perfection que seul Dieu est capable de nous donner. Croire en la résurrection des morts, c'est affirmer que la mort ne nous conduit pas au néant mais à un accomplissement total de notre vie et de notre histoire. Croire en la résurrection des morts, c'est donner un sens à notre vie, l'inscrire dans une espérance, dans la promesse que Dieu nous fait dans la résurrection du Christ.

Prier pour les défunts, ce n'est pas seulement nous souvenir de celles et ceux que nous avons aimés. C'est affirmer que notre histoire ne s'éteint pas à la mort, qu'elle n'est pas perdue mais qu'elle est assumée par Dieu qui la conduit à son terme. C'est annoncer une espérance : la promesse de Dieu est sûre et, en Lui, nous espérons. Telle est notre foi.

CHANTER

Au début de la célébration : ***Souviens-toi de Jésus Christ*** **IX 45 CNA 588,** ***En toi, Seigneur, mon espérance*** **GP 45-35 CNA 417** ou **418,** ***Celui qui aime a déjà franchi la mort*** **S 89 XNA 733.**

Pour la procession de communion : ***Tu nous guideras*** **J 15 CNA 596,** ***Pain véritable*** **D 103 CNA 340.**

Pour l'action de grâce : ***Depuis l'aube*** **IP 29 CNA 489,** ***Le Seigneur est ma lumière*** **ZL74-14 CNA 596,** ***Jésus qui es aux cieux*** **J 10 CNA 737.**

Les lectures peuvent être choisies librement dans le tome III du Lectionnaire de la messe, le Lectionnaire des saints, messes rituelles, etc., et défunts. Parmi les nombreuses lectures possibles, on trouvera dans ce missel les textes suivants :

1re Lecture

Dn 12,1-3	La résurrection des morts, p. 651.

Psaume

Ps 22	Le Seigneur est mon berger, p. 511.
Ps 129	Je mets mon espoir dans le Seigneur, ci-après.

2e Lecture

Ac 10,34...43	Les Apôtres, témoins de la résurrection, p. 361.
Rm 6,3-11	Plongés par le baptême dans la mort et la résurrection du Christ, p. 344.
Rm 8,14-17	L'esprit des fils, p. 448.
Rm 8,31-34	« Qui sera contre nous ? », p. 239.
1 Co 15,20-27	Dans le Christ, tous revivront, p. 543.
1 Jn 3,1-2	Enfants de Dieu, semblables au Christ, p. 391.
1 Jn 4,7-10	Dieu est amour, p. 405.

Évangile

Mt 5,1-12a	Les béatitudes, p. 628.
Lc 24,13-35	Le chemin d'Emmaüs, p. 364.
Jn 3,14-21	Le Fils envoyé pour sauver, p. 256.
Jn 6,51-58	La vraie nourriture pour la vie du monde, p. 551.
Jn 10,11-18	Le bon pasteur donne sa vie, p. 392.

Psaume 129

**℟. Je mets mon espoir dans le Seigneur,
je suis sûr de sa parole !**

Des profondeurs je crie vers toi, Seigneur,
Seigneur, écoute mon appel !
Que ton oreille se fasse attentive
au cri de ma prière !

Si tu retiens les fautes, Seigneur,
Seigneur, qui subsistera ?
Mais près de toi se trouve le pardon
pour que l'homme te craigne.

J'espère le Seigneur de toute mon âme ;
je l'espère, et j'attends sa parole.
Mon âme attend le Seigneur
plus qu'un veilleur ne guette l'aurore.

Oui, près du Seigneur, est l'amour ;
près de lui, abonde le rachat.
C'est lui qui rachètera Israël
de toutes ses fautes.

POUR LA PRIÈRE UNIVERSELLE

Notre Dieu est un Père tendre et miséricordieux. Adressons-lui notre prière :

– pour les membres de nos familles, nos amis, nos proches décédés, nous te prions, Seigneur ;

– pour les victimes des guerres, des attentats et de toutes les violences, nous te prions, Seigneur ;
– pour ceux qui meurent dans la solitude et pour lesquels personne ne prie, nous te prions, Seigneur ;
– pour celles et ceux qui n'ont aucune espérance, nous te prions, Seigneur ;
– pour nos frères et sœurs qui s'investissent dans l'accompagnement des familles en deuil, nous te prions, Seigneur.

La résurrection des corps

« Les défunts sont appelés à ressusciter dans leur corps. Nos contemporains croient difficilement à cette résurrection des corps et ils adressent volontiers à l'Église les paroles que les Athéniens disaient à saint Paul : *Sur cette question nous t'écouterons une autre fois* (Ac 17, 32).

Pourtant, il n'est pas difficile de comprendre qu'un être humain sans le corps, qui a marqué sa vie et ses comportements, n'est plus lui-même. Le corps ressuscité ne sera bien sûr pas constitué des particules matérielles qui le composaient sur terre. Ce "corps spirituel", dont parle saint Paul, sera composé d'une matière nouvelle. Pourtant, nous reconnaissons en lui notre corps d'ici-bas, car notre esprit, marqué par les empreintes de notre corps terrestre, informera cette matière : cet esprit déterminera l'arrangement de cette matière renouvelée. »

Denis Sonet, *L'Évangile au présent*,
Droguet-Ardant, 2003, p. 221.

31e dimanche

3 NOVEMBRE 2024

Une loi nouvelle

« Tu aimeras le Seigneur ton Dieu, de tout ton cœur, de toute ton âme et de toute ta force ». Tel est le cœur de la foi d'Israël, le cœur de sa prière quotidienne. À ce Dieu unique qui a voulu se lier d'Alliance avec son peuple, il n'y a qu'une seule façon de répondre : l'aimer. Cet amour-là n'est pas ordinaire. Il découle d'une attitude que Dieu attend de son peuple : écouter. Écouter est bien autre chose qu'entendre. L'écoute exige une attitude intérieure, une disponibilité de tout l'être, pour que ce qui est entendu le soit à la lumière de l'amour de Dieu afin d'y répondre, une capacité à entendre l'amour de Dieu et à y répondre par l'amour. C'est ainsi qu'il nous faut comprendre la crainte de Dieu, attachement passionné qui envahit tout notre être et se traduit en confiance (*1re lecture*).

S'appuyant sur ce commandement de Dieu, Jésus nous entraîne bien plus loin. Il résume l'essentiel de la Loi nouvelle qu'il vient instaurer et dévoile le sens de sa vie et de sa mort. Le nouveau commandement « Tu aimeras ton prochain », mis en relation avec le premier, vérifie la sincérité de l'amour que l'on porte à Dieu. L'amour du prochain n'est pas une option, il est le révélateur de notre relation à Dieu, de l'écoute de sa Parole (*évangile*).

En allant jusqu'au bout de l'amour de Dieu et de ses frères, Jésus est devenu notre grand prêtre, le grand prêtre parfait intercédant pour nous auprès de son Père. Ainsi, le Christ est l'Amour qui se laisse conduire par son Père au point culminant de l'amour parfait : donner sa vie pour ceux qu'on aime *(2e lecture).*

À nous, aujourd'hui, d'apprendre à écouter la parole de Dieu que le Christ enrichit d'un précepte nouveau. À ceux qui la mettent en pratique, Jésus promet une réponse inouïe qui dépasse toute espérance : « Si quelqu'un m'aime, il gardera ma parole... mon Père l'aimera et nous viendrons vers lui » (*verset de l'évangile*).

CHANTER

Le répertoire proposé ce dimanche pourra être repris pour les 32e et 33e dimanches.

Pour la procession d'ouverture : ***Pour avancer ensemble* KD 20-38 CNA 524**, ***Veillons jusqu'au jour* X 516**, ***À ce monde que tu fais* RT 146-1 CNA 526**, ***Fais paraître ton jour* HY 53 CNA 552**, ***Peuple où s'avance le Seigneur* K 82 CNA 578** (couplets 1, 2 et 4), ***Peuple choisi* K 64 CNA 543.**

Pour l'acclamation à l'évangile : ***Alléluia* I 47 CNA 215-12.**

Pour la procession de communion : ***Celui qui aime est né de Dieu* D 18-13 CNA 537**, ***Devenez ce que vous recevez* D 38-39**, ***La Sagesse a dressé une table* D 580 CNA 332**, ***Recevons le corps sacré* D 37-36.**

Après la communion : ***Chantons à Dieu* L 30-79 CNA 538**, ***Pas de plus grand amour* H 23-16** ou **EDIT 10-64**, ***Ouvriers de la paix* XW 13-92-1 CNA 522**, ***N'oublions pas les merveilles de Dieu* ZL 33-34.**

Pour l'envoi : ***Allez dire à tous les hommes* T 132-1 CNA 532**, ***Vivez l'espérance* T 52-46.**

On trouvera chaque dimanche l'indication d'un chant adapté.

Antienne d'ouverture

cf. Ps 37, 22-23

Ne m'abandonne jamais, Seigneur,
mon Dieu, ne sois pas loin de moi.
Viens vite à mon aide,
Seigneur, force de mon salut !

Gloria.

Prière

Dieu de puissance et de miséricorde, c'est ta grâce qui donne à tes fidèles de pouvoir dignement te servir ; nous t'en prions : accorde-nous de courir sans que rien nous arrête vers les biens que tu promets. Par Jésus Christ, ton Fils, notre Seigneur, qui vit et règne avec toi dans l'unité du Saint-Esprit, Dieu, pour les siècles des siècles.

1re Lecture *« Tu aimeras le Seigneur de tout ton cœur »*

→ Lecture du livre du Deutéronome 6, 2-6

Moïse disait au peuple : « Tu craindras le Seigneur ton Dieu. Tous les jours de ta vie, toi, ainsi que ton fils et le fils de ton fils, tu observeras tous ses décrets et ses commandements, que je te prescris aujourd'hui, et tu auras longue vie. Israël, tu écouteras, tu veilleras à mettre en pratique ce qui t'apportera bonheur et fécondité, dans un pays ruisselant de lait et de miel, comme te l'a dit le Seigneur, le Dieu de tes pères. Écoute, Israël : le Seigneur notre Dieu est l'Unique. Tu aimeras le Seigneur ton Dieu de tout ton cœur, de toute ton âme et de toute ta force. Ces paroles que je te donne aujourd'hui resteront dans ton cœur. »

Psaume 17

℟. Je t'aime, Seigneur, ma force.

Je t'aime, Seigneur, ma force :
Seigneur, mon roc, ma forteresse,
Dieu mon libérateur, le rocher qui m'abrite,
mon bouclier, mon fort, mon arme de victoire !

Louange à Dieu !
Quand je fais appel au Seigneur,
je suis sauvé de tous mes ennemis.

Vive le Seigneur ! Béni soit mon Rocher !
Qu'il triomphe, le Dieu de ma victoire,
Il donne à son roi de grandes victoires,
il se montre fidèle à son messie.

2e Lecture

Le sacerdoce qui ne passe pas

→ Lecture de la lettre aux Hébreux

7, 23-28

Frères, dans l'ancienne Alliance, un grand nombre de prêtres se sont succédé parce que la mort les empêchait de rester en fonction. Jésus, lui, parce qu'il demeure pour l'éternité, possède un sacerdoce qui ne passe pas. C'est pourquoi il est capable de sauver d'une manière définitive ceux qui par lui s'avancent vers Dieu, car il est toujours vivant pour intercéder en leur faveur.

C'est bien le grand prêtre qu'il nous fallait : saint, innocent, immaculé ; séparé maintenant des pécheurs, il est désormais plus haut que les cieux. Il n'a pas besoin, comme les autres grands prêtres, d'offrir chaque jour des sacrifices, d'abord pour ses péchés personnels, puis pour ceux du peuple ; cela, il l'a fait une fois pour toutes en s'offrant lui-même. La loi de Moïse établit comme grands prêtres des hommes remplis de faiblesse ; mais la parole du serment divin, qui vient après la Loi, établit comme grand prêtre le Fils, conduit pour l'éternité à sa perfection.

Alléluia. Alléluia. Si quelqu'un m'aime, il gardera ma parole, dit le Seigneur ; mon Père l'aimera, et nous viendrons vers lui. **Alléluia.**

Évangile

« Tu aimeras »

→ Évangile de Jésus Christ selon saint Marc

12, 28b-34

En ce temps-là, un scribe s'avança vers Jésus pour lui demander : « Quel est le premier de tous les commandements ? » Jésus lui fit cette réponse : « Voici le premier : Écoute, Israël : le Seigneur notre Dieu est l'unique Seigneur. Tu aimeras le Seigneur ton Dieu de tout ton cœur, de toute ton âme, de tout ton esprit et de toute ta force. Et voici le second : Tu aimeras ton prochain comme toi-même. Il n'y a pas de commandement plus grand que ceux-là. »

Le scribe reprit : « Fort bien, Maître, tu as dit vrai : Dieu est l'Unique et il n'y en a pas d'autre que lui. L'aimer de tout son cœur, de toute son intelligence, de toute sa force, et aimer son prochain comme soi-même, vaut mieux que toute offrande d'holocaustes et de sacrifices. » Jésus, voyant qu'il avait fait une remarque judicieuse, lui dit : « Tu n'es pas loin du royaume de Dieu. » Et personne n'osait plus l'interroger.

Credo.

POUR LA PRIÈRE UNIVERSELLE

Le premier, Dieu nous a aimés. Répondons à son amour par une prière qui engage notre cœur et notre vie :
– pour tous les croyants qui te prient comme le Dieu unique : qu'ils sachent témoigner de ton amour, nous te prions, Seigneur ;
– pour celles et ceux qui ne sont pas loin du Royaume : qu'ils se laissent conduire vers toi par l'Esprit Saint, nous te prions, Seigneur ;
– pour les hommes et les femmes qui ignorent ton amour : qu'ils découvrent que cet amour est chemin de bonheur, nous te prions, Seigneur ;
– pour ceux que nous ne savons pas aimer : que nous apprenions à les voir comme tes enfants, nous te prions, Seigneur.

Prière sur les offrandes

Seigneur, que ce sacrifice devienne pour toi une offrande pure, et pour nous, le don généreux et saint de ta miséricorde. Par le Christ, notre Seigneur.

Antienne de la communion

Ps 15, 11

Tu m'apprends, Seigneur, le chemin de la vie :
devant ta face, débordement de joie !

Prière après la communion

Nous t'en prions, Seigneur : augmente en nous la force de ton action, afin que, renouvelés par les sacrements du ciel, nous soyons préparés par ta grâce à recevoir les biens qu'ils promettent. Par le Christ, notre Seigneur.

Jésus nous apprend à aimer

« Jésus, expert en amour, [...] ne cesse de nous rappeler par la parole et surtout par son comportement que tout amour trouve sa source et sa plus haute qualité en Dieu. Mieux encore, la seule et véritable religion se résume à aimer d'un même élan Dieu et les hommes, non par intérêt ou par la seule attirance, mais avec la clarté de l'intelligence, la force de la volonté, la totalité de son être, jusqu'à ce que Dieu puisse aimer à travers moi.

Idéal surhumain, rêve ou utopie ? La charité évangélique peut-elle présider à toutes les relations humaines constamment troublées et menacées par les démons de l'orgueil et de l'égoïsme, la spirale de la violence et les tourbillons de haine ?

Jésus ne propose pas de recette et ne répond pas à nos questions précises. Il nous offre mieux que cela : l'exemple de sa vie où se mêlent l'ardeur pour la défense des droits de Dieu et de la personne humaine, compassion pour secourir et bienveillance pour pardonner, empressement pour servir et infinie patience pour supporter.

Le "monde" à l'envers ! ».

F. Deleclos, *Prends et mange chaque dimanche la Parole*, Centurion-Duculot, p. 177.

CALENDRIER LITURGIQUE

Di 3	**31e dimanche B.** *Liturgie des Heures : Psautier semaine III.* [S. Martin de Porrès, frère dominicain, 1639 à Lima. *En Belgique et au Luxembourg, S. Hubert, évêque de Tongres-Maastricht, puis de Liège, † 30 mai 727.*]
Lu 4	S. Charles Borromée, cardinal, évêque de Milan, † 1584. Philippiens 2, 1-4 ; Ps 130 ; Luc 14, 12-14 : « N'invite pas tes amis ; invite des pauvres, des estropiés »
Ma 5	Philippiens 2, 5-11 ; Ps 21 ; Luc 14, 15-24 : « Va sur les routes et dans les sentiers, et fais entrer les gens de force, afin que ma maison soit remplie »
Me 6	Philippiens 2, 12-18 ; Ps 26 ; Luc 14, 25-33 : « Celui qui ne renonce pas à tout ce qui lui appartient ne peut pas être mon disciple »
Je 7	Philippiens 3, 3-8a ; Ps 104 ; Luc 15, 1-10 : « Il y aura de la joie dans le ciel pour un seul pécheur qui se convertit » *Au Luxembourg,* S. Willibrord, évêque d'Utrecht, fondateur de l'abbaye d'Echternach, patron secondaire du Luxembourg, † 739.
Ve 8	Philippiens 3,17–4,1 ; Ps 121 ; Luc 16, 1-8 : « Les fils de ce monde sont plus habiles entre eux que les fils de la lumière »
Sa 9	DÉDICACE DE LA BASILIQUE DU LATRAN, cathédrale de Rome. Lectures propres : Ézékiel 47,1-2.8-9.12 ; ou bien 1 Corinthiens 3, 9c-11.16-17 ; Ps 45 ; Jean 2,13-22 : « Il parlait du sanctuaire de son corps ».

Bonne fête ! 3 : Hubert, Gwenaël. 4 : Amance, Émeric, Charles, Carl, Charlie, Jessé, Jessy. 5 : Sylvie, Zacharie. 6 : Bertille, Léonard, Winnoc. 7 : Carine, Ernest, Willibrord. 8 : Godefroy. 9 : Théodore, Théodora, Dora, Dorine.

Saint Willibrord (**7 novembre**) est né vers 658 en Northumbrie. Moine bénédictin, il part en Irlande parfaire sa formation. En 690, il est envoyé évangéliser la Frise. Consacré évêque en 695, il fixe son siège épiscopal à Utrecht. Il meurt en 739 à l'abbaye d'Echternach qu'il avait fondée au Luxembourg dont il est le patron secondaire.

32e dimanche

10 NOVEMBRE 2024

Tout donner et tout recevoir

Il y a 106 ans demain que la Grande Guerre (1914-18) laissait derrière elle des milliers de veuves démunies. L'actualité nous rappelle chaque jour cette réalité est toujours bien présente : au sein de nos communautés, de nos sociétés vivent des veuves comme cette femme de Sarepta (*1re lecture*), ou encore la veuve du Temple de Jérusalem *(évangile)*.

Ils sont nombreux tous ceux qui ressemblent à ces deux figures de la Bible. Sur leur indigence ils prennent de l'argent, mais aussi du temps ; ils offrent une table ouverte, une oreille et un cœur attentifs, un accueil aux réfugiés...

Toutes ces expressions de vies matérielles ou spirituelles donnent à Dieu la première place. Elles manifestent l'amour et la confiance de fidèles vers ce Dieu qui accueille avec joie le dépouillement de nos vies et de nos cœurs. Fidélité et abandon trouvent leur plénitude dans des jarres qui ne s'épuisent pas. « Le Seigneur garde à jamais sa fidélité, il fait justice aux opprimés » *(psaume)*. L'amour de Dieu n'a pas de limite pour ceux qui se tournent vers lui et s'abandonnent à lui dans la confiance.

Jésus accueille lui aussi ce don de la pauvre veuve de Jérusalem en l'opposant au goût de l'apparat, des mondanités, des honneurs et de l'argent qui nous guettent tous. Quant à l'auteur de la Lettre aux Hébreux *(2e lecture)*, il nous rappelle aussi que le don du Christ, réalisé une fois pour toutes, procède de ce même élan d'abandon et de confiance.

Les veuves de l'évangile et de Sarepta nous révèlent le vrai chemin vers le Christ. Acceptons nos pauvretés, présentons-les au Seigneur, et demandons-lui de faire de nous des donateurs au service de son

Royaume. Avec elles nous découvrons alors que la jarre d'amour de Dieu ne s'épuise pas et avec le Christ nous rendons grâce à Dieu.

Des chants sont proposés du 31e au 33e dimanche, p. 637.

Pour le 32e dimanche : ***Bienheureux le pauvre*** **WP 22-98 CNA 536.**

Antienne d'ouverture

cf. Ps 87, 3

Que ma prière parvienne jusqu'à toi ;
ouvre ton oreille à ma plainte, Seigneur.

Gloria.

1re Lecture

La veuve qui donne ce qui lui reste

→ Lecture du premier livre des Rois 17, 10-16

En ces jours-là, le prophète Élie partit pour Sarepta, et il parvint à l'entrée de la ville. Une veuve ramassait du bois ; il l'appela et lui dit : « Veux-tu me puiser, avec ta cruche, un peu d'eau pour que je boive ? » Elle alla en puiser. Il lui dit encore : « Apporte-moi aussi un morceau de pain. » Elle répondit : « Je le jure par la vie du Seigneur ton Dieu : je n'ai pas de pain. J'ai seulement, dans une jarre, une poignée de farine, et un peu d'huile dans un vase. Je ramasse deux morceaux de bois, je rentre préparer pour moi et pour mon fils ce qui nous reste. Nous le mangerons, et puis nous mourrons. » Élie lui dit alors : « N'aie pas peur, va, fais ce que tu as dit. Mais d'abord cuis-moi une petite galette et apporte-la moi ; ensuite tu en feras pour toi et ton fils. Car ainsi parle le Seigneur, Dieu d'Israël : Jarre de farine point ne s'épuisera, vase d'huile point ne se videra, jusqu'au jour où le Seigneur donnera la pluie pour arroser la terre. »

La femme alla faire ce qu'Élie lui avait demandé, et pendant longtemps, le prophète, elle-même et son fils eurent à manger. Et la jarre de farine ne s'épuisa pas, et le vase d'huile ne se vida pas, ainsi que le Seigneur l'avait annoncé par l'intermédiaire d'Élie.

Psaume 145

℟. Chante, ô mon âme, la louange du Seigneur !

Le Seigneur garde à jamais sa fidélité,
il fait justice aux opprimés ;
aux affamés, il donne le pain ;
le Seigneur délie les enchaînés.

Le Seigneur ouvre les yeux des aveugles,
le Seigneur redresse les accablés,
le Seigneur aime les justes,
le Seigneur protège l'étranger.

Il soutient la veuve et l'orphelin,
il égare les pas du méchant.
D'âge en âge, le Seigneur régnera :
ton Dieu, ô Sion, pour toujours !

2e Lecture

Le Christ s'est offert une fois pour toutes

→ **Lecture de la lettre aux Hébreux** 9, 24-28

Le Christ n'est pas entré dans un sanctuaire fait de main d'homme, figure du sanctuaire véritable ; il est entré dans le ciel même, afin de se tenir maintenant pour nous devant la face de Dieu. Il n'a pas à s'offrir lui-même plusieurs fois, comme le grand prêtre qui, tous les ans, entrait dans le sanctuaire en offrant un sang qui n'était pas le sien ; car alors, le Christ aurait dû plusieurs fois souffrir la Passion depuis la fondation du monde. Mais en fait, c'est une fois pour toutes, à la fin des temps, qu'il s'est manifesté pour détruire le péché par son sacrifice. Et, comme le sort des hommes est de mourir une seule fois et puis d'être jugés, ainsi le Christ s'est-il offert une seule fois pour enlever les péchés de la multitude ; il apparaîtra une seconde fois, non plus à cause du péché, mais pour le salut de ceux qui l'attendent.

Alléluia. Alléluia. Heureux les pauvres de cœur, car le royaume des Cieux est à eux ! **Alléluia.**

Évangile

La veuve qui donne ce qu'elle avait pour vivre

→ **Évangile de Jésus Christ selon saint Marc** Mc 12, 38-44 (lecture brève : 12,41-44)

La lecture du texte entre crochets est facultative.

En ce temps-là, [dans son enseignement, Jésus disait aux foules : « Méfiez-vous des scribes, qui tiennent à se promener en vêtements d'apparat et qui aiment les salutations sur les places publiques, les sièges d'honneur dans les synagogues, et les places d'honneur dans les dîners. Ils dévorent les biens des veuves et, pour l'apparence, ils font de longues prières : ils seront d'autant plus sévèrement jugés. »]

Jésus s'était assis dans le Temple en face de la salle du trésor, et regardait comment la foule y mettait de l'argent. Beaucoup de riches y mettaient de grosses sommes. Une pauvre veuve s'avança et mit deux petites pièces de monnaie. Jésus appela ses disciples et leur déclara : « Amen, je vous le dis : cette pauvre veuve a mis dans le Trésor plus que tous les autres. Car tous, ils ont pris sur leur superflu, mais elle, elle a pris sur son indigence : elle a mis tout ce qu'elle possédait, tout ce qu'elle avait pour vivre. »

Credo.

POUR LA PRIÈRE UNIVERSELLE

Notre Dieu veille sur la prière des plus humbles. Confions-lui nos intentions pour le monde :

– prions pour tous ceux qui souffrent d'un manque d'argent, de reconnaissance, de travail... : qu'ils trouvent, dans nos communautés chrétiennes, des frères et des sœurs attentifs et généreux, prêts à partager leurs biens avec les plus nécessiteux, nous t'en prions, Seigneur ;

– prions pour nos responsables politiques : que leurs choix et leurs actions veillent au bien commun et à la fraternité entre les hommes, nous t'en prions, Seigneur ;

– prions pour notre planète appelée par le Pape François « maison commune » : que nous sachions ne pas l'abîmer, tout en sachant partager les ressources que Dieu nous offre, et, qu'éclairés par ton amour, les plus riches veillent sur les plus pauvres, nous t'en prions, Seigneur ;

– prions nos communautés chrétiennes : qu'elles soient signes de ta bonté, joyeuses de partager ton amour dans les célébrations comme dans les actes du quotidien, nous t'en prions, Seigneur.

Prière sur les offrandes

Sur les offrandes que nous présentons pour le sacrifice, nous t'en prions, Seigneur, jette un regard favorable, afin que, par la ferveur de notre amour, nous obtenions ce que nous célébrons dans le mystère de la passion de ton Fils. Lui qui vit et règne pour les siècles des siècles.

Antienne de la communion

Ps 22, 1-2

Le Seigneur est mon berger : je ne manque de rien.
Sur des prés d'herbe fraîche, il me fait reposer.
Il me mène vers les eaux tranquilles et me fait revivre.

Prière après la communion

Fortifiés par le don très saint que tu nous fais, Seigneur, nous te rendons grâce et nous implorons ta bonté : que, par le don de ton Esprit, ceux qui ont reçu la force d'en haut aient la grâce de persévérer dans la droiture. Par le Christ, notre Seigneur.

Une étrange logique

« Déconcertante logique du Royaume, qui vient nourrir tant de paraboles de Jésus : ce qui est partagé vit et grandit, quand ce qu'on garde pour soi est perdu. Une logique si loin de notre expérience quotidienne, où ce que nous donnons, nous ne l'avons plus. Cela est vrai, du moins, pour les choses matérielles la logique comptable de l'argent. Mais notre erreur, c'est de croire que tout fonctionne comme cela. N'expérimentons-nous pas qu'il en va autrement pour les choses essentielles ? Que la joie, l'amitié, l'amour, la confiance, la foi en Dieu aussi, grandissent quand ils sont partagés et qu'ils ne diminuent, précisément, que lorsqu'on les garde pour soi ? »

Fr. Adrien Candiard op,
Méditations, janvier 2016.

Saint Albert le Grand (15 novembre). Né vers 1193 en Bavière, il entre en 1223 chez les Dominicains. Dès 1228, il enseigne la théologie, avec comme axe principal de rendre accessible au monde latin la philosophie d'Aristote. En 1245, maître de l'université de Paris, il aura pour élève Thomas d'Aquin. En 1260, il devient évêque de Ratisbonne, mais dès 1262 reprend l'enseignement. Il meurt à Cologne le 15 novembre 1280. Béatifié en 1622 par Grégoire XV, canonisé en 1931 et proclamé Docteur de l'Église. Il est le saint patron des savants chrétiens.

CALENDRIER LITURGIQUE

Di 10	**32e dimanche B.** *Liturgie des Heures : Psautier semaine IV.* [S. Léon le Grand, pape, docteur de l'Église, † 461.]
Lu 11	S. Martin, évêque de Tours, † 397. Tite 1, 1-9 ; Ps 23 ; Luc 17, 1-6 : « Si sept fois par jour ton frère revient à toi en disant : "Je me repens", tu lui pardonneras »
Ma 12	S. Josaphat, évêque de Polock (Lituanie), martyr, † 1623 à Vitebsk (Biélorussie). Tite 2, 1-8.11-14 ; Ps 36 ; Luc 17, 7-10 : « Nous sommes de simples serviteurs : nous n'avons fait que notre devoir »
Me 13	Tite 3, 1-7 ; Ps 22 ; Luc 17, 11-19 : « Il ne s'est trouvé parmi eux que cet étranger pour revenir sur ses pas et rendre gloire à Dieu ! »
Je 14	Philémon 7-20 ; Ps 145 ; Luc 17, 20-25 : « Le règne de Dieu est au milieu de vous »
Ve 15	2e lettre de Jean 1a. 4-9 ; Ps 118 ; Luc 17, 26-37 : « Le jour où le Fils de l'homme se révélera » *S. Albert le Grand, évêque de Ratisbonne, dominicain, docteur de l'Église, † 1280 à Cologne.*
Sa 16	3e lettre de Jean 5-8 ; Ps 111 ; Luc 18, 1-8 : « Dieu ne ferait pas justice à ses élus, qui crient vers lui jour et nuit ? » *Ste Marguerite, reine d'Écosse, † 1093 à Édimbourg.* *Ste Gertrude, vierge, moniale, † v. 1302 à Helfta (Allemagne).*

Bonne fête ! 10 : Léon, Lionel, Noé. 11 : Martin, Véran. 12 : Christian, Émilien. 13 : Brice, Diégo. 14 : Sidoine, Sidonie. 15 : Albert, Albéric, Léopold, Malo, Victoire. 16 : Gertrude, Marguerite, Daisy.

33e dimanche

17 NOVEMBRE 2024

Comme un figuier

La fin du monde ! Combien de livres ou de films la décrivent ! Entre crise climatique, guerres, famine, surpopulation…, nous pouvons parfois imaginer qu'elle est déjà un peu là. Fin du monde pour qui ? Personne ne sait quand ni comment cela adviendra, pas même le Fils *(évangile)*. Et nous chrétiens, comment imaginons-nous la fin des temps à la lumière de notre foi en Jésus Christ Ressuscité ?

Jésus nous donne dans l'évangile, un aperçu de cet événement final, marqué par la venue du Christ dans la gloire, dans la même veine que l'avait prophétisé Daniel *(1re lecture)*. Les pages de l'Apocalypse de saint Jean sont plus prolifiques que ces quelques versets de l'évangile de saint Marc pour nous décrire les temps nouveaux. Le prophète Daniel y introduit l'archange Michel qui vient délivrer « tous ceux qui se trouveront inscrits dans le Livre » *(1re lecture)*. Dans l'Apocalypse, le Livre est ouvert par l'Agneau, et la lettre aux Hébreux *(2e lecture)* souligne clairement que le sacrifice unique et éternel du Christ ouvre ce temps des fins dernières, quand « ses ennemis seront mis sous ses pieds » (Ep 1,22).

L'évangéliste saint Marc nous invite à être attentifs à ces tout petits signes des temps, aussi subtils que les nouvelles feuilles d'un figuier au printemps (arbre symbole de la sagesse) qui pourtant se chargera de fruits en été. Le figuier bourgeonnant nous renvoie à la Croix elle-même qui devient éclatante par la Résurrection du Christ. Croix qui est pour nous aujourd'hui le signe permanent du passage dans les temps nouveaux, du salut donné pour tous les hommes, accomplissant parfaitement le projet d'amour du Père.

La fin du monde est donc ce temps où l'homme sera pleinement configuré au Fils selon le plan de Dieu pour lui, ce temps de l'homme sauvé par le Christ. Rendons grâce à notre tour d'être de ce temps où Dieu lui-même nous rejoint dans son eucharistie. Rendons grâce à Dieu de nous féconder comme le figuier de l'évangile.

Des chants sont proposés du 31e au 33e dimanche, p. 637.

Pour le 33e dimanche : ***Dieu est à l'œuvre*** **EP 50 CNA 541**.

Antienne d'ouverture

Jr 29, 11-12.14

Mes pensées, dit le Seigneur,
sont des pensées de paix et non de malheur.
Vous m'invoquerez, je vous écouterai,
et de partout je ramènerai vos captifs.

Gloria.

Prière

Seigneur notre Dieu, nous t'en prions : accorde-nous la joie de t'appartenir sans réserve, car c'est un bonheur durable et profond de servir constamment le créateur de tout bien. Par Jésus Christ, ton Fils, notre Seigneur, qui vit et règne avec toi dans l'unité du Saint-Esprit, Dieu, pour les siècles des siècles.

1re Lecture

« En ce temps-ci, ton peuple sera délivré »

→ **Lecture du livre du prophète Daniel** 12, 1-3

En ce temps-là se lèvera Michel, le chef des anges, celui qui se tient auprès des fils de ton peuple. Car ce sera un temps de détresse comme il n'y en a jamais eu depuis que les nations existent, jusqu'à ce temps-ci. Mais en ce temps-ci, ton peuple sera délivré, tous ceux qui se trouveront inscrits dans le Livre. Beaucoup de gens qui dormaient dans la poussière de la terre s'éveilleront, les uns pour la vie éternelle, les autres pour la honte et la déchéance éternelles. Ceux qui ont l'intelligence resplendiront comme la splendeur du firmament, et ceux qui sont des maîtres de justice pour la multitude brilleront comme les étoiles pour toujours et à jamais.

Psaume 15

℟. Garde-moi, mon Dieu, j'ai fait de toi mon refuge.

Seigneur, mon partage et ma coupe :
de toi dépend mon sort.
Je garde le Seigneur devant moi sans relâche ;
il est à ma droite : je suis inébranlable.

Mon cœur exulte, mon âme est en fête,
ma chair elle-même repose en confiance :
tu ne peux m'abandonner à la mort
ni laisser ton ami voir la corruption.

Tu m'apprends le chemin de la vie :
devant ta face, débordement de joie !
À ta droite, éternité de délices !

2e Lecture

L'unique sacrifice pour les péchés

→ Lecture de la lettre aux Hébreux 10, 11-14.18

Dans l'ancienne Alliance, tout prêtre, chaque jour, se tenait debout dans le Lieu saint pour le service liturgique, et il offrait à maintes reprises les mêmes sacrifices, qui ne peuvent jamais enlever les péchés.

Jésus Christ, au contraire, après avoir offert pour les péchés un unique sacrifice, s'est assis pour toujours à la droite de Dieu. Il attend désormais *que ses ennemis soient mis sous ses pieds*. Par son unique offrande, il a mené pour toujours à leur perfection ceux qu'il sanctifie. Or, quand le pardon est accordé, on n'offre plus le sacrifice pour le péché.

Alléluia. Alléluia. Restez éveillés et priez en tout temps : ainsi vous serez jugés dignes de vous tenir debout devant le Fils de l'homme. **Alléluia.**

Évangile *« Il rassemblera les élus des quatre coins du monde »*

→ Évangile de Jésus Christ selon saint Marc 13, 24-32

En ce temps-là, Jésus parlait à ses disciples de sa venue : « En ces jours-là, après une grande détresse, le soleil s'obscurcira et la lune ne donnera plus sa clarté ; les étoiles tomberont du ciel, et les puissances célestes seront ébranlées. Alors on verra le Fils de l'homme venir dans les nuées avec grande puissance et avec gloire. Il enverra les anges pour rassembler les élus des quatre coins du monde, depuis l'extrémité de la terre jusqu'à l'extrémité du ciel.

Laissez-vous instruire par la comparaison du figuier : dès que ses branches deviennent tendres et que sortent les feuilles, vous savez que l'été est proche. De même, vous aussi, lorsque vous verrez arriver cela, sachez que le Fils de l'homme est proche, à votre porte. Amen, je vous le dis : cette génération ne passera pas avant que tout cela n'arrive. Le ciel et la terre passeront, mes paroles ne passeront pas. Quant à ce jour et à cette heure-là, nul ne les connaît, pas même les anges dans le ciel, pas même le Fils, mais seulement le Père. »

Credo.

POUR LA PRIÈRE UNIVERSELLE

Pour notre monde et pour l'Église, présentons au Seigneur nos prières :

– prions pour les communautés chrétiennes persécutées dans le monde : que leurs souffrances ne soient pas vaines mais qu'à la suite du Christ elles soient des lumières pour le monde ; que notre prière les aide à porter leur croix avec Jésus, Seigneur nous t'en prions ;

– prions pour tous ceux qui peinent dans leur corps ou dans leur âme : qu'ils gardent foi et espérance en Jésus Christ et que, par le mystère de sa croix, il vienne apaiser leurs douleurs, Seigneur nous t'en prions ;

– prions pour tous ceux qui ont une responsabilité dans ton Église : qu'ils annoncent ta Parole et exercent leur mission à la manière de Jésus, et qu'en serviteurs fidèles et patients ils annoncent ta venue, Seigneur nous t'en prions ;

– prions pour les familles : qu'elles soient des lieux de fécondité spirituelle ; qu'elles restent ouvertes aux personnes seules et en souffrance, au service de leurs proches et du bien commun, Seigneur nous t'en prions.

Prière sur les offrandes

Nous t'en prions, Seigneur, Dieu de majesté : regarde les présents que nous t'offrons et permets qu'ils nous obtiennent la grâce de te servir et de parvenir ainsi à l'éternité bienheureuse. Par le Christ, notre Seigneur.

Antienne de la communion

cf. Ps 72, 28

Pour moi, il est bon de m'attacher à Dieu,
de mettre mon espoir dans le Seigneur, mon Dieu.

Prière après la communion

Seigneur, nous avons reçu les dons que tu nous as faits dans ce sacrement, et nous te supplions humblement : ton Fils nous a demandé de les célébrer en mémoire de lui, qu'ils augmentent en nous la charité. Par le Christ, notre Seigneur.

Il vaut mieux ne pas savoir

« Voyez, veillez et priez, car vous ne savez pas quand ce sera le temps. Il n'a pas dit : "Nous ne savons pas", mais : "Vous ne savez pas". Nous semblons jusque-là faire violence à l'Écriture et ne pas en exposer le sens. Après la résurrection, les apôtres interrogent le Seigneur Sauveur : "Seigneur, quand vas-tu rétablir le royaume d'Israël ?" Ô apôtres, vous avez entendu avant la résurrection : "J'ignore le jour et l'heure" et sur ce que j'ignore, vous m'interrogez une deuxième fois ? Mais les apôtres ne croient pas que le Seigneur l'ignore. Mais voyez le mystère : avant la passion il ignore ; après la résurrection il sait. Car enfin que dit-il aux apôtres qui l'interrogent après la résurrection sur les temps et les moments : "Quand vas-tu rétablir le royaume d'Israël ?" ? "Il ne vous appartient pas, dit-il, de connaître les temps et les moments que le Père a déterminés dans sa puissance." Il ne dit pas ici : "Je ne sais pas", mais "Il ne vous appartient pas de connaître", il ne vous est pas utile de connaître le jour du jugement ».

S. Jérôme, *Homélie 10, sur Marc* 13, 32-35.

Sainte Cécile (22 novembre). Cécile est une des plus illustres vierges de Rome. Mariée de force au romain païen Valérien, elle le convertit au christianisme. La tradition rapporte que le jour de son mariage, lorsque résonnait la musique païenne des noces, Cécile chantait dans son cœur une hymne au Christ, en le priant de la garder vierge. Ainsi Cécile est devenue la patronne des musiciens. Valérien et Cécile proclameront jusque dans leur mort leur fidélité au Christ. Cécile fut ébouillantée et reçut trois coups de glaives, auxquels elle survivra néanmoins trois jours.

CALENDRIER LITURGIQUE

Di 17	**33e dimanche B.** *Liturgie des Heures : Psautier semaine I.* [Ste Élisabeth de Hongrie, duchesse de Thuringe, † 1231 à Marburg (Allemagne).]
Lu 18	Apocalypse 1, 1-4 ; 2, 1-5a ; Ps 1 ; Luc 18, 35-43 : « Que veux-tu que je fasse pour toi ? – Seigneur, que je retrouve la vue » Dédicace des basiliques romaines de S. Pierre et S. Paul, apôtres (1626 et 1854).
Ma 19	Apocalypse 3, 1-6.14-22 ; Ps 14 ; Luc 19, 1-10 : « Le Fils de l'homme est venu chercher et sauver ce qui était perdu »
Me 20	Apocalypse 4, 1-11 ; Ps 150 ; Luc 19, 11-28 : « Pourquoi n'as-tu pas mis mon argent à la banque ? »
Je 21	Présentation de la Bse Vierge Marie. Apocalypse 5, 1-10 ; Ps 149 ; Luc 19, 41-44 : « Ah ! si toi aussi, tu avais reconnu en ce jour ce qui donne la paix ! »
Ve 22	Ste Cécile, vierge martyre à Rome (premiers siècles). Apocalypse 10, 8-11 ; Ps 118 ; Luc 19, 45-48 : « De la maison de Dieu, vous avez fait une caverne de bandits »
Sa 23	Apocalypse 11, 4-12 ; Ps 143 ; Luc 20, 27-40 : « Il n'est pas le Dieu des morts, mais des vivants » *S. Clément Ier, pape et martyr, † vers 97 à Rome.* *S. Colomban, abbé de Luxeuil (Haute Saône), † 615 à Bobbio (Italie).*

Bonne fête ! 17 : Élisabeth, Élise, Bettina, Babette, Hilda. 18 : Aude. 19 : Mechtilde, Tanguy. 20 : Edmond, Edma, Octave. 21 : Maur. 22 : Cécile, Sheila, Célia. 23 : Clément, Rachilde, Clémentine, Colomban.

Le Christ Roi de l'univers

24 NOVEMBRE 2024

« C'est toi même qui dis que je suis roi »

Nous voici au terme de notre année liturgique qui nous donne de célébrer le Christ Roi de l'univers en son éternité. Mais quel roi célébrons-nous ?

Un roi étonnant qui comparaît devant le représentant de l'empire romain, devant Pilate lui-même qui a pouvoir de vie et de mort sur lui *(évangile)*. Pourtant c'est bien Pilate qui permet à Jésus d'affirmer sa royauté : « C'est toi même qui dis que je suis roi ». Sans doute le royaume évoqué par Pilate est celui d'un pouvoir de domination sur les autres hommes. La réponse de Jésus ouvre le procurateur à une autre réalité : sa réponse annonce un royaume qui n'est pas de ce monde et un roi venu dans ce monde pour rendre témoignage à la vérité.

Le *psaume* 92 chante cette vérité sûre qui ne trompe pas, qui ne déçoit pas. Il ne s'agit pas d'une notion abstraite, mais bien d'une personne, comme le souligne la *2e lecture*. Elle est « l'Alpha et l'Oméga, Celui qui est, qui était et qui vient ». Elle aura le dernier mot parce qu'elle est l'Amour.

En écoutant sa voix, nous sommes, à notre tour, invités à entrer dans cette vérité comme Jésus le propose à Pilate, et même plus : à lui appartenir. Que Jésus entre et règne sur nos vies ! Chacun à sa mesure est invité à laisser le Christ régner lui-même au cœur de nos difficultés, de nos fatigues, de nos souffrances ou de nos joies, de nos espoirs, et de nos rencontres. Il s'agit d'apprendre sans cesse à se laisser guider par l'Esprit et la Parole de Celui qui est Vérité et Vie.

Nous sommes au seuil du temps de l'Avent dont la fête du Christ Roi donne déjà l'orientation : raviver notre espérance en la venue prochaine de notre Seigneur Jésus Christ, roi de justice et de vérité.

Toute notre vie chrétienne se déroule dans cette tension qui fut la sienne : être au cœur de ce monde sans être du monde, mais toujours tendus vers le Royaume à venir. Aujourd'hui, dans l'eucharistie unissons nos voix aux anges qui chantent déjà le règne du Christ.

CHANTER

Pour la procession d'ouverture : ***Christ, roi du monde*** **M 35 CNA 531**, ***Christ hier, Christ aujourd'hui*** **M 27-36**, ***Nous chanterons pour toi, Seigneur*** **K 38 CNA 569**.
Après l'homélie : ***Jésus le Christ, lumière intérieure*** **Taizé.**
Pour la procession de communion : ***Recevez le Corps du Christ*** **D 585 CNA 345**, ***En marchant vers toi, Seigneur*** **D 380 CNA 326**.
Après la communion : ***Jubilez, criez de joie*** **U 52-42**, ***Par la musique et par nos voix*** **Y 43-38 CNA 572.**

Antienne d'ouverture

cf. Ap 5, 12 ; 1, 6 (Vg)

Il est digne, l'Agneau immolé
de recevoir puissance, divinité,
sagesse, force et honneur, alléluia.
À lui, la gloire et la souveraineté
pour les siècles des siècles.

Gloria.

Prière

Dieu éternel et tout-puissant, tu as voulu récapituler toutes choses en ton Fils bien-aimé, le Roi de l'univers ; dans ta bonté, fais que, libérée de la servitude, toute la création serve ta gloire et chante sans fin ta louange. Par Jésus Christ, ton Fils, notre Seigneur, qui vit et règne avec toi dans l'unité du Saint-Esprit, Dieu, pour les siècles des siècles.

1re Lecture

« Une royauté qui ne sera pas détruite »

→ **Lecture du livre du prophète Daniel** 7, 13-14

Moi, Daniel, je regardais, au cours des visions de la nuit, et je voyais venir, avec les nuées du ciel, comme un Fils d'homme ; il parvint jusqu'au Vieillard, et on le fit avancer devant lui. Et il lui fut donné domination, gloire et royauté ; tous les peuples, toutes les nations et les gens de toutes langues le servirent. Sa domination est une domination éternelle, qui ne passera pas, et sa royauté, une royauté qui ne sera pas détruite.

Psaume 92

℟. **Le Seigneur est roi ; il s'est vêtu de magnificence.**

Le Seigneur est roi ;
il s'est vêtu de magnificence,
le Seigneur a revêtu sa force.

Et la terre tient bon, inébranlable ;
dès l'origine ton trône tient bon,
depuis toujours, tu es.

Tes volontés sont vraiment immuables :
la sainteté emplit ta maison,
Seigneur, pour la suite des temps.

2e Lecture

« Le prince des rois de la terre a fait de nous un royaume »

→ **Lecture de l'Apocalypse de saint Jean** 1, 5-8

À vous, la grâce et la paix, de la part de Jésus Christ, le témoin fidèle, le premier-né des morts, le prince des rois de la terre. À lui qui nous aime, qui nous a délivrés de nos péchés par son sang, qui a fait de nous un royaume et des prêtres pour son Dieu et Père, à lui, la gloire et la souveraineté pour les siècles des siècles. Amen. *Voici qu'il vient avec les nuées,* tout œil le verra, ils le verront, ceux qui l'ont *transpercé ; et sur lui se lamenteront toutes les tribus de la terre.*

Oui ! Amen ! Moi, je suis l'Alpha et l'Oméga, dit le Seigneur Dieu, Celui qui est, qui était et qui vient, le Souverain de l'univers.

Alléluia. Alléluia. Béni soit celui qui vient au nom du Seigneur ! Béni soit le Règne qui vient, celui de David, notre père. **Alléluia.**

Évangile

« Ma royauté n'est pas d'ici »

→ Évangile de Jésus Christ selon saint Jean 18, 33b-37

En ce temps-là, Pilate appela Jésus et lui dit : « Es-tu le roi des Juifs ? »

Jésus lui demanda : « Dis-tu cela de toi-même, ou bien d'autres te l'ont dit à mon sujet ? »

Pilate répondit : « Est-ce que je suis juif, moi ? Ta nation et les grands prêtres t'ont livré à moi : qu'as-tu donc fait ? »

Jésus déclara : « Ma royauté n'est pas de ce monde ; si ma royauté était de ce monde, j'aurais des gardes qui se seraient battus pour que je ne sois pas livré aux Juifs. En fait, ma royauté n'est pas d'ici. »

Pilate lui dit : « Alors, tu es roi ? »

Jésus répondit : « C'est toi-même qui dis que je suis roi. Moi, je suis né, je suis venu dans le monde pour ceci : rendre témoignage à la vérité. Quiconque appartient à la vérité écoute ma voix. »

Credo.

POUR LA PRIÈRE UNIVERSELLE
Tournons-nous vers le Père, en confiant notre prière à son fils Jésus Christ, notre Roi :
– pour l'Église chargée d'annoncer la nouvelle de l'Évangile et de la Miséricorde à tous les peuples, prions le Christ Roi de l'Univers, le premier-né d'entre des morts : qu'il lui donne de rester toujours fidèle pour annoncer au monde la grâce du salut ;
– pour les responsables politiques, économiques, sociaux..., afin qu'ils soient au service du bien commun : prions le Christ Roi de l'Univers, modèle des rois de la terre, et qu'advienne son règne de justice et de paix ;
– pour ceux qui cherchent à bâtir un monde de solidarité, et ceux qui souffrent de l'exclusion ou la pauvreté : prions le Christ Roi de l'Univers, Roi crucifié, pour que l'amour et le partage chassent la haine et l'égoïsme ;
– pour notre communauté rassemblée ce jour : prions le Christ Roi de l'Univers, Jésus, l'Alpha et l'Oméga de toute chose, pour qu'il nous conduise sur le juste chemin et que nous témoignions au quotidien de la Vérité.

Prière sur les offrandes

En offrant le sacrifice qui réconcilie le genre humain avec toi, nous te supplions humblement, Seigneur : que ton Fils lui-même accorde à tous les peuples les dons de l'unité et de la paix. Lui qui vit et règne pour les siècles des siècles.

Préface

Le Christ, Roi de l'univers

Vraiment, il est juste et bon, pour ta gloire et notre salut, de t'offrir notre action de grâce, toujours et en tout lieu, Seigneur, Père très saint, Dieu éternel et tout-puissant.
Tu as consacré d'une onction d'allégresse ton Fils unique, Jésus Christ, notre Seigneur, comme Prêtre éternel et Roi de l'univers. Pour accomplir les mystères de notre rédemption, il s'est offert lui-même sur l'autel de la croix en victime pure et pacifique. Quand toutes les créatures auront été soumises à son pouvoir, il remettra aux mains de ta souveraine puissance

le règne éternel et universel : règne de vie et de vérité, règne de grâce et de sainteté, règne de justice, d'amour et de paix. C'est pourquoi, avec les anges et les archanges, avec les puissances d'en haut et tous les esprits bienheureux, nous chantons l'hymne de ta gloire et sans fin nous proclamons :
Saint, Saint, Saint, le Seigneur, Dieu de l'univers !

Antienne de la communion

Ps 28, 10-11

Il siège, le Seigneur, il est roi pour toujours ;
le Seigneur bénit son peuple en lui donnant la paix.

Prière après la communion

Après avoir reçu le pain de l'immortalité, nous te supplions, Seigneur : nous qui mettons notre gloire à obéir aux commandements du Christ Roi de l'univers, puissions-nous vivre sans fin avec lui dans le royaume des Cieux. Lui qui vit et règne pour les siècles des siècles.

Le roi au cœur de pauvre

« Ce Roi, il est roi pour toi, pour moi. Il n'est pas entouré d'une cour, ni protégé par un corps d'élite. Il est roi dans la relation qu'il voudrait instaurer avec tout être humain. Il est roi non pour assujettir mais pour sauver, guérir. Son désir : nous donner le pouvoir, le pouvoir de naître en lui : de Dieu. Oui, ce Roi, il est là. Il est présent. Il est au milieu de nous pour que l'homme retrouve son pouvoir perdu, son pouvoir vendu : d'être à l'image de Dieu. Ce roi, il veut l'humanité debout : comme Marie : droite dans la grâce, femme libre. [...]

Toute prière humaine rencontre sur la Croix Jésus Roi, lui offrant un cœur pauvre où venir régner, où venir aimer. »

Frère Christophe, moine de Tibhirine,
Extraits de l'homélie pour le 22 novembre 1992.

CALENDRIER LITURGIQUE

Di 24	**LE CHRIST ROI DE L'UNIVERS B.** *Liturgie des Heures : Psautier semaine II.* [S. André Dung-Lac, prêtre, et ses compagnons, martyrs au Vietnam, † 1845 à 1862.]
Lu 25	Apocalypse 14, 1-3.4b-5 ; Ps 23 ; Luc 21, 1-4 : « Jésus vit une veuve misérable mettre deux petites pièces de monnaie » Ste Catherine d'Alexandrie, vierge et martyre.
Ma 26	Apocalypse 14, 14-19 ; Ps 95 ; Luc 21, 5-11 : « Il n'en restera pas pierre sur pierre » En Belgique, S. Jean Berchmans, jésuite, † 13 août 1621 à Rome.
Me 27	Apocalypse 15, 1-4 ; Ps 97 ; Luc 21, 12-19 : « Vous serez détestés de tous, à cause de mon nom. Mais pas un cheveu de votre tête ne sera perdu »
Je 28	Apocalypse 18, 1-2.21-23 ; 19, 1-3.9a ; Ps 99 ; Luc 21, 20-28 : « Jérusalem sera foulée aux pieds par des païens, jusqu'à ce que leur temps soit accompli »
Ve 29	Apocalypse 20,1-4.11–21,2 ; Ps 83 ; Luc 21, 29-33 : « Lorsque vous verrez arriver cela, sachez que le royaume de Dieu est proche »
Sa 30	S. ANDRÉ, apôtre. Lectures propres : Romains 10, 9-18 ; Ps 18A ; Matthieu 4, 18-22 : « Aussitôt, laissant leurs filets, ils le suivirent »

Bonne fête ! 24 : Flora. 25 : Catherine, Katia, Ketty, Katel. 26 : Delphine, Conrad, Kurt. 27 : Astrid, Séverin, Séverine. 28 : Jacques. 29 : Saturnin. 30 : André, Andrée.

Saint André Dung-Lac (24 novembre) Au XIXe siècle, les persécutions de chrétiens au Vietnam sous l'empereur Tu-Duc, furent d'une extrême violence. Des milliers de personnes, dont de nombreux pères dominicains, furent exécutés. Parmi eux, le père André Dung-Lac, né en 1795, est décapité à Hanoi le 21 décembre 1839. Cent seize de ses compagnons périrent entre 1845 et 1862. Jean-Paul II les canonisa en 1988.

Prières usuelles

Prière du Seigneur

Notre Père qui es aux cieux,
que ton nom soit sanctifié,
que ton règne vienne,
que ta volonté soit faite
sur la terre comme au ciel.
Donne-nous aujourd'hui
notre pain de ce jour.
Pardonne-nous nos offenses,
comme nous pardonnons aussi
à ceux qui nous ont offensés.
Et ne nous laisse pas entrer en tentation,
mais délivre-nous du Mal.

℟. Car c'est à toi qu'appartiennent le règne,
la puissance et la gloire pour les siècles des siècles !

Credo

Je crois en Dieu, le Père tout-puissant, créateur du ciel et de la terre. Et en Jésus Christ, son Fils unique, notre Seigneur, qui a été conçu du Saint-Esprit, est né de la Vierge Marie, a souffert sous Ponce Pilate, a été crucifié, est mort et a été enseveli, est descendu aux enfers, le troisième jour est ressuscité des morts, est monté aux cieux, est assis à la droite de Dieu le Père tout-puissant, d'où il viendra juger les vivants et les morts. Je crois en l'Esprit Saint, à la sainte Église catholique, à la communion des saints, à la rémission des péchés, à la résurrection de la chair, à la vie éternelle. Amen.

ou

Je crois en un seul Dieu, le Père tout-puissant (Symbole de Nicée-Constantinople), p. 26.

Prières mariales

Ave Maria

Je vous salue, Marie, pleine de grâce,
le Seigneur est avec vous ;
vous êtes bénie entre toutes les femmes,
et Jésus, le fruit de vos entrailles, est béni.
Sainte Marie, Mère de Dieu,
priez pour nous, pauvres pécheurs,
maintenant et à l'heure de notre mort. Amen.

Angélus

L'ange du Seigneur annonça à Marie qu'elle serait mère du Sauveur.

– Et elle conçut du Saint-Esprit.

Je vous salue, Marie,...

« Voici la servante du Seigneur.

– Que tout m'advienne selon ta parole. »

Je vous salue, Marie,...

Et le Verbe s'est fait chair.

– Et il a habité parmi nous.

Je vous salue, Marie,...

Prie(z) pour nous, sainte Mère de Dieu.

– Afin que nous devenions dignes des promesses du Christ.

Prions le Seigneur.

Nous te prions, Seigneur, de répandre ta grâce en nos cœurs ; par le message de l'ange, tu nous as fait connaître l'incarnation de ton Fils bien-aimé ; conduis-nous par sa passion et par sa croix jusqu'à la gloire de la résurrection. Par le Christ, notre Seigneur. Amen.

Regina cæli (au Temps pascal)

Reine du ciel, réjouis-toi, alléluia.
– Car le Seigneur que tu as mérité de porter, alléluia,
Est ressuscité comme il l'a dit, alléluia.
– Prie Dieu pour nous, alléluia.
Réjouis-toi, Vierge Marie, alléluia.
– Car le Seigneur est vraiment ressuscité, alléluia.

Prions le Seigneur. Seigneur Dieu, par la résurrection de ton Fils, notre Seigneur Jésus Christ, tu as fait briller la joie dans le monde ; accorde-nous, par l'intercession de la Vierge Marie, sa mère, de goûter la joie de la vie éternelle. Par le Christ, notre Seigneur. Amen.

Cantique évangélique de Marie

Mon âme exalte le Seigneur,
exulte mon esprit en Dieu, mon Sauveur !
Il s'est penché sur son humble servante ;
désormais tous les âges me diront bienheureuse.
Le Puissant fit pour moi des merveilles ;
Saint est son nom !
Sa miséricorde s'étend d'âge en âge
sur ceux qui le craignent.
Déployant la force de son bras,
il disperse les superbes.
Il renverse les puissants de leurs trônes,
il élève les humbles.
Il comble de biens les affamés,
renvoie les riches les mains vides.
Il relève Israël son serviteur,
il se souvient de son amour,
de la promesse faite à nos pères,
en faveur d'Abraham et sa descendance à jamais.

Rosaire et Chapelet

Mystères joyeux

→ 1. L'annonce à Marie

« Que tout m'advienne selon ta parole. » (Lc 1, 38)

→ 2. La visite de Marie à Élisabeth

« Heureuse celle qui a cru. » (Lc 1, 45)

→ 3. La naissance de Jésus

« Voici le signe qui vous est donné : un nouveau-né couché dans une mangeoire. » (Lc 2, 12)

→ 4. Jésus est présenté au Temple

« Lumière qui se révèle aux nations et donne gloire à ton peuple Israël. » (Lc 2, 32)

→ 5. Jésus est retrouvé au Temple

« C'est chez mon Père que je dois être. » (Lc 2, 50)

Mystères lumineux

→ 1. Le baptême de Jésus

« Alors Jean rendit ce témoignage : "J'ai vu l'Esprit descendre du ciel comme une colombe et il demeura sur lui. Celui-là baptise dans l'Esprit Saint." » (Jn 1, 32-33)

→ 2. Les noces de Cana

« Sa mère dit à ceux qui servaient : « Tout ce qu'il vous dira, faites-le. » (Jn 2, 5)

→ 3. L'annonce du Royaume

« Je suis venu apporter un feu sur la terre, et comme je voudrais qu'il soit déjà allumé ! » (Lc 12, 49)

→ 4. La transfiguration de Jésus

« Il fut transfiguré devant eux ; son visage devint brillant comme le soleil, et ses vêtements, blancs comme la lumière. » (Mt 17, 2)

→ 5. L'institution de l'Eucharistie

« Prenez, mangez : ceci est mon corps. » (Mt 26, 26)

Mystères douloureux

→ 1. L'agonie au Jardin des Oliviers

« Veillez et priez pour ne pas entrer en tentation. » (Mc 14, 38)

→ 2. La flagellation

« Pilate relâcha Barabbas ; quant à Jésus, il le fit flageller. » (Mt 27, 26)

→ 3. Le couronnement d'épines

« Ma royauté ne vient pas de ce monde. » (Jn 18, 36)

→ 4. Le portement de croix

« Jésus, portant lui-même sa croix, sorti en direction du lieu dit en hébreu : Golgotha » (Jn 19, 17)

→ 5. La mort du Christ

« Quand il eut pris le vinaigre, Jésus dit : "Tout est accompli." Puis, inclinant la tête, il remit l'esprit. » (Jn 19, 30)

Mystères glorieux

→ 1. La résurrection

« Pourquoi cherchez-vous le Vivant parmi les morts ? » (Lc 24, 5)

→ 2. L'Ascension

« Dieu l'a exalté : il l'a doté du Nom qui est au-dessus de tout nom. » (Ph 2, 9)

→ 3. La Pentecôte

« Vous allez recevoir une force, celle du Saint-Esprit qui viendra sur vous. Alors vous serez mes témoins. » (Ac 1, 8)

→ 4. L'assomption de la Vierge Marie

« Le Puissant fit pour moi des merveilles. » (Lc 1, 49)

→ 5. Le couronnement de la Vierge Marie

« Une Femme, ayant sur la tête une couronne de douze étoiles. » (Ap 12, 1)

Chemin de Croix

Le chemin de Croix présenté ici reprend le schéma des stations proposé par saint Jean-Paul II, au Colisée en 1991. Les stations sans référence biblique (les 3 chutes, la rencontre avec Marie et avec Véronique) ont été remplacées par d'autres issues du Nouveau Testament.
Pour chaque station, un extrait de l'Évangile nous propose de suivre Jésus dans sa montée du calvaire et son passage vers le Père.
Le Président : Nous sommes rassemblés : « Au nom du Père et du Fils et du Saint-Esprit. »
Assemblée : **Amen.**
Le Président : Jésus, condamné à mort, tu es ami des hommes. Jésus, chargé de la croix, tu es Sauveur du monde. Jésus, crucifié, tu es Fils de Dieu.
Père très aimant,
Avec nous, tu vois le sang versé par tant de victimes de la guerre, du terrorisme, du racisme et du sexisme.
Avec nous, tu vois le sang qui jaillit du côté transpercé de ton Fils.
Puisque « l'amour est fort comme la Mort » (Ct 8, 6), fais de nous, dans la force de l'Esprit, des témoins de ta justice et de ta paix. Par le Christ, notre Seigneur.
Assemblée : **Amen.**

Première station : Jésus au jardin des Oliviers

Refrain : *Adoramus te, Domine* (Taizé).
De l'évangile selon saint Luc 22, 39-41
Jésus sortit pour se rendre, selon son habitude, au mont des Oliviers, et ses disciples le suivirent. Arrivé en ce lieu, il leur dit : « Priez, pour ne pas entrer en tentation. » Puis il s'écarta à

la distance d'un jet de pierre environ. S'étant mis à genoux, il priait en disant : « Père, si tu le veux, éloigne de moi cette coupe ; cependant, que soit faite non pas ma volonté, mais la tienne. »

Deuxième station : Jésus, trahi par Judas, est arrêté

Refrain : *Adoramus te, Domine.*

De l'évangile selon saint Luc 22, 47-53

Jésus parlait encore, quand parut une foule de gens. Celui qui s'appelait Judas, l'un des Douze, marchait à leur tête. Il s'approcha de Jésus pour lui donner un baiser. Jésus lui dit : « Judas, c'est par un baiser que tu livres le Fils de l'homme ? » Voyant ce qui allait se passer, ceux qui entouraient Jésus lui dirent : « Seigneur, et si nous frappions avec l'épée ? » L'un d'eux frappa le serviteur du grand prêtre et lui trancha l'oreille droite. Mais Jésus dit : « Restez-en là ! » Et, touchant l'oreille de l'homme, il le guérit. Jésus dit alors à ceux qui étaient venus l'arrêter, grands prêtres, chefs des gardes du Temple et anciens : « Suis-je donc un bandit, pour que vous soyez venus avec des épées et des bâtons ? Chaque jour, j'étais avec vous dans le Temple, et vous n'avez pas porté la main sur moi. Mais c'est maintenant votre heure et le pouvoir des ténèbres. »

Troisième station : Jésus condamné par le Sanhédrin

Refrain : *Adoramus te, Domine.*

De l'évangile selon saint Luc 22, 66-71

Lorsqu'il fit jour, se réunit le collège des anciens du peuple, grands prêtres et scribes, et on emmena Jésus devant leur conseil suprême. Ils lui dirent : « Si tu es le Christ, dis-le nous. » Il leur répondit : « Si je vous le dis, vous ne me croirez pas ; et si j'interroge, vous ne répondrez pas. Mais désormais le Fils de l'homme sera assis à la droite de la Puissance de Dieu. » Tous lui dirent alors : « Tu es donc le Fils de Dieu ? » Il leur répondit : « Vous dites vous-mêmes que je le suis. » Ils dirent alors : « Pourquoi nous faut-il encore un témoignage ? Nous-mêmes, nous l'avons entendu de sa bouche. »

Quatrième station : Jésus est renié par Pierre

Refrain : *Adoramus te, Domine.*
De l'évangile selon saint Luc 22, 54-62
S'étant saisis de Jésus, ils l'emmenèrent et le firent entrer dans la résidence du grand prêtre. Pierre suivait à distance. On avait allumé un feu au milieu de la cour, et tous étaient assis là. Pierre vint s'asseoir au milieu d'eux. Une jeune servante le vit assis près du feu ; elle le dévisagea et dit : « Celui-là aussi était avec lui. » Mais il nia : « Non, je ne le connais pas. » Peu après, un autre dit en le voyant : « Toi aussi, tu es l'un d'entre eux. » Pierre répondit : « Non, je ne le suis pas. » Environ une heure plus tard, un autre insistait avec force : « C'est tout à fait sûr ! Celui-là était avec lui, et d'ailleurs il est Galiléen. » Pierre répondit : « Je ne sais pas ce que tu veux dire. » Et à l'instant même, comme il parlait encore, un coq chanta. Le Seigneur, se retournant, posa son regard sur Pierre. Alors Pierre se souvint de la parole que le Seigneur lui avait dite : « Avant que le coq chante aujourd'hui, tu m'auras renié trois fois. » Il sortit et, dehors, pleura amèrement.

Cinquième station : Jésus est jugé par Pilate

Refrain : *Adoramus te, Domine.*
De l'évangile selon saint Marc 15, 1-15

Après avoir ligoté Jésus, ils l'emmenèrent et le livrèrent à Pilate. Celui-ci l'interrogea : « Es-tu le roi des Juifs ? » Jésus répondit : « C'est toi-même qui le dis. » Les grands prêtres multipliaient contre lui les accusations. Pilate lui demanda à nouveau : « Tu ne réponds rien ? Vois toutes les accusations qu'ils portent contre toi. » Mais Jésus ne répondit plus rien, si bien que Pilate fut étonné. À chaque fête, il leur relâchait un prisonnier, celui qu'ils demandaient. Or, il y avait en prison un dénommé Barabbas, arrêté avec des émeutiers pour un meurtre qu'ils avaient commis lors de l'émeute. La foule monta donc chez Pilate, et se mit à demander ce qu'il leur accordait d'habitude. Pilate leur répondit : « Voulez-vous que je vous relâche le roi des Juifs ? » Il se rendait bien compte que c'était par jalousie que les grands prêtres l'avaient livré. Ces derniers soulevèrent la foule pour qu'il leur relâche plutôt Barabbas. Et comme Pilate reprenait : « Que voulez-vous donc que je fasse de celui que vous appelez le roi des Juifs ? », de nouveau ils crièrent : « Crucifie-le ! » Pilate leur disait : « Qu'a-t-il donc fait de mal ? » Mais ils crièrent encore plus fort : « Crucifie-le ! » Pilate, voulant contenter la foule, relâcha Barabbas et, après avoir fait flageller Jésus, il le livra pour qu'il soit crucifié.

Sixième station :
Jésus est flagellé et couronné d'épines

Refrain : *Adoramus te, Domine.*

De l'évangile selon saint Marc 15, 16-19

Les soldats emmenèrent Jésus à l'intérieur du palais, c'est-à-dire dans le Prétoire. Alors ils rassemblent toute la garde, ils le revêtent de pourpre, et lui posent sur la tête une couronne d'épines qu'ils ont tressée. Puis ils se mirent à lui faire des salutations, en disant : « Salut, roi des Juifs ! » Ils lui frappaient la tête avec un roseau, crachaient sur lui, et s'agenouillaient pour lui rendre hommage.

Septième station : Jésus est chargé de la croix

Refrain : *Adoramus te, Domine.*

De l'évangile selon saint Jean 19, 16

Alors, Pilate leur livra Jésus pour qu'il soit crucifié. Ils se saisirent de Jésus. Et lui-même, portant sa croix, sortit en direction du lieu dit Le Crâne (ou Calvaire), qui se dit en hébreu Golgotha.

Huitième station : Simon de Cyrène aide Jésus à porter la croix

Refrain : *Adoramus te, Domine.*

De l'évangile selon saint Marc 15, 20-21

Quand ils se furent bien moqués de lui, ils lui enlevèrent le manteau de pourpre, et lui remirent ses vêtements. Puis, de là, ils l'emmènent pour le crucifier, et ils réquisitionnent, pour porter sa croix, un passant, Simon de Cyrène, le père d'Alexandre et de Rufus, qui revenait des champs.

Neuvième station : Jésus rencontre les femmes de Jérusalem

Refrain : *Adoramus te, Domine.*

De l'évangile selon saint Luc 23, 27-31

Le peuple, en grande foule, le suivait, ainsi que des femmes qui se frappaient la poitrine et se lamentaient sur Jésus. Il se retourna et leur dit : « Filles de Jérusalem, ne pleurez pas sur moi ! Pleurez plutôt sur vous-mêmes et sur vos enfants ! Voici venir des jours où l'on dira : "Heureuses les femmes stériles, celles qui n'ont pas enfanté, celles qui n'ont pas allaité !" Alors on dira aux montagnes : "Tombez sur nous", et aux collines : "Cachez-nous." Car si l'on traite ainsi l'arbre vert, que deviendra l'arbre sec ? »

Dixième station : Jésus est crucifié

Refrain : *Adoramus te, Domine.*

De l'évangile selon saint Marc 15, 24-26

Alors les soldats crucifient Jésus, puis se partagent ses vêtements, en tirant au sort pour savoir la part de chacun. C'était la troisième heure (c'est-à-dire : neuf heures du matin) lorsqu'on le crucifia. L'inscription indiquant le motif de sa condamnation portait ces mots : « Le roi des Juifs ».

Onzième station : Jésus promet son Royaume au bon larron

Refrain : *Adoramus te, Domine.*

De l'évangile selon saint Luc 23, 39-43

L'un des malfaiteurs suspendus en croix l'injuriait : « N'es-tu pas le Christ ? Sauve-toi toi-même, et nous aussi ! » Mais l'autre lui fit de vifs reproches : « Tu ne crains donc pas Dieu ! Tu es pourtant un condamné, toi aussi ! Et puis, pour nous, c'est juste : après ce que nous avons fait, nous avons ce que nous méritons. Mais lui, il n'a rien fait de mal. » Et il disait : « Jésus, souviens-toi de moi quand tu viendras dans ton Royaume. » Jésus lui déclara : « Amen, je te le dis : aujourd'hui, avec moi, tu seras dans le Paradis. »

Douzième station : Jésus sur la croix, sa mère et son disciple

Refrain : *Adoramus te, Domine.*

De l'évangile selon saint Jean 19, 25-27

Près de la croix de Jésus se tenaient sa mère et la sœur de sa mère, Marie, femme de Cléophas, et Marie Madeleine. Jésus, voyant sa mère, et près d'elle le disciple qu'il aimait, dit à sa mère : « Femme, voici ton fils. » Puis il dit au disciple : « Voici ta mère. » Et à partir de cette heure-là, le disciple la prit chez lui.

Treizième station : Jésus meurt sur la croix

Refrain : *Adoramus te, Domine.*
De l'évangile selon saint Luc 23, 44-46
C'était déjà environ la sixième heure (c'est-à-dire : midi) ; l'obscurité se fit sur toute la terre jusqu'à la neuvième heure, car le soleil s'était caché. Le rideau du Sanctuaire se déchira par le milieu. Alors, Jésus poussa un grand cri : « Père, entre tes mains je remets mon esprit. » Et après avoir dit cela, il expira.

Quatorzième station : Jésus est mis au tombeau

Refrain : *Adoramus te, Domine.*
De l'évangile selon saint Luc 23, 50-56
Alors arriva un membre du Conseil, nommé Joseph ; c'était un homme bon et juste, qui n'avait donné son accord ni à leur délibération, ni à leurs actes. Il était d'Arimathie, ville de Judée, et il attendait le règne de Dieu. Il alla trouver Pilate et demanda le corps de Jésus. Puis il le descendit de la croix, l'enveloppa dans un linceul et le mit dans un tombeau taillé dans le roc, où personne encore n'avait été déposé. C'était le jour de la Préparation de la fête, et déjà brillaient les lumières du sabbat. Les femmes qui avaient accompagné Jésus depuis la Galilée suivirent Joseph. Elles regardèrent le tombeau pour voir comment le corps avait été placé. Puis elles s'en retournèrent et préparèrent aromates et parfums. Et, durant le sabbat, elles observèrent le repos prescrit.

Conclusion
Psaume 117

« Le bras du Seigneur est fort,
le bras du Seigneur se lève,
le bras du Seigneur est fort ! »

Non, je ne mourrai pas, je vivrai
pour annoncer les actions du Seigneur :
il m'a frappé, le Seigneur, il m'a frappé,
mais sans me livrer à la mort.

Prière sur le peuple (Vendredi saint) :

Que ta bénédiction, nous t'en prions, Seigneur, descende en abondance sur ton peuple qui a célébré la mort de ton Fils dans l'espérance de sa propre résurrection : accorde-lui pardon et réconfort, augmente sa foi, assure son éternelle rédemption. Par le Christ, notre Seigneur.

℟. **Amen.**

Notre Père (p. 81)

Sacrement de la réconciliation

CÉLÉBRATION DU SACREMENT

Accueil mutuel[1]

Le pénitent peut dire :

Bénissez-moi, mon Père, parce que j'ai péché.

Le prêtre peut répondre en disant :

Que Dieu vous donne sa lumière pour confesser vos péchés en même temps que son amour pour vous.

Lecture

Il est bon que le prêtre ou le fidèle lise un bref passage de l'Écriture, par exemple

Jésus a dit : « Je ne suis pas venu appeler des justes, mais des pécheurs. » (Mt 9, 13)

« Il y a de la joie devant les anges de Dieu pour un seul pécheur qui se convertit. » (Lc 15, 10)

« Dans le Christ, Dieu a réconcilié le monde avec lui : il a déposé en nous la parole de réconciliation. Au nom du Christ, laissez-vous réconcilier avec Dieu. » (2 Co 5, 19-20)

Confession de l'amour de Dieu et de notre péché

Le pénitent peut commencer par une confession globale de son état de pécheur en disant :

Je confesse à Dieu tout-puissant, je reconnais devant vous, mon père, que j'ai péché, en pensée, en parole, par action et par omission ; oui, j'ai vraiment péché (il se frappe la poitrine). C'est pour-

---

1. Pour la Célébration de la Réconciliation dans une assemblée, voir p. 268.

quoi je supplie la Vierge Marie, les anges et tous les saints, et vous aussi, mon père, de prier pour moi le Seigneur notre Dieu.

Le pénitent fait ensuite l'aveu de ses fautes particulières. Le prêtre peut engager le dialogue pour aider le pénitent à voir plus clair en lui-même et à discerner les moyens de progresser. Le prêtre propose ensuite au pénitent un signe de conversion et de pénitence

Accueillir le pardon de Dieu

Chaque fois que c'est possible, le prêtre et le pénitent prient ensemble. Le pénitent peut dire :

Jésus, Fils de Dieu Sauveur, prends pitié de moi, pécheur.

Le prêtre étend les mains sur la tête du pénitent (ou du moins étend la main droite) et dit la prière d'absolution :

Que Dieu notre Père vous montre sa miséricorde ; par la mort et la résurrection de son Fils, il a réconcilié le monde avec lui et il a envoyé l'Esprit Saint pour la rémission des péchés : par le ministère de l'Église, qu'il vous donne le pardon et la paix.

Et moi, au nom du Père, ✠ et du Fils, et du Saint-Esprit,
je vous pardonne tous vos péchés. ℟. **Amen.**

Louange de Dieu et envoi

Le prêtre invite à l'action de grâce par une formule spontanée ou en disant par exemple :

Allez dans la paix et la joie du Christ.

ou

Rendez grâce au Seigneur, car il est bon.
℟. **Éternel est son amour.**

ou

Le Seigneur vous a pardonné. Allez en paix.

Examen de conscience selon les Béatitudes

La meilleure façon de prendre au sérieux les Béatitudes de l'Évangile est de s'en servir comme d'un miroir pour un examen de conscience vraiment « évangélique ».

« Heureux les pauvres de cœur, car le royaume des Cieux est à eux ! »

Suis-je pauvre d'esprit, pauvre intérieurement, abandonné en tout à Dieu ?

Suis-je libre et détaché des biens terrestres ?

Que représente l'argent pour moi ?

Est-ce que je cherche à avoir un style de vie sobre et simple, comme il convient à ceux qui veulent témoigner de l'Évangile ?

Est-ce que je prends à cœur le problème de la pauvreté effroyable, non choisie, mais imposée à des millions de mes frères ?

« Heureux les doux, car ils recevront la terre en héritage ! »

Suis-je doux ? Il existe une violence en actes, mais également une violence en paroles et en pensée.

Est-ce que je domine la colère en moi et en dehors de moi ?

Suis-je gentil et aimable avec ceux qui me sont proches ?

« Heureux ceux qui pleurent, car ils seront consolés ! »

Est-ce que je considère l'épreuve comme une disgrâce et un châtiment, à la manière des gens du monde, ou une opportunité pour ressembler au Christ ?

Quelles sont les raisons de ma tristesse : celles même de Dieu ou celles du monde ?

Est-ce que j'essaie de consoler les autres ou seulement de trouver la consolation pour moi ?

Est-ce que je sais garder, comme un secret entre Dieu et moi, mes contrariétés, sans en parler à droite et à gauche ?

« Heureux ceux qui ont faim et soif de la justice, car ils seront rassasiés ! »

Ai-je faim et soif de la sainteté ?

Est-ce que j'aspire à la sainteté ou me suis-je depuis longtemps résigné à la médiocrité et à la tiédeur ?

La faim matérielle de millions de personnes met-elle en question ma recherche de confort, mon style de vie ?

« Heureux les miséricordieux, car ils obtiendront miséricorde ! »

Suis-je miséricordieux ?

Devant l'erreur d'un frère, d'un proche, est-ce que je réagis par le jugement ou par la miséricorde ?

Jésus ressentait de la compassion pour les foules, et moi ?

N'ai-je pas été parfois le serviteur pardonné qui ne sait pas pardonner lui-même ? rendre compte du prix que Jésus a payé pour que j'en bénéficie ?

« Heureux les cœurs purs, car ils verront Dieu ! »

Suis-je pur de cœur ?

Pur dans mes intentions ?

Dis-je : oui, oui ; non, non, comme Jésus ?

Il y a une pureté du cœur, une pureté des lèvres, une pureté des yeux, une pureté du corps.

Est-ce que je veille à cultiver toutes ces puretés qui sont si nécessaires, particulièrement aux âmes consacrées ?

L'opposé le plus direct à la pureté du cœur est l'hypocrisie. Et moi, dans mes actions, à qui est-ce que je m'efforce de plaire : à Dieu ou aux hommes ?

« Heureux les artisans de paix, car ils seront appelés fils de Dieu ! »

Suis-je moi-même artisan de Paix ?

Est-ce que je fais la paix entre tous ?

Comment est-ce que je me comporte dans les conflits d'opinion, d'intérêt ?

Est-ce que je m'efforce de rapporter toujours et seulement le bien, les paroles positives en laissant tomber dans le vide le mal, les potins, tout ce qui peut semer la discorde ?

La paix de Dieu est-elle en mon cœur et sinon, pourquoi ?

« Heureux les persécutés pour la justice, car le royaume des Cieux est à eux ! »

Suis-je prêt à souffrir un peu en silence pour l'Évangile ?

Comment est-ce que je réagis face aux choses fausses ou aux insultes que je reçois ?

Est-ce que je participe intimement aux souffrances de tant de frères qui souffrent vraiment pour leur foi, ou pour la justice sociale et la liberté ?

D'après le Père Raniero Cantalamessa,
Méditations sur les Béatitudes évangéliques

Rituel de l'eucharistie en dehors de la messe

Ce Rituel[1] est lié au culte rendu à l'eucharistie sous toutes ses formes. En premier lieu, les différentes manières de communier. Dans *La communion en dehors de la messe*, on trouve une célébration communautaire à employer surtout quand il n'y a pas de célébration de la messe.

La communion et le viatique portés aux malades concerne la plupart du temps des fidèles laïcs qui visitent des malades et leur portent la communion. On y retrouve des rites du Rituel des sacrements pour les malades[2] (visite, onction des malades...) ; divers tirés-à-part ont été publiés pour les laïcs.

On y trouve ensuite, *Les différentes formes de culte à rendre à l'eucharistie*. Il s'agit des rites et des normes liturgiques pour l'exposition de l'eucharistie, les processions eucharistiques, les congrès eucharistiques (rassemblements en vue de vivre plus profondément de l'eucharistie).

Des *Lectures, prières et chants* sont proposés lors d'une exposition prolongée du Saint-Sacrement car il est bon d'organiser : « les prières, les chants, les lectures de telle sorte que les fidèles, appliqués à la prier, ne s'occupent que du Christ Seigneur » (n° 95). Ainsi, la parole de Dieu, une brève homélie ou exhortation, un chant en réponse permettent d'approfondir l'adoration. Devant le Saint-Sacrement longuement exposé, on peut célébrer une partie de la Liturgie des Heures (laudes, vêpres...) (n° 96).

Ces pratiques eucharistiques ne doivent pas nous faire oublier que : « La célébration de l'eucharistie dans le sacrifice de la messe est vraiment la source et le but du culte qui lui est rendu en dehors

---

1. *Rituel de l'eucharistie en dehors de la messe*, C.L.D., 1983.

2. *Sacrements pour les malades : Pastorale et célébrations*, Chalet – Tardy, 1977.

de la messe » (Décret du Rituel). Le rite prévu pour l'adoration manifeste bien la dimension ecclésiale de cet acte qui se doit d'être une célébration liturgique.

BM

Porter la communion aux personnes malades

À vous qui portez la communion ou bien qui la recevez, voici quelques pistes pour vivre en profondeur ce moment.

L'Église catholique a toujours eu le souci de la communion eucharistique des personnes malades ou âgées pour signifier l'attention fraternelle de la communauté qui célèbre, notamment le dimanche, et parce que l'eucharistie est véritablement le Pain de vie (Jn 6). Les personnes qui apportent la communion aux malades sont souvent issues de la communauté paroissiale, mais il peut s'agir d'un membre de la famille ou bien d'un bénévole au service des malades. Ces personnes exercent un véritable ministère qui s'appuie sur leur propre baptême et leur vie eucharistique.

Porter la communion relève d'une liturgie simple et cependant signifiante, mais qu'il faudra adapter selon l'état de santé de la personne.[1]

En communion avec l'assemblée dominicale

La personne qui rencontre le malade apporte le réconfort de la Parole et du Pain (ou du vin) eucharistique reçus en assemblée. En amont de cette visite, pendant la messe paroissiale, il est possible :

– lors de la prière universelle, d'évoquer avec discrétion les personnes malades ;

1. *Sacrements pour les malades*, Chalet-Tardy, 1977 ; *Rituel de l'eucharistie en dehors de la messe*, C.L.D., 1983.

– qu'à la fin de la communion, les visiteurs de malades s'avancent près de l'autel, munis de leur custode, pour recevoir les hosties consacrées ; le prêtre peut bénir ces personnes.

Les membres de l'assemblée sont ainsi associés par la prière, et le caractère communautaire et public de cette mission est rendu visible.

Comment faire une véritable célébration ?

Partout où c'est possible, il faut privilégier des célébrations communautaires, en accord avec le personnel des établissements. Mais les propositions qui suivent sont aussi réalisables avec une seule personne.

En s'adaptant aux lieux (domicile, chambre d'hôpital, Ehpad...) et aux situations, il est bien de préparer une table, avec peut-être une bougie, une croix, ou encore des fleurs... et d'y poser la custode ; de mettre en évidence une Bible ou le Missel pour la lecture.

1. Pour commencer :

– le visiteur et la personne malade font ensemble le signe croix ;

– le visiteur dit : « Que Dieu notre Père, et Jésus Christ notre Seigneur nous donne la grâce et la paix ».

Il est possible de chanter un refrain connu.

– Rite pénitentiel en utilisant, par exemple, l'acte de contrition (*Missel des dimanches*, p. 20) et/ou les invocations « Seigneur, prends pitié ».

2. Pour la parole de Dieu :

– Choisir une des lectures du jour dans le Missel ou seulement un ou deux versets si la personne est fatigable.

– Si c'est possible, proposer un partage priant à partir de la Parole.

3. Pour la communion :

– Notre Père, qui peut être suivi d'un geste de paix ;

– Avant de communier : « Voici l'Agneau de Dieu... » (*Missel des dimanches*, p. 83) ;

– Communion : « Le corps du Christ. – Amen », suivie d'une prière silencieuse.

Quand il faut se rendre dans plusieurs chambres, on doit parfois se limiter au seul moment de la communion.

4. Pour terminer :

– une parole de bénédiction : « Que le Seigneur nous bénisse, qu'il nous protège tout mal et nous garde dans la paix » ;

– le signe de croix fait ensemble.

Ne pas oublier d'avoir avec soi :

– une custode : c'est une petite boîte réservée pour les hosties consacrées ;

– le *Missel des dimanches* pour les lectures et les prières.

Visiter

La visite des personnes malades précède les sacrements. Quand cela est possible, au sein d'une écoute véritable, le visiteur peut amener avec délicatesse le malade à évoquer des moments de sa vie, voire susciter sa prière, comme un ami qui rencontre un ami.

SG

Exposition du Saint-Sacrement

Quelques points d'attention.

L'autel où l'on célèbre habituellement la messe est le lieu privilégié où se fera l'adoration.

Il convient de lui accorder un temps convenable pour des lectures de la parole de Dieu, des cantiques, des prières et une oraison prolongée quelque temps en silence (*L'exposition de l'Eucharistie* n° 89[1]).

L'exposition du Saint-Sacrement s'accompagne de chants eucharistiques.

S'agenouiller devant l'eucharistie est un acte de foi en la présence réelle. Cependant chacun trouvera la juste attitude qui favorisera l'adoration intérieure.

Un schéma possible :

1. Exposition

Au début de l'adoration, le ministre ou un laïc délégué expose le Saint-Sacrement.

2. Chant

Pendant ce temps on chante un chant eucharistique, par exemple :

La nuit qu'il fut livré ; Reste avec nous, Seigneur Jésus ; C'est toi, Seigneur, le pain rompu ; Pain rompu pour un monde nouveau ; En mémoire du Seigneur ; Pain véritable ; Nous chanterons pour toi, Seigneur ; Où sont amour et charité ; Tantum ergo ; La Sagesse a dressé une table

3. Lecture biblique

Lorsque le chant est terminé, vient le temps de la proclamation de la parole de Dieu. À cet effet, on pourra employer les textes suivants tirés de la Sainte Écriture :

1. Dans le *Rituel de l'eucharistie en dehors de la messe*, C.L.D., 1983, p. 65.

Ex 16, 2-4. 12-15	Le pain venu du ciel ;
Dt 8, 2-3. 14b-16a	La manne et les autres dons de Dieu ;
1 R 19, 4-8	Elie et le pain du Seigneur ;
1 Co 10, 16-17	La communion ;
1 Co 11, 23-26	Le repas du Seigneur,
Ep 1, 3-10	Dieu nous a comblés dans le Christ,
Psaumes au choix :	22, 24, 33, 77, 102, 115, 147.
Mt 11, 15-30	Je suis doux et humble de cœur ;
Lc 9, 11b-17	La multiplication des pains ;
Lc 24, 13-35	Le repas d'Emmaüs ;
Jn 6, 24-35	Discours sur le pain de vie ;
Jn 15, 1-8	Demeurez en moi ;
Jn 15, 9-17	Aimez vous les uns les autres ;
Jn 19, 31-37	Le cœur ouvert ;
Jn 21, 1-14	Le repas du Ressuscité au bord du lac.

4. Temps de silence

Le Rituel recommande ensuite que les fidèles répondent par le chant à la parole de Dieu, par exemple un psaume, et qu'un temps de silence suive la proclamation et le chant (n° 95).

5. Prière litanique

Une prière litanique suivra. Elle peut être spontanée ou prise dans la liturgie d'une fête eucharistique. Ainsi, celle de la fête du Saint-Sacrement. Plusieurs de ces prières sont disponibles dans le *Rituel de l'eucharistie en dehors de la messe* (éd. 1983, pp. 99 et suivantes).

SK

Table des lectures bibliques

1 ROIS

2 ROIS

1 CHRONIQUES

2 CHRONIQUES

JOB

PROVERBES

SAGESSE

ISAÏE

LUC

JEAN

ACTES DES APÔTRES

LETTRE AUX ROMAINS

1 CORINTHIENS

HÉBREUX

JACQUES

1 PIERRE

2 PIERRE

1 JEAN

APOCALYPSE

Table des matières

Le dimanche 1er décembre 2024
est le premier dimanche de l'Avent (année C).
C'est le début d'une nouvelle année liturgique.

Voir le Missel des dimanches 2025.

Maquette : Bleu T

Mise en page : Le vent se lève...

Achevé d'imprimer en juin 2023
dans les ateliers de Normandie Roto Impression s.a.s. – 61250 Lonrai
N° d'imprimeur : 2301136
Dépôt légal : août 2023
Imprimé en France